ALEXANDER VON HUMBOLDT
Ansichten der Kordilleren und Monumente
der eingeborenen Völker Amerikas

DIE ANDERE BIBLIOTHEK
Herausgegeben von Hans Magnus Enzensberger

ALEXANDER VON HUMBOLDT

Ansichten der Kordilleren und Monumente
der eingeborenen Völker Amerikas

---

*Vues des Cordillères et Monumens
des Peuples Indigènes de l'Amérique*

Aus dem Französischen von CLAUDIA KALSCHEUER
Ediert und mit einem Nachwort versehen
von OLIVER LUBRICH und OTTMAR ETTE

EICHBORN VERLAG
Frankfurt am Main 2004

*Die Reproduktion dieses Werks nach der Erstausgabe
erfolgte mit freundlicher Unterstützung des Botanischen Museums
der Freien Universität Berlin.
Die Übersetzerin dankt dem Deutschen Übersetzerfonds e.V.
für die Förderung ihrer Arbeit am vorliegenden Buch.*

ISBN 3-8218-4538-4
Copyright © Eichborn AG, Frankfurt am Main 2004

Inhaltsverzeichnis

Zu dieser Ausgabe XI

Widmungsblatt der Französischen Erstausgabe, Paris 1810–1813 XIII

EINLEITUNG von Alexander von Humboldt 3

*Pittoreske Ansichten der Kordilleren und Monumente
der eingeborenen Völker Amerikas* 17

TAFELN I UND II
Büste einer aztekischen Priesterin 21

TAFEL III
Ansicht des großen Platzes von México 26

TAFEL IV
Natürliche Brücken von Icononzo 29

TAFEL V
Quindío-Paß, in der Kordillere der Anden 34

TAFEL VI
Wasserfall von Tequendama 40

TAFEL VII
Pyramide von Cholula 46

TAFEL VIII
Abgetrennter Teil der Pyramide von Cholula 58

TAFEL IX
Monument von Xochicalco 61

TAFEL X
Vulkan Cotopaxi 65

TAFEL XI
Mexikanisches Relief aus Oaxaca 72

TAFEL XII
Genealogie der Fürsten von Azcapotzalco 78

TAFEL XIII
Aztekische Hieroglyphen-Handschrift aus der Vatikanischen Bibliothek . . 85

TAFEL XIV
Trachten, gezeichnet von mexikanischen Malern zu Moctezumas Zeiten . . . 115

TAFEL XV
Aztekische Hieroglyphen aus der Handschrift von Veletri 119

TAFEL XVI
Ansicht des Chimborazo und des Carihuairazo 133

TAFEL XVII
Peruanisches Monument von Cañar 139

TAFEL XVIII
Fels von Inti-Guaicu 144

TAFEL XIX
Inga-Chungana, bei Cañar 147

TAFEL XX
Inneres des Hauses des Inka in Cañar 150

TAFEL XXI
Aztekisches Basrelief, gefunden auf dem großen Platz von México 155

TAFEL XXII
Basaltfelsen und Wasserfall von Regla 161

TAFEL XXIII
Basaltrelief, den mexikanischen Kalender darstellend. 165

TAFEL XXIV
Haus des Inka in Callo, im Königreich Quito 235

TAFEL XXV
Der Chimborazo, vom Plateau von Tapia her gesehen 241

TAFEL XXVI
Epochen der Natur, gemäß der aztekischen Mythologie 244

TAFEL XXVII
Hieroglyphen-Gemälde aus dem Borgianischen Manuskript von Veletri
und Tageszeichen des mexikanischen Almanachs 253

TAFEL XXVIII
Aztekische Axt. 258

TAFEL XXIX
Aztekisches Idol aus Basaltporphyr, gefunden unter dem Pflaster
des großen Platzes von México 260

TAFEL XXX
Wasserfall des Río Vinagre, in der Nähe des Vulkans Puracé 266

TAFEL XXXI
Postverkehr in der Provinz Jaén de Bracamoros 269

TAFEL XXXII
Hieroglyphen-Geschichte der Azteken, von der Sintflut bis zur Gründung
von México. 272

TAFEL XXXIII
Seilbrücke bei Penipe 281

TAFEL XXXIV
Cofre de Perote 284

TAFEL XXXV
Berg Illiniza 286

TAFEL XXXVI
Fragmente von aztekischen Hieroglyphen-Gemälden
aus der Königlichen Bibliothek zu Berlin 288

TAFEL XXXVII
Hieroglyphen-Gemälde des Museums Borgia in Veletri 291

TAFEL XXXVIII
Wanderung der aztekischen Völker, Hieroglyphen-Gemälde
aus der Königlichen Bibliothek zu Berlin 296

TAFEL XXXIX
Granitvasen, gefunden an der Küste von Honduras 298

TAFEL XL
Aztekisches Idol aus Basalt, gefunden im Tal von México 300

TAFEL XLI
Luftvulkan von Turbaco 302

TAFEL XLII
Vulkan Cayambe 306

TAFEL XLIII
Vulkan Jorullo 308

TAFEL XLIV
Kalender der Muisca-Indianer, der alten Bewohner des Plateaus
von Bogotá 311

TAFEL XLV
Fragment einer Hieroglyphen-Handschrift aus der Königlichen Bibliothek
zu Dresden 333

TAFELN XLVI, XLVII UND XLVIII
Hieroglyphen-Gemälde aus der mexikanischen Handschrift
der Kaiserlichen Bibliothek zu Wien, Nr. 1, 2 und 3 335

TAFELN XLIX UND L
Ruinen von Miguitlan oder Mitla in der Provinz Oaxaca;
Grundriß und Aufriß 339

TAFEL LI
Ansicht des Corazón 344

TAFELN LII UND LIII
Trachten der Indianer von Michoacán 347

TAFEL LIV
Blick ins Kraterinnere des Pic von Teneriffa 350

Supplement

TAFELN LV UND LVI
Fragmente von Hieroglyphen-Malereien aus dem Codex
Telleriano-Remensis 352

TAFEL LVII
Fragment eines christlichen Kalenders, aus den aztekischen Handschriften
der Königlichen Bibliothek zu Berlin 358

TAFELN LVIII UND LIX
Hieroglyphen-Gemälde aus der Raccolta di Mendoza 359

TAFEL LX
Fragmente von aztekischen Malereien, aus einem Manuskript
der Vatikanischen Bibliothek 366

TAFEL LXI
Vulkan Pichincha 367

TAFEL LXII
Plan eines befestigten Hauses des Inka, auf dem Rücken der Kordillere
von Azuay. Ruinen eines Teils der alten peruanischen Stadt Chulucanas .. 368

TAFEL LXIII
Floß auf dem Fluß Guayaquil 372

TAFEL LXIV
Gipfel des Berges Los Órganos bei Actopan 374

TAFEL LXV
Säulenporphyr-Berge von El Jacal 376

TAFEL LXVI
Aus hartem Stein geschnittener Kopf der Muisca-Indianer.
Obsidian-Armreif 378

TAFEL LXVII
Ansicht des Sees von Guatavita 380

TAFEL LXVIII
Ansicht der Silla de Caracas. 382

TAFEL LXIX
Der Drachenbaum von La Orotava 384

BRIEF VON HERRN VISCONTI, Mitglied des Institut de France,
AN HERRN VON HUMBOLDT, über einige Monumente
der amerikanischen Völker. 386

Anmerkungen 392

NACHWORT *von Oliver Lubrich und Ottmar Ette* 407

Zeittafel 423

Karte der Amerikareise, 1799 bis 1804 . . . . 424/425

Verzeichnis der Abbildungen 426

Editorische Notiz 428

Register 435

Zu dieser Ausgabe

FAST ZWEI JAHRHUNDERTE mußten vergehen, bis ein Werk, das in der französisch-, englisch- und spanischsprachigen Welt als einer der grundlegenden Texte Alexander von Humboldts gilt, endlich auf Deutsch vorliegt: Die *Ansichten der Kordilleren und Monumente der eingeborenen Völker Amerikas* erschienen, auf Französisch verfaßt, erstmals in den Jahren 1810 bis 1813 – in einer auf 600 Exemplare limitierten Ausgabe in Groß-Folio. Ihre 69 Tafeln wurden in separaten Lieferungen veröffentlicht. Für die deutsche Ausgabe wurde diese – den technischen Möglichkeiten der Zeit geschuldete – Trennung von Bild- und Textteil aufgehoben; die Bildtafeln sind den entsprechenden Kapiteln unmittelbar zugeordnet. Als Vorlage für die Reproduktion diente eine handkolorierte Erstausgabe der Bibliothek des Botanischen Museums der Freien Universität Berlin.

Alexander von Humboldts *Ansichten der Kordilleren* erscheinen hier – als wesentlicher Bestandteil des Humboldt-Projekts zum zwanzigsten Geburtstag der *Anderen Bibliothek* – erstmals vollständig in deutscher Sprache. Die Übersetzung von Claudia Kalscheuer zielt auf eine moderne, nicht historisierende Übertragung – ohne Archaismen und ohne Modernismen.

WIDMUNGSBLATT DER FRANZÖSISCHEN ERSTAUSGABE, PARIS 1810–1813

ANSICHTEN DER KORDILLEREN UND MONUMENTE DER EINGEBORENEN VÖLKER AMERIKAS

Alexander von Humboldt, Selbstportrait in Paris, 1814

Einleitung

IN DIESEM WERK habe ich alles versammelt, was mit dem Ursprung und den ersten Fortschritten der Künste bei den eingeborenen Völkern Amerikas in Beziehung steht. Zwei Drittel der darin enthaltenen Tafeln zeigen Überreste von Architektur und Bildhauerei, historische Szenen sowie Hieroglyphen mit Bezug auf Zeitrechnung und Kalendersystem. Zur Darstellung dieser Monumente, die für das philosophische Studium des Menschen von Interesse sind, gesellen sich pittoreske Ansichten verschiedener Landschaften, der bemerkenswertesten des neuen Kontinents. Die Gründe für diese Mischung finden sich unter den allgemeinen Betrachtungen dargelegt, die diesem Versuch vorangestellt sind.

Die Beschreibung jeder Tafel bildet, soweit die Natur des Gegenstandes es erlaubt hat, eine gesonderte Abhandlung. Ich habe diejenigen weiter ausgeführt, die ein wenig Licht auf die Analogien werfen können, welche zwischen den Bewohnern der beiden Hemisphären zu beobachten sind. Es ist überraschend, gegen Ende des fünfzehnten Jahrhunderts in einer Welt, die wir neu nennen, jene antiken Institutionen, religiösen Ideen und Gebäudeformen vorzufinden, die in Asien auf die erste Morgenröte der Zivilisation zurückzugehen scheinen. Mit den charakteristischen Zügen der Nationen verhält es sich nicht anders als mit der inneren Struktur der über den Globus verbreiteten Pflanzen. Überall offenbart sich das Gepräge eines ursprünglichen Typus, trotz der Unterschiede, welche die Natur der Klimate, die des Bodens und das Zusammenspiel verschiedener zufälliger Ursachen bedingen.

Zu Beginn der Eroberung von Amerika war die Aufmerksamkeit Europas eigentümlich fixiert auf die gigantischen Bauwerke von Cuzco, die großen, inmitten der Kordilleren angelegten Straßen, die Stufenpyramiden, den Kultus und die Symbolschrift der Mexikaner. Die Umgebung von Port Jackson in

Neu-Holland und die Insel Otahiti sind in unserer Zeit nicht häufiger beschrieben worden als damals manche Landstriche Mexikos und Perus. Man muß an Ort und Stelle gewesen sein, um die Naivität, die getreue lokale Färbung zu würdigen, welche die Berichte der ersten spanischen Reisenden auszeichnen. Beim Studium ihrer Werke bedauert man, daß sie nicht mit Abbildungen versehen sind, die uns eine genauere Vorstellung von so vielen Monumenten geben könnten, welche vom Fanatismus zerstört oder infolge sträflichen Leichtsinns dem Verfall preisgegeben worden sind.

Der Eifer, mit dem man sich der Erforschung Amerikas gewidmet hatte, ließ mit Beginn des siebzehnten Jahrhunderts nach; die spanischen Kolonien, in denen alle einst von zivilisierten Völkern bewohnten Regionen liegen, blieben fremden Nationen verschlossen; und vor kurzem, als der Abbé Clavijero in Italien seine *Storia antica del Messico* veröffentlichte, wurden Tatsachen, die von einer Vielzahl oftmals miteinander verfeindeter Augenzeugen bescheinigt waren, als höchst zweifelhaft angesehen. Berühmte Schriftsteller, stärker beeindruckt von den Kontrasten als von der Harmonie der Natur, hatten ganz Amerika als ein sumpfiges Land zu schildern beliebt, der Vermehrung der Tierarten widrig und neuerdings von Horden bewohnt, die so wenig zivilisiert seien wie die Bewohner der Südsee. In den historischen Forschungen über die Amerikaner war die gesunde Kritik durch einen absoluten Skeptizismus abgelöst worden. Man verwechselte die hochtrabenden Beschreibungen von Solis und einigen anderen Schriftstellern, die Europa nie verlassen hatten, mit den einfachen und wahren Berichten der ersten Reisenden; und es schien Philosophen-Pflicht, alles zu leugnen, was von Missionaren beobachtet worden war.

Seit dem Ende des letzten Jahrhunderts hat sich in der Art und Weise, die Zivilisation der Völker und die Gründe für das Stocken oder Fortschreiten ihrer Entwicklung zu betrachten, eine glückliche Umwälzung vollzogen. Wir haben Nationen kennengelernt, deren Gebräuche, Institutionen und Künste sich fast ebensosehr von denen der Griechen und Römer unterscheiden wie die ursprünglichen Formen untergegangener Tiere von denen der Arten, die Gegenstand der beschreibenden Naturgeschichte sind. Die Asiatische Gesellschaft zu Kalkutta hat helles Licht in die Geschichte der Völker Asiens gebracht. Die Monumente Ägyptens, heutzutage mit vortrefflicher Genauigkeit beschrieben, sind mit den Monumenten der entferntesten Länder verglichen worden, und meine Forschungen über die eingeborenen Völker Amerikas erscheinen zu einer Zeit, da man nicht mehr alles als der Aufmerksamkeit unwürdig betrachtet, was von dem Stil abweicht, von dem die Griechen uns unnachahmliche Vorbilder hinterlassen haben.

Es wäre zweckmäßig gewesen, die in diesem Werk enthaltenen Materialien in eine geographische Ordnung zu bringen; doch die Schwierigkeit, eine so große Zahl von Tafeln, angefertigt in Italien, Deutschland und Frankreich, zugleich zu versammeln und fertigzustellen, hat mich gehindert, diese Methode zu befolgen. Im übrigen ist der Mangel an Ordnung, der in gewissem Maße durch den Vorzug der Abwechslung ausgeglichen wird, in den Beschreibungen eines Pittoresken Atlas weniger tadelnswert als in einer systematischen Abhandlung. Ich will versuchen, dem Mangel mittels eines Verzeichnisses abzuhelfen, in dem die Tafeln nach der Natur der von ihnen dargestellten Gegenstände eingeteilt sind.

I. MONUMENTE

A. *Mexikanisch*

Büste einer aztekischen Priesterin, Tafeln I und II, S. 21–25
Pyramide von Cholula, Tafel VII, S. 46–57
Festung von Xochicalco, Tafel IX, S. 61–64
Basrelief, den Triumph eines Kriegers darstellend, Tafel XI, S. 72–77
Kalender und Hieroglyphen der Tage, Tafel XXIII, S. 165–234
Vasen, Tafel XXXIX, S. 284–285
Basrelief um einen zylindrischen Stein, Tafel XXI, S. 155–160
Mit Zeichen bedeckte Axt, Tafel XXVIII, S. 258–259
Grabstätte von Mitla, Tafeln XLIX und L, S. 339–343
Hieroglyphen-Gemälde:
    Handschriften des Vatikan, Tafeln XIII, XIV, XXVI und LX, S. 85–118; 244–252; 366
        von Veletri, Tafeln XV, XXVII und XXXVII, S. 119–132; 253–257; 291–295
        von Wien, Tafeln XLVI, XLVII und XLVIII, S. 335–338
        von Dresden, Tafel XLV, S. 333–334
        von Berlin, Tafeln XII, XXXVI, XXXVIII u. LVII, S. 78–84; 288–290; 296–297; 358
        von Paris, Tafeln LV und LVI, S. 352–357
        von Mendoza, Tafeln LVIII und LIX, S. 359–365
        von Gemelli, Tafel XXXII, S. 272–280

B. *Peruanisch*

Haus des Inka in Cañar, Tafeln XVII, XX und LXII, S. 139–143; 150–154; 368–371
Inga-Chungana, Tafel XIX, S. 147–149
Ruinen von Callo, Tafel XXIV, S. 235–240
Inti-Guaicu, Tafel XVIII, S. 144–146

C. *Muisca*
   Kalender, Tafel XLIV, S. 311–332
   Skulptur eines Kopfes, Tafel LXVI, S. 378–379

II. LANDSCHAFTEN

   A. *Hochland von Mexiko*
   Großer Platz von México, Tafel III, S. 26–28
   Basaltfelsen von Regla, Tafel XXII, S. 161–164
   Cofre de Perote, Tafel XXXIV, S. 284–285
   Vulkan Jorullo, Tafel XLIII, S. 335–338
   Säulenporphyr-Berge von El Jacal, Tafel LXV, S. 376–377
   Los Órganos bei Actopan, Tafel LXIV, S. 374–375

   B. *Berge Südamerikas*
   Silla de Caracas, Tafel LXVIII, S. 382–383
   Luftvulkane von Turbaco, Tafel XLI, S. 302–305
   Wasserfall von Tequendama, Tafel VI, S. 40–45
   See von Guatavita, Tafel LXVII, S. 380–381
   Natürliche Brücke von Icononzo, Tafel IV, S. 29–33
   Quindío-Paß, Tafel V, S. 34–39
   Wasserfall des Río Vinagre, Tafel XXX, S. 266–268
   Chimborazo, Tafeln XVI und XXV, S. 133–138; 241–243
   Vulkan Cotopaxi, Tafel X, S. 65–71
   Pyramidengipfel des Illiniza, Tafel XXXV, S. 286–287
   Nevado des Corazón, Tafel LI, S. 344–346
   Nevado des Cayambe, Tafel XLII, S. 306–307
   Vulkan Pichincha, Tafel LXI, S. 367
   Seilbrücke bei Penipe, Tafel XXXIII, S. 281–283
   Post von Jaén de Bracamoros, Tafel XXXI, S. 269–270
   Floß auf dem Guayaquil, Tafel LXIII, S. 372–373

Ich habe mich bemüht, der Darstellung der Gegenstände, welche diese Stiche zeigen, die größtmögliche Genauigkeit zu verleihen. Wer sich mit der praktischen Seite der Künste befaßt, weiß um die Schwierigkeit, die große Zahl von Tafeln zu überwachen, aus denen sich ein Pittoresker Atlas zusammensetzt. Wenn einige weniger vollkommen sind, als Kenner es wünschen mögen, so darf diese Unvollkommenheit nicht den Künstlern angelastet werden, die dieses Werk unter meinen Augen ausgeführt haben, sondern den Skizzen, die ich vor Ort unter oftmals höchst widrigen Umständen angefertigt habe. Einige Landschaften sind koloriert worden, da sich in dieser Art von Stichen der Schnee viel besser vom Himmel abhebt und zudem schon die Wiedergabe mexikanischer Malereien eine Mischung von kolorierten und schwarzweißen Tafeln unumgänglich machte. Wir haben erfahren, wie schwierig es ist, den ersteren jene Kräftigkeit im Ton zu verleihen, die wir in der *Oriental Scenery* von Herrn Daniell bewundern.

Bei der Beschreibung der Monumente Amerikas habe ich mir vorgenommen, ein rechtes Maß zu halten zwischen zwei Wegen, welche die Gelehrten bei der Erforschung der Monumente, der Sprachen und Traditionen der Völker eingeschlagen haben. Die einen stellen brillante Hypothesen auf, die indes auf wenig solidem Boden fußen, und ziehen aus einer kleinen Zahl isolierter Tatsachen allgemeine Schlüsse. Sie haben in Amerika chinesische und ägyptische Kolonien gesehen; sie haben dort keltische Dialekte und das Alphabet der Phönizier wiedererkannt. Während wir nicht einmal wissen, ob die Völker der Osken, der Goten oder die Kelten aus Asien stammen, hat man über den Ursprung sämtlicher Horden des neuen Kontinents urteilen wollen. Andere Gelehrte haben Materialien angesammelt, ohne sich zu einem einzigen allgemeinen Gedanken aufzuschwingen, eine Methode, die in der Geschichtsschreibung so unfruchtbar ist wie in den verschiedenen Zweigen der Naturwissenschaften. Möge mir das Glück beschieden sein, die soeben beschriebenen Verirrungen vermieden zu haben! Einige wenige, weit voneinander entfernte Nationen, die Etrusker, die Ägypter, die Tibetaner und die Azteken, weisen in ihren Bauwerken, ihren religiösen Institutionen, ihren Zeitrechnungen, ihren Erneuerungszyklen und ihren mystischen Vorstellungen frappierende Analogien auf. Es ist die Pflicht des Geschichtsschreibers, auf diese Analogien hinzuweisen, die ebenso schwierig zu erklären sind wie die Beziehungen, die zwischen dem Sanskrit, dem Persischen, dem Griechischen und den Sprachen germanischen Ursprungs bestehen; doch bei dem Versuch, Ideen zu verallgemeinern, muß man an dem Punkt einzuhalten wissen, wo die genauen Grundlagen fehlen. Nach diesen Prinzipien will ich hier die Ergebnisse vorstellen, zu denen die Kenntnisse zu führen scheinen, die ich bis zum heutigen Tage über die eingeborenen Völker der neuen Welt erworben habe.

Untersucht man die geologische Beschaffenheit Amerikas aufmerksam, bedenkt man das Gleichgewicht der über die Erdoberfläche verteilten Flüssigkeiten, so kann keinesfalls angenommen werden, daß der neue Kontinent später aus den Fluten hervorgetreten sei als der alte. Es ist dort die gleiche Abfolge von Gesteinsschichten zu beobachten wie in unserer Hemisphäre, und es ist wahrscheinlich, daß in den Bergen Perus Granit, Glimmerschiefer und die verschiedenen Gips- und Sandsteinformationen in den gleichen Epochen ihren Ursprung haben wie die entsprechenden Gesteine der Schweizer Alpen. Der gesamte Globus scheint die gleichen Katastrophen erlitten zu haben. In einer Höhe, die jene des Mont-Blanc übersteigt, finden sich auf dem Kamm der Anden Versteinerungen von pelagischen Muscheln. Fossile Elefantenknochen sind in den Äquinoktial-Gegenden verbreitet, und, was höchst bemerkenswert ist, sie finden sich nicht am Fuß der Palmen in den heißen Ebenen des Orinoco, sondern auf den kältesten und höchsten Plateaus der Kordilleren. In der neuen Welt wie in der alten sind Generationen ausgestorbener Arten denjenigen vorausgegangen, die heute Erde, Wasser und Lüfte bevölkern.

Nichts beweist, daß der Mensch in Amerika viel später aufgetreten sei als in den anderen Kontinenten. In den Tropen haben die Kraft der Vegetation, die Breite der Flüsse und die zeitweiligen Überschwemmungen für Völkerwanderungen mächtige Hindernisse gebildet. Weite Landstriche des nördlichen Asien sind ebenso schwach besiedelt wie die Savannen Neu-Mexikos oder Paraguays, und es gibt keinen Grund anzunehmen, daß die am längsten bewohnten Landstriche diejenigen mit der größten Einwohnerzahl seien.

Das Problem der Urbevölkerung Amerikas gehört ebensowenig dem Gebiet der Geschichtsschreibung an, wie Fragen über die Ursprünge der Pflanzen und Tiere und über die Verbreitung organischer Keime dem Gebiet der Naturwissenschaften zuzurechnen sind. Die Geschichte zeigt uns, wenn sie in die entferntesten Epochen zurückblickt, daß fast alle Teile des Globus von Menschen bewohnt sind, die sich für Ureinwohner halten, weil sie ihre Abstammung nicht kennen. Inmitten einer Vielzahl von Völkern, die einander abgelöst und sich vermischt haben, ist es unmöglich, den Urgrund der Bevölkerung exakt zu bestimmen, jene ursprüngliche Schicht, jenseits deren der Bereich der kosmogonischen Überlieferungen beginnt.

Die Nationen Amerikas, mit Ausnahme derer, die nahe am Polarkreis leben, bilden eine einzige Rasse, die durch Schädelform, Hautfarbe, äußerst spärlichen Bartwuchs und glattes Haar gekennzeichnet ist. Die amerikanische Rasse weist sehr deutliche Ähnlichkeiten mit den mongolischen Völkern auf, welche die Nachkommen der Hiong-nu, einst bekannt unter dem Namen Hunnen, die Kalkas, die Kalmücken und die Burjaten umfassen. Neuere Beobachtungen haben sogar erwiesen, daß nicht nur die Einwohner von Unalaska, sondern auch einige Volksstämme Südamerikas durch osteologische Charakteristika des Kopfes einen Übergang zwischen der amerikanischen Rasse und der mongolischen anzeigen. Wenn man die braunen Menschen Afrikas und jenen Schwarm von Völkern, die das Innere und den Nordosten Asiens bewohnen und von reisenden Systematikern vage als Tataren und Tschuden bezeichnet wurden, einmal besser erforscht haben wird, werden die kaukasischen, mongolischen, amerikanischen, malayischen und schwarzen Rassen weniger isoliert erscheinen, und man wird in dieser großen Familie der menschlichen Gattung einen einzigen organischen Typus erkennen, modifiziert durch Umstände, die uns vielleicht für immer unbekannt bleiben werden.

Wenngleich die eingeborenen Völker des neuen Kontinents durch innerste Ähnlichkeiten miteinander verbunden sind, weisen sie doch in ihren wechselnden Zügen, in ihrem mehr oder minder dunklen Teint und in der Höhe ihres Wuchses ebenso markante Unterschiede auf wie die Araber, die Perser und die Slawen, die alle der kaukasischen Rasse angehören. Die Horden, die durch die heißen Ebenen der Äquinoktial-Gegenden streifen, haben indes keine dunklere Hautfarbe als die Bergvölker oder die Bewohner der gemäßigten Zone, sei es, weil es für die menschliche Gattung und die meisten Tiere eine bestimmte Stufe des organischen Lebens gibt, von der ab der Einfluß des Klimas und der Nahrung nahezu nichtig ist, sei es, weil Abweichungen vom ursprünglichen Typus erst nach einer langen Reihe von Jahrhunderten merklich werden. Im übrigen deutet alles darauf hin, daß die Amerikaner, ebenso wie die Völker mongolischer Rasse, eine weniger biegsame Verfassung aufweisen als die anderen Nationen Asiens und Europas.

Die amerikanische Rasse, in der Zahl die kleinste von allen, bewohnt gleichwohl den weitesten Raum auf dem Globus. Sie breitet sich über beide Hemisphären aus, vom 68. Grad nördlicher bis zum 55. Grad südlicher Breite. Sie ist die einzige von allen Rassen, die sich gleichermaßen in den heißen Ebenen nahe des Ozeans wie auf dem Rücken der Berge niedergelassen hat, bis in Höhen hinauf, die den Pic von Teneriffa um 200 Toisen übersteigen.

Die Zahl der Sprachen, welche die vielfältigen eingeborenen Volksstämme voneinander unterscheiden, scheint auf dem neuen Kontinent noch beträchtlicher als in Afrika zu sein, wo es, nach den neuen Forschungen der Herren Seetzen und Vater, über 140 davon gibt. In dieser Hinsicht gleicht ganz Amerika dem Kaukasus, Italien vor der Eroberung durch die Römer oder Klein-

Asien, als es auf einer geringen Fläche die Kilikier semitischer Rasse, die Phrygier thrakischen Ursprungs, die Lyder und die Kelten versammelte. Die Bodenbeschaffenheit, die Kraft der Vegetation, die Furcht der Bergvölker in den Tropen, sich der Hitze der Ebenen auszusetzen, stehen allem Austausch entgegen und tragen so zur erstaunlichen Mannigfaltigkeit der amerikanischen Sprachen bei. Es ist auch zu beobachten, daß diese Mannigfaltigkeit in den Steppen und Wäldern des Nordens, welche die Jäger frei durchschweifen können, an den Ufern der großen Flüsse und entlang der Küsten des Ozeans weniger groß ist; und überall da, wo die Inka mit Waffengewalt ihre Theokratie ausgedehnt haben.

Bei unserer Behauptung, daß man auf einem Kontinent, dessen gesamte Bevölkerung nicht an die Frankreichs heranreicht, mehrere hundert Sprachen findet, betrachten wir solche Sprachen als verschieden, die in einem Verhältnis zueinander stehen nicht etwa wie Deutsch und Holländisch oder Italienisch und Spanisch, sondern wie Dänisch und Deutsch, Chaldäisch und Arabisch, Griechisch und Latein. Dringt man weiter in das Labyrinth der amerikanischen Idiome vor, so erkennt man, daß einige geeignet sind, zu Familien zusammengefaßt zu werden, während sehr viele andere isoliert bleiben, wie das Baskische unter den europäischen Sprachen und das Japanische unter den asiatischen. Diese Isolierung mag nur eine scheinbare sein; und man kann mit Grund annehmen, daß die Sprachen, die sich jeder ethnographischen Klassifizierung zu entziehen scheinen, entweder mit solchen verwandt sind, die seit langem erloschen sind, oder mit Idiomen von Völkern, die noch kein Reisender besucht hat.

Die Mehrzahl der amerikanischen Sprachen, selbst diejenigen, deren Gruppen so verschieden sind wie die Sprachen germanischen, keltischen und slawischen Ursprungs, weisen eine gewisse Analogie in ihrem Gesamtbau auf, zum Beispiel in der Zusammensetzung der grammatikalischen Formen, in den Modifizierungen des Verbs je nach Art seines Komplements und in der Vielzahl der additiven Partikeln *(affixa* und *suffixa)*. Diese einheitliche Tendenz der Idiome kündet wenn nicht von einem gemeinschaftlichen Ursprung, so doch von einer äußersten Ähnlichkeit in den geistigen Anlagen der amerikanischen Völker von Grönland bis in die Magellanischen Gegenden.

Studien, mit größter Sorgfalt und gemäß einer Methode ausgeführt, die bisher in der etymologischen Forschung nicht angewandt wurde, haben erwiesen, daß es eine geringe Zahl von Wörtern gibt, die den Sprachen beider Kontinente gemeinsam sind. In dreiundachtzig amerikanischen Sprachen, die von den Herren Barton und Vater untersucht worden sind, hat man etwa hundertsiebzig Wörter erkannt, die auf gleiche Wurzeln zurückzugehen scheinen; und es ist ein leichtes, sich zu überzeugen, daß diese Übereinstimmung nicht zufällig ist, daß sie nicht einfach auf harmonischer Nachahmung oder auf jener Gleichförmigkeit der Organe beruht, welche die ersten von Kindern artikulierten Laute beinahe identisch macht. Von hundertsiebzig Wörtern, die miteinander in Beziehung stehen, erinnern drei Fünftel an Mandschurisch, Tungusisch, Mongolisch und Samojedisch, und zwei Fünftel an die keltischen und tschudischen Sprachen, Baskisch, Koptisch und Kongo. Diese Wörter wurden gefunden, indem man die Gesamtheit der amerikanischen Sprachen mit der Gesamtheit der Sprachen der alten Welt verglich; denn wir kennen bisher kein einziges Idiom Amerikas, das mehr als ein anderes mit einer der zahlreichen Gruppen der asiatischen, afrikanischen oder europäischen Sprachen verbunden zu sein scheint. Was einige Gelehrte, abstrakten Theorien folgend, über die angebliche Armut aller amerikanischen Sprachen und die äußerste Unvollkommenheit ihres Zahlensystems vorgebracht haben, ist ebenso unbegründet wie die Behauptungen über die Schwäche und die Beschränktheit der menschlichen Gattung auf dem neuen Kontinent, über die Verkümmerung der lebenden Natur und die Degeneration der Tiere, die von einer Hemisphäre in die andere gebracht wurden.

Einige Idiome, die heute nur barbarischen Völkern eignen, scheinen Überreste reicher und biegsamer Sprachen zu sein, die von einer fortgeschrittenen Kultur künden. Wir werden nicht erörtern, ob der Urzustand der menschlichen Gattung ein Zustand der Roheit gewesen ist oder ob die wilden Horden von Völkern abstammen, deren Verstandeskräfte und Sprachen, welche diese Kräfte widerspiegeln, gleichermaßen entwickelt waren; wir wollen nur daran erinnern, daß das wenige, was wir von der Geschichte der Amerikaner wissen, zu beweisen scheint, daß die Stämme, deren Wanderungen von Norden nach Süden verlaufen sind, in den nördlichsten Landstrichen bereits jene Mannigfaltigkeit von Idiomen boten, welche wir heute in der heißen Zone finden. Daraus mag man per Analogie schließen, daß die Verzweigung oder, um einen von jedem System unabhängigen Ausdruck zu verwenden, die Vielheit der Sprachen ein sehr altes Phänomen ist. Vielleicht sind diejenigen, welche wir amerikanische nennen, ebensowenig Amerika eigentümlich, wie das Magyarische oder Ungarische und das Tschudische oder Finnische Europa angehören.

Es ist nicht zu leugnen, daß der Vergleich zwischen den Idiomen der beiden Kontinente bisher zu keinen allgemeinen Resultaten geführt hat; aber man darf die Hoffnung nicht aufgeben, daß ebendiese Forschung fruchtbarer werde, wenn der Scharfsinn der Gelehrten sich an einer größeren Materialmenge wird üben können. Wie viele Sprachen Amerikas und Zentral- und Ost-Asiens gibt es, deren Bau uns noch ebenso unbekannt ist wie der des Tyrrhenischen, des Oskischen und des Sabinischen! Unter den Völkern, die in der alten Welt untergegangen sind, sind vielleicht einige, von denen ein paar kleine Stämme sich in den einsamen Weiten Amerikas erhalten haben.

Wenn die Sprachen nur schwache Beweise für die einstige Verbindung zwischen den beiden Welten liefern, so offenbart sich diese Verbindung auf unzweifelhafte Weise in den Kosmogonien, den Monumenten, den Hieroglyphen und den Institutionen der Völker Amerikas und Asiens. Ich wage mir zu schmeicheln, daß die folgenden Seiten diese Behauptung rechtfertigen werden, indem sie den langbekannten mehrere neue Beweise hinzufügen. Es wurde versucht, das, was eine ursprüngliche Gemeinschaft anzeigt, sorgfältig zu unterscheiden von dem, was bloß Resultat jener übereinstimmenden Situation aller Völker ist, wenn sie beginnen, ihr Gemeinwesen zu vervollkommnen.

Bisher ist es nicht gelungen, den Zeitpunkt der Verbindungen zwischen den Bewohnern der beiden Welten zu bestimmen; es wäre vermessen, die Völkergruppe des alten Kontinents benennen zu wollen, mit der die Tolteken, die Azteken, die Muisca oder die Peruaner die meisten Beziehungen aufweisen, da sich diese Beziehungen in Überlieferungen, Monumenten und Gebräuchen offenbaren, die der gegenwärtigen Teilung der Asiaten in Mongolen, Hindus, Tungusen und Chinesen vielleicht vorgängig sind.

Zur Zeit der Entdeckung der neuen Welt oder, besser gesagt, des ersten Einfalls der Spanier waren die in ihrer Kultur fortgeschrittensten amerikanischen Völker die in den Bergen lebenden. Unter gemäßigtem Klima in den Ebenen geborene Menschen waren dem Rücken der Kordilleren gefolgt, welche sich, je mehr sie sich dem Äquator nähern, immer weiter erheben. In diesen hohen Regionen fanden sie eine Temperatur und Pflanzen vor, die denen ihres Geburtslandes ähnelten.

Die Fähigkeiten entwickeln sich überall da leichter, wo der Mensch, der sich auf einem minder fruchtbaren Boden niedergelassen hat und gezwungen ist, gegen die Hindernisse zu kämpfen, welche die Natur ihm entgegensetzt, diesem fortgesetzten Kampf nicht erliegt. Im Kaukasus und in Zentral-Asien beherbergen die rauhen Berge freie und barbarische Völker. In den Äquinoktial-Gegenden Amerikas, wo immergrüne Savannen oberhalb der Wolkenregion schweben, hat man zivilisierte Völker nur im Herzen der Kordilleren gefunden; deren erste Fortschritte in den Künsten waren ebenso alt wie die sonderbare Gestalt ihrer Regierungen, welche die individuelle Freiheit nicht begünstigten.

Der neue Kontinent bietet, ebenso wie Asien und Afrika, mehrere Zentren einer ursprünglichen Zivilisation, deren wechselseitige Beziehungen wir nicht kennen, sowenig wie die von Meroë, Tibet und China. Mexiko erhält seine Kultur aus einem im Norden gelegenen Land; in Südamerika haben die großen Bauwerke von Tiahuanaco als Modell für jene Monumente gedient, welche die Inka in Cuzco errichteten. Inmitten der weiten Ebenen Oberkanadas, in Florida und in der vom Orinoco, dem Casiquiare und dem Guainía begrenzten Wüste künden Dämme von erheblicher Länge, Bronzewaffen und behauene Steine davon, daß einst gewerbfleißige Völker ebendiese Landstriche bewohnt haben, die heute von wilden Jägerhorden durchstreift werden.

Die ungleiche Verteilung der Tiere über den Globus hat einen großen Einfluß auf das Schicksal der Nationen und ihren mehr oder weniger raschen Weg zur Zivilisation gehabt. Auf dem alten Kontinent bildet das Hirtenleben den Übergang vom Leben der Jägervölker zu dem der Ackerbau treibenden. Die Wiederkäuer, die in allen Zonen so leicht heimisch werden, haben den afrikanischen Neger wie den Mongolen, den Malayen und den Menschen kaukasischer Rasse begleitet. Doch während einige Vierfüßer und eine größere Anzahl von Pflanzen den nördlichsten Gegenden beider Welten gemein sind, bietet Amerika in der Familie der Rinder nur das Bison und den Moschusochsen, zwei schwer zu zähmende Tiere, deren Weibchen zudem trotz üppiger Weiden nur wenig Milch geben. Der amerikanische Jäger war nicht durch die Versorgung der Herden und die Gewohnheiten des Hirtenlebens auf den Ackerbau vorbereitet. Nie hat der Bewohner der Anden versucht, das Lama, das Alpaka oder das Guanako zu melken. So war Milch ehemals eine den Amerikanern unbekannte Nahrung, ebenso wie einigen Völkern Ost-Asiens.

Nirgendwo haben freie, in den Wäldern der gemäßigten Zone umherschweifende Wilde je aus eigenem Willen das Jägerleben aufgegeben, um sich dem Ackerbau zuzuwenden. Dieser Übergang, der schwierigste und wichtigste in der Geschichte der menschlichen Gesellschaften, kann nur durch die Macht der Umstände herbeigeführt werden. Wenn Jägerhorden auf ihren weiten Wanderungen, von anderen kriegerischen Horden bedrängt, in die Ebenen der Äquinoktialzone gelangen, bewirken die Dichte der Wälder und eine üppige Vegetation eine Änderung ihrer Gewohnheiten und ihres Charakters. Es gibt Landstriche zwischen Orinoco, Ucayali und Amazonen-Strom, in denen der Mensch gleichsam keinen anderen freien Raum als die Flüsse und Seen findet. Haben sie sich einmal auf dem Land am Ufer der Ströme niedergelassen, umgeben die wildesten Stämme ihre Hütten mit Bananenstauden, Jatropha und anderen eßbaren Pflanzen.

Kein historischer Tatbestand, keine Überlieferung verbindet die Nationen Südamerikas mit denen, die im Norden der Landenge von Panama leben. Die Annalen des mexikanischen Reiches scheinen bis in das sechste Jahrhundert unserer Zeitrechnung zurückzureichen. In ihnen findet man die Epochen der Völkerwanderungen, die Gründe, die zu diesen geführt haben, die Namen der Häuptlinge aus der illustren Familie der Citin, welche die nördlichen Völker aus den unbekannten Gefilden von Aztlán und Teocolhuacán in die Ebenen von Anáhuac geführt haben. Die Gründung von Tenochtitlán fällt, wie die von Rom, in die heroischen Zeiten; und erst seit dem zwölften Jahrhundert überliefern die aztekischen Annalen, ähnlich denen der Chinesen und der Tibetaner, beinahe lückenlos die Säkularfeiern, die Genealogie der Könige, die den Besiegten auferlegten Tribute, die Städtegründungen und Himmelserscheinungen, bis hin zu den geringfügigsten Ereignissen, die auf den Zustand der im Entstehen begriffenen Gesellschaften eingewirkt haben.

Wenngleich die Überlieferungen keinerlei Hinweise auf direkte Verbindungen zwischen den Völkern beider Amerikas liefern, so zeigt ihre Geschichte dennoch frappierende Ähnlichkeiten in den politischen und religiösen Umwälzungen, auf welche die Zivilisation der Azteken, der Muisca und der Peruaner zurückgehen. Bärtige und weniger dunkelhäutige Menschen als die Eingeborenen von Anáhuac, Cundinamarca und dem Plateau von Cuzco treten in Erscheinung, ohne daß man ihren Geburtsort bestimmen könnte. Als Hohepriester, Gesetzgeber, Freunde des Friedens und der von diesem begünstigten Künste verändern sie mit einemmal den Zustand der Völker, die sie voller Verehrung willkommen heißen. Quetzalcoatl, Bochica und Manco-Capac sind die heiligen Namen dieser geheimnisvollen Wesen. Quetzalcoatl, im schwarzen, priesterlichen Gewand, kommt von Panuco her, an den Gestaden des Golfs von Mexiko; Bochica, der Buddha der Muisca, zeigt sich in den Hochebenen von Bogotá, aus den Savannen im Osten der Kordilleren kommend. Die Geschichte dieser Gesetzgeber, die ich im vorliegenden Werk nachzuzeichnen bemüht war, ist voller Wunder, religiöser Fiktionen und Merkmale, die einen allegorischen Sinn offenbaren. Einige Gelehrte haben gemeint, in diesen Fremden schiffbrüchige Europäer oder die Nachfahren jener Skandinavier zu erkennen, die seit dem elften Jahrhundert Grönland, Neufundland und vielleicht sogar Neuschottland bereist haben; doch denkt man nur ein wenig über die Zeit der ersten toltekischen Völkerwanderungen nach, über die klösterlichen Traditionen, die kultischen Symbole, den Kalender und die Form der Monumente von Cholula, Sogamozo und Cuzco, so begreift man, daß es nicht der Norden Europas war, dem Quetzalcoatl, Bochica und Manco-Capac ihre Gesetzeswerke entlehnt haben. Alles scheint uns auf Ost-Asien zu weisen, auf Völker, die mit den Tibetanern, den schamanistischen Tataren und den bärtigen Ainus der Inseln Jesso und Sachalin in Berührung gekommen sind.

Wenn ich im Laufe dieser Forschungen die Worte *Monumente der neuen Welt, Fortschritt in den Zeichenkünsten, geistige Kultur* verwende, so habe ich damit keinen Zustand bezeichnen wollen, der dem entspricht, was man etwas vage eine hochentwickelte Zivilisation nennt. Nichts ist schwieriger, als Nationen zu vergleichen, die in ihrer gesellschaftlichen Vervollkommnung verschiedenen Wegen gefolgt sind. Die Mexikaner und die Peruaner dürfen keinesfalls nach Prinzipien aus der Geschichte der Völker beurteilt werden, die unsere Bildung unablässig in uns wachruft. Sie sind ebensosehr von den Griechen und Römern entfernt, wie sie den Etruskern und Tibetanern nahestehen. Bei den Peruanern begünstigte eine theokratische Regierung zwar den Fortschritt des Gewerbfleißes, des Straßenbaus und all dessen, was gleichsam eine Massenzivilisation anzeigt, doch sie behinderte die Entwicklung der individuellen Fähigkeiten. Ganz anders als bei den Griechen vor der Zeit des Perikles, wo diese Entwicklung so frei und rasch verlief und nicht den langsamen Fortschritten der Massenzivilisation entsprach. Das Reich der Inka glich einer großen Klosteranlage, in der jedem Mitglied der Ordensgemeinschaft vorgeschrieben war, was es für das Gemeinwohl zu tun habe. Studiert man vor Ort die Peruaner, welche über die Jahrhunderte hinweg ihre nationale Physiognomie bewahrt haben, lernt man das Gesetzeswerk von Manco-Capac und seine Wirkungen auf die Sitten und die Zufriedenheit des Volkes in rechtem Maße einzuschätzen. Es gab allgemeinen Wohlstand und wenig privates Glück; mehr Unterwerfung unter die Dekrete des Herrschers als Liebe für das Vaterland; einen passiven Gehorsam ohne Mut für kühne Unternehmungen; einen Ordnungsgeist, der die geringfügigsten Verrichtungen des Lebens bis ins kleinste regelte, und keine geistige Weite, keine charakterliche Größe. Die kompliziertesten politischen Institutionen in der Geschichte der menschlichen Gesellschaft hatten den Keim der individuellen Freiheit erstickt; und der Gründer des Reiches von Cuzco, der sich schmeichelte, die Menschen zum Glücklichsein zwingen zu können, hatte sie in den Zustand bloßer Maschinen versetzt. Die peruanische Theokratie war wohl weniger drückend als die Herrschaft der mexikanischen Könige; doch die eine wie die andere haben dazu beigetragen, den Monumenten, dem Kultus und der Mythologie zweier Bergvölker jenen trüben, dunklen Charakter zu verleihen, der im Gegensatz zu den Künsten und den süßen Fiktionen der Völker Griechenlands steht.

Paris, im April 1813

Pittoreske Ansichten der Kordilleren und Monumente der eingeborenen Völker Amerikas

DIE MONUMENTE der Nationen, von denen uns viele Jahrhunderte trennen, können unsere Aufmerksamkeit auf zwei sehr unterschiedliche Weisen fesseln. Gehören die Kunstwerke, die bis zu uns gelangt sind, Völkern an, deren Kultur schon weit fortgeschritten war, so erregen sie unsere Bewunderung durch die Harmonie und die Schönheit der Formen, durch den Genius, der sie erdacht hat. Die Büste des Alexander, die man in den Gärten der Pisonen fand, würde selbst dann als kostbarer Überrest des Altertums gelten, wenn die Inschrift nicht angäbe, daß sie uns die Gesichtszüge des Siegers von Arbela nachbildet. Ein geschnitzter Stein, eine Münze aus den schönen Zeiten Griechenlands interessieren den Freund der Künste durch die Strenge des Stils, durch die vollendete Ausführung, selbst wenn keine Legende, kein Monogramm diese Gegenstände einer bestimmten geschichtlichen Epoche zuordnet. Dies ist das Privileg dessen, was unter dem Himmel Klein-Asiens und eines Teils des südlichen Europa entstanden ist.

Im Gegensatz dazu können die Monumente der Völker, die keine hohe Stufe geistiger Kultur erlangt haben oder die, sei es aus religiösen und politischen Ursachen, sei es aufgrund ihrer natürlichen Verfassung, für die Schönheit der Formen weniger empfänglich schienen, nur als historische Monumente Beachtung finden. Dieser Klasse gehören die Überreste von Skulpturen an, die über die weiten Landstriche von den Ufern des Euphrat bis zu den östlichen Küsten Asiens verstreut sind. Die Idole Tibets und Hindostans und die, welche man auf dem Zentralplateau der Mongolei gefunden hat, fesseln unsere Blicke, weil sie die alten Verbindungen zwischen den Völkern und den gemeinsamen Ursprung ihrer mythologischen Überlieferungen beleuchten.

Die rohesten Arbeiten, die sonderbarsten Formen, jene behauenen Felsmassen, welche nur durch ihre Größe und das hohe Alter beeindrucken, das man ihnen zuschreibt, die ungeheuren Pyramiden, die vom Zusammenwirken einer großen Zahl von Arbeitern künden; all das verknüpft sich mit dem philosophischen Studium der Geschichte.

Durch ebendieses Band sind die schwachen Spuren der Kunst oder vielmehr des Gewerbfleißes der Völker des neuen Kontinents unserer Aufmerksamkeit würdig. Von dieser Überzeugung geleitet, habe ich auf meinen Reisen alles gesammelt, was eine tätige Neugier mich in den Ländern entdecken ließ, wo in Jahrhunderten der Barbarei die Intoleranz fast alles zerstört hat, was mit Sitten und Kultus der alten Bewohner zu tun hatte; wo man Bauwerke niedergerissen hat, um sich der Steine zu bemächtigen oder um verborgene Schätze zu suchen.

Die Gegenüberstellung der Kunstwerke Mexikos und Perus mit denen der alten Welt, die ich vorhabe, ist für meine Forschungen und den Pittoresken Atlas, der deren Ergebnisse enthält, von einigem Interesse. Fernab von jedem Systemdenken werde ich die Analogien aufzeigen, die sich zwanglos anbieten, und dabei diejenigen, die eine Identität der Rasse zu beweisen scheinen, von denen unterscheiden, die wahrscheinlich nur auf inneren Ursachen beruhen, auf jener Ähnlichkeit, welche alle Völker in der Entwicklung ihrer Verstandeskräfte aufweisen. Ich muß mich hier auf eine knappe Beschreibung der auf den Stichen dargestellten Gegenstände beschränken. Die Folgerungen, zu denen die Gesamtheit dieser Monumente zu führen scheint, können erst im Reisebericht erörtert werden. Da die Völker, denen man diese Bauwerke und Skulpturen zuschreibt, noch existieren, werden ihre Physiognomie und die Kenntnis ihrer Sitten dazu dienen, die Geschichte ihrer Wanderungen aufzuklären.

In den Forschungen über Monumente, die von halbbarbarischen Völkern errichtet worden sind, liegt noch ein weiteres Interesse, das man psychologisch nennen könnte: Sie bieten unseren Augen das Gemälde des gleichförmigen Fortschreitens des menschlichen Geistes dar. Die Werke der ersten Bewohner Mexikos halten die Mitte zwischen denen der skythischen Völker und den antiken Monumenten Hindostans. Welch beeindruckendes Schauspiel bietet uns der Genius des Menschen, wenn wir den Raum von den Gräbern von Tinian und den Statuen der Osterinseln bis zu den Monumenten des mexikanischen Tempels von Mitla durchschreiten; und von den unförmigen Idolen jenes Tempels bis zu den gemeißelten Meisterwerken des Praxiteles und des Lysippos!

Wundern wir uns nicht über die Roheit des Stils und die Fehlerhaftigkeit der Umrisse in den Werken der Völker Amerikas. Vielleicht frühzeitig vom Rest der menschlichen Gattung getrennt, umherirrend in einem Land, wo der Mensch lange gegen eine wilde, stets bewegte Natur zu kämpfen hatte, haben sich diese sich selbst überlassenen Völker nur langsam entwickeln können. Der Osten Asiens, der Westen und der Norden Europas zeigen uns ähnliche Phänomene. Ich weise auf sie hin, will mich indes nicht über die verborgenen Ursachen aussprechen, weswegen der Keim der schönen Künste sich nur auf einem sehr kleinen Teil des Globus entfaltet hat. Wie viele Nationen des alten Kontinents haben unter einem ähnlichen Klima wie dem Griechenlands gelebt, umgeben von allem, was die Einbildungskraft anzuregen vermag, ohne sich zu dem Gefühl für die Schönheit der Formen zu erheben, jenem Gefühl, das die Künste nur dort geleitet hat, wo sie vom Genius der Griechen befruchtet wurden!

Diese Betrachungen werden genügen, das Ziel zu umreißen, welches ich mir mit der Veröffentlichung dieser Fragmente von amerikanischen Monumenten gesetzt habe. Ihr Studium mag ebenso nützlich werden wie das der unvollkommensten Sprachen, die nicht nur durch ihre Analogie mit bekannten Sprachen, sondern auch durch die enge Beziehung interessant sind, welche zwischen ihrem Bau und dem Intelligenzgrad des mehr oder weniger weit von der Zivilisation entfernten Menschen besteht.

Indem ich in ein und demselben Werk die rohen Monumente der eingeborenen Völker von Amerika und die malerischen Ansichten des Gebirgslandes vorstelle, das diese Völker bewohnt haben, glaube ich Gegenstände zu vereinigen, deren wechselseitige Beziehungen dem Scharfsinn jener, die sich dem philosophischen Studium des menschlichen Geistes widmen, nicht entgangen sind. Wenn auch die Sitten der Nationen, die Entwicklung ihrer Verstandeskräfte und der eigentümliche Charakter ihrer Werke vom Zusammenwirken vieler Ursachen abhängen, die nicht rein lokal sind, so mag man doch nicht daran zweifeln, daß Klima, Bodenbeschaffenheit, die Physiognomie der Pflanzen und der Anblick einer lieblichen oder wilden Natur Einfluß haben auf den Fortschritt der Künste und den Stil, der ihre Werke kennzeichnet. Dieser Einfluß ist um so merklicher, je weiter der Mensch von der Zivilisation entfernt ist. Welch ein Kontrast zwischen der Architektur eines Volkes, das große, finstere Höhlen bewohnt hat, und den kühnen Monumenten jener Horden, die lange Zeit als Nomaden gelebt haben und deren Säulen an die hohen Stämme der Wüstenpalmen erinnern! Um den Ursprung der Künste recht zu erkennen, muß man die Natur der Landschaft studieren, in der sie das Licht erblickt haben. Die einzigen amerikanischen Völker, bei denen wir bedeutende Monumente finden, sind Bergvölker. Abgesondert in den Wolkenregionen, auf den höchsten Plateaus des Globus, umringt von Vulkanen, deren Krater vom ewigen Eis bedeckt sind, scheinen sie, in der Einsamkeit dieser Wüsten, nur das zu bewundern, was die Einbildungskraft durch Größe und Masse ergreift. Die Werke, die sie hervorgebracht haben, tragen das Gepräge der wilden Natur der Kordilleren.

Ein Teil dieses Atlas ist dazu bestimmt, die großartigen Szenen dieser Natur bekannt zu machen. Es war uns weniger daran gelegen, solche nachzuzeichnen, die eine malerische Wirkung erzeugen, als die Umrisse der Berge, die in deren Flanken gegrabenen Täler und die imposanten Wasserfälle der Gebirgsbäche genau darzustellen. Die Anden verhalten sich zur Kette der Hochalpen wie diese sich zu den Pyrenäen. Was ich auch Romantisches und Grandioses an den Ufern der Saverne, im Norden Deutschlands, in den euganeischen Hügeln, im Zentralgebirge Europas, auf dem steilen Abhang des Vulkans von Teneriffa gesehen habe; alles findet sich in den Kordilleren der neuen Welt versammelt. Jahrhunderte würden nicht genügen, die Schönheiten zu betrachten und die Wunder zu entdecken, welche die Natur dort über zweitausendfünfhundert Meilen erstreckt hat, von den Granitbergen der Magellanischen Meerenge bis zu den Ost-Asien zugewandten Küsten. Ich werde glauben, mein Ziel erreicht zu haben, wenn die schwachen Skizzen dieses Werkes kunstliebende Reisende dazu anregen, die Gegenden zu besuchen, die ich durchquert habe, um diese majestätischen, mit denen des alten Kontinents unvergleichlichen Landschaften getreulich nachzuzeichnen.

TAFELN I UND II

Büste
einer aztekischen Priesterin

AN DEN ANFANG meines Pittoresken Atlas habe ich einen kostbaren Überrest der aztekischen Bildhauerkunst gestellt. Es handelt sich um eine Basaltbüste, die in México im Kabinett eines aufgeklärten Kunstliebhabers steht, Herrn Dupé, Kapitän im Dienste Seiner Katholischen Majestät. Dieser gebildete Offizier, der den Geschmack für die Kunst in seiner Jugend in Italien entdeckt hatte, hat mehrere Reisen ins Innere Neu-Spaniens unternommen, um die mexikanischen Monumente zu studieren. Mit vortrefflicher Sorgfalt hat er die Reliefs der Pyramide von Papantla gezeichnet und könnte über diese ein höchst merkwürdiges Werk herausgeben.

Die Büste, die in Originalgröße* und von zwei Seiten abgebildet ist (Tafeln I und II), fällt besonders durch eine Art von Kopfputz auf, der einige Ähnlichkeit mit dem Schleier oder der *calantica* der Isis-, Sphinx- und Antinoos-Köpfe sowie vieler anderer ägyptischer Statuen aufweist. Es ist jedoch anzumerken, daß bei dem ägyptischen Schleier die beiden Enden, die sich unterhalb der Ohren fortsetzen, meist sehr schmal und quergefaltet sind. Bei einer Apis-Statue im Kapitolinischen Museum sind die vorderen Enden konvex und längsgestreift, während der hintere Teil, welcher den Kragen berührt, flach und nicht gewölbt ist wie bei dem mexikanischen Kopfputz. Die größte Ähnlichkeit hat letzterer mit der gestreiften Draperie, welche die Köpfe an den Kapitellen der Säulen von *Tentyris* umrahmt, wie man sich durch die genauen Zeichnungen überzeugen kann, die Herr Denon in seinem *Voyage en Égypte*[1] vorgelegt hat.

Vielleicht stellen die kannelierten Wülste, die bei dem mexikanischen Kunstwerk bis auf die Schultern reichen, Haarmassen dar, gleich den Zöpfen, die man an einer griechischen Isis-Statue in der Bibliothek der Villa Ludovisi in Rom

[1] DENON, Tafeln 39, 40, 60 (Nr. 7 und 8).   * In der französischen Erstausgabe (Anm. d. Hrsg.).

sieht. Diese außergewöhnliche Haartracht fällt vor allem an der Rückseite der Büste auf, die auf der zweiten Tafel dargestellt ist und einen riesigen Beutel zeigt, in der Mitte mit einem Knoten zusammengebunden. Der berühmte Zoëga, den der Tod vor kurzem der Wissenschaft entriß, hat mir versichert, er habe im Museum des Kardinals Borgia in Veletri genau so einen Haarbeutel an einer kleinen Osiris-Statue aus Bronze gesehen.

Die Stirn der aztekischen Priesterin ist mit einer Reihe von Perlen geschmückt, die den Rand eines enganliegenden Bandes säumen. Solche Perlen sind an keiner Statue Ägyptens beobachtet worden. Sie weisen auf Verbindungen zwischen der Stadt Tenochtitlán, dem alten México, und den Küsten Kaliforniens hin, wo sie in großer Zahl gefischt wurden. Um den Hals liegt ein dreieckiges Tuch, an dem in großer Symmetrie zweiundzwanzig Schellen oder Quasten hängen. Diese Schellen finden sich, wie der Kopfputz, an zahlreichen mexikanischen Statuen, auf Basreliefs und hieroglyphischen Gemälden wieder. Sie erinnern an die kleinen Äpfel und Granatfrüchte, die an der Robe des Hohenpriesters der Hebräer befestigt waren.

Auf der Vorderseite der Büste, einen halben Dezimeter oberhalb ihrer Grundfläche, sind zu beiden Seiten die Zehen zu sehen, doch es sind keine Hände vorhanden, ein Merkmal des Kindheitszustandes der Kunst. An der Rückseite meint man zu erkennen, daß die Figur sitzt oder gar kauert. Man mag sich wundern, daß die Augen keine Pupillen haben, während man solche doch in den kürzlich in Oaxaca entdeckten Basreliefs ausgeführt findet. (Tafel XI)

Der Basalt dieser Figur ist sehr hart und von schönem Schwarz; es handelt sich um echten Basalt mit ein paar Peridot-Einsprengseln und nicht um Lydit oder Porphyr auf Grünsteinbasis, welchen die Altertumsforscher gemeinhin ägyptischen Basalt nennen. Die Falten des Kopfputzes und vor allem die Perlen sind sehr fein gearbeitet, wenngleich der Künstler, der nicht über Stahlmeißel verfügte und vielleicht mit ähnlichen Werkzeugen aus Kupfer und Zinn, wie ich sie aus Peru mitgebracht habe, gearbeitet hat, bei der Ausführung gewiß mit großen Schwierigkeiten zu kämpfen hatte.

Die Büste ist unter Herrn Dupés Augen von einem Schüler der Malakademie zu México sehr genau gezeichnet worden. Sie mißt 0,38 m in der Höhe und 0,19 m in der Breite. Ich habe ihr den Namen *Büste einer Priesterin,* den man ihr im Lande gibt, gelassen. Es könnte jedoch sein, daß sie irgendeine mexikanische Gottheit darstellt und ursprünglich unter den Hausgöttern ihren Platz hatte. Der Kopfputz und die Perlen, die man an einem in den Ruinen von Texcoco ent-

TAFEL I

TAFEL II

deckten Idol, von mir im Kabinett des Königs von Preußen zu Berlin hinterlegt, wiederfindet, gestatten diese Vermutung; allerdings scheinen der Halsschmuck und die nicht übersteigerte Kopfform darauf hindeuten, daß die Büste einfach eine aztekische Frau darstellt. Folgt man dieser Annahme, können allerdings die bis auf die Brust reichenden kannelierten Wülste keine Zöpfe sein, denn der Hohepriester oder *Tepanteohuatzin* schnitt den Jungfrauen, die sich dem Tempeldienst weihten, das Haar ab.

Eine gewisse Ähnlichkeit der *calantica* der Isis-Köpfe und des mexikanischen Kopfputzes, die mehrstufigen Pyramiden, die denen von *El Faijum* und von *Sakkara* gleichen, der häufige Gebrauch der Hieroglyphen-Malerei, die fünf zusätzlichen Tage am Ende des mexikanischen Kalenders, welche an die Epagomenen des memphitischen Jahres erinnern, stellen recht bemerkenswerte Gemeinsamkeiten zwischen den Völkern des neuen und des alten Kontinents dar. Es liegt uns jedoch fern, uns in Hypothesen zu ergehen, die so unbestimmt und gewagt wären wie die, durch welche man aus den Chinesen eine Kolonie der Ägypter und aus der baskischen Sprache einen Dialekt des Hebräischen gemacht hat. Die Mehrzahl dieser Analogien lösen sich in Luft auf, sobald man die Tatsachen einzeln untersucht. So unterscheidet sich etwa das mexikanische Jahr, trotz seiner Epagomenen, grundlegend von dem der Ägypter. Ein großer Geometer, der bereit war, die von mir mitgebrachten Fragmente zu untersuchen, hat anhand des mexikanischen Einschaltungsverfahrens erkannt, daß die Dauer des tropischen Jahres der Azteken nahezu identisch ist mit der von den Astronomen des Almamon ermittelten.[2]

Blicken wir in entfernteste Zeiten zurück, so kündet uns die Geschichte von mehreren Zentren der Zivilisation, deren wechselseitige Beziehungen wir nicht kennen, wie etwa Meroë, Ägypten, die Ufer des Euphrat, Hindostan und China. Weitere, noch ältere Stätten des Lichts lagen vielleicht auf dem Plateau von Zentral-Asien; und dem Abglanz dieser letzteren ist man versucht, den Beginn der amerikanischen Zivilisation zuzuschreiben.

---

[2] LAPLACE, *Exposition du Système du Monde*, 3. Aufl., S. 554.

TAFEL III

Ansicht des großen Platzes von México

TENOCHTITLÁN, die Hauptstadt von Anáhuac, gegründet im Jahr 1325 auf einem Inselgrüppchen im westlichen Teil des Salzsees von Texcoco, wurde während der fünfundsiebzigtägigen Belagerung durch die Spanier 1521 vollständig zerstört. Die neue Stadt, die an die hundertvierzigtausend Bewohner zählt, ist von Cortés auf den Ruinen der alten errichtet worden, der früheren Anordnung der Straßen folgend; doch die Kanäle, welche diese Straßen durchzogen, sind nach und nach zugeschüttet worden, und México läßt sich heute, dank der vortrefflichen Verschönerungen des Vizekönigs, des Grafen von Revillagigedo, mit den schönsten Städten Europas vergleichen. Der große Platz, den die dritte Tafel darstellt, ist der Ort, an dem einst der große Tempel von Mexitli stand, welcher wie alle *teocalli* oder mexikanischen Gotteshäuser ein pyramidenförmiges Bauwerk war, ähnlich dem Jupiter Belus geweihten babylonischen Monument. Zur Rechten sieht man den Palast des Vizekönigs von Neu-Spanien, ein Gebäude von einfacher Architektur, das ursprünglich der Familie Cortés gehörte, also der des *Marquis von Valle de Oaxaca, Herzog von Monteleone*. In der Mitte des Stiches ist die Kathedrale zu sehen, von der ein Teil *(el sagrario)* in dem alten indianischen oder maurischen Stil gehalten ist, den man gemeinhin gotisch nennt. Hinter der Kuppel des *sagrario,* an der Ecke der Straße *del Indio triste* und der von Tacuba, befand sich früher der Palast des Königs Axayacatl, in dem Moctezuma die Spanier bei ihrer Ankunft in Tenochtitlán unterbrachte. Der Palast von Moctezuma selbst stand rechts der Kathedrale, gegenüber dem heutigen Palast des Vizekönigs. Ich habe es für zweckmäßig gehalten, diese Orte anzuzeigen, denn sie sind für all jene, die sich mit der Geschichte der Eroberung von Mexiko beschäftigen, von Interesse.

TAFEL III

III. ANSICHT DES GROSSEN PLATZES VON MÉXICO

Die *Plaza mayor*, nicht zu verwechseln mit dem großen Markt von Tlatelolco, den Cortés in seinen Briefen an Kaiser Karl V. beschreibt, ist seit dem Jahr 1803 mit einem Reiterstandbild des Königs Karl IV. geschmückt, angefertigt auf Kosten des Vizekönigs, Marquis von Branciforte. Die Bronzestatue ist in einem sehr reinen Stil und vorzüglich ausgeführt: Sie ist von ein und demselben Künstler entworfen, modelliert, gegossen und aufgestellt worden, Don Manuel Tolsa, gebürtig aus Valencia in Spanien und Leiter der Bildhauereiklasse an der Akademie der Schönen Künste zu México. Man weiß nicht, was man mehr bewundern soll, das Talent dieses Künstlers oder den Mut und die Beharrlichkeit, die er in einem Land bewiesen hat, wo alles noch zu erschaffen war und die vielfältigsten Hindernisse überwunden werden mußten. Der Guß dieses schönen Kunstwerks ist gleich beim ersten Mal gelungen. Die Statue wiegt beinahe dreiundzwanzigtausend Kilogramm; ihre Höhe übertrifft die des Reiterstandbilds von Ludwig XIV., das auf der Pariser Place Vendôme stand, um zwei Dezimeter. Man hatte Geschmack genug, das Pferd nicht zu vergolden; es wurde lediglich mit einem olivbraunen Firnis überzogen. Da die Bauwerke rund um den Platz insgesamt nicht sehr hoch sind, sieht man die Statue sich gegen den Himmel abzeichnen, was auf dem Rücken der Kordilleren, wo die Atmosphäre tiefblau ist, eine höchst malerische Wirkung erzeugt. Ich habe dem Transport dieser ungeheuren Masse vom Ort ihres Gusses bis zur *Plaza mayor* beigewohnt. Die Entfernung von etwa sechzehnhundert Metern wurde in fünf Tagen zurückgelegt. Die mechanischen Mittel, die Herr Tolsa angewandt hat, um sie auf das Podest aus schönem mexikanischen Marmor zu heben, sind höchst erfindungsreich und würden eine eingehende Schilderung verdienen.

Heute hat der große Platz von México eine unregelmäßige Form, seit man, gegen den Plan von Cortés, das Karree darauf gebaut hat, welches die Buden des *Parián* enthält. Um diese Unregelmäßigkeit weniger auffällig zu machen, hat man es für notwendig erachtet, die Statue, welche die Indianer nur unter dem Namen des *großen Pferdes* kennen, in einer gesonderten Einfriedung zu plazieren. Diese Einfriedung ist mit Porphyrplatten gepflastert und um mehr als fünfzehn Dezimeter über das Niveau der angrenzenden Straßen erhöht. Das Oval, dessen Längsachse hundert Meter beträgt, ist von vier Brunnen umgeben und, zum großen Mißfallen der Eingeborenen, durch vier Tore verschlossen, deren Gitter mit Bronze verziert sind.

Der Stich, den ich hier vorlege, ist die getreue Kopie einer Zeichnung, die in einem größeren Maßstab von Herrn Ximeno angefertigt wurde, einem Künstler von vortrefflichem Talent und Leiter der Malereiklasse an der Akademie von México. An den außerhalb der Einfriedung stehenden Figuren zeigt die Zeichnung die Tracht der Guachinango oder des einfachen mexikanischen Volkes.[3]

[3] Siehe meinen *Essai politique sur le royaume de la Nouvelle-Espagne,* S. 119, 168, 177, 186.

TAFEL IV

Natürliche Brücken von Icononzo

UNTER DEN MANNIGFALTIGEN majestätischen Szenen, welche die Kordilleren bieten, sind es die Täler, die die Einbildungskraft des europäischen Reisenden am meisten ergreifen. Die ungeheure Höhe der Berge kann nur aus beträchtlicher Entfernung vollständig erfaßt werden, von jenen Ebenen aus, die sich von den Küsten bis zum Fuß der Zentralkette erstrecken. Die Plateaus, welche die vom ewigen Schnee bedeckten Gipfel umgeben, liegen größtenteils zweitausendfünfhundert bis dreitausend Meter über dem Meeresspiegel. Dieser Umstand mindert bis zu einem gewissen Grad den Eindruck von Größe, den die kolossalen Massen des Chimborazo, des Cotopaxi und des Antisana hervorrufen, wenn man sie von den Plateaus von Riobamba und Quito her sieht. Doch mit den Tälern verhält es sich nicht wie mit den Bergen. Tiefer und enger als die der Alpen und der Pyrenäen, bieten die Täler der Kordilleren die wildesten Ansichten und vermögen die Seele mit Bewunderung und Schrecken zu erfüllen. Es sind Schluchten, deren Grund und Ränder von einer kraftvollen Vegetation bedeckt sind und die oft so tief sind, daß der Vesuv und der Puy-de-Dôme darin Platz fänden, ohne daß ihre Gipfel die Wand der angrenzenden Berge überragten. Die interessanten Reisen des Herrn Ramond haben das Tal von Ordesa bekannt gemacht, das vom Monte Perdido herab verläuft und dessen mittlere Tiefe an die neunhundert Meter (vierhundertneunundfünfzig Toisen) beträgt. Auf unserer Reise über den Rücken der Anden, von Pasto nach *Villa de Ibarra,* und beim Abstieg von Loja zu den Ufern des Amazonen-Flusses haben wir, Herr Bonpland und ich, die berühmten Schluchten von Chota und Cutaco durchquert, von denen die eine über fünfzehnhundert, die andere über dreizehnhundert Meter senkrechter Tiefe hat. Um eine vollständigere Vorstellung von der Größe dieser geologischen Phänomene zu geben, mag es helfen anzumerken, daß der Grund dieser Schluchten nur um ein Viertel weniger hoch über dem Meeresspiegel liegt als die Pässe des Sankt Gotthard und des Mont-Cenis.

Das Tal von Icononzo oder von Pandi, von dem ein Teil auf der vierten Tafel dargestellt ist, ist weniger durch seine Ausmaße als durch die außergewöhnliche Gestalt seiner Felsen bemerkenswert, die von Menschenhand behauen erscheinen. Ihre kahlen, öden Gipfel stehen in einem höchst malerischen Kontrast zu dem Dickicht von Bäumen und Grasgewächsen, das die Ränder der Schlucht bedeckt. Der kleine Gebirgsfluß, der sich einen Weg durch das Tal von Icononzo gebahnt hat, trägt den Namen *Río Sumapaz.* Er entspringt der östlichen Andenkette, die im Königreich Neu-Granada das Becken des Magdalenen-Flusses von den weiten Ebenen des Meta, des Guaviare und des Orinoco trennt. Dieser Fluß, eingezwängt in ein nahezu unzugängliches Bett, könnte nur mit größter Schwierigkeit überquert werden, hätte nicht die Natur selbst zwei Felsbrücken darüber gebildet, die man im Lande zu Recht als eine der größten Sehenswürdigkeiten für den Reisenden betrachtet. Wir haben diese natürlichen Brücken von Icononzo im September des Jahres 1801 überquert, auf unserem Weg von Santa Fe de Bogotá nach Popayán und Quito.

Der Name Icononzo ist der eines alten Dorfes der Muisca-Indianer, das am südlichen Rand des Tals gelegen ist und von dem nur noch ein paar verstreute Hütten stehen. Der dieser Sehenswürdigkeit nächstgelegene bewohnte Ort ist heute das kleine Dorf *Pandi* oder *Mercadillo,* eine Viertelmeile nach Nordosten entfernt. Der Weg von Santa Fe nach Fusagasugá (Breite 4° 20′ 21″ nördlich, Länge 5° 7′ 14″) und von da nach Pandi ist einer der schwierigsten und unwegsamsten, die man in den Kordilleren findet. Man muß die Schönheiten der Natur leidenschaftlich lieben, um nicht die gewöhnliche Straße, die vom Plateau von Bogotá über die Mesa de Juan Díaz zu den Ufern des Magdalenen-Flusses führt, dem gefährlichen Abstieg vom *Páramo* von San Fortunato und den Bergen von Fusagasugá bis zur natürlichen Brücke von Icononzo vorzuziehen.

Die tiefe Schlucht, durch die der Río Sumapaz hinabstürzt, liegt in der Mitte des Tals von Pandi. Auf der Höhe der Brücke verläuft sie in Ost-West-Richtung, über mehr als viertausend Meter Länge. Der Fluß bildet an den Stellen, wo er östlich von Doa in die Schlucht eintritt und in Richtung Melgar wieder herauskommt, zwei schöne Wasserfälle. Es ist höchst wahrscheinlich, daß diese Schlucht durch ein Erdbeben entstanden ist; sie gleicht einer ungeheuren Erzader, deren Gang durch die Arbeit der Bergleute entfernt worden wäre. Die umliegenden

TAFEL IV

Berge bestehen aus Sandstein mit Lehmmörtel; diese Formation, die auf dem originären Tonschiefer von Villeta ruht, erstreckt sich von dem Steinsalzberg von Zipaquirá bis zum Becken des Magdalenen-Flusses. Sie enthält auch die Steinkohleschichten von Canoas oder Chipa, die man nahe des großen Wasserfalls von Tequendama abbaut. (Tafel VI)

Im Tal von Icononzo besteht der Sandstein aus zwei verschiedenen Felsarten. Ein sehr kompakter, quarziger Sandstein mit wenig Zement und fast ohne Schichtenspaltungen ruht auf einem äußerst feinkörnigen, in unzählige hauchdünne, fast horizontale Schichten geteilten *Sandsteinschiefer*. Bei der Entstehung der Schlucht hat wohl die kompakte, quarzige Lage der Gewalt widerstanden, welche das Gebirge zerriß, und diese ununterbrochen fortbestehende Lage bildet nun die Brücke, über die man von einer Seite des Tals auf die andere gelangt. Dieser natürliche Bogen ist vierzehneinhalb Meter lang und 12,7 m breit; seine Dicke beträgt in der Mitte 2,4 m. Versuche mit dem Fall von Körpern, mit großer Sorgfalt mittels eines Berthoud-Chronometers durchgeführt, haben für die obere Brücke eine Höhe von 97,7 m über dem Wasserspiegel des Flusses ergeben. Ein sehr aufgeklärter Mann, der einen angenehmen Landsitz im schönen Tal von Fusagasugá besitzt, Don Jorge Lozano, hat die Höhe vor uns mit dem Senkblei gemessen; er war auf einhundertzwölf *varas* (93,4 m) gekommen, und die Tiefe des Flusses scheint im Mittel sechs Meter zu betragen. Die Indianer von Pandi haben zur Sicherheit der Reisenden, die in diesem verlassenen Land allerdings sehr selten sind, ein kleines Geländer aus Schilfrohr angebracht, das bis zu dem Weg reicht, über den man zur oberen Brücke gelangt.

Zehn Toisen unterhalb dieser ersten natürlichen Brücke befindet sich eine zweite, zu der wir über einen sehr schmalen Pfad am Rand der Schlucht geleitet worden sind. Drei ungeheure Felsbrocken sind solcherart herabgefallen, daß sie sich gegenseitig stützen: Der mittlere bildet den Schlußstein des Gewölbes, ein Zufall, der den Eingeborenen die Idee des Bogenbaus hätte eingeben können, welcher den Völkern der neuen Welt ebenso unbekannt ist wie den alten Bewohnern Ägyptens. Ich will nicht entscheiden, ob diese Felsbrocken von weit her geschleudert wurden oder ob sie nur Bruchstücke eines an Ort und Stelle eingestürzten Bogens sind, der ursprünglich der oberen natürlichen Brücke glich. Letztere Annahme erscheint durch einen ähnlichen Unfall im römischen Kolosseum wahrscheinlich, wo man in einer halb eingestürzten Mauer mehrere Steine sieht, die in ihrem Fall aufgehalten wurden, indem sie zufällig einen Bogen bildeten.

In der Mitte der zweiten Brücke von Icononzo befindet sich ein Loch von über acht Quadratmetern, durch das man auf den Boden des Abgrunds hinabsieht: Hier haben wir die Versuche mit dem Fall von Körpern durchgeführt. Der Fluß scheint durch eine finstere Höhle zu fließen; und das unheimliche Geräusch, das man hört, stammt von einer Unzahl von Nachtvögeln, die in der Schlucht leben und die man zuerst für jene gigantischen, in den Äquinoktial-Gegenden so verbreiteten Fledermäuse halten möchte. Man sieht sie zu Tausenden über dem Wasser gleiten.

Die Indianer haben uns versichert, diese Vögel hätten die Größe eines Huhnes, Augen wie Eulen und einen gebogenen Schnabel. Man nennt sie *cacas,* und die einheitliche Farbe ihres bräunlich-grauen Gefieders läßt mich annehmen, daß sie nicht der Gattung *caprimulgus* angehören, von der es in den Kordilleren im übrigen so mannigfaltige Arten gibt. Wegen der Tiefe des Tals ist es unmöglich, ihrer habhaft zu werden. Wir konnten sie nur untersuchen, indem wir Raketen in die Felsspalten warfen, um deren Wände zu beleuchten.

Die natürliche Brücke von Icononzo liegt achthundertdreiundneunzig Meter (vierhundertachtundfünfzig Toisen) über dem Spiegel des Ozeans. In den Bergen Virginias, in der Grafschaft *Rock Bridge,* gibt es ein ähnliches Phänomen wie die soeben beschriebene obere Brücke. Es ist von Herrn Jefferson mit jener Sorgfalt untersucht worden, die alle Beobachtungen dieses vortrefflichen Naturforschers auszeichnet.[4] Die natürliche Brücke von *Cedar Creek* in Virginia ist ein Kalksteinbogen mit einer Öffnung von siebenundzwanzig Metern; ihre Höhe über dem Fluß beträgt siebzig Meter. Die Erdbrücke *(Rumichaca),* die wir auf dem Abhang des Porphyrgebirges von Chumban in der Provinz *Los Pastos* gefunden haben, die Brücke der *Muttergottes,* genannt *Dantö,* in der Nähe von Totonilco in Mexiko, der durchbrochene Felsen bei Grandola in der Provinz Alentejo in Portugal sind geologische Phänomene, die alle einige Ähnlichkeit mit der Brücke von Icononzo besitzen. Doch ich bezweifle, daß man bisher irgendwo auf dem Globus einen so außerordentlichen Zufall entdeckt hat wie jene drei Felsmassen, die ein natürliches Gewölbe bilden, indem sie sich gegenseitig stützen.

Ich habe die Brücken von Icononzo im nördlichen Teil des Tales gezeichnet, von einer Stelle aus, wo sich der Bogen im Profil zeigt. Die ersten Drucke dieser Tafel nennen als Kupferstecher irrtümlich Herrn Gmelin in Rom statt Herrn Bouquet in Paris.

---

[4] *Notes on the State of Virginia,* S. 56.

TAFEL V

Quindío-Paß, in der Kordillere der Anden

IM KÖNIGREICH NEU-GRANADA, von 2° 30' bis 5° 15' nördlicher Breite, ist die Kordillere der Anden in drei parallele Ketten geteilt, von denen nur die beiden seitlichen in sehr hohen Lagen mit Sandstein und anderen sekundären Formationen bedeckt sind.

Die *östliche Kette* trennt das Tal des Magdalenen-Flusses von den Ebenen des Río Meta. Auf ihrem westlichen Abhang befinden sich die natürlichen Brücken von Icononzo. Ihre höchsten Gipfel sind der Páramo von *Sumapaz* und der von *Chingasa*. Von ihnen erhebt sich keiner bis in die Region des ewigen Schnees.

Die *Zentralkette* scheidet die Gewässer zwischen dem Becken des Magdalenen-Flusses und dem des Río Cauca. Sie erreicht oft die Grenze des ewigen Schnees; mit den kolossalen Gipfeln des *Guanacas*, des *Barragán* und des *Quindío* übersteigt sie diese bei weitem. Bei Sonnenaufgang und -untergang bietet die Zentralkette den Bewohnern von Santa Fe ein herrliches Schauspiel; sie erinnert, in weit imposanteren Dimensionen, an den Anblick der Schweizer Alpen.

Die *westliche Kette* der Anden trennt das Cauca-Tal von der Provinz Chocó und den Küsten der Südsee. Ihre Höhe beträgt kaum fünfzehnhundert Meter; zwischen den Quellen des Río Atrato und denen des Río San Juan senkt sie sich so weit, daß es schwierig ist, ihre Verlängerung zur Landenge von Panama hin zu verfolgen.

Diese drei Gebirgsketten verschmelzen im Norden bei 6° bis 7° nördlicher Breite. Südlich von Popayán, in der Provinz Pasto, bilden sie ein einziges Massiv. Im übrigen darf man sie nicht mit der von Bouguer und La Condamine beobachteten Teilung der Kordilleren im Königreich Quito verwechseln, vom Äquator bis zu 2° südlicher Breite.

Die Stadt Santa Fe de Bogotá liegt westlich des Páramo von *Chingasa* auf einem Plateau von zweitausendsechshundertfünfzig Metern absoluter Höhe, das

TAFEL V.

sich auf dem Rücken der *östlichen Kordillere* erstreckt. Aufgrund der besonderen Gestalt der Anden muß man, um von Santa Fe nach Popayán und an die Ufer des Cauca zu gelangen, von der *östlichen Kette* hinabsteigen, sei es über die *Mesa* und *Tocayma,* sei es über die natürlichen Brücken von *Icononzo,* dann das Tal des Magdalenen-Flusses durchqueren und die *Zentralkette* passieren. Der am meisten benutzte Übergang ist der über den *Páramo de Guanacas*, den Bouguer bei seiner Rückkehr von Quito nach Cartagena de Indias beschrieben hat. Auf diesem Weg überquert der Reisende den Kamm der Zentralkordillere an einem einzigen Tag und mitten durch bewohntes Land. Dem Weg über den Guanacas haben wir denjenigen über das *Quindío-* oder *Quindiu-Gebirge* vorgezogen, zwischen den Städten Ibagué und Cartago. Auf der Tafel V ist der Eingang zu diesem Paß dargestellt. All diese geographischen Details anzugeben erschien mir unerläßlich, um die Lage eines Ortes bekannter zu machen, den man auf den besten Karten von Mittelamerika, zum Beispiel der von La Cruz, vergeblich suchen würde.

Das Quindío-Gebirge (Breite 4° 36′, Länge 5° 12′) wird als der beschwerlichste Paß der gesamten Kordillere der Anden angesehen. Der Weg führt durch einen dichten, gänzlich unbewohnten Wald, den man auch in der schönsten Jahreszeit nicht schneller als in zehn oder zwölf Tagen durchquert. Man findet dort keinerlei Hütte, keinerlei Lebensmittel; zu jeder Jahreszeit nehmen die Reisenden Vorräte für einen ganzen Monat mit, denn es geschieht oft, daß sie sich durch die Schneeschmelze und das plötzliche Anschwellen der Gebirgsflüsse derart abgeschnitten finden, daß sie weder auf der Seite von Cartago noch auf der von Ibagué hinabsteigen können. Der höchste Punkt des Weges, die Garita del Páramo, liegt dreitausendfünfhundert Meter über dem Spiegel des Ozeans. Da der Fuß des Berges zu den Ufern des Cauca hin nur neunhundertsechzig Meter hoch ist, erfreut man sich dort im allgemeinen eines milden, gemäßigten Klimas. Der Pfad, auf dem man die Kordillere überquert, ist so schmal, daß seine Breite meist nur vier bis fünf Dezimeter beträgt; größtenteils gleicht er einem durch den Fels gehauenen Gang unter freiem Himmel. In diesem Teil der Anden, wie fast überall sonst, ist das Gestein mit einer dicken Tonschicht überzogen. Die Fluten, die von den Bergen herabstürzen, haben Schluchten von sechs oder sieben Metern Tiefe gegraben. Der Weg führt durch diese Schluchten voller Schlamm, deren Dunkelheit durch die dichte Vegetation, die ihre Öffnung überwuchert, noch gesteigert wird. Die Ochsen, in diesen Landstrichen die üblichen Lasttiere, passen nur mit Mühe durch diese Gänge hindurch, die bis zu zweitausend Meter lang sind. Hat man das Unglück, entgegenkommenden Lasttieren zu begegnen, bleibt keine andere Möglichkeit, ihnen auszuweichen, als umzukehren oder die Erdwand der Schlucht hochzuklettern und sich an den Wurzeln festzuhalten, die von der Erdoberfläche dort hinabreichen.

Beim Überqueren des Quindío-Gebirges im Oktober 1801, zu Fuß und mit zwölf Ochsen im Gefolge, die unsere Instrumente und Sammlungen trugen, haben wir sehr unter den beständigen Regenfällen gelitten, denen wir in den letzten drei oder vier Tagen, als wir den Westhang der Kordillere hinabstiegen, ausgesetzt waren. Der Weg führt durch sumpfiges, mit Bambus bewachsenes Land. Die Stacheln, mit denen die Wurzeln dieser gigantischen Grasgewächse bewehrt sind, hatten unsere Schuhe zerrissen, so daß wir gezwungen waren, wie alle Reisenden, die sich nicht auf *Menschenrücken* tragen lassen wollen, barfuß zu gehen. Dieser Umstand, die beständige Feuchtigkeit, die Länge des Weges, die Muskelkraft, die man braucht, um durch dicken, lehmigen Schlamm zu wandern, die Notwendigkeit, tiefe und sehr kalte Gebirgsbäche zu durchwaten, machen diese Reise zweifellos äußerst ermüdend; doch so beschwerlich sie auch sei, sie bietet keine der Gefahren, mit der das leichtgläubige Volk die Reisenden erschreckt. Der Pfad ist eng, doch die Stellen, wo er an Abgründen entlangführt, sind sehr selten. Da die Ochsen immer in dieselben Fußstapfen zu treten pflegen, bilden sich quer über den Weg lauter kleine Gräben, nur durch schmale Erdwälle getrennt. In der Zeit der starken Regenfälle bleiben diese Erdwälle unter dem Wasser verborgen, und das Gehen wird für den Reisenden doppelt unsicher, denn er weiß nie, ob er den Fuß auf den Damm oder in den Graben setzt.

Da nur wenige wohlhabende Personen in diesen Klimaten gewohnt sind, fünfzehn oder zwanzig Tage in Folge und auf so beschwerlichen Wegen zu Fuß zu gehen, läßt man sich von Menschen tragen, die einen Stuhl auf den Rücken gebunden haben. Man hört in diesem Lande den Ausdruck *auf Menschenrücken reisen (andar en carguero)*, wie man sonst sagt *zu Pferde reisen*. Dem Gewerbe des *carguero* haftet nichts Erniedrigendes an. Die Männer, die es ausüben, sind keine Indianer, sondern Mestizen, bisweilen sogar Weiße. Oft ist man überrascht, mitten im Wald nackte Männer, die einem in unseren Augen so entehrenden Beruf nachgehen, streiten zu hören, weil einer von ihnen einem anderen, der eine weißere Haut zu haben behauptet, die hochtrabenden Titel *Don* oder *Su Merced* verweigert hat. Die *cargueros* tragen gewöhnlich sechs bis sieben *arrobas* (fünfundsiebzig bis achtundachtzig Kilogramm); die kräftigsten laden sich bis zu neun *arrobas* auf. Bedenkt man die ungeheure Anstrengung, welche diese Unglücklichen auf sich nehmen, wenn sie acht oder neun Stunden täglich über bergiges Land marschieren; weiß man, daß ihr Rücken manchmal geschunden ist wie der von Lasttieren, und daß die Reisenden oft so grausam sind, sie im Wald zurückzulassen, wenn sie krank werden; bedenkt man überdies, daß sie für eine Reise von Ibagué nach Cartago, die fünfzehn, manchmal sogar fünfundzwanzig oder dreißig Tage braucht, nur 12 bis 14 Piaster (60 bis 70 Franc) verdienen, so vermag man kaum zu begreifen, wie dieser Beruf des *carguero,* einer der mühseligsten überhaupt, von all den kräftigen jungen Männern, die am Fuß dieser Berge leben, freiwillig ergriffen werden kann. Der Geschmack an einem unsteten, vagabundierenden Leben, die Vorstellung einer gewissen Unabhängigkeit inmitten der Wälder lassen sie diese mühselige Arbeit dem seßhaften Dasein und den eintönigen Tätigkeiten in den Städten vorziehen.

Der Quindío-Paß ist nicht die einzige Gegend in Südamerika, wo man *auf Menschenrücken* reist. Eine gesamte Provinz, die von Antioquia, ist von Bergen umringt, die so schwierig zu überwinden sind, daß all jene, die sich nicht der Geschicklichkeit eines *carguero* anvertrauen wollen und die nicht kräftig genug sind, den Weg von Santa Fe de Antioquia bis zur Boca de Nare oder zum Río Samaná zu Fuß zurückzulegen, darauf verzichten müssen, dieses Land zu verlassen. Ich habe einen Bewohner dieser Provinz kennengelernt, dessen Körperfülle ganz außerordentlich war; er hatte nur zwei Mestizen gefunden, die imstande waren, ihn zu tragen, und er wäre unmöglich zurück nach Hause gelangt, wenn diese beiden *cargueros* gestorben wären, während er sich an den Ufern des Magdalenen-Flusses, in Mompós oder in Honda aufhielt. Die Zahl der jungen Männer, die in Chocó, Ibagué und Medellín als Lasttiere arbeiten, ist so groß, daß man ihnen bisweilen in Zügen von fünfzig oder sechzig begegnet. Als vor einigen Jahren der Plan entstand, den Gebirgspfad, der vom Dorf Nare nach Antioquia führt, für Maultiere begehbar zu machen, protestierten die *cargueros* nachdrücklich gegen die Verbesserung der Straßen, und die Regierung war schwach genug, ihren Einwänden nachzugeben. Hier muß daran erinnert werden, daß es auch in den Bergwerken von Mexiko eine Klasse von Menschen gibt, die keine andere Beschäftigung haben, als andere auf dem Rücken zu tragen. In diesen Klimaten ist die Trägheit der Weißen so groß, daß jeder Bergwerksdirektor einen oder zwei Indianer in seinen Diensten hat, die man seine *Pferdchen (cavallitos)* nennt, weil sie sich jeden Morgen satteln lassen und ihren Herrn von einem Teil des Bergwerks zum anderen tragen, vornüber gebeugt und auf einen kleinen Stock gestützt. Unter den *cavallitos* und *cargueros* zeichnen diejenigen sich aus und werden den Reisenden empfohlen, die einen sicheren Tritt und eine sanfte, gleichmäßige Gangart besitzen. Es ist schmerzlich, von den Eigenschaften eines Menschen in Begriffen reden zu hören, die sonst für den Gang von Pferden und Maultieren gebraucht werden.

Diejenigen, die sich auf dem Stuhl eines *carguero* tragen lassen, müssen stundenlang regungslos und nach hinten gelehnt sitzen bleiben. Die kleinste Bewegung würde genügen, um den Träger zu Fall zu bringen, und Stürze sind um so gefährlicher, als der *carguero,* seine Geschicklichkeit überschätzend, oft die steilsten Hänge wählt oder auf schmalen, rutschigen Baumstämmen Gebirgsbäche überquert. Unfälle sind indes sehr selten, und diejenigen, welche vorkommen, müssen der Unvorsichtigkeit der Reisenden zugeschrieben werden, die vor Schreck von ihrem Stuhl herabspringen.

Die fünfte Tafel stellt eine sehr malerische Landschaft dar, die man beim Eintritt in das Quindío-Gebirge entdeckt, bei Ibagué, an einer Stelle namens Fuß von La Cuesta. Der abgestumpfte Kegel des Tolima, vom ewigen Schnee bedeckt und in seiner Form an den Cotopaxi und den Cayambe erinnernd, ragt über einem Massiv von Granitfelsen empor. Der kleine Fluß Combeima, der seine Wasser mit denen des Río Cuello vereint, schlängelt sich durch ein enges Tal und bahnt sich seinen Weg durch ein Palmenwäldchen. Im Hintergrund erkennt man einen Teil der Stadt Ibagué, das weite Tal des Magdalenen-Flusses und die östliche Andenkette. Vorne ist eine Gruppe von *cargueros* zu sehen, die in das Gebirge eintreten. Man kann die eigentümliche Art erkennen, wie der aus Bambusrohr gefertigte Stuhl auf den Schultern festgebunden und mittels eines Stirnriemens, gleich dem der Pferde und Ochsen, im Gleichgewicht gehalten wird. Die Rolle, die man in der Hand des dritten *carguero* sieht, ist das Dach oder vielmehr das tragbare Haus, das der Reisende auf seinem Weg durch die Wälder von Quindío benutzt.

Wenn man in Ibagué ankommt und sich auf die Reise vorbereitet, läßt man in den nahe gelegenen Bergen mehrere hundert *vijao*-Blätter schneiden, eine Pflanze aus der Familie der Bananengewächse, die eine neue, der Thalia nahe Gattung bildet und nicht mit der Heliconia bihai verwechselt werden darf. Diese Blätter, pergamentartig und glänzend wie die der Musa, sind oval geformt und messen vierundfünfzig Zentimeter (zwanzig Zoll) in der Länge auf siebenunddreißig Zentimeter (vierzehn Zoll) in der Breite. Ihre Unterseite ist silbrig weiß und mit einer mehligen Substanz bedeckt, die sich in Schuppen ablöst. Dieser eigentümliche *Firnis* bewirkt, daß sie dem Regen lange zu widerstehen vermögen. Wenn man sie sammelt, schneidet man eine Kerbe in die Hauptrippe, welche die Verlängerung des Blattstiels ist; diese Kerbe wird als Haken dienen, um die Blätter beim Aufbau des tragbaren Daches aufzuhängen; dann breitet man sie aus und rollt sie sorgfältig zu einem zylindrischen Paket zusammen. Um eine Hütte zu bedecken, in der sechs bis acht Personen schlafen, braucht man fünfzig Kilogramm Blätter. Gelangt man in den Wäldern an eine Stelle, wo der Boden trocken ist und wo man die Nacht verbringen will, schlagen die *cargueros* ein paar Äste von den Bäumen und stellen sie in Form eines Zeltes auf. Innerhalb von ein paar Minuten ist dieses leichte Gerüst mittels Lianen oder Agavenfasern, im Abstand von drei oder vier Dezimetern parallel angebracht, in Quadrate unterteilt. Unterdessen ist das Paket von Vijao-Blättern entrollt worden, und mehrere Personen sind damit beschäftigt, sie auf dem Gitter derart anzuordnen, daß sie einander überlappen wie die Dachziegel eines Hauses. Diese rasch aufgebauten Hütten sind sehr luftig und bequem. Bemerkt ein Reisender in der Nacht, daß Regen eindringt, so weist er nur auf die undichte Stelle hin; und ein einziges Blatt genügt, um der Unannehmlichkeit abzuhelfen. Im Tal von Boquia haben wir mehrere Tage unter einem solchen Blätterzelt verbracht, ohne naß zu werden, obgleich es sehr stark und beinahe unaufhörlich regnete.

Das Quindío-Gebirge ist eine an nützlichen und interessanten Pflanzen überaus reiche Gegend. Hier haben wir den Palmbaum *(Ceroxylon andicola)* gefunden, dessen Stamm mit einem pflanzlichen Wachs bedeckt ist, baumartige Passifloren und die prachtvolle Mutisia grandiflora, deren scharlachrote Blüten sechzehn Zentimeter (sechs Zoll) lang sind.

TAFEL VI

Wasserfall von Tequendama

Das Plateau, auf dem sich die Stadt Santa Fe de Bogotá befindet, zeigt in mehrfacher Hinsicht Ähnlichkeit mit demjenigen, auf dem sich die mexikanischen Seen erstrecken. Beide sind sie höher gelegen als das Kloster des Sankt Bernhard; das erstere erhebt sich zweitausendsechshundertsechzig, das zweite zweitausendzweihundertsiebenundsiebzig Meter über dem Meeresspiegel. Das Tal von México, rings von einer Wand aus Porphyrbergen umschlossen, ist in seiner Mitte mit Wasser bedeckt; denn bevor die Europäer den Kanal von Huehuetoca gegraben hatten, fand keiner der zahlreichen Gebirgsbäche, die ins Tal herabstürzen, eine Öffnung, um abzufließen. Das Plateau von Bogotá ist ebenfalls von hohen Bergen umgeben; und sein vollkommen ebener Grund, seine geologische Beschaffenheit, die Gestalt der Felsen von Suba und Facatativa, die sich wie kleine Inseln inmitten der Savannen erheben, alles scheint auf die frühere Existenz eines Sees hinzudeuten. Der Fluß Funza, gewöhnlich Río Bogotá genannt, hat sich, nachdem alle Wasser des Tals in ihm zusammengeflossen sind, einen Weg durch die südwestlich der Stadt Santa Fe gelegenen Berge gebahnt. In der Nähe des Pachtgutes Tequendama verläßt er das Tal, indem er durch eine enge Öffnung in eine Schlucht stürzt, die sich gegen das Becken des Magdalenen-Flusses hinabzieht. Versuchte man diese Öffnung, die einzige des gesamten Tals von Bogotá, zu verschließen, so fänden sich diese fruchtbaren Ebenen allmählich in einen See gleich denen Mexikos verwandelt.

Es ist recht einfach, den Einfluß dieser geologischen Tatsachen auf die Überlieferungen der alten Bewohner jener Landstriche zu erkennen. Wir wollen nicht darüber entscheiden, ob es der Anblick der Landschaft war, der bei Völkern, die nicht sehr weit von der Zivilisation entfernt waren, zu Hypothesen über die ersten Umwälzungen des Globus geführt hat, oder ob die großen Überschwemmungen des Tals von Bogotá erst so kurz zurückliegen, daß sie im Gedächtnis der

TAFEL VI

Menschen noch lebendig sind. Überall haben sich historische Überlieferungen mit religiösen Anschauungen vermischt, und es ist interessant, hier an diejenigen zu erinnern, die der Eroberer dieses Landes, Gonzalo Jiménez de Quesada, unter den Muisca-, Pancha- und Natagayma-Indianern verbreitet fand, als er als erster in das Gebirge von Cundinamarca vordrang.[5]

In den entferntesten Zeiten, bevor noch der Mond die Erde begleitete, so die Mythologie der Muisca- oder Mozca-Indianer, lebten die Bewohner des Plateaus von Bogotá wie Barbaren, nackt, ohne Ackerbau, ohne Gesetz und ohne Religion. Plötzlich erschien bei ihnen ein Greis, der aus den Ebenen östlich der Kordillere von Chingasa kam; er schien von einer anderen Rasse zu sein als die Eingeborenen, denn er hatte einen langen, buschigen Bart. Er war unter drei verschiedenen Namen bekannt: *Bochica, Nemquetheba* und *Zuhe*. Dieser Greis, gleich Manco-Capac, lehrte die Menschen, sich zu bekleiden, Hütten zu bauen, die Erde zu pflügen und eine Gesellschaft zu bilden. Er brachte eine Frau mit, der die Überlieferung gleichfalls drei Namen gibt: *Chia, Yubecayguaya* und *Huythaca*. Diese Frau, die von seltener Schönheit, doch außerordentlich böse war, wirkte ihrem Mann in allem entgegen, was er für das Glück der Menschen unternahm. Durch ihre Zauberkunst ließ sie den Fluß Funza über die Ufer treten und das gesamte Tal von Bogotá überschwemmen. In dieser Sintflut gingen die meisten Bewohner zugrunde, und nur einige wenige konnten sich auf die Gipfel der benachbarten Berge retten. Der erzürnte Greis jagte die schöne Huythaca weit weg von der Erde; sie wurde zum Mond, der unseren Planeten seither des Nachts beleuchtet. Dann überkam Bochica Mitleid mit den auf den Bergen verstreuten Menschen, und mit mächtiger Hand zertrümmerte er die Felsen, die bei Tequendama und Canoas das Tal verschlossen. Durch diese Öffnung ließ er die Wasser des Funza-Sees abfließen, ließ die Völker erneut im Tal von Bogotá zusammenkommen, baute Städte, er führte den Sonnenkult ein, ernannte zwei Oberhäupter, unter denen er die geistliche und die weltliche Macht aufteilte, und zog sich unter dem Namen *Idacanzas* in das heilige Tal von Iraca zurück, nahe Tunja, wo er sich strengsten Bußübungen hingab und noch zweitausend Jahre fortlebte.

Diese indianische Fabel, die den Wasserfall von Tequendama dem Begründer des *Zaque*-Reiches zuschreibt, birgt viele Merkmale, die man in den religiösen Überlieferungen einiger Völker des alten Kontinents verstreut findet. Man meint

---

[5] Siehe LUCAS FERNÁNDEZ PIEDRAHITA, Bischof von Panamá, *Historia general de las conquistas del Nuevo Reyno de Granada*, S. 17; nach Quesadas Manuskripten erstelltes Werk.

in dem Greis Bochica und seiner Frau Huythaca die Prinzipien des Guten und des Bösen personifiziert zu finden. Die weit zurückliegende Zeit, in der es den Mond noch nicht gab, erinnert an den Anspruch der Arkadier auf ihre uralte Herkunft. Das Nachtgestirn wird als ein übeltäterisches Wesen dargestellt, das die Feuchtigkeit auf der Erde vermehrt, wogegen Bochica, Sohn der Sonne, den Boden trocknet, den Ackerbau schützt und zum Wohltäter der Muisca wird, so wie der erste Inka Wohltäter der Peruaner war.

Reisende, die den imposanten Schauplatz des großen Wasserfalls von Tequendama aus der Nähe gesehen haben, wird es nicht überraschen, daß rohe Völker diesen Felsen, die von Menschenhand behauen erscheinen, einen wundersamen Ursprung zugeschrieben haben; diesem engen Schlund, in den ein Fluß hinabstürzt, der alle Wasser des Tals von Bogotá vereinigt; diesen Regenbogen, die in den schönsten Farben schillern und alle Augenblicke ihre Gestalt verändern; dieser Dunstsäule, die gleich einer dicken Wolke aufsteigt und noch aus fünf Meilen Entfernung erkennbar ist, wenn man um die Stadt Santa Fe spazierengeht. Die sechste Tafel vermag nur eine schwache Vorstellung von diesem majestätischen Schauspiel zu geben. Ist es schon schwierig, die Schönheiten von Wasserfällen zu beschreiben, so ist es noch viel schwieriger, sie durch eine Zeichnung spürbar zu machen. Der Eindruck, den sie in der Seele des Betrachters hinterlassen, hängt vom Zusammenspiel mehrerer Umstände ab: Das herabstürzende Wasservolumen muß im rechten Verhältnis zur Höhe des Falls stehen, und die umliegende Landschaft muß von wildem, romantischem Charakter sein. Der Pissevache und der Staubbach in der Schweiz sind zwar sehr hoch, doch ihre Wassermasse ist nicht sehr beträchtlich. Der Niagara und der Rheinfall bieten im Gegenteil ein ungeheures Wasservolumen, doch sie sind nicht höher als fünfzig Meter. Eine von wenig erhabenen Hügeln umgebene Kaskade erzielt weniger Wirkung als jene Wasserfälle, die man in den tiefen, engen Tälern der Alpen, der Pyrenäen und vor allem der Andenkordillere sieht. Neben der Höhe und dem Volumen der Wassersäule, neben der Bodenbeschaffenheit und der Gestalt der Felsen sind es die Kraft und die Form der Bäume und Graspflanzen, deren Anordnung in Gruppen oder verstreuten Büscheln, der Kontrast zwischen den Gesteinsmassen und der Frische der Vegetation, welche diesen großen Szenen der Natur einen eigentümlichen Charakter geben. Der Fall des Niagara wäre noch schöner, wenn seine Umgebung sich nicht in einer nördlichen Zone, in der Region der Kiefern und Eichen befände, sondern mit Helikonien, Palmen und Baumfarnen geschmückt wäre.

Der Fall *(salto)* von Tequendama vereinigt alles, was eine Landschaft in höchstem Maße malerisch macht. Er ist nicht, wie man im Lande glaubt[6] und wie es Physiker in Europa wiederholt haben, der höchste Wasserfall der Erde; der Fluß stürzt nicht, wie Bouguer sagt, in einen Abgrund von fünf- oder sechshundert Metern senkrechter Tiefe; doch es gibt kaum einen Wasserfall, der in so beträchtlicher Höhe eine solche Wassermasse versammelt. Nachdem er die Sümpfe zwischen den Dörfern Facatativa und Fontibón getränkt hat, ist der Río de Bogotá bei Canoas, etwas oberhalb des *salto*, noch immer vierundvierzig Meter breit, halb so breit also wie die Seine in Paris zwischen Louvre und Palais des Arts. Kurz vor dem Fall selbst, wo die Öffnung der Schlucht, die durch ein Erdbeben entstanden zu sein scheint, nur zehn bis zwölf Meter beträgt, verengt sich der Fluß stark. Selbst zur Zeit der großen Dürren beträgt das Profil des Wasservolumens, das in zwei Stufen hundertfünfundsiebzig Meter tief herabstürzt, noch neunzig Quadratmeter. Der Zeichnung des Wasserfalls wurden als Maßstab für die absolute Höhe des *salto* zwei Menschengestalten hinzugefügt. Ihr Standort an dessen oberem Rand liegt zweitausendvierhundertsiebenundsechzig Meter über dem Meeresspiegel. Von diesem Punkt bis zum Magdalenen-Strom hat der kleine Fluß von Bogotá noch ein Gefälle von über zweitausendeinhundert Metern, was mehr als hundertvierzig Meter je geographische Meile bedeutet.

Der Weg, der von der Stadt Santa Fe zum *salto* von Tequendama führt, verläuft über das Dorf Suacha und das große Pachtgut Canoas, das für seine schönen Weizenernten berühmt ist. Man glaubt, daß die ungeheure Dunstmasse, die täglich von dem Wasserfall aufsteigt und durch die Berührung mit der kalten Luft wieder niedergeht, viel zu der großen Fruchtbarkeit dieses Teils des Plateaus von Bogotá beiträgt. Unweit von Canoas, auf der Anhöhe von Chipa, genießt man einen herrlichen Blick, der den Reisenden durch seine lebhaften Kontraste in Erstaunen versetzt. Gerade hat man die mit Weizen und Gerste bebauten Felder verlassen; neben den Aralien, der Alstonia theaeformis, den Begonien und dem gelben Chinarindenbaum (*Cinchona cordifolia,* Mut.) sieht man um sich her Eichen, Ulmen und andere Pflanzen, deren Wuchs an die Vegetation Europas erinnert; dann plötzlich entdeckt man, wie von einer Terrasse herab und gleichsam zu seinen Füßen, ein Land, wo Palmen, Bananenstauden und Zuckerrohr gedeihen. Da die Schlucht, in die der Río Bogotá hinabstürzt, bis in die Ebenen der heißen Region *(tierra caliente)* reicht, sind einige Palmen bis an den Fuß des Wasserfalls vorgedrungen. Dieser eigentümliche Umstand läßt die Bewohner von

---

[6] PIEDRAHITA, S. 19. JULIÁN, *La Perla de la América, provincia de Santa Marta,* 1787, S. 9.

Santa Fe sagen, der Fall von Tequendama sei so hoch, daß das Wasser mit einem Sprung vom kalten Land *(tierra fría)* ins heiße Land falle. Man ahnt indes, daß ein Höhenunterschied von hundertfünfundsechzig Metern nicht ausreicht, um merkliche Auswirkungen auf die Lufttemperatur zu haben. Nicht wegen der Höhe steht die Vegetation des Plateaus von Canoas in solchem Gegensatz zu derjenigen in der Schlucht; denn wenn der Felsen von Tequendama, der aus einem Sandstein auf Tonbasis besteht, nicht so steil abfiele, und wenn das Plateau von Canoas ebenso geschützt wäre wie die Schlucht, so hätten sich die Palmen, die am Fuß des Wasserfalls gedeihen, gewiß bis auf die obere Flußebene verbreitet. Der Anblick dieser Vegetation ist übrigens für die Bewohner des Tals von Bogotá um so anziehender, als sie in einem Klima leben, in dem das Thermometer sehr oft bis auf den Gefrierpunkt sinkt.

Es ist mir gelungen, Instrumente in die Kluft hinein bis an den Fuß des Wasserfalls zu tragen. Man braucht drei Stunden, um über einen engen Pfad *(camino de la Culebra)*, der zur Schlucht der Povasa führt, hinabzusteigen. Obgleich der Fluß im Fallen einen großen Teil seines Wassers durch Verdunstung verliert, zwingt die Gewalt des unteren Stroms den Betrachter, in einer Entfernung von fast hundertvierzig Metern zu dem Becken stehenzubleiben, welches das herabstürzende Wasser ausgehöhlt hat. Der Grund dieser Schlucht ist vom Tageslicht nur schwach erhellt. Die Einsamkeit des Ortes, der Reichtum der Vegetation und der fürchterliche Lärm, der dort herrscht, machen den Fuß des Wasserfalls von Tequendama zu einer der wildesten Landschaften der Kordilleren.

TAFEL VII

Pyramide von Cholula

UNTER DEN VÖLKERSCHWÄRMEN, die vom siebten bis zum zwölften Jahrhundert unserer Zeitrechnung auf mexikanischem Boden aufeinanderfolgten, zählt man fünf, die Tolteken, die Chichimeken, die Acolhuen, die Tlaxcalteken und die Azteken, welche trotz ihrer politischen Trennung die gleiche Sprache und den gleichen Kultus hatten sowie pyramidenförmige Bauwerke errichteten, die sie als *teocalli,* das heißt als die Häuser ihrer Götter ansahen. Diese Bauwerke waren zwar sehr verschieden groß, hatten indes alle die gleiche Form: Es waren mehrstufige Pyramiden, deren Seiten genau nach dem Meridian- und dem Parallelkreis des Ortes ausgerichtet waren. Der Teocalli erhob sich inmitten eines viereckigen, von einer Mauer umgebenen Bezirks. Dieser Bezirk, vergleichbar dem περίβολος [perìbolos, Ringmauer] der Griechen, enthielt Gärten, Brunnen, die Wohnungen der Priester, zuweilen sogar Waffenlager; denn jedes Haus eines mexikanischen Gottes war, wie der von Abimelech niedergebrannte alte Tempel des Baal Berith, eine Festung. Eine große Treppe führte auf den Gipfel der abgestumpften Pyramide. Zuoberst auf dieser Plattform befanden sich ein oder zwei turmförmige Kapellen, darin die kolossalen Idole der Gottheit, welcher der Teocalli geweiht war. Dieser Teil des Bauwerks muß als der wesentlichste betrachtet werden; es ist der ναός [naós, Tempelraum] oder vielmehr der σηκός [sekós, heiliger Bezirk] der griechischen Tempel. Hier unterhielten die Priester auch das heilige Feuer. Durch die eigentümliche Anlage des Gebäudes, die wir gerade beschrieben haben, konnte der opfernde Priester von einer großen Menschenmenge zugleich gesehen werden. Von weit her konnte man die Prozession der *teopixqui* verfolgen, welche die Treppe der Pyramide empor oder hinab zog. Das Innere des Bauwerks diente als Grabstätte der Könige und der wichtigsten Persönlichkeiten Mexikos. Es ist unmöglich, die Beschreibungen des Herodot und des Diodor von Sizilien vom Tempel des Jupiter Belus zu lesen, ohne über die Ähnlichkeiten jenes babylonischen Monuments mit den Teocalli von Anáhuac erstaunt zu sein.

Als die Mexikaner oder Azteken, einer der sieben Stämme der *Anahuatlaca* (*Ufer*bewohner), im Jahr 1190 in der Äquinoktial-Gegend Neu-Spaniens ankamen, fanden sie dort bereits die pyramidenförmigen Monumente von *Teotihuacán*, von *Cholula* oder *Cholollan* und von *Papantla* vor. Sie schrieben diese großen Bauwerke den Tolteken zu, einer mächtigen und zivilisierten Nation, die Mexiko fünfhundert Jahre zuvor bewohnt hatte, sich der Hieroglyphen-Schrift bediente und über ein genaueres Jahr und eine bessere Chronologie verfügte als die meisten Völker des alten Kontinents. Die Azteken wußten nicht mit Gewißheit, ob vor den Tolteken andere Stämme das Land Anáhuac bewohnt hatten. Indem sie die Gotteshäuser von Teotihuacán und Chollolan als das Werk letzteren Volkes ansahen, schrieben sie ihnen das höchste für sie vorstellbare Alter zu; es wäre indes möglich, daß sie noch vor dem Einfall der Tolteken errichtet worden sind, das heißt vor dem Jahr 648 unserer Zeitrechnung. Wundern wir uns nicht, daß die Geschichte keines amerikanischen Volkes vor dem siebten Jahrhundert beginnt und daß die der Tolteken so ungewiß ist wie die Geschichte der Pelasger und der Ausonier. Ein großer Gelehrter, Herr Schlözer, hat erschöpfend bewiesen, daß die Geschichte des Nordens von Europa nicht weiter als bis ins zehnte Jahrhundert zurückreicht, in eine Zeit also, da das mexikanische Hochland bereits eine weit fortgeschrittenere Zivilisation aufwies als Dänemark, Schweden und Rußland.

Der *teocalli* von México war Tezcatlipoca, der ersten der aztekischen Gottheiten nach Teotl, dem höchsten und unsichtbaren Wesen, sowie Huitzilopochtli, dem Kriegsgott, geweiht; er wurde von den Azteken nur sechs Jahre vor der Entdeckung Amerikas durch Christoph Kolumbus nach dem Modell der Pyramiden von Teotihuacán erbaut. Diese abgestumpfte Pyramide, von Cortés als Haupttempel bezeichnet, hatte eine Breite von siebenundneunzig Metern an ihrer Basis und eine Höhe von etwa vierundfünfzig Metern. Es ist nicht überraschend, daß ein Bauwerk von solchen Dimensionen schon wenige Jahre nach der Belagerung von México zerstört sein konnte; in Ägypten ist von den ungeheuren Pyramiden, die sich inmitten des Mörissees erhoben und Herodot zufolge mit kolossalen Statuen geschmückt waren, kaum etwas erhalten geblieben; auch die Pyramiden von Porsenna, deren Beschreibung etwas fabelhaft klingt und von denen Varro zufolge vier mehr als achtzig Meter hoch waren, sind in Etrurien verschwunden.[7]

[7] PLINIUS, *Historia naturalis*, XXXVI, 19.

Wenn auch die europäischen Eroberer die *teocalli* der Azteken niedergerissen haben, so ist es ihnen doch nicht in gleicher Weise gelungen, jene älteren Monumente, die man der toltekischen Nation zuschreibt, zu zerstören. Wir wollen eine kurze Beschreibung dieser in Form und Größe bemerkenswerten Monumente liefern.

Die Pyramidengruppe von *Teotihuacán* liegt im Tal von México, acht Meilen nach Nordosten von der Hauptstadt enfernt, in einer Ebene, die den Namen *Micoatl* oder Totenweg trägt. Man sieht dort noch zwei große Pyramiden[8], geweiht der Sonne *(Tonatiuh)* und dem Mond *(Meztli)* und umgeben von mehreren Hundert kleinen Pyramiden, die exakt in Nord-Süd- und in Ost-West-Richtung verlaufende Gassen bilden. Von den beiden großen *teocalli* weist einer eine senkrechte Höhe von fünfundfünfzig, der andere von vierundvierzig Metern auf. Die Grundfläche des ersten ist zweihundertacht Meter lang; woraus folgt, daß der Tonatiuh Itzacual, nach den im Jahre 1803 durchgeführten Messungen des Herrn Oteyza, höher ist als Mykerinos, die dritte der drei großen Pyramiden von Gizeh in Ägypten, und daß seine Seitenlänge ungefähr der von Chephren entspricht. Die kleinen Pyramiden, welche die großen Häuser der Sonne und des Mondes umgeben, sind gerade neun bis zehn Meter hoch; nach der Überlieferung der Eingeborenen dienten sie als Grabstätte für die Stammeshäuptlinge. Auch rund um Cheops und Mykerinos in Ägypten beobachtet man acht kleine, mit großer Symmetrie und parallel zu den großen angeordnete Pyramiden. Die beiden *teocalli* von Teotihuacán hatten vier Hauptabsätze; jeder von ihnen war in kleine Stufen unterteilt, deren Kanten noch zu erkennen sind. Ihr Kern besteht aus mit kleinen Steinen vermengtem Ton; dieser ist mit einer dicken Mauer aus *tezontli* oder porösem Mandelstein ummantelt. Die Bauweise erinnert an eine der ägyptischen Pyramiden von Sakkara, die sechs Absätze aufweist und die, nach dem Bericht von Pococke[9], eine mit rohen Steinen verkleidete Anhäufung von Kieselsteinen und gelbem Mörtel ist. Auf den mexikanischen *teocalli* standen zuoberst zwei kolossale Statuen der Sonne und des Mondes; sie waren aus Stein und mit Goldplatten überzogen; diese Platten wurden von Cortés' Soldaten geraubt. Als der Bischof Zumárraga, ein Franziskaner, es unternahm, alles zu zerstören, was mit Kultus, Geschichte und Altertum der eingeborenen Völker Amerikas zu tun hatte, ließ er auch die Idole der Ebene von Micoatl zertrümmern. Doch es sind daselbst noch die Überreste einer aus großen behauenen

---

[8] Erläuterungen von Herrn LANGLÈS zu NORDENs *Voyage d'Égypte et de Nubie*, Band III, S. 327, Nr. 2.
[9] POCOCKE, *Voyages*, Ausgabe von Neuchâtel, 1752, Band I, S. 147.

VII. PYRAMIDE VON CHOLULA

Steinen erbauten Treppe zu entdecken, die einstmals auf die Plattform des *teocalli* führte.

Östlich der Pyramidengruppe von Teotihuacán, wenn man der Kordillere in Richtung des Golfs von Mexiko hinabfolgt, erhebt sich in einem dichten Wald, genannt *Tajín,* die Pyramide von Papantla; der Zufall hat sie vor nicht einmal dreißig Jahren durch spanische Jäger entdecken lassen, denn die Indianer ziehen es vor, den Weißen alles zu verbergen, was Gegenstand uralter Verehrung ist. Die Gestalt dieses *teocalli,* der sechs, vielleicht sogar sieben Stockwerke hat, ist schlanker als die aller anderen Monumente dieser Art: Seine Höhe beträgt ungefähr achtzehn Meter, bei einer Seitenlänge an der Basis von nur fünfundzwanzig Metern; folglich ist er fast um die Hälfte niedriger als die Pyramide des Gaius Cestius in Rom, welche dreiunddreißig Meter hoch ist. Dieses kleine Bauwerk ist ganz aus behauenen Steinen von außerordentlicher Größe und sehr schönem, regelmäßigem Zuschnitt errichtet; drei Treppen führen auf seine Spitze; die Verkleidung seiner Absätze ist mit hieroglyphischen Skulpturen und kleinen Nischen verziert, die mit großer Symmetrie angeordnet sind; die Zahl dieser Nischen scheint auf die dreihundertachtzig einfachen und zusammengesetzten Zeichen der Tage im *Cempohualilhuitl,* dem Kalender der Tolteken, anzuspielen.

Das größte, älteste und berühmteste aller Pyramidenmonumente von Anáhuac ist der *teocalli* von Cholula. Man nennt ihn heute *den von Menschenhand geschaffenen Berg (monte hecho a mano).* Sieht man ihn von weitem, könnte man ihn tatsächlich für einen mit Vegetation bedeckten natürlichen Hügel halten. Auf der siebten Tafel ist diese Pyramide in ihrem gegenwärtigen Verfallszustand dargestellt.

Die weite Ebene von Puebla ist durch die vulkanische Gebirgskette, die sich vom Popocatépetl bis zum Río Frío und dem Pic von Telapon hinzieht, vom Tal von México getrennt.[10] Diese fruchtbare, doch baumlose Ebene, ist reich an interessanten Zeugnissen aus der mexikanischen Geschichte: Sie umfaßt die Hauptstädte der drei Republiken von Tlaxcala, von Huejotzingo und von Cholula, welche trotz all ihrer ständigen Zwistigkeiten dem Despotismus und der Machtanmaßung der aztekischen Könige widerstanden.

Die kleine Stadt Cholula, die Cortés in seinen Briefen an Kaiser Karl V. mit den volkreichsten Städten Spaniens vergleicht, zählt heute kaum noch sechzehntausend Einwohner. Die Pyramide befindet sich östlich der Stadt, an der Straße nach Puebla. Ihre Westseite ist sehr gut erhalten, und diese zeigt auch unser

---

[10] Siehe meinen mexikanischen Atlas, Tafeln III und IX.

Kupferstich. Die Ebene von Cholula bietet jenen Charakter von Nacktheit, der mehr als zweitausendzweihundert Meter über dem Ozean liegenden Plateaus eigentümlich ist; im Vordergrund sind einige Agavenpflanzen und Drachenbäume zu erkennen; in der Ferne entdeckt man den schneebedeckten Gipfel des Vulkans Orizaba, ein kolossaler Berg von fünftausendzweihundertfünfundneunzig Metern absoluter Höhe, von dem ich eine Zeichnung im mexikanischen Atlas, Tafel XVII, veröffentlicht habe.

Der *teocalli* von Cholula besteht aus vier Absätzen, alle von gleicher Höhe. Er scheint genau nach den vier Kardinalpunkten ausgerichtet zu sein; doch da die Kanten der Absätze nicht mehr sehr deutlich sind, ist es schwierig, ihre ursprüngliche Richtung zu erkennen. Dieses Pyramidenmonument hat eine größere Grundfläche als alle Bauwerke dieser Art, die man auf dem alten Kontinent gefunden hat. Ich habe es sorgfältig ausgemessen und mich davon überzeugt, daß seine senkrechte Höhe nur vierundfünfzig Meter beträgt, jede Seite seiner Grundfläche indes vierhundertneunundreißig Meter lang ist. Torquemada gibt ihm siebenundsiebzig, Betancourt fünfundsechzig, Clavijero einundsechzig Meter Höhe. Bernal Díaz del Castillo, einfacher Soldat in Cortés' Expedition, vergnügte sich damit, die Treppenstufen zu zählen, die zur Plattform der *teocalli* führten: Beim großen Tempel von Tenochtitlán fand er hundertvierzehn, hundertsiebzehn bei dem von Texcoco und hundertzwanzig bei dem von Cholula. Die Grundfläche der Pyramide von Cholula ist doppelt so groß wie die von Cheops, doch ihre Höhe übersteigt die von Mykerinos nur um weniges. Vergleicht man die Dimensionen des Sonnenhauses in Teotihuacán mit denen der Pyramide von Cholula, so sieht man, daß das Volk, welches diese bemerkenswerten Monumente errichtete, die Absicht hatte, ihnen die gleiche Höhe, doch Grundflächen mit Seitenlängen im Verhältnis eins zu zwei zu geben. Was die Proportion von Grundfläche und Höhe angeht, so findet man große Unterschiede zwischen den verschiedenen Monumenten. Bei den drei großen Pyramiden von Gizeh stehen Höhe und Grundfläche in einem Verhältnis von 1 zu 1 $^7/_{10}$; bei der mit Hieroglyphen bedeckten Pyramide von Papantla beträgt es 1 zu 1 $^4/_{10}$; bei der großen Pyramide von Teotihuacán 1 zu 3 $^7/_{10}$; und bei der von Cholula 1 zu 7 $^8/_{10}$. Letzteres Monument ist aus ungebrannten Ziegelsteinen *(xamilli)* im Wechsel mit Tonschichten erbaut. Indianer aus Cholula haben mir versichert, das Innere der Pyramide sei hohl und während des Aufenthaltes von Cortés in ihrer Stadt hätten ihre Ahnen eine große Zahl von Kriegern darin versteckt, um sie überraschend über die Spanier herfallen zu lassen; doch das Material, aus dem dieser *teocalli* erbaut ist,

TAFEL VII

sowie das Schweigen der Geschichtsschreiber jener Zeit[11] lassen diese Behauptung sehr unwahrscheinlich erscheinen.

Es steht jedoch außer Zweifel, daß es im Inneren dieser Pyramide, wie in anderen *teocalli,* beträchtliche Hohlräume gab, die den Eingeborenen als Grabstätten dienten; ein besonderer Umstand hat zu ihrer Entdeckung geführt. Vor sieben oder acht Jahren wurde die Straße von Puebla nach México, die früher nördlich an der Pyramide vorbeiführte, verlegt; um diese Straße zu begradigen, hat man den ersten Absatz durchbrochen, so daß ein Achtel davon abgetrennt wurde und als ein Haufen Ziegel übrigblieb. Bei diesem Durchbruch wurde im Inneren der Pyramide ein quadratisches Haus entdeckt, aus Steinen erbaut und gestützt von Balken aus dem Holz der Sumpfzypresse *(Cupressus disticha);* es enthielt zwei Leichname, Idole aus Basalt und eine Vielzahl kunstvoll glasierter und bemalter Vasen. Man machte sich nicht die Mühe, diese Gegenstände aufzubewahren; doch es wird versichert, man habe sich sorgfältig überzeugt, daß dieses von Ziegeln und Tonschichten bedeckte Haus keinerlei Ausgänge hatte. Nimmt man an, die Pyramide sei nicht von den Tolteken, den ersten Bewohnern von Cholula, sondern von Gefangenen erbaut worden, welche die Cholulaner bei benachbarten Völkern gemacht hatten, so möchte man glauben, diese Leichname gehörten ein paar unglücklichen Sklaven, die man vorsätzlich im Inneren des *teocalli* hatte zugrunde gehen lassen. Wir haben die Überreste dieses unterirdischen Hauses wiedergefunden und darin eine eigentümliche Anordnung der Ziegel beobachtet, die den auf dem Dach lastenden Druck mindern sollte. Da die Eingeborenen keine Gewölbe zu bauen verstanden, legten sie sehr breite Ziegel horizontal so aufeinander, daß die oberen über die unteren ragten; dies ergab ein stufenförmiges Gefüge, das gewissermaßen den gotischen Bogen ersetzte; ähnliche Überreste sind auch in ägyptischen Bauwerken gefunden worden. Es wäre interessant, eine Galerie durch den Teocalli von Cholula zu graben, um seine innere Bauweise zu untersuchen, und es ist erstaunlich, daß die Begierde nach verborgenen Schätzen nicht längst zu dieser Unternehmung geführt hat. Als ich auf meiner Reise durch Peru die weitläufigen Ruinen der Stadt Chimú bei Mansiche besuchte, drang ich ins Innere der berühmten *Huaca de Toledo* vor, Grab eines peruanischen Prinzen, durch das Garci Gutiérrez de Toledo 1576 eine Galerie angelegt und dabei massives Gold im Wert von über fünf Millionen Franc gefunden hatte, wie es die Rechnungsbücher im Rathaus von Trujillo belegen.

[11] HERNÁN CORTÉS, *Cartas*, México 1770, S. 69.

Auf dem großen Teocalli von Cholula, auch bekannt als der Berg aus ungebrannten Ziegeln, stand zuoberst ein Quetzalcoatl, dem Gott der Luft, geweihter Altar. Dieser Quetzalcoatl (dessen Name grüngefiederte Schlange bedeutet, von *coatl*, Schlange, und *quetzalli*, grüne Feder) ist wohl das geheimnisvollste Wesen der gesamten mexikanischen Mythologie: Er war ein weißer, bärtiger Mann wie der Bochica der Muisca, über den wir weiter oben bei der Beschreibung des Wasserfalls von Tequendama berichtet haben; er war Hoherpriester in Tula *(Tollan)*, Gesetzgeber und Oberhaupt einer religiösen Sekte, und er erlegte sich, gleich den Sonyasi und den Buddhisten Hindostans, die grausamsten Bußübungen auf. Er führte den Brauch ein, sich Lippen und Ohren zu durchbohren und den übrigen Körper mit den Spitzen von Agavenblättern oder mit Kaktusstacheln zu verletzen, worauf Schilfrohre in die Wunden gesteckt wurden, damit man das Blut reichlicher fließen sah. Auf einer mexikanischen Zeichnung, die in der Bibliothek des Vatikan aufbewahrt wird[12], habe ich eine Darstellung des Quetzalcoatl gesehen, wie er durch seine Buße den Zorn der Götter besänftigt, als dreizehntausendundsechzig Jahre nach der Erschaffung der Welt (ich folge der von Pater Ríos überlieferten, sehr vagen Chronologie) in der Provinz Culán eine große Hungersnot herrschte: Der Heilige hatte sich in der Nähe von Tlaxapuchicalco auf den Vulkan Catcitepetl *(sprechender Berg)* zurückgezogen, wo er barfuß über mit Stacheln bewehrte Agavenblätter wandelte. Man meint, einen jener Rishis, jener Einsiedler am Ganges zu sehen, deren strenge Frömmigkeit in den Puranas besungen wird.[13]

Die Herrschaft des Quetzalcoatl war das goldene Zeitalter der Völker von Anáhuac; damals lebten alle Tiere und selbst die Menschen in Frieden, die Erde brachte, ohne daß man sie bestellte, die reichsten Ernten hervor, die Luft war erfüllt von mannigfaltigen Vögeln, die man wegen ihres Gesangs und der Schönheit ihres Gefieders bewunderte. Doch diese Herrschaft, gleich der des Saturn, und das Glück der Welt waren nicht von langer Dauer: Der große Geist Tezcatlipoca, der Brahma der Völker Anáhuacs, reichte Quetzalcoatl einen Trank, der ihn unsterblich machte und ihm zugleich den Geschmack am Reisen einflößte, vor allem das unwiderstehliche Verlangen, ein fernes Land zu besuchen, das die Überlieferung Tlapallan nennt.[14] Die Ähnlichkeit dieses Namens mit dem von Huehuetlapallan, der Heimat der Tolteken, scheint kein Zufall zu sein; doch wie läßt sich erklären, daß dieser weiße Mann, Priester von Tula, sich nach *Südosten*

---
[12] *Codex anonymus*, Nr. 3738, Blatt 8.
[13] SCHLEGEL, *Über Sprache und Weisheit der Indier*, S. 132.
[14] CLAVIJERO, *Storia antica del Messico*, Band II, S. 12.

gewandt hat, wie wir bald sehen werden, nach den Ebenen von Cholula und von dort weiter nach den östlichen Küsten Mexikos, um jenes *nördliche* Land zu erreichen, aus dem seine Ahnen im Jahr 596 unserer Zeitrechnung ausgezogen waren?

Als Quetzalcoatl das Gebiet von Cholula durchquerte, gab er den Bitten der Bewohner nach, die ihm die Zügel der Regierung anboten; er blieb zwanzig Jahre bei ihnen, lehrte sie, Metalle zu schmelzen, führte die großen Fastenzeiten von achtzig Tagen ein und regelte die Einschaltungen des toltekischen Jahres; er ermahnte die Menschen zum Frieden; er wollte nicht, daß man der Gottheit andere Gaben darbot als die Erstlinge der Ernten. Von Cholula zog Quetzalcoatl weiter zur Mündung des Flusses Coatzacoalcos und verschwand dort, nachdem er den Cholulanern *(Chololtecatles)* hatte verkünden lassen, er werde nach einiger Zeit zurückkommen, um sie wieder zu regieren und ihr Glück zu erneuern.

Die Nachfahren dieses Heiligen waren es, die der unglückliche Moctezuma in den Waffengefährten von Cortés zu erkennen glaubte: »Wir wissen aus unseren Büchern«, sagt er in seiner ersten Unterredung mit dem spanischen General, »daß ich und alle, die dieses Land bewohnen, keine Eingeborenen, sondern von weit her gekommene Fremde sind. Wir wissen auch, daß der Anführer unserer Ahnen für einige Zeit in seine erste Heimat zurückging und dann zurückkam, um diejenigen zu holen, die sich hier niedergelassen hatten; doch er fand sie mit den Frauen dieses Erdstrichs verheiratet, mit einer großen Nachkommenschaft und in Städten lebend, die sie erbaut hatten; die Unseren wollten ihrem früheren Herrn nicht mehr gehorchen, und er ging allein zurück. Wir haben immer geglaubt, daß seine Nachfahren eines Tages kommen würden, um dieses Land in Besitz zu nehmen. Da Ihr nun daher kommt, wo die Sonne geboren wird, und da Ihr uns, wie Ihr mir versichert, seit langem kennt, vermag ich nicht daran zu zweifeln, daß der König, der Euch schickt, unser natürlicher Herr ist.«[15]

Noch heute gibt es unter den Indianern von Cholula eine weitere höchst bemerkenswerte Überlieferung, nach der die große Pyramide nicht ursprünglich dem Kult des Quetzalcoatl zugedacht gewesen sei. Nach meiner Rückkehr nach Europa, als ich in Rom die Manuskripte der Vatikanischen Bibliothek untersuchte, habe ich gesehen, daß sich ebendiese Überlieferung auch in einem Manuskript von Pedro de los Ríos verzeichnet findet, eines Dominikaners, der 1566 alle hieroglyphischen Malereien, die er sich beschaffen konnte, vor Ort kopierte. »Vor der großen Überschwemmung *(apachihuiliztli)*, welche sich viertausendacht-

[15] Erster Brief von CORTÉS, § XXI und XXIX.

Jahre nach der Erschaffung der Welt ereignete, war das Land Anáhuac von Riesen *(Tzocuillixeque)* bewohnt; alle, die nicht umkamen, wurden in Fische verwandelt, mit Ausnahme von sieben, die sich in Höhlen flüchteten. Als die Fluten abgeflossen waren, ging einer dieser Riesen, Xelhua, genannt der Baumeister, nach Chollolan und errichtete dort zum Andenken an den Berg Tlaloc, der ihm und seinen sechs Brüdern Zuflucht geboten hatte, einen künstlichen Hügel in Gestalt einer Pyramide. Die Ziegel ließ er in der Provinz Tlalmanalco anfertigen, am Fuß der Sierra de Cocotl, und um sie nach Cholula zu transportieren, ließ er eine Kette von Menschen bilden, die sie sich von Hand zu Hand reichten. Die Götter sahen dieses Bauwerk, dessen Gipfel die Wolken erreichen sollte, voller Groll; erzürnt über Xelhuas Kühnheit, schleuderten sie Feuer gegen die Pyramide; viele Arbeiter kamen um, das Werk wurde nicht fortgesetzt, und man weihte es später dem Gott der Luft, Quetzalcoatl.«

Diese Geschichte erinnert an alte Überlieferungen aus dem Orient, welche die Hebräer in ihren heiligen Büchern niedergeschrieben haben. Zu Cortés' Zeiten bewahrten die Cholulaner einen Stein auf, der, in eine Feuerkugel gehüllt, aus den Wolken auf den Gipfel der Pyramide gefallen war; dieser Aerolith hatte die Gestalt einer Kröte. Um das hohe Alter jener Fabel von Xelhua zu belegen, merkt Pater Ríos an, sie sei Teil eines Liedes, das die Cholulaner bei ihren Festen sangen, wenn sie um den Teocalli tanzten, und dieses Lied beginne mit den Worten *Tulanian hululaez,* die keiner gegenwärtigen Sprache Mexikos angehören. In allen Teilen des Globus, auf dem Rücken der Kordilleren wie auf der Insel Samothrake im Ägäischen Meer, haben sich in den religiösen Riten Bruchstücke ursprünglicher Sprachen erhalten.

Die Plattform der Pyramide von Cholula, auf der ich viele astronomische Beobachtungen angestellt habe, ist viertausendzweihundert Quadratmeter groß. Man genießt dort eine herrliche Aussicht auf den Popocatépetl, den Iztaccíhuatl, den Pic von Orizaba und die Sierra von Tlaxcala, welche für die Gewitter berühmt ist, die sich um ihren Gipfel ballen; man sieht gleichzeitig drei Berge, die höher sind als der Mont-Blanc, und zwei davon sind noch tätige Vulkane. Eine kleine Kapelle, von Zypressen umstanden und Unserer Lieben Frau de los Remedios geweiht, hat den Tempel des Gottes der Luft, des mexikanischen Indra, ersetzt: Ein indianischer Geistlicher zelebriert auf dem Gipfel dieses antiken Monuments täglich die Messe.

Zu Cortés' Zeiten wurde Cholula als heilige Stadt angesehen; nirgendwo sonst fand man eine größere Zahl von Teocalli, mehr Priester und religiöse Orden *(tlamacazque)*, einen herrlicheren Kultus und größere Strenge in den Fasten- und Bußübungen. Die Einführung des Christentums und der Symbole der neuen Religion unter den Indianern haben die Erinnerung an den alten Kultus nicht vollständig ausgelöscht: Das Volk pilgert in Massen und von weit her zum Gipfel der Pyramide, um dort das Fest der Heiligen Jungfrau zu begehen; eine geheime Furcht, ein heiliger Respekt ergreifen den Eingeborenen beim Anblick dieses ungeheuren, mit Gebüsch und immer frischem Rasen bedeckten Ziegelberges.

Weiter oben haben wir auf die große Ähnlichkeit in der Bauweise hingewiesen, die zwischen den mexikanischen Teocalli und dem Tempel des Bel oder Belus in Babylon zu beobachten ist; diese Ähnlichkeit war bereits Herrn Zoëga aufgefallen, wenngleich er sich nur sehr lückenhafte Beschreibungen der Pyramidengruppe von Teotihuacán hatte beschaffen können.[16] Herodot zufolge, der Babylon besuchte und den Tempel des Belus sah, hatte dieses pyramidenförmige Monument acht Absätze; seine Höhe betrug ein Stadium, und die Breite seiner Grundfläche kam dieser Höhe gleich; die Mauer, welche die äußere Begrenzung bildete, der περίβολος [perίbolos, Ringmauer], maß zwei Stadien im Quadrat (ein gemeines olympisches Stadium betrug hundertdreiundachtzig Meter, das ägyptische Stadium nur achtundneunzig[17]). Die Pyramide war aus Ziegeln und Asphalt erbaut; sie hatte einen Tempel (ναός [naós]) auf ihrem Gipfel und einen weiteren an ihrer Basis. Der erste war, laut Herodot, nicht mit Statuen versehen; er enthielt nur einen goldenen Tisch und ein Bett, auf dem eine von dem Gott Belus erwählte Frau ruhte.[18] Diodor von Sizilien dagegen versichert, daß dieser obere Tempel einen Altar und drei Statuen enthielt, denen er, gemäß den Ideen des griechischen Kultus, die Namen Jupiter, Juno und Rhea gibt[19]; doch diese Statuen und das gesamte Monument existierten zur Zeit von Diodor und Strabo gar nicht mehr. Bei den mexikanischen Teocalli unterschied man, wie bei dem Bel-Tempel, den unteren *naós* von dem, der auf der Plattform der Pyramide stand; auf ebendiese Unterscheidung wird in den Briefen von Cortés deutlich hingewiesen, ebenso in der Geschichte der Eroberung aus der Feder von Bernal Díaz, der mehrere Monate im Palast des Königs Axayacatl und somit gegenüber dem Teocalli von Huitzilopochtli wohnte.

Keiner der Autoren des Altertums, weder Herodot noch Strabo[20], Diodor, Pausanias[21], Arrian[22] oder Quintus Curtius[23], geben einen Hinweis darauf, daß der

---

[16] ZOËGA, *De origine et usu obeliscorum*, S. 380.
[17] VINCENT, *Voyage de Néarque*, S. 56.
[18] HERODOT, Buch I, Kap. 181–183.
[19] DIODORUS SICULUS, ed. Wesseling, Band I, Buch 2, S. 125.
[20] STRABO, Buch XVI, 211.
[21] PAUSANIAS, Buch VIII, ed. Xylandri, S. 509, Anm. 31.
[22] ARRIANUS, *Anabasis*, Buch VII, 17.
[23] QUINTUS CURTIUS, Buch V, 1 und 37.

Belus-Tempel nach den vier Kardinalpunkten ausgerichtet war, wie es bei den ägyptischen und mexikanischen Pyramiden der Fall ist. Plinius bemerkt nur, daß Belus als Erfinder der Astronomie angesehen wurde: *Inventor hic fuit sideralis scientiae* [Er war der Erfinder der Sternenkunde].[24] Diodor berichtet, der babylonische Tempel habe den Chaldäern als Observatorium gedient: »Man stimmt darin überein, daß dieses Bauwerk von außergewöhnlicher Höhe war und daß die Chaldäer von dort ihre Beobachtung der Gestirne betrieben, denn wegen der Höhe des Gebäudes war deren Auf- und Untergang sehr gut zu sehen.« Die mexikanischen Priester *(teopixqui)* beobachteten die Position der Gestirne ebenfalls von den Teocalli aus und zeigten dem Volk mit Hörnerschall die Stunden der Nacht an.[25] Diese Teocalli sind im Zeitraum zwischen Mahomets Lebenszeit und der Herrschaft von Ferdinand und Isabella erbaut worden, und man sieht nicht ohne Erstaunen, daß amerikanische Bauwerke, deren Form mit der eines der ältesten Monumente am Euphrat beinahe identisch ist, einer uns so nahen Zeit angehören.

Betrachtet man die Pyramidenmonumente Ägyptens, Asiens und des neuen Kontinents unter ein und demselben Blickwinkel, so erkennt man, daß sie trotz der Ähnlichkeit ihrer Form sehr verschiedene Bestimmungen hatten. Die zu Gruppen versammelten Pyramiden von Gizeh und Sakkara in Ägypten; die dreieckige Pyramide der Skythenkönigin Zarina, ein Stadium hoch, drei breit und mit einer kolossalen Statue geschmückt[26]; die vierzehn etruskischen Pyramiden, die im Labyrinth des Königs Porsenna in Clusium gestanden haben sollen, sie alle waren erbaut worden, um hervorragenden Persönlichkeiten als Grabstätte zu dienen. Nichts ist den Menschen natürlicher, als den Ort zu kennzeichnen, an dem die Überreste jener ruhen, deren Andenken ihnen teuer ist. Zuerst sind es einfache Erdhaufen, später dann *tumuli* von erstaunlicher Höhe; die der Chinesen und der Tibetaner sind nur ein paar Meter hoch[27]; weiter nach Westen werden sie immer größer: Der *tumulus* des Königs Alyattes, Vater des Krösus, in Lydien maß sechs Stadien; der des Ninus über zehn Stadien im Durchmesser.[28] Der Norden Europas bietet die Grabstätten des skandinavischen Königs Gormus und der Königin Daneboda, die mit Erdhaufen von dreihundert Metern Breite und über dreißig Metern Höhe bedeckt sind. Solche *tumuli* finden sich in beiden Hemisphären wieder, in Virginia und Kanada ebenso wie in Peru, wo zahlreiche

---

[24] PLINIUS, *Historia naturalis*, Buch VI, 30.
[25] GAMA, *Descripción histórica y cronológica de las dos piedras*, México 1792, S. 15.
[26] DIODORUS SICULUS, Buch II, Kap. 34.
[27] DUHALDE, *Description de la Chine*, Band II, S. 126. *Asiatick Researches*, Band II, S. 314.
[28] HERODOT, Buch I, Kap. 93. KTESIAS bei DIODORUS SICULUS, Buch II, Kap. 7.

Galerien, aus Stein erbaut und durch Schächte miteinander verbunden, das Innere der *huacas* oder künstlichen Hügel durchziehen. Der Luxus Asiens hat es verstanden, diese rohen Monumente auszuschmücken, ohne ihre ursprüngliche Form aufzugeben: Die Gräber von Pergamon bilden irdene Kegel auf einer Ringmauer, die mit Marmor verkleidet zu sein schien.[29]

Die mexikanischen Teocalli oder Pyramiden waren zugleich Tempel und Gräber. Weiter oben haben wir angemerkt, daß die Ebene, auf der sich die Häuser der Sonne und des Mondes von Teotihuacán erheben, den Namen *Totenweg* trägt; doch der wesentlichste und zentrale Teil eines Teocalli war die Kapelle, der *naós*, auf dem höchsten Punkt des Gebäudes. Am Anfang der Zivilisation wählen die Völker erhabene Orte, um dort den Göttern zu opfern. Die ersten Altäre, die ersten Tempel wurden auf Bergen errichtet; wenn diese Berge frei stehen, verleiht man ihnen gerne regelmäßige Formen, indem man sie in Absätze gliedert und Stufen hineinschlägt, um leichter zum Gipfel aufzusteigen. Beide Kontinente bieten zahlreiche Beispiele solcher in Terrassen unterteilten und mit Ziegel- oder Steinmauern verkleideten Hügel. Die Teocalli scheinen mir nichts anderes zu sein als inmitten einer Ebene errichtete künstliche Hügel, dazu bestimmt, Altären als Standort zu dienen. Denn tatsächlich gibt es nichts Imposanteres als ein Opfer, das von einem ganzen Volk zugleich gesehen werden kann! Die Pagoden Hindostans dagegen haben mit den mexikanischen Tempeln nichts gemein: Die von Tanjore, von der wir Herrn Daniell prächtige Zeichnungen verdanken[30], ist zwar ein Turm mit mehreren Absätzen; doch der Altar befindet sich nicht auf dem Gipfel des Bauwerkes.

Die Pyramide des Bel war zugleich Tempel und Grab dieses Gottes; Strabo spricht bei diesem Monument nicht einmal von einem Tempel, er nennt es einfach das *Grab des Belus*. In Arkadien trug der *tumulus* (χῶμα [chōma, Grabhügel]), der die Asche der Kallisto enthielt, auf seinem Gipfel einen Diana-Tempel: Pausanias beschreibt ihn als einen von Menschenhand geschaffenen und mit uralter Vegetation bedeckten Kegel.[31] Dies ist ein sehr bemerkenswertes Monument, bei dem der Tempel nur noch Beiwerk ist; es dient gleichsam als Übergang zwischen den Pyramiden von Sakkara und den mexikanischen Teocalli.[32]

---

[29] CHOISEUL-GOUFFIER, *Voyage pittoresque de la Grèce*, Band II, S. 27–31.
[30] *Oriental Scenery*, Tafel XVII.
[31] PAUSANIAS, Buch VIII, Kap. 35.
[32] Siehe meinen *Essai politique sur le royaume de la Nouvelle-Espagne*, S. 169, 187, 239 und 274.

TAFEL VIII

Abgetrennter Teil der Pyramide von Cholula

DAS MONUMENT VON CHOLULA ist so stark bewachsen, daß es sehr schwierig ist, die Bauweise der großen Absätze zu untersuchen. Die spanischen Geschichtsschreiber des 16. Jahrhunderts, von denen mehrere Mexiko zur Zeit des Moctezuma oder wenige Jahre nach seinem Tod besucht haben, berichten, das gesamte Bauwerk sei aus Ziegeln errichtet. Als ich in Rom in der Bibliothek des Vatikan das Manuskript des Pater Pedro de los Ríos[33] durchsah, fand ich, wie weiter oben vermerkt, daß die Bewohner von Cholula einer alten Überlieferung gemäß glaubten, die Ziegel für den Bau des Teocalli seien in der Provinz Tlalmanalco, am Fuß des Berges Cocotl, hergestellt worden, und man habe mit Gefangenen eine Kette gebildet, um die Ziegel über eine Entfernung von mehreren Meilen, von Cocotl bis Cholula, von Hand zu Hand weiterzureichen. Diese Überlieferung, die an die fabelhaftesten Züge der arabischen Märchen erinnert, findet sich bei den Peruanern wieder: Diejenigen vom Plateau von Cuzco, die sich als Bewohner eines heiligen Ortes betrachten, versichern, daß der Inka Túpac Yupanqui, als er sich des Reichs von Quito *(Quitu)* bemächtigte, ungeheure Blöcke aus den Steinbrüchen bei Cuzco dorthin transportieren ließ, um in den neu eroberten Ländern Sonnentempel errichten zu lassen.

Die innere Bauweise der Pyramide von Cholula habe ich an zwei verschiedenen Stellen erkennen können: in der Nähe der Spitze, auf der dem Vulkan Popocatépetl zugewandten Seite, und auf der Nordseite, wo der erste Absatz von der neuen Straße von Puebla nach México durchschnitten wird. Beim Bau dieser Straße ist ein Ende dieses Absatzes vom Rest der Masse abgetrennt worden. Die achte Tafel bildet diesen abgetrennten Teil ab: Man erkennt darin Ziegellagen im Wechsel mit Tonschichten. Die Ziegel sind gewöhnlich acht Zentimeter hoch und

---

[33] *Codex Vaticanus Anonymus,* Nr. 3738, Blatt 10.

TAFEL VIII

vierzig lang; ich hatte den Eindruck, sie seien nicht gebrannt, sondern bloß in der Sonne getrocknet; indes mag es auch sein, daß sie doch leicht gebrannt und von der Luftfeuchtigkeit brüchig geworden sind. Vielleicht finden sich im Inneren der Pyramide, in den Teilen, die das ungeheure Gewicht der gesamten Masse tragen, keine Tonschichten zwischen den Ziegellagen. Herr Zoëga[34] hatte angenommen, jedoch zu Unrecht, der Teocalli von Cholula sei ein echtes χῶμα [chõma, Grabhügel], ein äußerlich mit einer Ziegelschicht überzogener Erdhaufen; bereits Gemelli, den Robertson und andere erstrangige Geschichtsschreiber weit größerer Ungenauigkeit bezichtigen, als er es verdient, bezeichnete dieses Bauwerk als Erdpyramide.[35]

Der Bau des Teocalli erinnert, wie wir weiter oben bemerkt haben, an die ältesten Monumente, bis zu welchen die Geschichte der Zivilisation unserer Gattung zurückreicht. Der Tempel des Jupiter Belus, den die Mythologie der Inder mit dem Namen Bali[36] zu bezeichnen scheint, die Pyramiden von Medum und Daschur und einige aus der Gruppe von Sakkara in Ägypten waren ebenfalls nichts als riesige Ziegelhaufen, deren Überreste sich über dreißig Jahrhunderte hinweg bis heute erhalten haben.

[34] *De origine et usu obeliscorum,* S. 380.
[35] *Giro del Mondo,* Band VI, S. 135.
[36] FRA PAOLINO DA S. BARTOLOMEO, *Viaggio alle Indie Orientali,* S. 241.

TAFEL IX

Monument von Xochicalco

DAS BEMERKENSWERTE MONUMENT, von dem diese Tafel ein mit Skulpturen bedecktes Bruchstück zeigt, wird im Lande als ein *militärisches Monument* angesehen. Im Südosten der Stadt Cuernavaca (dem alten Cuauhnáhuac), auf dem westlichen Abhang der Kordillere von Anáhuac, in jener glücklichen Region, welche die Bewohner mit dem Namen *tierra templada* (gemäßigte Region) bezeichnen, weil dort ein ewiger Frühling herrscht, erhebt sich ein freistehender Hügel, der nach den barometrischen Messungen des Herrn Alzate von seiner Basis aus hundertsiebzehn Meter hoch ist. Dieser Hügel befindet sich westlich des Weges, der von Cuernavaca zum Dorf Miacatlán führt. Die Indianer nennen ihn in mexikanischer oder aztekischer Sprache *Xochicalco* oder das *Haus der Blumen*. Wir werden im Verlauf dieses Berichts sehen, daß die Etymologie dieses Namens ebenso ungewiß ist wie der Zeitpunkt der Erbauung des Monuments, das man den Tolteken zuschreibt. Diese Nation ist für die mexikanischen Altertumsforscher das, was die pelasgischen Siedler lange für die italienischen waren. Alles, was sich in grauer Vorzeit verliert, wird als das Werk eines Volkes angesehen, bei dem man die ersten Keime der Zivilisation zu finden glaubt.

Der Hügel von Xochicalco ist eine Felsmasse, der die Hand des Menschen eine recht regelmäßige Kegelgestalt verliehen hat und die in fünf Absätze oder Terrassen unterteilt ist, eine jede mit Mauerwerk verkleidet. Die Absätze haben eine senkrechte Höhe von etwa zwanzig Metern. Sie werden zur Spitze hin schmaler, wie bei den aztekischen Teocalli oder Pyramiden, deren Gipfel mit einem Altar geschmückt war. Alle Terrassen sind gegen Südwesten abschüssig, vielleicht um das Abfließen des in dieser Gegend reichlich niedergehenden Regenwassers zu erleichtern. Der Hügel ist von einem recht tiefen und sehr breiten Graben umgeben, so daß die gesamte Befestigung einen Umfang von fast viertausend Metern hat. Diese beträchtlichen Ausmaße dürfen uns nicht erstaunen: Auf dem Rücken der Kordilleren von Peru, in Höhen, die denen des Pic von Teneriffa nahekommen, haben wir, Herr Bonpland und ich, noch größere Monumente gesehen. Die Ebenen Kanadas weisen Verteidigungslinien und Befestigungen von außerordentlicher Länge auf. Alle diese amerikanischen Werke ähneln denen, die man täglich im östlichen Teil Asiens entdeckt, wo Völker mongolischer Rasse, vor allem die in der Zivilisation am weitesten fortgeschrittenen, Mauern erbaut haben, die ganze Provinzen voneinander scheiden.

Der Gipfel des Hügels von Xochicalco besteht in einer länglichen Plattform, die von Norden nach Süden zweiundsiebzig Meter breit und von Osten nach Westen sechsundachtzig Meter lang ist. Diese Plattform ist umgeben von einer Mauer aus behauenem Stein, deren Höhe zwei Meter übersteigt und die den Kämpfern zur Verteidigung diente. In der Mitte dieses geräumigen Waffenplatzes finden sich die Überreste eines Pyramidenmonuments, das fünf Absätze hatte und in der Form den Teocalli ähnelt, die wir weiter oben beschrieben haben. Allein der erste Absatz ist erhalten geblieben; dessen Zeichnung ist auf der neunten Tafel zu sehen. Die Eigentümer einer benachbarten Zuckerraffinerie waren so barbarisch, die Pyramide zu zerstören, indem sie Steine herausrissen und zum Bau ihrer Öfen verwendeten. Die Indianer von Tetlama versichern, daß 1750 noch alle fünf Absätze vorhanden waren; und aufgrund der Ausmaße der ersten Stufe kann man annehmen, daß das gesamte Bauwerk zwanzig Meter hoch war. Seine Seiten sind genau nach den vier Kardinalpunkten ausgerichtet. Die Grundfläche des Gebäudes ist 20,7 Meter lang und 17,4 Meter breit. Es ist erstaunlich, daß keine Spur einer Treppe zu entdecken ist, die zur Spitze der Pyramide führt, wo man einstmals, wie versichert wird, einen steinernen, mit Hieroglyphen verzierten Sitz *(ximotlalli)* fand.

Die Reisenden, welche dieses Werk der eingeborenen Völker Amerikas aus der Nähe betrachtet haben, sind voller Bewunderung für den polierten Glanz und den Schnitt der Steine, alle in Form eines Quaders; für die Sorgfalt, mit der sie ohne Mörtel zusammengefügt wurden, und für die Ausführung der Reliefs, welche die Absätze zieren: Jede Figur zieht sich über mehrere Steine hinweg, und da die Umrisse durch die Fugen nicht unterbrochen sind, darf man annehmen, daß die Reliefs erst nach Vollendung des Gebäudes angefertigt wurden. Unter den hieroglyphischen Ornamenten der Pyramide von Xochicalco erkennt man Krokodilsköpfe, die Wasser speien, und Figuren von Menschen, die nach Art der Völker

TAFEL IX

Asiens mit gekreuzten Beinen dasitzen. Bedenkt man, daß das Bauwerk auf einem mehr als dreizehnhundert Meter über dem Meeresspiegel hohen Plateau steht und daß die Krokodile nur in den Flüssen nahe der Küsten leben, so wundert man sich, daß der Baumeister, statt den Bergvölkern bekannte Pflanzen und Tiere abzubilden, für diese Reliefs gerade die riesenhaften Geschöpfe der heißen Zone ausgewählt hat.

Der Graben, der um den Hügel gezogen ist, die Verkleidung der Absätze, die große Zahl unterirdischer Gemächer, die auf der Nordseite in den Fels gehauen sind, die Mauer, welche die Annäherung an die Plattform verwehrt, all dies gibt dem Monument von Xochicalco einen militärischen Charakter. Noch heutzutage bezeichnen die Eingeborenen die Ruinen der Pyramide, die sich in der Mitte der Plattform erhob, mit einem Namen, der etwa Burg oder Zitadelle bedeutet. Die große Ähnlichkeit der Form, die man zwischen dieser vorgeblichen Zitadelle und den *Häusern der aztekischen Götter* (Teocalli) beobachtet, läßt mich vermuten, daß der Hügel von Xochicalco nichts anderes als ein *befestigter Tempel* war. Auch die Pyramide von Mexitli oder der große Tempel von Tenochtitlán enthielten ein Arsenal in ihren Mauern und dienten während der Belagerung bald den Mexikanern, bald den Spaniern als Festung. Aus den heiligen Büchern der Hebräer erfahren wir, daß im höchsten Altertum die Tempel Asiens, etwa der des Baal Berith zu Sichem in Kanaan, dem Gottesdienst geweihte Gebäude und zugleich Befestigungen waren, in welche die Bewohner einer Stadt sich vor den Angriffen des Feindes in Sicherheit brachten. Und tatsächlich, nichts ist den Menschen natürlicher, als die Stätten zu befestigen, in denen sie die Schutzgötter des Vaterlandes aufbewahren; nichts ist beruhigender, wenn das Gemeinwesen in Gefahr ist, als am Fuß der Altäre Zuflucht zu suchen und unter deren unmittelbarem Schutz zu kämpfen! Bei den Völkern, deren Tempel eine der ältesten Formen beibehalten hatten, die der Pyramide des Belus, entsprach die Bauweise des Monuments sowohl den Zwecken des Gottesdienstes als auch denen der Verteidigung. Bei den griechischen Tempeln bot allein schon die Mauer, die den $\pi\varepsilon\varrho\iota\beta o\lambda o\varsigma$ [perí-bolos, Ringmauer] bildete, den Belagerten Zuflucht.

Die Eingeborenen des Nachbardorfes von Tetlama besitzen eine vor der Ankunft der Spanier angefertigte Karte, der man seit der Eroberung einige Namen hinzugefügt hat; auf dieser Karte findet man an der Stelle des Monuments von Xochicalco die Figuren zweier Krieger, die mit Keulen kämpfen und die Namen Xochicatli und Xicatetli tragen. Wir werden hier den mexikanischen Altertumsforschern nicht in ihre etymologischen Erörterungen folgen, um zu erfahren, ob der eine dieser Krieger dem Hügel von Xochicalco seinen Namen gegeben hat oder ob das Bild der beiden Kämpfenden einfach eine Schlacht zwischen zwei benachbarten Völkern bezeichnet; oder schließlich, ob das Pyramidenmonument deshalb als *Haus der Blumen* benannt wurde, weil die Tolteken, wie die Peruaner, der Gottheit nur Früchte, Blumen und Weihrauch zum Opfer brachten. In der Nähe von Xochicalco war es auch, wo man vor dreißig Jahren einen einzelnen Stein fand, auf dem ein Relief einen Adler zeigte, der einen Gefangenen zerfleischte; ein Bild, das wohl auf einen Sieg anspielte, der von den Azteken über eine angrenzende Nation errungen wurde.

Die Zeichnung des Reliefs auf dem ersten Absatz ist nach einem Kupferstich kopiert, der 1791 in México veröffentlicht wurde. Ich hatte nicht die Gelegenheit, dieses bemerkenswerte Monument selbst zu besuchen. Als ich über die Südsee in Neu-Spanien angekommen war und im April 1803 von Acapulco nach Cuernavaca reiste, war mir die Existenz des Hügels von Xochicalco unbekannt, und ich bedaure, daß ich die Beschreibung des Herrn Alzate[37], korrespondierendes Mitglied der Pariser Akademie der Wissenschaften, nicht mit eigenen Augen überprüfen konnte. Da versäumt wurde, der Tafel IX einen Maßstab beizufügen, muß ich anmerken, daß die Höhe der mit gekreuzten Beinen sitzenden Figuren 1,03 Meter beträgt.

[37] JOSÉ ANTONIO ALZATE Y RAMÍREZ, *Descripción de las antigüedades de Xochicalco*, Mexicó 1791.
PIETRO MÁRQUEZ, *Due antichi monumenti di architettura messicana illustrati*, Roma 1804.

TAFEL X

Vulkan Cotopaxi

BEI MEINER OBIGEN BESCHREIBUNG des Tals von Icononzo habe ich bemerkt, daß die ungeheure Höhe der Plateaus, welche die hohen Gipfel der Kordilleren umgeben, bis zu einem gewissen Grad den Eindruck mindern, den diese gewaltigen Massen in der Seele eines an die majestätischen Szenen der Alpen und der Pyrenäen gewöhnten Reisenden hinterlassen. In allen Klimaten ist es weniger die absolute Höhe der Gebirge als vielmehr ihr Aussehen, ihre Form und ihre Anordnung, die der Landschaft einen eigentümlichen Charakter verleihen.

Diese Physiognomie der Berge habe ich mich in einer Reihe von Zeichnungen darzustellen bemüht, von denen einige bereits in dem *Atlas géographique et physique* erschienen sind, der meinen *Essai politique sur le royaume de la Nouvelle-Espagne* begleitet. Mir schien es für die Geologie von großem Interesse zu sein, die Formen der Gebirge in den entlegensten Teilen des Globus vergleichen zu können, wie man die Formen der Pflanzen in verschiedenen Klimaten vergleicht. Für diese wichtige Arbeit sind erst wenige Materialien zusammengetragen worden. Ohne die Hilfe geodätischer Instrumente, mit denen man sehr kleine Winkel messen kann, ist es nahezu unmöglich, die Umrisse mit großer Genauigkeit zu bestimmen. Zur selben Zeit, da ich in der südlichen Hemisphäre, auf dem Rücken der Andenkordillere, mit solchen Messungen befaßt war, zeichnete Herr Osterwald mit Hilfe eines vortrefflichen Geometers, Herrn Tralles, nach einer ähnlichen Methode die Kette der Schweizer Alpen, wie sie sich vom Ufer des Neuenburger Sees her darstellt. Diese Ansicht, die kürzlich veröffentlicht wurde, ist so genau, daß man, da die Entfernung jedes Gipfels bekannt ist, allein mittels der Maße der Umrisse in der Zeichnung ihre relative Höhe berechnen könnte. Herr Tralles hat sich dafür eines Repetitionszirkels bedient. Die Winkel, mit deren Hilfe ich die Größe der verschiedenen Teile eines Gebirges ermittelt habe, sind mit einem

Ramsden-Sextanten abgenommen worden, dessen Rand mit Sicherheit sechs bis acht Sekunden anzeigte. Wiederholte man diese Arbeit von Jahrhundert zu Jahrhundert, so könnte man die zufälligen Veränderungen verfolgen, welche die Erdoberfläche erfährt. In einem von Erdbeben erschütterten und von Vulkanen heimgesuchten Land läßt sich die Frage schwer beantworten, ob die Berge sich senken oder ob sie sich vielmehr durch ausgeworfene Asche und Schlacken unmerklich erhöhen. Einfache Höhenwinkel, an festgelegten Stationen abgenommen, würden diese Frage weit besser aufklären als eine vollständige trigonometrische Messung, deren Ergebnis von Fehlern, die man beim Messen sowohl der Basis als auch der schiefen Winkel begehen kann, beeinträchtigt wird.

Vergleicht man das Aussehen der Gebirge auf den beiden Kontinenten, so entdeckt man eine Formenähnlichkeit, die man nicht zu erwarten dürfen glaubte, wenn man bedenkt, wie viele verschiedene Kräfte in der Urwelt mit wilder Macht auf die weiche Oberfläche unseres Planeten eingewirkt haben. Das Feuer der Vulkane wirft Kegel aus Asche und Bimsstein auf und bahnt sich durch Krater einen Weg ans Licht; Blasen, Kuppeln von außerordentlicher Größe gleich, scheinen allein durch die Ausdehnungskraft elastischer Dämpfe entstanden zu sein; Erdbeben haben Schichten voller Meeresmuscheln emporgetrieben oder aufgetürmt; pelagische Ströme haben den Grund der Becken durchfurcht, die heute kreisrunde Täler oder von Bergen umringte Plateaus bilden. Jeder Landstrich des Globus hat seine eigentümliche Physiognomie; doch mitten unter diesen charakteristischen Zügen, die den Anblick der Natur so reich und so mannigfaltig machen, staunt man über eine Ähnlichkeit der Formen, die auf einer Übereinstimmung von Ursachen und örtlichen Gegebenheiten beruht. Kreuzt man zwischen den Kanarischen Inseln und betrachtet die Basaltkegel von Lanzarote, von Alegranza und La Graciosa, so meint man die Gruppe der euganeischen Berge oder die Trapp-Hügel Böhmens zu sehen. Die Granite, die Glimmerschiefer, die alten Sandsteine, die Kalkformationen, welche die Mineralogen mit den Namen *Jura-*, *Hochalpen-* oder *Übergangskalkstein*-Formationen bezeichnen, verleihen dem Umriß der gewaltigen Massen, den Zerklüftungen des Andenkamms, der Pyrenäen und des Ural einen eigentümlichen Charakter. Überall hat die Beschaffenheit des Gesteins die äußere Form der Berge beeinflußt.

Der Cotopaxi, dessen Gipfel die zehnte Tafel darstellt, ist der höchste unter den Vulkanen der Anden, die in jüngeren Zeiten ausgebrochen sind. Seine absolute Höhe beträgt fünftausendsiebenhundertvierundfünfzig Meter (zweitausendneunhundertzweiundfünfzig Toisen); er ist doppelt so hoch wie der Canigou und über-

TAFEL X

trifft folglich die Höhe, die der Vesuv hätte, wenn er auf dem Gipfel des Pic von Teneriffa stünde, um achthundert Meter. Der Cotopaxi ist auch der gefürchtetste von allen Vulkanen des Königreichs Quito, denn seine Ausbrüche waren am häufigsten und am verheerendsten. Betrachtet man die Massen von Schlacken und die Felsbrocken, die dieser Vulkan ausgeworfen hat und mit denen die umliegenden Täler über mehrere Quadratmeilen bedeckt sind, so muß man glauben, daß sie zusammengenommen einen kolossalen Berg ergäben. Im Jahr 1738 stiegen die Flammen des Cotopaxi neunhundert Meter über den Kraterrand empor. 1744 wurde das Brüllen des Vulkans bis nach Honda gehört, einer Stadt, die zweihundert geographische Meilen entfernt an den Ufern des Magdalenen-Flusses liegt. Am 4. April 1768 spie der Cotopaxi so viel Asche, daß sich in den Städten Ambato und Latacunga die Nacht bis drei Uhr nachmittags hinzog und die Bewohner mit Laternen durch die Straßen gehen mußten. Der Explosion, die sich im Januar 1803 ereignete, ging ein furchterregendes Phänomen voraus: das plötzliche Schmelzen des den Berg bedeckenden Schnees. Seit über zwanzig Jahren war dem Krater kein Rauch, kein sichtbarer Dampf mehr entwichen, und in einer einzigen Nacht wurde das unterirdische Feuer plötzlich so tätig, daß sich bei Sonnenaufgang die Außenwände des Kegels, wohl zu einer beträchtlichen Temperatur aufgeheizt, nackt und in jener schwarzen Farbe zeigten, die den glasartigen Schlacken eigentümlich ist. Im Hafen von Guayaquil, zweiundfünfzig Meilen Luftlinie vom Kraterrand entfernt, hörten wir Tag und Nacht das Gebrüll des Vulkans, wiederholtem Batteriefeuer gleich; selbst noch von der Südsee aus, südwestlich der Insel Puná, vernahmen wir dieses entsetzliche Getöse.

Der Cotopaxi liegt zwölf Meilen süd-süd-östlich von der Stadt Quito entfernt, zwischen dem Gebirge von Rumiñahui, dessen mit einzelnen kleinen Felsen gespickter Kamm sich wie eine Wand von ungeheurer Höhe hinzieht, und dem Quilindaña, der in das Gebiet des ewigen Schnees eintritt. In diesem Abschnitt der Anden teilt ein längs verlaufendes Tal die Kordilleren in zwei Parallelketten. Der Grund dieses Tales liegt noch immer dreitausend Meter über dem Meeresspiegel; so daß der Chimborazo und der Cotopaxi, von den Plateaus von Licán und von Mulaló aus gesehen, nicht höher erscheinen als der Col du Géant und der Cramont, die Saussure gemessen hat. Da es Grund zu der Annahme gibt, daß die Nähe des Ozeans dazu beiträgt, das vulkanische Feuer zu unterhalten, sieht der Geologe mit Überraschung, daß die tätigsten Vulkane des Königsreichs Quito, der Cotopaxi, der Tungurahua und der Sangay, der östlichen Kette der Anden angehören, also der von den Küsten weiter entfernten. Alle Pics, welche die westliche Kordillere krönen, mit Ausnahme des Rucu Pichincha, scheinen seit vielen Jahrhunderten erloschene Vulkane zu sein; der Berg hingegen, dessen Zeichnung wir hier vorlegen und der 2° 2′ von den nächstgelegenen Küsten entfernt ist, denen von Esmeralda und der Bucht von San Mateo, wirft immer wieder Feuergarben aus und verwüstet die umliegenden Ebenen.

Der Cotopaxi hat unter allen kolossalen Gipfeln der hohen Anden die schönste und regelmäßigste Gestalt. Er ist ein vollkommener Kegel, der mit seiner ungeheuren Schneedecke bei Sonnenuntergang in blendendem Glanz erstrahlt und sich malerisch von der azurnen Himmelskuppel abhebt. Diese Schneehülle verbirgt dem Auge des Betrachters noch die kleinsten Unebenheiten des Bodens; keine Felsspitze, kein Gesteinsbrocken ragt aus dem ewigen Eis hervor und durchbricht die Regelmäßigkeit der Kegelfigur. Der Gipfel des Cotopaxi gleicht dem Zuckerhut *(pan de azúcar),* in dem der Pic de Teide endigt, doch sein Kegel ist sechsmal so hoch wie der des großen Vulkans der Insel Teneriffa.

Erst nah am Kraterrand erblickt man Felsbänke, die niemals mit Schnee bedeckt sind und sich von weitem wie Striche von dunklem Schwarz ausnehmen; wahrscheinlich sind der steile Abfall dieses Teils des Kegels und die Spalten, aus denen heiße Luftströme entweichen, die Ursachen dieses Phänomens. Der Krater ist, gleich dem des Pic von Teneriffa, von einem kreisförmigen kleinen Wall umgeben, der sich, mit einem guten Fernglas betrachtet, wie eine Brüstung darstellt; er ist vor allem über dem südlichen Abhang zu erkennen, wenn man entweder auf dem *Löwenberg* (Puma-Urcu) oder am Ufer des kleinen Sees von Yuracoche steht. Um diesen besonderen Bau des Vulkans bekannt zu machen, habe ich unten auf der Tafel eine Ansicht vom Südrand des Kraters beigefügt, so wie ich sie nahe der Grenze des ewigen Schnees (in einer absoluten Höhe von viertausendvierhundertelf Metern) am Suniguaicu gezeichnet habe, auf dem Kamm des Porphyrgebirges, das den Cotopaxi mit dem Nevado de Quilindaña verbindet.

Der kegelförmige Teil des Pic von Teneriffa ist leicht zugänglich; er erhebt sich inmitten einer mit Bimsstein bedeckten Ebene, in der einzelne Sträucher von *Spartium supranubium* wachsen. Besteigt man dagegen den Vulkan Cotopaxi, ist es schon äußerst schwierig, die Untergrenze des ewigen Schnees zu erreichen. Wir haben diese Schwierigkeit auf einer Exkursion erfahren, die wir im Mai 1802 unternommen haben. Der Kegel ist von tiefen Spalten umgeben, die bei den Ausbrüchen Schlacken, Bimsstein, Wasser und Eisbrocken bis zum Río Napo und zum Río de los Alaques führen. Wenn man den Gipfel des Cotopaxi aus der Nähe untersucht hat, möchte man beinahe behaupten, es sei unmöglich, bis an den Kraterrand zu gelangen.

Gerade weil der Kegel dieses Vulkans so regelmäßig geformt ist, überrascht es um so mehr, auf der Südwestseite, halb verborgen unter dem Schnee, eine kleine, gezackte Felsmasse zu entdecken, welche die Ureinwohner den *Kopf des Inka* nennen. Der Ursprung dieser seltsamen Bezeichnung ist höchst ungewiß. Es gibt im Lande eine volkstümliche Überlieferung, nach der dieser einzelne Fels einst Teil des Gipfels des Cotopaxi war. Die Indianer versichern, bei seinem ersten Ausbruch habe der Vulkan einen Felsbrocken weit von sich geschleudert, welcher gleich dem Schlußstein einer Kuppel über dem ungeheuren Hohlraum gesessen hatte, der das unterirdische Feuer birgt. Manche behaupten, diese einzigartige Katastrophe habe kurz nach dem Einfall des Inka Túpac Yupanqui in das Reich Quito stattgefunden, und der Fels, der auf der zehnten Tafel neben dem Vulkan zu erkennen ist, heiße deshalb der Kopf des Inka, weil sein Fall ein unheilvolles Vorzeichen für den Tod des Eroberers war. Andere, noch Leichtgläubigere, versichern dagegen, diese Porphyrmasse auf Pechsteinbasis sei durch eine Explosion versetzt worden, die sich in ebendem Augenblick ereignete, da der Inka Atahualpa in Cajamarca von den Spaniern erdrosselt wurde. Tatsächlich erscheint es recht gewiß, daß es einen Ausbruch des Cotopaxi gab, als das Armeekorps des Pedro Alvarado von Puerto Viejo zum Plateau von Quito zog, wenngleich Pedro de Cieza[38] und Garcilaso de la Vega[39] den Berg, der die Asche auswarf, deren plötzlicher Niederschlag die Spanier erschreckte, nur sehr vage bezeichnen. Doch um sich der Meinung anzuschließen, der *Cabeza del Inca* genannte Fels sei erst zu jener Zeit an seinen gegenwärtigen Platz gelangt, müßte man annehmen, der Cotopaxi habe keine früheren Ausbrüche gehabt; eine Annahme, die jedoch um so irriger ist, als die Wände des Inka-Palastes zu Callo, erbaut von Huayna Cápac, Steine vulkanischen Ursprungs enthalten, die vom Cotopaxi ausgespien wurden. Wir werden an anderer Stelle die wichtige Frage erörtern, ob es wahrscheinlich ist, daß dieser Vulkan bereits seine gegenwärtige Höhe erreicht hatte, als sich das unterirdische Feuer durch den Gipfel hindurch seinen Weg ans Licht bahnte, oder ob nicht vielmehr mehrere geologische Tatsachen dafür sprechen, daß der Kegel, wie die *Somma* des Vesuv, aus einer Menge übereinanderliegender Lavaschichten besteht.

Ich habe den Cotopaxi und den *Kopf des Inka* im Westen des Vulkans auf dem Gut von *La Ciénaga* gezeichnet, auf der Terrasse des schönen Landhauses unse-

---

[38] *Crónica del Perú*, 1554, Kap. 41, Blatt 109.   [39] *Comentarios Reales*, Buch II, Kap. 2, Band II, S. 59.

res Freundes, des jungen Marquis von Maenza, der kürzlich die Grandenwürde und den Titel eines Grafen von Puñelrostro geerbt hat. Um in diesen Ansichten der Andengipfel die Berge, die noch tätige Vulkane sind, von denen zu unterscheiden, die keine Ausbrüche bieten, habe ich mir erlaubt, über dem Krater des Cotopaxi einen leichten Rauch anzudeuten, obgleich ich zu der Zeit, da ich diese Skizze anfertigte, keinen habe aufsteigen sehen. Das Haus von La Ciénaga, erbaut von einer Person, die eng mit Herrn de La Condamine verbunden war, ist in der weiten Ebene gelegen, die sich zwischen den beiden Zweigen der Kordilleren erstreckt, von den Hügeln von Chisinche und Tiopullo bis nach Ambato. Von dort erblickt man gleichzeitig und in erschreckender Nähe den kolossalen Vulkan Cotopaxi, die aufragenden Pics des Illiniza und den Nevado de Quilindaña. Es ist eine der majestätischsten und erhabensten Landschaften, die ich in beiden Hemisphären je gesehen habe.[40]

---

[40] *Géographie des Plantes*, S. 147; *Nivellement barométrique*, S. 29; *Ansichten der Natur*, S. 173 f.; *Essai politique sur le royaume de la Nouvelle-Espagne*, S. LXXVI–LXXX.

TAFEL XI

Mexikanisches Relief aus Oaxaca

DIESES RELIEF, einer der merkwürdigsten Überreste der mexikanischen Bildhauerkunst, ist vor wenigen Jahren in der Nähe der Stadt Oaxaca gefunden worden. Die Zeichnung habe ich von einem vortrefflichen Naturforscher erhalten, Herrn Cervantes, Professor der Botanik in México, dem wir die Kenntnis der neuen Gattungen Cheirostemon, Guardiola und vieler anderer Pflanzen verdanken, welche die Herren Sessé und Mociño in ihrer *Flora mexicana* veröffentlichen werden. Die Personen, die Herrn Cervantes diese Zeichnung schickten, haben ihm versichert, sie sei mit der größten Sorgfalt kopiert und das Relief, das in einen schwärzlichen, sehr harten Stein gehauen ist, sei über einen Meter hoch.

Wer die toltekischen und aztekischen Monumente genauer studiert hat, muß sowohl über die Ähnlichkeit als auch über die Kontraste staunen, die das Relief von Oaxaca im Vergleich zu den Figuren aufweist, welche man in den Hieroglyphen-Handschriften, an den Idolen und auf der Verkleidung einiger Teocalli immer wieder findet. Statt jener gedrungenen Menschen, die kaum fünf Köpfe hoch sind und an den ältesten etruskischen Stil erinnern, sieht man auf dem Relief der elften Tafel eine Gruppe von drei schlanken Figuren, deren recht korrekte Zeichnung nicht mehr die erste Kindheit der Kunst anzeigt. Man muß wohl befürchten, daß der spanische Maler, der diese Skulptur aus Oaxaca kopierte, die Umrisse hie und da verbessert hat, vielleicht sogar unwillkürlich, besonders in der Zeichnung der Hände und der Zehen; aber darf man annehmen, daß er die Proportionen der gesamten Figuren verändert hat? Verliert diese Annahme nicht alle Wahrscheinlichkeit, wenn man die genaue Sorgfalt betrachtet, mit der die Form der Köpfe, die Augen und vor allem der Zierat des Helmes wiedergegeben sind? Dieser Zierat, in dem man Federn, Bänder und Blumen erkennt, und diese

Nasen von außergewöhnlicher Größe finden sich in den zu Rom, Veletri und Berlin aufbewahrten mexikanischen Malereien wieder. Nur indem man alles gegeneinanderhält, was in einer bestimmten Epoche und von Völkern gemeinsamen Ursprungs erzeugt worden ist, gelangt man zu einer präzisen Idee des Stils, der die verschiedenen Monumente kennzeichnet, sofern es denn erlaubt ist, die Verbindungen, die man zwischen einer Vielzahl phantastischer und wunderlicher Formen entdeckt, als Stil zu bezeichnen.

Man könnte weiterhin fragen, ob das Relief von Oaxaca nicht aus einer Zeit stammt, zu der die indianischen Bildhauer, nach der ersten Landung der Spanier, bereits Kenntnis von einigen Kunstwerken der Europäer hatten. Um diese Frage zu erörtern, muß man sich erinnern, daß, drei oder vier Jahre bevor Cortés sich zum Herrn des Landes Anáhuac machte und Missionsgeistliche die Ureinwohner daran hinderten, anderes als Heiligenfiguren zu schnitzen, bereits Hernández de Córdova, Antonio de Alaminos und Grijalva die mexikanischen Küsten besucht hatten, von der Insel Cozumel und dem Kap Catoche auf der Halbinsel Yucatán bis zur Mündung des Flusses Panuco. Diese Eroberer hatten überall Umgang mit den Einheimischen, die sie wohlbekleidet, in volkreichen Städten zusammenlebend und in ihrer Zivilisation unendlich viel weiter fortgeschritten fanden als alle anderen Völker des neuen Kontinents. Es ist wahrscheinlich, daß diese militärischen Expeditionen Kreuze, Rosenkränze und einige von den Christen verehrte Bilder bei den Bewohnern hinterließen; es kann auch sein, daß diese Bilder von Hand zu Hand von den Küsten bis zu den Bergen von Oaxaca ins Landesinnere gewandert sind; doch darf man deshalb annehmen, daß der Anblick einiger korrekt gezeichneter Figuren die Aufgabe von Formen bewirkt hat, die durch jahrhundertelangen Gebrauch verfestigt waren? Ein mexikanischer Bildhauer hätte wahrscheinlich das Bild eines Apostels getreulich kopiert; doch hätte er es gewagt, in einem Land, wo die Ureinwohner, wie in Hindostan oder China, mit der größten Beharrlichkeit an den Sitten, Gewohnheiten und Künsten ihrer Ahnen festhalten, einen aztekischen Helden oder Gott in fremden und neuen Formen darzustellen? Im übrigen zeigen die historischen Gemälde, die mexikanische Maler nach der Ankunft der Spanier angefertigt haben und von denen sich einige unter den Überresten der Sammlung Boturini in México befinden, ganz deutlich, daß die europäischen Künste nur sehr langsam auf den Geschmack der Völker Amerikas und die Korrektheit ihrer Zeichnungen eingewirkt haben.

Es schien mir unerläßlich, auf die Zweifel hinzuweisen, die man über den Ursprung des Reliefs von Oaxaca anführen mag. Ich habe es nach der Zeichnung, die mir übermittelt worden ist, in Rom stechen lassen; indes liegt es mir fern, über ein so außergewöhnliches Monument zu urteilen, das ich zudem nicht selbst zu untersuchen Gelegenheit hatte. Die Architektur des Palastes von Mitla, die Eleganz der Mäander und Labyrinthe, mit denen seine Mauern verziert sind, beweisen, daß die Zivilisation der zapotekischen Völker derjenigen der Bewohner des Tals von México überlegen war. Folglich darf es uns weniger überraschen, daß das Relief, welches unsere Aufmerksamkeit festhält, in Oaxaca gefunden worden ist, dem früheren *Huaxyacac,* Hauptort des Landes der Zapoteken. Wenn ich meine persönliche Meinung vorzubringen wagte, würde ich sagen, daß es mir einfacher erscheint, dieses Monument Amerikanern zuzuschreiben, die noch keinen Umgang mit den Weißen hatten, als anzunehmen, irgendein spanischer Bildhauer im Gefolge von Cortés' Armee habe sich damit vergnügt, dieses Werk zu Ehren des besiegten Volkes im mexikanischen Stil anzufertigen. Die Ureinwohner der nordwestlichen Küste Amerikas haben nie zu den sehr zivilisierten Völkern gezählt und waren dennoch in der Lage, Zeichnungen auszuführen, an denen englische Reisende die Richtigkeit der Proportionen bewundert haben.[41]

Wie dem auch sei, es erscheint gewiß, daß das Relief von Oaxaca einen Krieger darstellt, der aus der Schlacht kommt und mit Beute von seinen Feinden geschmückt ist. Zwei Sklaven sitzen dem Sieger zu Füßen. Am auffälligsten an dieser Komposition sind die Nasen von ungeheurer Größe, die sich an allen sechs im Profil gezeigten Köpfen wiederfinden. Diese Nasen sind ein wesentliches Merkmal der Monumente mexikanischer Bildhauerei. In den zu Wien, Rom, Veletri und im Palast des Vizekönigs zu México aufbewahrten hieroglyphischen Gemälden sind alle Gottheiten, die Helden, selbst die Priester mit großen Adlernasen dargestellt, oft an der Spitze durchstochen und mit der Amphisbaena, der geheimnisvollen zweiköpfigen Schlange, geschmückt. Es könnte sein, daß diese außergewöhnliche Physiognomie auf eine Menschenrasse hinweist, die sehr verschieden ist von der, welche diese Landstriche heute bewohnt und deren Nase dick, flach und von mittlerer Größe ist; es wäre indes auch möglich, daß die aztekischen Völker, wie der Fürst unter den Philosophen[42], glaubten, in einer großen Nase liege etwas Majestätisches und Königliches ($\beta\alpha\sigma\iota\lambda\iota\varkappa\acute{o}\nu$ [basilikón, königlich]), und daß sie diese in ihren Reliefs und Gemälden als Symbol von Macht und moralischer Größe betrachteten.

Nicht minder auffallend als die Größe der Nase ist in den mexikanischen Zeichnungen die spitze Form der Köpfe. Untersucht man den Schädel der Ureinwohner

[41] DIXON, *Voyage autour du monde,* S. 272.   [42] PLATON, *De Republica,* Buch V.

TAFEL XI

Amerikas osteologisch, so sieht man, wie ich schon an anderer Stelle bemerkt habe, daß keine Rasse der Erde ein weiter zurückgesetztes Stirnbein oder weniger Stirn hat.[43] Diese außerordentliche Abflachung findet sich bei Völkern von kupferfarbener Rasse, die den Brauch, künstliche Verformungen hervorzubringen, nie gekannt haben; dies beweisen die Schädel der mexikanischen, peruanischen und Atures-Indianer, die Herr Bonpland und ich mitgebracht haben und von denen einige im Pariser Museum für Naturgeschichte hinterlegt worden sind. Die Neger geben den dicksten und vorspringendsten Lippen den Vorzug und die Kalmücken der Stumpfnase. Ein vortrefflicher Gelehrter, Herr Cuvier[44], weist darauf hin, daß die griechischen Künstler bei ihren Heroenstatuen die *Gesichtslinie* auf widernatürliche Weise von 85 auf 100 Grad angehoben haben. Ich bin geneigt zu glauben, daß der barbarische Brauch einiger wilder Horden Amerikas, den Kopf der Kinder zwischen zwei Brettern zusammenzudrücken, der Vorstellung entspringt, Schönheit bestehe in dieser außergewöhnlichen Abflachung des Stirnbeins, mit der die Natur die amerikanische Rasse gekennzeichnet hat. Wahrscheinlich haben selbst die aztekischen Völker, die den Kopf ihrer Kinder niemals verformt haben, ihre Helden und Hauptgottheiten nach diesem Schönheitsprinzip mit einem viel stärker abgeflachten Kopf dargestellt als bei allen Kariben, die ich am unteren Orinoco je gesehen habe.

Der auf dem Relief von Oaxaca abgebildete Krieger zeigt eine höchst erstaunliche Mischung von Trachten. Der Zierat seines Kopfputzes, der die Form eines Helmes hat, und derjenige der Standarte *(signum)*, die er in der linken Hand hält und auf der wie auf der Standarte von Ocotelolco ein Vogel zu erkennen ist, finden sich in allen aztekischen Malereien wieder. Das Wams mit den langen, schmalen Ärmeln erinnert an das Gewand, das die Mexikaner mit dem Namen *ichcahuepilli* bezeichneten; doch das Netz, das die Schultern bedeckt, ist ein Schmuck, den man sonst bei den Indianern nicht wiederfindet. Unterhalb des Gürtels sieht man das gefleckte Fell eines Jaguars, dessen Schwanz nicht abgeschnitten worden ist. Spanische Geschichtsschreiber berichten, daß die mexikanischen Krieger, um in der Schlacht fürchterlicher zu wirken, ungeheure hölzerne Helme in Form von Jaguarköpfen trugen, deren Maul mit den Zähnen dieses Tiers bewehrt war. Zwei Schädel, wahrscheinlich von unterlegenen Feinden, hängen am Gürtel des Siegers. Seine Füße sind mit einer Art Halbstiefel bekleidet, die an die σκελεαί [skeleaí, Gamaschen] oder *caligae* [Stiefel] der Griechen und Römer erinnern.

[43] BLUMENBACH, *Decas quinta craniorum*, 1808, S. 14, Tafel 46.   [44] *Leçons d'Anatomie comparée*, Band II, S. 6.

XI. MEXIKANISCHES RELIEF AUS OAXACA

Die mit gekreuzten Beinen zu Füßen des Siegers sitzend dargestellten Sklaven sind wegen ihrer Haltungen und ihrer Nacktheit sehr bemerkenswert. Der zur Linken gleicht den Figuren jener Heiligen, die man oft auf indischen Gemälden sieht und die der Seefahrer Roblet an der nordwestlichen Küste Amerikas unter den hieroglyphischen Malereien der Ureinwohner am Cox-Kanal wiedergefunden hat.[45] Es wäre auch einfach, auf diesem Relief die phrygische Mütze und die Schürze ($περισῶμα$ [perisōma]) der ägyptischen Statuen zu erkennen, wollte man den Spuren eines Gelehrten[46] folgen, der, mitgerissen von einer glühenden Einbildungskraft, auf dem neuen Kontinent karthagische Inschriften und phönizische Monumente zu entdecken glaubte.[47]

[45] MARCHAND, *Voyage autour du monde*, Band I, S. 312.
[46] COURT DE GÉBELIN.
[47] Siehe *Archaeologia, or miscellaneous tracts relating to Antiquity; published by the Society of Antiquarians of London*. Band VIII, S. 290.

TAFEL XII

Genealogie der Fürsten von Azcapotzalco

AUF DIESER TAFEL wurden zwei Fragmente von hieroglyphischen Gemälden zusammengestellt, die beide aus der Zeit nach der Landung der Spanier an den Küsten Anáhuacs stammen. Die Originale, nach denen diese Zeichnungen angefertig wurden, gehören zu den aztekischen Handschriften, die ich aus Neu-Spanien mitgebracht habe und die in der Königlichen Bibliothek zu Berlin hinterlegt sind. Der mittels mehrerer Wechselplatten gedruckte Kupferstich bildet nicht nur die Zeichnung, sondern auch die Farbe des mexikanischen Papiers vollkommen nach. Er erinnert an die berühmte Mumienhülle, die einige Zeit im Kabinett eines Privatmanns zu Straßburg aufbewahrt wurde und mit der das Ägyptische Institut seine kostbaren großen Sammlungen kürzlich bereichert hat.

Das Papier, das für die Hieroglyphen-Malereien der aztekischen Völker verwendet wurde, hat große Ähnlichkeit mit dem alten ägyptischen Papier, das aus Schilffasern *(Cyperus papyrus)* gefertigt wurde. Die Pflanze, die in Mexiko zur Papierherstellung diente, ist diejenige, welche in unseren Gärten gemeinhin mit dem Namen Aloe bezeichnet wird. Es ist die Pita *(Agave americana)*, von den aztekischen Völkern *metl* oder *maguey* genannt. Die zur Herstellung dieses Papiers verwendeten Verfahren glichen ungefähr denen, die auf den Inseln der Südsee mit der Rinde des Papiermaulbeerbaums *(Broussonetia papyrifera)* gebräuchlich sind. Ich habe Stücke von drei Metern Länge auf zwei Meter Breite gesehen. Heute wird die Agave nicht mehr angebaut, um Papier daraus zu machen, sondern um aus ihrem Saft, zur Zeit der Entwicklung des Stiels und der Blüten gewonnen, das berauschende Getränk zuzubereiten, das unter dem Namen *octli* oder *pulque* bekannt ist; denn die Pita oder *metl*-Pflanze vermag zugleich den asiatischen Hanf, den Papyrus Ägyptens und den europäischen Weinstock zu ersetzen.

Das Gemälde, dessen Kopie sich auf der zwölften Tafel unten befindet, ist fünf Dezimeter lang und drei breit. Es heißt, dieses Fragment von Hieroglyphen-Schrift, das ich in México bei der Versteigerung der Sammlungen des Herrn Gama erwarb, habe einstmals zum Museum des Ritters Boturini Benaducci gehört. Dieser mailändische Reisende hatte mit keinem anderen Ziel, als die Geschichte der eingeborenen Völker Amerikas vor Ort zu studieren, die Meere überquert. Als er durch das Land reiste, um die Monumente zu untersuchen und Forschungen über die Altertümer des Landes anzustellen, widerfuhr ihm das Unglück, das Mißtrauen der spanischen Regierung zu erregen. Nachdem man ihn aller Früchte seiner Arbeit beraubt hatte, wurde er 1736 als Staatsgefangener nach Madrid geschickt. Der König von Spanien erklärte ihn für unschuldig, doch diese Erklärung brachte ihm sein Eigentum nicht zurück. Diese Sammlungen, deren Verzeichnis Boturini im Anhang seiner zu Madrid gedruckten *Idea de una nueva historia general de la América septentrional* veröffentlichte, blieben in den Archiven des Vizekönigreichs von Mexiko begraben. Dort wurden diese kostbaren Überreste der aztekischen Kultur mit so wenig Sorgfalt aufbewahrt, daß heute kaum noch ein Achtel der Hieroglyphen-Handschriften übrig ist, die man dem italienischen Reisenden abgenommen hatte.

Diejenigen, die vor Boturini im Besitz des von uns gezeigten genealogischen Gemäldes waren, haben demselben erklärende Anmerkungen bald in mexikanischer, bald in spanischer Sprache beigefügt. Diesen Anmerkungen kann man entnehmen, daß die Familie, deren Genealogie die Zeichnung darstellt, die der Herren *(tlatoani)* von Azcapotzalco ist. Das kleine Gebiet dieser Fürsten, dem die Tepaneken den hochtrabenden Namen eines Königreichs gaben, lag im Tal von México, am westlichen Ufer des Texcoco-Sees, nördlich des Flusses Escapuzalco. Torquemada sagt, diese Fürsten, eifersüchtig auf das Alter ihres Adels bedacht, ließen ihren Stammbaum bis auf das erste Jahrhundert unserer Zeitrechnung zurückreichen. Sie waren nicht von mexikanischer oder aztekischer Rasse; sie betrachteten sich als Nachfahren der Acolhuenkönige, die das Land Anáhuac vor der Ankunft der Azteken regiert hatten. Letztere machten die Fürsten von Azcapotzalco im elften Calli der mexikanischen Zeitrechnung, was dem Jahr 1425 der christlichen Zeitrechnung entspricht, tributpflichtig.

Die genealogische Tafel scheint vierundzwanzig Generationen zu umfassen, bezeichnet durch ebenso viele untereinander angeordnete Köpfe. Man darf sich nicht darüber wundern, daß man immer nur einen einzigen Sohn sieht; denn auch unter den ärmsten und tributpflichtigen Indianern wird alles nach dem Majorat vererbt.[48] Die Genealogie beginnt mit einem Fürsten namens Tixlpitzin, den man weder mit Tecpaltzin, Oberhaupt der Azteken bei ihrer ersten Auswanderung aus Aztlán, noch mit Topiltzin, dem letzten König der Tolteken, verwechseln darf; doch man wird sich vielleicht wundern, statt des Namens Tixlpitzin nicht den von Acolhuatzin zu finden, dem ersten König von Azcapotzalco aus der Familie der *Citin,* welche nach der Überlieferung der Ureinwohner in einem weit entfernten, im Norden Mexikos gelegenen Land herrschte. Neben dem vierzehnten Kopf findet man den Namen Vitznahuatl geschrieben. Wäre dieser Fürst mit einem König von Huexotla identisch, den die mexikanischen Geschichtsschreiber ebenfalls Vitznahuatl nennen und der um das Jahr 1430 lebte, so würde, rechnet man nur dreißig Jahre je Generation, die Genealogie der Familie von Azcapotzalco bis ins Jahr 1010 unserer Zeitrechnung zurückreichen. Doch wie sollte man dann die folgenden zehn Generationen erklären, da die Zeichnung gegen Ende des sechzehnten Jahrhunderts entstanden zu sein scheint? Ich werde auch nicht darüber entscheiden, warum man zwischen den beiden Fürsten Anahuacatzin und Quauhtemotzin das Jahr 1565 angegeben findet. Man weiß, daß letzterer Name der des unglücklichen Aztekenkönigs ist, den Gómara fälschlich Quahutimoc nennt und der auf Cortés' Befehl im Jahr 1521 an den Füßen aufgehängt wurde, wie eine sehr kostbare, im Kloster San Felipe Neri zu México aufbewahrte hieroglyphische Geschichte belegt.[49] Doch wie sollte dieser König, Neffe des Moctezuma, in der Familie der Herren oder *tlatoani* von Azcapotzalco Platz haben?

Gewiß ist, daß zu der Zeit, da der letzte dieser Fürsten die genealogische Tafel seiner Ahnen erstellen ließ, sein Vater und sein Großvater noch am Leben waren. Dieser Umstand wird durch die kleinen *Zungen,* die in einiger Entfernung des Mundes angebracht sind, deutlich ausgedrückt. Ein toter Mensch, sagen die Ureinwohner, ist zum ewigen Schweigen verurteilt; ihnen zufolge ist Leben Sprechen; und wie wir bald sehen werden, ist viel Sprechen ein Zeichen von Macht und Adel. Diese Zungen finden sich auch in dem mexikanischen Gemälde der Sintflut wieder, das Gemelli nach dem Manuskript von Sigüenza veröffentlicht hat. Darauf sieht man stummgeborene Menschen, die sich verstreuen, um die Erde wieder zu bevölkern, und einen Vogel, der dreiunddreißig verschiedene Zungen unter ihnen verteilt. Desgleichen werden Vulkane, wegen des unterirdischen

[48] GÓMARA, *Historia de la Conquista de México,* 1553, Blatt CXXI.
[49] Siehe meinen *Essai politique sur le royaume de la Nouvelle-Espagne,* S. 185.

TAFEL XII

Lärmens, das man in ihrer Nachbarschaft zuweilen hört, von den Mexikanern als Kegel dargestellt, über denen mehrere Zungen schweben; ein Vulkan wird *der sprechende Berg* genannt.

Es ist recht bemerkenswert, daß der mexikanische Maler nur die drei Personen, die zu seiner Zeit noch lebten, mit dem Diadem *(copilli)*, das ein Zeichen der Souveränität ist, versehen hat. Eben diesen Kopfputz, jedoch ohne den Knoten, der sich zum Rücken hin verlängert, findet man in den Darstellungen der Könige der aztekischen Dynastie wieder, die der Abbé Clavijero veröffentlicht hat. Der letzte Nachkömmling der Herren von Azcapotzalco ist auf einem indianischen Stuhl sitzend und mit bloßen Füßen abgebildet; tote Könige dagegen werden nicht nur ohne Zunge, sondern auch mit in den königlichen Mantel *(xiuhtilmatli)* gehüllten Füßen dargestellt, was diesen Bildern eine große Ähnlichkeit mit den ägyptischen Mumien verleiht. Es erübrigt sich beinahe, hier an die allgemeine Beobachtung zu erinnern, daß auf allen mexikanischen Gemälden die Gegenstände, die durch einen Faden mit einem Kopf verbunden sind, jedem, der die Sprache der Ureinwohner beherrscht, den Namen der Personen anzeigen, die der Künstler darstellen wollte. Die Ureinwohner sprechen diese Namen aus, sobald sie die Hieroglyphe sehen. Chimalpopoca bedeutet einen rauchenden Schutzschild; Acamapitzin eine Hand, die Schilfrohre hält; daher malten die Mexikaner, um die Namen dieser beiden Könige, Vorgänger Moctezumas, zu bezeichnen, einen Schutzschild und eine Faust, die durch einen Faden mit zwei Köpfen, geschmückt mit dem königlichen Stirnband, verbunden waren. Ich habe gesehen, daß auf Gemälden aus der Zeit nach der Eroberung der tapfere Pedro Alvarado mit zwei hinter seinem Nacken angebrachten Schlüsseln dargestellt wurde, wahrscheinlich in Anspielung auf die Schlüssel des heiligen Petrus, den das Volk überall in den Kirchen der Christen abgebildet sah. Was die Fußspuren bedeuten, die man auf dem genealogischen Gemälde hinter den Köpfen sieht, ist mir nicht bekannt. In anderen aztekischen Malereien bezeichnet diese Hieroglyphe Wege, Wanderungen und bisweilen die Richtung einer Bewegung.

Prozeßurkunde in Hieroglyphen-Schrift

UNTER der ungeheuren Menge von Malereien, welche die ersten Eroberer bei den mexikanischen Völkern gefunden haben, war eine beträchtliche Anzahl dazu bestimmt, bei Rechtsstreitigkeiten als Beweisstück zu dienen. Das Fragment, das der Genealogie der Herren von Azcapotzalco beigefügt ist, zeigt ein solches

Beispiel. Es handelt sich um eine Urkunde aus einem Prozeß, der über den Besitz eines indianischen Landgutes geführt wurde.

Unter der Dynastie der aztekischen Könige war der Beruf des Advokaten in Mexiko unbekannt. Die gegnerischen Parteien erschienen persönlich, um ihre Sache zu verteidigen, sei es vor dem örtlichen Richter, genannt *Teuctli*, sei es vor den hohen Gerichtshöfen, die mit den Namen *Tlacatecatl* oder *Cihuacoatl* bezeichnet wurden. Da das Urteil nicht sofort, nachdem man die Parteien gehört hatte, verkündet wurde, war es für diese von Vorteil, ein hieroglyphisches Gemälde in den Händen der Richter zurückzulassen, das an den Hauptgegenstand des Streites erinnerte. Führte der König bei der Versammlung der Richter selbst den Vorsitz, was alle zwanzig, in gewissen Fällen alle achtzig Tage der Fall war, wurden diese Prozeßurkunden dem Monarchen vorgelegt. In Kriminalfällen zeigte das Gemälde den Angeklagten nicht nur in dem Moment, da das Verbrechen begangen wurde, sondern auch in verschiedenen Situationen seines Lebens, die der Tat vorangegangen waren. Verkündete der König das Todesurteil, so zog er mit einer Pfeilspitze einen Strich quer durch den Kopf des im Bild dargestellten Angeklagten.

Die Verwendung dieser als Prozeßschriften dienenden Gemälde wurde bei den spanischen Gerichten noch lange nach der Eroberung beibehalten. Da die Ureinwohner nur mit Hilfe eines Dolmetschers mit den Richtern sprechen konnten, erachteten sie den Gebrauch der Hieroglyphen als doppelt notwendig. Bis zum Beginn des siebzehnten Jahrhunderts wurden diese den verschiedenen Gerichtshöfen Neu-Spaniens vorgelegt (der *Real Audiencia,* der *Sala del Crimen* und dem *Juzgado de Indios*). Als Kaiser Karl V. im Zuge seines Vorhabens, die Wissenschaften und die Künste in diesen fernen Gegenden zum Erblühen zu bringen, 1553 die Universität zu México gründete, wurden drei Lehrstühle für die aztekische Sprache, für die Otomí-Sprache und für die Deutung der hieroglyphischen Malereien eingerichtet. Lange hielt man es für unerläßlich, daß es Advokaten, Prokuratoren und Richter gab, die in der Lage waren, Prozeßurkunden, genealogische Malereien, den alten Gesetzescodex und das Verzeichnis der Steuern *(tributos),* die jedes Lehen seinem Oberlehnsherrn entrichten mußte, zu lesen. Heute noch gibt es in México zwei Professoren für indianische Sprachen; doch der Lehrstuhl zur Erforschung der aztekischen Altertümer ist abgeschafft worden. Der Gebrauch der Malereien hat sich vollständig verloren, nicht etwa weil die spanische Sprache unter den Eingeborenen Fortschritte gemacht hätte, sondern weil letztere wissen, wieviel dienlicher es bei der gegenwärtigen Organisation der

Tribunale für sie ist, ihre Sache durch Advokaten vor den Richtern verteidigen zu lassen.

Das Gemälde auf der zwölften Tafel scheint sich auf einen Prozeß zwischen Ureinwohnern und Spaniern zu beziehen. Gegenstand des Rechtsstreites ist ein Landgut, dessen Grundriß auf der Zeichnung zu sehen ist. Man erkennt die Landstraße, angezeigt durch Fußspuren; im Profil abgebildete Häuser; einen Indianer, dessen Name durch einen Bogen bezeichnet ist; und spanische Richter, die auf Stühlen sitzen und die Gesetze vor Augen haben. Der Spanier, der unmittelbar über dem Indianer dargestellt ist, heißt wahrscheinlich *Aquaverde,* denn hinter seinem Kopf ist in grüner Farbe die Hieroglyphe des Wassers gemalt. Die *Zungen* sind auf diesem Gemälde sehr ungleich verteilt. Alles kündet vom Zustand eines eroberten Landes: Der Eingeborene wagt seine Sache kaum zu verteidigen, während die Fremden mit den langen Bärten, Nachfahren eines siegreichen Volkes, viel und mit lauter Stimme reden.

TAFEL XIII

Aztekische Hieroglyphen-Handschrift aus der Vatikanischen Bibliothek

DIE MEXIKANISCHEN GEMÄLDE, von denen sich nur wenige bis heute erhalten haben, sind für uns in doppelter Hinsicht von Interesse, sowohl durch das Licht, das sie auf die Mythologie und die Geschichte der ersten Bewohner Amerikas werfen, als auch durch die Ähnlichkeiten, die man zwischen ihnen und der Hieroglyphen-Schrift einiger Völker des alten Kontinents zu erkennen geglaubt hat. Um in diesem Werk alles zu versammeln, was uns über die Verbindungen unterrichten kann, die in den entferntesten Zeiten zwischen durch Steppen, Gebirge oder Meere getrennten Völkergruppen bestanden zu haben scheinen, wollen wir hier unsere Forschungsergebnisse über die hieroglyphischen Malereien der Amerikaner verzeichnen.

In Äthiopien findet man Schriftzeichen, die eine erstaunliche Ähnlichkeit mit denen des alten Sanskrit aufweisen, vor allem mit den Inschriften der Gewölbe von Canara, deren Erbauung jenseits aller bekannten Perioden der indischen Geschichte liegt.[50] In Meroë sowie in Aksum, einer der ältesten Städte Äthiopiens, scheinen die Künste bereits erblüht zu sein, bevor Ägypten aus der Barbarei herausgetreten war. Ein berühmter, in der Geschichte Indiens sehr bewanderter Schriftsteller, Sir William Jones[51], glaubte in den Äthiopiern von Meroë, den frühesten Ägyptern und den Hindus eine einzige Nation zu erkennen. Andererseits ist es nahezu gewiß, daß die Abessinier, die man nicht mit den *autochthonen* Äthiopiern verwechseln darf, ein arabischer Stamm waren; und nach der Be-

---

[50] Anmerkungen des Herrn LANGLÈS zu NORDENs *Voyage d'Égypte et de Nubie*, Band III, S. 299–349.
[51] *Asiatick Researches*, Band III, S. 5.

obachtung von Herrn Langlès zierten die gleichen himyaritischen Schriftzeichen, die man im östlichen Afrika findet, noch im vierzehnten Jahrhundert unserer Zeitrechnung die Tore der Stadt Samarkand. Dies weist auf Verbindungen, die unzweifelhaft zwischen dem Habesch oder dem alten Äthiopien und dem Plateau Zentral-Asiens bestanden haben.

Ein langer Kampf zwischen zwei religiösen Sekten, den Brahmanen und den Buddhisten, hat mit der Auswanderung der Schamanen nach Tibet, in die Mongolei, nach China und Japan geendet. Wenn Stämme tatarischer Rasse an die Nordwestküste Amerikas und von dort nach Süden und Osten gelangt sind, an die Ufer des Gila und des Missouri, wie etymologische Forschungen[52] zu belegen scheinen, so muß man sich weniger wundern, unter den halbbarbarischen Völkern des neuen Kontinents Idole und architektonische Monumente, eine Hieroglyphen-Schrift, eine genaue Kenntnis der Dauer des Jahres und Überlieferungen über den Urzustand der Welt zu finden, die sämtlich an die Kenntnisse, Künste und religiösen Auffassungen der asiatischen Völker erinnern.

Mit dem Studium der Geschichte des Menschengeschlechts verhält es sich wie mit dem Studium der unermeßlichen Vielzahl von Sprachen, die wir über die Erdkugel verbreitet finden. Man würde sich in einem Labyrinth von Mutmaßungen verlieren, wollte man so vielen mannigfaltigen Rassen und Sprachen einen gemeinsamen Ursprung zuweisen. Die Wurzeln des Sanskrit, die man in der persischen Sprache gefunden hat, die vielen Wurzeln des Persischen und sogar des Pehlewi, die man in den Sprachen germanischen Ursprungs entdeckt[53], geben uns nicht das Recht, das Sanskrit, das Pehlewi oder die alte Sprache der Meder, das Persische und das Deutsche auf eine *einzige* gemeinsame Quelle zurückzuführen. Es wäre gewiß widersinnig, überall da ägyptische Kolonien anzunehmen, wo man pyramidenförmige Monumente und symbolische Malereien entdeckt; doch wie sollte man nicht über die Ähnlichkeiten in dem großen Gemälde der Sitten, der Künste, der Sprachen und der Überlieferungen staunen, die sich heute bei den am weitesten voneinander entfernten Völkern finden? Wie sollte man sich enthalten, auf die Analogien im Bau der Sprachen, im Stil der Monumente, in den Fiktionen der Kosmogonien hinzuweisen, selbst wenn man über die verborgenen Ursachen dieser Ähnlichkeiten nicht urteilen kann und keinerlei historische Tatsachen bis auf die Zeit der Verbindungen, die zwischen den Bewohnern der verschiedenen Klimate bestanden haben, zurückreichen?

---

[52] VATER, *Über Amerika's Bevölkerung*, S. 155–169.
[53] ADELUNG, *Mithridates*, Band I, S. 277. SCHLEGEL, *Über Sprache und Weisheit der Indier*, S. 7.

Richtet man den Blick auf die graphischen Mittel, deren die Völker sich bedient haben, um ihre Gedanken auszudrücken, so findet man echte Hieroglyphen, bald kyriologische, bald tropische, gleich denen, deren Gebrauch von Äthiopien nach Ägypten übergegangen zu sein scheint; symbolische Zeichen, aus mehreren Schlüsseln zusammengesetzt, mehr für das Auge als für das Ohr bestimmt und, gleich den chinesischen Schriftzeichen, ganze Wörter ausdrückend; Silbenzeichen wie bei den Mandschu-Tataren, bei denen die Vokale mit den Konsonanten verschmelzen, die jedoch in einzelne Buchstaben aufgelöst werden können; und schließlich echte Alphabete, die den höchsten Vollkommenheitsgrad in der Analyse der Laute bieten und von denen manche, wie zum Beispiel das koreanische, nach der scharfsinnigen Beobachtung des Herrn Langlès[54], noch den Übergang von den Hieroglyphen zur alphabetischen Schrift anzuzeigen scheinen.

In seiner ungeheuren Ausdehnung weist der neue Kontinent Nationen auf, die einen gewissen Grad an Zivilisation erreicht haben; dort erkennt man Regierungsformen und Institutionen, die nur das Ergebnis eines langen Kampfes zwischen Fürst und Völkern, zwischen religiöser und weltlicher Obrigkeit sein konnten; man findet Sprachen, von denen einige, wie das Grönländische, das Cora, das Tamanakische, das Totonakische und das Quechua[55], einen Reichtum an grammatikalischen Formen aufweisen, der auf dem alten Kontinent nirgends zu beobachten ist, außer im Kongo und bei den Basken, welche die Nachfahren der alten Kantabrier sind; doch inmitten dieser Spuren von Kultur und dieser Vervollkommnung der Sprachen ist es bemerkenswert, daß sich keines der eingeborenen Völker Amerikas zu jener Analyse der Laute erhoben hat, die zu der bewundernswürdigsten, ja man könnte sagen der wunderbarsten aller Erfindungen führt, zu der eines Alphabets.

Wir sehen, daß der Gebrauch der Hieroglyphen-Malerei den Tolteken, den Tlaxcalteken, den Azteken und einigen weiteren Stämmen, die seit dem siebten Jahrhundert unserer Zeitrechnung auf dem Plateau von Anáhuac aufeinander folgten, gemeinsam war; nirgends finden wir alphabetische Schriftzeichen, so daß man meinen könnte, die Vervollkommnung der symbolischen Zeichen und die Leichtigkeit, mit der man die Gegenstände malte, hätten die Einführung von Buchstaben verhindert. Um diese Auffassung zu stützen, könnte man das Beispiel der Chinesen anführen, die sich seit Tausenden von Jahren mit achtzigtausend Zeichen begnügen, zusammengesetzt aus zweihundertvierzehn Schlüs-

---

[54] NORDEN, *Voyage d'Égypte et de Nubie*, Ausgabe von LANGLÈS, Band III, S. 296.
[55] *Archiv für Ethnographie*, Band I, S. 345. VATER, S. 206.

seln oder Stammhieroglyphen; aber sehen wir nicht bei den Ägyptern den gleichzeitigen Gebrauch eines Alphabets und der Hieroglyphen-Schrift, wie die kostbaren Papyrusrollen, die man in den Hüllen einiger Mumien gefunden hat und die in dem Pittoresken Atlas[56] des Herrn Denon abgebildet sind, unzweifelhaft beweisen?

Kalm berichtet in seiner *Reise nach dem nordlichen America,* Herr de Verandrier habe 1746 in den Steppen Kanadas, neunhundert Meilen westlich von Montréal, eine steinerne Tafel gefunden, die in einen behauenen Pfeiler eingelassen war und Striche aufwies, welche man für eine tatarische Inschrift hielt. Einige Jesuiten in Québec versicherten dem schwedischen Reisenden, sie hätten diese Tafel in den Händen gehabt, die der Ritter von Beauharnois, damaliger Gouverneur Kanadas, dem Herrn de Maurepas nach Frankreich geschickt habe.[57] Man kann gar nicht genug bedauern, von einem für die Menschheitsgeschichte so interessanten Monument keine weitere Nachricht zu haben. Gab es in Québec überhaupt Personen, die über den Charakter eines Alphabets zu urteilen verstanden? Und wenn diese angebliche Inschrift in Frankreich tatsächlich als eine tatarische erkannt worden wäre, wie sollte ein aufgeklärter und kunstliebender Minister sie nicht veröffentlicht haben?

Die anglo-amerikanischen Altertumsforscher haben eine Inschrift bekannt gemacht, die man für phönizisch gehalten hat und die in die Felsen von Dighton geritzt ist, in der Bucht von Narrangasett, unweit des Taunton River, zwölf Meilen südlich von Boston. Seit dem Ende des siebzehnten Jahrhunderts bis heute haben Danforth, Mather, Greenwood und Sewells nacheinander Zeichnungen davon geliefert, die man nur mit Mühe als Kopien desselben Originals zu erkennen vermag. Die Eingeborenen, die zur Zeit der ersten europäischen Niederlassungen diese Landstriche bewohnten, besaßen eine alte Überlieferung, der zufolge Fremde, die in Häusern aus Holz übers Wasser reisten, den Fluß Taunton, ehemals Assoonet genannt, hinaufgefahren seien. Nach ihrem Sieg über die roten Menschen sollen sie Striche in den Fels gehauen haben, der heute vom Wasser des Flusses bedeckt ist. Court de Gébelin, und mit ihm der gelehrte Doktor Stiles, zögert nicht, diese Striche als eine karthagische Inschrift zu betrachten. Mit jener ihm eigenen Begeisterung, die in Diskussionen dieser Art höchst schädlich ist, sagt er, »daß diese Inschrift soeben recht eigentlich zu dem Zweck aus der neuen Welt herübergelangt sei, um seine Ideen über den Ursprung der Völker zu bestätigen, und daß man darin *ganz offenkundig* ein phönizisches Denkmal

[56] DENON, *Voyage en Égypte,* Tafeln 136 und 137. [57] KALM, Band III, S. 416.

sehe, eine Tafel, auf der sich eine Verbindung zwischen den amerikanischen Völkern und einer fremden Nation zeige, welche mit den *Nordwinden* aus einem reichen und gewerbfleißigen Land gekommen sei.«

Ich habe die vier Zeichnungen des berühmten Steins vom Taunton River, die Herr Lort[58] in den Schriften der Londoner Gesellschaft der Altertumsforscher veröffentlicht hat, sorgfältig untersucht. Nicht im entferntesten vermag ich darin eine symmetrische Anordnung von einfachen Buchstaben oder Silbenzeichen zu erkennen; ich sehe nichts als eine kaum angedeutete Zeichnung, ähnlich denen, die man auf den Felsen Norwegens[59] und fast aller von skandinavischen Völkern bewohnten Länder gefunden hat. An der Form der Köpfe kann man fünf menschliche Figuren erkennen, die ein Tier mit Hörnern umgeben, dessen Vorderteil viel höher ist als sein Hinterteil.

Auf der Fahrt, die wir, Herr Bonpland und ich, gemacht haben, um die Verbindung zwischen dem Orinoco und dem Amazonen-Fluß festzustellen, haben wir auch von einer Inschrift Kenntnis erlangt, von der man uns versicherte, sie sei in der Kette des Granitgebirges gefunden worden, die sich unter dem siebten Breitengrad von dem indianischen Dorf Uruana oder Urbana bis zu den westlichen Ufern des Caura erstreckt. Ein Missionar, der Franziskaner Ramón Bueno, hatte sich zufällig in eine durch das Auseinanderbrechen mehrerer Felsbrocken gebildete Höhle geflüchtet; inmitten dieser Höhle fand er einen großen Granitblock, auf dem er Schriftzeichen, angeordnet zu mehreren Gruppen und in einer Zeile aufgereiht, zu erkennen glaubte. Die beschwerlichen Umstände, denen wir bei unserer Rückkehr vom Río Negro nach Santo Tomé de Guayana ausgesetzt waren, haben uns leider nicht erlaubt, diese Beobachtung selbst zu überprüfen. Der Missionar hat mir die Kopie eines Teils dieser Zeichen übermittelt, die ich hier im Stich wiedergebe.

Man könnte in diesen Zeichen eine gewisse Ähnlichkeit mit dem phönizischen Alphabet erkennen; doch ich zweifle sehr, ob der gute Mönch, der dieser angeblichen Inschrift wenig Interesse entgegenzubringen schien, diese mit großer Sorgfalt kopiert hat. Recht bemerkenswert ist, daß von den sieben Schriftzeichen keines mehrfach vorkommt; ich habe sie nur stechen lassen, um die Aufmerksamkeit der Gelehrten, die eines Tages die Wälder Guayanas bereisen könnten, auf einen der Untersuchung so würdigen Gegenstand zu lenken.

[58] »Account of an ancient Inscription« by Mr. LORT, *Archaeologia*, Band VIII, S. 290.
[59] SUHM, *Samliger til ten Danske Historie*, Band II, S. 215.

Im übrigen ist es recht bemerkenswert, daß ebendieser wilde und öde Landstrich, in dem Pater Bueno in Granit gehauene Buchstaben zu finden geglaubt hat, eine große Zahl von Felsen bietet, die in außerordentlichen Höhen mit Tierfiguren und Darstellungen der Sonne, des Mondes, der Gestirne und mit anderen, vielleicht hieroglyphischen Zeichen bedeckt sind. Die Eingeborenen erzählen, ihre Ahnen seien zur Zeit der großen Fluten in ihren Kanus bis zu den Gipfeln jener Berge gelangt, und damals seien die Steine noch in einem so weichen Zustand gewesen, daß die Menschen ihre Striche mit den Fingern hineinzeichnen konnten. Diese Überlieferung kündet von einer Horde, deren Kultur recht verschieden ist von der des Volkes, das ihr vorausgegangen ist: Sie verrät eine völlige Unkenntnis des Gebrauchs von Meißel und jedem anderen Metallwerkzeug.

Aus der Gesamtheit dieser Tatsachen ergibt sich, daß es für die Kenntnis eines Alphabets bei den Amerikanern keinen sicheren Beweis gibt. Bei Forschungen dieser Art kann man gar nicht wachsam genug sein, um nicht das Werk von Zufall und müßiger Spielerei mit Buchstaben oder Silbenzeichen zu verwechseln. Herr Truter[60] berichtet, am südlichen Ende Afrikas, bei den Betjuanas, habe er Kinder gesehen, die damit beschäftigt waren, mittels eines scharfen Werkzeugs Zeichen in einen Felsen zu ritzen, welche die vollkommenste Ähnlichkeit mit dem P und dem M des römischen Alphabets aufwiesen, wenngleich diese rohen Völker weit davon entfernt sind, die Schrift zu kennen.

Dieses Fehlen von Buchstaben auf dem neuen Kontinent, das Christoph Kolumbus bei seiner zweiten Entdeckung beobachtete, führt auf den Gedanken, daß die Stämme von tatarischer oder mongolischer Rasse, von denen man annehmen kann, daß sie aus Ost-Asien nach Amerika gekommen sind, selbst nicht im Besitz der alphabetischen Schrift waren oder daß sie, was weniger wahrscheinlich ist, unter dem Einfluß eines der geistigen Entwicklung wenig förderlichen Klimas in die Barbarei zurückgefallen sind und diese wunderbare Kunst, die nur wenige Einzelne beherrschten, wieder verloren haben. Wir wollen hier nicht die Frage erörtern, ob das Devanagari-Alphabet an den Ufern des Indus und des Ganges schon sehr alt ist oder ob die Schrift den Hindus, wie Strabo[61] nach Megasthenes sagt, vor den Eroberungen durch Alexander unbekannt war. Weiter im Osten und Norden, in der Region der einsilbigen Sprachen, ebenso wie in derjenigen der tatarischen, samojedischen, ostiakischen und kamtschadalischen, wurde der Gebrauch von Buchstaben, überall wo man ihn heute findet, erst sehr spät eingeführt. Es scheint sogar recht wahrscheinlich, daß erst das

---

[60] BERTUCH, *Allgemeine Geographische Ephemeriden*, Band XII, S. 67. [61] STRABO, Buch XV, S. 1035–1044.

nestorianische Christentum⁶² den Uighuren und den Mandschu-Tataren das Stranghelo-Alphabet gebracht hat, ein Alphabet, das in den nördlichen Gegenden Asiens noch jünger ist, als es die runischen Zeichen im Norden Europas sind. Man braucht also nicht anzunehmen, daß die Verbindungen zwischen Ost-Asien und Amerika auf ein sehr hohes Altertum zurückreichen, um zu verstehen, wie letzterem Teil der Welt eine Kunst vorenthalten bleiben mußte, die viele Jahrhunderte lang nur in Ägypten⁶³, in den phönizischen und griechischen Kolonien und in dem kleinen Gebiet zwischen dem Mittelmeer, dem Oxus und dem Persischen Golf bekannt war.

Überblickt man die Geschichte der Völker, denen der Gebrauch von Buchstaben unbekannt ist, so sieht man, daß die Menschen fast überall, in beiden Hemisphären, versucht haben, die Gegenstände, welche ihre Einbildungskraft ergreifen, zu malen, die Dinge darzustellen, indem sie einen Teil fürs Ganze angaben, Gemälde zu schaffen, indem sie Figuren oder an sie gemahnende Teile zusammenstellten, um so die Erinnerung an bestimmte denkwürdige Ereignisse zu bewahren. Der Delaware-Indianer ritzt beim Durchstreifen der Wälder Striche in die Rinde der Bäume, um zu verkünden, wie viele Männer und Frauen von den Feinden er getötet hat, wobei sich das konventionelle Zeichen, das die von einem Frauenkopf abgezogene Haut bedeutet, nur durch einen Strich von dem unterscheidet, das den Haarschopf eines Mannes kennzeichnet. Will man jede Malerei von Ideen durch Dinge Hieroglyphen nennen, so gibt es, wie Herr Zoëga sehr richtig bemerkt, keinen Winkel der Erde, wo man keine Hieroglyphen-Schrift findet; doch derselbe Gelehrte, der die mexikanischen Malereien gründlich studiert hat⁶⁴, weist auch darauf hin, daß man die Hieroglyphen-Schrift nicht mit der Darstellung eines Ereignisses verwechseln darf, mit Gemälden, in denen die Gegenstände in einem tätigen Verhältnis zueinander stehen.

Die ersten Geistlichen, die Amerika besucht haben, Valadés und Acosta⁶⁵, haben die aztekischen Malereien schon als »eine Schrift gleich derjenigen der Ägypter« bezeichnet. Wenn seither Kircher, Warburton und andere Gelehrte die Richtigkeit dieses Ausdrucks bestritten haben, so deshalb, weil sie nicht unterschieden zwischen *Malereien von gemischter Art,* in denen echte, bald kyriologische, bald tropische Hieroglyphen der natürlichen Darstellung einer Handlung beigefügt sind, und der *einfachen Hieroglyphen-Schrift,* wie man sie nicht auf dem *pyramidion,* sondern auf den großen Flächen der Obelisken findet. Die berühmte, von

---

⁶² LANGLÈS, *Dictionnaire tartare-mantchou,* S. 18. *Asiatick Researches,* Band II, S. 62, Anm. d.

⁶³ ZOËGA, *De origine et usu obeliscorum,* S. 551.

⁶⁴ ZOËGA, S. 525–534.

⁶⁵ DIEGO VALADÉS, *Rhetorica Christiana,* Roma 1579, Band II, Kap. 27, S. 93. ACOSTA, Buch VI, Kap. 7.

Plutarch und Clemens von Alexandria zitierte Inschrift von Theben[66], die einzige, deren Deutung uns überliefert ist, drückte mit den Hieroglyphen eines Kindes, eines Greises, eines Geiers, eines Fisches und eines Flußpferdes folgenden Spruch aus: »Ihr, die ihr geboren werdet und sterben müßt, wisset, daß der Ewige die Schamlosigkeit verabscheut.« Um den gleichen Gedanken auszudrücken, hätte ein Mexikaner den großen Geist Teotl dargestellt, wie dieser einen Verbrecher züchtigt; bestimmte Zeichen, über zwei Köpfen angebracht, hätten genügt, um das Alter des Kindes und des Greises anzugeben; er hätte die Handlung *individualisiert*; indes hätte der Stil seiner hieroglyphischen Malereien ihm keinerlei Mittel geboten, um das Gefühl von Haß und Rache allgemein auszudrücken.

Nach den Vorstellungen, welche die Alten uns von den Hieroglyphen-Inschriften der Ägypter übermittelt haben, ist es sehr wahrscheinlich, daß sie gelesen werden konnten wie chinesische Bücher. Die Sammlungen, die wir recht ungenau mexikanische *Handschriften* nennen, enthalten sehr viele Gemälde, die wie die Reliefs der Trajanssäule gedeutet oder erklärt werden können; doch findet man darin nur sehr wenige eigentlich lesbare Zeichen. Die aztekischen Völker hatten echte, einfache Hieroglyphen für Wasser, Erde, Luft, Wind, Tag, Nacht, Mitternacht, Rede und Bewegung; sie hatten solche für die Zahlen sowie für die Tage und Monate des Sonnenjahres. Diese Zeichen, die dem Gemälde eines Ereignisses beigefügt wurden, gaben auf recht erfindungsreiche Weise an, ob die Handlung sich bei Tag oder bei Nacht zugetragen hatte; welches Alter die betreffenden Personen hatten; ob sie gesprochen hatten und wer von ihnen am meisten. Man findet bei den Mexikanern sogar Spuren jener Hieroglyphen, die man *phonetische* nennt und die von Beziehungen nicht mit dem Ding, sondern mit der gesprochenen Sprache künden. Bei halbbarbarischen Völkern spielen die Namen von Personen, Städten und Bergen gewöhnlich auf sinnlich wahrnehmbare Gegenstände an, etwa auf die Gestalt von Pflanzen und Tieren, auf Feuer, Luft oder Erde. Dieser Umstand hat den aztekischen Völkern Mittel geboten, die Namen der Städte und die ihrer Herrscher zu *schreiben*. Die wörtliche Übersetzung von *Axayacatl* ist *Wassergesicht*; und die von *Ilhuicamina* lautet *Pfeil, der den Himmel durchdringt*. Um also die Könige Motecuhzoma Ilhuicamina und Axayacatl darzustellen, verband der Maler die Hieroglyphen von Wasser und Himmel mit der Figur eines Kopfes und eines Pfeils. Die Namen der Städte Macuilxochitl, Quauhtinchan und Tehuiloyocan bedeuten *fünf Blumen*, *Haus des Adlers* und

---

[66] PLUTARCH, *De Iside et Osiride*, editio Parisina, 1624, Band II, p. 363. CLEMENS ALEXANDRINUS, *Stromateis*, Buch V, Kap. 7, ed. Potter, Oxon 1715, Band II, S. 670, Zeile 30.

Ort der Spiegel; um diese drei Städte zu bezeichnen, malte man eine über fünf Punkten stehende Blume, ein Haus, aus dem ein Adlerkopf blickte, und einen Obsidianspiegel. Auf diese Weise gab die Verbindung mehrerer einfacher Hieroglyphen die zusammengesetzten Namen wieder; sie tat dies mit Zeichen, die zugleich zu den Augen und zum Ohr sprachen; oft waren die Zeichen, die Städte und Provinzen bedeuteten, auch von den Erzeugnissen des Bodens oder des Gewerbfleißes der Bewohner hergeleitet.

Aus all diesen Forschungen geht hervor, daß die bis heute erhaltenen mexikanischen Malereien große Ähnlichkeit nicht etwa mit der Hieroglyphen-Schrift der Ägypter aufweisen, sondern vielmehr mit den Papyrusrollen, die in der Hülle der Mumien gefunden wurden und die man ebenfalls als *Malereien von gemischter Art* betrachten muß, weil darin symbolische, einzelne Zeichen die Darstellung einer Handlung ergänzen; auf diesen Papyri sind Weihen, Opfer, Vorstellungen über den Zustand der Seele nach dem Tod, den Siegern gezahlte Tribute, die wohltätigen Wirkungen der Überschwemmungen des Nils und landwirtschaftliche Arbeiten zu sehen; und inmitten vieler Figuren, die tätig oder in Beziehung miteinander dargestellt sind, bemerkt man echte Hieroglyphen, jene einzelnen Zeichen, die der Schrift angehörten. Doch nicht nur auf den Papyri und den Mumienhüllen, sondern selbst auf den Obelisken findet man Spuren dieser Mischform, die Malerei und Hieroglyphen-Schrift vereint: Der unterste Teil und die Spitze der ägyptischen Obelisken zeigen im allgemeinen eine Gruppe von zwei Figuren, die zueinander in Beziehung stehen und die man nicht mit den einzelnen Zeichen der symbolischen Schrift verwechseln darf.[67]

Vergleicht man die mexikanischen Malereien mit den Hieroglyphen, die in Ägypten Tempel, Obelisken und vielleicht sogar Pyramiden zierten, und denkt man über die fortschreitende Entwicklung nach, die der menschliche Geist in der Erfindung von graphischen Möglichkeiten, Gedanken auszudrücken, genommen zu haben scheint, so sieht man, daß die Völker Amerikas noch weit von jener Vollkommenheit entfernt waren, welche die Ägypter erreicht hatten. Tatsächlich kannten die Azteken erst sehr wenige einfache Hieroglyphen; sie hatten solche für die Elemente sowie für die zeitlichen und räumlichen Beziehungen; doch erst durch eine große Zahl solcher Zeichen, die *einzeln* gebraucht werden können, wird die Gedanken-*Malerei* leicht anzuwenden und nähert sich der *Schrift* an. Wir finden bei den Azteken den Keim von phonetischen Zeichen: Sie verstanden es, Namen zu *schreiben,* indem sie mehrere Zeichen zusammenstellten, die an Laute

[67] ZOËGA, S. 438.

erinnerten; dieser Kunstgriff hätte sie zu der schönen Entdeckung einer Silbenschrift führen können; er hätte sie dazu bringen können, ihre einfachen Hieroglyphen zu *alphabetisieren;* doch wie viele Jahrhunderte hätten noch vergehen müssen, bis diese Bergvölker, die mit derselben Beharrlichkeit, welche den Chinesen, Japanern und Hindus eigentümlich ist, an ihren Gewohnheiten festhielten, sich zu der Zerlegung der Worte, der Analyse der Laute und der Erfindung eines Alphabets erhoben hätten!

Trotz der äußersten Unvollkommenheit der Hieroglyphen-Schrift der Mexikaner ersetzte der Gebrauch ihrer Malereien das Fehlen von Büchern, Handschriften und alphabetischen Zeichen recht gut. Zur Zeit Moctezumas waren Tausende von Menschen mit Malen beschäftigt, sei es, daß sie neue Gemälde anfertigten oder daß sie bereits vorhandene kopierten. Die Leichtigkeit, mit der man aus Maguey- oder Pita-Blättern *(Agave)* Papier herstellte, trug ohne Zweifel sehr zu diesem so häufigen Gebrauch der Malerei bei. Das Papier-Schilf *(Cyperus papyrus)* kommt auf dem alten Kontinent nur an feuchten, milden Orten vor; die Pita dagegen wächst gleichermaßen in den Ebenen und auf den höchsten Bergen; sie gedeiht in den heißesten Regionen der Erde ebenso wie auf den Plateaus, wo das Thermometer bis auf den Gefrierpunkt sinkt. Von den mexikanischen Handschriften *(codices mexicani),* die sich erhalten haben, sind einige auf Hirschhäute, andere auf Baumwolltuch oder auf Maguey-Papier gemalt. Sehr wahrscheinlich ging bei den Amerikanern, wie bei den Griechen und anderen Völkern des alten Kontinents, der Gebrauch von gegerbten und präparierten Häuten dem des Papiers voraus; zumindest die Tolteken scheinen die Hieroglyphen-Malerei schon in jenen fernen Zeiten verwendet zu haben, als sie noch in nördlichen Provinzen lebten, deren Klima den Anbau der Agave nicht erlaubt.

Bei den Völkern Mexikos wurden die Figuren und symbolischen Zeichen nicht auf getrennte Blätter gezeichnet. Welches Material auch für die Handschriften verwendet wurde, sie waren nur sehr selten dazu bestimmt, Rollen zu bilden; fast immer faltete man sie im Zickzack, auf eine besondere Weise, etwa wie das Papier oder den Stoff unserer Fächer; an die Enden waren zwei Täfelchen aus leichtem Holz geleimt, eins von unten, eins von oben, so daß das Ganze, bevor man die Malerei entfaltet, aufs vollkommenste unseren gebundenen Büchern gleicht. Aus dieser Anordnung folgt, daß man, wenn man eine mexikanische Handschrift wie unsere Bücher öffnet, zunächst nur die Hälfte der Zeichen sehen kann, nämlich die, welche auf die eine Seite der Haut oder des Maguey-Papiers gemalt sind. Um alle Seiten (wenn man denn die Faltungen eines Streifens, der

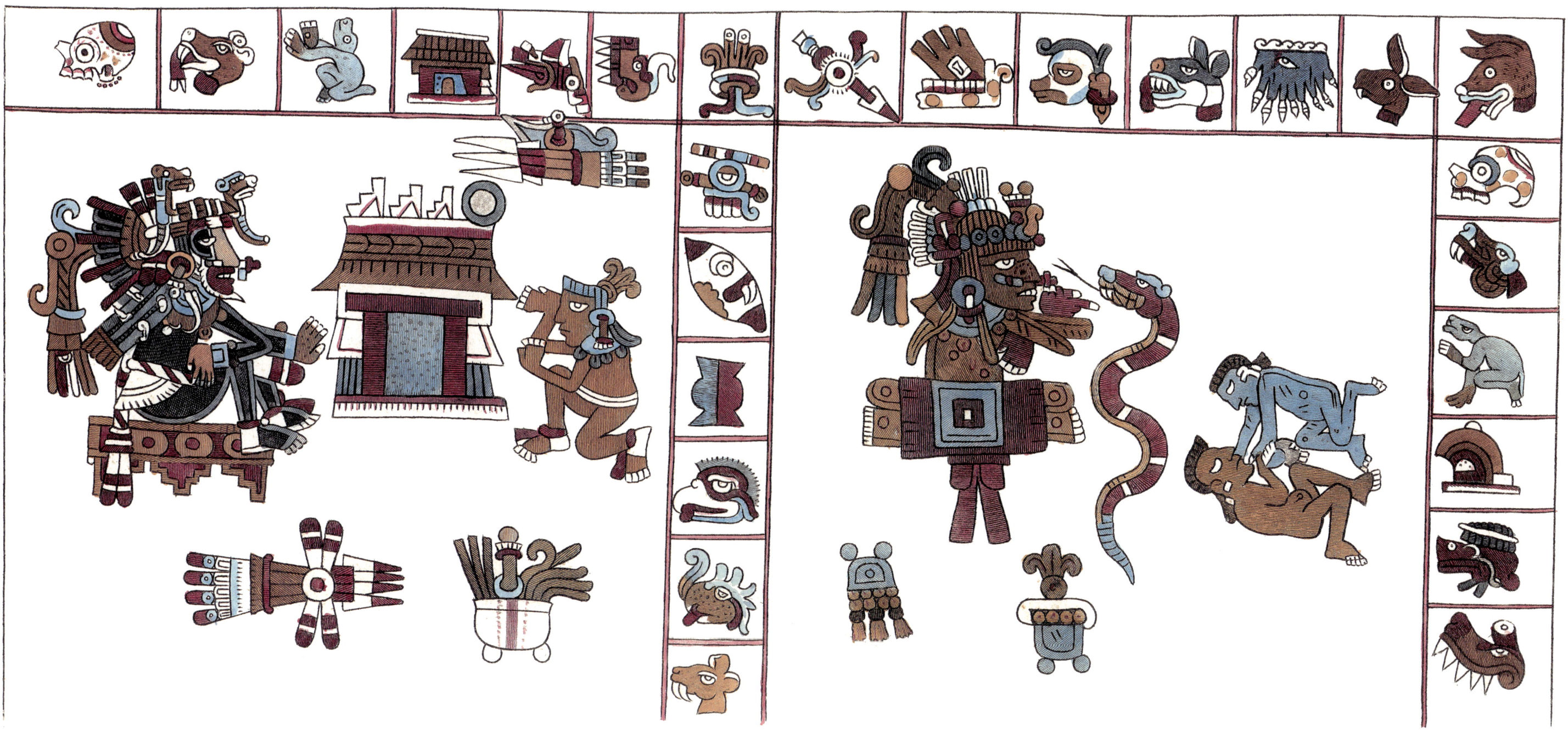

TAFEL XIII

oft zwölf bis fünfzehn Meter lang ist, als Seiten bezeichnen kann) zu betrachten, muß man die gesamte Handschrift einmal von links nach rechts und noch einmal von rechts nach links ausbreiten; in dieser Hinsicht zeigen die mexikanischen Malereien die größte Ähnlichkeit mit den siamesischen Handschriften, die in der Kaiserlichen Bibliothek zu Paris verwahrt werden und die ebenfalls im Zickzack gefaltet sind.

Die Bände, welche die ersten Missionare Neu-Spaniens recht ungenau mexikanische Bücher nannten, enthielten Angaben über eine Vielzahl sehr verschiedener Gegenstände: Es waren historische Annalen des mexikanischen Reiches, Ritualbücher, die Monat und Tag anzeigten, an denen man bestimmten Gottheiten opfern mußte, kosmogonische und astrologische Darstellungen, Prozeßurkunden, Dokumente mit Bezug auf den Kataster oder die Aufteilung des Grundbesitzes in einer Gemeinde, Verzeichnisse der Tribute, die zu bestimmten Zeiten des Jahres gezahlt werden mußten, genealogische Tafeln, nach denen man in den Familien die Erbschaften oder die Erbfolge regelte, Kalender, welche die Schalttage im bürgerlichen und im religiösen Jahr angaben, und schließlich Malereien, die an die Strafen erinnerten, mit denen die Richter Verbrechen zu ahnden hatten. Meine Reisen in verschiedene Teile von Amerika und Europa haben mir den Vorzug verschafft, eine größere Zahl mexikanischer Handschriften zu untersuchen, als Zoëga, Clavijero, Gama, der Abbé Hervas, der scharfsinnige Verfasser der *Lettere Americane*, Graf Rinaldo Carli, und andere Gelehrte dies konnten, die nach Boturini über diese Zeugnisse der alten Zivilisation Amerikas geschrieben haben. In der kostbaren Sammlung, die im Palast des Vizekönigs zu México aufbewahrt wird, habe ich Fragmente von Malereien zu jedem der soeben aufgezählten Gegenstände gesehen.

Die große Ähnlichkeit, die zwischen den in Veletri, Rom, Bologna, Wien und Mexiko aufbewahrten mexikanischen Handschriften besteht, ist ganz erstaunlich; auf den ersten Blick möchte man glauben, sie seien voneinander kopiert; allesamt weisen sie eine äußerste Ungenauigkeit in den Umrissen, höchste Sorgfalt in den Details und eine große Lebhaftigkeit der Farben auf, die solcherart angeordnet sind, daß sie die schärfsten Kontraste bilden. Die Figuren haben gewöhnlich den gleichen gedrungenen Körperbau wie in den etruskischen Reliefs; was die Richtigkeit der Zeichnung angeht, so reichen sie nicht einmal an die unvollkommensten Malereien der Hindus, der Tibetaner, Chinesen und Japaner heran. Man findet in den mexikanischen Malereien Köpfe von ungeheurer Größe, einen unverhältnismäßig kurzen Körper und Füße, die durch die Länge der Zehen an

Vogelklauen erinnern; die Köpfe sind stets im Profil gezeichnet, wenngleich das Auge so gesetzt ist, als sei die Figur von vorne gesehen. All dies zeigt die Kindheit der Kunst an; indes darf man nicht vergessen, daß Völker, die ihre Gedanken mittels Malereien ausdrücken und durch ihren Gesellschaftszustand zu einem häufigen Gebrauch jener gemischten Hieroglyphen-Schrift gezwungen sind, ebensowenig Wert auf korrekte Malerei legen wie die europäischen Gelehrten auf eine schöne Schrift in ihren Manuskripten.

Es ist nicht zu leugnen, daß die Bergvölker Mexikos einer Menschenrasse angehören, die sich, wie einige tatarische und mongolische Horden, daran erfreut, die Form der Gegenstände nachzuahmen. Überall in Neu-Spanien, wie auch in Quito und in Peru, trifft man Indianer an, die sich auf Malerei und Bildhauerei verstehen; sie sind in der Lage, sklavisch genau zu kopieren, was immer sich ihrem Blick darbietet; und seit der Ankunft der Europäer haben sie gelernt, ihren Umrissen Richtigkeit zu verleihen; doch nichts kündet davon, daß sie von jenem Gefühl für das Schöne durchdrungen sind, ohne das Malerei und Bildhauerei sich nicht über die mechanischen Künste erheben können. In dieser Hinsicht, wie in manch anderer, gleichen die Bewohner der neuen Welt allen Völkern Ost-Asiens.

Im übrigen kann man sich vorstellen, wie der häufige Gebrauch der gemischten Hieroglyphen-Malerei dazu beitragen mußte, den Geschmack einer Nation zu verderben, indem er sie an den Anblick der abscheulichsten Figuren, der unverhältnismäßigsten Formen gewöhnte. Um einen König zu bezeichnen, der in einem bestimmten Jahr eine benachbarte Nation besiegt hat, stellte der Ägypter, mit seiner vollkommenen Schreibkunst, eine geringe Anzahl einzelner Hieroglyphen in eine Zeile, welche die gesamte Reihe von Ideen ausdrückte, die man wachrufen wollte, und diese Zeichen bestanden zu einem großen Teil aus Bildern lebloser Gegenstände; der Mexikaner dagegen war, um das gleiche Problem zu lösen, gezwungen, eine Gruppe von zwei Personen zu malen, einen bewaffneten König, der einen Krieger mit dem Wappen der eroberten Stadt niederringt. Um die Verwendung dieser historischen Malereien zu erleichtern, ging man bald dazu über, nur noch das zu malen, was zum Erkennen der Gegenstände absolut notwendig war. Warum einer Figur Arme geben, wenn sie in einer Haltung dargestellt wird, in der sie keinerlei Gebrauch von ihnen macht? Zudem mußten die Hauptformen, mit denen man eine Gottheit, einen Tempel, ein Opfer bezeichnete, frühzeitig festgelegt werden. Das Verständnis der Malereien wäre äußerst schwierig geworden, hätte jeder Künstler die Darstellung der Gegenstände, die häufig bezeichnet werden mußten, nach seinem Gutdünken abwandeln dürfen. Daraus folgt, daß die Zivilisation der Mexikaner noch weit hätte voranschreiten können, ohne daß sie versucht gewesen wären, die unvollkommenen Formen aufzugeben, in die man seit Jahrhunderten übereingekommen war. Ein kriegerisches, robustes, doch nach europäischen Schönheitsbegriffen äußerst häßliches Bergvolk, vom Despotismus abgestumpft, an die Zeremonien eines blutigen Kultus gewöhnt, ist an sich schon wenig geneigt, sich zur Pflege der schönen Künste zu erheben; und der Brauch, zu malen statt zu schreiben, der tägliche Anblick so vieler abscheulicher und unverhältnismäßiger Figuren, der Zwang, die gleichen Formen zu bewahren, ohne sie je abzuwandeln; all diese Umstände mußten dazu beitragen, den schlechten Geschmack unter den Mexikanern fortdauern zu lassen.

Vergeblich suchen wir auf dem Plateau Zentral-Asiens oder weiter im Norden und Osten Völker, die von jener Hieroglyphen-Schrift, wie man sie seit dem siebten Jahrhundert im Land Anáhuac beobachtet, Gebrauch gemacht hätten: Die Kamtschadalen, die Tungusen und andere Stämme Sibiriens, die Strahlenberg beschrieben hat, malen Figuren, die an historische Ereignisse erinnern; in allen Zonen findet man, wie wir bereits bemerkt haben, Nationen, die sich dieser Art von Malerei mehr oder weniger hingegeben haben; doch von einer mit ein paar Zeichen versehenen Tafel ist es noch ein weiter Weg bis zu jenen mexikanischen Handschriften, die alle nach einem einheitlichen System verfertigt sind und die man als Annalen des Reiches ansehen kann. Wir wissen nicht, ob dieses System der Hieroglyphen-Malerei auf dem neuen Kontinent erfunden worden ist oder ob es auf die Auswanderung irgendeines tatarischen Stammes zurückgeht, der die genaue Dauer des Jahres kannte und dessen Zivilisation ebenso alt war wie die der Uighuren aus der Turfan-Ebene. Wenn der alte Kontinent kein Volk aufweist, das von der Malerei einen so ausgedehnten Gebrauch gemacht hat wie die Mexikaner, so deshalb, weil wir in Europa und Asien keine derart fortgeschrittene Zivilisation finden, die nicht Kenntnis von einem Alphabet oder von Schriftzeichen hätte, welche ein solches ersetzen, wie etwa die Zeichen der Chinesen und der Koreaner.

Vor der Einführung der Hieroglyphen-Malerei bedienten sich die Völker von Anáhuac jener Knoten und verschiedenfarbiger Fäden, welche die Peruaner *quippu* nennen und welche man nicht nur bei den Kanadiern wiederfindet[68], sondern sehr früh auch schon bei den Chinesen. Der Ritter Boturini hatte noch

---

[68] LAFITAU, *Mœurs des Sauvages,* Band I, S. 233, 503. *Histoire générale des Voyages,* Band I, Buch X, Kap. 8.
MARTINI, *Histoire de la Chine,* S. 21. BOTURINI, *Nueva Historia de la América septentrional,* S. 85.

das Glück, sich echte mexikanische Quippu oder *nepohualtzitzin* beschaffen zu können, die im Land der Tlaxcalteken gefunden wurden. Bei ihren großen Wanderungen haben sich die Völker Amerikas von Norden nach Süden bewegt, so wie die Iberer, die Kelten und die Pelasger von Osten nach Westen gezogen sind. Vielleicht sind die alten Bewohner Perus einst über das Plateau von Mexiko gekommen; tatsächlich war Ulloa[69], dem der Stil der peruanischen Architektur wohlvertraut war, die große Ähnlichkeit aufgefallen, die einige alte Gebäude im Westen Louisianas hinsichtlich der Verteilung der Türen und Nischen mit den von den Inka erbauten *tambos* zeigten; und nicht weniger bemerkenswert erscheint, daß nach Überlieferungen aus Licán, der alten Hauptstadt Perus, die Quippu bei den Puruay schon lange bekannt gewesen waren, bevor die Nachfahren von Manco-Capac sie unterjochten.

Der Gebrauch der Schrift und der Hieroglyphen hat in Mexiko, wie in China, die Knoten oder *nepohualtzitzin* in Vergessenheit geraten lassen. Dieser Wandel hat sich um das Jahr 648 unserer Zeitrechnung vollzogen. Ein nördliches, doch sehr kultiviertes Volk, das der Tolteken, erscheint in den Bergen von Anáhuac, östlich des Golfs von Kalifornien; es behauptet, aus einem nordwestlich des Río Gila gelegenen Land namens Huehuetlapallan vertrieben worden zu sein; es führt Gemälde mit, die Jahr für Jahr die Ereignisse seiner Wanderung verzeichnen; es erklärt, seine Heimat, deren Lage uns vollkommen unbekannt ist, im Jahr 544 verlassen zu haben, zur selben Zeit, da der Untergang der Tsin-Dynastie unter den Völkern Ost-Asiens große Umwälzungen verursacht hatte, was ein höchst bemerkenswerter Umstand ist. Überdies waren die Namen, welche die Tolteken den von ihnen gegründeten Städten gaben, jene der Städte des nördlichen Landes, das zu verlassen sie gezwungen worden waren; so daß man den Ursprung[70] der Tolteken, der Chichimeken, der Acolhuen und der Azteken, jener vier Nationen, die alle die gleiche Sprache sprechen und nacheinander auf dem gleichen Weg nach Mexiko gelangten, dann erfahren wird, wenn eines Tages im Norden Amerikas oder Asiens ein Volk entdeckt werden sollte, das die Namen Huehuetlapallan, Aztlán, Teocolhuacán, Amaquemecan, Tehuajo und Copalla kennt.

Bis zum 53. Parallelkreis sind die Temperaturen an der Nordwestküste Amerikas milder als an den Ostküsten; man möchte meinen, unter diesem Klima und selbst unter höheren Breiten hätte die Zivilisation in alten Zeiten Fortschritte gemacht; noch heute kann man beobachten, daß die Eingeborenen unter dem

---

[69] ULLOA, *Noticias Americanas*, S. 43.   [70] CLAVIJERO, *Storia antica del Messico*, Band I, S. 126; Band IV, S. 29 und 46.

57. Breitengrad, im Cox-Kanal und in der Bucht von Norfolk, den Marchand den Golf von Tchinkitane nennt, eine deutliche Vorliebe für Hieroglyphen-Malereien auf Holz haben. An anderer Stelle habe ich untersucht[71], ob es wahrscheinlich ist, daß diese gewerbfleißigen Völker, deren Charakter gewöhnlich sanft und freundlich ist, mexikanische Siedler sind, die sich nach der Ankunft der Spanier gen Norden geflüchtet haben, oder ob sie nicht vielmehr von toltekischen oder aztekischen Stämmen abstammen, die beim Vordringen der Völker von Aztlán in diesen nördlichen Gegenden geblieben sind. Durch das glückliche Zusammenwirken mehrerer Umstände erhebt sich der Mensch selbst in Klimaten, die der Entwicklung organisierter Wesen am wenigsten zuträglich sind, zu einer gewissen Kultur; in der Nähe des Polarkreises, in Island, haben wir gesehen, wie die skandinavischen Völker seit dem zwölften Jahrhundert Wissenschaften und Künste mit mehr Erfolg betreiben als die Bewohner von Dänemark und Preußen.

Einige toltekische Stämme scheinen sich mit den Nationen vermischt zu haben, die einst das Land zwischen dem östlichen Ufer des Mississipi und dem Atlantischen Ozean bewohnten. Die Irokesen und die Huronen schufen hieroglyphische Gemälde auf Holz, die erstaunliche Ähnlichkeiten[72] mit denen der Mexikaner aufweisen; sie zeigten etwa den Namen der Personen, die sie bezeichnen wollten, mit dem gleichen Kunstgriff an, den wir weiter oben bei der Beschreibung eines genealogischen Gemäldes erwähnt haben. Die Eingeborenen von Virginia besaßen *sagkokok* genannte Malereien, die mittels symbolischer Zeichen alle Ereignisse darstellten, die sich in einem Zeitraum von sechzig Jahren zugetragen hatten; es waren große, in sechzig Strahlen oder gleich große Segmente unterteilte Räder. Lederer[73] berichtet, er habe in dem indianischen Dorf Pommacomek einen jener hieroglyphischen Zyklen gesehen, in dem der Zeitpunkt der Ankunft der Weißen an den Küsten Virginias durch die Figur eines feuerspeienden Schwans dargestellt war, um zugleich die Farbe der Europäer, ihre Ankunft übers Wasser und das Unheil zu bezeichnen, das ihre Feuerwaffen unter den roten Menschen angerichtet hatten.

In Mexiko war der Gebrauch der Malereien und des Maguey-Papiers weit über die Grenzen des Reiches von Moctezuma hinaus verbreitet, bis an die Ufer des Nicaragua-Sees, wohin die Tolteken auf ihren Wanderungen ihre Sprache und ihre Künste getragen hatten. Im Königreich Guatemala bewahrten die Einwohner von Teochiapan Überlieferungen, die bis auf die Zeit einer großen Sintflut

---

[71] Siehe meinen *Essai politique*, S. 78, 336, 349. MARCHAND, *Voyage autour du monde*, Band I, S. 259, 261, 299, 375.
[72] LAFITAU, Band II, S. 43, 225, 416. LA HONTAN, *Voyage dans l'Amérique septentrionale*, Band II, S. 193.
[73] *Journal des Savans*, 1681, S. 75.

zurückgingen und denen zufolge ihre Ahnen unter der Führung eines Oberhaupts namens *Votan* aus einem nördlich gelegenen Land gekommen seien. Im Dorf Teopixca gab es noch im sechzehnten Jahrhundert Abkömmlinge der Familie des Votan oder Vodan (beide Namen sind eins, da die Tolteken und Azteken in ihrer Sprache die vier Konsonanten *d*, *b*, *r* und *s* nicht kennen). Wer die Geschichte der skandinavischen Völker in den heroischen Zeiten studiert hat, der muß darüber staunen, in Mexiko einen Namen zu finden, der derart an den des *Wotan* oder *Odin* erinnert, welcher über die Skythen herrschte und dessen Geschlecht, der höchst bemerkenswerten Behauptung von Beda[74] zufolge, »einer großen Zahl von Völkern Könige gegeben hat«.

Wenn es wahr wäre, wie einige Gelehrte angenommen haben, daß ebenjene Tolteken, die eine Pest, zu der eine große Dürre hinzukam, um die Mitte des elften Jahrhunderts unserer Zeitrechnung vom Plateau von Anáhuac vertrieben hat, als Gründer des Inka-Reiches in Südamerika wieder in Erscheinung getreten sind, warum hätten dann die Peruaner ihre *quippu* nicht zugunsten der Hieroglyphen-Schrift der Tolteken aufgegeben? Fast zur gleichen Zeit, zu Beginn des zwölften Jahrhunderts, hatte ein grönländischer Bischof lateinische Bücher nicht auf den amerikanischen Kontinent, doch immerhin nach Neufundland (Vinland) gebracht, vielleicht dieselben, welche die Brüder Zeni[75] 1380 dort fanden.

Wir wissen nicht, ob Stämme toltekischer Rasse bis in die südliche Hemisphäre vorgedrungen sind, nicht über die Kordilleren von Quito und Peru, sondern den Ebenen folgend, die sich östlich der Anden zu den Ufern des Marañón hin erstrecken; eine höchst merkwürdige Tatsache, von der ich während meines Aufenthaltes in Lima Kenntnis erlangt habe, scheint darauf hinzuweisen. Der Franziskaner-Pater Narcissus Gilbar, vorzüglich bekannt durch seinen Mut und seinen Forschergeist, fand bei den unabhängigen Pano-Indianern an den Ufern des Ucayali, etwas nördlich der Mündung des Sarayacu, Hefte mit Malereien, die in ihrer äußeren Form unseren Quartbüchern vollkommen glichen: Jedes Blatt hatte eine Länge von drei Dezimetern auf zwei Dezimeter Breite; der Einband dieser Hefte bestand aus mehreren zusammengeleimten Palmblättern und einem sehr dichten Gewebe; Stücke von recht fein gewobenem Baumwolltuch stellten die Seiten dar, die durch Pita-Fäden verbunden waren. Als Pater Gilbar bei den Pano ankam, fand er einen am Fuß einer Palme sitzenden Greis, umringt von einigen jungen Leuten, denen dieser den Inhalt jener Bücher erklärte. Die

---

[74] BEDA, *Historia ecclesiastica gentis Anglorum*, Buch I, Kap. 15.
FRANCISCO NÚÑEZ DE LA VEGA, *Constitutiones synodales*, S. 74.
[75] *Viaggio de' fratelli* ZENI, Venezia, 1808, S. 67.

Wilden wollten zuerst nicht dulden, daß ein Weißer sich dem Greis näherte; mit Hilfe von Indianern aus Manoa, die als einzige die Sprache der Pano verstanden, ließen sie den Missionar wissen, »daß diese Malereien verborgene Dinge enthielten, die kein Fremder erfahren dürfe«. Nur mit viel Mühe gelang es Pater Gilbar, sich eines dieser Hefte zu verschaffen, das er nach Lima schickte, um es dem Pater Cisneros vorzulegen, jenem gelehrten Herausgeber einer Zeitschrift[76], die in Europa übersetzt worden ist. Mehrere mir bekannte Personen haben dieses Buch vom Ucayali in den Händen gehalten, dessen Seiten sämtlich mit Malereien bedeckt waren; man erkannte darin Figuren von Menschen und Tieren und eine Vielzahl einzelner Zeichen, die man für hieroglyphisch hielt und die mit bewundernswürdiger Ordnung und Symmetrie in Zeilen angeordnet waren; besonders fiel die Lebhaftigkeit der Farben auf; doch da in Lima niemand je Gelegenheit gehabt hatte, ein Fragment aztekischer Handschriften zu sehen, konnte über die stilistische Übereinstimmung zwischen Malereien, die in achthundert Meilen Entfernung voneinander gefunden wurden, nicht geurteilt werden.

Pater Cisneros wollte dieses Buch im Missionskloster von Ocopa hinterlegen lassen; doch sei es, daß die Person, der er es anvertraute, es beim Überqueren der Kordilleren verlor, sei es, daß es entwendet und heimlich nach Europa gesandt wurde, sicher ist nur, daß es sein ursprüngliches Ziel nie erreichte; alle Nachforschungen, die angestellt wurden, um einen so merkwürdigen Gegenstand wiederzufinden, blieben vergeblich, und man bedauerte zu spät, daß man diese Zeichen nicht hatte kopieren lassen. Der Missionar Narcissus Gilbar, mit dem ich während meines Aufenthaltes in Lima freundschaftlich verbunden war, hat mir versprochen, alles zu versuchen, um sich ein weiteres Heft dieser Malereien der Pano zu verschaffen; er weiß, daß es bei ihnen mehrere davon gibt und daß sie selbst sagen, diese Bücher seien ihnen *von ihren Vätern* weitergegeben worden. Die Erklärung, die sie von diesen Malereien geben, scheint auf einer uralten Überlieferung zu gründen, die in einigen Familien bewahrt wird. Die Indianer von Manoa, denen Pater Gilbar auftrug, Nachforschungen über die Bedeutung dieser Zeichen anzustellen, meinten zu erraten, daß sie Reisen und vergangene Kriege mit benachbarten Horden beschreiben.

Die Pano unterscheiden sich heute kaum von den übrigen Wilden, die diese feuchten und übermäßig heißen Wälder bewohnen; nackt, von Bananen und Fischfang lebend, sind sie weit davon entfernt, die Malerei zu kennen und das Bedürfnis zu verspüren, einander ihre Gedanken durch graphische Zeichen mit-

[76] *El Mercurio peruano.*

zuteilen. Wie die Mehrzahl der an den Ufern der großen Ströme Südamerikas lebenden Stämme scheinen sie da, wo man sie gegenwärtig findet, nicht alteingesessen zu sein; sind sie die schwachen Überreste irgendeines zivilisierten Volkes, das in den Zustand der Stumpfheit zurückgefallen ist, oder stammen sie von eben denselben Tolteken ab, die den Gebrauch der Hieroglyphen-Malerei nach Neu-Spanien gebracht haben und die wir, von anderen Völkern verdrängt, an den Ufern des Nicaragua-Sees sich verlieren sehen? Dies sind Fragen von großem Interesse für die Menschheitsgeschichte, und sie verknüpfen sich mit weiteren, deren Bedeutung bisher nicht genügend erkannt worden ist.

In den Savannen Guayanas, zwischen dem Casiquiare und dem Conorichite, erheben sich Granitfelsen, die mit Figuren von Jaguaren und Krokodilen sowie anderen Zeichen, die man für symbolisch halten könnte, bedeckt sind. Ähnliche Zeichnungen finden sich fünfhundert Meilen nach Norden und nach Westen wieder, an den Ufern des Orinoco, in der Nähe des Encaramada-Gebirges und von Caicara, an den Ufern des Río Cauca, bei Timba, zwischen Cali und Jelima; und schließlich auf dem Plateau der Kordilleren selbst, im Páramo de Guanacas. Die eingeborenen Völker dieser Gegenden kennen den Gebrauch von metallenen Werkzeugen nicht; sie alle stimmen darin überein, daß diese Zeichen schon vorhanden waren, als ihre Ahnen in diesen Landstrichen ankamen. Verdanken sich diese Spuren einer alten Zivilisation einer einzigen gewerbfleißigen, Bildhauerei treibenden Nation, wie es die Tolteken, die Azteken, die gesamte aus Aztlán stammende Völkergruppe waren? In welcher Gegend ist die Wiege dieser Kultur anzusiedeln? Nördlich des Río Gila, auf dem mexikanischen Plateau oder in der südlichen Hemisphäre, auf jenen Hochebenen von Tiahuanaco, die schon die Inka mit Ruinen von beeindruckender Größe bedeckt fanden und die man als den Himala und den Tibet Südamerikas betrachten kann? Diese Probleme können bei unserem gegenwärtigen Kenntnisstand nicht gelöst werden.

Wir haben nun die Beziehungen zwischen den mexikanischen Malereien und den Hieroglyphen der alten Welt untersucht; wir haben versucht, etwas Licht in Ursprung und Wanderungen der Völker zu bringen, die den Gebrauch der symbolischen Schrift und die Papierherstellung nach Neu-Spanien eingeführt haben; bleibt uns, auf die Handschriften *(codices mexicani)* hinzuweisen, die seit dem sechzehnten Jahrhundert nach Europa gelangt sind und in öffentlichen und privaten Bibliotheken verwahrt werden. Man wird erstaunt sein, wie selten diese kostbaren Monumente eines Volkes geworden sind, das auf seinem Weg zur Zivilisation gegen die gleichen Hindernisse gekämpft zu haben scheint, die sich bei

XIII. AZTEKISCHE HIEROGLYPHEN-HANDSCHRIFT

allen Nationen des Nordens und sogar Ost-Asiens dem Fortschreiten der Künste entgegenstellen.

Nach meinen Forschungen scheint es heute in Europa nur sechs Sammlungen mexikanischer Malereien zu geben: die des Escorial, die von Bologna, Veletri, Rom, Wien und Berlin. Der gelehrte Jesuit Fábrega, der in den Schriften des Herrn Zoëga oft zitiert wird und von dem der Ritter Borgia, Neffe des gleichnamigen Kardinals, so freundlich war, mir einige Manuskripte über aztekische Altertümer zukommen zu lassen, nimmt an, daß die Archive von Simancas in Spanien ebenfalls einige dieser Hieroglyphen-Gemälde, die Robertson so treffend als *picture-writings* bezeichnet hat, enthalten dürften.

Die im *Escorial* aufbewahrte Sammlung ist von Herrn Waddilove[77], Prediger der englischen Gesandtschaft von Madrid zur Zeit des Lord Grantham, untersucht worden: Sie hat die Form eines *Folio*bandes, was zu dem Verdacht führen könnte, es sei nur die Kopie einer mexikanischen Handschrift, denn die Originale, die ich gesehen habe, gleichen alle *Quart*bänden. Die dargestellten Gegenstände scheinen zu beweisen, daß der Band des Escorial, wie die von Italien und Wien, entweder astrologische Bücher oder echte *Rituale* sind, welche die für bestimmte Tage des Monats vorgeschriebenen religiösen Zeremonien anzeigen. Unten auf jeder Seite steht eine Erklärung in spanischer Sprache, die zur Zeit der Eroberung hinzugefügt worden ist.

Die Sammlung von *Bologna* liegt in der Bibliothek des wissenschaftlichen Instituts dieser Stadt; ihre Herkunft ist unbekannt, doch auf der ersten Seite liest man, daß dieses Gemälde, das 326 Zentimeter (elf *palmi romani*) lang ist, am 26. Dezember 1665 vom Grafen Valerio Zani an den Marquis von Caspi abgetreten wurde. Die Zeichen, die auf einer dicken, schlecht präparierten Haut stehen, scheinen sich zum großen Teil auf die Gestalt der Sternbilder und auf astrologische Vorstellungen zu beziehen. Eine skizzierte Kopie dieses *Codex Mexicanus* von Bologna befindet sich im Museum des Kardinals Borgia in Veletri.

Die Sammlung von *Wien*, die fünfundsechzig Seiten zählt, ist berühmt geworden, weil sie die Aufmerksamkeit des Doktor Robertson erregt hat, der in seinem klassischen Werk über die Geschichte des neuen Kontinents einige Seiten daraus veröffentlicht hat, wenn auch ohne Farben und in bloßen Umrissen. Auf der ersten Seite dieser mexikanischen Handschrift liest man, sie sei »von König Emanuel von Portugal an Papst Clemens VII. gesandt worden und seitdem in den Händen der Kardinäle Hippolyt von Medici und Capuanus gewesen«.

---
[77] ROBERTSON, *History of America*, 1802, Band III, S. 403.

Lambecius[78], der einige Figuren des *Codex Vindobonensis* recht ungenau hat stechen lassen, bemerkt, die Handschrift könne nicht dem Papst Clemens VII. geschenkt worden sein, da König Emanuel zwei Jahre vor dessen Wahl gestorben sei, wohl aber dem Papst Leo X., dem der König von Portugal 1513 eine Gesandtschaft geschickt habe; ich frage mich indes, wie man 1513 in Europa schon mexikanische Malereien haben konnte, da Hernández de Córdova die Küsten von Yucatán erst 1517 entdeckte und Cortés erst 1519 in Veracruz landete? Ist es wahrscheinlich, daß die Spanier auf Cuba mexikanische Gemälde gefunden haben, da doch die Bewohner dieser Insel, trotz der geringen Entfernung zwischen dem Kap Catoche und dem Kap San Antonio, keinerlei Kontakt zu den Mexikanern gehabt zu haben scheinen? Allerdings wird die Wiener Sammlung in der beigefügten Notiz auch nicht als *Codex Mexicanus* bezeichnet, sondern als *Codex Indiae Meridionalis;* gleichwohl läßt die vollkommene Ähnlichkeit dieses Manuskripts mit denen von Veletri und Rom an einem gemeinsamen Ursprung keinen Zweifel. König Emanuel ist 1521 gestorben, Papst Clemens VII. 1534; es erscheint mir wenig glaubwürdig, daß es vor dem ersten Einzug der Spanier nach Tenochtitlán (am 8. November 1519) in Rom eine mexikanische Handschrift gegeben haben soll. Wann auch immer sie nach Italien gelangt sein mag, sicher ist jedenfalls, daß sie, nachdem sie durch verschiedene Hände gegangen war, 1677 vom Herzog von Sachsen-Eisenach dem Kaiser Leopold geschenkt wurde.

Es ist völlig unbekannt, was aus der Sammlung von mexikanischen Gemälden geworden ist, die sich noch Ende des 17. Jahrhunderts in London befand und von Purchas veröffentlicht wurde. Diese Handschrift war von dem ersten Vizekönig Mexikos, Antonio de Mendoza, Marquis von Mondéjar, an Kaiser Karl V. geschickt worden; doch das Schiff, das diesen kostbaren Gegenstand beförderte, wurde von einem französischen Schiff gekapert, und die Sammlung gelangte in die Hände von André Thevet, Geograph des Königs von Frankreich, der selbst den neuen Kontinent besucht hatte. Nach dem Tod dieses Reisenden erwarb Hakluyt, Prediger der englischen Gesandtschaft in Paris, die Handschrift für zwanzig *Kronen,* und so gelangte sie von Paris nach London, wo Sir Walter Raleigh sie veröffentlichen lassen wollte. Die Kosten, die das Stechen der Zeichnungen verursachen sollte, verzögerten diese Veröffentlichung bis 1625, als Purchas, dem Wunsch des gelehrten Altertumsforschers Spelman folgend, die gesamte *Handschrift von Mendoza* in die Sammlung seiner Reisen aufnahm.[79] Dieselben Figuren sind von

---

[78] LAMBECIUS, *Commentariorum de augustissima bibliotheca Caesarea Vindobonensis,* ed. 1776, S. 966.
[79] PURCHAS, *Pilgrimes,* Band III, S. 1065.

Thevenot in seiner *Relation de divers voyages curieux* kopiert worden[80]; doch diese Kopie steckt, wie der Abbé Clavijero sehr richtig bemerkt hat[81], voller Fehler; so sind zum Beispiel Ereignisse, die sich unter der Herrschaft des Königs Ahuizotl zugetragen haben, unter der Herrschaft von Moctezuma aufgeführt.

Einige Autoren[82] haben verbreitet, das Original der berühmten *Sammlung von Mendoza* liege in der Kaiserlichen Bibliothek zu Paris; indes scheint es gewiß, daß sich dort seit einem Jahrhundert kein mexikanisches Manuskript mehr befunden hat. Wie sollte die von Hakluyt erworbene und nach London gebrachte Sammlung zurück nach Frankreich gelangt sein? In Paris sind heute keine anderen mexikanischen Malereien bekannt als die Kopien, die in einer spanischen, aus der Bibliothek von Sellier stammenden Handschrift enthalten sind und die zu besprechen wir im folgenden Gelegenheit haben werden. Dieses übrigens sehr interessante Buch befindet sich in der herrlichen Manuskripten-Sammlung der Kaiserlichen Bibliothek; es gleicht dem *Codex anonymus* des Vatikan, Nr. 3738, der das Werk des Mönchs Pedro de los Ríos[83] ist. Pater Kircher hat einen Teil von Purchas' Stichen kopieren lassen.[84]

Die *Sammlung von Mendoza* bringt Licht in die Geschichte, den politischen Zustand und das Privatleben der Mexikaner. Sie ist in drei Abschnitte unterteilt, die wie die *Skandhas* der indischen *Puranas* von gänzlich verschiedenen Gegenständen handeln: Der erste Abschnitt stellt die Geschichte der aztekischen Dynastie vor, von der Gründung Tenochtitláns im Jahr 1325 unserer Zeitrechnung bis zum Tod von Moctezuma II., der eigentlich *Motecuhzoma Xocoyotzin* heißt, im Jahr 1520; der zweite Abschnitt ist ein Verzeichnis der Tribute, die jede Provinz und jede Ortschaft den aztekischen Fürsten bezahlte; der dritte und letzte Abschnitt beschreibt das häusliche Leben und die Sitten der aztekischen Völker. Der Vizekönig Mendoza hatte jeder Seite der Sammlung eine Erklärung in mexikanischer und spanischer Sprache beifügen lassen, so daß das Ganze ein für die Geschichte höchst interessantes Werk darstellt. Die Figuren bieten, trotz der Fehlerhaftigkeit der Umrisse, einige außerordentlich lebhafte Einblicke in Sitten und Gebräuche: Man sieht die Erziehung der Kinder von ihrer Geburt bis zu ihrer Aufnahme in die Gesellschaft, sei es als Bauern oder als Handwerker, als Krieger oder als Priester. Die Menge an Nahrung, die jedem Alter gebührt, die

---

[80] THEVENOT (1696), Band II, Tafel IV, S. 1–85.
[81] CLAVIJERO, Band I, S. 23.
[82] WARBURTON, *Essai sur les hiéroglyphes des Égyptiens*, Band I, S. 18.
PAPILLON, *Histoire de la gravure en bois*, Band I, S. 364.
[83] Siehe oben die Beschreibung der Tafel VII.
[84] KIRCHER, *Oedipus Aegyptiacus*, Band III, S. 32.

Strafen, die Kindern beiderlei Geschlechts zukommen; alles war bei den Mexikanern bis in die kleinsten Einzelheiten vorgeschrieben, nicht durch das Gesetz, sondern durch uralte Gebräuche, von denen man nicht abrücken durfte. Gefesselt durch den Despotismus und die Barbarei der gesellschaftlichen Institutionen, unfrei selbst in den belanglosesten Handlungen des häuslichen Lebens, wurde die gesamte Nation in einer trostlosen Einförmigkeit von Gewohnheiten und Aberglauben erzogen. Im alten Ägypten, in Indien, in China, in Mexiko und in Peru, überall wo die Menschen bloß eine von ein und demselben Willen beseelte Masse darstellten, überall wo Gesetze, Religion und Gebräuche der Vervollkommnung und dem individuellen Glück im Wege standen, haben gleiche Ursachen die gleichen Wirkungen hervorgebracht.

Unter den Malereien der Sammlung von Mendoza erkennt man etwa die Zeremonien, die bei der Geburt eines Kindes durchgeführt wurden. Die Hebamme rief den Gott Ometeuctli und die Göttin Omecihuatl an, die unter den Seligen lebten, und spritzte dem Neugeborenen Wasser auf Stirn und Brust; nachdem sie verschiedene Gebete gesprochen hatte[85], in denen das Wasser als Symbol der Reinigung der Seele aufgefaßt wurde, ließ die Hebamme Kinder herantreten, die eingeladen worden waren, um dem Neugeborenen einen Namen zu geben. In einigen Provinzen wurde auch ein Feuer entzündet, und man tat, als hebe man das Kind durch die Flamme, als wollte man es zugleich durch Wasser und Feuer reinigen. Diese Zeremonie erinnert an Gebräuche, deren Ursprung sich in Asien im höchsten Altertum zu verlieren scheint.

Andere Tafeln der *Sammlung von Mendoza* stellen die oft barbarischen Züchtigungen dar, mit denen Eltern ihre Kinder je nach Schwere des Vergehens und je nach Alter und Geschlecht strafen müssen: Eine Mutter setzt ihre Tochter dem Rauch von spanischem Pfeffer *(Capsicum bacatum)* aus; ein Vater sticht seinen achtjährigen Sohn mit Pita-Blättern, die in einem kräftigen Dorn enden; das Gemälde zeigt an, in welchen Fällen das Kind nur an den Händen gestochen werden darf und in welchen anderen es den Eltern erlaubt ist, diese schmerzhafte Behandlung auf den ganzen Körper auszudehnen. Ein Priester, *teopixqui*, züchtigt einen Novizen, indem er ihm glühende Scheite an den Kopf wirft, weil dieser die Nacht außerhalb der Tempelmauern verbracht hat; ein anderer Priester ist sitzend abgebildet, wie er die Sterne beobachtet, um die Mitternachtsstunde verkünden zu können; dazu bedient sich die mexikanische Malerei der Hieroglyphe für Mitternacht über dem Kopf des Priesters und einer punktierten Linie, die

[85] CLAVIJERO, Band II, S. 86.

vom Auge des Beobachters zu einem Stern reicht.[86] Auch sieht man mit Interesse Darstellungen von Frauen, die mit der Spindel spinnen oder hochschäftige Gewebe wirken; einen Goldschmied, der durch ein Röhrchen in die Glut bläst; einen Greis von siebzig Jahren, dem das Gesetz erlaubt, sich zu berauschen, wie auch jeder Frau, wenn sie Großmutter ist; eine Ehekupplerin, *cihuatlanque* genannt, welche die junge Braut auf dem Rücken zum Haus des Verlobten trägt; und schließlich die Segnung der Ehe, deren Zeremonie darin bestand, daß der Priester oder *teopixqui* einen Zipfel des Mantels *(tilmatli)* des Jungen mit einem Zipfel des Gewandes *(huepilli)* des jungen Mädchens verknotete. Überdies enthält die *Sammlung von Mendoza* mehrere Abbildungen von mexikanischen Tempeln *(teocalli),* auf denen man das stufenförmige Pyramidenmonument und die kleine Kapelle, νεώς [neós, Tempel], auf dessen Spitze sehr gut erkennt. Das komplizierteste und erfindungsreichste Gemälde dieses *Codex Mexicanus* stellt indes einen *tlatoani* oder Provinzstatthalter dar, der erdrosselt wird, weil er sich gegen seinen Herrscher aufgelehnt hat; denn dasselbe Gemälde erinnert sowohl an die Vergehen des Statthalters und an die Züchtigung seiner gesamten Familie als auch an die Rache, die seine Vasallen an den Staatsboten nahmen, welche die Befehle des Königs von Tenochtitlán überbrachten.[87]

Trotz der ungeheuren Menge von Gemälden, die als Zeugnisse des mexikanischen Götzendienstes angesehen und zu Beginn der Eroberung auf Befehl der Bischöfe und der ersten Missionare verbrannt wurden, gelang es dem Ritter Boturini[88], an dessen Mißgeschicke wir weiter oben erinnert haben, gegen Mitte des letzten Jahrhunderts, noch knapp fünfhundert dieser Hieroglyphen-Malereien zusammenzutragen. Diese Sammlung, die schönste und reichste von allen, ist wie die von Sigüenza, von der ein paar spärliche Überreste bis zur Vertreibung der Jesuiten in der Bibliothek von Sankt Peter und Paul in México erhalten waren, in alle Winde zerstreut worden. Ein Teil der von Boturini gesammelten Gemälde wurde auf einem spanischen Schiff nach Europa gesandt, das von einem englischen Seeräuber gekapert wurde. Man hat nie erfahren, ob diese Gemälde in England angekommen sind oder ob man sie als grobe und schlecht bemalte Leinwände ins Meer geworfen hat; ein wohlunterrichteter Reisender hat mir allerdings versichert, in der Bibliothek von Oxford werde ein *Codex Mexicanus* gezeigt, der in der Lebhaftigkeit seiner Farben dem von Wien gleiche; Doktor Robertson dagegen schreibt in der letzten Ausgabe seiner *History of America* ausdrücklich, in England sei kein anderes Zeugnis des Gewerbfleißes und der Zivi-

---

[86] THEVENOT, Band II, Tafel IV, Abb. 49, 51, 55, 61. [87] THEVENOT, Abb. 52, 53, 58, 62. [88] BOTURINI, *Tableau général*, S. 1–96.

lisation Mexikos vorhanden als ein goldener Kelch von Moctezuma, der Lord Archer gehöre. Wie hätte diese Sammlung von Oxford dem vortrefflichen schottischen Geschichtsschreiber unbekannt bleiben können?

Der größte Teil der Handschriften von Boturini, der Teil, der ihm in Neu-Spanien konfisziert wurde, ist von Personen zerrissen, geplündert, zerstreut worden, welche die Bedeutung dieser Gegenstände nicht kannten; was heute im Palast des Vizekönigs davon übrig ist, bildet nur drei zusammengeschnürte Päckchen, jedes sieben Dezimeter im Quadrat und fünf Dezimeter hoch. Sie sind in einem jener feuchten Gemächer des Erdgeschosses verblieben, aus denen der Vizekönig, Graf von Revillagigedo, die Regierungsarchive hat herausschaffen lassen, weil das Papier sich darin mit erschreckender Geschwindigkeit zersetzte. Man muß sich empören, wenn man die äußerste Nachlässigkeit sieht, mit der diese kostbaren Überreste einer Sammlung behandelt werden, auf die so viel Arbeit und Sorgfalt verwandt worden ist und die der unglückliche Boturini mit jener Begeisterung, die allen kühnen Menschen eigen ist, in der Vorrede zu seiner *Idea de una nueva historia* als »das einzige Gut, das er in Indien besitze und das er nicht gegen alles Gold und Silber der neuen Welt tauschen möchte«, bezeichnet. Ich werde es hier nicht unternehmen, die im Palast der Vizekönige liegenden Gemälde im einzelnen zu beschreiben; ich will nur vermerken, daß sich darunter einige befinden, die über sechs Meter lang und zwei Meter breit sind und die Wanderungen der Azteken vom Río Gila bis ins Tal von Tenochtitlán, die Gründung mehrerer Städte und die Kriege mit den benachbarten Nationen darstellen.

Die Bibliothek der Universität von México birgt keine originalen Hieroglyphen-Gemälde mehr; ich habe dort nur ein paar skizzierte Kopien gefunden, ohne Farben und mit wenig Sorgfalt gefertigt. Die reichste und schönste Sammlung der Hauptstadt ist heute die von Don José Antonio Pichardo, Mitglied der Kongregation von San Felipe Neri. Das Haus dieses gebildeten und fleißigen Menschen war für mich, was das Haus von Sigüenza für den Reisenden Gemelli gewesen war. Pater Pichardo hat sein kleines Vermögen geopfert, um aztekische Gemälde zusammenzutragen und all jene kopieren zu lassen, die er nicht selbst erwerben konnte; sein Freund Gama, Autor mehrerer astronomischer Abhandlungen, hat ihm alles vermacht, was er an kostbarsten Hieroglyphen-Handschriften besaß.[89] So übernehmen es auf dem neuen Kontinent, wie fast überall sonst, einfache Privatleute, und nicht einmal die reichsten, Gegenstände zu sammeln und aufzubewahren, welche die Aufmerksamkeit der Regierungen erregen sollten.

[89] Siehe meinen *Essai politique sur le royaume de la Nouvelle-Espagne*, Band I, S. 124.

XIII. AZTEKISCHE HIEROGLYPHEN-HANDSCHRIFT

Ich weiß nicht, ob es im Königreich Guatemala oder im Inneren Mexikos Personen gibt, die von dem gleichen Eifer beseelt sind, wie es Pater Alzate, Velásquez und Gama waren. Die Hieroglyphen-Gemälde sind heute in Neu-Spanien so selten, daß die meisten gebildeten Bewohner des Landes noch nie welche gesehen haben; und unter den Überresten von Boturinis Sammlung befindet sich keine einzige Handschrift, die so schön ist wie die *Codices Mexicani* von Veletri und Rom. Indes habe ich keinen Zweifel, daß viele für das Studium der Geschichte bedeutsame Gegenstände sich noch in den Händen der Indianer befinden, die in der Provinz Michoacán, den Intendanzen von México, Puebla und Oaxaca, auf der Halbinsel Yucatán und im Königreich Guatemala leben. All dies sind Landstriche, in denen die aus Aztlán gekommenen Völker eine gewisse Zivilisation erreicht hatten; und ein Reisender, der die Sprachen der Azteken, Tarasken und Mayas beherrschte und so das Vertrauen der Eingeborenen gewinnen könnte, würde noch heute, drei Jahrhunderte nach der Eroberung und hundert Jahre nach der Reise des Ritters Boturini, eine ansehnliche Zahl von historischen mexikanischen Gemälden zusammenbringen.

Der *Codex Mexicanus* des Museums Borgia in *Veletri* ist das schönste von allen aztekischen Manuskripten, die ich untersucht habe. Wir werden an anderer Stelle, bei der Erklärung der fünfzehnten Tafel, darauf zu sprechen kommen.

Die in der Königlichen Bibliothek zu *Berlin* aufbewahrte Sammlung enthält verschiedene aztekische Malereien, die ich während meines Aufenthaltes in Neu-Spanien erworben habe. Die zwölfte Tafel zeigt zwei Fragmente dieser Sammlung: Sie enthält Tribut-Verzeichnisse, Genealogien, die Geschichte der Völkerwanderungen der Mexikaner sowie einen zu Beginn der Eroberung angefertigten Kalender, in dem die einfachen Hieroglyphen der Tage mit im aztekischen Stil gemalten Heiligenfiguren verbunden sind.

Die Bibliothek des Vatikan zu *Rom* besitzt in ihrer kostbaren Handschriftensammlung zwei *Codices Mexicani,* katalogisiert unter den Nummern 3738 und 3776. Diese Sammlungen, wie auch das Manuskript von Veletri, waren Doktor Robertson nicht bekannt, als er seine Aufzählung der in den verschiedenen Bibliotheken Europas verwahrten mexikanischen Gemälde vorgenommen hat. Mercatus berichtet in seiner Beschreibung der Obelisken von Rom[90], gegen Ende des sechzehnten Jahrhunderts habe es im Vatikan zwei Sammlungen von Originalgemälden gegeben; es ist anzunehmen, daß eine dieser Sammlungen vollständig verloren ist, es sei denn, es wäre die in der Institutsbibliothek von Bologna

---

[90] MERCATUS, *Degli Obelischi di Roma,* Kap. 2, S. 96.

gezeigte; die andere ist 1785, nach fünfzehnjähriger Suche, von dem Jesuiten Fábrega wiedergefunden worden.

Der *Codex Vaticanus* Nr. 3776, den bereits Acosta und Kircher erwähnten[91], ist 7,87 Meter oder einunddreißigeinhalb *palmi* lang und 0,19 Meter oder sieben Zoll im Quadrat; seine achtundvierzig Faltungen bilden sechsundneunzig Seiten oder ebenso viele Abteilungen, die vorne und hinten auf mehreren zusammengeleimten Hirschhäuten eingezeichnet sind; jede Seite ist in zwei Felder unterteilt, doch das gesamte Manuskript zählt nur hundertsechsundsiebzig dieser Felder, weil die ersten acht Seiten die einfachen Hieroglyphen der Tage enthalten, angeordnet in parallelen, dicht zusammengerückten Zeilen. Die dreizehnte Tafel des Pittoresken Atlas zeigt die genaue Kopie einer dieser *Faltungen* oder einer Seite des *Codex Vaticanus;* da sich hinsichtlich der allgemeinen Anordnung alle Seiten gleichen, genügt diese eine Kopie, um das gesamte Buch vorzustellen.

Der Rand jeder Faltung ist in sechsundzwanzig kleine Felder geteilt, welche die einfachen Hieroglyphen der Tage enthalten; von diesen Hieroglyphen gibt es zwanzig, und sie bilden periodische Reihen. Da die kleinen Zyklen dreizehn Tage lang sind, folgt daraus, daß die Reihe der Hieroglyphen von einem Zyklus in den nächsten übergeht. Der gesamte *Codex Vaticanus* zählt hundertsechsundsiebzig dieser kleinen Zyklen oder zweitausendzweihundertneunzig Tage. Wir werden uns hier nicht im einzelnen mit diesen Unterteilungen der Zeit befassen, da wir uns vorgenommen haben, den mexikanischen Kalender, der einer der kompliziertesten, aber auch einer der erfindungsreichsten der Geschichte der Astronomie ist, an späterer Stelle zu erklären. Jede Seite zeigt in den beiden erwähnten getrennten Feldern zwei Gruppen von mythologischen Figuren. Man verlöre sich in fruchtlosen Mutmaßungen, wollte man diese Allegorien deuten, da auf den Handschriften von Rom, Veletri, Bologna und Wien jene erklärenden Anmerkungen fehlen, mit denen der Vizekönig Mendoza das von Purchas veröffentlichte Manuskript hatte versehen lassen. Es wäre wünschenswert, daß irgendeine Regierung diese Überreste der alten amerikanischen Zivilisation auf ihre Kosten veröffentlichen ließe; denn erst durch die Vergleichung mehrerer Zeugnisse wird man den Sinn dieser teils astronomischen, teils mystischen Allegorien erraten können. Wären uns von allen griechischen und römischen Altertümern nur ein paar behauene Steine oder einzelne Münzen erhalten geblieben, so wären dem Scharfsinn der Altertumsforscher selbst die einfachsten Anspielungen entgangen. Wieviel Licht hat nicht das Studium der Basreliefs in das der Münzen gebracht!

[91] ZOËGA, *De origine et usu obeliscorum*, S. 531.

Zoëga, Fábrega und andere Gelehrte, die sich in Italien mit den mexikanischen Handschriften befaßt haben, sehen den *Codex Vaticanus*, ebenso wie den von Veletri, als *tonalamatl* oder *Ritual-Almanache* an, das heißt als Bücher, die dem Volk für einen Zeitraum von mehreren Jahren anzeigten, welche Gottheiten über die dreizehntägigen kleinen Zyklen herrschten und in dieser Zeit das Schicksal der Menschen bestimmten, welche religiöse Zeremonien durchzuführen waren und vor allem welche Opfergaben den Idolen dargebracht werden mußten.

Die dreizehnte Tafel meines Atlas, welche die Kopie der sechsundneunzigsten Seite des *Codex Vaticanus* ist, zeigt zur Linken eine Anbetung; die Gottheit trägt einen Helm mit höchst bemerkenswerten Zieraten; sie sitzt auf einer kleinen Bank, genannt *icpalli,* vor einem Tempel, von dem man nur den obersten Teil, die auf der Pyramide stehende kleine Kapelle abgebildet hat. In Mexiko, wie auch im Orient, bestand die Anbetung in der Geste, mit der rechten Hand den Boden zu berühren und diese Hand zum Mund zu führen. Auf der Zeichnung Nr. I wird die Huldigung durch eine Kniebeugung ausgedrückt; die Pose des Fußfalls vor dem Tempel findet sich in einigen Gemälden der Hindus wieder.

Die Gruppe Nr. II stellt die berühmte *Frau mit der Schlange* dar, *Cihuacohuatl,* auch Quilaztli oder Tonacacihua genannt, *Frau von unserem Fleische;* sie ist die Gefährtin des Tonacateuctli. Die Mexikaner sahen sie als die Mutter des Menschengeschlechts an, und nach dem Gott des *himmlischen Paradieses,* Ometeuctli, nahm sie unter den Gottheiten von Anáhuac den ersten Rang ein; man findet sie stets in Verbindung mit einer großen Schlange dargestellt. Andere Gemälde zeigen uns eine vielfarbige Natter, die von dem Großen Geist Tezcatlipoca oder der personifizierten Sonne, Tonatiuh, in Stücke gerissen wird. Diese Allegorien erinnern an uralte Überlieferungen aus Asien. In der *Frau mit der Schlange* der Azteken meint man die Eva der semitischen Völker zu erkennen, und in der zerstückelten Natter die berühmte Schlange Kaliya oder Kalinaga, die von Vishnu in der Gestalt des Krishna besiegt wurde. Der Tonatiuh der Mexikaner scheint auch mit dem Krishna der Hindus, der im Bhagavata Purana besungen wird, und mit dem Mithras der Perser eins zu sein. Die ältesten Überlieferungen der Völker reichen auf einen Zustand zurück, da die Erde mit Sümpfen bedeckt und von Nattern und anderen Tieren von riesenhafter Größe bewohnt war; und das wohltätige Gestirn befreite die Erde, indem es den Boden austrocknete, von diesen Wasserungeheuern.

Hinter der Schlange, die zu der Göttin Cihuacohuatl zu sprechen scheint, befinden sich zwei nackte Gestalten; sie sind von verschiedener Farbe und scheinen miteinander zu ringen. Es wäre möglich, daß die beiden Gefäße, die man unten auf dem Gemälde bemerkt und von denen eines umgestürzt ist, den Grund dieses Zwistes andeuten. Die *Frau mit der Schlange* wurde in Mexiko als Mutter von Zwillingen angesehen, und diese nackten Figuren sind vielleicht Cihuacohuatls Kinder; sie erinnern an die Brüder Kain und Abel in der hebräischen Überlieferung. Im übrigen bezweifle ich, daß der Unterschied in der Farbe, den man zwischen den beiden Figuren bemerkt, einen Unterschied der Rasse anzeigt, wie in den ägyptischen Gemälden aus den Königsgräbern von Theben und den aus Erde geformten Ornamenten auf den Mumienkästen von Sakkara.[92] Studiert man die historischen Hieroglyphen der Mexikaner sorgfältig, so glaubt man zu verstehen, daß die Köpfe und die Hände der Figuren wie zufällig bald gelb, bald blau, bald rot gemalt wurden.

Die Kosmogonie der Mexikaner, ihre Überlieferungen über die Mutter der Menschen, die aus ihrem Urzustand von Glück und Unschuld gefallen ist; die Vorstellung einer großen Sintflut, der eine einzige Familie auf einem Floß entkommen ist; die Geschichte eines pyramidenförmigen Bauwerks, errichtet durch den Hochmut der Menschen und durch den Zorn der Götter wieder zerstört; die Reinigungszeremonien bei der Geburt der Kinder; jene aus gekneteten Maismehl gefertigten Idole, die stückchenweise an das im Tempelbezirk versammelte Volk verteilt wurden; die Sündenbekenntnisse der Reumütigen; die religiösen Vereinigungen, die an unsere Männer- und Frauenklöster erinnern; der allgemein verbreitete Glaube, weiße Männer mit langen Bärten und heiligem Lebenswandel hätten das religiöse und politische System der Völker verändert: All diese Umstände hatten die Geistlichen, die während der Eroberung die Armee der Spanier begleiteten, glauben lassen, das Christentum sei auf dem neuen Kontinent schon in weit zurückliegenden Zeiten gepredigt worden. Mexikanische Gelehrte[93] meinten, in jenem geheimnisvollen Hohenpriester von Tula, den die Cholulaner Quetzalcoatl nennen, den Apostel Thomas zu erkennen. Es besteht kein Zweifel, daß der Nestorianismus, vermischt mit den Lehren der Buddhisten und Schamanen[94], sich über die Mandschu-Tatarei in den Nordosten Asiens verbreitet hat; es wäre also nicht ganz abwegig anzunehmen, auf dem gleichen Wege seien christliche Ideen bis zu den mexikanischen Völkern gelangt, vor allem zu den Bewohnern jener nördlichen Region, aus der die Tolteken kamen und die wir als die *officina virorum* [die Schmiede der Männer] der neuen Welt betrachten müssen.

[92] DENON, *Voyage en Égypte*, S. 298–313.
[93] SIGÜENZA, *Opera inedita*; EGUIARA, *Bibliotheca mexicana*, S. 78.
[94] LANGLÈS, *Rituel des Tartares-Mantchoux*, S. 9 und 14. GEORGI, *Alphabetum Tibetanum*, S. 298.

Diese Annahme wäre sogar eher vorstellbar als die Hypothese, nach der die uralten Überlieferungen der Hebräer und der Christen über die skandinavischen Kolonien nach Amerika gelangt seien, die seit dem 11. Jahrhundert an den Küsten Grönlands, in Labrador und vielleicht sogar auf der Insel Neufundland entstanden waren. Diese europäischen Siedler besuchten wahrscheinlich einen Teil des Kontinents, den sie *Drogeo* nannten; sie lernten Länder kennen, die im Südwesten lagen und von menschenfressenden Stämmen in volkreichen Städten bewohnt waren. Doch auch ohne hier zu untersuchen, ob diese Städte diejenigen waren, die Hernando de Soto, der Eroberer Floridas, in den Provinzen Ichiaca und Confachiqui besucht hatte, braucht man nur zu bemerken, daß die religiösen Zeremonien, die Lehren und Überlieferungen, welche die Einbildungskraft der ersten spanischen Missionare ergriffen haben, ohne jeden Zweifel seit der Ankunft der Tolteken in Mexiko vorhanden waren, und somit drei oder vier Jahrhunderte vor den Landungen der Skandinavier an den Ostküsten des neuen Kontinents.

Die Geistlichen, die im Gefolge der Armee von Cortés und Pizarro nach Mexiko und Peru eindrangen, waren naturgemäß geneigt, die Ähnlichkeiten zu übertreiben, die sie zwischen den Kosmogonien der Azteken und den Lehren der christlichen Religion zu erkennen glaubten. Durchdrungen von den hebräischen Überlieferungen, die Sprachen des Landes und den Sinn der hieroglyphischen Malereien nur unvollkommen verstehend, bezogen sie alles auf das System, das sie sich gebildet hatten, gleich den Römern, die bei den Germanen und Galliern nur ihren eigenen Kult und ihre Gottheiten wiedersahen. Doch wendet man eine gesunde Kritik an, so findet man bei den Amerikanern nichts, was die Annahme zwingend macht, die asiatischen Völker seien nach der Verbreitung der christlichen Religion in diesen neuen Kontinent vorgedrungen. Es liegt mir fern, die Möglichkeit von späteren Verbindungen dieser Art zu leugnen; es ist mir bekannt[95], daß die Tchutski jährlich über die Beringstraße fahren, um mit den Bewohnern der Nordwestküste Amerikas Krieg zu führen; doch nach den Kenntnissen, die wir seit dem Ende des letzten Jahrhunderts über die heiligen Bücher der Hindus erworben haben, glaube ich behaupten zu können, daß man, um diese Ähnlichkeiten der Überlieferungen zu erklären, von denen die allerersten Missionare berichten, nicht auf das von Völkern semitischer Rasse bewohnte West-Asien zurückgreifen muß, da sich die gleichen uralten und ehrwürdigen Überlieferungen sowohl unter den Anhängern des Brahma als auch unter den Schamanen des östlichen Plateaus der Tatarei wiederfinden.

---

[95] Siehe meinen *Essai politique sur le royaume de la Nouvelle-Espagne*, Band I, S. 346.

Wir werden auf diesen interessanten Gegenstand zurückkommen, sei es bei unserer Beschreibung der Pasto[96], eines amerikanischen Volkes, das sich nur von Pflanzen ernährte und all jene verabscheute, die Fleisch aßen; sei es bei unserer Erörterung der bei den Tlaxcalteken verbreiteten Lehre der Seelenwanderung. Wir werden die mexikanische Überlieferung von den vier Sonnen oder vier Zerstörungen der Welt untersuchen sowie die Spuren der *trimurti,* der Dreigestalt der Hindus, die im Kult der Peruaner wiedergefunden wurden. Trotz dieser erstaunlichen Ähnlichkeiten zwischen den Völkern des neuen Kontinents und den tatarischen Stämmen, welche die Religion des Buddha angenommen haben, meine ich in der Mythologie der Amerikaner, im Stil ihrer Malereien, in ihren Sprachen und vor allem in ihrer äußeren Erscheinung die Nachkommen einer Menschenrasse zu erkennen, die früh vom Rest der Menschheit getrennt wurde und daher in der Entwicklung ihrer geistigen Fähigkeiten und in ihrem Streben hin zur Zivilisation viele Jahrhunderte lang einen gesonderten Weg gegangen ist.

[96] GARCILASO, *Comentarios reales*, Band I, S. 274.

TAFEL XIV

Trachten, gezeichnet von mexikanischen Malern zu Moctezumas Zeiten

DIESE NEUN ABBILDUNGEN sind dem *Codex anonymus* Nr. 3738 entnommen, der sich unter den Handschriften des Vatikan befindet und den anzuführen wir bereits mehrmals Gelegenheit hatten; es handelt sich um Kopien von Gemälden, die während Cortés' ersten Aufenthalts in Tenochtitlán von mexikanischen Malern angefertigt wurden. Pater Ríos scheint beim Kopieren der Zeichnungen den Einzelheiten der Trachten mehr Aufmerksamkeit geschenkt zu haben als der getreuen Nachahmung der Figurenumrisse. Vergleicht man die Gemälde der Tafel XIV mit denen der uns überlieferten Original-Manuskripte, so sieht man, daß die von dem spanischen Mönch kopierten Figuren etwas zu langgestreckt sind; diese Verfälschungen der Form finden sich überall wieder, wo die Künstler kein ausreichendes Gespür dafür hatten, wie wichtig die Erhaltung des Stils ist, der den Erzeugnissen der Kunst bei mehr oder weniger weit von der Zivilisation entfernten Völkern eigentümlich ist. Welch einen Unterschied in der Richtigkeit der Umrisse findet man etwa zwischen den von Norden veröffentlichten Hieroglyphen und denen, die man in Zoëgas Werk über die Obelisken sieht, oder in der Beschreibung der Monumente Ägyptens, mit denen das Institut von Kairo die Wissenschaften kürzlich bereichert hat!

Nr. I–V. Vier mexikanische Krieger: Die drei ersten tragen das *ichcahuepilli* genannte Kleidungsstück, eine Art von baumwollenem Küraß, der über drei Zentimeter dick war und den Körper vom Kragen bis zum Gürtel bedeckte. Cortés' Soldaten übernahmen diese Rüstung und gaben ihr den Namen *escaupil,* worin man kaum noch ein Wort aus der Aztekensprache erkennt. Der *ichcahuepilli* schützte vollkommen gegen Pfeile; indes darf man ihn nicht mit den goldenen und kupfernen Panzerhemden der Generäle verwechseln, die wegen ihrer maskenförmigen Helme *Herren der Adler und der Jaguare, Quauhtin* und *Ocelotl,* genannt wurden. Die Schutzschilde, *chimalli,* Nr. I und II, sind von ganz anderer Gestalt als die von Purchas und Lorenzana abgebildeten.[97] Der Wappenschild Nr. II hat einen Fortsatz aus Tuch und Federn, der dazu diente, den Aufprall der Wurfspieße zu dämpfen; seine Form erinnert an die Schilde, die man auf einigen Vasen Großgriechenlands dargestellt findet. Die Keule, die der Krieger Nr. III trägt, war hohl und enthielt Steine, die mit so großer Kraft geworfen wurden, als kämen sie aus einer Schleuder. Die Abbildung Nr. IV stellt einen jener kühnen Soldaten dar, die fast nackt in den Kampf zogen, den Körper in ein grobmaschiges Netz gehüllt, das sie dem Feind, wie die römischen *retiarii* [Netzkämpfer] im Kampf gegen die *myrmillo*[Seefisch]-Gladiatoren, über den Kopf warfen. Nr. V ist ein einfacher Soldat, der nur einen Stoffmantel und ein schmales Lederband, *maxtlatl,* um die Hüfte trägt.

Die Figur Nr. VI stellt, wie der *Codex vaticanus* ausdrücklich angibt, den unglücklichen Moctezuma II. dar, im höfischen Gewand, so wie er sich innerhalb seines Palastes zeigte. Seine Robe, *tlachquauhjo,* ist mit Perlen geschmückt; sein Haar ist oben auf dem Kopf zusammengebunden mit einem roten Band, der militärischen Auszeichnung für die tapfersten Fürsten und Anführer; sein Hals ist mit einer Kette von Edelsteinen *(cozcapetlatl)* geschmückt; doch er trägt weder die Armbänder *(matemecatl)* noch die Halbstiefel *(cozehuatl),* weder den Ohrschmuck *(nacochtli)* noch den smaragdbesetzten Ring an der Unterlippe, die zum großen Aufzug des Kaisers gehörten. Der Verfasser des *Codex anonymus* schreibt, »der Herrscher ist mit Blumen in der einen Hand dargestellt, in der anderen eine Binse, an deren Ende ein Kolben mit wohlriechendem Harz befestigt ist«. Das Gefäß, das der Kaiser in seiner linken Hand hält, hat eine gewisse Ähnlichkeit mit jenem in der Hand des betrunkenen Indianers, der in der Sammlung von Mendoza abgebildet ist.[98] Die mexikanischen Maler stellten Könige und hohe Herren gewöhnlich mit bloßen Füßen dar, um anzudeuten, daß sie nicht dazu geschaffen waren, sich ihrer Beine zu bedienen, sondern stets in einem Tragsessel auf den Schultern ihrer Diener befördert werden mußten.[99]

---

[97] PURCHAS, *Pilgrimes,* Band III, S. 1080, Abb. L M; S. 1099, Abb. C; Tafel IV, Abb. F.
LORENZANA, *Historia de Nueva España,* S. 177, Blatt 2, 8 und 9. Adornos militares.
[98] PURCHAS, S. 1117, Abb. F.
[99] *Codex Vaticanus anonymus,* Nr. 3738, Blatt 60.

TAFEL XIV

Nr. VII. Bewohner von Zapoteca, einer Provinz, die den südöstlichen Teil der Intendanz von Oaxaca umfaßte.

Nr. VIII und IX. Zwei Frauen aus La Huasteca. Die Tracht der letzten Figur ist ohne Zweifel indianisch; doch jene der Nr. VIII ist der europäischen Kleidung sehr ähnlich. Ist es eine einheimische Frau, der Cortés' Soldaten ein Halstuch und einen Rosenkranz gegeben haben? Ich will in dieser Frage nicht entscheiden; doch ich weise darauf hin, daß sich das Dreieckstuch in verschiedenen Gemälden aus der Zeit vor der Ankunft der Spanier wiederfindet, und daß der angebliche Rosenkranz, der nicht mit einem Kreuz endet, durchaus eine jener Gebetsketten sein könnte, die seit dem höchsten Altertum in ganz Ost-Asien, in Kanada, Mexiko und Peru verbreitet waren.

Obschon Pater Ríos, wie wir weiter oben bemerkt haben, die Figuren ein wenig gestreckt zu haben scheint, so beweisen doch die Extremitäten, die Form der Augen und die der Lippen, von denen die obere stets etwas übersteht, daß er getreu kopiert hat.

TAFEL XV

Aztekische Hieroglyphen aus der Handschrift von Veletri

VON ALLEN MEXIKANISCHEN HANDSCHRIFTEN, die in Italien aufbewahrt werden, ist der *Codex Borgianus* von Veletri die größte und aufgrund der Lebhaftigkeit und der außerordentlichen Vielfalt ihrer Farben die bemerkenswerteste: Er ist vierundvierzig bis fünfundvierzig *palmi* (nahezu elf Meter) lang und hat achtunddreißig Faltungen oder sechsundsiebzig Seiten. Es handelt sich um einen astrologischen Ritual-Almanach, der hinsichtlich der Verteilung der einfachen Tageshieroglyphen und der Gruppen mythologischer Figuren dem *Codex Vaticanus,* von dem auf der dreizehnten Tafel eine Seite gezeigt wurde, vollkommen gleicht.

Die Handschrift von Veletri scheint der Familie Giustiniani gehört zu haben; man weiß nicht, durch welchen unglücklichen Zufall sie in die Hände der Bediensten dieses Hauses geraten ist, die sie in Unkenntnis des Wertes, den solch eine Sammlung voll ungeheuerlicher Figuren haben mochte, ihren Kindern überließen. Diesen entriß sie ein aufgeklärter Liebhaber des Altertums, Kardinal Borgia, nachdem man bereits versucht hatte, einige Seiten oder Faltungen der Hirschhaut, auf der die Malereien angebracht sind, zu verbrennen. Nichts deutet auf ein hohes Alter dieser Handschrift hin, die vielleicht nur eine aztekische Kopie eines älteren Buches ist; die große Frische der Farben könnte vermuten lassen, daß der *Codex Borgianus,* wie der des Vatikan, nicht weiter als bis auf das vierzehnte oder fünfzehnte Jahrhundert zurückgeht.

Man kann dieses Gemälde nicht betrachten, ohne daß sich eine Menge interessanter Fragen aufdrängen. Gab es zu Cortés' Lebzeiten in México hieroglyphische Malereien, die aus der Zeit der toltekischen Dynastie stammten, also aus dem siebten Jahrhundert unserer Zeitrechnung? Gab es damals nur noch Kopien des berühmten *göttlichen Buches,* genannt *teoamoxtli,* das im Jahr 660 in Tula von dem Astrologen *Huematzin* verfaßt worden war und die Geschichte des Himmels und der Erde, die Kosmogonie, die Beschreibung der Sternbilder, die Einteilung der Zeit, die Völkerwanderungen, die Mythologie und die Sittenlehre enthielt? War dieses mexikanische *Purana,* das *teoamoxtli,* dessen Andenken sich über so viele Jahrhunderte in den aztekischen Überlieferungen bewahrt hat, eines jener Bücher, die der Fanatismus der Mönche in Yucatán verbrennen ließ und deren Verlust Pater Acosta, der gebildeter und aufgeklärter war als seine Zeitgenossen, beklagte? Ist es gewiß, daß die Tolteken, dieses fleißige und kühne Volk, das einige Ähnlichkeiten mit den Tschuden[100] oder einstigen Bewohnern Sibiriens aufweist, die Malerei als erste eingeführt haben? Oder haben vielleicht schon die Cuitlalteken und Olmeken, die das Plateau von Anáhuac vor dem Einbruch der Völker von Aztlán bewohnten und denen der gelehrte Sigüenza die Erbauung der Pyramiden von Teotihuacán zuschreibt, ihre Annalen und Mythologie in hieroglyphischen Gemäldesammlungen verzeichnet? Wir haben nicht genug Anhaltspunkte, um diese wichtigen Fragen zu beantworten; denn das Dunkel, in das der Ursprung der Mongolen- und Tatarenvölker gehüllt ist, scheint sich über die gesamte Geschichte des neuen Kontinents zu breiten.

Der *Codex Borgianus* ist von dem aus Mexiko stammenden Jesuiten Fábrega kommentiert worden. Während meines letzten Aufenthaltes in Italien 1805 hatte der Ritter Borgia, Neffe des gleichnamigen Kardinals, die Güte, das mexikanische Manuskript samt seinem Kommentar von Veletri nach Rom kommen zu lassen. Ich habe beides sorgfältig untersucht, doch die Erklärungen des Pater Fábrega erschienen mir oft willkürlich und sehr gewagt. Ich habe einige der Figuren, die meine Aufmerksamkeit am meisten gefesselt haben, stechen lassen und jeder der auf der fünfzehnten Tafel abgebildeten Gruppen die Verweise auf den *Codex Borgianus* sowie auf das italienische Manuskript beigefügt, das ihnen als Kommentar dienen soll.

Nr. I. Ein unbekanntes Tier, geschmückt mit einem Halsband und einer Art Geschirr, doch von Pfeilen durchbohrt: Fábrega nennt es das *gekrönte* oder das *heilige Kaninchen.* Man findet diese Figur in mehreren Ritualbüchern der alten Mexikaner wieder. Den bis heute erhaltenen Überlieferungen zufolge ist es ein Symbol der leidenden Unschuld; insofern erinnert diese allegorische Darstellung an das Lamm der Hebräer oder an die mystische Vorstellung eines Sühneopfers, das den Zorn der Gottheit besänftigen soll. Die Schneidezähne, die Form

---

[100] PALLAS, *Voyages dans plusieurs provinces de l'Empire de Russie* (Pariser Übersetzung), Band IV, S. 282.

TAFEL XV

des Kopfes und des Schwanzes scheinen darauf hinzuweisen, daß der Maler ein Nagetier darstellen wollte, wenngleich die paarhufigen Füße mit einer Nebenklaue, die den Boden nicht berührt, es den Wiederkäuern annähern; indes bezweifle ich, daß es sich um einen *cavia* oder mexikanischen Hasen handelt; sollte es ein unbekanntes Säugetier sein, das nördlich des Río Gila im Landesinneren lebt, gegen den Nordwesten Amerikas?

Das gleiche Tier, doch mit einem viel längeren Schwanz, scheint mir im *Codex Borgianus* ein zweites Mal vorzukommen, auf dem dreiundfünfzigsten Blatt; die Nr. II meiner Tafel XV zeigt eine Kopie davon. Herr Fábrega hält diese Figur, die mit zwanzig Hieroglyphen bedeckt ist, für einen Hirsch *(mazatl);* Pater Ríos behauptet, es sei ein astrologisches Spiel der Ärzte, ein Gemälde, das darüber Auskunft gibt, daß jemand, der an einem bestimmten Tag geboren ist, an den Augen, am Magen oder an den Ohren erkranken wird; tatsächlich sieht man, daß die zwanzig einfachen Tageshieroglyphen den verschiedenen Teilen des Körpers zugeordnet sind.

Das Zeichen des Tages, mit dem die kleine Periode von dreizehn Tagen oder der halbe Mondumlauf begann, galt für diesen gesamten Zeitraum als vorherrschend; so daß ein Mensch, der an einem Tag geboren wurde, dessen Hieroglyphe der Adler war, jedesmal alles zu fürchten oder zu hoffen hatte, wenn der Adler die dreizehntägige Woche regierte. Herr Zoëga scheint sich der Erklärung von Ríos anzuschließen[101]; er findet eine erstaunliche Ähnlichkeit zwischen dieser Fiktion und den *iatromathematischen* Vorstellungen der Ägypter. Wirft man einen Blick auf unsere Almanache, so sieht man, daß diese unsinnigen Vorstellungen sich bis auf unsere Tage erhalten haben, weil es oft weniger vorteilhaft ist, das Volk zu bilden, als seine Leichtgläubigkeit zu mißbrauchen. Diese der astrologischen Heilkunst zugehörige allegorische Figur habe ich sowohl im *Codex Borgianus*, Blatt 17 (Manuskript Nr. 66), als auch im *Codex anonymus* des Vatikan, Blatt 54, wiedergefunden.

Nr. III, V, VI, VII. Ein neugeborenes Kind ist viermal dargestellt; das wie zwei Hörner von der Stirn hochstehende Haar zeigt an, daß es ein Mädchen ist. Das Kind wird gestillt; man schneidet ihm die Nabelschnur durch; man hebt es der Gottheit entgegen; man berührt seine Augen zum Zeichen des Segens. Fábrega behauptet, die sitzenden Figuren, Nr. V und VII, stellten zwei Priester dar; am Helm der Figur Nr. VII meint er den Hohenpriester des Gottes Tonacateuctli zu erkennen.

[101] ZOËGA, S. 523 und 531.

Nr. IV. Darstellung eines Menschenopfers: Ein Priester, dessen Gesicht unter einer gräßlichen Verkleidung beinahe unkenntlich ist, reißt dem Opfer das Herz aus dem Leib; seine linke Hand ist mit einer Keule bewaffnet; der nackte Körper des Opfers ist bemalt, es sind Flecken darauf zu sehen, mit denen man das Fell des Jaguars oder amerikanischen Tigers nachahmen wollte. Links steht ein weiterer Priester *(topiltzin),* der über das in einer Tempelnische befindliche Bildnis der Sonne das Blut des herausgerissenen Herzens gießt. Ich hätte diese abscheuliche Szene nicht stechen lassen, wenn die Verkleidung des Opferpriesters nicht bemerkenswerte Ähnlichkeiten mit dem Ganesha der Hindus aufwiese, die nicht bloß zufällig erscheinen. Die Mexikaner verwendeten Helme, welche die Form eines Schlangen-, Krokodils- oder Jaguarkopfes nachahmten. In der Maske des Opferpriesters meint man den Rüssel eines Elefanten oder eines anderen Dickhäuters mit ähnlicher Kopfform zu erkennen, dessen Oberkiefer allerdings mit Schneidezähnen versehen ist. Der Rüssel des Tapirs ist zwar zweifellos etwas länger als der unserer Schweine, aber von einem Tapirrüssel bis zu dem im *Codex Borgianus* dargestellten ist es doch noch recht weit. Hatten die Völker von Aztlán, da sie aus Asien stammten, einige vage Vorstellungen von Elefanten bewahrt, oder aber, was mir viel weniger wahrscheinlich vorkommt, reichten ihre Überlieferungen bis in die Zeiten zurück, da Amerika von jenen riesenhaften Tieren bevölkert war, deren versteinerte Skelette man in mergeligen Böden auf dem Rücken der Kordilleren findet? Vielleicht lebt ja auch im Nordwesten des neuen Kontinents, in Landstrichen, die weder Hearne noch Mackensie oder Lewis bereist haben, ein unbekannter Dickhäuter, der durch die Bildung seines Rüssels eine Mittelstellung zwischen Elefant und Tapir einnimmt.

Die Tageshieroglyphen, welche die Gruppe auf der neunundvierzigsten Seite der *Sammlung von Veletri* umgeben, zeigen deutlich an, daß dieses Opfer am Jahresende durchgeführt wurde, nach den *nemontemi* oder Ergänzungstagen. Der Sonnentempel erinnert an den Kultus eines sanften und menschlichen Volkes, den der Peruaner. Dieser Kultus, in dem der Gottheit keine anderen Opfergaben dargebracht werden als Blumen, Weihrauch und die Erstlinge der Ernten, hatte in Mexiko ohne jeden Zweifel bis zum Beginn des vierzehnten Jahrhunderts Bestand. Ein Gelehrter, dem wir vortreffliche Vergleiche zwischen den mythologischen Vorstellungen der verschiedenen Völker verdanken[102], hat die Hypothese gewagt, die beiden religiösen Sekten Indiens, die Anhänger Vishnus und die Shivas, hätten sich nach Amerika ausgebreitet und der peruanische Kult sei der

---

[102] FRIEDRICH LEOPOLD GRAF ZU STOLBERG, *Geschichte der Religion Jesu Christi*, Band I, S. 426.

des Vishnu in seiner Gestalt des Krishna oder der Sonne, während der blutige Kult der Mexikaner dem des Shiva entspreche, wenn er den Charakter des stygischen Jupiter annimmt. Shivas Frau, die schwarze Göttin Kali oder Bhavani, Symbol des Todes und der Zerstörung, trägt auf den indischen Statuen und Malereien eine Kette von Menschenschädeln um den Hals, und die Veden verlangen, daß man ihr Menschenopfer darbringt. Der alte Kult der Kali, dessen schreckliche Grausamkeit durch Buddhas Reform gemäßigt wurde, bietet ohne Zweifel große Ähnlichkeiten mit dem Kult der Mictlancihuatl, Göttin der Hölle, und mit dem einiger anderer mexikanischer Gottheiten; doch studiert man die Geschichte der Völker von Anáhuac, so ist man geneigt, diese Ähnlichkeiten als rein zufällig anzusehen. Es ist nicht statthaft, überall Verbindungen anzunehmen, wo man bei halbbarbarischen Völkern den Sonnenkult oder den Brauch findet, Menschen zu opfern; letzterer könnte sehr wohl im Tal von Mexiko selbst entstanden und keineswegs aus Ost-Asien eingeführt worden sein. Tatsächlich lehrt uns die Geschichte, daß es diesen blutigen Kult, der an diejenigen der Kali, des Moloch und des Esus der Gallier erinnert, erst seit zweihundert Jahren gab, als die Spanier nach Tenochtitlán kamen.

Die Nationen, die Mexiko vom siebten bis zum zwölften Jahrhundert nacheinander überschwemmt haben (die Tolteken, die Chichimeken, die Nahuatlaca, die Acolhuen, die Tlaxcalteken und die Azteken), bildeten eine einzige, durch die Ähnlichkeit ihrer Sprachen und Sitten verbundene Gruppe, etwa wie die Deutschen, die Norweger, die Goten und die Dänen, die alle in einer einzigen Rasse aufgehen, jener der germanischen Völker. Wie wir an früherer Stelle bemerkt haben, sind vor den Tolteken wahrscheinlich andere Nationen, die Otomí, die Olmeken, die Cuitlalteken, die Zacateken und die Tarasken in der Äquinoktial-Gegend Neu-Spaniens aufgetreten. Überall, wo die Völker in eine gemeinsame Richtung vorgedrungen sind, weist die Lage des Ortes, an dem man sie findet, gewissermaßen auf die chronologische Ordnung ihrer Wanderungen hin. Kann man bezweifeln, daß in Europa die westlichsten Völker, die Iberer und Kantabrier, vor den Asien am nächsten stehenden Nationen, den Thrakern, den Illyriern und Pelasgern, angekommen sind?

Welches auch das relative Alter der verschiedenen Menschenrassen sein mag, die sich in den Bergen Mexikos, dem amerikanischen Kaukasus, niedergelassen haben, so scheint es doch gewiß, daß keines dieser Völker, von den Olmeken bis zu den Azteken, den barbarischen Brauch, Menschen zu opfern, seit langem kannte. Die Hauptgottheit der Tolteken hieß Tlalocteuctli; er war zugleich der

Gott des Wassers, der Berge und der Gewitter. In den Augen dieses Bergvolkes braut sich auf den hohen Gipfeln, die stets von Wolken verhangen sind, auf geheimnisvolle Weise der Donner zusammen; hier siedelt es den Aufenthalt des Großen Geistes Teotl an, jenes unsichtbaren, *Ipalnemoani* und *Tloque-Nahuaque* genannten Wesens, das *nur durch sich selbst existiert* und das *alles in sich birgt*; dieser beinahe unzugänglichen Gegend entspringt der Sturm, der die Hütten zerstört, und der wohltätige Regen, der die Felder belebt. Die Tolteken hatten auf dem Gipfel eines hohen Berges ein Bildnis des Tlalocteuctli errichtet; dieses Bildnis war grob in einen weißen Stein gehauen, der als *göttlicher Stein* (teotetl) angesehen wurde; denn gleich den Orientalen[103] knüpfte dieses Volk an die Farbe bestimmter Steine abergläubische Vorstellungen. Tlalocteuctli war mit einem Blitz in der Hand dargestellt, auf einem würfelförmigen Stein sitzend, vor ihm ein Gefäß, in dem man ihm Kautschuk und Sämereien darbrachte. Die Azteken befolgten denselben Kult bis ins Jahr 1317, als der Krieg mit den Bewohnern der Stadt Xochimilco ihnen erstmals die Idee eines Menschenopfers eingab. Die mexikanischen Geschichtsschreiber, die unmittelbar nach der Eroberung von Tenochtitlán in ihrer eigenen Sprache, doch mit Hilfe des spanischen Alphabets schrieben, haben uns die Einzelheiten dieses gräßlichen Ereignisses überliefert.

Seit dem Beginn des vierzehnten Jahrhunderts lebten die Azteken unter der Herrschaft des Königs von Colhuacán; sie waren es, die am meisten zu dem Sieg dieses Königs über die Xochimilken beigetragen hatten. Nachdem der Krieg zu Ende war, wollten sie ihrem Hauptgott ein Opfer darbringen; dieser war Huitzilopochtli oder Mexitli, dessen hölzernes Bildnis ihnen auf ihrer Wanderung in einem Sessel aus Schilfrohr, genannt Sitz Gottes, *Teoicpalli,* auf den Schultern von vier Priestern vorangetragen worden war. Sie baten ihren Herrn, den König von Colhuacán, ihnen einige Gegenstände von Wert zu geben, um dieses Opfer feierlicher zu machen, worauf der König, wenn man denn den Anführer einer wenig zahlreichen Horde so nennen mag, ihnen einen toten Vogel schickte, der in ein grobgewebtes Tuch gewickelt war. Um der Beleidigung obendrein den Spott hinzuzufügen, schlug er ihnen vor, dem Fest persönlich beizuwohnen. Die Azteken gaben vor, mit diesem Angebot zufrieden zu sein; doch zugleich beschlossen sie, ein Opfer darzubringen, das ihre Herren in Furcht und Schrecken versetzen sollte. Nach einem langen Tanz um das Idol brachten sie vier xochimilkische Gefangene herbei, die sie seit langem versteckt hielten; und diese Unglücklichen wurden mit den Zeremonien geopfert, die noch während der Eroberung der

---

[103] MILL, *Dissertationes selectae,* S. 309.

Spanier auf der Plattform der großen, dem Kriegsgott Huitzilopochtli geweihten Pyramide von Tenochtitlán zu beobachten waren. Die Colhuen bekundeten ein gerechtes Entsetzen vor diesem Menschenopfer, dem ersten in ihrem Lande; da sie die wilde Grausamkeit ihrer Sklaven fürchteten und sahen, wie hochmütig diese nach ihrem Erfolg im Krieg gegen die Xochimilken geworden waren, gaben sie den Azteken die Freiheit wieder und forderten sie auf, das Gebiet von Colhuacán zu verlassen.

Das erste Opfer hatte glückliche Folgen für das unterdrückte Volk gehabt; und bald gab Rachsucht Anlaß zum zweiten. Nach der Gründung von Tenochtitlán streift ein Azteke am Seeufer entlang, um ein Tier zu erlegen, das er dem Gott Mexitli opfern könnte; er begegnet einem Bewohner von Colhuacán namens Xomimitl. In seinem Zorn gegen seine früheren Herren greift der Azteke den Colhuen an. Im Zweikampf unterliegt Xomimitl und wird in die neue Stadt gebracht; er stirbt auf dem verhängnisvollen Stein am Fuß des Idols.

Noch tragischer sind die Umstände des dritten Opfers. Scheinbar ist der Friede zwischen den Azteken und den Bewohnern von Colhuacán wiederhergestellt; und doch können die Priester des Mexitli ihren Haß gegen das Nachbarvolk, das sie unter der Sklaverei hat ächzen lassen, nicht bezähmen, und sie sinnen auf eine entsetzliche Rache; sie nötigen den König von Colhuacán, ihnen seine einzige Tochter anzuvertrauen, damit sie im Tempel des Mexitli aufgezogen und dann, nach ihrem Tod, als die Mutter dieses Schutzgottes der Azteken angebetet werde; sie fügen hinzu, das Idol selbst erkläre durch ihren Mund seinen Willen. Der leichtgläubige König begleitet seine Tochter; er führt sie in den finsteren Bezirk des Tempels, wo die Priester Tochter und Vater trennen; aus dem Heiligtum dringt Aufruhr; der unglückliche König vermag das Stöhnen seiner sterbenden Tochter nicht herauszuhören; man gibt ihm ein Weihrauchgefäß in die Hand, und einige Augenblicke darauf befiehlt man ihm, den Kopal zu entzünden. Im bleichen Licht der aufsteigenden Flamme erkennt er sein Kind, an einen Pfahl gefesselt, die Brust blutüberströmt, reg- und leblos. Die Verzweiflung bringt ihn für den Rest seiner Tage um Sinn und Verstand; er kann sich nicht rächen, und die Colhuen wagen nicht, sich mit einem Volk zu messen, das durch solch maßlose Barbarei Furcht erweckt. Das geopferte Mädchen wird unter dem Namen Teteoinnan[104], *Mutter der Götter,* oder Tocitzin, *Unsere Großmutter,* nicht zu verwechseln mit Eva oder der *Frau mit der Schlange,* die Tonantzin heißt, unter die aztekischen Gottheiten aufgenommen.

[104] CLAVIJERO, Band I, S. 166, 168, 172; Band II, S. 22.

Überall, wo wir auf dem alten Kontinent noch Spuren von Menschenopfern finden, verliert sich ihr Ursprung in grauer Vorzeit. Die Geschichte der Mexikaner hingegen hat uns die Erzählung jener Ereignisse überliefert, die dem Kultus eines Volkes, das der Gottheit ursprünglich nur Tiere und die Erstlinge der Früchte geopfert hatte, einen grausamen und blutigen Charakter verliehen. Ich habe es für meine Pflicht gehalten, diese Überlieferungen wiederzugeben, die gewiß einen wahren historischen Kern haben; sie hängen eng mit der Erforschung der Sitten und der moralischen Entwicklung unserer Gattung zusammen und erscheinen mir insofern interessanter als die kindlichen Märchen der Hindus über die zahlreichen *Verkörperungen* ihrer Gottheiten. Indes werde ich nicht darüber entscheiden, ob das Opfer der vier Xochimilken tatsächlich das erste war, das man dem Gott Mexitli dargebracht hat, oder ob nicht bei den Azteken eine alte Überlieferung fortlebte, der zufolge der Kriegsgott am Blut menschlicher Opfer Gefallen finde. Mexitli war mit einem Wurfspieß in der rechten Hand, einem Schild in der linken und einem mit grünen Federn geschmückten Helm auf dem Kopf zur Welt gekommen; kaum geboren, war seine erste Tat gewesen, seine Schwestern und Brüder zu töten. Vielleicht hatte man diesem furchtbaren Gott, auch Tetzahuitl oder das *Grauen* genannt, bereits unter anderen Klimaten einen blutigen Kult geweiht; vielleicht war dieser Kult nur ausgesetzt worden, weil es an Gefangenen und folglich an Opfern fehlte, während die Nation unter Mexitlis Schutz friedlich vom Tarahumara-Gebirge bis zum Zentralplateau von Mexiko zog.

Die ständigen Kriege der Azteken, seit sie sich auf den Inseln des Salzsees von Texcoco niedergelassen hatten, lieferten ihnen so viele Opfer, daß ausnahmslos allen ihren Gottheiten Menschenopfer dargebracht wurden, selbst Quetzalcoatl[105], der wie der Buddha der Hindus gegen diesen abscheulichen Brauch gepredigt hatte, und der Erntegöttin, der mexikanischen Ceres, genannt *Centeotl* oder Tonacajohua, *die Menschen nährt*. Die Totonaken, welche die gesamte toltekische und aztekische Mythologie übernommen hatten, betrachteten die Gottheiten, die einen blutigen Kult fordern, als einer anderen Rasse zugehörig als die Göttin der Felder, die nur Blumen- und Fruchtopfer, Maisgarben oder Vögel verlangt, die sich von den Körnern dieser den Menschen nützlichen Pflanze ernähren. Eine alte Prophezeiung ließ dieses Volk auf eine wohltätige Reform der religiösen Zeremonien hoffen; dieser Prophezeiung zufolge sollte Centeotl, die der schönen Shri oder Lakshmi der Hindus entspricht und die von den Azteken,

---
[105] GÓMARA, *Crónica general de las Indias* (Ausgabe von 1553), Band II, Blatt 134.

wie auch von den Arkadiern, mit dem Namen der *Großen Göttin* oder *Urgöttin (Tzinteotl)* bezeichnet wurde, am Ende über die Grausamkeit der anderen Götter siegen, und die Menschenopfer würden den unschuldigen Gaben der Ernteerstlinge weichen. In dieser Überlieferung der Totonaken meint man einen Kampf zwischen zwei Religionen zu erkennen, einen Konflikt zwischen der alten toltekischen Gottheit, die so sanft und menschlich war wie das Volk, das ihren Kult eingeführt hatte, und den grausamen Göttern jener kriegerischen Horde, der Azteken, welche Felder, Tempel und Altäre mit Blut tränkten.

Liest man Cortés' Briefe an Kaiser Karl V., die Erinnerungen von Bernal Díaz, Motolinía und anderen spanischen Autoren, welche die Mexikaner vor den Wandlungen beobachtet haben, die durch ihre Kontakte mit Europa verursacht wurden, so wundert man sich, wie solch äußerste Grausamkeit in den religiösen Zeremonien eines Volkes angetroffen werden kann, dessen gesellschaftlicher und politischer Zustand in manch anderer Hinsicht an die Zivilisation der Chinesen und der Japaner erinnert. Die Azteken begnügten sich nicht damit, ihre Idole mit Blut zu färben, wie es die tatarischen Schamanen, die den *Nogats* allerdings nur Rinder und Schafe opfern, noch heute tun; sie verschlangen sogar einen Teil des Leichnams, den die Priester die Treppe des Teocalli hinabwarfen, nachdem sie ihm das Herz aus dem Leib gerissen hatten. Man kann sich mit diesen Gegenständen nicht beschäftigen, ohne sich zu fragen, ob diese barbarischen Bräuche, die man auch auf den Inseln der Südsee bei Völkern wiederfindet, deren sanfte Sitten uns über Gebühr gerühmt worden sind, von selbst aufgehört hätten, wenn sich die Mexikaner[106] ohne jede Verbindung mit den Spaniern weiter zur Zivilisation hin entwickelt hätten. Wahrscheinlich hätte sich jene wohltätige Reform ihres Kultus, der Sieg der Erntegöttin über die Götter des Gemetzels, erst sehr spät vollzogen.

Im südlichen Amerika hing das mächtigste Volk, die Peruaner, dem Kult der Sonne an. Die Inka führten die grausamsten Kriege, um eine sanfte, friedliche Religion durchzusetzen; überall, wo die Nachkommen des Manco-Capac ihre Gesetze, ihre Kastenordnung, ihre Sprachen und ihren klösterlichen Despotismus hintrugen, hörten die Menschenopfer auf. Doch im Land Anáhuac gewann der blutige Kult des Huitzilopochtli immer mehr an Einfluß, je weiter das mexikanische Reich alle Nachbarstaaten verschlang. Die Macht dieses Reiches gründete sich auf ein inniges Bündnis der Priesterklasse mit dem Adel, der für den Waffendienst bestimmt war. Der Hohepriester Teoteuctli *(himmlischer Herr)* war

---

[106] LANGLÈS, *Rituel des Tartares-Mantchoux*, S. 18.

gewöhnlich ein Fürst von königlichem Blut; ohne seine Einwilligung konnte kein Krieg unternommen werden. Die Priester selbst zogen in den Kampf und wurden in der Armee zu höchsten Würden erhoben[107], wodurch ihr Einfluß so mächtig wurde wie jener der römischen Patrizier, die das ausschließliche Recht auf die Stellung der Auguren hatten, worin ein berühmter Autor[108] die Spuren einer politischen Institution der Hindus zu erkennen glaubte.

In Mexiko, wo die Zahl der Priester *(teopixqui)* und der Mönche *(tlamacazque)* fast ebenso groß war wie heutzutage in Tibet und in Japan, konnte sich alles, was dem religiösen Fanatismus entsprang, nur unendlich langsam verändern. Die Geschichte beweist uns, daß sich der barbarische Brauch der Menschenopfer sogar bei den Völkern, die in der Zivilisation am weitesten fortgeschritten waren, lange erhalten hat. Die in den Königsgräbern von Theben gefundenen Malereien lassen keinen Zweifel daran, daß solche Opfer unter den Ägyptern üblich waren.[109] Wir haben bereits an früherer Stelle bemerkt, daß im alten Indien die Göttin Kali menschliche Opfer verlangte, ebenso wie Saturn sie in Karthago forderte. In Rom wurden nach der Schlacht von Cannä ein Gallier und eine Gallierin lebendig begraben, und Kaiser Claudius sah sich gezwungen, kraft Gesetzes zu verbieten, daß im römischen Reich Menschen geopfert wurden.[110] Doch mehr noch: Sehen wir nicht auch in weniger entfernten Zeiten die barbarischen Auswirkungen religiöser Intoleranz, inmitten einer der großen Zivilisationen der Menschheit, in einer Zeit, da Charakter und Sitten allgemein sanfter werden? Wie verschieden die Völker im Fortschritt ihrer Kultur auch sein mögen, Fanatismus und Eigennutz behalten stets ihre unheilvolle Macht. Die Nachwelt wird Mühe haben zu begreifen, daß es im zivilisierten Europa, unter dem Einfluß einer Religion, die dem Wesen ihrer Prinzipien nach die Freiheit begünstigt und die heiligen Rechte der Menschheit proklamiert, Gesetze gibt, welche die Sklaverei der Schwarzen billigen und es den Kolonisten erlauben, Kinder aus den Armen ihrer Mütter zu reißen, um sie in ein fernes Land zu verkaufen. Diese Betrachtungen beweisen uns, und das ist kein tröstliches Ergebnis, daß ganze Nationen auf dem Weg zur Zivilisation schnell voranschreiten können, ohne daß die politischen Institutionen und die Formen ihres Kultus ihre alte Barbarei gänzlich verlieren.

---

[107] Hieroglyphengemälde der *Sammlung von Mendoza*. THEVENOT, Band IV, Blatt 57.
[108] SCHLEGEL, *Über Sprache und Weisheit der Indier*, S. 190.
[109] DENON, *Voyage en Égypte*, S. 298, Tafel CXXIV, Nr. 2. *Décade Égyptienne*, Band III, S. 110.
[110] SUETONIUS, Kap. 25 (ed. Wolf, Band I, S. 48). PLINIUS, *Historia naturalis*, Buch XXXI, Kap. 1; Buch VIII, Kap. 22. TERTULLIANUS, *Apologeticum adversus gentes*, Kap. IX (ed. Palmer, 1684, S. 41). LACTANTIUS, *Divinae Institutiones*, Buch I, Kap. 21.

Die Nr. VIII zeigt die Zeremonie, mit der während einer Prozession, die alle zweiundfünfzig Jahre auf einem Berggipfel bei Iztapalapan stattfand, das neue Feuer entzündet wurde.

Am Ende jedes Zyklus wurde die Einschaltung vorgenommen, bald von zwölf, bald von dreizehn Tagen. Da das Volk zu diesem Zeitpunkt die vierte Zerstörung der Sonne und der Erde erwartete, löschte es alle Feuer, bis die Priester zu Beginn des neuen Zyklus neue entzündeten. Das Gemälde zeigt einen auf dem Opferstein liegenden Menschen mit einer Holzscheibe auf der Brust, die der Teopixqui durch Reibung entflammt. Die Hieroglyphe des gestirnten Himmels, die man auf der vorigen Seite der *Borgianischen Sammlung* erkennt, scheint auf die Kulmination der Plejaden hinzudeuten. Wir werden an späterer Stelle, bei der Erklärung der dreiundzwanzigsten Tafel, auf den Zusammenhang eingehen, der zwischen dieser Kulmination und dem Beginn des Zyklus bestanden haben soll.

Die Kunst, Feuer zu machen, indem man zwei verschieden harte Holzarten aneinanderreibt, ist sehr alt. Man findet sie bei den Völkern beider Kontinente. In homerischen Zeiten schrieb man ihre Erfindung, Herrn Visconti zufolge, dem Merkur zu.[111] Die Scheibe, die auf dem Körper des Opfers liegt und worauf der Priester das zylindrische Holzstück dreht, ist der $\sigma\tau o\varrho\varepsilon\acute{\upsilon}\varsigma$ [storeús, Opferplatte] der Griechen.[112] Plinius behauptet, von allen Holzsubstanzen entzünde sich am besten der Efeu, wenn man ihn gegen Lorbeerholz reibe.[113] Wir haben diese $\pi\upsilon\varrho\varepsilon\tilde{\iota}\alpha$ [pyreĩa, Feuerwerkzeuge] bei den Indianern des Orinoco wiedergefunden. Die Bewegung muß sehr schnell sein, um die Temperatur bis zur Weißglut zu erhöhen.

Nr. IX. Figur eines toten Königs, umgeben von vier Fahnen, das Auge geschlossen, ohne Hände, die Füße eingewickelt. Bei seinem Stuhl handelt es sich um den königlichen Sessel, *tlatocaicpalli* genannt, auf dem im *Codex Borgianus* (Blatt 8) Adam oder Tonacateuctli, der *Herr von unserem Fleische,* und Eva oder Tonacacihua dargestellt sind. Dieses Hieroglyphen-Zeichen findet sich in dem Ritual-Almanach auf der Seite wieder, die den dreizehntägigen Zyklus darstellt, in dessen Verlauf die Sonne den Zenit Méxicos durchquert.

Nr. X. Eine Allegorie, die an die indischen Reinigungen erinnert. Eine Gottheit, deren ungeheure Nase mit der Figur der zweiköpfigen Natter, der geheimnisvollen Amphisbaena, geschmückt ist, hält in ihrer Hand einen *xiquipilli* oder Weihrauchbeutel; auf ihrem Rücken sieht man ein zerbrochenes Gefäß, aus dem

---
[111] HOMERUS, *Hymnus in Mercurium,* Vers 110.
[112] APOLLONIUS RHODIUS, *Argonautica,* Buch I, Vers 1184, und *Scholien ad eum.*
[113] PLINIUS, *Historia naturalis,* XVI, 77. SENECA, *Naturales Quaestiones* II, 22. THEOPHRASTUS, Vers 10.

eine Schlange kriecht; eine weitere Schlange, blutend und zerstückelt, befindet sich vor ihr, und eine dritte Schlange, ebenfalls in Stücke geschnitten, ist in einem mit Wasser gefüllten Kasten enthalten, aus dem eine Pflanze emporragt. Rechts erkennt man einen Mann, der in einem Topf steckt; und links eine mit Blumen geschmückte Frau, wahrscheinlich die wollüstige Tlamezquimilli, die auch mit verbundenen Augen dargestellt wird. Auf derselben Seite findet man Agaven, die Blut vergießen, wenn man sie abschneidet. Spielt diese Allegorie auf die Schlange an, die das Wasser, Quell allen organischen Lebens[114], vergiftet, auf Krishnas Sieg über den Drachen Kaliya, auf die Verführung und auf die Reinigung durch das Feuer? Es ist offenkundig, daß die Figur der Schlange in den mexikanischen Malereien auf zwei sehr verschiedene Vorstellungen verweist. In den Reliefs, welche die Einteilung des Jahres und der Zyklen zeigen, drückt diese Figur nur die Zeit aus, *aevum* [Ewigkeit]. Doch die Schlange, die in Verbindung mit der *Mutter der Menschen* (Cihuacohuatl) dargestellt wird oder von dem Großen Geist Teotl in Gestalt einer der untergeordneten Gottheiten besiegt wird, ist der Genius des Bösen, ein wahrer κακοδαίμων [kakodaímon, böser Geist]. Bei den Ägyptern war es nicht die Hieroglyphe der Schlange, sondern die des Flußpferdes, die letztere Vorstellung ausdrückte.[115]

Unbekleidete Figuren, wie die der Gruppe Nr. X, und die Göttin der Wollust, genannt Ixcuina oder Tlazolteucihua,[116] sind in den mexikanischen Malereien äußerst selten. Gewöhnlich geben die barbarischen Völker ihren Statuen Kleider; erst die Verfeinerung der Kunst erlaubt es, den nackten Körper in der natürlichen Schönheit seiner Formen zu zeigen. Es ist auch höchst bemerkenswert, daß man unter den mexikanischen Hieroglyphen überhaupt nichts findet, was von dem Symbol der Zeugungskraft oder von dem *lingam*-Kult kündet, der in Indien und bei allen Nationen, die mit den Hindus in Berührung gekommen sind, verbreitet ist. Herr Zoëga hat bemerkt, daß das Emblem des Phallus in den sehr alten Werken der Ägypter ebenfalls nicht vorkomme; er glaubte daraus schließen zu dürfen, dieser Kult sei weniger alt, als man annimmt. Diese Behauptung steht jedoch in Widerspruch zu den Kenntnissen, die Hamilton, Sir William Jones und Herr Schlegel dem Shiva Purana, dem Kâsi Khanda und anderen in Sanskrit geschriebenen Werken entnommen haben.[117] Es ist nicht zu bezweifeln, daß die Anbetung der zwölf vom Gipfel des Imaüs (Himâvata) stammenden Lingams

---

[114] PAOLINO DE S. BARTOLOMEO, *Codices Avenses*, S. 235.
[115] ZOËGA, S. 445, Anm. 35.
[116] *Codex Borgianus*, Manuskriptblatt 73.
[117] *Catalogue des manuscrits sanskrits de la Bibliothèque impériale*, S. 36 und 50.

bis auf die Zeit der ersten Überlieferungen der Hindus zurückreicht. Angesichts so vieler anderer Übereinstimmungen, die von früheren Verbindungen zwischen Ost-Asien und dem neuen Kontinent künden, muß es verwundern, daß man auf letzterem keinerlei Spuren des Phallus-Kultes findet. Herr Langlès[118] bemerkt ausdrücklich, in Indien verabscheuten die *Vaishnava* oder Vishnu-Anhänger dieses Emblem der Zeugungskraft, das man in den Tempeln Shivas und seiner Gattin Bhavani, der Göttin des Überflusses, anbetet. Könnte man also nicht annehmen, unter den in den Nordosten Asiens vertriebenen Buddhisten gebe es auch eine Sekte, die den *lingam*-Kult ablehnt, und eben von diesem geläuterten Buddhismus finde man einige schwache Spuren bei den amerikanischen Völkern?

[118] *Asiatick Researches,* Band I, S. 215.

TAFEL XVI

Ansicht des Chimborazo und des Carihuairazo

DIE KORDILLERE DER ANDEN teilt sich bald in mehrere Zweige, die durch längs verlaufende Täler getrennt sind, bald bildet sie eine einzige Masse, aus der vulkanische Gipfel emporragen. Bei unserer Beschreibung des Weges über das Quindío-Gebirge (Tafel V) haben wir bereits versucht, einen geologischen Überblick über die Verzweigung der Kordilleren im Königreich Neu-Granada, zwischen 2° 30′ und 5° 15′ nördlicher Breite, zu geben. Wir haben zugleich bemerkt, daß die großen, zwischen den beiden seitlichen Zweigen und der mittleren Kette liegenden Täler die Becken zweier ansehnlicher Flüsse sind, deren Grund noch weniger hoch über dem Meeresspiegel liegt als das Bett der Rhone, deren Fluten das Tal von Sion in den Hochalpen gegraben haben. Reist man von Popayán südwärts, so sieht man auf dem trockenen Plateau der Provinz *Los Pastos* die drei Ketten der Anden zu einer einzigen Gruppe verschmelzen, die sich bis weit jenseits des Äquators erstreckt.

Im Königreich Quito bietet diese Gruppe einen eigentümlichen Anblick, wenn man sie vom Fluß Chota her betrachtet, der sich durch Basaltgebirge bis zum Páramo von Azuay hinwindet, auf dem sich denkwürdige Überreste der peruanischen Architektur erheben. Die höchsten Bergspitzen stehen in zwei Reihen, die gleichsam einen doppelten Kamm der Kordillere bilden; diese kolossalen und von ewigem Schnee bedeckten Gipfel haben bei den Messungen der französischen Akademisten als Anhaltspunkte gedient, als sie den Äquatorialgrad ermittelten. Ihre symmetrische Anordnung zu zwei von Nord nach Süd verlaufenden Linien hat Bouguer veranlaßt, sie als zwei von einem Längstal getrennte Bergketten zu betrachten; doch was dieser berühmte Astronom den Grund eines Tales nennt, ist der Rücken der Anden selbst; es ist ein Plateau, dessen absolute Höhe zweitausendsiebenhundert bis zweitausendneunhundert Meter beträgt. Man darf einen doppelten Kamm nicht mit einer tatsächlichen Verzweigung der Kordilleren verwechseln.

Die mit Bimsstein bedeckte Ebene, die den Vordergrund der hier beschriebenen Zeichnung bildet, ist Teil jenes Hochtals, das den westlichen vom östlichen Kamm der Anden von Quito trennt. In diesen Ebenen sammelt sich die Bevölkerung dieses wunderbaren Landes; hier sind Städte angesiedelt, die dreißig- bis fünfzigtausend Bewohner zählen. Hat man einige Monate auf diesem hoch gelegenen Plateau gelebt, wo sich das Barometer bei 0,54 Metern oder zwanzig Zoll hält, so wird man unwiderstehlich von einer seltsamen Täuschung ergriffen: Man vergißt nach und nach, daß alles, was den Beobachter umgibt, all die vom Gewerbfleiß ihrer Bewohner kündenden Dörfer, die mit Herden von Lamas und von europäischen Schafen bedeckten Weiden, die von wuchernden Duranta- und Barnadesiahecken gesäumten Obstgärten, die sorgfältig bestellten und reiche Getreideernten versprechenden Felder, gleichsam in den hohen Regionen der Atmosphäre schweben; man denkt kaum daran, daß der Boden, auf dem man wohnt, höher über den benachbarten Küsten des Pazifischen Ozeans liegt als der Gipfel des Canigou über dem Bassin des Mittelmeeres.

Sieht man den Rücken der Kordilleren wie eine weite, von Wänden ferner Gebirge begrenzte Ebene vor sich, so gewöhnt man sich daran, die Unregelmäßigkeiten des Andenkamms als lauter gesonderte Gipfel zu betrachten. Der Pichincha, der Cayambe, der Cotopaxi, all diese vulkanischen Pics, die man mit eigenen Namen bezeichnet, wenngleich sie bis über die Hälfte ihrer Gesamthöhe eine einzige Masse bilden, erscheinen in den Augen des Bewohners von Quito als lauter getrennte Berge, die sich inmitten einer waldlosen Ebene erheben; diese Täuschung ist um so vollkommener, als die Einschnitte im doppelten Kamm der Kordilleren bis auf das Niveau der bewohnten Hochebenen hinabreichen. Daher erwecken die Anden nur dann den Eindruck einer Kette, wenn man sie aus der Ferne sieht, von den Küsten des großen Ozeans oder von den Savannen her, die sich bis an den Fuß ihres östlichen Abhanges erstrecken. Steht man auf dem Rücken der Kordilleren selbst, sei es im Königreich Quito, in der Provinz Los Pastos oder noch weiter im Norden, sieht man nur eine Anhäufung verstreuter Gipfel, Gruppen von einzelnen Bergen, die sich vom Zentralplateau abheben; je größer die Masse der Kordilleren ist, um so schwieriger ist es, ihren Bau und ihre Gestalt im Ganzen zu erfassen.

TAFEL XVI

XVI. ANSICHT DES CHIMBORAZO UND DES CARIHUAIRAZO

Gleichwohl wird das Studium dieser Gestalt, dieser Physiognomie des Gebirges, wenn ich den Ausdruck wagen darf, durch die Ausrichtung der Hochtäler, die den Rücken der Anden bilden, eigentümlich erleichtert. Reist man von der Stadt Quito zum Páramo von Azuay, so sieht man im Westen auf einer Strecke von siebenunddreißig Meilen nacheinander die Gipfel des Casitagua, Pichincha, Atacazo, Corazón, Illiniza, Carihuairazo, Chimborazo und Cunambay vorbeiziehen; im Osten die Gipfel des Guamani, Antisana, Pasochoa, Rumiñahui, Cotopaxi, Quilindaña, Tungurahua und Capac Urcu, die mit drei oder vier Ausnahmen alle höher sind als der Mont-Blanc. Diese Berge sind so angeordnet, daß sie sich, vom Zentralplateau her gesehen, keineswegs gegenseitig verdecken, sondern im Gegenteil in ihrer wahren Gestalt zeigen, als seien sie gegen die azurne Himmelskuppel gemalt; man meint auf ein- und derselben vertikalen Ebene ihre Gipfel und ihre Spitzen zu sehen. Sie erinnern an das imposante Schauspiel der Küsten von Neu-Norfolk und des Cook-Flusses; sie wirken wie ein steiles Ufer, das mitten aus den Fluten aufragt und um so näher erscheint, als kein Gegenstand zwischen Ufer und Auge des Betrachters steht.

Wie sehr indes der Bau der Kordilleren und die Gestalt des Zentralplateaus geologische Beobachtungen auch begünstigen; wie leicht sie es den Reisenden auch machen, die Umrisse des Doppelkamms der Anden aus der Nähe zu untersuchen, so läßt doch die ungeheure Höhe desselben Plateaus solche Gipfel kleiner erscheinen, die in ihrer erschreckenden Höhe ehrfurchtgebietender wirken würden, wenn sie auf kleinen Inseln in der unermeßlichen Weite der Meere stünden wie der Mowna-Roa und der Pic von Teneriffa. Die Ebene von Tapia, die man im Vordergrund der sechzehnten Tafel sieht und in der ich, unweit von Riobamba-Nuevo, die Gruppe des Chimborazo und des Carihuairazo gezeichnet habe, hat eine absolute Höhe von zweitausendachthunderteinundneunzig Metern (vierzehnhundertdreiundachtzig Toisen); sie ist nur um ein Sechstel weniger hoch als der Ätna.

Folglich überragt der Gipfel des Chimborazo dieses Plateau nur um dreitausendsechshundertvierzig Meter, was vierundachtzig Meter weniger ergibt als die Höhe des Mont-Blanc über der Priorei von Chamonix; denn der Unterschied zwischen dem Chimborazo und dem Mont-Blanc ist etwa gleich groß wie der zwischen der Höhe des Plateaus von Tapia und dem Talgrund von Chamonix. Der Gipfel des Pic von Teneriffa ist im Verhältnis zur Lage der Stadt La Orotava noch höher, als der Chimborazo und der Mont-Blanc sich über Riobamba und Chamonix erheben.

Berge, die uns durch ihre Höhe in Erstaunen versetzen würden, wenn sie am Meeresufer stünden, sehen aus wie bloße Hügel, wenn sie sich auf dem Rücken der Kordilleren erheben; so liegt etwa Quito an einem kleinen Kegel namens Yavirac, der den Bewohnern dieser Stadt nicht höher erscheint als Montmartre oder die Höhen von Meudon den Bewohnern von Paris; indes beträgt die absolute Höhe dieses Kegels von Yavirac nach meiner Messung dreitausendeinhunderteinundzwanzig Meter (sechzehnhundert Toisen); er ist beinahe so hoch wie der Gipfel des Marboré, eines der höchsten Berge der Pyrenäenkette.

Trotz dieser durch die Höhe der Plateaus von Quito, Mulaló und Riobamba erzeugten Täuschung würde man an den Küsten oder am östlichen Abhang des Chimborazo vergeblich nach einem Ort suchen, der eine so großartige Aussicht auf die Kordillere bietet wie diejenige, die ich mehrere Wochen lang in der Ebene von Tapia genossen habe. Befindet man sich auf dem Rücken der Anden, zwischen den beiden Kämmen, welche die kolossalen Gebirge des Chimborazo, des Tungurahua und des Cotopaxi bilden, so ist man ihren Gipfeln noch nah genug, um sie unter sehr beträchtlichen Höhenwinkeln zu sehen; doch steigt man gegen die Wälder hinab, die den Fuß der Kordilleren umgeben, werden diese Winkel sehr klein; denn wegen der ungeheuren Masse der Gebirge entfernt man sich rasch von den Gipfeln, je weiter man sich dem Meeresspiegel nähert.

Beim Zeichnen der Umrisse des Chimborazo und des Carihuairazo habe ich mich der gleichen graphischen Mittel bedient, wie ich sie weiter oben, als ich von der Zeichnung des Cotopaxi sprach, beschrieben habe. Die Untergrenze des ewigen Schnees liegt hier in einer Höhe, welche die des Mont-Blanc etwas übersteigt; denn letzterer Berg wäre, stünde er unter dem Äquator, nur gelegentlich mit Schnee bedeckt. Die beständige Temperatur, die in dieser Zone herrscht, bewirkt, daß die Grenze des ewigen Eises nicht so unregelmäßig ist, wie man es in den Alpen und in den Pyrenäen beobachtet. Über den nördlichen Abhang des Chimborazo, zwischen diesem Berg und dem Carihuairazo, verläuft die Straße von Quito nach Guayaquil, zu den Küsten des Pazifischen Ozeans hin. Die mit Schnee bedeckten Kuppen, die sich auf dieser Seite erheben, erinnern in ihrer Form an den Dôme de Gouté, vom Tal von Chamonix aus gesehen. Über einen schmalen Grat, der auf dem südlichen Abhang aus dem Schnee ragt, haben wir, die Herren Bonpland, Montúfar und ich, nicht ohne Gefahr versucht, zum Gipfel des Chimborazo zu gelangen. Wir haben Instrumente bis auf eine beträchtliche Höhe getragen, wenngleich wir von dickem Nebel umhüllt waren und die dünne Luft uns sehr zu schaffen machte. Die Stelle, an der wir angehalten haben, um die Neigung der Magnetnadel zu beobachten, scheint höher zu sein als jede andere, die Menschen auf dem Rücken der Berge je erreicht haben; sie liegt elfhundert Meter über dem Gipfel des Mont-Blanc, den der gelehrteste und kühnste aller Reisenden, Herr de Saussure, unter noch größeren Schwierigkeiten als denen, die wir am Chimborazo zu bewältigen hatten, glücklich erreicht hat. Diese mühevollen Exkursionen, deren Erzählung gewöhnlich das Interesse des Publikums erregt, bieten dem Fortschritt der Wissenschaften allerdings nur sehr wenige nützliche Resultate, denn der Reisende befindet sich auf einem schneebedeckten Boden, in einer Luftschicht, deren chemische Zusammensetzung dieselbe ist wie in den tieferen Regionen, und in einer Lage, in der empfindliche Versuche nicht mit der nötigen Genauigkeit durchgeführt werden können.

Vergleicht man die Tafeln V, X und XVI dieses Werkes mit denen des *Atlas géographique et physique,* der meinen *Essai politique sur le royaume de la Nouvelle-Espagne* begleitet, so erkennt man man drei verschiedene Hauptformen, die den hohen Gipfeln der Anden eigentümlich sind. Die noch tätigen Vulkane, die nur einen einzigen Krater von außerordentlichem Ausmaß haben, sind kegelförmige Berge mit mehr oder weniger abgestumpfter Spitze; solcherart ist die Gestalt des Cotopaxi, des Popocatépetl und des Pic von Orizaba. Andere Vulkane, deren Gipfel nach einer langen Reihe von Ausbrüchen eingesunken ist, zeigen Kämme voller Zacken und Spitzen, schiefe Nadeln, zerborstene Felsen, die einzustürzen drohen. Dies ist die Gestalt des Altar oder Capac Urcu, eines Berges, der einst höher war als der Chimborazo und dessen Zusammenbruch einen denkwürdigen Zeitpunkt in der Naturgeschichte des neuen Kontinents bezeichnet. Es ist auch die Form des Carihuairazo, der in der Nacht des 19. Juli 1698 zu einem großen Teil eingestürzt ist. Damals brachen reißende Wasserströme und Schlammauswürfe aus den geöffneten Flanken des Berges hervor und machten die umliegenden Felder unfruchtbar. Diese schreckliche Katastrophe war von einem Erdbeben begleitet, das in den benachbarten Städten Ambato und Latacunga Tausende von Bewohnern verschüttet hat.

Eine dritte Form der hohen Andengipfel, die majestätischste von allen, ist die des Chimborazo, dessen Gipfel abgerundet ist. Sie erinnert an jene kraterlosen Kuppen, welche die Ausdehnungskraft der Dämpfe in solchen Gegenden aufwirft, wo in der porösen Kruste des Globus unterirdische Feuer schwelen. Der Anblick von Granitgebirgen bietet nur eine schwache Ähnlichkeit mit dem des Chimborazo. Die Granitgipfel sind abgeflachte Halbkugeln, wogegen die Trapp-Porphyre hoch aufragende Kuppeln bilden. Und so sieht man an den Küsten der Südsee nach den langen Winterregen, wenn die Luft plötzlich ganz durchsichtig ist, den Chimborazo wie eine Wolke am Horizont erscheinen: Er sondert sich von den benachbarten Gipfeln ab und erhebt sich über die gesamte Kette der Anden wie jener majestätische Dom, Werk des Genies von Michelangelo, über die antiken Monumente rings um das Kapitol.

TAFEL XVII

Peruanisches Monument
von Cañar

DIE HOHEN EBENEN auf dem Rücken der Kordilleren, die sich vom Äquator bis etwa 3° südlicher Breite hinziehen, enden in einer Gebirgsmasse von viertausendfünfhundert bis viertausendachthundert Metern Höhe, die gleich einem ungeheuren Damm den östlichen und den westlichen Kamm der Anden von Quito vereint. Dieses Gebirgsmassiv, auf dem Porphyr den Glimmerschiefer und andere originäre Gesteinsarten bedeckt, ist unter dem Namen *Páramo del Azuay* bekannt. Wir mußten es überqueren, um von Riobamba nach Cuenca und zu jenen schönen Wäldern von Loja zu gelangen, die für ihren Reichtum an Chinarindenbäumen so berühmt sind. Der Weg über den Azuay ist vor allem in den Monaten Juni, Juli und August gefährlich, wenn sehr viel Schnee fällt und die in diesen Erdstrichen eisigen Südwinde wehen. Da die Landstraße nach meinen 1802 durchgeführten Messungen beinahe bis auf die Höhe des Mont-Blanc hinaufführt, sind Reisende dort einer außerordentlichen Kälte ausgesetzt, und es vergeht kein Jahr, da nicht einige von ihnen den Unwettern zum Opfer fallen. Um die Mitte dieses Weges, in einer absoluten Höhe von viertausend Metern, durchquert man eine Ebene, die über sechs Quadratmeilen groß ist. Diese Ebene (und diese bemerkenswerte Tatsache wirft einiges Licht auf die Entstehung der Hochtäler) liegt beinahe auf der gleichen Höhe wie die Savannen, die den vom ewigen Schnee bedeckten Teil des Vulkans Antisana umgeben. Die Plateaus des Azuay und des Antisana, deren geologische Verfassung so erstaunliche Ähnlichkeiten aufweist, liegen indes über fünfzig Meilen voneinander entfernt; sie enthalten beide sehr tiefe Süßwasserseen, gesäumt von einem dichten Rasen alpiner Grasgewächse, deren Einsamkeit jedoch von keinem Fisch und fast keinem Wasserinsekt belebt wird.

Der *Llano del Pullal* (so werden die Hochebenen des Azuay genannt) hat einen außerordentlich sumpfigen Boden. Mit Überraschung haben wir dort, in weit größeren Höhen als der des Pic von Teneriffa, die großartigen Überreste einer von den peruanischen Inka gebauten Straße gefunden. Diese mit großen behauenen Steinen eingefaßte Kunststraße kann mit den schönsten Straßen der Römer verglichen werden, wie ich sie in Italien, Frankreich und Spanien gesehen habe; sie ist vollkommen gerade angelegt und behält über eine Länge von sechs- oder achttausend Metern dieselbe Richtung bei. Bei Cajamarca, hundertzwanzig Meilen südlich des Azuay, haben wir ihre Fortsetzung gefunden, und im Lande glaubt man, sie habe früher einmal bis zur Stadt Cuzco geführt. Nahe dieser Straße auf dem Azuay, in einer absoluten Höhe von viertausendzweiundvierzig Metern (zweitausendvierundsiebzig Toisen), stehen die Palastruinen des Inka Túpac Yupanqui, deren Gemäuer, gewöhnlich *Los Paredones* genannt, eher niedrig sind.

Steigt man vom Páramo von Azuay südwärts hinab, so entdeckt man zwischen den Gehöften von Turche und Burgay ein weiteres Monument der alten peruanischen Architektur, das unter dem Namen *Ingapirca* oder Festung von Cañar bekannt ist. Diese Festung, sofern man einen Hügel, der in einer Plattform endet, so nennen darf, ist viel weniger durch ihre Größe als durch ihren vortrefflichen Erhaltungszustand bemerkenswert. Eine fünf oder sechs Meter hohe Mauer aus großen behauenen Steinen bildet ein sehr regelmäßiges Oval, dessen Längsachse fast achtunddreißig Meter lang ist; in diesem Oval befindet sich eine ebene Fläche, bedeckt mit schöner Vegetation, welche die malerische Wirkung der Landschaft erhöht. In der Mitte des Festungsbezirks steht ein Haus, das nur zwei Gemächer enthält und beinahe sieben Meter hoch ist; dieses Haus und die Umwallung, die auf der siebzehnten Tafel dargestellt sind, gehören zu einem Mauer- und Befestigungssystem von über hundertfünfzig Metern Länge, auf das wir später zu sprechen kommen werden. Der Schnitt der Steine, die Anordnung der Türen und Nischen, die vollkommene Ähnlichkeit zwischen diesem Bauwerk und denen von Cuzco lassen keinen Zweifel über den Ursprung dieses *militärischen Monuments* zu, das den Inka als Unterkunft diente, wenn diese Fürsten gelegentlich von Peru ins Königreich Quito reisten. Die Grundmauern einer großen Zahl von Gebäuden, die man rings um den Festungsbezirk findet, deuten darauf hin, daß es in Cañar einst ausreichend Platz gab, um das kleine Armeekorps zu beherbergen, das die Inka gewöhnlich auf ihren Reisen begleitete. In diesen Grundmauern habe ich einen kunstvoll behauenen Stein gefunden, der im linken

TAFEL XVII

Vordergrund der Tafel zu sehen ist; den Zweck dieses eigentümlichen Zuschnitts konnte ich nicht erraten.

Am meisten erstaunt an diesem kleinen, von ein paar *Schinus molle*-Bäumen umstandenen Monument die Form seines Daches, die ihm eine vollkommene Ähnlichkeit mit europäischen Häusern verleiht. Einer der ersten Geschichtsschreiber Amerikas, Pedro de Cieza de León, der ab 1541 seine Reisen beschrieb, berichtet im einzelnen über mehrere Häuser des Inka in der Provinz *Los Cañares*. Er sagt ausdrücklich, »die Gebäude von Tomabamba haben eine so vortrefflich aus Binsen gefertigte Bedeckung, daß sie, wenn sie nicht vom Feuer verzehrt wird, unbeschadet Jahrhunderte überdauern kann«.[119] Dieser Beobachtung zufolge müßte man annehmen, der Giebel des Hauses von Cañar sei nach der Eroberung hinzugefügt worden; was vor allem für diese Hypothese zu sprechen scheint, ist der Umstand, daß in diesem Teil des Gebäudes auch offene Fenster eingelassen sind; denn an Häusern der alten peruanischen Bauart findet man mit Gewißheit niemals Fenster, ebensowenig wie in den Überresten der Häuser von Pompeji und Herculaneum.

Auch Herr de La Condamine neigt in seiner sehr interessanten Abhandlung über einige alte Monumente Perus[120] der Auffassung zu, daß der Giebel, den man auf dem kleinen Monument von Cañar sieht, nicht aus der Zeit der Inka stammt. Er schreibt, »er sei vielleicht von moderner Bauart, und er bestehe nicht aus behauenen Steinen wie die übrigen Mauern, sondern aus einer Art luftgetrockneter und mit Stroh durchsetzter Ziegelsteine«. An anderer Stelle fügt derselbe Gelehrte hinzu, der Gebrauch dieser Ziegelsteine, von den Indianern *tica* genannt, sei den Peruanern lange vor der Ankunft der Spanier bekannt gewesen, und aus diesem Grund könne der obere Giebel, auch wenn er aus Ziegelsteinen bestehe, gleichwohl aus alter Zeit stammen.

Ich bedauere sehr, die Abhandlung des Herrn de La Condamine nicht vor meiner Reise nach Amerika gekannt zu haben; es liegt mir fern, die Beobachtungen dieses berühmten Reisenden in Zweifel zu ziehen, den seine Arbeiten zu einem langen Aufenthalt in der Gegend von Cañar gezwungen haben und der erheblich mehr Muße hatte als ich, dieses Monument zu untersuchen. Indes wundert es mich, daß weder Herrn Bonpland noch mir, als wir uns vor Ort gefragt haben, ob das Dach des Gebäudes zur Zeit der Spanier hinzugefügt worden sei, der Unterschied in der Bauweise aufgefallen ist, der zwischen der Mauer und dem oberen

---

[119] PEDRO DE CIEZA DE LEÓN, *Crónica del Perú*, Antwerpen 1554, Band I, Kap. 44, S. 120.
[120] *Mémoires de l'Académie de Berlin*, 1746, S. 444.

Giebel behauptet wird. Ich habe keine Ziegelsteine (*ticas* oder *adobes*) bemerkt, sondern einfach behauene Steine zu erkennen geglaubt, überzogen mit einer Art gelblichen Stucks, der leicht abzulösen war und *ichu* oder geschnittenes Stroh enthielt. Der Besitzer eines benachbarten Gehöftes, der uns auf unserer Exkursion zu den Ruinen von Cañar begleitete, rühmte sich, seine Vorfahren hätten viel zur Zerstörung dieser Bauwerke beigetragen; er erzählte uns, das schräge Dach sei nicht nach europäischer Art, das heißt mit Ziegeln, gedeckt gewesen, sondern mit sehr dünnen und glattpolierten Steinplatten. Vor allem dieser Umstand ließ mich damals der wahrscheinlich irrigen Meinung zuneigen, mit Ausnahme der vier Fenster sei der Rest des Gebäudes noch in dem Zustand, wie er zur Zeit der Inka erbaut worden war. Wie dem auch sei, man muß einräumen, daß der Gebrauch von spitzwinkligen Dächern in einem Gebirgsland, wo es viel regnet, von großem Nutzen gewesen sein muß. Solche schrägen Dächer sind bei den Eingeborenen der Nordwestküste Amerikas bekannt; sie waren es sogar in ältesten Zeiten im südlichen Europa, wie einige griechische und römische Monumente beweisen, vor allem die Reliefs der Trajanssäule und die Landschaftsgemälde, die in Pompeji gefunden und früher in der prachtvollen Sammlung von Portici aufbewahrt wurden. Der Winkel des Dachfirstes ist bei den Griechen stumpf; bei den Römern, die unter einem weniger schönen Himmel als dem Griechenlands lebten, gerät er zu einem rechten Winkel, und je weiter man nach Norden vordringt, desto steiler wird die Neigung der Dächer.

Die Zeichnung, deren Stich sich auf der siebzehnten Tafel findet, ist nach meiner Skizze von Herrn Gmelin in Rom angefertigt worden, einem für sein Talent und seine vielfältigen Kenntnisse zu Recht berühmten Künstler; bei meinem letzten Aufenthalt in Italien hat er mich mit seiner besonderen Freundschaft geehrt, und vieles, was in diesem Werk der Aufmerksamkeit des Publikums nicht ganz unwürdig sein dürfte, verdanke ich seiner Sorgfalt.

TAFEL XVIII

Fels von Inti-Guaicu

STEIGT MAN VON DEM HÜGEL, dessen Gipfel die Festung von Cañar krönt, in das Tal hinab, das der Fluß Gulán gegraben hat, so findet man in den Fels gehauene kleine Pfade; diese führen zu einer Kluft, die in der Quechua-Sprache *Inti-Guaicu* oder die *Sonnenschlucht* genannt wird. An diesem einsamen, von schöner, kräftiger Vegetation umschatteten Ort erhebt sich eine freistehende Sandsteinmasse, die nur vier oder fünf Meter hoch ist. Eine der Seiten dieses kleinen Felsens ist durch ihr helles Weiß bemerkenswert; sie fällt senkrecht ab, als wäre sie von Menschenhand behauen. Auf diesem gleichmäßigen, weißen Hintergrund sind konzentrische Kreise zu erkennen, welche die Sonne darstellen, so wie sie im Anfang der Zivilisation bei allen Völkern der Erde abgebildet wird; die Kreise sind schwärzlich-braun, und in ihrem Inneren erkennt man halb ausgelöschte Striche, die zwei Augen und einen Mund andeuten. In den Fuß des Felsens sind Stufen gehauen, die zu einem ebenfalls in den Stein eingelassenen Sitz führen, von dem aus man, wie aus einer Nische heraus, das Bild der Sonne betrachten kann.

Die Eingeborenen erzählen, als der Inka Túpac Yupanqui mit seiner Armee vorrückte, um das damals vom Conchocando von Licán regierte Königreich Quito zu erobern, hätten die Priester auf dem Stein das Bild ebender Gottheit entdeckt, deren Kult bei den unterworfenen Völkern eingeführt werden sollte. Die Bewohner von Cuzco glaubten überall das Bild der Sonne zu sehen, so wie die Christen in allen Zonen Kreuze oder die Fußspur des Apostels Thomas auf Felsen gemalt gesehen haben. Der peruanische Fürst und seine Soldaten betrachteten die Entdeckung des Steins von Inti-Guaicu als überaus günstiges Vorzeichen; wahrscheinlich hat sie dazu beigetragen, die Inka zum Bau eines Wohnhauses in Cañar zu bewegen; denn bekanntlich sahen sich die Nachfahren des Manco-Capac als die Kinder des Tagesgestirns an, eine Auffassung, die eine bemerkenswerte Nähe

TAFEL XVIII

zwischen dem ersten Gesetzgeber Perus und dem Indiens[121] herstellt, der auch *Vaivasvata* oder Sohn der Sonne hieß.

Untersucht man den Felsen von Inti-Guaicu näher, so entdeckt man, daß die konzentrischen Kreise kleine Erzadern von braunem Eisen sind, wie sie in allen Sandsteinformationen sehr häufig vorkommen. Die Striche, die Augen und Mund andeuten, sind offenbar mit Hilfe eines Metallwerkzeuges eingeritzt worden; man muß wohl annehmen, daß sie von den peruanischen Priestern hinzugefügt worden sind, um das Volk leichter zu täuschen. Nach der Ankunft der Spanier hatten die Missionare ein großes Interesse daran, den Blicken der Eingeborenen alles, was Gegenstand uralter Verehrung war, zu entziehen; so erkennt man auch noch die Spuren des Meißels, der verwendet wurde, um das Bild der Sonne auszulöschen.

Den bemerkenswerten Forschungen des Herrn Vater zufolge bietet das Wort *inti*, Sonne, mit keinem bekannten Idiom des alten Kontinents irgendeine Ähnlichkeit. Überhaupt hat man in den dreiundachtzig amerikanischen Sprachen, die von diesem achtungswürdigen Gelehrten und von Herrn Barton aus Philadelphia untersucht worden sind, bis heute nur hundertsiebenunddreißig Wurzeln gefunden, die sich in den Sprachen Asiens und Europas wiederfinden, nämlich in denen der Mandschu-Tataren, der Mongolen, der Kelten, der Basken und der Esten. Dieses merkwürdige Ergebnis scheint zu beweisen, was wir an früherer Stelle vorgebracht haben, als von der Mythologie der Mexikaner die Rede war. Es besteht kein Zweifel, daß der größte Teil der Eingeborenen Amerikas einer Menschenrasse angehört, die schon in der Wiege der Welt vom Rest der menschlichen Gattung getrennt worden ist und die in der Natur und der Mannigfaltigkeit ihrer Sprachen ebenso wie in ihren Gesichtszügen und der Bildung ihres Schädels unbestreitbare Beweise einer langen und vollständigen Isolierung bietet.

---

[121] Menou II oder Satyavrata, *Asiatick Researches*, Band I, S. 170; Band II, S. 172.
PAOLINO DA S. BARTOLOMEO, *Systema Brahmanicum*, S. 141.

TAFEL XIX

Inga-Chungana, bei Cañar

NÖRDLICH DER RUINEN VON CAÑAR erhebt sich ein Hügel, dessen Hang zum Haus des Inka hin sehr sanft, zur Seite des Tals von Gulán jedoch beinahe senkrecht abfällt. Den Überlieferungen der Eingeborenen zufolge gehörte dieser Hügel zu den Gärten, welche die alte peruanische Festung umgaben. Hier, wie in der Umgebung der *Sonnenschlucht*, fanden wir auf dem Abhang eines kaum mit Humus bedeckten Felsens viele von Menschenhand gehauene Pfade.

In den Gärten von Chapultepec bei México betrachtet der europäische Reisende voller Interesse die Zypressen[122] mit Stämmen von über sechzehn Metern Umfang, von denen man mit einiger Wahrscheinlichkeit annimmt, daß sie von den Königen der Aztekendynastie gepflanzt worden sind. In den Gärten des Inka bei Cañar haben wir vergebens nach einem Baum gesucht, der älter als ein halbes Jahrhundert zu sein schien; hier kündet nichts von dem Aufenthalt der Inka, außer einem kleinen steinernen Monument, das am Rand eines Abgrunds steht und über dessen Bestimmung sich die Bewohner des Landes uneinig sind.

Dieses kleine Monument, das man das *Spiel des Inka* nennt, besteht aus einer einzigen Steinmasse. Um es zu erbauen, haben die Peruaner den gleichen Kunstgriff angewandt wie die Ägypter bei der Verfertigung der Sphinx von Gizeh, von der Plinius ausdrücklich sagt: »*e saxo naturali elaborata* [sie ist aus Naturstein gefertigt]«. Der Quarzsandstein, der ihm als Basis dient, ist solcherart abgetragen worden, daß nach der Entfernung seiner obersten Schichten nur noch ein von einer Einfassung umgebener Sitz übriggeblieben ist, den man auf dieser Tafel abgebildet findet. Man muß sich wundern, daß ein Volk, das für die schöne Kunststraße über den Azuay eine ungeheure Zahl von behauenen Steinen anhäufte, zu einem so sonderbaren Mittel gegriffen hat, um eine Mauer von einem Meter Höhe zu errichten. Alle peruanischen Bauwerke tragen das Gepräge eines

[122] Cupressus disticha, L.

arbeitsamen Volkes, das gerne Felsen behaut, das die Schwierigkeit sucht, um sein Geschick zu beweisen, sie zu überwinden, und das noch den armseligsten Gebäuden eine Dauerhaftigkeit verleiht, die darauf schließen läßt, daß es zu anderen Zeiten viel bedeutsamere Monumente geschaffen hätte.

Von weitem gleicht der *Inga-Chungana* einem Kanapee, dessen Rückenlehne mit einer Art kettenförmiger Arabeske verziert ist. Tritt man in die ovale Einfassung, sieht man, daß der Sitz nur für eine einzige Person reicht, indes sehr bequem ist und den lieblichsten Blick in den Talgrund von Gulán bietet. Durch dieses Tal schlängelt sich ein kleiner Fluß und bildet mehrere Kaskaden, die man durch Gebüsche von Gunnera und Melastomen hindurch schäumen sieht. Dieser roh gearbeitete Sitz wäre für die Gärten von Ermenonville und von Richmond eine Zierde, und der Fürst, der diesen Standort ausgesucht hat, war für die Schönheiten der Natur empfänglich; er gehörte einem Volk an, das barbarisch zu nennen wir nicht das Recht haben.

Ich habe in diesem Bauwerk nur einen Sitz mit Rückenlehne in einer reizenden Gegend gesehen, über einem Abgrund auf dem steilen Hang eines Hügels angelegt, der ein Tal beherrscht; doch einige alte Indianer, welche die Altertumsforscher des Landes sind, finden diese Erklärung zu einfach; sie versichern, die auf dem Rand der Einfassung in den Stein gehauene Kette habe dazu gedient, kleine Kugeln aufzunehmen, die man zur Belustigung des Fürsten darin laufen ließ. Es läßt sich nicht leugnen, daß der Rand, auf dem sich die Arabeske befindet, eine gewisse Neigung aufweist, und daß die Kugel da, wo die Mauer merklich niedriger ist, ebenso weit wieder hätte hochrollen können, wie sie hinabgerollt war, wenn man sie kräftig angestoßen hätte; doch wenn diese Hypothese zuträfe, müßte man dann nicht als Abschluß der Kette ein Loch finden, worin die Kugeln am Ende ihres Laufs aufgefangen worden wären? Der niedrigsten Stelle der Einfassungsmauer, die dem Sitz gegenüberliegt, entspricht eine Öffnung, die man am Rand des Abgrunds im Felsen bemerkt. Ein schmaler, in den Sandstein gehauener Pfad führt zu dieser Grotte, in der, nach der Überlieferung der Eingeborenen, von Atahualpa versteckte Schätze liegen sollen; es wird versichert, einst sei ein Rinnsal über diesen Pfad geflossen. Ist hierin das *Spiel des Inka* zu suchen, und war die Einfassung so angelegt, daß der Fürst bequem sehen konnte, was auf dem steilen Abhang des Felsens vor sich ging? Wir behalten uns vor, bei der Erzählung unserer Reise nach Peru auf diese Grotte zurückzukommen.

TAFEL XIX

TAFEL XX

Inneres des Hauses des Inka in Cañar

DIESE TAFEL stellt den Grundriß und das Innere des kleinen Gebäudes dar, das die Mitte des Platzes in der Zitadelle von Cañar einnimmt und das Herr de La Condamine für ein Wachthaus gehalten hat. Ich habe auf die Genauigkeit dieser Zeichnung um so mehr Sorgfalt verwendet, als die Überreste der peruanischen Architektur, die von Cuzco bis Cayambe beziehungsweise von 13° südlicher Breite bis zum Äquator über den Rücken der Kordillere verstreut sind, alle den gleichen Charakter aufweisen, was den Schnitt der Steine, die Form der Türen, die symmetrische Anordnug der Nischen und das völlige Fehlen von äußeren Zieraten betrifft. Diese Gleichförmigkeit in der Bauweise ist so groß, daß alle Herbergen *(tambos)* entlang der Landstraßen, die im Lande als Häuser oder Paläste des Inka bezeichnet werden, voneinander kopiert zu sein scheinen. Die peruanische Architektur ging nicht über die Bedürfnisse eines Bergvolkes hinaus; sie kannte weder Pilaster noch Säulen noch Rundbögen. Hervorgegangen aus einem felsig zerklüfteten Land mit nahezu baumlosen Plateaus, ahmte sie nicht, wie die Architektur der Griechen und der Römer, das Gefüge eines Holzgebälks nach: Schlichtheit, Symmetrie und Dauerhaftigkeit sind die drei Merkmale, durch die sich alle peruanischen Bauwerke auszeichnen.

Die Zitadelle von Cañar und die viereckigen Gebäude, die sie umgeben, sind nicht aus jenem Quarzsandstein errichtet, der den Tonschiefer und den Porphyr des Azuay bedeckt und der im Garten des Inka zutage tritt, wenn man gegen das Tal von Gulán hinabsteigt. Der Stein, der für die Gebäude von Cañar verwendet wurde, ist auch kein Granit, wie Herr de La Condamine glaubte, sondern ein sehr harter Trapp-Porphyr, durchsetzt mit Glasfeldspat und Hornblende. Vielleicht stammt dieser Porphyr aus den Steinbrüchen, die auf viertausend Metern Höhe in der Nähe des Culebrilla-Sees liegen, über drei Meilen von Cañar entfernt;

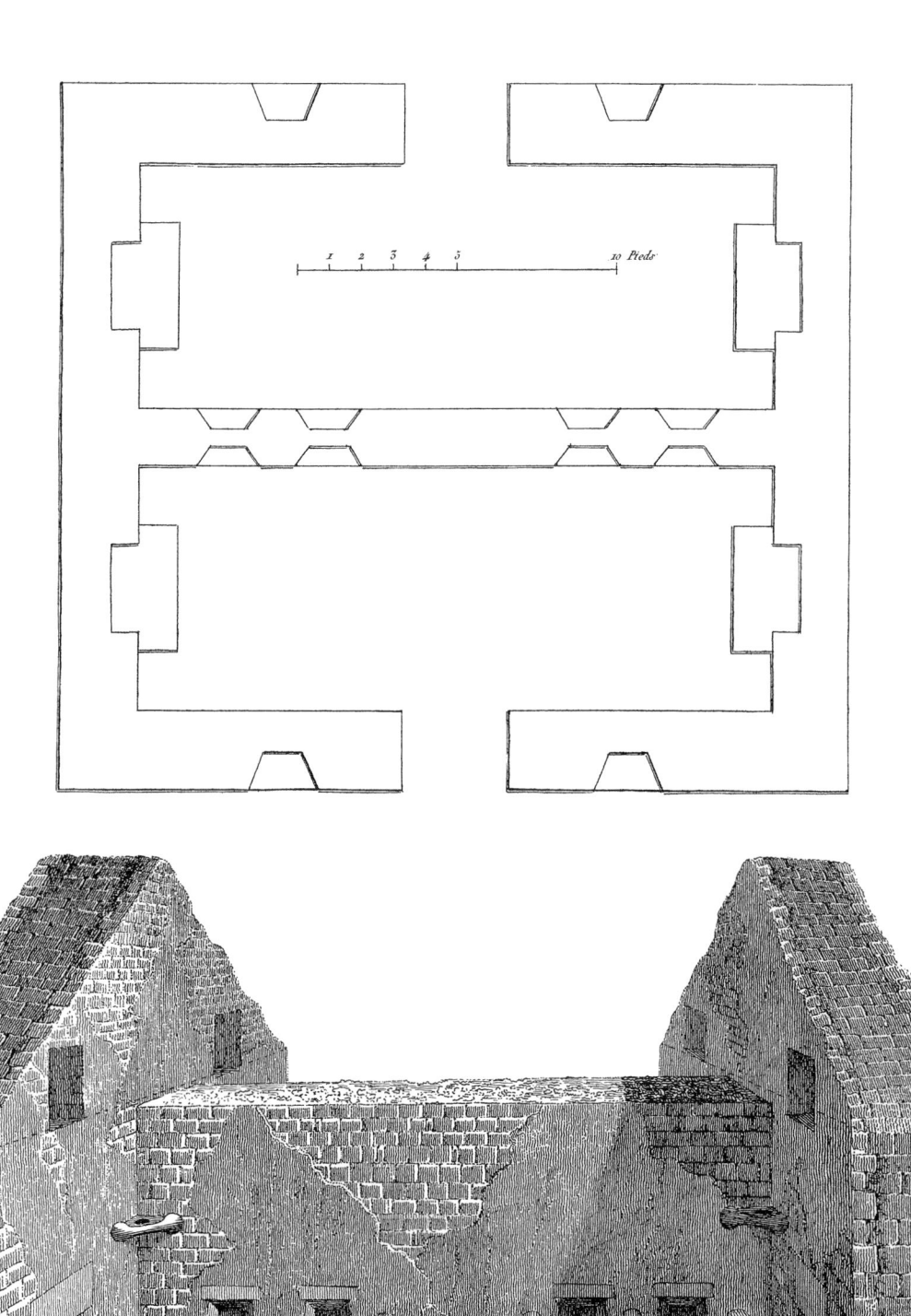

TAFEL XX

gewiß ist jedenfalls, daß diese Brüche den schönen Stein für das Haus des Inka in der Ebene von Pullal geliefert haben, in einer Höhe, die beinahe der des Puy-de-Dôme gleichkommt, wenn man ihn auf den Gipfel des Canigou stellte.

In den Ruinen von Cañar findet man nicht jene ungeheuer großen Steine, welche die peruanischen Bauwerke von Cuzco und den benachbarten Gegenden aufweisen. Acosta hat in Traquanaco solche ausgemessen, die zwölf Meter (achtunddreißig Fuß) Länge auf 5,8 Meter (achtzehn Fuß) Breite und 1,9 Meter (sechs Fuß) Dicke hatten. Ebenso große sah Pedro de Cieza de León in den Ruinen von Tiahuanaco.[123] In der Zitadelle von Cañar habe ich keine Steine bemerkt, die länger als sechsundzwanzig Dezimeter (acht Fuß) waren. Sie sind überhaupt weniger durch ihre Masse bemerkenswert als durch die vortreffliche Schönheit ihres Schnitts; die meisten scheinen ohne allen Mörtel zusammengefügt zu sein; indes erkennt man solchen an einigen der Gebäude um die Zitadelle herum und an den drei Häusern des Inka in Pullal, deren jedes über achtundfünfzig Meter lang ist. Er besteht aus einer Mischung von kleinen Steinen und Tonmergel, der aufbraust, wenn er mit Säuren in Berührung gebracht wird; es handelt sich um einen echten Mörtel, von dem ich beträchtliche Stücke entnommen habe, indem ich mit einem Messer in den Zwischenräumen der parallelen Steinabsätze grub. Diese Tatsache verdient einige Aufmerksamkeit, denn alle Reisenden vor mir haben behauptet, den Peruanern sei der Gebrauch von Mörtel unbekannt gewesen; die Annahme dieser Unkenntnis bei ihnen ist jedoch ein Irrtum, ebenso wie bei den alten Bewohnern Ägyptens. Die Peruaner haben nicht nur einen mergeligen Mörtel, sondern in den großen Bauwerken von Pacaritambo[124] auch einen Asphaltmörtel *(betún)* verwendet, eine Bauweise, die an den Ufern von Euphrat und Tigris bis ins höchste Altertum zurückreicht.

Der Porphyr, der für die Gebäude von Cañar benutzt wurde, ist quaderförmig geschnitten, mit einer solchen Perfektion, daß die Fugen zwischen den Steinen nicht wahrnehmbar wären, wie Herr de La Condamine[125] sehr richtig bemerkt, wenn ihre äußere Fläche eben wäre; doch die Außenseite jedes Steins ist leicht konvex und zu den Rändern hin abgeschrägt, so daß die Fugen kleine Kannelüren bilden, die als Zierat dienen, wie die Trennlinien der Steine in roh gearbeiteten Werken. Denselben Schnitt der Steine, den die italienischen Architekten *bugnato* nennen, findet man in den Ruinen von Callo bei Mulaló wieder, wo ich ihn genau gezeichnet habe[126]; er verleiht den Mauern der peruanischen Bauwerke eine große

---

[123] CIEZA, *Crónica del Perú*, Antwerpen 1554, S. 254.
[124] CIEZA, *Crónica del Perú*, S. 234.
[125] *Mémoires de l'Académie de Berlin*, 1746, S. 443.
[126] Siehe Tafel XXIV.

Ähnlichkeit mit bestimmten römischen Bauten, zum Beispiel mit dem *Muro di Nerva* in Rom.

Was die Monumente der peruanischen Architektur besonders kennzeichnet, ist die Form der Türen, die gewöhnlich neunzehn bis zwanzig Dezimeter (sechs bis acht Fuß) hoch waren, damit der Inka oder andere hohe Herren hindurchpaßten, auch wenn sie in Tragsesseln auf den Schultern ihrer Vasallen getragen wurden. Die Pfeiler dieser Türen standen nicht parallel, sondern geneigt, wohl damit man Sturzsteine von geringerer Breite verwenden konnte. Die in die Wände eingelassenen Nischen *(hoco),* die als Schränke dienten, ahmen die Form dieser *porte rastremate* nach; die Neigung ihrer Seitenpfeiler verleiht den peruanischen Bauwerken eine gewisse Ähnlichkeit mit denen Ägyptens, wo die Türstürze stets kürzer sind als die Schwellen. Zwischen den *hocos* befinden sich zylinderförmige Steine mit polierter Oberfläche, die fünf Dezimeter weit aus der Wand ragen und, wie Eingeborene uns versichert haben, dazu dienten, Kleider oder Waffen aufzuhängen. Außerdem bemerkt man in den Ecken seltsam geformte Querstreben aus Porphyr. Herr de La Condamine glaubt, sie seien zur Verbindung der beiden Mauern bestimmt gewesen; ich neige eher zu der Auffassung, daß an diesen Streben die Stricke der *Hängematten* festgebunden wurden; zumindest findet man sie aus Holz und demselben Zweck dienend in allen Indianerhütten am Orinoco.

Die Peruaner haben ein erstaunliches Geschick im Behauen der härtesten Steine bewiesen. In Cañar findet man in den Porphyr geschlagene bogenförmige Vertiefungen, welche Türangeln ersetzen sollen. La Condamine und Bouguer haben an Gebäuden aus der Zeit der Inka Porphyrornamente in Gestalt von Tierschnauzen gesehen, deren durchbohrte Nasenlöcher bewegliche Ringe aus demselben Stein trugen.[127] Schon als ich über den Páramo von Azuay die Kordillere überquerte und jene ungeheuren Massen von Steinblöcken aus den Porphyrbrüchen von Pullal sah, die für den Bau der Landstraßen des Inka verwendet wurden, kamen mir Zweifel daran, daß die Peruaner kein anderes Werkzeug als Kieselsteinäxte kannten; ich ahnte, daß das Schleifen nicht das einzige Mittel war, mit dem sie Steine abebneten oder in eine gleichmäßige, einheitlich konvexe Form brachten. So gelangte ich zu einer Auffassung, die der landläufigen Meinung widerspricht; ich vermutete, daß die Peruaner Werkzeug aus Kupfer besaßen, das in einem bestimmten Verhältnis mit Zinn vermischt eine große Härte gewinnt. Diese Vermutung wurde durch die Entdeckung eines alten peruanischen Meißels bestätigt, der in einem zur Zeit der Inka genutzten Silberbergwerk in

---

[127] *Mémoires de l'Académie de Berlin,* 1746, S. 452, Tafel 7, Abb. 4.

Vilcabamba bei Cuzco gefunden wurde. Dieses kostbare Instrument, das ich der Freundschaft von Pater Narcissus Gilbar verdanke und glücklich nach Europa gebracht habe, ist zwölf Zentimeter lang und zwei breit; das Material, aus dem es besteht, wurde von Herrn Vauquelin untersucht, der 0,94 Teile Kupfer und 0,06 Teile Zinn darin gefunden hat. Dieses *schneidende Kupfer* der Peruaner ist beinahe identisch mit dem der gallischen Äxte, die sich zum Holzschlagen ebenso gut eignen, wie wenn sie aus Stahl wären.[128] Im Anfang der Zivilisation der Völker wurde überall auf dem alten Kontinent der Gebrauch von mit Zinn vermischtem Kupfer (*aes* [Erz], χαλκός [chalkós, Metall]) dem von Eisen vorgezogen, selbst da, wo letzteres seit langem bekannt war.

[128] Siehe meinen *Essai politique sur le royaume de la Nouvelle-Espagne,* Band II, S. 485.

TAFEL XXI

Aztekisches Basrelief, gefunden auf dem großen Platz von México

DIE AUF DER TAFEL III dargestellte Kathedrale von México steht auf den Ruinen des *teocalli* oder *Gotteshauses* von Mexitli. Dieses Pyramidenmonument, erbaut von König Ahuizotl im Jahr 1486, hatte eine Höhe von siebenunddreißig Metern von seiner Basis bis zur obersten Plattform, von der aus man einen herrlichen Blick über die Seen, das mit Dörfern übersäte Land und die das Tal umschließende Gebirgswand genoß. Diese Plattform, die als Zuflucht für die Kämpfer diente, war von zwei turmförmigen Kapellen gekrönt, jede mit einer Höhe von siebzehn bis achtzehn Metern, so daß der gesamte Teocalli vierundfünfzig Meter hoch war. Die Anhäufung von Steinen, welche die Pyramide von Mexitli bildete, hat nach der Belagerung von Tenochtitlán dazu gedient, die *Plaza mayor* zu erhöhen. Unternähme man Ausgrabungen in acht oder zehn Metern Tiefe, so fände man eine Vielzahl von kolossalen Idolen und anderen Überresten aztekischer Bildhauerei; und tatsächlich sind drei merkwürdige Monumente, die wir in diesem Werk beschreiben werden, der sogenannte *Opferstein*, die kolossale Statue der Göttin Teoyaomiqui und der *mexikanische Kalenderstein*, gefunden worden, als der Vizekönig, Graf von Revillagigedo, den großen Platz von México ebnen ließ, indem er das Gelände absenkte. Eine höchst vertrauenswürdige Person, die mit der Leitung dieser Arbeiten betraut war, hat mir versichert, die Grundmauern der Kathedrale seien von einer unzähligen Menge von Idolen und Reliefs umgeben und die eben genannten drei Porphyrstücke seien die kleinsten von denen, die man damals fand, als man Grabungen bis in zwölf Meter Tiefe durchführte. Unweit der *Capilla del Sagrario* fand man einen behauenen Felsen, der sieben Meter lang, sechs breit und drei hoch war; als die Arbeiter sahen, daß man ihn nicht würde entfernen können, wollten sie ihn in Stücke schlagen; doch zum Glück wurden sie von einem Kanonikus der Kathedrale, Herrn Gamboa, einem gebildeten Mann und Freund der Künste, davon abgehalten.

Der Stein, der gewöhnlich mit dem Namen Opferstein bezeichnet wird *(piedra de los sacrificios)*, ist zylinderförmig, drei Meter breit und elf Dezimeter hoch; er ist rings mit einem Relief umgeben, auf dem man zwanzig Figurenpaare erkennt, die alle in der gleichen Haltung dargestellt sind. Eine der beiden Figuren ist stets dieselbe: ein Krieger, vielleicht ein König, mit der linken Hand auf den Helm eines Mannes gestützt, der ihm als Unterpfand seines Gehorsams Blumen schenkt. Herr Dupé, den zu nennen ich am Anfang dieses Werkes bereits Gelegenheit hatte, hat das gesamte Relief kopiert; ich habe mich vor Ort von der Genauigkeit seiner Zeichnung überzeugt, von der ein Teil auf diesem Stich zu sehen ist; meine Wahl ist auf die bemerkenswerte Gruppe gefallen, die einen bärtigen Mann darstellt. Es ist zu beobachten, daß die mexikanischen Indianer im allgemeinen etwas bärtiger sind als die übrigen Eingeborenen Amerikas, und nicht selten sieht man sogar welche mit Schnurrbärten. Sollte es einstmals eine Provinz gegeben haben, deren Bewohner lange Bärte trugen? Oder ist der auf dem Relief ein falscher? Gehört er zu jenen phantastischen Zieraten, mit denen die Krieger dem Feind Schrecken einzuflößen suchten?

Herr Dupé glaubt, wie mir scheint zu Recht, daß diese Skulptur die Eroberungen eines Aztekenkönigs darstellt. Der Sieger ist immer derselbe, und der unterworfene Krieger trägt jeweils die Tracht des Volkes, dem er angehört und dessen Vertreter er gleichsam ist; hinter dem Sieger ist die Hieroglyphe angebracht, welche die eroberte Provinz bezeichnet. In der *Sammlung von Mendoza* werden die Eroberungen eines Königs gleichfalls durch einen Schild oder ein Bund Pfeile angezeigt, die zwischen den König und die symbolischen Zeichen oder Wappen der unterjochten Länder gesetzt sind. Da die Gefangenen der Mexikaner in den Tempeln geopfert wurden, erschiene es recht natürlich, wenn die Triumphe eines kriegerischen Königs rings um den schicksalhaften Stein dargestellt wären, auf dem der *topiltzin* (Opferpriester) dem unglücklichen Opfer das Herz aus dem Leib riß. Diese Hypothese wird besonders dadurch gestützt, daß die obere Fläche des Steins eine ziemlich tiefe Rinne aufweist, die zum Abfließen des Blutes gedient zu haben scheint.

Trotz dieser scheinbaren Beweise neige ich zu der Auffassung, daß der sogenannte *Opferstein* nie auf dem Gipfel eines *teocalli* stand, sondern einer jener

TAFEL XXI

temalacatl genannten Steine war, auf denen der *Gladiatorenkampf* zwischen dem Gefangenen, der geopfert werden sollte, und einem mexikanischen Krieger stattfand. Der tatsächliche Opferstein, der die Plattform der Teocalli krönte, war grün, entweder aus Jaspis oder vielleicht aus axinischem Jadestein; er hatte die Form eines Quaders von fünfzehn bis sechzehn Dezimetern Länge und einem Meter Breite; seine Oberfläche war konvex, damit die Brust des auf dem Stein ausgestreckten Opfers höher lag als der übrige Körper. Kein Geschichtsschreiber berichtet, dieser grüne Steinblock sei mit Bildhauerei verziert gewesen; wahrscheinlich stand die große Härte von Jaspis und Jadestein der Ausführung eines Basreliefs entgegen. Vergleicht man den auf dem großen Platz von México gefundenen zylinderförmigen Porphyrblock mit jenen länglichen Steinen, auf die das Opfer geworfen wurde, wenn der *topiltzin,* bewaffnet mit einem Obsidianmesser, sich ihm näherte, so begreift man mühelos, daß diese beiden Gegenstände weder in Materie noch in Form die geringste Ähnlichkeit aufweisen.

Dagegen erkennt man in der Beschreibung, die uns Augenzeugen von dem *temalacatl* geliefert haben, dem Stein, auf dem der zu opfernde Gefangene kämpfte, leicht denjenigen wieder, dessen Relief Herr Dupé gezeichnet hat. Der unbekannte Autor der von Ramusio veröffentlichten *Relazione d'un gentiluomo di Fernando Cortez* sagt ausdrücklich, der *temalacatl* habe die Form eines drei Fuß hohen Mühlsteins gehabt, sei ringsum mit in den Stein gehauenen Figuren verziert und groß genug gewesen, daß zwei Personen auf ihm kämpfen konnten. Dieser zylinderförmige Stein krönte einen drei Meter hohen Erdhügel. Die durch ihren Mut oder ihren Rang hervorragendsten Gefangenen waren dem *Gladiatorenopfer* vorbehalten. Auf den *temalacatl* gestellt, umringt von einer ungeheuren Zuschauermenge, mußten sie nacheinander gegen sechs mexikanische Krieger kämpfen; hatten sie das Glück, diese zu besiegen, so schenkte man ihnen die Freiheit und ließ sie in ihre Heimat zurückkehren; ging der Gefangene jedoch unter den Hieben eines seiner Gegner zu Boden, so schleifte ihn ein Priester, *Chalchiuhtepehua* genannt, tot oder lebendig zum Altar, um ihm das Herz aus dem Leib zu reißen.

Es könnte durchaus sein, daß der Stein, der bei den Ausgrabungen um die Kathedrale herum gefunden wurde, eben jener *temelacatl* war, den der *gentiluomo* von Cortés bei den Mauern um den großen Teocalli von Mexitli gesehen haben will. Die Figuren des Reliefs sind beinahe sechzig Dezimeter hoch. Ihr Schuhwerk ist sehr auffallend: Der linke Fuß des Siegers endet in einer Art Schnabel, der zu seiner Verteidigung bestimmt zu sein scheint. Man mag überrascht sein, diese Waffe, zu der ich bei anderen Nationen nichts Vergleichbares kenne, nur am linken Fuß zu finden. Dieselbe Figur, deren gedrungener Körper an den frühesten etruskischen Stil erinnert, hält den Besiegten mit der linken Hand am Helm umklammert. Auf sehr vielen mexikanischen Gemälden, die Schlachten zum Gegenstand haben, sieht man Krieger, die ebenfalls in der linken Hand Waffen halten; sie sind dargestellt, als würden sie eher mit dieser Hand tätig als mit der Rechten.

Auf den ersten Blick möchte man glauben, diese Sonderbarkeit sei auf besondere Gewohnheiten zurückzuführen; doch untersucht man eine große Zahl historischer Hieroglyphen der Mexikaner, so erkennt man, daß ihre Maler ihnen die Waffen bald in die rechte, bald in die linke Hand gaben, je nachdem, was in den Gruppen eine symmetrischere Anordnung ergab; dafür habe ich beim Durchblättern des *Codex anonymus* des Vatikan treffliche Beispiele gefunden, in denen man Spanier sieht, die den Degen in der Linken tragen.[129] Diese Sonderbarkeit, die Rechte mit der Linken zu vertauschen, kennzeichnet übrigens die Anfänge der Kunst; sie ist auch in einigen ägyptischen Reliefs zu beobachten, in denen man sogar rechte Hände an linken Armen findet, wodurch die Daumen an der Außenseite der Hände zu sitzen scheinen. Gelehrte Altertumsforscher haben geglaubt, etwas Geheimnisvolles in dieser außergewöhnlichen Anordnung zu erkennen, wogegen Herr Zoëga sie bloß der Laune oder der Nachlässigkeit des Künstlers zuschreibt. Ich bezweifle sehr, daß dieses Basrelief, das den *temelacatl* umgibt, sowie viele andere Skulpturen aus Basaltporphyr nur mit Hilfe von Werkzeug aus Jade oder anderem sehr harten Stein ausgeführt worden sind; allerdings habe ich mich vergeblich bemüht, mir einen metallenen Meißel der alten Mexikaner zu beschaffen, der dem von mir aus Peru mitgebrachten gliche; doch Antonio de Herrera schreibt im zehnten Buch seiner *Historia general de las Indias* ausdrücklich, daß die Bewohner der Küstenprovinz Zacatollan, zwischen Acapulco und Colima gelegen, zwei Sorten Kupfer herstellten, von denen die eine hart und schneidend und die andere formbar gewesen sei; das harte Kupfer diente der Verfertigung von Äxten, Waffen und landwirtschaftlichen Werkzeugen, während das formbare für Vasen, Kessel und weiteres für die häusliche Wirtschaft notwendiges Gerät verwendet wurde. Da nun die Küste von Zacatollan den Königen von Anáhuac unterstand, erscheint es wenig wahrscheinlich, daß man in der Umgebung der Reichshauptstadt fortgefahren haben soll, Steine durch bloßes Schleifen zu bearbeiten, wenn man sich metallene Meißel beschaffen konnte.

---

[129] *Codex Vaticanus anonymus*, Blatt 86.

Dieses mexikanische schneidende Kupfer war wahrscheinlich mit Zinn vermischt, ebenso wie das in Vilcabamba gefundene Werkzeug und jene peruanische Axt, die Godin Herrn de Maurepas gesandt hatte und von der Graf Caylus glaubte, sie sei aus *gehärtetem Kupfer*.

TAFEL XXII

Basaltfelsen und Wasserfall von Regla

WECHSELT MAN BREITE UND KLIMA, so ändert sich das Erscheinungsbild der belebten Natur, die Gestalt der Tiere und der Pflanzen, die jeder Zone ihren eigentümlichen Charakter verleihen; mit Ausnahme von einigen Wasser- und Sporengewächsen ist der Boden in jeder Region mit unterschiedlichen Pflanzen bedeckt. Anders verhält es sich mit der unbelebten Natur, jener Ansammlung von erdigen Substanzen, welche die Oberfläche unseres Planeten bedeckt: Der gleiche verwitterte Granit, auf dem im frostigen Lappland Vaccinium, Andromeda und jene Flechten wachsen, die das Rentier nähren, findet sich auch unter den Baumfarnen, Palmen und Helikonien, deren glänzendes Blattwerk sich in der Hitze des Äquators entwickelt. Landet der Nordländer nach langer Seefahrt an einer fernen Küste der anderen Hemisphäre, so ist er überrascht, inmitten einer Menge unbekannter Erzeugnisse eben jene Schichten von einfachem Schiefer, von Glimmerschiefer und von Trapp-Porphyr wiederzufinden, aus denen die rauhen, vom eisigen Ozean umgebenen Küsten des alten Kontinents bestehen. In allen Klimaten bietet die steinige Kruste des Globus dem Reisenden den gleichen Anblick; überall erkennt er, nicht ohne eine gewisse Rührung, inmitten einer neuen Welt die Felsarten seines Geburtslandes wieder.

Diese Ähnlichkeiten in der nicht-organischen Natur reichen bis zu jenen kleinen Phänomenen, die man versucht sein könnte, rein lokalen Ursachen zuzuschreiben. In den Kordilleren wie in den europäischen Gebirgen zeigt der Granit bisweilen Aggregate in Form von abgeflachten und in konzentrische Schichten geteilten Sphäroiden. In den Tropen ebenso wie in der gemäßigten Zone findet man im Granit jene an Glimmer und Hornblende reichen Massen, die schwärzlichen, in eine Mischung aus Feldspat und Milchquarz eingeschlossenen Kugeln gleichen;

Schillerspat kommt im Serpentingestein von Kuba wie in dem Deutschlands vor; die Mandelsteine und Perlsteine des mexikanischen Hochlandes scheinen mit denen identisch zu sein, die man am Fuß der Karpaten findet. In den am weitesten voneinander entfernten Gegenden folgt die Schichtung der sekundären Gesteinsarten denselben Gesetzen. Überall zeugen gleiche Monumente von der gleichen Abfolge der Umwälzungen, welche die Oberfläche des Globus allmählich verändert haben.

Geht man auf die physischen Ursachen zurück, so muß man sich weniger darüber wundern, daß die Reisenden in fernen Gegenden keine neuen Felsarten entdeckt haben. Das Klima wirkt auf die Gestalt der Tiere und der Pflanzen, weil das Spiel der Verwandtschaften, das die Entwicklung der Organe beherrscht, sowohl durch die Temperatur der Atmosphäre modifiziert wird als auch zugleich durch diejenige, welche aus den verschiedenen, durch chemische Prozesse bewirkten Kombinationen hervorgeht; doch die ungleiche Verteilung der Wärme, die auf der Schiefe der Ekliptik beruht, kann keinen merklichen Einfluß auf die Bildung der Gesteinsarten gehabt haben; im Gegenteil muß diese Bildung selbst machtvoll auf die Temperatur des Globus und der ihn umgebenden Luft eingewirkt haben. Wenn große Massen von Materie vom flüssigen in den festen Zustand übergehen, so kann dieses Phänomen nicht ohne eine ungeheure Wärmefreisetzung vonstatten gehen. Diese Überlegungen scheinen einiges Licht in die ersten Wanderungen der Tiere und der Pflanzen zu bringen. Ich wäre beinahe versucht, einige wichtige Probleme, insbesondere das Vorkommen indischer Erzeugnisse im Boden der Länder des Nordens, durch diese allmähliche Temperaturerhöhung zu erklären, wenn ich nicht fürchtete, damit die Zahl der geologischen Träume zu vermehren.

Die Basalte von Regla, die auf dieser Tafel abgebildet sind, bieten einen unumstößlichen Beweis für jene Formengleichheit, die zwischen den Felsarten der verschiedenen Klimate zu beobachten ist. Auf den ersten Blick erkennt ein reisender Mineraloge in dieser Zeichnung die Basalt-Formen des Vivarais, der euganeischen Berge oder der Landspitze von Antrim in Irland wieder. Jedes kleinste Kennzeichen der säulenförmigen Felsen Europas findet sich auch in dieser mexikanischen Basaltgruppe. Eine so große Strukturähnlichkeit legt die Vermutung nahe, daß zu sehr verschiedenen Epochen in allen Klimaten die gleichen Ursachen gewirkt haben; denn die mit Tonschiefer und dichtem Kalkstein bedeckten Basalte müssen aus einer ganz anderen Zeit stammen als diejenigen, welche auf Schichten von Steinkohle und auf Geschiebe ruhen.

TAFEL XXII

Der kleine Wasserfall von Regla liegt fünfundzwanzig Meilen nordöstlich von México, zwischen den berühmten Bergwerken von Real del Monte und den warmen Quellen von Totonilco. Ein kleiner Fluß, der die Pochmühlen der Verquickungswerke von Regla antreibt, deren Bau über zehn Millionen Livres gekostet hat, bahnt sich durch Gruppen von Basaltsäulen seinen Weg; die herabstürzende Wassermasse ist recht beträchtlich, doch sie fällt nur sieben oder acht Meter tief. Die umliegenden Felsen, die durch ihre Anordnung an die Höhle von Staffa auf den Hebriden erinnern, die Kontraste der Vegetation, die Wildheit und die Einsamkeit des Ortes machen diesen kleinen Wasserfall höchst malerisch. Auf beiden Seiten der Schlucht erheben sich säulenförmige Basalte von über dreißig Metern Höhe, auf denen Gruppen von Kakteen und Yucca filamentosa wachsen. Die Prismen haben gewöhnlich fünf oder sechs Seiten und manchmal bis zu zwölf Dezimeter im Durchmesser; einige weisen sehr regelmäßige Fügungen auf. Jede Säule enthält einen zylindrischen Kern aus einem dichteren Material als die ihn umgebenden Teile; diese Kerne sind gleichsam in die Prismen eingefaßt, die an ihrer waagrechten Bruchstelle sehr eigenartige Wölbungen zeigen. Diese Struktur, die man auch bei den Basalten von Kap Fair Head findet, habe ich im linken Vordergrund der Zeichnung wiedergegeben.

Die meisten der Säulen von Regla stehen senkrecht; indes bemerkt man auch einige, ganz nah am Wasserfall, deren Neigung 45° ostwärts beträgt; etwas weiter finden sich auch waagrecht liegende. Jede Gruppe scheint bei ihrer Entstehung besonderen Anziehungskräften gehorcht zu haben. Die Zusammensetzung dieser Basalte ist äußerst homogen: Herr Bonpland hat Kerne aus Olivin oder kornförmigem Peridot darin beobachtet, umgeben von kristallisiertem Mesotyp; die Prismen, und diese Tatsache verdient die Aufmerksamkeit der Geologen, ruhen auf einer Tonschicht, unter der man wiederum Basalt findet; überhaupt steht der Basalt von Regla auf dem Porphyr von Real del Monte, während dem von Totonilco eine Schicht von dichtem Kalkstein als Basis dient. Diese gesamte Basaltgegend liegt zweitausend Meter über dem Meeresspiegel.

TAFEL XXIII

Basaltrelief, den mexikanischen Kalender darstellend

UNTER DEN ZEUGNISSEN, die zu beweisen scheinen, daß die Völker Mexikos zur Zeit der Ankunft der Spanier einen gewissen Grad an Zivilisation erreicht hatten, stehen an erster Stelle die Kalender oder verschiedenen Zeiteinteilungen, welche die Tolteken und Azteken sowohl zum allgemeinen Gebrauch der Gesellschaft als auch zur Regelung der Opferabfolge und zur Erleichterung von astrologischen Berechnungen einsetzten. Diese Art von Zeugnissen verdient unsere Aufmerksamkeit um so mehr, als sie von Kenntnissen kündet, die wir schwerlich als das Ergebnis von Beobachtungen ansehen können, welche von Bergvölkern der unkultivierten Gegenden des neuen Kontinents angestellt wurden. Man könnte versucht sein zu glauben, daß es sich mit dem aztekischen Kalender verhält wie mit jenen an Wörtern und grammatikalischen Formen reichen Sprachen, die man bei Nationen findet, deren gegenwärtiger Bestand an Ideen nicht der Mannigfaltigkeit von Zeichen entspricht, die zu ihrem Ausdruck zur Verfügung stehen. Diese so reichen und biegsamen Sprachen, diese Einschaltungsmodi, die eine recht genaue Kenntnis der Dauer des astronomischen Jahres voraussetzen, sind vielleicht nur die Überreste eines Erbes, das ihnen von einst zivilisierten, doch seither in die Barbarei zurückgefallenen Völkern hinterlassen worden ist.

Die Mönche und andere spanische Schriftsteller, die Mexiko kurz nach der Eroberung bereisten, haben nur vage und oft widersprüchliche Vorstellungen von den verschiedenen Kalendern vermittelt, die unter den Völkern toltekischer und aztekischer Rasse in Gebrauch waren. Man findet diese Vorstellungen in den

Werken von Gómara, Valadés, Acosta und Torquemada. Letzterer hat uns, trotz seiner abergläubischen Arglosigkeit, mit seiner *Monarquía indiana* eine Sammlung von kostbaren Fakten hinterlassen, die eine genaue Kenntnis der örtlichen Umstände beweist; er lebte fünfzig Jahre lang unter den Mexikanern und kam zu einer Zeit in die Stadt Tenochtitlán, als die Eingeborenen noch im Besitz einer großen Zahl historischer Malereien waren und als man auf der *Plaza mayor*, vor dem Haus des Marquis del Valle[130], noch Reste des dem Gott Huitzilopochtli geweihten großen Teocalli sah.[131] Torquemada bediente sich der Manuskripte von drei Franziskanern, Bernardino de Sahagún, Andrés de Olmos und Toribio de Benavente, die alle der amerikanischen Sprachen höchst kundig waren und Neu-Spanien zu Cortés' Zeiten, vor dem Jahr 1528, besucht hatten. Trotz dieser Vorzüge hat uns jener Geschichtsschreiber Mexikos über die Chronologie und den Kalender der Mexikaner nicht alle Aufschlüsse geliefert, die man von seinem Eifer und seiner Bildung hätte erwarten können. Er drückt sich sogar mit einer solchen Ungenauigkeit aus, daß in seinem Werk zu lesen steht, das Jahr der Azteken habe im Dezember geendet und im Februar begonnen.[132]

In den Klöstern und öffentlichen Bibliotheken von México gab es seit langem lehrreichere Materialien als die Berichte der ersten spanischen Geschichtsschreiber. Indianische Autoren, Cristóbal del Castillo, gebürtig aus Texcoco und 1606 im Alter von achtzig Jahren verstorben, Fernando de Alvarado Tezozómoc und Domingo Chimalpain haben in aztekischer Sprache verfaßte Handschriften über die Geschichte und die Chronologie ihrer Vorfahren hinterlassen. Diese Manuskripte, die eine große Zahl von Daten sowohl gemäß der christlichen Zeitrechnung als auch gemäß dem bürgerlichen und rituellen Kalender der Eingeborenen enthalten, sind fruchtbringend untersucht worden von dem gelehrten Carlos de Sigüenza, Professor der Mathematik an der Universität von México, dem Mailänder Reisenden Boturini Benaducci, dem Abbé Clavijero und in jüngerer Zeit von Herrn Gama, dessen astronomische Arbeiten ich in einem anderen Buch[133] oft Gelegenheit hatte, lobend zu zitieren. Und schließlich wurde 1790 in den Grundmauern des alten Teocalli ein Stein von ungeheurem Umfang entdeckt, voller Zeichen mit offenkundigem Bezug auf den mexikanischen Kalender, die religiösen Feste und die Tage, an denen die Sonne den Zenit der Stadt México durchschreitet; er hat sowohl dazu gedient, zweifelhafte Punkte zu erhellen, als auch

---

[130] Siehe Tafel III.
[131] Das Jahr 1577. TORQUEMADA, Band II, Buch VIII, Kap. 2, S. 157.
[132] Ebenda, Buch X, Kap. 10, 33, 34 und 36.
[133] *Essai politique sur le royaume de la Nouvelle-Espagne*, S. 124.

dazu, die Aufmerksamkeit einiger gebildeter Eingeborener auf den mexikanischen Kalender zu lenken.

Während meines Aufenthaltes in Amerika wie auch seit meiner Rückkehr nach Europa war ich bemüht, alles genau zu studieren, was über die Zeiteinteilung und den Einschaltungsmodus der Azteken veröffentlicht worden ist; ich habe den berühmten auf der *Plaza mayor* gefundenen Stein, der auf der dreiundzwanzigsten Tafel abgebildet ist, vor Ort untersucht; einige interessante Kenntnisse habe ich den Hieroglyphen-Malereien im Kloster San Felipe Neri zu México entnommen; in Rom habe ich den handgeschriebenen Kommentar gelesen, den Pater Fábrega zum *Codex mexicanus* von Veletri verfaßt hat; indes bedauere ich, des Mexikanischen nicht mächtig genug zu sein, um jene Werke lesen zu können, welche die Eingeborenen unmittelbar nach der Eroberung von Tenochtitlán in ihrer eigenen Sprache, mit Hilfe des römischen Alphabets, geschrieben haben. Folglich konnte ich nicht alle Behauptungen von Sigüenza, Boturini, Clavijero und Gama über die mexikanische Einschaltung selbst überprüfen, indem ich sie mit den Handschriften von Chimalpain und Tezozómoc verglich, aus denen jene Autoren versichern, die uns übermittelten Kenntnisse geschöpft zu haben. Mögen auch in einigen Punkten Zweifel im Geist der Gelehrten verbleiben, die es gewöhnt sind, Fakten einer strengen Kritik zu unterziehen und nur anzunehmen, was unwiderlegbar bewiesen ist, so schätze ich mich doch glücklich, die Aufmerksamkeit auf ein merkwürdiges Monument der mexikanischen Bildhauerei gelenkt und neue Einzelheiten über einen Kalender geliefert zu haben, den Robertson und der vortreffliche Autor der *Histoire de l'Astronomie* nicht mit dem Interesse behandelt zu haben scheinen, den er verdient. Dieses Interesse wird noch gesteigert werden durch die Kenntnisse, die wir an späterer Stelle über die mexikanische Überlieferung der *vier Zeitalter* oder vier Sonnen vorlegen wollen, welche erstaunliche Ähnlichkeiten mit den *yuga* und *kalpa* der Hindus aufweisen, sowie über die erfindungsreiche Methode der Muisca-Indianer, eines Bergvolks von Neu-Granada, ihre Mondjahre durch die Einschaltung eines siebenunddreißigsten Mondes zu korrigieren, der *taub* oder *cuhupqua* genannt wurde. Durch die Gegenüberstellung und den Vergleich der verschiedenen amerikanischen Chronologie-Systeme wird man über die Verbindungen urteilen können, die in entferntesten Zeiten zwischen den Völkern Indiens und der Tatarei und denen des neuen Kontinents bestanden zu haben scheinen.

Das bürgerliche Jahr der Azteken war ein Sonnenjahr von dreihundertfünfundsechzig Tagen; es war in achtzehn Monate zu jeweils zwanzig Tagen unterteilt; nach diesen achtzehn Monaten oder dreihundertsechzig Tagen fügte man fünf Zusatztage hinzu, dann begann man ein neues Jahr. Die Namen *Tonalpohualli* oder *Cempohualilhuitl,* die diesen bürgerlichen Kalender von dem rituellen unterscheiden, zeigen seine Hauptmerkmale vortrefflich an. Der erste dieser Namen bedeutet *Sonnenzählung,* im Gegensatz zum rituellen Kalender, der *Mondzählung* oder *Metzlapohualli* genannt wurde; die zweite Bezeichnung ist von *cempohualli, zwanzig,* und von *ilhuitl, Fest,* abgeleitet; sie bezieht sich entweder auf die zwanzig Tage jeden Monats oder auf die zwanzig hohen Feste, die im Laufe eines bürgerlichen Jahres in den Teocalli oder *Häusern der Götter* begangen wurden.

Der Beginn des bürgerlichen Tages der Azteken wurde wie bei den Persern, den Ägyptern[134], den Babyloniern und bei der Mehrzahl der Völker Asiens mit Ausnahme der Chinesen beim Sonnenaufgang angesetzt. Der Tag teilte sich in acht Intervalle, eine Einteilung, die man bei den Hindus und den Römern wiederfindet.[135] Von diesen acht Intervallen waren vier durch den Aufgang, den Untergang und die beiden Meridiandurchgänge der Sonne bestimmt. Der Sonnenaufgang hieß *Yquiza Tonatiuh;* der Mittag *Nepantla Tonatiuh;* der Sonnenuntergang *Onaqui Tonatiuh;* und die Mitternacht *Yohualnepantla.* Die Hieroglyphe des Tages war ein viergeteilter Kreis. Wenngleich die Länge des Tages unter dem Parallelkreis der Stadt México um nicht mehr als zwei Stunden und einundzwanzig Minuten variiert, ist es doch gewiß, daß die mexikanischen Stunden ursprünglich von ungleicher Länge sein mußten, wie es die *planetarischen Stunden* der Juden sowie all jene sind, welche die griechischen Astronomen mit dem Namen καιρικαί [kairikaí, unregelmäßige Stunden; von ungleicher Dauer], im Gegensatz zu den ἰσημεριναί [isemerinaí, regelmäßige Stunden; von gleicher Dauer], den *Äquinoktialstunden,* bezeichneten.

Die Zeitpunkte des Tages und der Nacht, die ungefähr unseren Stunden 3, 9, 15 und 21 astronomischer Zeit entsprechen, hatten keine besonderen Namen. Um sie anzuzeigen, deutete der Mexikaner, wie es unsere Ackerleute tun, auf den Punkt des Himmels, an dem die Sonne auf ihrer Bahn von Orient nach Okzident stehen würde; diese Geste wurde von folgenden bemerkenswerten Worten begleitet: *iz Teotl, dort wird Gott sein;* eine Redensart, die an die glücklichen Zeiten erinnert, da die aus Aztlán stammenden Völker noch keine andere Gottheit kannten als die Sonne und keinen blutigen Kultus pflegten.[136]

---

[134] IDELER, *Historische Untersuchungen über die astronomischen Beobachtungen der Alten,* S. 26.
[135] BAILLY, *Histoire de l'Astronomie ancienne,* S. 296.
[136] Siehe oben, S. 124 f.

TAFEL XXIII

Jeder zwanzigtägige mexikanische Monat war in vier kleine Perioden von fünf Tagen unterteilt. Zu Beginn dieser kleinen Perioden hielt jede Gemeinde ihren Markt ab, *Tianguiztli*. Die Muisca, eine Nation Südamerikas, hatten dreitägige Wochen. Es scheint, als habe kein Volk des neuen Kontinents die Woche als jenen siebentägigen Zyklus gekannt, der sich bei den Hindus, den Chinesen, den Assyrern und den Ägyptern findet und der, wie Le Gentil sehr richtig bemerkt hat[137], bei den meisten Völkern der alten Welt in Gebrauch ist.

Ein Ausschnitt aus Garcilasos Geschichte der Inka hat die Herren Bailly und Lalande glauben lassen, daß die Peruaner in siebentägigen Zyklen rechneten.[138] »Die Peruaner«, schreibt Garcilaso, »zählen die Monate nach dem Mond; sie zählen die Halbmonate nach dem zunehmenden und abnehmenden Mond, die Wochen nach den Mondvierteln, ohne besondere Namen für die Wochentage zu haben.« Doch Pater Acosta, der besser unterrichtet war als Garcilaso und gegen Ende des sechzehnten Jahrhunderts in Peru selbst die ersten Bücher seiner Geographie des neuen Kontinents verfaßte, sagt deutlich, daß weder die Mexikaner noch die Peruaner eine kleine Periode von sieben Tagen kannten: »denn diese Periode«, so fügt er hinzu, »hat ebensowenig mit dem Lauf des Mondes wie mit dem der Sonne zu tun. Ihr Ursprung geht auf die Zahl der Planeten zurück.«[139]

Denkt man einen Augenblick über das System des peruanischen Kalenders nach, so begreift man, daß die Mondphasen zwar ungefähr alle sieben Tage wechseln, daß diese Entsprechung jedoch nicht genau genug ist, damit die siebentägigen Zyklen über mehrere Mondmonate hinweg mit den Mondphasen übereinstimmen könnten. Polo und allen Schriftstellern jener Zeit zufolge hatten die Peruaner Jahre *(huata)* von dreihundertfünfundsechzig Tagen, welche sich, wie wir später sehen werden, nach Sonnenbeobachtungen richteten, die Monat für Monat in der Stadt Cuzco angestellt wurden. Das peruanische Jahr war, wie die Jahre fast aller Völker Ost-Asiens, in zwölf *Monde, quilla,* eingeteilt, deren synodische Umläufe sich in dreihundertvierundfünfzig Tagen, acht Stunden und achtundvierzig Minuten vollziehen. Um das Mondjahr zu korrigieren und es mit dem Sonnenjahr in Übereinstimmung zu bringen, fügte man, nach einem uralten Brauch, elf Tage hinzu, die gemäß dem Edikt des Inka auf die zwölf Monde verteilt wurden. Nach dieser Regelung ist es kaum möglich, daß vier gleiche Perioden, in die man die Mondmonate unterteilt hätte, einer Länge von sieben Tagen

---

[137] LE GENTIL, *Histoire de l'Académie*, 1772, Band II, S. 207, 209. LAPLACE, *Exposition du Système du Monde*, S. 272.
[138] BAILLY, *Histoire de l'Astronomie ancienne*, Buch V, § 17, S. 408. LALANDE, *Traité d'Astronomie*, § 1534.
[139] ACOSTA, *Historia natural y moral de las Indias*, Buch VI, Kap. 3, Ausgabe von Barcelona, 1591, S. 260.

und den Mondphasen entsprachen. Derselbe Geschichtsschreiber, dessen Zeugnis von Herrn Bailly zugunsten der Auffassung angeführt wird, die Woche der Hindus sei den Amerikanern bekannt gewesen, versichert, nach einem alten Gesetz des Inka Pachacútec solle es in jedem Mondmonat drei Fest- und Markttage *(catu)* gegeben haben und das Volk habe nicht sieben, sondern acht Tage in Folge arbeiten müssen, um sich am neunten auszuruhen.[140] Dies bedeutet unzweifelhaft eine Einteilung eines Mondmonates oder siderischen Mondumlaufes in drei kleine Perioden von neun Tagen.

Bei dieser Gelegenheit möchten wir anmerken, daß auch die Japaner[141], ein Volk tatarischer Rasse, die kleine Periode von sieben Tagen nicht kannten, während sie bei den Chinesen gebräuchlich ist, die ebenfalls vom Plateau der Tatarei zu stammen scheinen, doch lange Zeit in enger Verbindung mit Hindostan[142] und Tibet gestanden haben.

Wir haben weiter oben gesehen, daß das mexikanische Jahr wie das der Ägypter und wie der *neue französische Kalender* den Vorzug einer Einteilung in Monate gleicher Länge bot. Die fünf zusätzlichen Tage, die Epagomenen (ἐπαγόμεναι [epagómenai, Hinzuzufügende]) der Ägypter, wurden bei den Mexikanern mit dem Namen *nemontemi* oder *leere Tage* bezeichnet. Wir werden bald auf den Ursprung dieser Bezeichnung kommen; an dieser Stelle genügt es anzumerken, daß die Kinder, die an den fünf Zusatztagen geboren wurden, als Unglückliche betrachtet wurden und daß man sie *nemoquichtli* oder *nencihuatl, Mann* oder *Frau ohne Glück,* nannte, damit ebendiese Namen, wie die mexikanischen Schriftsteller sagen, sie in allen Wechselfällen des Lebens daran erinnerten, wie wenig sie auf ihren Stern vertrauen durften.

Dreizehn mexikanische Jahre bilden einen *tlalpilli* genannten Zyklus, ähnlich der Indiktion der Römer. Vier Tlalpilli bildeten eine Periode von zweiundfünfzig Jahren oder *xiuhmolpilli, Jahresbündel;* und schließlich bildeten zwei dieser zweiundfünfzigjährigen Perioden ein *Alter, cehuehuetiliztli.* Um eines klareren Ausdrucks willen werde ich, wie einige spanische Autoren, das *Jahresbündel* als halbes Jahrhundert und das *Alter* als Jahrhundert bezeichnen. Die Hieroglyphe des halben Jahrhunderts entsprach der bildlichen Bedeutung des Wortes; sie zeigte ein durch ein Band zusammengehaltenes Päckchen von Schilfrohren. Ein halbes Jahrhundert *(xiuhmolpilli)* wurde von den Mexikanern als ein *großes Jahr* angesehen, und diese Bezeichnung hat wahrscheinlich Gómara[143] bewogen, die

---

[140] GARCILASO, Band I, Buch VI, Kap. 35, S. 216.
[141] THUNBERG, *Voyage au Japon*, S. 317.
[142] SIR WILLIAM JONES in den *Asiatick Researches*, Band I, S. 420.
[143] GÓMARA, *Conquista de México*, 1553, Blatt 118.

vier Indiktionen oder dreizehnjährigen Zyklen *große Wochen* zu nennen, *las semanas del año.*

Der Gedanke, eine Zeitspanne durch ein Wort zu bezeichnen, das an ein *Bund* von Jahren oder Monden erinnert, findet sich bei den Peruanern wieder. In der Quechua-Sprache, *lingua del Inga,* heißt ein Jahr von dreihundertfünfundsechzig Tagen *huata,* ein Wort, das offenkundig von *huatani,* binden, oder von *huatanan,* dicke Schnur aus Binsen, abgeleitet ist. Im übrigen besaßen die Azteken keine Hieroglyphe für das *Alter* oder hundertvierjährige Jahrhundert, dessen Name gleichsam auf das Ende eines Greisenlebens verweist.

Fassen wir zusammen, was wir über die Einteilung der Zeit gesagt haben, so ergibt sich, daß die Mexikaner kleine Perioden von fünf Tagen (halbe Dekaden), zwanzigtägige Monate, bürgerliche Jahre von achtzehn Monaten, Indiktionen von dreizehn Jahren, halbe Jahrhunderte von zweiundfünfzig Jahren und Jahrhunderte oder *Alter* von hundertvier Jahren hatten.

Den merkwürdigen Forschungen des Herrn Gama zufolge erscheint es gewiß, daß das bürgerliche Jahr der Tolteken und der Azteken, wie das der Chinesen und der Hindus, zum Abschluß eines zweiundfünfzigjährigen Zyklus mit der Wintersonnenwende endete, »wenn«, wie die ersten nach Mexiko gesandten Missionsmönche naiv sagten, »die Sonne in ihrem Jahreslauf ihr Werk neu beginnt, *quando desanda lo andado*«. Der gleiche Jahresbeginn findet sich auch bei den Peruanern, deren Kalender allein übrigens schon beweist, daß sie nicht, wie einige Schriftsteller willkürlich angenommen haben[144], von den Tolteken abstammen. Bei den Bewohnern von Cuzco lebt eine Überlieferung fort[145], der zufolge der erste Tag des Jahres einstmals unserem ersten Januar entsprach, bis der Inka Titu-Manco-Capac, der den Beinamen *Pachacútec (Erneuerer der Zeit)* annahm, befahl, das Jahr solle beginnen, wenn »die Sonne kehrtmacht«, das heißt zur Winterwende.

Unter den spanischen Autoren herrscht große Verwirrung in der Benennung und der Abfolge der achtzehn mexikanischen Monate. Einige dieser Monate trugen drei bis vier Namen auf einmal; und manche Autoren haben vergessen, daß die Mexikaner immer, wenn es sich um eine periodische Reihe von Zeichen oder Hieroglyphen handelt, von *rechts nach links* und vom unteren Rand der Seite her schreiben, und haben daher den letzten Monat für den ersten gehalten. Die Azteken versammelten in dem, was sie *Räder* des halben Jahrhunderts, *xiuhmolpilli,* nannten, die Hieroglyphenreihe, die den Zyklus von zweiundfünfzig Jahren

---

[144] S. o., S. 100, und meinen Versuch »Über die Urvölker von Amerika«, *Neue Berlinische Monatsschrift,* März 1806, S. 177, 208.
[145] ACOSTA, S. 260.

anzeigt. Eine Schlange, die sich in den Schwanz beißt, verläuft rings um das Rad und bezeichnet durch vier Knoten die vier *Indiktionen* oder Tlalpilli. Dieses Emblem erinnert an die Schlange oder den Drachen, die bei den Ägyptern und den Persern[146] das Jahrhundert, einen Kreislauf oder *aevum* [Ewigkeit] darstellen. In diesem Rad der zweiundfünfzig Jahre bezeichnet der Kopf der Schlange den Beginn des Zyklus. Anders verhält es sich mit dem *Jahresrad:* Hier verläuft keine Schlange rund um die achtzehn Hieroglyphen der Monate, und nichts kennzeichnet den ersten Monat des Jahres.

Da die Abhandlung, die Herr Gama in México über den aztekischen Almanach veröffentlicht hat, in Europa äußerst selten ist, will ich hier die Reihe der Monate gemäß den gründlichen Untersuchungen dieses Gelehrten verzeichnen. Ich füge die Etymologie der Bezeichnungen bei, die alle mit den Festen, den Arbeiten für das Gemeinwesen und dem Klima von Mexiko zu tun haben. Es steht außer Zweifel, daß *Tititl* der erste Monat war, da der Indianer Cristóbal del Castillo in seinem handschriftlichen Geschichtswerk ausdrücklich angibt, daß die *nemontemi* oder Zusatztage am Ende des Monats *Atemoztli* eingefügt wurden. Hier also die Namen der achtzehn Monate:

1. *Tititl*, vielleicht von *titixia*, dem Nachlesen nach der Ernte; *Itzcalli*, Monat, in dem das Innere der Häuser und Tempel erneuert und geweißt wird. Im ersten Jahr der ersten Indiktion des *Xiuhmolpilli*-Zyklus vom 9. bis zum 28. Januar.

2. *Xochilhuitl.* Vom 29. Januar bis zum 17. Februar.

3. *Xilomanaliztli; Atlcahualco*, dem es an Wasser oder Regen mangelt; *Quahuitlehua*, Monat, in dem die Bäume auszutreiben beginnen; *Cihuailhuitl*, Fest der Frauen. Vom 18. Februar bis zum 9. März.

4. *Tlacaxipehualiztli;* dieser Name erinnert an die fürchterliche Zeremonie, bei der man menschlichen Opfern die Haut abzog, um diese zu gerben und für die Gewänder der Priester zu verwenden, wie auf dem Hieroglyphen-Gemälde der Tafel XXVII zu sehen; *Cohuailhuitl*, Fest der Natter. Vom 9. bis zum 29. März.

5. *Tozoztontli*, Monat der Nachtwachen, weil die Tempeldiener während der in diesem Monat abgehaltenen großen Feste wachen mußten. Vom 30. März bis zum 18. April.

6. *Huey Tozoztli*, die große Wache, die große Buße. Vom 19. April bis zum 8. Mai.

7. *Toxcatl*, Monat, in dem man den Idolen *Schnüre* und Maiskränze um den Hals legte; *Tepopochuiliztli*, Weihrauchgefäß. Vom 9. bis zum 28. Mai. In diesem

[146] BAILLY, S. 515.

Monat Toxcatl hatte Cortés' Waffengefährte Pedro de Alvarado, jener wilde Krieger, den die Mexikaner wegen seines blonden Haars *Tonatiuh,* die Sonne, nannten, ein entsetzliches Blutbad unter dem mexikanischen Adel angerichtet, der in den Mauern des Teocalli versammelt war. Dieser Angriff wurde zum Auslöser für die gesellschaftlichen Unruhen, die den Tod des unglücklichen Königs Moctezuma verursachten.

8. *Etzalqualiztli,* Name, der von *etzalli* abgeleitet zu sein scheint, einem besonderen, mit Maismehl zubereiteten Gericht. Vom 29. Mai bis zum 17. Juni.

9. *Tecuilhuitzintli,* Monat oder Fest der jungen Krieger. Vom 18. Juni bis zum 7. Juli.

10. *Hueytecuilhuitl,* Fest des Adels und der Krieger fortgeschrittenerer Alters. Vom 8. bis zum 27. Juli.

11. *Miccailhuitzintli,* das kleine Totenfest; *Tlaxochimaco,* Verteilung der Blumen. Vom 28. Juli bis zum 16. August.

12. *Hueymiccailhuitl,* das große Fest zum Gedenken an die Toten; *Xocotlhuetzi,* Fall der Früchte, Monat, in dem die Früchte reifen, dem Ende des Sommers entsprechend. Vom 17. August bis zum 5. September.

13. *Ochpaniztli,* Besen, Monat, in dem die Kanäle gereinigt und die Dämme und Straßen erneuert werden; *Tenahuitiliztli.* Vom 6. bis zum 25. September.

14. *Pachtli,* nach dem Namen einer Schmarotzerpflanze, die um diese Jahreszeit auf dem Stamm alter Eichen zu wachsen beginnt; *Ezoztli; Teotleco,* Ankunft der Götter. Vom 26. September bis zum 15. Oktober.

15. *Hueypachtli,* Monat, in dem die Pflanze *pachtli* schon groß ist; *Tepeilhuitl,* Fest der Berge oder vielmehr der ländlichen Götter, die über die Berge herrschen. Vom 16. Oktober bis zum 4. November.

16. *Quecholli,* Monat, in dem der Flamingo *(phoenicopterus)* an den Ufern des Texcoco-Sees landet, ein Vogel, den die Mexikaner wegen der schönen Farbe seines Gefieders *Teoquechol,* den göttlichen Reiher, nannten. Vom 5. bis zum 24. November.

17. *Panquetzaliztli,* nach dem Namen der Standarte des Gottes *Huitzilopochtli,* die in den Prozessionen anläßlich des denkwürdigen Festes des *Teocualo,* des *Gottessens durch die Gläubigen* in Gestalt von mit Blut vermengtem Maismehl, getragen wurde. Vom 25. November bis zum 14. Dezember.

18. *Atemoztli,* Regen- und Schneefälle; gegen Ende Dezember beginnen letztere, die Berge rings um das Tal von México zu bedecken. Vom 15. Dezember bis zum 3. Januar.

Im ersten Jahr des Zyklus entsprechen die fünf Zusatztage dem 4., 5., 6., 7. und 8. Januar. Ein Volk, das nur alle zweiundfünfzig Jahre eine Einschaltung vornimmt, sieht seinen Jahresbeginn etwa alle vier Jahre um einen Tag zurückgehen und folglich um zwölf bis dreizehn Tage bis zum Ende des Zyklus oder *Xiuhmolpilli*. Daraus ergibt sich, wie wir später sehen werden, daß der letzte Zusatztag oder *nemontemi* des letzten Jahres im mexikanischen Zyklus dem 26. Dezember entspricht. Und da die fünf *nemontemi* als *leere* und *unheilträchtige* Tage galten, hatte man den Tag der Wintersonnenwende, den 21. Dezember, zum Ende des *Xiuhmolpilli* erklärt. Die Nemontemi oder Epagomenen, ebenso wie die zwölf oder dreizehn Schalttage, gehören keinem der beiden Jahre an, zwischen die sie fallen, und dies ist der Grund, warum wir weiter oben die Wintersonnenwende als das Ende und nicht etwa als den Beginn eines zweiundfünfzigjährigen Zyklus bezeichnet haben.

In den dritten, vierten und fünften Monaten, die unseren Monaten Februar, März und April entsprechen, gab es hohe Feste zu Ehren von *Tlalocteuctli,* dem Gott des Wassers, da dies die Zeit der großen Dürren war, die im bergigen Teil des Landes bis in die Monate Juni und Juli dauern. Hätten die Priester die Einschaltung versäumt, so wären die Feste, bei denen man die Götter um ein regenreiches Jahr bat, immer näher an die Erntezeit gerückt; das Volk hätte bemerkt, daß die Abfolge der Opfer nicht mehr stimmte, und da es keine Mondmonate kannte, hätte es nicht einmal, wie die Götter des Aristophanes[147], den Mond beschuldigen können, Unordnung in den Kalender und den Kultus gebracht zu haben. Was die Bezeichnungen und die Hieroglyphen der mexikanischen Monate betrifft, so deutet nichts darauf hin, daß sie in einem nördlicheren Klima entstanden wären. Das Wort *quahuitlehua* erinnert zwar daran, daß die Bäume sich gegen Ende Februar mit jungen Blättern bedecken; doch dieses Phänomen, das man in den niedrigen Regionen der heißen Zone nicht findet, ist der bergigen Region unter dem 19. und 20. Breitengrad eigentümlich, wo die Eichen, ohne die alten Blätter vollständig abzuwerfen, neue auszubilden beginnen.

Bisher haben wir von dem bürgerlichen Kalender gesprochen, *Sonnenzählung* oder *Tonalpohualli* genannt; bleibt uns, den rituellen Kalender zu untersuchen, der mit den Namen *Mondzählung, Metztlapohualli,* und *Festzählung, Cemilhuitlapohualiztli,* von *tlapohualiztli,* Zählung, und *ilhuitl,* Fest, bezeichnet wird. Letzterer Kalender, der allein von den Priestern verwendet wurde und von dem wir in fast allen bis heute erhaltenen Hieroglyphen-Gemälden Spuren finden,

[147] ARISTOPHANES, *Nubes,* Vers 615.

weist eine gleichförmige Abfolge von dreizehntägigen kleinen Perioden auf. Diese kleinen Perioden können als *halbe Mondwandlungen* angesehen werden; ihr Ursprung geht wahrscheinlich auf die beiden Zustände des *Wachens, ixtozoliztli,* und des *Schlafens, cochiliztli,* zurück, welche die Mexikaner dem Mond zuschrieben, je nachdem, ob dieses Gestirn den größten Teil der Nacht erhellt oder ob es nur am Tage über dem Horizont erscheint und sich, in der Vorstellung des Volkes, nachts ausruht. Dieser Zusammenhang zwischen den dreizehntägigen Perioden und jener Hälfte des Zeitraums, in dem der Mond sichtbar ist, vor und nach der Opposition, hat wahrscheinlich dem rituellen Kalender den Namen der *Mondzählung* eingebracht; doch diese Bezeichnung darf uns nicht dazu verleiten, in der gleichförmigen Abfolge von kleinen Zyklen, die nichts mit den Phasen oder den Umläufen des Mondes gemein haben, ein Mondjahr zu suchen.

In ihren Vielfachen bietet die Zahl 13 Eigenschaften, deren die Mexikaner sich bedient haben, um die Übereinstimmung zwischen den rituellen und bürgerlichen Almanachen zu bewahren. Ein bürgerliches Jahr von dreihundertfünfundsechzig Tagen enthält einen Tag mehr, als achtundzwanzig kleine Perioden von dreizehn Tagen ausmachen; nun ist der zweiundfünfzigjährige Zyklus in vier *tlalpilli* von dreizehn Jahren unterteilt, so daß diese überzähligen Tage am Ende jeder Indiktion eine vollständige kleine Periode bilden, und ein *tlalpilli* umfaßt dreihundertfünfundsechzig dieser Perioden; das bedeutet, daß dieses ebenso viele dreizehntägige Wochen enthält, wie das Jahr bürgerliche Tage hat. Ein Jahr des rituellen Almanachs hat zwanzig *halbe Mondwandlungen* oder zweihundertsechzig Tage, und ebendiese Zahl von Tagen entspricht zweiundfünfzig Halbdekaden oder kleinen Perioden von fünf Tagen. So fanden die Mexikaner in der Übereinstimmung dieser beiden Zählungen nach Mond und Sonne ihre Lieblingszahlen 5, 13, 20 und 52 wieder. Ein Zyklus von zweiundfünfzig Jahren umfaßte vierhundertsechzig kleine Perioden von dreizehn Tagen; und wenn man dreizehn Schalttage hinzuzählt, so kommt man auf vierhunderteinundsechzig kleine Perioden, eine Zahl, die zufällig mit der der Jahre übereinstimmt, welche eine Sothis-Periode bilden.

Der Zyklus von neunzehn Sonnenjahren, der zweihundertfünfunddreißig Mondwandlungen entspricht und den die Chinesen schon über sechzehn Jahrhunderte vor Meton kannten[148], findet sein Vielfaches weder in dem Zyklus von sechzig Jahren, der bei den meisten Völkern Ost-Asiens und bei den Muisca des Plateaus von Bogotá in Gebrauch ist, noch in dem zweiundfünfzigjährigen Zyklus, den

---

[148] LAPLACE, *Exposition du Système du Monde,* Band II, S. 267.

alle Nationen toltekischer, acolhuischer, aztekischer und tlaxcaltekischer Rasse angenommen haben. Allerdings ergeben fünf *Alter* von jeweils hundertvier Jahren bis auf ein Jahr die Julianische Periode, und das Doppelte der Metonschen Periode entspricht beinahe drei *Indiktionen (tlalpilli)* des mexikanischen Jahres; indes entspricht kein Vielfaches von dreizehn genau der Zahl von Tagen, die eine Periode von zweihundertfünfunddreißig Mondwandlungen umfaßt. Die Metonsche Periode enthält fünfhundertdreiunddreißigeinhalb kleine Zyklen von dreizehn Tagen, während die des Kalippos davon zweitausendeinhundertvierunddreißig und ein Dreizehntel umfaßt. Die Kenntnis dieser Perioden war den Völkern Asiens nützlich, die, gleich den Peruanern, den Muisca und anderen Stämmen Südamerikas, Mondjahre hatten; doch den Mexikanern mußte sie vollkommen gleichgültig sein, da die vorgebliche *Mondzählung (Metzlapohualli)* nur eine willkürliche Einteilung einer großen Periode von dreizehn astronomischen Jahren in dreihundertfünfundsechzig kleine Perioden von dreizehn Tagen war, von denen eine jede etwa die gleiche Dauer hat wie das *Schlafen* oder das *Wachen* des Mondes.

Die Mexikaner besaßen Annalen, die achteinhalb Jahrhunderte vor die Zeit von Cortés' Ankunft im Land Anáhuac zurückreichten. Wir haben an früherer Stelle erklärt, wie diese Annalen in ihren Unterteilungen bald einen zweiundfünfzigjährigen Zyklus vorstellten, bald einen Tlalpilli von dreizehn Jahren, bald ein einziges Jahr von zweihundertsechzig Tagen in zwanzig dreizehntägigen kleinen Perioden, je nachdem ob die Geschichte mehr oder weniger detailreich war. In diesen farbenfrohen Malereien mit ihren abscheulichen Gestalten und ihrer äußersten Unvollkommenheit in der Zeichnung, die indes in der Komposition häufig naiv und erfindungsreich waren, wurden entlang der periodischen Reihe der Tages- oder Jahreshieroglyphen die Wanderungen und Schlachten der Völker sowie jene Ereignisse dargestellt, welche die Regierungszeit jedes Königs geprägt hatten. Es ist nicht zu leugnen, daß Valadés, Acosta, Torquemada und in jüngerer Zeit Sigüenza, Boturini und Gama einige Erkenntnisse aus jenen Gemälden bezogen haben, die bis ins siebte Jahrhundert zurückreichten. Ich selbst habe Gemälde in den Händen gehalten, auf denen man die Wanderungen der Tolteken erkennen konnte; indes bezweifle ich, daß die ersten spanischen Eroberer, wie Gómara behauptet[149], Annalen gefunden haben, die *Jahr für Jahr* die Ereignisse von acht Jahrhunderten nachzeichneten. Die Tolteken waren vierhundertachtundsechzig Jahre vor Cortés' Ankunft verschwunden[150]; das Volk, das die Spanier im Tal von México vorgefunden haben, war von aztekischer Rasse, und was es von

---

[149] GÓMARA, *Conquista de México*, Blatt CXIX.   [150] Siehe oben, S. 47.

den Tolteken wußte, konnte es nur durch die Malereien erfahren haben, die jene im Land Anáhuac zurückgelassen hatten, oder von einigen verstreuten Familien, die sich, zurückgehalten von ihrer Liebe zum heimatlichen Boden, dem Abenteuer der Auswanderung nicht hatten anschließen wollen.

Gama zufolge beginnen die Annalen der Azteken zu einem Zeitpunkt, der dem Jahr 1091 unserer Zeitrechnung entspricht, als sie auf Befehl ihres Anführers *Chalchiuhtlatonac* das Fest zur Erneuerung des Feuers abhielten, in Tlalixco, auch Acahualtzinco genannt, wahrscheinlich unter dem Parallelkreis von 33° oder 35° nördlicher Breite. Erst seit dem Jahr 1091, in dem sie, wie der indianische Geschichtsschreiber Chimalpain ausdrücklich sagt, zum ersten Mal seit ihrem Auszug aus Aztlán die Jahre *bündelten,* bietet die mexikanische Geschichte die allergrößte Ordnung und einen überraschenden Detailreichtum in der Wiedergabe der Ereignisse.

Nach allem, was wir bisher über die *Sonnenzählung* und die regelmäßige Einteilung des Jahres in achtzehn gleich lange Monate dargestellt haben, wäre es für die Mexikaner ein leichtes gewesen, den Zeitpunkt der historischen Ereignisse zu bezeichnen, indem sie den Tag des Monats angegeben und die Zahl der Jahre gezählt hätten, die seit dem berühmten Opfer von Tlalixco vergangen waren. Diese einfache und natürliche Methode wäre wahrscheinlich befolgt worden, wenn die Annalen des Reiches nicht von den Priestern, *Teopixqui,* geführt worden wären. Man findet zwar zuweilen die Hieroglyphe eines Monats, der in zwei ungleichen Reihen runde Punkte beigefügt sind, die durch ihre Anordnung beweisen, daß die aztekischen Priester, wie wir an früherer Stelle bemerkt haben, die verschiedenen Glieder einer Reihe von *rechts* nach *links* aufeinanderfolgen ließen und nicht von *links* nach *rechts* wie die Hindus und fast alle Völker, die heute in Europa leben. In México kann man noch die Kopie eines Gemäldes sehen, das einstmals im Museum des Ritters Boturini aufbewahrt wurde, worauf das Zeichen des Monats *quecholli,* gefolgt von dreizehn Punkten, neben einem spanischen Lanzenreiter angebracht ist, dessen Pferd die Hieroglyphe der Stadt Tenochtitlán unter den Hufen hat. Dieses Gemälde stellt unzweifelhaft den ersten Einzug der Spanier nach México dar, am 13. des Monats Quecholli, der, Gama zufolge, dem 17. November 1519 entspricht; indes muß man einräumen, daß einfache Monatsdaten, ausgedrückt durch die Zahl der vergangenen Tage, in den mexikanischen Annalen nur sehr selten vorkommen.

Was die Jahre betrifft, so wurden diese innerhalb eines zweiundfünfzigjährigen Zyklus nie durch Zahlen gekennzeichnet; statt dessen bediente man sich, um sie nicht zu verwechseln, eines eigentümlichen Kunstgriffs, den wir an späterer Stelle beschreiben werden und der um so merkwürdiger ist, als er Ähnlichkeiten zwischen dem chronologischen System der Mexikaner und dem der Völker Asiens bietet. Die *Kreise* oder Zahlenzeichen finden sich nur den *Jahresbündeln* beigefügt, die Zyklen von zweiundfünfzig Jahren bezeichnen. So erinnerte die Hieroglyphe des *Xiuhmolpilli,* gefolgt von vier Kreisen und neben den Inselchen angebracht, auf denen der Mexitli-Tempel erbaut worden war, die Mexikaner daran, daß ihre Ahnen seit dem Opfer von Tlalixco viermal die Jahre *gebündelt* hatten, beziehungsweise daß seitdem viermal zweiundfünfzig Jahre vergangen waren, als die Stadt Tenochtitlán auf dem Texcoco-See gegründet wurde. Diese Kreise zeigten folglich an, daß sich dieses denkwürdige Ereignis nach dem Jahr 1299 und vor 1351 zugetragen haben mußte. Untersuchen wir nun die erfindungsreichen, doch recht komplizierten Verfahren, deren diese Völker sich bedienten, um Tag und Jahr innerhalb eines zweiundfünfzigjährigen Zyklus zu bezeichnen.

Dieses Verfahren gleicht, wie wir im folgenden darlegen werden, demjenigen, das die Hindus, die Tibetaner, die Chinesen, die Japaner und andere asiatische Völker tatarischer Rasse verwenden, welche die Monate und Jahre ebenfalls durch die Kombination mehrerer periodischer Reihen unterscheiden, in denen die Zahl der Glieder ungleich ist. Die Mexikaner benutzen für den Zyklus der Jahre vier *Zeichen,* die folgende Namen tragen:

> *Tochtli,* Kaninchen oder Hase
> *Acatl,* Rohre
> *Tecpatl,* Feuerstein oder Flint
> *Calli,* Haus

Diese vier Hieroglyphen sind auf mehreren der vorangegangenen Tafeln zu erkennen. Für die Figur des *Kaninchens* (tochtli), siehe auf der Tafel XIII das Tier mit den großen Ohren, das im achten Feld, von rechts unten an gezählt, dargestellt ist; Tafel XXIII, das dritte Feld unten links, und vor allem Tafel XXVII, Nr. 1, das achte Feld. Für *Rohre* (acatl), *Feuerstein* (tecpatl) und *Haus* (calli), siehe auf dem runden Stein der Tafel XXIII das fünfte, das zehnte und das fünfzehnte Feld, die auf das des Kaninchens folgen. Die gleichen Formen wird man mühelos auf der Tafel XXVII in den Feldern dreizehn, achtzehn und drei erkennen, wenn man, in der untersten Reihe beginnend, von rechts nach links zählt. Das Zeichen *Feuerstein* ist auch auf der Tafel XIII zu sehen, hinter der in Anbetung gezeigten Figur. Auf derselben Tafel ist *calli* durch das vollständige

Bild eines Hauses dargestellt, an dem die Tür und ein sehr hohes Dach zu erkennen sind.

Stellt man sich nun den Zyklus oder das *halbe Alter* vor, das in vier Tlalpilli von jeweils dreizehn Jahren geteilt ist, sowie die vier Zeichen *Kaninchen, Rohre, Feuerstein* und *Haus*, die in einer periodischen Reihe den zweiundfünfzig Jahren eines Zyklus zugeordnet werden, so wird man finden, daß keine zwei Indiktionen mit dem gleichen Zeichen beginnen können; daß das Zeichen, das am Beginn einer Indiktion steht, diese notwendigerweise auch beenden muß, und daß das gleiche Zeichen nie zur gleichen Zahl gehören kann. Hier folgt die Tabelle des mexikanischen Zyklus, genannt *Jahresbündel* oder *Xiuhmolpilli*:

ERSTER TLALPILLI

Ce Tochtli	1. Kaninchen
Ome Acatl	2. Rohre
Jei Tecpatl	3. Feuerstein
Nahui Calli	4. Haus
Macuilli Tochtli	5. Kaninchen
Chicuace Acatl	6. Rohre
Chicome Tecpatl	7. Feuerstein
Chicuei Calli	8. Haus
Chicuhnahui Tochtli	9. Kaninchen
Matlactli Acatl	10. Rohre
Matlactli ozce Tecpatl	11. Feuerstein
Matlactli omome Calli	12. Haus
Matlactli omey Tochtli	13. Kaninchen

ZWEITER TLALPILLI

Ce Acatl	1. Rohre
Ome Tecpatl	2. Feuerstein
Jei Calli	3. Haus
Nahui Tochtli	4. Kaninchen
Macuilli Acatl	5. Rohre
Chicuace Tecpatl	6. Feuerstein
Chicome Calli	7. Haus
Chicuei Tochtli	8. Kaninchen
Chicuhnahui Acatl	9. Rohre
Matlactli Tecpatl	10. Feuerstein
Matlactli ozce Calli	11. Haus
Matlactli omome Tochtli	12. Kaninchen
Matlactli omey Acatl	13. Rohre

DRITTER TLALPILLI

Ce Tecpatl	1. Feuerstein
Ome Calli	2. Haus
Jei Tochtli	3. Kaninchen
Nahui Acatl	4. Rohre
Macuilli Tecpatl	5. Feuerstein
Chicuace Calli	6. Haus
Chicome Tochtli	7. Kaninchen
Chicuei Acatl	8. Rohre
Chicuhnahui Tecpatl	9. Feuerstein
Matlactli Calli	10. Haus
Matlactli ozce Tochtli	11. Kaninchen
Matlactli omome Acatl	12. Rohre
Matlactli omey Tecpatl	13. Feuerstein

VIERTER TLALPILLI

Ce Calli	1. Haus
Ome Tochtli	2. Kaninchen
Jei Acatl	3. Rohre
Nahui Tecpatl	4. Feuerstein
Macuilli Calli	5. Haus
Chicuace Tochtli	6. Kaninchen
Chicome Acatl	7. Rohre
Chicuei Tecpatl	8. Feuerstein
Chicuhnahui Calli	9. Haus
Matlactli Tochtli	10. Kaninchen
Matlactli ozce Acatl	11. Rohre
Matlactli omome Tecpatl	12. Feuerstein
Matlactli omey Calli	13. Haus

XXIII. BASALTRELIEF, DEN MEXIKANISCHEN KALENDER DARSTELLEND

Die Wörter *ce, ome, jei,* die vor die Namen der vier Jahreshieroglyphen gestellt sind, bezeichnen die Zahlen, deren Reihe nicht über dreizehn hinausgeht und die folglich in einem *Jahresbündel* viermal wiederholt werden. Die folgende Tafel zeigt die Zahlen von eins bis dreizehn auf Mexikanisch oder Aztekisch, in der Sprache von Nutka, auf Muisca oder Mozca, auf Peruanisch oder Quechua, auf Mandschurisch, Uighurisch und Mongolisch.

AMERIKANISCHE SPRACHEN

	AZTEKISCHE SPRACHE (Mexiko)	QUECHUA-SPRACHE (Peru)	MUISCA-SPRACHE (Neu-Granada)	SPRACHE VON NUTKA (Nordwestküste)
1.	Ce	Huc	Ata	Sahuac
2.	Ome	Iscay	Bosa	Atla
3.	Jei	Quimza	Mica	Catza
4.	Nahui	Tawa	Muyhica	Nu
5.	Macuilli	Pichca	Hisca	Sutcha
6.	Chicuace	Zocta	Ta	Nupu
7.	Chicome	Canchis	Cuhupqua	Atlipu
8.	Chicuei	Pussac	Suhuza	Atlcual
9.	Chicuhnahui	Yscon	Aca	Tzahuacuatl
10.	Matlactli	Chunca	Ubchica	Ayo
11.	Matlactli ozce	Chunca hucnioc	Quicha ata	Ayo sahuac
12.	Matlactli omome	Chunca iscayoc	Quicha bosa	Ayo atla
13.	Matlactli omey	Chunca quimzayoc	Quicha mica	Ayo catza

TATARISCHE SPRACHEN

	MANDSCHURISCHE SPRACHE (Ost-Tataren)	MONGOLISCHE SPRACHE (West-Tataren)	UIGHURISCHE SPRACHE (Hochebene von Turfan)
1.	Emou	Neguè	Pir
2.	Tchoué	Khour	Iki
3.	Ilan	Gourbâ	Outche
4.	Touyin	Durba	Tourou
5.	Sountcha	Taboû	Pich
6.	Ningoun	Djourga	Alti
7.	Nadan	Dolo	Iti
8.	Tchakoun	Naïma	Sakis
9.	Ouyoun	Youzou	Toukous
10.	Tchouan	Arban	Oun
11.	Tchouan emou	Arban neguè	Pir oun
12.	Tchouan tchoué	Arban khour	Iki oun
13.	Tchouan ilan	Arban gourbâ	Outche oun

Man mag erstaunt sein über die äußerste Verschiedenartigkeit der sieben Sprachen, in denen wir soeben die Kardinalzahlen angegeben haben. Die amerikanischen Sprachen sind voneinander ebenso weit entfernt, wie sie es von den tatarischen Sprachen sind. Dieser Mangel an Ähnlichkeit darf jedoch nicht als Beweis gegen die Auffassung angeführt werden, daß die amerikanischen Völker einstmals Verbindungen mit Ost-Asien hatten. Verschiedene tatarische Völkergruppen, die Mandschu und die Uighuren, wobei letztere zwei Jahrhunderte vor unserer Zeitrechnung von den Ufern der Selinga in die unter 43° 30′ nördlicher Breite gelegene Turfan-Ebene ausgewandert sind, sprechen Sprachen, die sich stärker voneinander unterscheiden als Deutsch und Latein. Wenn Stämme ein und desselben Ursprungs viele Jahrhunderte lang durch Meere und ungeheure Wüsten getrennt sind, so erhält sich in ihren Idiomen nur eine sehr geringe Zahl von gemeinsamen Wurzeln und Formen.

Ebenso wie die Mexikaner die Kardinalzahlen *ce, ome, jei* vor die Namen der vier Hieroglyphen *Kaninchen, Rohre, Feuerstein* und *Haus* setzten, wenn sie von einem bestimmten Jahr im Zyklus sprachen, fügten sie die Zeichen dieser Zahlen in ihren Malereien auch den Zeichen der Jahre bei. Die Methode war mit derjenigen identisch, die man gebrauchte, um die Zyklen oder *Jahresbündel* zu unterscheiden. Da die periodische Reihe der Zahlen nur dreizehn Glieder hatte, genügte es, den Hieroglyphen die *Kreise* beizufügen, welche die Einheiten bezeichnen.

Die Symbolschrift der Mexikaner bot einfache Zeichen sowohl für zwanzig als auch für die zweite und dritte Potenz dieser Zahl, die an die der Finger und Zehen erinnert. Eine kleine Standarte oder Flagge stellte zwanzig Einheiten dar; das Quadrat von zwanzig, vierhundert, wurde durch eine *Feder* versinnbildlicht, weil im Kiel einer Feder verwahrte Goldkörner mancherorts als Geld oder Tauschwerte dienten. Die Figur eines *Sacks* bezeichnete die dritte Potenz von zwanzig, achttausend, und trug den Namen *xiquipilli,* den man auch für eine Art Beutel mit einem Inhalt von achttausend Kakaobohnen gebrauchte. Eine *Standarte,* unterteilt durch zwei sich kreuzende Linien und zur Hälfte farbig ausgemalt, bezeichnete die Hälfte von zwanzig, zehn. Wenn die Standarte zu drei Vierteln ausgemalt war, so bezeichnete sie fünfzehn Einheiten, drei Viertel von zwanzig. Beim Zählen nannte der Mexikaner nicht die Vielfachen von zehn, welche die Araber *Knoten* nennen, sondern die Vielfachen von zwanzig. Er sagte: ein-zwanzig, *cem-pohualli;* zwei-zwanzig, *om-pohualli;* drei-zwanzig, *jei-pohualli;* und vier-zwanzig, *nahui-pohualli.* Letzterer Ausdruck ist identisch mit dem im Französischen gebräuchlichen *[quatre-vingt].* Es erübrigt sich beinahe, hier anzumerken, daß die Mexikaner die Methode nicht kannten, den Zahlenzeichen *Positionswerte*[151] zu geben, eine bewundernswürdige Methode, die von den Hindus oder von den Tibetanern[152] erfunden wurde, indes bei den Griechen[153], Römern und allen zivilisierten Völkern West-Asiens unbekannt war. Die Mexikaner verbanden ihre Hieroglyphen mit Zahlen etwa so, wie die Römer die Buchstaben ihres Alphabets wiederholten, die ihnen als Zahlen dienten. Man wird sich nicht wundern, daß die mexikanische Arithmetik keine einfachen Hieroglyphen für die über vierhundert hinausgehenden Vielfachen von Hundert kennt, wenn man bedenkt, daß auch die Araber bis ins fünfte Jahrhundert nach der Hedschra keine Zeichen für die Hunderter-Zahlen über vierhundert kannten[154] und daß dieses in den Annalen der Wissenschaften zu Recht berühmte Volk gezwungen war, zweimal das Zeichen für vierhundert neben das Zeichen für hundert zu setzen, um neunhundert zu schreiben.

Aus dem, was wir über die Art und Weise dargelegt haben, wie die *Jahresbündel* und die Jahre innerhalb eines solchen unterschieden wurden, ergibt sich, daß ein Datum bestimmt wurde, indem man zugleich die Zahl der *Jahresbündel* oder Zyklen und zwei Glieder nannte, die aus den beiden periodischen Reihen von dreizehn Zahlen und vier Zeichen zusammengestellt wurden.

Die folgende Tabelle zeigt mehrere denkwürdige Daten der mexikanischen Geschichte, angegeben nach der Zeitrechnung der Azteken. Man muß sich ins Gedächtnis rufen, daß diese Völker die Zahl ihrer Zyklen oder *xiuhmolpilli* erst vom Jahr 1091 an zählten, da sie in ihren Annalen eine neue chronologische Ordnung angenommen hatten, die mit ihrem Auszug aus Aztlán oder dem Beginn ihrer Wanderungen gen Süden einsetzte.

Nahui Xiuhmolpilli, ome Calli (4. Zyklus, 2. Haus)	1325. Gründung von Tenochtitlán
Macuilli Xiuhmolpilli, ce Calli (5. Zyklus, 1. Haus)	1389. Thronbesteigung des Königs Huitzilihuitl
Chicuace Xuihmolpilli, chicuace Tochtli (6. Zyklus, 6. Kaninchen)	1446. Große Überschwemmung der Stadt México
Chicome Xiuhmolpilli, matlactli omey Tochtli (7. Zyklus, 13. Kaninchen)	1492. Kolumbus' Landung auf den Antillen
Chicuei Xiuhmolpilli, ce Acatl (8. Zyklus, 1. Rohr)	1519. Cortés' Einzug nach Tenochtitlán
Chicuei Xiuhmolpilli, ome Tecpatl (8. Zyklus, 2. Feuerstein) ...	1520. Tod Moctezumas
Chicuei Xiuhmolpilli, jei Calli (8. Zyklus, 3. Haus)	1521. Einnahme und Zerstörung von Tenochtitlán

---

[151] LAPLACE, *Exposition du Système du Monde*, Band II, S. 276.
[152] GEORGI, *Alphabetum Tibetanum*, Kap. 23, S. 637.
[153] DELAMBRE, »Sur les fonds et les analogues des Grecs« (*Œuvres d'Archimède* von PEYRARD, S. 575).
[154] SYLVESTRE DE SACY, *Grammaire arabe*, 1810, Teil I, S. 74.

Der gleiche Kunstgriff einer Kombination zweier periodischer Reihen wurde angewandt, um die Tage innerhalb eines Jahres zu unterscheiden. Es scheint, als habe bei den mexikanischen Völkern wie bei den Persern ursprünglich jeder Tag des Monats einen Namen und ein besonderes Zeichen gehabt; diese zwanzig Zeichen erinnern an die *yoga,* die man im astrologischen Almanach der Hindus den achtundzwanzig Tagen des Mondmonats beigefügt findet. Im Metztlapohualli, der *Mondzählung* der Azteken, verteilte man sie auf die kleinen Zyklen der halben Mondumläufe, so daß eine periodische Reihe von dreizehn Gliedern, die alle aus Zahlen bestanden, einer periodischen Reihe von zwanzig Gliedern gegenüberstand, die nur Hieroglyphen-Zeichen umfaßte. In dieser Reihe von Tagen findet man die vier großen Zeichen wieder, *Kaninchen, Rohr, Feuerstein* und *Haus,* durch die, wie wir zuvor gesehen haben, die Jahre innerhalb eines Zyklus bezeichnet wurden; sechzehn weitere Zeichen einer niedrigeren Ordnung waren so verteilt, daß sie die großen Zeichen in einem gleichmäßigen Viererabstand voneinander trennten.

Wenn man sich erinnert, daß jeder mexikanische Monat in vier kleine Perioden von fünf Tagen unterteilt war, so begreift man, daß ursprünglich die Hieroglyphen *Kaninchen, Rohr, Feuerstein* und *Haus* in den Jahren, deren erster Tag eines der vier genannten Zeichen trug, den Beginn dieser kleinen Perioden anzeigten. Tasächlich wird, wenn der Erste des Monats Tititl das Zeichen *calli* trägt, der Sechste jedes folgenden Monats *tochtli,* der Elfte *acatl* und der Sechzehnte *tecpatl* sein; jeder Monat wird sozusagen mit einem Sonntag beginnen, und diese Sonntage werden das ganze Jahr über auf die gleichen Tage des Monats fallen. Die Mexikaner maßen den Ereignissen, die sich an einem der vier Tage mit den Hieroglyphen des Jahreszyklus zutrugen, ein besonderes Interesse bei. Spuren dieses Aberglaubens finden wir bei den Persern wieder, die den zwölf *himmlischen Geistern,* die den Monaten vorstanden, achtzehn Gehilfen einer niedrigeren Ordnung zugesellten, um jedem Tag des Monats ein Zeichen *(karkunan)* zu geben. Die Mexikaner sahen den Tag, der das Zeichen des Jahres trug, als glücklich an; und die Perser[155] zeichneten die Tage aus, die demselben Engel unterstanden, der den gesamten Monat beherrschte.

Da die meisten Hieroglyphen-Malereien, die auf den Tafeln dieses Werkes abgebildet sind, mit den Opfern in Zusammenhang stehen, die in jeder dreizehntägigen Periode durchgeführt werden müssen, findet man darin die Figuren der sechsundzwanzig Tageszeichen mehrfach wieder.

[155] LANGLÈS, »Sur le Calendrier persan«, in CHARDIN, *Voyage à Ispahan,* Band II, S. 265.

Ich will hier nur die Tafeln XIII, XXIII und XXVII anführen. Dies sind die Namen der Zeichen:

CALLI, Haus
Cuetzpalin, Eidechse
Cohuatl, Natter. Dieses Wort findet sich wieder in Cihuacohuatl[156],
    Frau mit der Schlange, der Eva der Mexikaner.
Miquiztli, Tod, Totenkopf
Mazatl, Reh oder Hirsch
TOCHTLI, Kaninchen
Atl, Wasser
Itzcuintli, Hund
Ozomatli, Affe
Malinalli, Gras
ACATL, Rohr
Ocelotl, Tiger, Jaguar
Quauhtli, Adler
Cozcaquauhtli, König der Geier
Ollin, Jahreslauf der Sonne
TECPATL, Feuerstein
Quiahuitl, Regen
Xochitl, Blume
Cipactli, Meerestier: Teocipactli, *Fischgott,* ist einer der Namen,
    welche die Mexikaner Coxcox gaben,
    dem Noah der semitischen Völker.
Ehecatl, Wind

Da die Zahlen Dreizehn und Zwanzig keine gemeinsamen Faktoren haben, können, nach dem Almanach der halben Mondwandlungen, die beiden periodischen Reihen erst nach 13×20 oder zweihundertsechzig Tagen zweimal den gleichen Gliedern entsprechen. In einem Jahr, dessen erster Tag das Zeichen *cipactli* trägt, beginnt in den ersten dreizehn Monaten keine halbe Mondwandlung mit dem Zeichen *cipactli;* doch vom Monat *pachtli* an kehren die gleichen Zeichen mit den gleichen Zahlen wieder. Um dieser Fehlerquelle abzuhelfen, haben die Mexikaner, getreu ihrem Prinzip, die Zahl der dreizehntägigen kleinen Perioden nicht zu nennen, erneut den Kunstgriff der periodischen Reihen beansprucht. Sie

[156] Siehe oben, S. 111.

haben eine dritte Reihe von neun Zeichen gebildet, die *Herren* oder *Meister der Nacht* genannt, nämlich:

Xiuhteuctli Tletl, Feuer, oder Meister des Jahres
Tecpatl, Feuerstein
Xochitl, Blume
Cinteotl, Göttin des Maises
Miquiztli, Tod
Atl, Wasser
Tlazolteotl, Göttin der Liebe
Tepeyollotli, Geist, der im Inneren der Berge wohnt
Quiahuitl, Regen

Man mag erstaunt sein, eine neungliedrige Reihe in einem Kalender zu finden, der sonst nur die Zahlen Fünf, Dreizehn, Achtzehn, Zwanzig und Zweiundfünfzig gebraucht; man könnte sogar versucht sein, nach Ähnlichkeiten zwischen den *Herren der Nacht* der Mexikaner und den neun astrologischen Zeichen einiger Völker Asiens zu suchen, die den sieben sichtbaren Planeten zwei unsichtbare Drachen beigesellen, denen sie die Finsternisse zuschreiben; doch wahrscheinlich ist es nur die Leichtigkeit, mit der sich die neun *Herren der Nacht* vierzigmal auf dreihundertsechzig Tage verteilen, die der Zahl Neun den Vorzug hat geben lassen.

Die fünf Zusatztage, die von den Persern *heimliche Tage* oder *pendjéhi-douzdideh* genannt wurden, tragen bei den Mexikanern den Namen *nemontemi* oder *leere Tage,* weil man ihnen nicht jene Glieder der dritten Serie beifügt, welche die indianischen Autoren als die *Begleiter* der Tageszeichen ansehen. Man muß beachten, und dieser Umstand kann in der aztekischen Chronologie zu Schwierigkeiten führen, daß fünf dieser *Begleiter* den gleichen Namen wie Tageshieroglyphen tragen; doch gemäß den Träumereien der amerikanischen Astrologen regieren die *Geister,* die zur Reihe der neun Zeichen gehören, die Nacht, während die zwanzig anderen Zeichen den Tag regieren. Die Hindus kennen ebenfalls Genien *(caranas),* die einem halben Mondtag *(ti'thi)* vorstehen.

Da es zwanzig Tageszeichen und neun *Begleiter* oder *Herren der Nacht* gibt, muß der gleiche Begleiter alle 9 × 20 oder hundertachtzig Tage den gleichen Hieroglyphen entsprechen; indes ist es unmöglich, daß in einem Jahr von dreihundertfünfundsechzig Tagen die gleichen Glieder aller drei Reihen, nämlich *Zahl, Tageszeichen* und *Begleiter* oder nächtlicher Geist, mehr als einmal zusammenfallen.

In einem Jahr, das mit *Cipactli* beginnt, wird

der 11. Januar	zu	3 Calli, xochitl
der 10. Juli		1 Calli, xochitl
der 2. Februar		12 Cohuatl, tlazolteotl
der 1. August		10 Cohuatl, tlazolteotl
der 8. Mai		3 Xochitl, xochitl
der 4. November		1 Xochitl, xochitl

Der Gebrauch der dritten periodischen Reihe, mittels deren man zwei Tage unterscheidet, welche die gleiche Zahl und die gleiche Hieroglyphe haben, zum Beispiel 1 *Cipactli*, was dem 9. Januar wie auch dem 26. September entspräche, ist von den meisten spanischen Geschichtsschreibern nicht erkannt worden; Herr Gama hat sie, den mexikanischen Manuskripten des Indianers Cristóbal del Castillo folgend, als erster bekannt gemacht. Um nach der komplizierten Methode der Mexikaner einen Tag zu bezeichnen, würden wir etwa sagen: der *Vierte* eines Monats, der zugleich ein *Mittwoch* des gregorianischen Kalenders und ein *quintidi* des republikanischen Kalenders ist. Diese Ausdrucksweise würde das Zusammenfallen bestimmter Glieder aus drei periodischen Reihen wiedergeben, nämlich denen der dreißig oder einunddreißig Tage des Monats, der sieben Tage der Woche und der zehn Tage der Dekade. Um alle Zweifel auszuräumen, die über das chronologische System der Mexikaner noch bestehen könnten, wollen wir im Folgenden eine Tabelle anschließen, welche die Einteilungen des rituellen und bürgerlichen Kalenders sowie deren Entsprechung im Gregorianischen Kalender zusammenstellt.

Es wäre nutzlos, diese Tabelle über die ersten einunddreißig Tage des mexikanischen Jahres hinaus weiterzuführen; doch wir wollen hier daran erinnern, daß die Indianer von Chiapas, welche die gleichen Zeiteinteilungen und den gleichen Kunstgriff der periodischen Reihen gebrauchten, den Hieroglyphen der Tage eines Monats die Namen von zwanzig vortrefflichen Kriegern gaben, die in entferntesten Zeiten die ersten Siedler in die Berge von *Teochiapan* geführt hatten. Bei diesen Tageszeichen (den *kurkunan* der Perser) unterschieden die Chiapas-Indianer, wie die Azteken, vier große und sechzehn kleine Zeichen. Die ersteren eröffneten die fünftägigen Perioden; doch die Namen *Haus, Kaninchen, Rohr* und *Feuerstein* (calli, tochtli, acatl und tecpatl) hatten die Chiapas-Indianer durch die von *Votan, Lambat, Been* und *Chinax* ersetzt, vier in ihren geschichtlichen Annalen gerühmten Anführern.

METZLAPOHUALLI, RITUELLER UND ASTROLOGISCHER KALENDER				TONALPOHUALLI, BÜRGERLICHER KALENDER	ENT-SPRECHUNG IM GREGORIA-NISCHEN KALENDER für das Jahr 1091
KLEINE PERIODEN VON 13 TAGEN	PERIODISCHE REIHEN			MEXIKANISCHE MONATE, unterteilt in Perioden von 5 Tagen	
	REIHE DER 13 ZAHLEN	REIHE DER 20 TAGESZEICHEN	REIHE DER 9 HERREN DER NACHT		
ERSTE HALBE MOND-WANDLUNG	1	Cipactli	*Tletl*	1	9
	2	Ehecatl	Tecpatl	2	10
	3	*Calli*	Xochitl	3	11
	4	Cuetzpalin	Cinteotl	4	12
	5	Cohuatl	Miquiztli	5	13
	6	Miquiztli	Atl	6	14
	7	Mazatl	Tlazolteotl	7	15
	8	*Tochtli*	Tepeyollotli	8	16
	9	Atl	Quiahuitl	9	17
	10	Itzcuintli	*Tletl*	10	18
	11	Ozomatli	Tecpatl	11	19
	12	Malinalli	Xochitl	12	20
	13	*Acatl*	Cinteotl	13	21
ZWEITE HALBE MOND-WANDLUNG	1	Ocelotl	Miquitzli	14	22
	2	Quauhtli	Atl	15	23
	3	Cozcaquauhtli	Tlazolteotl	16	24
	4	Ollin	Tepeyollotli	17	25
	5	*Tecpatl*	Quiahuitl	18	26
	6	Quiahuitl	*Tletl*	19	27
	7	Xochitl	Tecpatl	20	28
	8	Cipactli	Xochitl	1	29
	9	Ehecatl	Cinteotl	2	30
	10	*Calli*	Miquiztli	3	31
	11	Quetzpalin	Atl	4	1
	12	Cohuatl	Tlazolteotl	5	2
	13	Miquiztli	Tepeyollotli	6	3
	1	Mazatl	Quiahuitl	7	4
	2	*Tochtli*	*Tletl*	8	5
	3	Atl	Tecpatl	9	6
	4	Itzcuintli	Xochitl	10	7
	5	Ozomatli	Cinteotl	11	8

Mexikanische Monate (rechte Spalte): TITITL (Tage 1–20 des Monats); ITZCALLI XOCHILHUITL (folgende Tage).

Gregorianischer Kalender: JANUAR (Tage 9–31); FEBRUAR (Tage 1–8).

XXIII. BASALTRELIEF, DEN MEXIKANISCHEN KALENDER DARSTELLEND

Bereits an früherer Stelle haben wir die Aufmerksamkeit unserer Leser auf jenen amerikanischen Votan oder Wodan gelenkt, der mit dem Wod oder Odin der Goten und der Völker keltischen Ursprungs verwandt zu sein scheint. Da Odin und Buddha den gelehrten Forschungen des Sir William Jones zufolge wahrscheinlich ein und dieselbe Person sind[157], ist es merkwürdig zu sehen, wie die Namen *Bud-var*, *Wodans-dag* (Wednes-day) und *Votan* in Indien, Skandinavien und Mexiko einen Tag der kleinen Periode bezeichnen. Nach den von dem Bischof Francisco Núñez de la Vega gesammelten uralten Überlieferungen »war der Wodan der Chiapas-Indianer ein Enkel jenes vortrefflichen Greises, der während der großen Überschwemmung, bei welcher der größte Teil des Menschengeschlechts unterging, mitsamt seiner Familie auf einem Floß errettet wurde«. Wodan beteiligte sich an der Errichtung jenes großen Bauwerks, mit dem die Menschen danach trachteten, den Himmel zu erreichen; die Ausführung dieses kühnen Vorhabens wurde abgebrochen, und fortan hatte jede Familie eine andere Sprache, und der große Geist *Teotl* befahl Wodan, auszuziehen und das Land Anáhuac zu bevölkern. Diese amerikanische Überlieferung erinnert an den Manu der Inder, den Noah der Hebräer und die Zerstreuung der Kuschiten von Singar. Vergleicht man sie, sei es mit den hebräischen und indischen Überlieferungen, die in der Genesis und in zwei heiligen Puranas[158] erhalten sind, sei es mit der Fabel des Cholulaners Xelhua[159] und mit anderen in vorliegendem Werk angeführten Tatsachen, so kommt man nicht umhin, über die Ähnlichkeit zu staunen, die zwischen den uralten Erinnerungen der Völker Asiens und jenen des neuen Kontinents bestehen.

Wir werden hier beweisen, wie an früherer Stelle angekündigt, daß diese Ähnlichkeit vor allem in der Zeiteinteilung, im Gebrauch der periodischen Reihen und in der erfindungsreichen, wenngleich mühsamen und komplizierten Methode zum Ausdruck kommt, einen Tag oder ein Jahr nicht durch Zahlen, sondern durch astrologische Zeichen zu benennen. Die Tolteken, die Azteken, die Chiapas-Indianer und andere Völker mexikanischer Rasse zählten in Zyklen von zweiundfünfzig Jahren, die in vier dreizehnjährige Perioden geteilt waren; die Chinesen, Japaner, Kalmücken, Mongolen, Mandschu und andere tatarische Horden haben Zyklen von sechzig Jahren, geteilt in fünf kleine Perioden von zwölf Jahren. Die Völker Asiens wie die Amerikas haben besondere Namen für die Jahre innerhalb eines Zyklus: In Lhasa und Nagasaki sagt man bis heute, wie ehemals in Mexiko, dieses oder jenes Ereignis habe sich im Jahr des *Kaninchens*, des *Tigers*

---

[157] *Asiatick Researches*, Band I, S. 511; Band II, S. 343.   [158] Ebenda, Band III, S. 486.   [159] Siehe oben, S. 54.

oder des *Hundes* zugetragen. Keines dieser Völker verfügt über so viele Namen wie Jahre im Zyklus; folglich müssen sie alle auf den Kunstgriff einer Kombination von periodischen Reihen zurückgreifen. Bei den Mexikanern bestehen diese Reihen aus dreizehn Zahlen und vier Hieroglyphen-Zeichen; bei den eben genannten Völkern Asiens enthalten die Reihen keine Zahlen; sie werden durch die Zeichen gebildet, die den zwölf Konstellationen des Tierkreises entsprechen, sowie durch die Namen der Elemente, die zehn Glieder ergeben, weil es jedes Element als männliches und weibliches gibt. Der Geist dieser Ordnungen ist in der Chronologie der amerikanischen Völker und in derjenigen der asiatischen Völker der gleiche: Wirft man einen Blick auf die Tabelle der Jahre, die wir weiter oben aufgestellt haben[160], sieht man, daß der Vorzug der Einfachheit sogar auf seiten der Mexikaner liegt. Um den Zeitpunkt zu bezeichnen, zu dem ein Dairi den Thron bestiegen hat, sagt der Japaner nicht, daß es im Jahr *ouma* (Pferd) der zweiten Periode von zwölf Jahren war; er nennt das neunzehnte Jahr des Zyklus *männliches Wasser, Pferd*, und dieses liegt zwischen den Jahren *weibliches Wasser, Schaf* und *weibliches Metall, Schlange*. Um sich eine klare Vorstellung dieser periodischen Reihen des japanischen Kalenders zu machen, muß man sich erinnern, daß dieses Volk, wie die Tibetaner, fünf Elemente zählt, nämlich: Holz *(keno)*, Feuer *(fino)*, Erde *(tsutsno)*, Metall oder Blei *(kanno)* und Wasser *(midsno)*. Jedes Element ist männlich oder weiblich, je nachdem, ob man die Silbe *je* oder *to* beifügt, eine Unterscheidung, die auch bei den Ägyptern gebräuchlich war.[161] Um die sechzig Jahre des Zyklus zu unterscheiden, kombinieren die Japaner die zehn Elemente oder irdischen Prinzipien mit den zwölf Tierkreiszeichen, himmlische Prinzipien genannt.

Wir werden hier nur die beiden ersten Indiktionen wiedergeben, die der japanische Zyklus umfaßt.[162]

1. *Kino je ne* (Ratte)	7. *Kanno je uma* (Pferd)	13. *Fino je ne*	19. *Midsno je uma*
2. *Kino to us* (Rind)	8. *Kanno to tsitsuse* (Schaf)	14. *Fino to us*	20. *Midsno to tsitsuse*
3. *Fino je torra* (Tiger)	9. *Midsno je sar* (Affe)	15. *Tsutsno je torra*	21. *Kino to sar*
4. *Fino to ov* (Hase)	10. *Midsno to torri* (Huhn)	16. *Tsutsno to ov*	22. *Kino to torri*
5. *Tsutsno je tats* (Krokodil oder Drache)	11. *Kino je in* (Hund)	17. *Kanno je tats*	23. *Fino je in*
	12. *Kino to j* (Schwein)	18. *Kanno to mi*	24. *Fino to j*
6. *Tsutsno to mi* (Schlange)			

---

[160] Siehe oben, S. 180.
[161] SENECA, *Naturales Quaestiones,* Band III, Kap. 14.
[162] KAEMPFER, *Histoire du Japon,* 1729, Band I, S. 137, Tafel XV.

Im mexikanischen Kalender beginnt jede der vier dreizehnjährigen Indiktionen mit einem anderen Zeichen; im japanischen Kalender wird jede Periode von zwölf Jahren von einem der fünf männlichen Elemente regiert. Ebenso wie bei den Mexikanern das vierte Glied der Zahlenreihe, *nahui*, in zweiundfünfzig Jahren nur ein einziges Mal mit dem zweiten Glied der Zeichenreihe, *acatl*, zusammenfallen kann, kann bei den Japanern in einem Sechzigjahreszyklus eines der fünf männlichen Elemente nur ein einziges Mal neben jedem der zwölf Tierkreiszeichen stehen. Die folgende Tabelle, die vierzehn mexikanische und japanische Jahre umfaßt, soll die Ähnlichkeit zwischen den Kalendern der Völker von Mexiko und Ost-Asien aufs hellste beleuchten.

ZAHL DER JAHRE	ZYKLUS DER JAPANER Sind $a, a', \beta, \beta', \gamma, \gamma'$ ... die männlichen und weiblichen Elemente und a, b, c... die himmlischen Zeichen, so ergibt sich:	ZYKLUS DER MEXIKANER Sind a, β, γ, δ ... die vier Zeichen der Jahre und a, b, c... die dreizehn Namen der Zahlen, so ergibt sich:
1	a, a	a, a
2	a', b	b, β
3	β, c	c, γ
4	β', d	d, δ
5	γ, e	e, a
6	γ', f	f, β
7	δ, g	g, γ
8	δ', h	h, δ
9	ε, i	i, a
10	ε', k	k, β
11	a, l	l, γ
12	a', m	m, δ
13	β, a	n, a
14	β', b	a, β

Der Gebrauch von periodischen Reihen findet sich auch in China, wo zehn *can* in Kombination mit zehn *tchi* dazu dienen, die Tage oder Jahre der Perioden von sechzig Tagen oder sechzig Jahren zu bezeichnen.[163] Bei den Japanern, den Chinesen und den Völkern Mexikos können die periodischen Reihen nur zweiundfünfzig oder sechzig Jahre kennzeichnen. Die Tibetaner dagegen haben den Kunstgriff der Reihen derart kompliziert, daß sie über Namen für hundertzweiundneunzig und sogar für zweihundertzweiundfünfzig Jahre verfügen. Soll zum Beispiel die denkwürdige Zeit bezeichnet werden, da der große Lama *Kang-ka-*

---

[163] PATER SOUCIET, *Observations astronomiques*, herausgegeben von PATER GAUBIL, Band I, S. 26; Band II, S. 175.

gnimbò mit Zustimmung des Kaisers von China die geistlichen und weltlichen Mächte vereinte[164], so führt der Bewohner von Lhasa das Jahr *männliches Feuer, Vogel (me po cia)* des vierzehnten Zyklus seit der Sintflut an. Er verfügt über fünfzehn Elemente: fünf männliche, fünf weibliche und fünf neutrale. Indem er diese fünfzehn Elemente mit den zwölf Zeichen des Tierkreises kombiniert und die ersten zwölf Jahre des Zyklus nur nach den himmlischen Zeichen benennt, ohne ein Element hinzuzufügen, erhält er Benennungen für $12 \times 15 + 12 =$ hundertzweiundneunzig Jahre. Und nimmt er schließlich noch sechzig Jahre hinzu, die er durch die Kombination von zehn männlichen und weiblichen Elementen mit zwölf Tierkreiszeichen erhält, gelangt er zu seinem großen Zyklus von zweihundertzweiundfünfzig Jahren. Sind $a, b, c \ldots$ die Tierkreiszeichen, $\alpha, \beta, \gamma \ldots$ die neutralen, $\alpha', \beta', \gamma' \ldots$ die männlichen und $\alpha'', \beta'', \gamma'' \ldots$ die weiblichen Elemente, so ergeben sich: 1. für die ersten zwölf Jahre $a, b, c, d\ldots$; 2. für die Jahre 13–72 $\alpha\, a, \alpha\, b, \alpha\, c \ldots; \beta\, a, \beta\, b, \beta\, c \ldots; \gamma\, a, \gamma\, b, \gamma\, c \ldots$; 3. für die Jahre 73–132 $\alpha'\, a, \alpha'\, b, \alpha'\, c \ldots; \beta'\, a, \beta'\, b \ldots$; 4. für die Jahre 133–192 $\alpha''\, a, \alpha''\, b, \alpha''\, c \ldots; \beta''\, a, \beta''\, b, \beta''\, c \ldots$; 5. für die Jahre 193–252 $\alpha'\, a, \alpha''\, b, \beta'\, c, \beta''\, d, \gamma'\, e, \gamma''\, f, \delta'\, g, \delta''\, h, \varepsilon'\, i, \varepsilon''\, k, \alpha'\, l, \alpha''\, m, \beta'\, a, \beta''\, a, \gamma'\, b, \gamma''\, b \ldots$ Die *Tzihi-chen* oder öffentlichen Rechner von Lhasa[165] bringen zugunsten der tibetanischen Chronologie vor, aufgrund der Tatsache, daß Jahre gleichen Namens nur etwa alle zwei Jahrhunderte wiederkehren, stehe das Datum eines historischen Ereignisses auch dann fest, wenn der Zyklus nicht angegeben sei. Bei den Japanern und Mexikanern, wo die gleichen Namen alle sechzig oder zweiundfünfzig Jahre wiederkehren, ist die Ungewißheit größer. Man mag sich wundern, daß die Tibetaner, die sich seit dem höchsten Altertum der gleichen Zahlen und des gleichen Zählsystems bedienen wie die Hindus, die umständliche Methode der periodischen Reihen nicht aufgegeben haben. Diese Methode hat ihren Ursprung in astrologischen Träumereien; sie hätte nur von Völkern verwendet werden sollen, die, wie die Azteken und Tolteken, Schwierigkeiten hatten, sehr hohe Zahlen auszudrücken, und deren Annalen in Hieroglyphen-Zeichen geschrieben wurden.

Wir haben also gesehen, daß die Mexikaner, die Japaner, die Tibetaner und einige andere Nationen Zentral-Asiens in bezug auf die Einteilung der großen Zyklen und die Benennung der Jahre, die diese bilden, das gleiche System befolgt haben. Bleibt uns, einen Umstand zu untersuchen, der unmittelbarer mit der Geschichte der Völkerwanderungen in Zusammenhang steht und der den Forschungen der Gelehrten bislang entgangen zu sein scheint. Ich glaube beweisen

---

[164] GEORGI, *Alphabetum Tibetanum*, S. 516.   [165] Ebenda, S. 469.

zu können, daß ein großer Teil der Namen, mit denen die Mexikaner die zwanzig Tage ihrer Monate bezeichneten, diejenigen der Zeichen eines Tierkreises sind, der bei den Völkern Ost-Asiens seit dem höchsten Altertum gebräuchlich ist. Um zu zeigen, daß diese Behauptung weniger gewagt ist, als sie zunächst erscheint, werde ich in einer einzigen Tabelle folgendes versammeln: 1. die Namen der mexikanischen Hieroglyphen, wie sie uns von allen Autoren des sechzehnten Jahrhunderts überliefert worden sind; 2. die Namen der zwölf Zeichen des tatarischen, tibetanischen und japanischen Tierkreises; 3. die Namen der *nakshatras* oder Mondhäuser des Hindu-Kalenders. Ich wage mir zu schmeicheln, daß diejenigen unter meinen Lesern, die diese vergleichende Tabelle aufmerksam untersuchen, sich für die Erörterungen interessieren werden, auf die wir uns über die ersten Einteilungen des Tierkreises einlassen müssen.

ZEICHEN DES TIERKREISES				TAGESHIEROGLYPHEN DES KALENDERS DER MEXIKANER	NAKSHATRAS ODER MONDHÄUSER DER HINDUS
HINDUS, GRIECHEN UND WESTLICHE VÖLKER	MANDSCHU-TATAREN	JAPANER	TIBETANER		
Wassermann	Singueri	Ne	Tchip, Ratte, *Wasser*	Atl, *Wasser*	
Steinbock	Ouker	Ous	Lang, *Rind*	Cipactli, *Meeresungeheuer*	(Der Mahara ist ein *Meeresungeheuer*)
Schütze	Pars	Torra	Tah, *Tiger*	Ocelotl, *Jaguar*	
Skorpion	Taoulaï	Ov	Io, *Hase*	Tochtli, *Kaninchen*	
Waage	Lou	Tats	Brou, *Drache*	Cohuatl, *Schlange*	*Schlange*
Jungfrau	Mogaï	Mi	Proul, *Schlange*	(Acatl, *Rohr*)	*Rohr*
Löwe	Morin	Ouma	Tha, *Pferd*	(Tecpatl, Feuerstein, *Messer*)	*Rasiermesser*
Krebs	Koin	Tsitsuse	Lon, *Bock*	(Ollin, *Weg der Sonne*)	Fußspuren des Vishnu
Zwillinge	Petchi	Sar	Prchou, *Affe*	Ozomatli, *Affe*	*Affe*
Stier	Tukia	Torri	Tcha, *Vogel*	Quauhtli, *Vogel*	
Widder	Nokai	In	Ky, *Hund*	Itzcuintli, *Hund*	Schwanz eines *Hundes*
Fische	Gacai	Y	Pah, *Schwein*	(Calli, *Haus*)	*Haus*

Seit den entferntesten Zeiten kannten die Völker Asiens zwei Einteilungen der Ekliptik, die eine in siebenundzwanzig oder achtundzwanzig Mondhäuser oder -bezirke, die andere in zwölf Abschnitte. Zu Unrecht wurde behauptet, letztere Einteilung finde sich nur bei den Ägyptern. Die ältesten Zeugnisse der indischen Literatur, die Werke von Kalidasa und Amarasinha[166], erwähnen sowohl die zwölf Zeichen des Tierkreises als auch die siebenundzwanzig *Felder des Mondes*. Nach allem, was wir über die Verbindungen wissen, die mehrere Jahrtausende vor unserer Zeitrechnung zwischen den Völkern Äthiopiens, Oberägyptens und

---

[166] *Asiatick Researches,* Band II, S. 346.

Hindostans bestanden haben, ist es nicht zulässig, den Ägyptern allein alles zuzuschreiben, was diese den Völkern Griechenlands weitergegeben haben.

Die Einteilung der Ekliptik in sieben- oder achtundzwanzig Mondhäuser ist wahrscheinlich älter als diejenige in zwölf Abschnitte, die sich auf den jährlichen Sonnenlauf bezieht.[167] Phänomene, die sich mit jeder Mondwandlung in gleicher Ordnung wiederholen, ziehen die Aufmerksamkeit der Menschen weit mehr auf sich als solche Positionsänderungen, deren Zyklus sich innerhalb eines ganzen Jahres vollzieht. Da der Mond bei jeder seiner Wandlungen fast bei den gleichen Sternen steht, erscheint es natürlich, daß man den sieben- oder achtundzwanzig Konstellationen, die er in einem synodischen Umlauf durchquert, eigene Namen gegeben hat. Nach und nach sind die Namen dieser Konstellationen auf die Mondtage selbst übergegangen, und diese offenkundige Verbindung zwischen Zeichen und Tag ist zur Hauptbasis der chimärischen Berechnungen der Astrologie geworden.

Untersucht man sorgfältig die Namen, welche die *nakshatras* oder Gasthäuser des Mondes in Hindostan tragen, so erkennt man darin nicht nur nahezu alle Namen des tatarischen und tibetanischen Tierkreises wieder, sondern auch die einiger Konstellationen, die mit den Zeichen des griechischen Tierkreises identisch sind. Jedes *nakshatra* hat 13° 20′, und 2 ¼ *nakshatras* entsprechen einem unserer Zeichen. Die folgende Tabelle läßt recht wahrscheinlich erscheinen, daß der Sonnentierkreis seinen Ursprung im Mondtierkreis hat und daß die zwölf

MONDHÄUSER	ZEICHEN (DODECATEMORIA) DES TIERKREISES
Ratte	*Ratte*, Waage
Gazelle	Rind, Steinbock
Pfeil, *Bogen*	Tiger, *Schütze*
Schwanz des *Löwen*	Löwe
Balken der *Waage*	Drache, *Waage*
Schlange	*Schlange*, Jungfrau
Pferd	*Pferd*
Ziege	*Schaf*, Krebs
Affe	*Affe*, Zwillinge
Adler	*Vogel*, Stier
Schwanz des *Hundes*	*Hund*, Widder
Fisch	Schwein, *Fisch*

[167] LE GENTIL, *Voyage dans les Indes*, Band I, S. 261.

Zeichen des ersteren zum großen Teil unter den siebenundzwanzig *nakshatras* ausgewählt wurden.

Am arabischen Himmel wird der Gürtel des Orion mit dem Namen Waagenbalken, *Mican,* bezeichnet; und es erscheint um so bemerkenswerter, daß eine der Mondstationen der Hindus den gleichen Namen trägt, als man seit der Entdeckung des Tierkreises von Dendera Zweifel am Altertum des Sternbilds Waage erhoben hat. Es ist nicht zu leugnen, daß die Zeichen, die den ägyptischen, chaldäischen und griechischen Tierkreis bilden, in Indien seit den entferntesten Zeiten bekannt sind; und es ist wahrscheinlich, daß Julius Cäsar die Waage dem römischen Tierkreis auf Anraten des Astronomen Sosigenes[168] hinzufügte, der in Ägypten geboren war und die im Orient gebräuchlichen Einteilungen der Ekliptik gekannt haben mußte. Im übrigen ist es nicht notwendig[169], das hohe Altertum des Zeichens der Waage in Zweifel zu ziehen, um die gewagte Hypothese zu widerlegen, nach der ein Tempel Oberägyptens über viertausend Jahre vor unserer Zeitrechnung erbaut worden sei.

Erstaunt über die Ähnlichkeit, die zwischen den Namen der Nakshatras und denen einiger Zeichen des tibetanischen und griechischen Tierkreises besteht, habe ich untersucht, ob die Sternbilder gleichen Namens auch den gleichen Himmelspunkten entsprechen. Eine solche Korrespondenz liegt nicht vor, ob man nun annimmt, das erste Nakshatra, bekannt unter dem Namen Pferd, sei das Pferd des tibetanischen Tierkreises und folglich der Löwe des griechischen Tierkreises, oder ob man mit den Herren Jones und Colbrooke vermutet[170], die Nakshatras nähmen im Zeichen des Widders ihren Anfang, welcher der Hund des tibetanischen Tierkreises ist. Letzere Hypothese würde nur dann einige Wahrscheinlichkeit aufweisen, wenn die Gasthäuser des Mondes *entgegen der Ordnung der Zeichen* gezählt worden wären; dann hätten die sechs Nakshatras, welche die Namen *zwei Gesichter, drei Fußspuren Vishnus, Schwanz des Löwen, Laubschnur, Pfeil* und *Gazellenkopf* tragen, unseren Zeichen Zwillinge, Krebs, Löwe, Jungfrau, Schütze und Steinbock entsprochen. Doch nach keiner dieser Annahmen stehen Waage, Löwe und Widder im richtigen Abstand voneinander. Den gelehrten Forschungen der Mitglieder der Asiatischen Gesellschaft zu Kalkutta zufolge entsprechen die Nakshatras *aswini*, Pferd; *pushia,* Pfeil; und *mula,* Schwanz des Löwen dem α des Widders, dem β des Krebses und dem γ des Skorpions des griechischen Tier-

---

[168] BUTTMANN, in IDELER, *Historische Untersuchungen,* S. 372–378.
[169] Siehe die gelehrte Abhandlung des Herrn VISCONTI, welche der *Herodot*-Übersetzung des Herrn LARCHER (2. Auflage) beigefügt ist, Band II, S. 576; und VISCONTI, *Il Museo Pio-Clementino,* Band VI, S. 25, Anmerkung c.
[170] *Asiatick Researches,* Band IX, S. 118.

kreises oder dem Hund, dem Schaf und dem Hasen des tatarischen und tibetanischen.

Es mag auf den ersten Blick außergewöhnlich erscheinen, daß die Völker, als sie aus den sieben- oder achtundzwanzig Zeichen des Mondtierkreises die zwölf Zeichen des Sonnentierkreises bildeten, die Namen vieler Sternbilder beibehalten haben, ohne ihre absolute Position und ihre Reihenfolge zu beachten; doch daraus darf man nicht schließen, daß die erstaunliche Ähnlichkeit der zwölf Nakshatras mit ebenso vielen Zeichen des tibetanischen und griechischen Tierkreises rein zufällig sei. Da die Namen der Mondlager nach und nach auf die Tage selbst übergegangen sind, mag man sich vorstellen, daß sie dem Volk vertraut geworden waren, dem indes die Position der Sterne, welche die Einteilungen der Ekliptik bilden, wahrscheinlich unbekannt war. Es ist möglich, daß Nationen, die in die Barbarei zurückgesunken waren, nur eine verworrene Erinnerung an die Namen der Nakshatras bewahrt hatten, und daß sie, als sie ihren Kalender reformierten, unter diesen Namen die der Zeichen des Sonnentierkreises auswählten, ohne die ehemals geläufige Reihenfolge zu übernehmen. Es könnte auch sein, und ich neige dazu, dieser letzten Auffassung den Vorzug zu geben, daß der aus zwölf Zeichen gebildete Tierkreis seinen Ursprung in einem alten Mondtierkreis hat, in dem die Nakshatras in einer Reihenfolge angeordnet waren, die derjenigen, die wir heute in den *dodecatemoria* [die zwölf Teile des Tierkreises] der Völker Tibets und der Tatarei beobachten, ähnlicher war. Tatsächlich unterscheiden sich die Einteilungen der Ekliptik, die Sir William Jones, Colbrooke und Sonnerat veröffentlicht haben, ganz wesentlich voneinander. Der Pfeil, der einem indischen Autor zufolge das achte Nakshatra ist, ist nach einem anderen Autor erst das dreiundzwanzigste. Wir werden an späterer Stelle, bei unserer Besprechung eines von Bianchini beschriebenen römischen Basreliefs, sogar sehen, daß es im Orient einst Sonnentierkreise gab, welche die gleichen Zeichen aufwiesen, jedoch in anderer Reihenfolge angeordnet. Zudem sollte die Umkehr der Sonne von den Wendekreisen zum Äquator und das Phänomen der gleichen Dauer von Tagen und Nächten die Menschen dazu bringen, große Veränderungen an den Figuren der Nakshatras vorzunehmen, indem sie einen Teil von ihnen verwendeten, um den Sonnentierkreis zu bilden.

Diese innige Verbindung zwischen den Mondhäusern und den Tierkreiszeichen drückt sich auch in den Namen aus, welche die Hindus den Monaten und den Jahren geben. Den merkwürdigen Forschungen des Herrn Davis[171] zufolge sind

---

[171] »On the cycle of sixty years«, *Asiatick Researches*, Band III, S. 217–261.

diese Nam[...] [...] des Sonnentierkreises; sie sind den
Nakshatra[...] [...] Monat trägt den Namen des Mond-
lagers, in d[...] [...]n weiter oben gesehen, daß in Tibet, in
China und [...] [...]s Jahr der fünf Indiktionen im großen
Zyklus den [...] [...]es Sonnenkreises trägt. Bei den Hindus nehme[...] [...]n Nakshatras an, in dem sich Jupiter
bei seinem [...] [...]. So sind etwa *aswini* (Pferd) oder
magha (Ha[...] [...]es Monats und eines *ti'thi* oder Mond-
tages, so wi[...] [...] Kaninchen) oder *calli* (Haus) zugleich
das Jahr, di[...] [...] Tag regieren.

Aus der [...] [...]n geht hervor, daß die Einteilung der
Ekliptik in [...] [...] wahrscheinlich in der Einteilung in
sieben- oder [...] [...]at, und daß der Sonnentierkreis ursprünglich [...] [...] Vollmond etwa zweieinviertel Nakshatras oder [...] [...]st. So ist also die älteste Astronomie
der Völker [...] [...]s Mondes verbunden. Wenn es vorkommt, daß [...] [...]ises Namen tragen, die vollständig
von denen d[...] [...]rf man daraus nicht schließen, daß
die Sterne s[...] [...]eilung gegliedert worden wären. In
Ost-Asien w[...] [...]chen lange Zeit nur eine abstrakte
Einteilung[172], [...] von sieben- oder achtundzwanzig
Nakshatras [...] [...]estirne war. Ich habe geglaubt, die
innige Bezieh[...] [...]rischen den beiden Einteilungen der
Ekliptik herr[...] [...]chen des mexikanischen Tierkreises
der einen wie [...] sein könnten.

Untersuche[...] [...] welche die Bezeichnungen der mexikanischen Ta[...] [...]tibetanischen, chinesischen, tatarischen und mo[...] [...]en. Auffallend ist sie bei den acht
Hieroglyphen [...] [...]elotl, *tochtli, cohuatl, quauhtli, ozomatli* und *itzc*[...]

Atl, Wasser, [...] [...]e angezeigt, deren parallele Wellen-
linien an das [...] [...]rwenden, um den Wassermann zu
bezeichnen. D[...] [...]s des chinesischen Tierkreises, die
Ratte *(chou)*, [...] [...] in der Gestalt des *Wassers* dargestellt.[173]

---

[172] BAILLY, *Astronomie indienne*, S. 5; *Astronomie moderne*, Band III, S. 301.
[173] PATER SOUCIET, *Observations mathématiques*, herausgegeben von PATER GAUBIL, Band III, S. 33.

Unter der Herrschaft des Kaisers Tchouen-hiu gab es eine große Sintflut; und das Himmelszeichen *hiuen-hiao,* das hinsichtlich seiner Position unserem Wassermann entspricht, ist das Symbol dieser Herrschaft. Und so, bemerkt Pater Souciet in seinen Forschungen über die Zyklen und Tierkreise, stimmen China und Europa in ihrer Darstellung des Zeichens, das wir *amphora* oder *aquarius* nennen, überein, wenn auch unter verschiedenen Bezeichnungen. Bei den westlichen Völkern bildete das Wasser, das aus dem Gefäß des *aquarius* (χύσις ὕδατος [chýsis hýdatos, Wasserspende]) fließt, zudem ein besonderes Sternbild (ὕδωρ [hýdor, Wasser]), dem die schönen Sterne *Fomalhaut* und *Deneb kaitos* angehörten, wie mehrere Stellen bei Aratus, Geminus und dem Scholiasten Germanicus beweisen.[174]

Cipactli ist ein Meerestier.[175] Diese Hieroglyphe bietet eine erstaunliche Ähnlichkeit mit dem Steinbock, den die Hindus und andere Völker Asiens *Meeresungeheuer* nennen. Das mexikanische Zeichen verweist auf ein Fabeltier vom Geschlecht der Walfische, das ein Horn auf der Stirn trägt. Gómara und Torquemada[176] nennen es *espadarte,* mit dem Namen der Spanier für den Narwal, dessen großer Zahn unter dem Namen *Horn des Einhorns* bekannt ist. Boturini hat dieses Horn für eine Harpune gehalten und *cipactli* fälschlich durch *mit Harpunen bewehrte Schlange* übersetzt. Da dieses Zeichen kein wirkliches Tier darstellt, ist es durchaus natürlich, daß seine Gestalt stärker variiert als die der anderen Zeichen. Mal erscheint das Horn als Verlängerung des Mauls, wie bei dem berühmten Fisch *Oxyrinchus,* der in einigen indischen Himmelskarten[177] anstelle des Südlichen Fisches unter dem Bauch des Steinbocks dargestellt ist; mal fehlt das Horn gänzlich. Richtet man den Blick auf die Figuren der Tafeln XXIII und XXVII, die nach sehr alten Zeichnungen und Reliefs gefertigt sind, sieht man, wie sehr sich Valadés, Boturini und Clavijero darin irrten, die erste der mexikanischen Tageshieroglyphen als Haifisch oder Eidechse darzustellen. In dem Manuskript des Museums Borgia erinnert der Kopf des *cipactli* an den eines Krokodils; und ebendiesen Namen des Krokodils gibt Sonnerat dem zehnten Zeichen des indischen Tierkreises, das unserem Steinbock entspricht.

Im übrigen verbindet sich die Vorstellung des Meerestiers *cipactli* in der mexikanischen Mythologie mit der Geschichte eines Mannes, der sich, nachdem er während der Zerstörung der vierten Sonne lange durch die Fluten geschwommen

---

[174] IDELER, *Untersuchung über den Ursprung und die Bedeutung der Sternnamen,* S. 197.
[175] GAMA, *Descripción histórica y cronológica de las dos piedras,* México 1792, S. 27 und 100.
[176] *Conquista de México,* Blatt CXIX. *Monarquía indiana,* Band III, S. 223.
[177] *Philosophical transactions,* 1772, S. 353.

war, allein auf den Gipfel des Berges von Colhuacán rettete. Wir haben bereits darauf hingewiesen, daß der Noah der Azteken, gemeinhin Coxcox genannt, auch den Namen *Teo-Cipactli* trägt, in dem das Wort *Gott* oder *göttlich* dem des Zeichens *cipactli* beigefügt ist. Blickt man auf den Tierkreis der Völker Asiens, so findet man, daß der Steinbock der Hindus der für seine Heldentaten berühmte Fabelfisch *mahara* oder *souro* ist[178], der seit dem höchsten Altertum als Meeresungeheuer mit Gazellenkopf dargestellt wird.[179] Da die Bewohner Indiens, wie die Mexikaner, die *nakshatras* (Mondhäuser) und die *laquenons* (Dodecatemoria) oft nur durch die Köpfe der Tiere anzeigen, die den Mond- und Sonnentierkreis bilden, darf man nicht überrascht sein, daß die westlichen Völker den *mahara* in einen Steinbock (αἰγοκέρως [aigokéros]) verwandelt haben und daß Aratus, Ptolemaios und der Perser Kazwini ihm nicht einmal einen Fischschwanz geben. Ein Tier, das, nachdem es lange im Wasser gelebt hat, die Gestalt einer Gazelle annimmt und Berge erklimmt, erinnert Völker, deren ängstliche Einbildungskraft für entfernteste Ähnlichkeiten empfänglich ist, an die uralten Überlieferungen von Manu, Noah und jene bei den Skythen und Thessaliern berühmten Deukalion-Gestalten. Zwar war Deukalion, den man als den Coxcox oder Teo-Cipactli der mexikanischen Mythologie betrachten kann, Germanicus zufolge nicht im Zeichen des Steinbocks angesiedelt, sondern im unmittelbar darauf folgenden, dem des Wassermanns (ὑδροχόος [hydrochóos]); dieser Umstand vermag uns jedoch nicht zu erstaunen; er bestätigt vielmehr die scharfsinnige Auffassung des Herrn Bailly über die alte Beziehung zwischen den drei Zeichen der Fische, des Wassermanns und des Steinbocks oder Gazellenfischs.[180]

Ocelotl, Tiger oder Jaguar *(felis onca)* der heißen Regionen Mexikos; *tochtli*, Kaninchen; *ozomatli*, Äffin; *itzcuintli*, Hund; *cohuatl*, Schlange; *quauhtli*, Vogel, sind Katasterismen, die unter den gleichen Namen im tatarischen und tibetanischen Tierkreis zu finden sind. In der chinesischen Astronomie bezeichnet der Hase nicht nur das vierte *tse* oder Tierkreiszeichen; seit der fernen Zeit des Reiches von Yao wurde zudem der Mond als eine Scheibe dargestellt, in der ein sitzender Hase mit einen Stock in einem Gefäß rührt[181], als machte er Butter; eine kindliche Idee, die in den Steppen der Tatarei entstanden sein mag, wo es reichlich Hasen gibt und Hirtenvölker wohnen. Der mexikanische Affe, *ozomatli*, entspricht dem *heou* der Chinesen[182], dem *petchi* der Mandschu und dem *prehou*

---

[178] SONNERAT, *Voyage aux Indes orientales et à la Chine*, Band I, S. 310. BAILLY, *Astronomie indienne*, S. 230.

[179] *Asiatick Researches*, Band II, S. 335, Nr. 7.

[180] *Astronomie moderne*, Band III, S. 297.

[181] GROSIER, *Histoire générale de la Chine*, Band I, S. 114.

[182] DEGUIGNES, *Histoire des Huns*, Band I, S. XLVII.

der Tibetaner, drei Namen, die das gleiche Tier bezeichnen. Procyon scheint der Affe *hanuan*[183] zu sein, der in der Mythologie der Inder so bekannt ist; und die Position dieses Gestirns, das mit den Zwillingen und dem Pol der Ekliptik auf einer Linie steht, entspricht genau der Stellung, die der Affe im tatarischen Tierkreis einnimmt, zwischen Krebs und Stier. Affen finden sich auch am Himmel der Araber; dabei handelt es sich um Sterne aus dem Sternbild des großen Hundes, die im Verzeichnis von Kazwini *El-kurûd*[184] genannt werden. Diese Details über das Zeichen *ozomatli* führe ich an, weil ein Tier der heißen Zone, das sich unter den Sternbildern der mongolischen, mandschurischen, aztekischen und toltekischen Völker findet, ein wichtiger Punkt nicht nur für die Geschichte der Astronomie, sondern auch für die der Völkerwanderungen ist.

Das Zeichen *itzcuintli*, Hund, entspricht dem vorletzten Zeichen des tatarischen Tierkreises, dem *ky* der Tibetaner, dem *nokaï* der Mandschu und dem *in* der Japaner. Durch Pater Gaubil erfahren wir, daß der *Hund* des tatarischen Tierkreises unser Dodekatemorion des Widders ist, und es ist höchst bemerkenswert, daß Le Gentil zufolge bei den Hindus, wenngleich dieses Volk die mit der Ratte beginnende Zeichenreihe nicht kannte, der Widder manchmal durch einen *verwilderten Hund* ersetzt ist. Ebenso bezeichnet bei den Mexikanern *itzcuintli* den wilden Hund, im Gegensatz zu dem Haushund, der *techichi* hieß. In Mexiko gab es einstmals reichlich fleischfressende Vierbeiner[185], die gleichermaßen mit Hund und Wolf verwandt waren und die Hernández uns nur unvollkommen vorgestellt hat. Die Gattung dieser Tiere, bekannt unter den Namen *xoloitzcuintli, itzcuintepotzotli, tepeitzcuintli,* ist wohl nicht vollständig untergegangen; doch wahrscheinlich haben sie sich in die menschenleersten und entlegensten Wälder zurückgezogen, denn in dem Teil des Landes, durch den ich gekommen bin, habe ich nie von einem verwilderten Hund gehört. Le Gentil[186] und Bailly waren im Irrtum, als sie vorbrachten, das Wort *mecha,* das auf unseren Widder verweist, bedeute *verwilderter Hund*. Dieses Wort aus dem Sanskrit ist der gemeine Name des Widders; man findet es in sehr poetischer Weise von einem indischen Autor gebraucht[187], der den Kampf zweier Krieger beschreibt, indem er sagt, »ihren Köpfen nach waren sie zwei *mecha* (Widder); ihren Armen nach, zwei Elefanten; ihren Füßen nach, zwei edle Rennpferde«.

Die folgende Tabelle stellt die Zeichen des tatarischen Tierkreises denen der Tage des mexikanischen Kalenders gegenüber:

[183] DUPUIS, *Origine des Cultes,* Band III, S. 363.
[184] IDELER, *Sternnamen,* S. 238, 248, 413.
[185] Siehe meine *Ansichten der Natur,* S. 87.
[186] LE GENTIL, *Voyage dans les Indes,* Band I, S. 247.
[187] Beobachtung des Herrn de CHÉZY.

TIERKREIS DER MANDSCHU-TATAREN	TIERKREIS DER MEXIKANER
Pars, Tiger	*Ocelotl*, Jaguar
Taoulai, Hase	*Tochtli*, Hase, Kaninchen
Mogai, Schlange	*Cohuatl*, Schlange
Petchi, Affe	*Ozomatli*, Affe
Nokaï, Hund	*Itzcuintli*, Hund
Tukia, Vogel, Huhn	*Quauhtli*, Vogel, Adler

Selbst ohne an die Hieroglyphen Wasser *(atl)* und Meeresungeheuer *(cipactli)* zu erinnern, die eine auffallende Ähnlichkeit mit den Katasterismen des Wassermanns und des Steinbocks aufweisen, genügen die sechs Zeichen des tatarischen Tierkreises, die man im mexikanischen Kalender wiederfindet, um sehr wahrscheinlich erscheinen zu lassen, daß die astrologischen Vorstellungen der Völker beider Kontinente sich aus einer gemeinsamen Quelle gespeist haben. Diese Ähnlichkeiten, die wir hervorheben, sind nicht ungestalten oder allegorischen Malereien entnommen, die je nach Art der zu verteidigenden Hypothesen verschieden gedeutet werden können. Zieht man die Werke heran, die zu Beginn der Eroberung von spanischen und indianischen Autoren verfaßt wurden, denen nicht einmal die Existenz eines tatarischen Tierkreises bekannt war, wird man sehen, daß die Tage in Mexiko seit dem siebten Jahrhundert unserer Zeitrechnung *Jaguar, Hund, Affe, Hase* oder *Kaninchen* hießen, ebenso wie in ganz Ost-Asien die Jahre bis heute in den Sprachen der Tibetaner, der Mandschu-Tataren, Mongolen, Kalmücken, Chinesen, Japaner, Koreaner und in denen von Tongking und Kotschinchina die gleichen Namen tragen.[188]

Es ist vorstellbar, daß Nationen, die nie miteinander in Berührung gekommen sind, die Ekliptik gleichermaßen in sieben- oder achtundzwanzig Abschnitte einteilen und jedem Mondtag den Namen der Sterne geben, neben denen sich der Mond auf seiner fortschreitenden Bahn von Westen nach Osten jeweils befindet. Es erscheint auch höchst natürlich, daß Jäger- oder Hirtenvölker die Konstellationen und die Mondtage mit den Namen der Tiere bezeichnen, die im Mittelpunkt ihrer ständigen Beschäftigung und Sorge stehen. Der Himmel aller Nomadenhorden mag von Hunden, Hirschen, Stieren und Wölfen bevölkert sein, ohne daß man daraus schließen müßte, diese Horden hätten einst einem einzigen Volk

[188] SOUCIET, Band II, S. 138.

angehört. Man darf rein zufällige oder aus einer gleichen Position hervorgegangene Ähnlichkeiten nicht mit solchen verwechseln, die von einem gemeinsamen Ursprung oder früheren Verbindungen zeugen.

Indes umfassen die tatarischen und mexikanischen Tierkreise nicht nur Tiere, die den heute von diesen Völkern bewohnten Klimaten eigentümlich sind; man findet darin auch Tiger und Affen. Diese beiden Tierarten sind auf den Plateaus von Zentral- und Ost-Asien unbekannt, deren große Höhe tiefere Temperaturen zur Folge hat als diejenigen, welche unter gleicher Breite weiter westlich herrschen. Die Tibetaner, Mongolen, Mandschu und Kalmücken haben also den Tierkreis, den man allzu ausschließlich den tatarischen Zyklus nennt, von einem südlicheren Land erhalten. Die Tolteken, Azteken und Tlaxcalteken sind von Norden nach Süden gezogen; wir wissen von aztekischen Monumenten bis zu den Ufern des Gila zwischen 33° und 34° nördlicher Breite. Die Geschichte zeigt uns, daß die Tolteken aus noch nördlicheren Gegenden kamen. Diese aus Aztlán stammenden Siedler waren keine barbarischen Horden; alles bei ihnen kündete von den Überresten einer alten Zivilisation. Die Namen, die sie den von ihnen erbauten Städten gaben, waren diejenigen der Orte, wo ihre Ahnen gewohnt hatten; ihre Gesetze, ihre Annalen, ihre Chronologie, die Ordnung ihrer Opfer bauten auf den Kenntnissen auf, die sie in ihrer ersten Heimat erworben hatten. Nun leben jedoch im nördlichen Teil Neu-Spaniens und an den Nordwestküsten Amerikas keine Affen und Jaguare, wie sie sich unter den Hieroglyphen der Tage und in der mexikanischen Überlieferung der *vier Zeitalter* oder *Zerstörungen der Sonne* finden. Folglich lassen die Zeichen *ozomatli* und *ocelotl* es besonders wahrscheinlich erscheinen, daß die Tierkreise der Tolteken, der Azteken, der Mongolen, der Tibetaner und so vieler anderer Völker, die heute durch weite Entfernungen voneinander getrennt leben, von einem gemeinsamen Ort auf dem alten Kontinent her stammen.

Die Mondlager der Hindus, unter denen wir auch einen Affen, eine Schlange, einen Hundeschwanz und den Kopf einer Gazelle oder eines Meeresungeheuers finden, weisen noch weitere Zeichen auf, deren Namen an die von *calli, acatl, tecpatl* und *ollin* des mexikanischen Kalenders erinnern.

Zuerst wollen wir anmerken, daß das aztekische Wort *calli* die gleiche Bedeutung hat wie das *kuala* oder *kolla*[189] der Wogulen, die an den Ufern der Kama und des Irtysch leben, ebenso wie *atel* (Wasser) auf Aztekisch und *itels* (Fluß) auf Vilelisch an die Wörter *atl, atelch, etel* oder *idel* (Fluß) in der Sprache der

[189] VATER, *Über Amerika's Bevölkerung*, S. 160.

INDISCHE NAKSHATRAS	MEXIKANISCHE ZEICHEN
Magha, Haus	*Calli*, Haus
Venou, Rohr	*Acatl*, Rohr
Critica, Rasiermesser	*Tecpatl*, Feuerstein
(*Sravana*, drei Fußspuren)	(*Ollin*, Sonnenlauf, dargestellt durch drei Fußspuren)

mongolischen, tscheremissischen und tschuwaschischen Tataren erinnern.[190] Der Name *calli*, Haus, bezeichnet sehr treffend eine Station oder ein Gasthaus des Mondes (auf Arabisch *mendzil el kamar*), eine Ruhestätte. So findet man unter den indischen Nakshatras, abgesehen von den *Häusern* (*magha* und *punarvasu*), auch *Bettstellen* und *Pritschen*.

Das mexikanische Zeichen *acatl*, Rohr, wird im allgemeinen durch zwei zusammengebundene Schilfrohre abgebildet.[191] Doch der 1790 in México gefundene Stein, der die Hieroglyphen der Tage zeigt, stellt das Zeichen *acatl* auf ganz andere Weise dar. Man erkennt darauf ein Bündel von Binsen oder von Mais in einer Vase. Bei dieser Gelegenheit wollen wir daran erinnern, daß in der ersten dreizehntägigen Periode des Jahres *tochtli* das Zeichen *acatl* stets *in Begleitung* von *Cinteotl* auftritt, welche die Göttin des Maises ist, Ceres, die Gottheit, die über die Landwirtschaft waltet. Bei den westlichen Völkern steht Ceres im fünften Dodekatemorion; es gibt sogar sehr alte Tierkreise, in denen ein Ährenbündel[192] den ganzen Platz ausfüllt, den Ceres, Isis, Astrea oder Erigone im Zeichen der Getreide- und Weinernte einnehmen sollten. So finden wir also seit einem hohen Altertum bei den am weitesten voneinander entfernten Völkern die gleichen Vorstellungen, die gleichen Symbole, die gleiche Neigung, Naturphänomene auf den geheimnisvollen Einfluß der Gestirne zurückzuführen.

Die mexikanische Hieroglyphe *tecpatl* zeigt einen scharfen Stein von ovaler Form, nach beiden Enden langgezogen, gleich denen, die man als Messer verwendete oder am Ende eines Spießes befestigte. Dieses Zeichen erinnert an die *critica*, das scharfe Messer im Mondtierkreis der Hindus. Auf dem großen Stein der Tafel XXIII ist die Hieroglyphe *tecpatl* auf eine Weise dargestellt, die etwas von der Form abweicht, die man diesem Werkzeug gewöhnlich gibt. Der Feuerstein ist in der Mitte durchbohrt, und die Öffnung scheint für die Hand des

---

[190] ENGEL, *Ungarische Geschichte*, Band I, S. 346, 361. GEORGI, *Bemerkungen einer Reise im Russischen Reich*, Band II, S. 904. THWROCZ, *Chronica Hungarorum*, S. 49.

[191] Siehe Tafel XXVII.

[192] IDELER, *Sternnamen*, S. 172. DUPUIS, *Origine des Cultes*, Band II, S. 228–234. *Atlas*, Nr. 6.

Kriegers bestimmt, der sich dieser Waffe mit zwei Spitzen bedient. Es ist bekannt, daß die Amerikaner eine besondere Kunstfertigkeit besaßen, die härtesten Steine zu durchbohren und sie durch Schleifen zu bearbeiten. Aus Südamerika habe ich einen Obsidian-Ring mitgebracht und im Museum zu Berlin hinterlegt, der einem jungen Mädchen als Armreif diente und einen hohlen Zylinder bildet; seine Öffnung beträgt etwa sieben Zentimeter, seine Höhe vier Zentimeter und seine Dicke keine drei Millimeter. Man kann sich kaum vorstellen, wie eine glasartige, zerbrechliche Masse zu einer so dünnen Schicht verarbeitet werden konnte. Der *tecpatl* ist im übrigen vom Obsidian zu unterscheiden, einer Substanz, welche die Mexikaner *iztli* nannten; unter der Bezeichnung *tecpatl* faßt man die Jade- und Hornsteinarten sowie den Feuerstein zusammen.

Das Zeichen *ollin* oder *ollin tonatiuh* regiert am Anfang des zweiundfünfzigjährigen Zyklus den siebzehnten Tag des ersten Monats. Die Erklärung dieses Zeichens hat die spanischen Mönche, die den mexikanischen Kalender bekannt gemacht haben, ohne über die grundlegendsten Kenntnisse der Astronomie zu verfügen, sehr in Verlegenheit gebracht. Die indianischen Autoren übersetzen *ollin* mit *Bewegung der Sonne*. Wenn sie die Zahl *nahui* beigefügt finden, geben sie *nahui ollin* durch die Wörter *Sonne* (tonatiuh) *in ihren vier Bewegungen* wieder. Das Zeichen *ollin* wird auf drei Weisen dargestellt: bald als zwei ineinander verschlungene Bänder oder vielmehr als zwei sich kreuzende Kurvenstücke mit drei deutlichen Vertiefungen an ihren höchsten Punkten (Tafel XXXVII); bald als Sonnenscheibe, umgeben von vier Quadraten, welche die Hieroglyphen der Zahlen *Eins (ce)* und *Vier (nahui)* enthalten (Tafel XXIII); bald als drei Fußspuren. Die vier Quadrate spielten, wie wir an späterer Stelle ausführen werden, auf die berühmte Überlieferung der vier Zeitalter oder vier Zerstörungen der Welt an, die sich an den Tagen *4 Jaguar, nahui ocelotl; 4 Wind, nahui ehecatl; 4 Regen, nahui quiahuitl;* und *4 Wasser, nahui atl* ereigneten, in den Jahren *ce acatl, 1 Rohr; ce tecpatl, 1 Feuerstein;* und *ce calli, 1 Haus.* Ebendiesen Tagen entsprachen ungefähr die Sonnenwenden, die Tagundnachtgleichen und die Zenitdurchquerungen der Sonne am Himmel über Tenochtitlán.

Die Darstellung des Zeichens *ollin* durch drei *xocpalli* oder *Fußspuren*, wie man sie oft in den Manuskripten des Vatikan und im *Codex Borgianus,* Blatt 47, Nr. 210, findet, ist durch die Ähnlichkeit bemerkenswert, die sie offenkundig mit *sravana* oder den *drei Fußspuren Vishnus* bietet, einem der Lager des Mondtierkreises der Hindus. Im mexikanischen Kalender verweisen die drei Fußspuren entweder auf die Spuren der Sonne in ihrer Bewegung über den Äquator und zu den beiden Wendekreisen hin oder auf die drei Positionen der Sonne am Zenit, am Äquator und an einem der Solstitialpunkte. Es wäre möglich, daß der Mondtierkreis der Hindus ein Zeichen enthielt, das, wie das der Waage, einen Bezug auf den Sonnenlauf hatte. Wir haben gesehen, daß der Tierkreis von achtundzwanzig Zeichen nach und nach in einen Tierkreis von zwölf Vollmondlagern umgewandelt worden sein könnte und daß einige Nakshatras den Namen gewechselt haben mögen, seit durch die Kenntnis des jährlichen Sonnenlaufs der *Tierkreis der Vollmonde* zu einem wahrhaften *Sonnentierkreis* geworden ist. Tatsächlich ist Krishna, der Apollon der Hindus, nichts anderes als Vishnu in Gestalt der Sonne[193], der insbesondere unter dem Namen des Gottes Surya angebetet wird. Trotz dieser Ähnlichkeit der Vorstellungen und der Zeichen meinen wir, daß die drei Fußspuren, die das dreiundzwanzigste Nakshatra *sravana* bilden, nur eine zufällige Ähnlichkeit mit den drei Fußabdrücken des Zeichens *ollin* haben. Herr de Chézy, der eine profunde Kenntnis des Persischen mit der des Sanskrit verbindet, bemerkt, daß das *sravana* des indischen Tierkreises auf eine bei den Hindus sehr berühmte Sage anspielt, die in den meisten ihrer heiligen Bücher verzeichnet ist, insbesondere im *Bhagavata Purana*. Vishnu will den Hochmut eines Riesen bestrafen, der sich ebenso mächtig wähnte wie die Götter, und erscheint ihm in Gestalt eines Zwerges; er bittet ihn, ihm von seinem großen Reich so viel abzutreten, wie er durch drei seiner Schritte erfassen könnte. Lächelnd gewährt ihm der Riese die Bitte; doch alsbald wächst der Zwerg so ungeheuerlich, daß er in zwei Schritten den gesamten Raum zwischen Himmel und Erde durchmißt. Als er beim dritten Schritt fragt, wohin er seinen Fuß setzen könnte, erkennt der Riese den Gott Vishnu und fällt vor ihm nieder. Diese Fabel erklärt das Bild des Nakshatra *sravana* so gut, daß man schwerlich noch annehmen kann, dieses Zeichen hänge mit dem des *ollin* zusammen, so wie *cipactli* und der mexikanische Noah, *Teo-Cipactli,* mit dem Sternbild des *Steinbocks* und dem des *Deukalion,* früher im Wassermann angesiedelt, verbunden sind.

Wir haben nun die Bezüge erörtert, die zwischen den Zeichen der verschiedenen Tierkreise Indiens, Tibets sowie der Tatarei und den Hieroglyphen der Tage und Jahre des mexikanischen Kalenders bestehen. Wir haben ermittelt, daß die auffallendsten und zahlreichsten unter diesen Bezügen diejenigen im Zyklus der zwölf Tiere sind, den wir unter dem Namen des tatarischen und tibetanischen Tierkreises vorgestellt haben. Um die Diskussion abzuschließen, deren Ergebnisse für die Geschichte der früheren Verbindungen zwischen den Völkern so

---
[193] *Asiatick Researches,* Band I, S. 200.

wichtig sind, bleibt uns noch, letzteren Tierkreis genauer zu untersuchen und zu beweisen, daß im System der asiatischen Astrologie, mit der die mexikanische Astrologie einen gemeinsamen Ursprung zu teilen scheint, die zwölf Zeichen nicht nur den Monaten, sondern auch den Jahren, den Tagen, den Stunden und sogar den kleinsten Unterteilungen der Stunden vorstehen.

Bedenkt man, daß die Völker Ost-Asiens Einteilungen der Ekliptik in sieben- oder achtundzwanzig, in zwölf und in vierundzwanzig Abschnitte zugleich verwenden und daß den gleichen Zeichen des Sonnentierkreises dort völlig unterschiedliche Namen und oft auch Bilder zugeordnet sind, so ist man versucht zu glauben, daß diese Mannigfaltigkeit von Zeichen äußerste Verwirrung stiften muß, was die den Tierkreiskonstellationen zugewiesenen Grenzen betrifft. Bei den Hindus zum Beispiel finden wir, neben den Nakshatras oder Mondhäusern, zwölf *laquenons,* deren Namen die gleichen sind wie die der Zeichen des griechischen und ägyptischen Tierkreises. Die Chinesen unterteilen die Ekliptik auf drei Weisen, nämlich in achtundzwanzig Nakshatras, die sie *che* oder *eul-che-po-sieou* nennen[194]; in zwölf *tse,* die unseren Zeichen entsprechen, jedoch Namen tragen, die zum Teil mystisch, zum Teil den Erzeugnissen des Landes entlehnt sind, wie etwa *große Pracht, tiefe Leere, Wachtelschwanz und -kopf*[195]; und in vierundzwanzig *tsieki.* Die Namen dieser *tsieki* oder *halben tse* beziehen sich auf das Klima sowie Temperaturänderungen.[196] Überdies haben die Chinesen zwei weitere Zyklen von zwölf Zeichen: den der *tchi* und den der Tiere, deren Namen mit denen der tibetanischen und tatarischen Zyklen identisch sind; sieben *che* entsprechen drei *tse,* so wie sechs *tsieki* drei *tchi* und drei *himmlischen Tieren* entsprechen. Der Zyklus dieser zwölf chinesischen Tiere, unter denen wir den Affen, den Tiger oder Jaguar, die Ratte (Symbol des Wassers), den Hund, den Vogel, die Schlange und den Hasen des mexikanischen Kalenders wiedergefunden haben, gibt dem Zyklus von zwölf Jahren ebenso wie der kleinen Periode von zwölf Tagen ihre Namen. Man bedient sich der zwölf Tiere, wie Pater Gaubil sagt[197], um die zwölf Monde des Jahres, die zwölf Stunden des Tages und der Nacht und die zwölf Himmelszeichen zu kennzeichnen. Indes sind im Osten Asiens all diese Einteilungen in zwölf durch verschiedene Namen bezeichnete Abschnitte lediglich abstrakte oder imaginäre Einteilungen; sie dienen dazu, an die Bewegung der Sonne durch die Ekliptik zu erinnern; doch der wahre Tierkreis der Gestirne besteht, wie Herr Bailly[198] vortrefflich bemerkt hat und wie von den

[194] SOUCIET und GAUBIL, Band III, S. 80.   [196] Ebenda, Band III, S. 94.   [197] SOUCIET, Band II, S. 156, 174.
[195] Ebenda, Band III, S. 98.   BAILLY, *Astronomie indienne,* S. LXXXXVI.   [198]*Astronomie indienne,* S. V.

neueren Forschungen der Herren Jones und Colbrooke bestätigt wurde, in den achtundzwanzig Mondhäusern. Man sagt zwar in China, daß die Sonne *in den Affen und in den Hasen eintritt,* wie wir sagen, daß sie in die Zwillinge oder in den Skorpion eintritt; doch die Chinesen, die Hindus und die Tataren verteilen die Sterne nur nach dem System der Nakshatras. Die Einteilung des Tierkreises in sieben- oder achtundzwanzig Abschnitte, die vom Jemen bis zur Turfan-Ebene und nach Kotschinchina bekannt ist, gehört, mit der kleinen Periode von sieben Tagen, zu den ältesten Monumenten der Astronomie.

Überall, wo man nebeneinander mehrere Einteilungen der Ekliptik beobachtet, die sich nicht durch die Zahl der Katasterismen, sondern durch ihre Namen unterscheiden, wie die *tse,* die *tchi* und die *himmlischen Tiere* der Chinesen, der Tibetaner und der Tataren, ist diese Mannigfaltigkeit von Zeichen wahrscheinlich der Vermischung mehrerer Nationen geschuldet, die sich gegenseitig unterworfen haben. Die Auswirkungen dieser Vermischung, diejenigen des Einflusses der Sieger auf die besiegten Völker, treten vor allem im Nordosten Asiens an den Tag, dessen Sprachen sich trotz der Vielzahl von mongolischen und tatarischen Wurzeln, die sie enthalten, so wesentlich voneinander unterscheiden[199], daß sie sich jeder methodischen Klassifikation zu entziehen scheinen. Je weiter man sich von Tibet und Hindostan entfernt, um so mehr sieht man den gleichförmigen Typus der bürgerlichen Institutionen, der Wissenschaften und des Kultus schwinden. Wenn also die Horden des östlichen Sibirien, zu denen die Lehren des Buddhismus offenkundig vorgedrungen sind, dennoch nur durch schwache Bande mit den zivilisierten Völkern Süd-Asiens verbunden scheinen, kann es uns dann verwundern, daß man auf dem neuen Kontinent neben einigen Ähnlichkeiten in den Überlieferungen, der Chronologie und dem Stil der Monumente eine solche Vielzahl von augenfälligen Verschiedenheiten entdeckt? Als an fremde Ufer verpflanzte Völker tatarischen oder mongolischen Ursprungs es schafften, sich mühsam einen Weg zur Zivilisation zu bahnen, nahm alles, ihre Sprachen, ihre Mythologie, ihre Zeiteinteilungen, einen individuellen Charakter an, der den ursprünglichen Typus ihrer nationalen Physiognomie gleichsam auslöschte.

Tatsächlich finden wir bei den Mexikanern anstelle der sechzigjährigen Zyklen, der in zwölf Monate unterteilten Jahre und der kleinen Perioden von sieben Tagen, die bei den Völkern Asiens gebräuchlich waren, Zyklen von zweiundfünfzig Jahren, Jahre von achtzehn Monaten zu jeweils zwanzig Tagen, halbe Dekaden und halbe Mondwandlungen von dreizehn Tagen. Das System der periodischen

[199] ADELUNG, *Mithridates,* Band II, S. 533 und 560.

Reihen, deren kombinierte Glieder dazu dienen, bestimmte Tage und Jahre zu bezeichnen, ist auf beiden Kontinenten das gleiche; ein großer Teil der Zeichen, welche die Reihen des mexikanischen Kalenders bilden, sind dem Tierkreis der Völker Tibets und der Tatarei entlehnt; doch weder ihre Zahl noch ihre Reihenfolge deckt sich mit den in Asien beobachteten.

Der tatarische Tierkreis beginnt nicht, wie der der Hindus, mit dem Hund, der unserem Zeichen des Widders entspricht, sondern mit der Ratte, die den Wassermann vertritt.[200] Dieser Tierkreis hat überdies die erstaunliche Eigentümlichkeit, daß die *himmlischen Tiere* entgegen der Reihenfolge der Zeichen gezählt werden: Statt letztere in die Ordnung zu stellen, die durch die Bewegung der Sonne von Okzident nach Orient durch die Ekliptik gekennzeichnet ist, zählen die Tibetaner, die Chinesen, die Japaner und die Tataren die Zeichen in folgender Ordnung: *Ratte* oder Wassermann, *Rind* oder Steinbock, *Tiger* oder Schütze, *Hase* oder Skorpion, usf. Diese seltsame Gewohnheit hat ihre Ursache vielleicht in dem Umstand, daß die zwölf Konstellationen des Tierkreises bei ihrer Durchquerung des Meridians den verschiedenen Stunden des Tages und der Nacht vorstehen. Da sie an der allgemeinen Bewegung der Himmelssphäre von Osten nach Westen teilhaben, hat man sie in der Reihenfolge angeordnet, gemäß der sie nacheinander auf- oder untergehen.

Im mexikanischen Kalender sind die Zeichen der Tage, die mit den Zeichen des tatarischen Zyklus identisch sind, die des Hundes, des Affen, des Tigers oder Jaguars und des Hasen, solcherart angeordnet, daß keinerlei Ähnlichkeit in ihrer relativen Position zu erkennen ist. *Cipactli,* das, wie wir weiter oben nachgewiesen haben, der *Gazellenfisch* ist, ist der erste Katasterismus, so wie der Steinbock es bei den Ägyptern gewesen zu sein scheint.[201] Unter den mexikanischen Zeichen herrscht ungefähr folgende Ordnung: *cipactli, cohuatl, tochtli, itzcuintli, ozomatli* und *ocelotl;* oder, wenn man die Namen unserer Zeichen einsetzt: Steinbock, Jungfrau, Skorpion, Widder, Zwillinge und Schütze. Sollte diese Ungleichheit in der Verteilung der Zeichen bloßer Schein und auf eine ähnliche Ursache zurückzuführen sein wie die, nach der bei allen Völkern des Orients, den Zeugnissen von Herodot und Dio Cassius[202] zufolge, die Wochentage nach den Planeten benannt wurden, die in einer ganz anderen Reihenfolge standen, als sie die Astronomie der Hindus, der Ägypter und der Griechen ihnen zuweist? Bedenkt man indes

---

[200] SOUCIET, Band II, S. 136. BAILLY, *Astronomie indienne,* S. 212.
LANGLÈS, Anmerkungen zu THUNBERGs *Voyage au Japon,* S. 319.
[201] *Fragmentum ex Gazophylacio Cardinalis Barberini* (KIRCHER, *Oedipus Aegyptiacus,* 1653, Band III, S. 160).
[202] DIO CASSIUS, Buch XXXVII, Kap. 19 (ed. Fabricius, 1750, Band I, S. 124).
HERODOT, Buch II, Kap. 89 (ed. Wesseling, 1763, S. 105).

die Zahl der Glieder, welche die Reihe der Stunden und die der mexikanischen Hieroglyphen ausmachen, wird deutlich, daß diese Hypothese nicht zulässig ist.

Als wir weiter oben die Ähnlichkeit zwischen den Namen einiger Mondhäuser und denen der Zeichen des Sonnentierkreises besprachen, haben wir bereits erörtert, wie sich die ursprüngliche Reihenfolge der Katasterismen verändern kann, wenn in die Barbarei zurückgefallene Völker aufgrund dunkler Reminiszenzen versuchen, das System ihrer Chronologie wiederherzustellen. Wenngleich die Annahme solcher Veränderungen sich aufdrängt, müssen wir sie jedoch nicht zwingend voraussetzen, um die unterschiedliche Position der gleichen Zeichen in den tatarischen und mexikanischen Tierkreisen zu erklären. Die Hindus behalten mehrere Einteilungen der Ekliptik in sieben- oder achtundzwanzig Nakshatras bei, deren Namen zum größten Teil die gleichen sind, ohne in der gleichen Reihenfolge zu stehen. Ein antikes Monument, das Bianchini zu Beginn des letzten Jahrhunderts bekannt gemacht hat, beweist, daß es im Orient Sonnentierkreise gab, in denen sich die tatarischen Katasterismen des Pferdes, des Hundes, des Hasen, des Drachen und des Vogels wiederfinden, solcherart angeordnet, daß der Hund dem Stier und nicht dem Widder des griechischen Tierkreises entspricht und daß der Hund und der Hase nicht durch vier, sondern nur durch zwei Zeichen getrennt sind. Wenn nun in Asien die gleichen Nakshatras und die gleichen Dodekatemorien in den verschiedenen Mond- und Sonnentierkreisen nicht immer der gleichen Ordnung gefolgt sind, so darf uns die Verschiebung der Zeichen, die wir im Zyklus der Tageshieroglyphen bei den Mexikanern beobachten, nicht verwundern. Es könnte sogar sein, daß diese Verschiebung bloßer Schein war und uns nur deshalb wirklich vorkam, weil wir den toltekischen und mexikanischen Kalender nur mit den Zyklen vergleichen können, die wir heute bei den Tataren und Tibetanern finden. Vielleicht haben andere Völker Ost-Asiens jenen kriegerischen Horden, die Mexiko seit dem siebten Jahrhundert überschwemmt haben, ihren Tierkreis weitergegeben. Vielleicht werden eines Tages Reisende, die das Plateau Zentralasiens durchqueren und die Überreste der Zivilisation in der Kleinen Bucharei, in der Turfan-Ebene oder bei den Ruinen von Karakorum, der alten Hauptstadt des mongolischen Reiches, genauer untersuchen, auf ebendiese Zeichenreihe stoßen, die der mexikanische Tierkreis umfaßt.

Das astronomische Monument, von dem Bianchini eine Zeichnung an die Akademie sandte, ist ein im Vatikan aufbewahrtes Marmorfragment, das 1705 in Rom gefunden wurde. Wir wollen es hier mit besonderer Sorgfalt untersuchen, denn es erscheint uns geeignet, einiges Licht in die in Mexiko und Ost-Asien gebräuchlichen Einteilungen der Ekliptik zu bringen. Es zeigt in fünf konzentrischen Bereichen die Figuren der Planeten, die Dekanate, die Katasterismen des griechischen Tierkreises in zweifacher Ausführung und die Zeichen eines weiteren Tierkreises, der die größte Ähnlichkeit mit dem der tatarischen Völker aufweist. Man mag überrascht sein, daß Fontenelle, Bailly, Dupuis und andere Gelehrte, die über den Ursprung der Tierkreise geschrieben haben, dieses Basrelief für ein Werk der Ägypter gehalten haben.[203] Nach der Beobachtung eines vortrefflichen Gelehrten, Herrn Visconti, beweist der Stil der Figuren, welche die Planeten darstellen, deutlich, daß es zur Zeit der Cäsaren entstanden ist. Man erkennt auf diesem stark beschädigten Monument unter den Zeichen des inneren Bereiches ein Pferd, einen Krebs, eine Schlange, einen Hund, der etwas von einem Wolf hat, einen Hasen, zwei Vögel, von denen der eine einer Schlange gegenübersteht, und zwei Vierbeiner, einer mit einem langen Schwanz, der andere mit Ziegenhörnern. Da die Katasterismen des griechischen Tierkreises jeweils mit denen des unbekannten Tierkreises zusammengestellt sind, sieht man, daß Pferd und Hase wie in den tatarischen Dodekatemorien unseren Zeichen des Löwen und des Skorpions entsprechen. Die folgende Tabelle zeigt die Reihenfolge, in der sich die Katasterismen in der Himmelskarte von Bianchini angeordnet finden. Ich habe die Zeichen des tatarischen Zyklus, von dem wir Spuren bei den Völkern des neuen Kontinents gefunden haben, hinzugefügt.

TIERKREIS VON BIANCHINI		TATARISCHER ZYKLUS
ÄUSSERER BEREICH	INNERER BEREICH	
Schütze	*Vogel*	Tiger
Skorpion	Hase	Hase
Waage	*Ziege*	Drache
Jungfrau	Langschwänziges Tier	Schlange
Löwe	Pferd	Pferd
Krebs	Krebs	Schaf
Zwillinge	Schlange	Affe
Stier	Hund oder Wolf	Huhn
Widder	*Vogel*	Hund
Fische	......	Schwein
Wassermann	......	Ratte
Steinbock	......	Rind

[203] *Histoire de l'Académie des Sciences,* 1708, Band I, S. 110. BAILLY, *Histoire de l'Astronomie ancienne,* S. 493 und 504. DUPUIS, *Origine des Cultes,* Band I, S. 180. HAGER, *Illustrazione d'uno zodiaco orientale,* 1811, S. 15.

Kursiv wurden die Namen derjenigen Tiere gedruckt, die zu stark beschädigt sind, um mit Gewißheit erkannt zu werden; in gleicher Weise wurden die Katasterismen der griechischen Sphäre gekennzeichnet, die vollständig fehlen, jedoch leicht ergänzt werden können. Letztere habe ich *entgegen der Reihenfolge der Zeichen* angeordnet, dem Brauch der tatarischen Völker gemäß. Es ist recht bemerkenswert, daß auf diesem seltsamen Monument die Planeten und Dekanate, von denen allein letztere im ägyptischen Stil mit Tierköpfen oder -masken dargestellt sind, sich in entgegengesetzten Richtungen angeordnet finden. Wenngleich in den beiden Bereichen, die den griechischen Tierkreis darstellen, vier in gleicher Gestalt wiederholte Zeichen zu erkennen sind, kann man daraus nicht schließen, daß die anderen ebenfalls identisch waren. Es wäre vor allem wünschenswert gewesen, daß die Zwillinge und Pan oder der Steinbock in beiden Bereichen erhalten geblieben wären; denn der Bildhauer scheint beabsichtigt zu haben, die Tierkreise verschiedener Völker und die heterogenen Gestalten[204], welche die gleichen Katasterismen bei den Chaldäern, den Ägyptern und den Griechen bekamen, zu versammeln. Die Zwillinge sind durch zwei Figuren dargestellt, von denen Herr Bailly meinte, sie seien verschiedenen Geschlechts, da die eine in der Hand eine Keule hält und die andere eine Leier. In derselben Form ist das Zeichen im *Astronomicon* von Hyginus beschrieben[205]; und genau so ist es in den Sanskrit-Versen des Dichters Sripeti gekennzeichnet: »das Paar, *mithouna*«, schreibt dieser indische Autor, »besteht aus einem jungen Mädchen, das die Vina spielt, und einem jungen Mann, der eine Keule schwingt.«[206]

Der innere Tierkreis enthält, wie derjenige der Tibetaner, der Chinesen und der Tataren, nur Tiere, wahrhafte ζῷδια [zōdia, Tierkreiszeichen]. In der griechischen Sphäre besteht die Hälfte der Zeichen aus Tieren, die in der Natur zu finden sind; die andere Hälfte besteht aus menschlichen Gestalten und fabelhaften oder allegorischen Wesen. Die Waage, ζυγός [zygós, Joch, Gespann] oder λίτρα [lítra, Pfund], wird bald von den Scheren (χηλαί [chelaí]) des Skorpions gehalten[207], bald von einer männlichen Gestalt wie in der Himmelskarte von Bianchini und im indischen Tierkreis, bald von der Jungfrau, die in diesem Fall den Namen Astrea oder Δίκη [Díke, Göttin des Rechts] annimmt. Die Zeichen der Mondlager oder die Tageshieroglyphen im mexikanischen Kalender weisen gleichermaßen Tiere

---

[204] ERATOSTHENES, *Catasterismi*, ed. Schaubach, 1795, S. 21. HYGINUS, *Poeticon astronomicon*, Buch II, Kap. 28; Buch III, Kap. 27 (*Auctores mythographi latini*, ed. van Staveren, 1742, Band II, S. 481–528).

[205] Buch III, Kap. 21 (*Auctores mythographi*, Band II, S. 523). DU CHOUL, *Discours de la religion des anciens Romains*, 1556, S. 180. IDELER, *Sternnamen*, S. 151.

[206] *Asiatick Researches*, Band II, S. 335.

[207] MANILIUS, *Astronomica*, Buch I, Vers 609.

und unbelebte Gegenstände auf. Schließt man sich der scharfsinnigen Auffassung des Herrn Hager an, nach welcher der heilige Stein, den Michaux von den Ufern des Tigris mitgebracht hat, ein alter Tierkreis ist, wird man erkennen, daß bei den Chaldäern die Reihe der wahrhaften ζῶδια [zōdia] auch durch Altäre, Türme und Häuser unterbrochen war.[208] Letzterer Umstand begünstigt die Hypothese, der Ursprung der Dodekatemorien sei auf die Häuser oder Gasthäuser des Mondes zurückzuführen. Derselbe Stein bietet scheinbar eine weitere Ähnlichkeit. Im tatarischen Zyklus entspricht der Tiger dem Schützen, der oft durch einen einfachen Pfeil angezeigt wird. In dem von Herrn Hager beschriebenen Tierkreis erkennt man, neben dem Wolf oder verwilderten Hund und dem Steinbock oder Gazellenfisch, einen Pfeil, der den Fluß Tigris darstellt. Diese Ähnlichkeit ist indes rein zufällig, denn der Name des Flusses hat nichts mit demjenigen gemein, den das Tier Tiger in den Sprachen des Orients trägt.

Erinnert man sich, daß der Tierkreis, der einen Hund, einen Hasen und einen Affen umfaßt, ausschließlich Ost-Asien angehört und daß er von dort wahrscheinlich nach Amerika gelangt ist, so erscheint es überraschend, daß man in Rom in den ersten Jahrhunderten unserer Zeitrechnung, als die Himmelskarte von Bianchini entstand, davon Kenntnis hatte. Die Astrologen oder Chaldäer, die sich in Griechenland und Italien niedergelassen hatten, standen wahrscheinlich mit denen Asiens in Verbindung; und diese Kontakte müssen um so häufiger und ausgedehnter geworden sein, je beliebter die Astrologie beim Volk und am Hof der Cäsaren wurde. Unter den acht erkennbaren Zeichen auf der Himmelskarte von Bianchini ist nur ein einziges, der Krebs, das nicht dem tatarischen Tierkreis angehört. Der Hase, der sich bei den Tibetanern und den Mexikanern findet, ist etwas hochbeinig, doch sein Platz im Skorpion kennzeichnet ihn hinreichend. Ich weiß nicht, warum Herr Bailly den Hund oder Wolf für ein Schwein gehalten hat. Letzteres Tier findet sich indes ebenfalls im tatarischen Tierkreis; es entspricht dem Zeichen der Fische in der griechischen Sphäre, und, was sehr bemerkenswert ist, in den Himmelskarten des Tempels von Dendera sieht man neben diesem Zeichen zweimal eine Gestalt, die ein Schwein in der Hand hält.[209] Das von Bianchini beschriebene Monument ist um so interessanter, als man in keinem Werk der Astronomie, ob griechisch oder lateinisch, nicht einmal in den zur Zeit des Theodosius geschriebenen *Saturnalia* von Macrobius, die Spuren jenes Tierzyklus wiederfindet, den die Mongolen und andere tatarische Horden, die Europa verheert haben, in ihrer Chronologie wahrscheinlich verwendet haben

[208] *Illustrazione d'uno zodiaco orientale*, Kap. 8, S. 39, Tafel 2. [209] DENON, *Voyage en Égypte*, Tafel 130 und 132.

und den wir doch erst durch unsere Verbindungen mit China und Japan recht kennengelernt haben. Es ist sonderbar, daß jener beredte Geschichtsschreiber der Akademie, Fontenelle, nicht erkannt hat, daß die astrologischen Träumereien eng mit den ersten Begriffen der Astronomie verbunden und geeignet sind, Licht in die frühen Verbindungen zwischen den Völkern zu bringen. »Das Monument«, schreibt er, »über das Bianchini Auskünfte gewünscht hat, gehört zur Geschichte der menschlichen Tollheiten, und die Akademie hat Besseres zu tun, als sich um Forschungen solcher Art zu kümmern.«

Fassen wir nun zusammen, was wir über die verschiedenen Einteilungen der Ekliptik und über die Zeichen, die auf beiden Kontinenten den Jahren, Monaten, Tagen und Stunden vorstehen, dargelegt haben, so kommen wir zu folgenden Ergebnissen. Bei den Völkern, die ihre Aufmerksamkeit auf die gestirnte Himmelskuppel gerichtet haben, ist der in sieben- oder achtundzwanzig Lager geteilte Mondtierkreis älter als der Tierkreis in zwölf Abschnitten; letzterer, der zuerst nur ein *Tierkreis der Vollmonde* gewesen war, ist später zu einem *Sonnentierkreis* geworden. Die Namen der Monate sind bald unter den Mondhäusern ausgewählt, wie bei den Hindus; bald sind es die der Dodekatemorien, wie im dionysischen Jahr. An den Ufern des Ganges sagt man noch heute: die Monate *Pfeil, Haus* oder *Antilopenkopf;* wie man auch zur Zeit des Ptolemaios Philadelphos in Alexandria von den Monaten *Didymon, Parthenon* und *Aegon* sprach, den Monaten der Zwillinge, der Jungfrau und des Steinbocks.[210] Eine enge Verbindung ist zwischen den Namen der Dodekatemorien und denen der Nakshatras zu beobachten; bei einigen Völkern sind letztere auf die Mondtage übergegangen. Neben der tatsächlichen Einteilung der Ekliptik als eines Bereiches des Sternenhimmels gibt es, vor allem in Ost-Asien, noch Einteilungen der Zeit, welche die Sonne braucht, um ungefähr zu denselben Sternen und zum selben Punkt am Horizont zurückzugelangen. Diese Zyklen, die im allgemeinen in zwölf oder vierundzwanzig Abschnitte gegliedert sind, nach der Zahl der vergangenen ganzen oder halben Mondwandlungen, sind eher der Chronologie als der Astrognosie zugehörig; sie bieten nur eine ideale Einteilung der Ekliptik, wobei jeder Abschnitt einen bestimmten Namen und ein bestimmtes Zeichen erhält. Solcherart sind die tatarischen Tiere sowie die *tse* und die *tsieki* der Chinesen. Diese Zeichen, die nur die Zeit messen und die Jahreszeiten unterteilen, können auch bei Völkern erfunden werden, die ihre Aufmerksamkeit nicht den Sternen zuwenden. Selbst im Tiefland von Peru, wo eine dicke Dunstschicht den Bewohnern den Blick auf

---
[210] IDELER, *Historische Untersuchungen*, S. 264.

die Sterne raubt, ohne ihnen indes die Scheiben des Mondes und der Sonne zu verbergen, hätte man einen echten Tierkreis von zwölf Zeichen, die den Monaten und durch den Kunstgriff der periodischen Reihen auch den Jahren, Tagen und Stunden vorstehen, finden können. Die Zeichen des idealen Tierkreises, dessen gesamter Umlauf (der Kreis, *annulus*) ein Jahr bildet (*annus, ἐνιαυτός* [eniautós]), gehen leicht auf die Konstellationen selbst über; und so wird die *Einteilung der Zeit* zu einer *Einteilung des Raumes*.

Wir werden nicht erörtern, ob der Tierkreis der Hindus, der Chaldäer, der Ägypter und der Griechen nicht auch ursprünglich ein Zyklus war[211], dessen Zeichen die klimatischen Schwankungen in einem Land bezeichneten, das regelmäßigen Überschwemmungen ausgesetzt ist. Die ungleiche Ausdehnung von Jungfrau und Krebs und die fehlenden Verbindungen[212] zwischen den Figuren der Dodekatemorien und den extrazodiakalen Sternbildern scheinen dieser Vermutung einige Wahrscheinlichkeit zu verleihen. Tatsächlich sehen wir, daß es Völker gibt, die mehrere Einteilungen der Ekliptik zugleich verwenden, und daß Zeichen, die bei einer Nation Sternbildern zugehören, bei einer anderen nur Zeiteinteilungen sind. Vielleicht gab es einstmals eine Gegend Asiens, wo der tatarische Zyklus der himmlischen Tiere, den Bailly als den ältesten der Tierkreise ansieht, während Dupuis[213] sich bemüht, ihn als ein Paranatellon-Verzeichnis auszugeben, eine wirkliche Einteilung der in der Ekliptik angesiedelten Sterne war. Um die Bezüge richtig zu erfassen, die sich von entferntesten Zeiten an zwischen den Völkern der beiden Kontinente herausgebildet haben, darf man die enge Verbindung nicht aus dem Auge verlieren, die zwischen dem imaginären und dem wirklichen Tierkreis besteht, zwischen den Zyklen und den Sternbildern der Ekliptik sowie zwischen den Häusern und den Einteilungen der Sonnenbahn.

Ebendiese Betrachtungen über die fortschreitende Entwicklung der Astrognosie hindern uns daran zu entscheiden, ob die Hieroglyphen der Tage und Jahre des toltekischen und aztekischen Kalenders, wie die chinesischen *tse* und *tsieki*, nur einem imaginären oder fiktiven Tierkreis angehören oder ob sie zodiakale Sternbilder bezeichnen. Wir haben bereits an früherer Stelle angemerkt, daß um die großen Räder, die den zweiundfünfzigjährigen Zyklus darstellten, eine Schlange verlief, die sich in den Schwanz biß und deren vier Faltungen die vier Indiktionen kennzeichneten. Die Hieroglyphen waren in viergliedrigen periodischen Reihen angeordnet, und die Abstände, die eine Faltung von der nächsten

---

[211] RHODE, *Versuch über das Alter des Thierkreises*, 1809, S. 15 und 101.
[212] SWARZ, *Recherches sur l'origine des constellations de la sphère grecque*, 1807, S. 63.
[213] *Origine des Cultes*, Band III, S. 362.

trennten, umfaßten zwölf Jahre, so daß jeder Knoten der Schlange einem anderen Zeichen entsprach. Ich denke, daß diese vier Knoten, die durch die Katasterismen *Kaninchen, Rohr, Feuerstein* und *Haus* bezeichnet wurden, auf die Sostitial- und Äquinoktialpunkte oder auf die Schnittpunkte der Koluren mit der Ekliptik verwiesen. Die älteste Einteilung des Tierkreises, sagt Albategnius[214], ist die in vier Abschnitte. Tatsächlich entsprachen im ersten Jahr des großen Zyklus die Tage *matlactli tochtli* (10 Kaninchen), *chicuei acatl* (8 Rohr), *chicome calli* (7 Haus) und *matlactli tecpatl* (11 Feuerstein) dem 22. Dezember, dem 22. März, dem 20. Juni und dem 23. September. Diese Tage liegen sehr nah bei den Tagundnachtgleichen und den Sonnenwenden; und da das mexikanische Jahr, wie das der Chinesen, mit der Wintersonnenwende begann, ist es recht natürlich, daß in der periodischen Reihe der Jahreszeichen das erste Glied *tochtli* ist, wenngleich in der Reihe der zwanzig Tageszeichen vor *tochtli* noch *calli* steht.

Überdies wissen wir durch die Kenntnisse, die Sigüenza aus den Werken von Ixtlilxochitl geschöpft hat, daß die vier Faltungen der Schlange und die vier dazugehörigen Katasterismen auf die vier Jahreszeiten, die vier Elemente und die Kardinalpunkte verwiesen. Die Erde war dem Kaninchen zugeordnet, und das Wasser dem Rohr; bei unserer Erörterung der Zeichen der Nacht haben wir bereits gesehen, daß *Tepeyollotli,* eine der höhlenbewohnenden Gottheiten, und *Cinteotl,* die Göttin der Ernten, die Tageszeichen *Kaninchen* und *Rohr* begleiten. Der Sinn dieser Allegorien ist zu deutlich, als daß sie einer Erklärung bedürften. Die aus einer Reihe von zwanzig ausgewählten vier Zeichen der Tagundnachtgleichen und der Sonnenwenden erinnern überdies an die vier *königlichen Sterne*, Aldebaran, Regulus, Antares und Fomalhaut, die in ganz Asien berühmt sind und die Jahreszeiten regieren.[215] Auf dem neuen Kontinent bilden die Indiktionen des zweiundfünfzigjährigen Zyklus gleichsam die vier Jahreszeiten des *großen Jahres*, und die mexikanischen Astrologen fanden Gefallen daran, jede Periode von dreizehn Jahren von einem der vier Zeichen der Tagundnachtgleichen und Sonnenwenden regiert zu sehen.

Wenngleich man sich in allen Teilen des mexikanischen Reiches der gleichen Zeichen bediente und sie in die gleiche Reihenfolge stellte, sind doch gewisse Unterschiede in der Wahl des Sonnenwend- oder Tagundnachtgleichen-Zeichens zu beobachten, das an den Beginn des *xiuhmolpilli* oder *Jahresbündels* gestellt wurde. Die Bewohner von Texcoco begannen das große Jahr mit *acatl*; die von Teotihuacán mit *calli*; die Tolteken mit *tecpatl*. Man hat in Zweifel gezogen, daß

---

[214] *De scientia stellarum*, Kap. 2 (ed. Bononiae, 1645, S. 3).   [215] FIRMICUS, Buch VI, Kap. 1.

bei diesen Völkern trotz der Unterschiede, auf die wir gerade hingewiesen haben, der erste Tag des Jahres stets *cipactli* gewesen sei; doch die Fragmente ihrer historischen Annalen, die im Museum von Boturini und in der Sammlung des Pater Pichardo zu México liegen, scheinen darauf hinzudeuten, daß die Verschiedenheit der Daten auf den Zeitpunkt zurückzuführen ist, zu dem die dreizehntägige Einschaltung vorgenommen wurde, und nicht auf die verschiedenen Weisen, den Beginn des Zyklus zu kennzeichnen.

Wir wissen nicht, ob die zwanzig mexikanischen Tageszeichen die Überreste einer alten Einteilung des Tierkreises in achtundzwanzig Mondhäuser sind oder ob sie ehemals zusammen mit den vier Zeichen der Nacht, deren Namen sich nicht unter denen der Tage wiederfinden, vierundzwanzig Katasterismen gebildet haben, gleich den *tsieki* des chinesischen Tierkreises. Vielleicht hatte man zwischen den vier Zeichen der Sonnenwenden und Tagundnachtgleichen eine gleichmäßige Zahl von Zeichen gesetzt; vielleicht leitet sich die Zahl zwanzig nur von einer Einteilung der sichtbaren Hemisphäre in zehn Abschnitte ab. Gewiß ist, daß ebendiese Einteilung die Mexikaner veranlaßt hat, das Jahr von dreihundertsechzig Tagen in achtzehn Monate zu gliedern, und daß sie zur Grundlage eines Systems geworden ist, von dem wir auf dem alten Kontinent keinerlei Spuren finden. Ich neige indes zu der Annahme, daß der Einteilung in achtzehn zwanzigtägige Monate eine frühere in zwölf dreißigtägige Monde vorangegangen ist; denn die Methode, jeden Tag durch ein Tierkreiszeichen regieren zu lassen und die Anzahl der Monate durch die Wiederkehr der periodischen Reihen festzulegen, muß später aufgekommen sein als die einfachere Idee, das Jahr nach der Zahl der Mondwandlungen einzuteilen, die es umfaßt. Wenngleich es in Asien Einteilungen der Ekliptik in vierundzwanzig *tsieki*[216] und in sechsunddreißig Dekanate gibt, haben diese doch keine Jahre von zehn oder fünfzehn Monaten entstehen lassen; und wenn das Altertum uns solche von vier, sechs oder vierundzwanzig Monaten bietet, so sind diese Einteilungen nicht auf den Gebrauch periodischer Reihen zurückzuführen, wie die achtzehn Monate des mexikanischen Jahres, sondern auf die Bedeutung, die man den Solstitial- und Äquinoktialpunkten, den Zyklen von sechzig Tagen und der Dauer der halben Mondwandlungen beimaß.

Wir haben weiter oben daran erinnert, daß das mexikanische Jahr, wie das der Ägypter und der Perser, aus dreihundertsechzig Tagen bestand, denen man fünf Epagomenen, heimliche Tage *(musteraka)* oder unnütze Tage *(nemontemi)*, hinzufügte. Hätten die Mexikaner nicht gewußt, daß die Dauer des Sonnen-

---

[216] AMIOT, *Mémoires concernant les Chinois*, Band II, S. 161. GAUBIL, *Traité de l'Astronomie chinoise*, S. 32.

umlaufes dreihundertfünfundsechzig Tage überschreitet, so wäre der Beginn ihres Jahres, wie der des wandernden Jahres der Ägypter, im Zeitraum von etwa fünfzehnhundertacht Jahren einmal durch alle Jahreszeiten oder durch alle Punkte der Ekliptik gewandert. Bis zur Ankunft der Spanier waren seit der Reform des mexikanischen Kalenders im Jahr 1091 vier Jahrhunderte vergangen. Die Schriftsteller jener Zeit versichern alle, damals sei der Kalender der Europäer bis auf wenige Tage mit dem aztekischen zusammengefallen; die genaue Berechnung der in den mexikanischen Annalen verzeichneten Sonnenfinsternisse hat sogar wahrscheinlich werden lassen, daß der zwischen beiden Kalendern beobachtete Unterschied gänzlich daher rührte, daß der unsrige noch nicht der Gregorianischen Korrektur unterzogen worden war. Wenden wir uns nun dem Einschaltungsmodus zu, durch den die Mexikaner Fehler in ihrer Chronologie zu vermeiden wußten.

Da das mexikanische Jahr ein Sonnen- und kein Mondjahr war, konnte sich der Einschaltungsmodus erheblich einfacher gestalten als der, den die Griechen und Römer vor der Einführung des *Mercedonius* verwendeten. Betrachtet man die bei verschiedenen Völkern gebräuchlichen Einschaltungen im Überblick, so sieht man, daß die einen Stunden zusammenkommen lassen, bis sie einen ganzen Tag bilden, während andere die Einschaltung vernachlässigen, bis die überschüssigen Stunden eine Periode bilden, die einer der großen Unterteilungen ihres Jahres entspricht. Der erste Einschaltungsmodus ist der des Julianischen Jahres; der zweite der der alten Perser, die alle hundertzwanzig Jahre ihrem zwölfmonatigen Jahr einen ganzen dreißigtägigen Monat hinzufügten, und zwar solcherart, daß der eingeschaltete Monat in 12 × 120 oder vierzehnhundertvierzig Jahren durch das ganze Jahr wanderte.[217] Die Mexikaner haben offenkundig das System der Perser befolgt: sie blieben bei dem wandernden Jahr, bis die überschüssigen Stunden eine halbe Mondwandlung bildeten; folglich schalteten sie in jedem Jahresbündel von zweiundfünfzig Jahren dreizehn Tage ein. Daraus ergab sich, wie schon an früherer Stelle bemerkt, daß jedes Jahresbündel $\frac{18993}{13}$ oder vierzehnhunderteinundsechzig kleine Perioden von dreizehn Tagen umfaßte. Das mexikanische Jahr begann im ersten Jahr des *xiuhmolpilli* an dem Tag, der dem 9. Januar des Gregorianischen Kalenders entspricht. Im fünften, neunten und dreizehnten Jahr des Zyklus waren die ersten Tage des Jahres der 8., der 7. und der 6. Januar; mit jedem Jahr des Zeichens *tochtli* verloren die Mexikaner einen Tag; und durch diesen *Rückgang* begann das Jahr *calli* der vierten Indiktion am

---

[217] IDELER, *Historische Untersuchungen*, S. 379.

GREGORIA-NISCHER KALENDER	TONALPOHUALLI	METZLAPOHUALLI	
		REIHE DER DREIZEHN ZAHLEN UND DER ZWANZIG ZEICHEN DES TAGES	REIHE DER NEUN ZEICHEN DER NACHT
DEZEMBER DES JAHRES 1091 { 15	ATEMOZTLI DES JAHRES 2 ACATL { 1	27. PERIODE VON 13 TAGEN { 3 Cipactli	Tepeyollotli
16	2	4 Ehecatl	Quiahuitl
17	3	5 *Calli*	*Tletl*
18	4	6 Cuetzpalin	Tecpatl
19	5	7 Cohuatl	Xochitl
20	6	8 Miquiztli	Cinteotl
21	7	9 Mazatl	Miquiztli
22	8	10 *Tochtli*	Atl
23	9	11 Atl	Tlazolteotl
24	10	12 Itzcuintli	Tepeyollotli
25	11	13 Ozomatli	Quiahuitl
26	12	28. PERIODE VON 13 TAGEN { 1 Malinalli	*Tletl*
27	13	2 *Acatl*	Tecpatl
28	14	3 Ocelotl	Xochitl
29	15	4 Quauhtli	Cinteotl
30	16	5 Cozcaquauhtli	Miquiztli
31	17	6 Ollin	Atl
JANUAR 1092 { 1	18	7 *Tecpatl*	Tlazolteotl
2	19	8 Quiahuitl	Tepeyollotli
3	20	9 Xochitl	Quiahuitl
4	NEMONTEMI { 1	10 Cipactli	....
5	2	11 Ehecatl	....
6	3	12 *Calli*	....
7	4	13 Cuetzpalin	....
8	5	1 Cohuatl	....
9	TITITL DES JAHRES 3 *TECPATL* { 1	1. PERIODE VON 13 TAGEN { 1 Cipactli	*Tletl*
10	2	2 Ehecatl	Tecpatl
11	3	3 *Calli*	Xochitl
12	4	4 Cuetzpalin	Cinteotl
13	5	5 Cohuatl	Miquiztli
14	6	6 Miquiztli	Atl
15	7	7 Mazatl	Tlazolteotl

27. Dezember und endete mit der Wintersonnenwende, am 21. Dezember, wenn man die fünf unnützen oder zusätzlichen Tage nicht in die Zählung einbezog. Daraus folgt, daß der letzte der *nemontemi, cohuatl* (Schlange) genannt und als der unheilträchtigste Tag angesehen, weil er keiner Periode von dreizehn Tagen angehört, am Zyklusende auf den 26. Dezember fällt, und daß dreizehn Schalttage den Beginn des Jahres auf den 9. Januar zurückbringen. Um unsere Ausführungen zu veranschaulichen, fügen wir hier die Tabelle der letzten fünfundzwanzig Tage des ersten Jahres eines Zyklus bei.

Die Einschaltung der dreizehn Tage gab Anlaß zu der großen Säkularfeier, genannt *xiuhmolpia* oder *toxiuhmolpilia* (Bündelung unserer Jahre), die von allen Geschichtsschreibern der Eroberung geschildert wurde.[218] Die Mexikaner glaubten nach einer uralten Weissagung, der Weltuntergang werde sich am Ende eines zweiundfünfzigjährigen Zyklus ereignen; dann werde die Sonne nicht mehr am Horizont erscheinen, und die Menschen würden von bösen Geistern mit abscheulicher Fratze, bekannt unter dem Namen *tzitzimimes*, verschlungen werden. Dieser Glaube geht wahrscheinlich auf die toltekische Überlieferung der *vier Zeitalter* zurück, nach der die Erde bereits vier große Umwälzungen erlitten habe, von denen drei am Ende eines Zyklus eingetreten seien. Das Volk verbrachte die fünf Epagomenentage, die der *xiuhmolpia* vorausgingen, in tiefer Niedergeschlagenheit; am fünften Tag wurde auf Befehl des *teoteuctli* oder Hohenpriesters in den Tempeln das heilige Feuer gelöscht; in den Klöstern, deren Zahl in Tenochtitlán so beträchtlich war wie seit jeher in Tibet und Japan, widmeten sich die Mönche oder *tlamacazqui* dem Gebet; bei Anbruch der Nacht wagte niemand, in seinem Haus Feuer anzuzünden; man zerbrach die Tongefäße, man zerriß seine Kleider, man zerstörte sein kostbarstes Hab und Gut, weil im fürchterlichen Moment des letzten Tages alles vergeblich erschien. Durch einen seltsamen Aberglauben wurden schwangere Frauen für die Männer zum Gegenstand des Schreckens; man verbarg ihr Gesicht unter Masken aus *Agaven*-Papier und sperrte sie sogar in die Maisvorratskammern ein, weil man der Überzeugung war, wenn der Kataklysmus einträte, würden die Frauen sich in Jaguare verwandeln und sich den bösen Geistern *(tzitzimimes)* anschließen, um sich für die Ungerechtigkeit der Männer zu rächen.

Das Fest des *neuen Feuers* begann am Abend des letzten der *nemontemi*-Tage, der unter dem Zeichen der *Schlange* stand. Die Priester legten die Gewänder ihrer Götter an, und gefolgt von einer riesigen Volksmenge gingen sie in einer

---

[218] TORQUEMADA, De una Fiesta grandissima, Band II, Buch X, Kap. 33–36, S. 312 und 321. ACOSTA, Buch VI, Kap. 2, S. 259.

feierlichen Prozession zum Berg Huixachtecatl[219], der zwei Meilen von México entfernt zwischen Iztapalapan und Colhuacán liegt. Dieser düstere Zug hieß der *Zug der Götter, teonenemi,* eine Bezeichnung, welche die Mexikaner daran gemahnte, daß die Götter ihre Stadt verließen und daß sie jene vielleicht nicht wiedersehen würden. War der Gipfel des Porphyrberges erreicht, so wartete man auf den Augenblick, da die Plejaden die Himmelsmitte erreichten, um mit dem entsetzlichen Opfer zu beginnen, von dem bereits an früherer Stelle die Rede war[220] und das auf der Tafel XV, Nr. 8 dargestellt ist. Der Leichnam des Opfers blieb auf der Erde liegen, und das Werkzeug, dessen man sich bediente, um durch Reibung Feuer zu entzünden ($πυρεῖα$ [pyreĩa, Feuerwerkzeuge] bei den Griechen, *tletlaxoni* bei den Mexikanern), wurde in die Wunde selbst plaziert, die der Priester von Copulco mit einem Obsidianmesser in die Brust des zu opfernden Gefangenen geschlagen hatte. Wenn die Holzpartikel *(la harina del palillo),* die durch die rasche Reibung des Rundholzes gelöst wurden, Feuer gefangen hatten, entzündete man den ungeheuren Scheiterhaufen, der für den Leichnam des unglücklichen Opfers vorbereitet war. Das Volk stieß Freudenschreie aus; der Lichtschein des Scheiterhaufens konnte aufgrund der Höhe des Berges, auf dem diese blutige Zeremonie abgehalten wurde, von einem großen Teil des Tals von México aus gesehen werden. Alle, die der Prozession nicht hatten folgen können, standen auf den Terrassen der Häuser, auf den Plattformen der Teocalli, auf den Hügeln inmitten des Sees, den Blick auf den Ort gerichtet, wo die Flamme erscheinen mußte, das sichere Zeichen für die Gewogenheit der Götter und die Erhaltung des Menschengeschlechts für einen weiteren Zyklus. In Abständen aufgestellte Boten mit Fackeln aus sehr harzigem Kiefernholz trugen das neue Feuer von Dorf zu Dorf, bis zu fünfzehn oder zwanzig Meilen weit; es wurde überall in die Tempel gebracht, von wo es in die Privathäuser verteilt wurde. Wenn man die Sonne am Horizont aufgehen sah, steigerte sich der allgemeine Jubel noch, die Prozession kehrte vom Berg von Iztapalapan in die Stadt zurück, und das Volk glaubte, seine Götter in ihre Heiligtümer zurückkehren zu sehen. Dann kamen die Frauen aus ihren Gefängnissen; man schmückte sich mit neuen Kleidern und verwendete die dreizehn Schalttage darauf, die Tempel zu reinigen, die Wände zu weißen und Möbel, Geschirr und alle Gegenstände des täglichen Lebens zu erneuern.

Diese Säkularfeier, diese Furcht, zum Zeitpunkt der Wintersonnenwende die fünfte Sonne erlöschen zu sehen, scheint eine weitere Ähnlichkeit zwischen den

---

[219] Vixachtla, nach GÓMARA, *Conquista de México*, Blatt 133 (a).　[220] Siehe oben S. 130.

Mexikanern und den Bewohnern Ägyptens darzustellen. Achilles Tatius[221] hat uns in seinem Kommentar über Aratus folgende Notiz überliefert, von der Scaliger meint, sie sei der *Oktaeteris* des Eudoxos entlehnt: »Wenn die Ägypter die Sonne vom Krebs gegen den Steinbock hinabwandern sahen und die Tage sich mehr und mehr verkürzten, pflegten sie zu klagen, in der Furcht, die Sonne könnte sie gänzlich verlassen. Diese Zeit fiel mit dem Fest der Isis zusammen; doch wenn das Gestirn sich wieder zu zeigen begann und die Dauer der Tage länger wurde, legten sie weiße Gewänder an und bekränzten sich mit Blumen (λευχειμονήσαντες ἐστεφανηφόρησαν [leucheimonésantes estephanephóresan, Weißgekleidete haben einen Kranz getragen]).« An dieser Stelle bei Achilles Tatius meint man zu lesen, was Gómara und Torquemada von dem mexikanischen Jubelfest berichten; ebenso[222] wie man in dem Werk des Sextus Empiricus gegen die Astrologen[223] gleichsam die symbolische Figur[224] beschrieben findet, die wir auf der Tafel XV nach dem Manuskript von Veletri haben abbilden lassen. Bei allen Völkern der Erde nehmen die abergläubischen Vorstellungen zu Beginn und beim Niedergang der Zivilisation die gleiche Gestalt an, und aufgrund dieser Analogie ist es so schwierig zu unterscheiden, was von Nation zu Nation weitergegeben wurde und was die Menschen aus einer inneren Quelle geschöpft haben.

Bei seiner Beschreibung der Säkularfeier bezeichnet Pater Torquemada den Augenblick des Opfers auf eine scheinbar sehr präzise Weise, die jedoch tatsächlich einen Widerspruch enthält: »Wenn die Prozession«, so schreibt er, »den Berg Huixachtecatl erreichte, warteten die Priester, bis es Mitternacht wurde, was sie an der Position der Plejaden erkannten, die um diese Stunde zur Himmelsmitte aufgestiegen waren *(estavan encumbradas en medio del cielo)*; denn die Zeit des Jubelfestes oder der Säkularfeier war gekommen, wenn diese Sterne zu Beginn der Nacht aufgingen, was *am Horizont von Mexiko allgemein* im Dezember der Fall ist.«[225] Der Ausdruck »wenn sich die Plejaden in der Himmelsmitte befinden« meint wahrscheinlich die Meridiandurchquerung dieser Sterne oder, was für die Breite Méxicos ungefähr dasselbe ist, ihre Durchquerung des Zenits. Nun wurde aber die letzte Säkularfeier im sechsten Jahr der Herrschaft Moctezumas abgehalten, und zu jener Zeit fand, wenn man der Präzession der Äquinoktialpunkte Rechnung zollt, die Kulmination der Plejaden um Mitternacht nicht im

---

[221] ACHILLES TATIUS, *Isagoge in Arati Phaenomena*, Kap. 23. (PETAU, *De Doctrina temporum*, 1703, Band III, S. 85). SCALIGER, *Adnotationes ad Manili Astronomica*, Buch I, Vers 69, S. 85. Siehe auch die übersetzten *Lettres américaines* des Grafen CARLI, Band I, S. 398, Anm. 1.

[222] DUPUIS, *Mémoire explicatif du zodiaque*, 1806, S. 145.

[223] SEXTUS EMPIRICUS, *Adversus Mathematicos*, Buch V (ed. Stephanus, Band III, S. 187). FIRMICUS, Buch II, Kap. 27 (ed. Aldus Manutius, 1503, Blatt CV). ORIGENES, *Contra Celsum*, Buch VIII, Kap. 55 (ed. Delarue, 1733, Band I, S. 783).

[224] Siehe Tafel XV.

[225] TORQUEMADA, Band III, S. 313 b und 321 a.

Monat Dezember statt, sondern am 8. November. Am 26. Dezember ging dieses Sternbild bereits 3 Stunden und 23 Minuten vor Sonnenuntergang auf, und seine Durchquerung des Meridians fand um 8 Uhr 33 abends statt. Diese Gegebenheiten sind natürlich an allen Orten der Erde, wo man annehmen könnte, daß der mexikanische Kalender entstanden sei, die gleichen; und wenn man bis auf das berühmte erste Menschenopfer in Tlalixco 1091 zurückgeht oder bis auf die Wanderungen der Tolteken im sechsten Jahrhundert unserer Zeitrechnung, so findet man, daß sich um die Zeit der Wintersonnenwende die Kulmination der Plejaden aufgrund der Präzession der Äquinoktialpunkte eher dem Sonnenuntergang nähert. Wahrscheinlich dürfen die Ausdrücke »um Mitternacht« und »in der Himmelsmitte« nicht in einem sehr genauen Sinne aufgefaßt werden. Pater Torquemada spricht überhaupt in so verworrener Weise von dem chronologischen System der Mexikaner, daß man annehmen darf, er habe fast alles falsch verstanden, was die Indianer ihm über astronomische Phänomene berichtet haben. Nachdem er ausdrücklich gesagt hat, der Zyklus und folglich auch das Jahr endeten im Monat Dezember, nimmt er an, der erste Tag des Jahres sei der 1. Februar; und er fügt hinzu, zur Wintersonnenwende erreiche die Sonne in México den *höchsten* Punkt ihrer Bahn. Torquemada hat mit größter Gewissenhaftigkeit und Genauigkeit Namen, Überlieferungen und einzelne Fakten zusammengetragen; doch bar jeder Kritik widerspricht er sich jedesmal, wenn er versucht, diese Fakten zu kombinieren oder ihre wechselseitigen Beziehungen zu beurteilen. Da die Mexikaner den Gebrauch der Wasseruhr nicht kannten, die in Chaldäa und China sehr alt ist[226], konnten sie den Zeitpunkt der Mitternacht nicht mit Bestimmtheit angeben. Im übrigen wurde der kosmische Untergang der Plejaden in ganz Asien auch als Hinweis auf den Beginn des Winters angesehen.[227] Man würde vergeblich nach einer strengen Genauigkeit in volkstümlichen Überlieferungen suchen, die vielleicht aus nördlicheren Gegenden stammen, wo die Kälte schon einen Monat vor der Sonnenwende spürbar wird.

Was wir gerade über das Sternbild der Plejaden gesagt haben, genügt im übrigen, um zu beweisen, wie sehr einige Autoren sich täuschten, wenn sie als ungewiß ansahen, ob das Jahr mit der Frühlings-Tagundnachtgleiche oder mit der Wintersonnenwende begann. Je weiter man sich vom 5. November entfernt, dem Tag des achronischen Aufgangs der Plejaden, um so weniger ist es möglich, daß die Mexikaner dieses Sternbild in der Mitte der Nacht, in der das säkulare

---

[226] SEXTUS EMPIRICUS, ed. Stephanus, S. 113. Brief des Pater DU CROZ, in SOUCIET, *Observations*, Band I, S. 245.
[227] BAILLY, *Astronomie moderne*, S. 477.

Opfer stattfand, in der Nähe des Zenits gesehen haben.[228] Gleichwohl haben Torquemada, León und Betancourt geglaubt, das Jahr beginne mit dem 1. oder 2. Februar; Acosta und Clavijero, mit dem 26. desselben Monats; Valadés und Alva Ixtlilxochitl, mit dem 1. und 20. März; Gemelli und Veytia, mit dem 10. April. Im sechzehnten Jahrhundert fand die Kulmination der Plejaden am Tag der Frühlings-Tagundnachtgleiche 3 Stunden und 8 Minuten *vor Sonnenuntergang* statt. Zwar kennzeichnete nach einer alten Überlieferung[229] das Verschwinden dieses Sternbildes bei Sonnenaufgang einstmals den Tag der Herbst-Tagundnachtgleiche, was eine dreitausend Jahre vor unserer Zeitrechnung angestellte Beobachtung voraussetzt; indes können wir nicht davon ausgehen, daß die Mexikaner ihre Chronologie von einem Volk übernommen haben, das sein Jahr mit dem Herbstanfang beginnen ließ. Die Übereinstimmung der Daten, mehrere astronomische Phänomene, das Zeugnis der spanischen Autoren, die ihre Materialien ohne Kenntnis des tatsächlichen Kalendersystems zusammengetragen haben, alles spricht für das System von Gama. Ich will hier nur einen einzigen dieser Beweise anführen. Der indianische Geschichtsschreiber Cristóbal del Castillo versichert in einem auf Mexikanisch verfaßten handschriftlichen Werk, das in México aufbewahrt wird[230], daß die fünf Zusatztage am Ende des Monats *Atemoztli* eingefügt wurden, welcher nach den einhelligen Aussagen der indianischen und spanischen Autoren unserem Dezember entsprach. Torquemada sagt überdies, das dritte Fest des Wassergottes sei zur Wintersonnenwende gefeiert worden, die gegen Ende des Monats *Atemoztli* stattfindet, und der Zyklus habe im Dezember geendet. All diese Umstände sprechen dafür, die Schalttage kurz nach der Wintersonnenwende anzusiedeln. Die Furcht, das Tagesgestirn erlöschen oder sich entfernen zu sehen, die Ideen von Trauer und Freude, die sich in der Säkularfeier ausdrückten, passen auch weit besser mit der Zeit der sich verkürzenden Tage als mit jener der Tagundnachtgleiche zusammen. Zwar war es zu Frühlingsanfang, daß der römische Pontifex dem Altar der Vesta das neue Feuer entnahm und daß die Perser die großen Nauroz-Feste feierten; doch waren die Beweggründe[231] dieser Feste andere als die, welche die Mexikaner und die Ägypter bei ihren Sonnenwend- und Isis-Festen leiteten.

Ich habe das Einschaltungssystem vorgestellt, wie man es in den mexikanischen Manuskripten beschrieben findet und wie es Sigüenza, Clavijero, Carli und lange vor ihnen Boulanger und Freret angenommen haben. Nach diesem System

---

[228] GAMA, § 35, S. 52, Anmerkung.
[229] PLINIUS, *Historia naturalis*, Buch XVIII, Kap. 25 (ed. Harduin, 1741, Band II, S. 129).
[230] *MSS.*, Kap. 71.
[231] DUPUIS, *Origine des Cultes*, Band I, S. 156; Band II, Tafel 2, S. 96.

wird von einer Jahresdauer von 365,25 Tagen ausgegangen; woraus folgt, daß sich die Mexikaner von der Kalenderreform im Jahr 1091 bis zur Ankunft der Spanier um über drei Tage im Irrtum befunden haben müssen. Indes scheinen Gamas Untersuchungen über die Sonnenfinsternisse am 23. Februar 1477 und am 7. Juni 1481, die in den Hieroglyphen-Annalen verzeichnet sind, über einige denkwürdige Daten der Eroberung sowie über die Tage, an denen nach den mexikanischen Jahrbüchern die Sonne durch den Zenit von Tenochtitlán schritt, zu beweisen, daß dieser Irrtum von drei Tagen nicht vorlag und daß zu Beginn des sechzehnten Jahrhunderts, wie schon an früherer Stelle bemerkt, die Daten des aztekischen Kalenders besser mit den Tagen der Sonnenwenden und Tagundnachtgleichen übereinstimmten als die des spanischen Kalenders.

Ohne die genaue Dauer des Jahres zu kennen, hätten die Mexikaner ihren Kalender von Zeit zu Zeit berichtigen können, wenn gnomonische Beobachtungen sie darauf hinwiesen, daß sich im ersten Zyklusjahr die Tagundnachtgleichen des Frühlings und des Herbstes um ein paar Tage von 7 *malinalli* und von 9 *cozcaquauhtli* entfernten. Die Peruaner von Cuzco, die ein Mondjahr hatten, richteten ihre Einschaltung nicht nach dem Schatten der Sonnenuhren, die sie im übrigen gewissenhaft überwachten, sondern nach Markierungen am Horizont, welche die Stellen bezeichneten, an denen die Sonne an den Tagen der Sonnenwenden und der Tagundnachtgleichen auf- und unterging. Gewiß ist eine regelmäßige und genaue Einschaltung, wie diejenige, welche die Perser seit dem elften Jahrhundert kennen, diesen plötzlichen Änderungen vorzuziehen, die man als *Reformen* des Kalenders bezeichnet; doch selbst eine Nation, die jahrhundertelang einen sehr unvollkommenen Einschaltungsmodus verwenden würde, könnte gleichwohl die Übereinstimmung zwischen ihrem Kalender und dem der zivilisiertesten Völker bewahren, sofern sie von Zeit zu Zeit, geleitet durch die direkte Beobachtung der Himmelsphänomene, den Anfang ihres Jahres verschöbe. Die mexikanische Geschichte zeigt in ihren Annalen keinerlei Spuren von solchen plötzlichen Änderungen oder außerordentlichen Einschaltungen. Seit der denkwürdigen Zeit des Opfers von Tlalixco war der Kalender keiner Reform unterzogen worden; die Einschaltung wurde einheitlich am Ende eines jeden Zyklus vorgenommen; und um zu erklären, warum vier Jahrhunderte nicht genügt hatten, um einen merklichen Irrtum in der Chronologie hervorzubringen, nimmt Herr Gama an, daß die Mexikaner in jedem Zyklus von hundertvier Jahren, *cehuehuetiliztli,* nur fünfundzwanzig Tage einschalteten, oder zwölfeinhalb Tage am Ende jedes Zyklus von zweiundfünfzig Jahren, was eine Jahresdauer von 365,240 Tagen ergibt. Er glaubt aus den Berichten der Geschichtsschreiber des sechzehnten Jahrhunderts folgern zu können, die Säkularfeier sei abwechselnd bei Tag und bei Nacht abgehalten worden, und wenn die Jahre eines Zyklus alle um Mitternacht begannen, so fingen die des nächsten alle um Mittag an. Da ich die in mexikanischer Sprache verfaßten Werke nicht untersuchen kann, sehe ich mich außerstande zu entscheiden, ob Herrn Gamas Überlegungen zutreffend sind. Die Gründe, die er in seiner Abhandlung über die 1790 entdeckten Monumente anführt, erscheinen mir nicht mehr so schlüssig, wie sie mir früher vorkamen, bevor ich Gelegenheit hatte, den mexikanischen Kalender gründlich zu studieren. Wenn seine Erben die Mittel aufgebracht haben werden, um seine Abhandlung zur Chronologie der Azteken und Tolteken drucken zu lassen, wird es einfacher sein, über die tatsächliche Zahl der Schalttage zu urteilen. Diejenigen astronomischen Arbeiten von Gama, deren Genauigkeit zu überprüfen wir Gelegenheit hatten, sind im übrigen sehr vertrauenswürdig, und wahrscheinlich hätte ein Gelehrter, der die Geduld hatte, nach Mayers Tabellen eine große Zahl von Sonnenfinsternissen für den Parallelkreis des alten Tenochtitlán zu berechnen und mit historischen Ereignissen in Verbindung zu setzen, nicht leichthin eine neue Hypothese gewagt, wenn er nicht durch einen sorgsamen Vergleich der Daten und das Studium der Hieroglyphen-Gemälde dazu geführt worden wäre.

»Die Einschaltung von fünfundzwanzig Tagen in hundertvier Jahren«, schreibt Herr Laplace in seinem ausgezeichneten Abriß der Geschichte der Astronomie[232], »setzt eine Dauer des tropischen Jahres voraus, die genauer ist als die des Hipparch und die, was sehr bemerkenswert ist, beinahe derjenigen des Jahres der Astronomen des Almamon entspricht. Bedenkt man die Schwierigkeit einer so genauen Bestimmung, möchte man glauben, sie sei nicht das Werk der Mexikaner, sondern sie sei vielmehr vom alten Kontinent zu ihnen gelangt. Doch von welchem Volk und auf welchem Weg haben sie sie erhalten? Warum haben sie, wenn sie ihnen über den Norden Asiens übermittelt wurde, eine Zeiteinteilung, die so verschieden ist von allen, die in jenem Teil der Welt gebräuchlich waren?« Bei unserem gegenwärtigen Kenntnisstand können wir uns nicht schmeicheln, diese Fragen zu lösen; doch selbst wenn man sich weigert, die Einschaltung von zwölfeinhalb Tagen je Zyklus anzuerkennen, selbst wenn man den Mexikanern nur die Kenntnis des alten persischen Jahres von 365,250 Tagen zugesteht, so wird man gleichwohl in den Tageshieroglyphen und im Gebrauch der periodischen Reihen unabweisliche Zeugnisse einer früheren Verbindung mit Ost-Asien finden.

[232] *Exposition du Système du Monde*, 3. Auflage, Band II, S. 318.

Wenngleich der mexikanische Zyklus mit dem Jahr des Kaninchens, *tochtli*, begann, wie der tatarische Zyklus mit dem Jahr der Ratte, *singueri*, so wurde die Einschaltung doch erst im Jahr *ome acatl* vorgenommen; ebendieser Umstand brachte die Mexikaner sogar dazu, in ihren Malereien einen *xiuhmolpilli* oder Zyklus von zweiundfünfzig Jahren durch ein Bündel von Schilfrohren darzustellen. Die Mexikaner waren im Jahr 1064 oder 1 *tecpatl* aus Aztlán ausgezogen; ihre Wanderungen dauerten dreiundzwanzig Jahre bis 1087 oder 11 *acatl*, als sie in Tlalixco ankamen. Das Fest des neuen Feuers wurde indes, wenngleich die Kalenderreform 1091 oder im Jahr 1 *tochtli* stattfand, erst im folgenden Jahr 2 *acatl* gefeiert, »weil der Schutzgott des Volkes, *Huitzilopochtli*«, wie der indianische Geschichtsschreiber Tezozómoc schreibt[233], »am Tag 1 *tecpatl* des Jahres 2 *acatl* zum ersten Mal erschienen war«.

Einige Autoren hatten den Verdacht, vor der Kalenderreform von Tlalixco hätten die Mexikaner alle vier Jahre einen Tag eingeschaltet; ein Fest des Feuergottes *(Xiuhteuctli)*, das in den Jahren mit dem Symbol *tochtli* mit größerer Feierlichkeit begangen wurde, scheint zu dieser Auffassung Anlaß gegeben zu haben. Graf Carli, dessen amerikanische Briefe eine eigenartige Mischung von genauen Beobachtungen, rein erfundenen Ideen und Hypothesen darstellen, die mit den Prinzipien einer rechten Naturlehre und der wahren Theorie der Himmelsbewegungen unvereinbar sind, hat in den neuntägigen Festen, die alle vier Jahre stattfanden, die Überreste einer lunaren Einschaltung zu erkennen geglaubt. Er nimmt an, daß die mexikanischen Priester in einem Jahr zwölf Mondwandlungen von neunundzwanzig Tagen und acht Stunden zählten und daß sie, um diese Jahre von dreihundertzweiundfünfzig Tagen alle vier Jahre auf tatsächliche Mondjahre zurückzubringen, neun Tage hinzufügten. Diese Annahme ist beinahe so gewagt wie die, nach welcher derselbe Autor die Himmelskörper für die Fehler der alten Kalender verantwortlich macht, indem er vermutet, einige tausend Jahre vor unserer Zeitrechnung habe die Erde ihre Bahn um die Sonne in dreihundertsechzig Tagen vollzogen[234] und ein Mondmonat habe nur siebenundzwanzigeinhalb Tage betragen.

Da eine viergliedrige periodische Reihe verwendet wurde, um die Jahre innerhalb eines Zyklus zu unterscheiden, lag es für die Mexikaner natürlich nahe, Vierjahresfeste abzuhalten. Solche waren das feierliche, hundertsechs Tage lange Fasten, das in den kleinen Republiken von Tlaxcala, Cholula und Huejotzingo zur Frühlings-Tagundnachtgleiche abgehalten wurde, und das fürchterliche

---

[233] GAMA, § 7, S. 21. [234] *Lettres américaines*, Band II, S. 153, 161, 167, 333 und 371.

Opfer, das alle vier Jahre im Monat *itzcalli* in Quauhtitlan begangen wurde. Bei letzterem schröpften sich die Büßer, indem sie das Blut durch Schilfrohre, die sie in die Wunden einführten, rinnen ließen und dann in die Tempel brachten, als öffentliches Zeichen ihrer Ergebenheit.[235] Diese Feste, die an die in Tibet und Indien gebräuchlichen Bußübungen erinnern, wiederholten sich jedesmal, wenn ein bestimmtes Zeichen das Jahr regierte.

Als ich in Rom den *Codex Borgianus* von Veletri untersuchte, habe ich darin die merkwürdige Stelle wiedererkannt[236], aus welcher der Jesuit Fábrega geschlossen hat, die Mexikaner hätten die wahre Dauer des tropischen Jahres gekannt. Über vier Seiten findet man dort zwanzig Zyklen von zweiundfünfzig Jahren beziehungsweise tausendvierzig Jahren verzeichnet; am Ende dieser großen Periode sieht man in der Reihe der Tageshieroglyphen das Zeichen des Kaninchens, *tochtli,* unmittelbar vor dem Vogel *cozquauhtli* stehen; solcherart, daß sieben Tage ausfallen, die des *Wassers,* des *Hundes,* des *Affen,* des Grases, *malinalli,* des *Rohrs,* des *Jaguars* und des *Adlers.* Pater Fábrega nimmt in seinem handschriftlichen Kommentar an, diese Auslassung sei mit einer periodischen Reform der Julianischen Einschaltung vergleichbar, denn ein Abzug von acht Tagen am Ende eines Zyklus von tausendvierzig Jahren bringt auf erfindungsreiche Weise ein Jahr von 365,250 Tagen auf 365,243 Tage zurück, was nur 1′26″ oder 0,0010 Tage länger ist als das tatsächliche mittlere Jahr, wie es die Tabellen des Herrn Delambre angeben. Wenn man Gelegenheit hatte, eine Vielzahl hieroglyphischer Gemälde der Mexikaner zu untersuchen, und die äußerste Sorgfalt kennt, mit der sie bis ins kleinste Detail ausgeführt sind, kann man nicht annehmen, daß die Auslassung von acht Gliedern in einer periodischen Reihe dem bloßen Zufall geschuldet ist. Die Beobachtung von Pater Fábrega verdient ohne Zweifel, hier verzeichnet zu werden, nicht weil es wahrscheinlich wäre, daß eine Nation tatsächlich erst nach einer langen Periode von tausendvierzig Jahren eine Kalenderreform durchführte, sondern weil das Manuskript von Veletri zu beweisen scheint, daß dessen Autor die wahre Dauer des Jahres kannte. Wenn es in Mexiko bei der Ankunft der Spanier eine Einschaltung von fünfundzwanzig Tagen in hundertvier Jahren gab, so ist anzunehmen, daß diesem vervollkommneten Einschaltungsmodus eine Einschaltung von dreizehn Tagen in zweiundfünfzig Jahren vorausgegangen ist. Die Erinnerung an diese alte Methode wird sich unter den Menschen erhalten haben, und es ist möglich, daß der mexikanische Priester, der das

---

[235] GÓMARA, S. CXXXI, CXXXII. TORQUEMADA, Band II, S. 307. GEMELLI, Band VI, S. 75.
[236] *Codex Borgianus,* Blatt 48–63. FÁBREGA, *MSS.,* Blatt k, S. 7.

Ritualbuch des Museums Borgia verfaßt hat, auf einen Rechenkunstgriff hinweisen wollte, der geeignet war, den alten Kalender zu berichtigen, indem von einer langen Periode von zwanzig Zyklen sieben Tage abgezogen wurden. Ob diese Auffassung zutrifft, wird erst zu beurteilen sein, wenn man eine größere Zahl mexikanischer Malereien in Europa und Amerika geprüft haben wird; denn alles, ich kann es gar nicht oft genug wiederholen, was wir bis heute über den früheren Zustand der Völker des neuen Kontinents erfahren haben, ist nichts im Vergleich zu den Erkenntnissen, die man eines Tages über diesen Gegenstand gewinnen wird, wenn es die Materialien zu versammeln gelingt, die in beiden Welten verstreut sind und die Jahrhunderte des Unwissens und der Barbarei überlebt haben.

Das kostbare Monument, das ich auf der Tafel XXIII habe abbilden lassen und das bereits vor bald zwanzig Jahren in México gestochen worden ist, bestätigt einen Teil der Ideen über den mexikanischen Kalender, die wir soeben erläutert haben. Dieser ungeheure Stein ist im Dezember 1790 in den Grundmauern des großen Tempels von Mexitli gefunden worden, auf der *Plaza mayor* von México, etwa siebzig Meter westlich von dem zweiten Tor des Vizekönigspalastes und dreißig Meter nördlich von dem *Portal de las Flores* genannten Blumenmarkt, in einer geringen Tiefe von fünf Dezimetern. Er lag so, daß der behauene Teil erst sichtbar wurde, als man ihn senkrecht aufstellte. Als Cortés die Tempel zerstörte, hatte er die Idole und alles, was mit dem alten Kult zu tun hatte, zerschlagen lassen. Die Steinmassen, die zu groß waren, um zerstört zu werden, wurden vergraben, um sie den Blicken des besiegten Volkes zu entziehen. Wenngleich der Kreis, der die Hieroglyphen der Tage umfaßt, nur 3,4 Meter im Durchmesser hat, erkennt man, daß der gesamte Stein einen rechteckigen Quader von vier Metern Länge, ebensolcher Breite und einem Meter Dicke bildete.

Bei dem Stein handelt es sich nicht um Kalkstein, wie Herr Gama behauptet, sondern um einen grau-schwärzlichen Trapp-Porphyr auf basaltischer *Wacke*-Basis. Bei der sorgfältigen Untersuchung einiger Bruchstücke habe ich darin Hornblende, viele langgestreckte Glasfeldspat-Kristalle und, was recht bemerkenswert ist, Glimmer-Blättchen entdeckt. Dieses Gestein, voller kleiner Risse und Höhlungen, enthält wie fast alle Trapp-Arten keinen Quarz. Da sein gegenwärtiges Gewicht immer noch über vierhundertzweiundachtzig Zentner (24 400 Kilogramm) beträgt und keiner der Berge, die die Stadt in acht oder neun Meilen Entfernung umgeben, einen Porphyr dieses Korns und dieser Farbe liefern konnten, kann man sich mühelos die Schwierigkeiten vorstellen, auf welche die Mexikaner beim Transport einer so ungeheuren Masse bis zum Fuß des *teocalli* stoßen mußten. Die Reliefskulptur ist von der gleichen Vollendung, wie man sie bei allen mexikanischen Werken findet; die konzentrischen Kreise, die zahllosen Teilungen und Unterteilungen sind mit mathematischer Genauigkeit eingezeichnet; je näher man die Details dieser Skulptur untersucht, um so mehr entdeckt man darin jenen Geschmack an der Wiederholung gleicher Formen, jenen Ordnungssinn, jenes Gefühl für Symmetrie, die bei halbzivilisierten Völkern das Gefühl des Schönen ersetzten.

In der Mitte des Steins ist das berühmte Zeichen *nahui ollin Tonatiuh* (die Sonne in ihren vier Bewegungen) zu sehen, von dem an früherer Stelle bereits die Rede war.[237] Die Sonne ist von acht dreieckigen Strahlen umgeben; diese Strahlen finden sich im rituellen Kalender, *tonalamatl,* und in historischen Malereien überall da wieder, wo die Sonne, *Tonatiuh,* dargestellt wird.[238] Die Zahl Acht spielt auf die Einteilung des Tages und der Nacht in acht Abschnitte an.[239] Der Gott Tonatiuh wird mit weit geöffnetem, mit Zähnen bewehrtem Mund dargestellt; der offene Mund, die herausgestreckte Zunge erinnern an das Gesicht einer Gottheit aus Hindostan, der von *Kala,* der *Zeit.* Eine Stelle der *Bhagavadgita* besagt: »*Kala,* der seinen flammenden Mund mit den fürchterlichen Zähnen und einer ungeheuren Zunge aufreißt, verschlingt die Welten.«[240] Tonatiuh, der in die Mitte der Tageszeichen gestellt ist und das Jahr durch die *vier Bewegungen* der Sonnenwenden und Tagundnachtgleichen gliedert, ist tatsächlich das wahre Symbol der *Zeit;* er ist *Krishna* in seiner *Kala*-Gestalt, er ist *Kronos,* der seine Kinder verschlingt und den wir auch unter dem Namen *Moloch* bei den Phöniziern wiederzuerkennen glauben.

Der innere Kreis zeigt die zwanzig Zeichen der Tage; erinnert man sich, daß *cipactli* der erste und *xochitl* der letzte dieser Katasterismen ist, so sieht man, daß die Hieroglyphen von den Mexikanern hier, wie überall sonst, von rechts nach links angeordnet wurden. Die Tierköpfe blicken in die umgekehrte Richtung, wahrscheinlich weil das Tier, das einem anderen den Rücken zukehrt, jenem vorangehen soll. Herr Zoëga hat bei den Ägyptern die gleiche Eigentümlichkeit bemerkt.[241] Der Totenkopf, *miquiztli,* der neben der Schlange steht und diese in der dritten periodischen Reihe als *Zeichen der Nacht* begleitet, bildet eine Ausnahme

---

[237] Siehe oben, S. 204.
[238] Siehe Tafel XV, Nr. 4 (*Codex Borgianus,* Blatt 49).
[239] Siehe oben, S. 168.
[240] Nach der Übersetzung von Herrn WILKINS. Siehe auch MOOR, *The Hindu Pantheon,* Artikel Kâla.
[241] ZOËGA, *De origine et usu obeliscorum,* S. 464 (wo durch einen typographischen Fehler die Wörter *dextrorsum* und *sinistrorsum* verwechselt sind).

zur allgemeinen Regel; er allein ist dem vorigen Zeichen zugewandt, während die Tiere das Gesicht alle dem nächsten zuwenden. Diese Anordnung findet sich in den Handschriften von Veletri, Rom und Wien nicht wieder.

Es ist wahrscheinlich, daß der behauene Stein, den Herr Gama zu beschreiben unternommen hat, einstmals innerhalb der Mauern des Teocalli stand, in einem dem Zeichen *ollin Tonatiuh* geweihten *sacellum* [Kapelle]. Wir wissen durch ein Fragment von Hernández, das der Jesuit Nieremberg uns im achten Buch seiner *Historia naturae* überliefert hat, daß der große Teocalli innerhalb seiner Mauern sechs mal dreizehn oder achtundsiebzig Kapellen enthielt, von denen einige der Sonne, dem Mond, dem Planeten Venus, genannt *Ilcuicatitlan* oder *Tlazolteotl*, und den Zeichen des Tierkreises geweiht waren.[242] Der Mond, den alle Völker als ein Gestirn ansehen, das die Feuchtigkeit anzieht, hatte einen aus Muscheln erbauten kleinen Tempel *(teccizcalli)*. Die großen Feste der Sonne *(Tonatiuh)* wurden zur Wintersonnenwende und in der sechzehnten Periode von dreizehn Tagen gefeiert, die zugleich von dem Zeichen *nahui ollin Tonatiuh* und von der Milchstraße, bekannt unter dem Namen *Citlalinycue* oder *Citlalcueye*, regiert wurde. Während eines dieser Sonnenfeste pflegten die Könige sich in ein Gebäude zurückzuziehen, das in der Mitte des Teocalli-Bezirks stand und *Hueyquauhxicalco* genannt wurde. Dort fasteten und büßten sie vier Tage lang; darauf wurde ein blutiges Opfer zu Ehren der Sonnenfinsternisse dargebracht *(Netonatiuhqualo, unglückliche verschlungene Sonne)*. Bei dieser Zeremonie verkörperten zwei maskierte Opfer die Sonne, *Tonatiuh,* und den Mond, *Meztli,* gleichsam um daran zu erinnern, daß der Mond die wahre Ursache der Sonnenfinsternis ist.

Über die Katasterismen des mexikanischen Tierkreises und die Figur des Zeichens *nahui ollin* hinaus zeigt der Stein auch die Daten der zehn großen Feste, die zwischen Frühlings- und Herbst-Tagundnachtgleiche begangen wurden. Da einige dieser Feste Himmelsphänomenen entsprechen und das mexikanische Jahr einen Zyklus lang *wandert,* weil die Einschaltung nur alle zweiundfünfzig Jahre erfolgt, bezeichnen die gleichen Daten in vier aufeinanderfolgenden Jahren nicht die gleichen Tage. Die Wintersonnenwende, die im ersten Zyklusjahr am Tag 10 *tochtli* stattfindet, ist acht Jahre später schon um zwei Tage zurückgegangen und fällt auf den Tag 8 *miquiztli*. Daraus ergibt sich, daß man, um Daten durch die Zeichen der Tage anzugeben, das Zyklusjahr, dem diese Daten angehören, beifügen muß. Tatsächlich verkündet uns das Zeichen 13 *Rohre* oder *matlactli*

---

[242] NIEREMBERG, *Historia naturae*, Buch VIII, Kap. 22 (Antwerpen, 1635, S. 142–156).
Templi partes, 3, 8, 9, 20, 25.

omey acatl, das über der Figur der Sonne am oberen Rand des Steins steht, daß dieses Monument den Festkalender des sechsundzwanzigsten Zyklusjahres von März bis September umfaßt.

Um das Verständnis der Zeichen zu erleichtern, welche die Feste des mexikanischen Kultes angeben, muß ich erneut daran erinnern, daß die *Kreise,* die neben den Tageshieroglyphen angebracht sind, Glieder der ersten der drei periodischen Reihen sind, deren Gebrauch wir weiter oben erläutert haben. Zählt man von rechts nach links und zur Rechten desjenigen Dreiecks beginnend, das auf der Stirn des Gottes *Ollin Tonatiuh* steht und dessen Spitze auf *cipactli* zeigt, so findet man die folgenden acht Hieroglyphen: 4 *Jaguar;* 1 *Feuerstein; tletl,* Feuer, ohne Zahlenangabe; 4 *Wind;* 4 *Regen;* 1 *Regen;* 2 *Affe* und 4 *Wasser.* Hier nun die Erklärung des mexikanischen Jahrbuches nach dem Kalender des Herrn Gama und nach der Reihenfolge der Feste, wie sie in den Werken der Geschichtsschreiber des sechzehnten Jahrhunderts beschrieben ist.

Im Jahr 13 *acatl,* dem letzten Jahr der zweiten Indiktion des Zyklus, hat sich der Jahresbeginn um sechseinhalb Tage nach hinten verschoben, weil seit sechsundzwanzig Jahren keine Einschaltung stattgefunden hat. Der erste Tag des Monats *tititl,* der das Zeichen 1 *cipactli tletl* trägt, entspricht folglich nicht dem 9., sondern dem 3. Januar; und das Zeichen, das die siebte Periode von dreizehn Tagen regiert, 1 *quiahuitl* oder 1 *Regen,* fällt mit dem 22. März, der Frühlings-Tagundnachtgleiche, zusammen. Um diese Zeit wurden die großen Feste des Tlaloc oder des Wassergottes begangen, die sogar schon zehn Tage vor der Tagundnachtgleiche begannen, am Tag 4 *atl* oder 4 *Wasser,* wohl deshalb, weil am 12. März oder am 3. des Monats *Tlacaxipehualiztli* die Hieroglyphe des Wassers sowohl das Zeichen des Tages wie das der Nacht war.[243] Drei Tage nach der Frühlings-Tagundnachtgleiche, am Tag 4 *ehecatl* oder 4 *Wind,* begann ein feierliches Fasten von vierzig Tagen zu Ehren der Sonne. Diese Fastenzeit endete am 30. April, was 1 *tecpatl* oder 1 *Feuerstein* entspricht. Da das Zeichen dieses Tages vom *Herren der Nacht tletl,* Feuer, *begleitet* wird, finden wir die Hieroglyphe *tletl* neben 1 *tecpatl* stehen, links von dem Dreieck, dessen Spitze auf den Beginn des Tierkreises gerichtet ist. Zur Rechten des Zeichens 1 *tecpatl* findet sich 4 *ocelotl* oder 4 *Jaguar;* dieser Tag zeichnet sich durch die Zenitdurchquerung der Sonne über der Stadt México aus. Die gesamte dreizehntägige kleine Periode, in der diese Durchquerung stattfindet, die elfte des rituellen Jahres, war ebenfalls der Sonne geweiht. Das Zeichen 2 *ozomatli* oder 2 *Affe* entspricht dem Zeitpunkt der

---
[243] *Nahui atl, atl, atl;* siehe oben, S. 185.

Sommersonnenwende; es steht unmittelbar neben 1 *quiahuitl* oder 1 *Regen*, dem Tag der Tagundnachtgleiche.

Die Erklärung für 4 *quiahuitl* oder 4 *Regen* mag einen in Verlegenheit bringen[244]; im ersten Zyklusjahr entspricht dieser Tag genau der zweiten Zenitdurchquerung der Sonne über der Stadt México; doch im Jahr 13 *acatl*, dessen Festkalender dieses Monument darstellt, lag der Tag 4 *Regen* bereits sechs Tage vor dieser Durchquerung. Da die gesamte dreizehntägige Periode, in der die Sonne den Zenit erreicht, dem Zeichen *ollin Tonatiuh* und der Milchstraße, *citlalcueye*, geweiht ist und da der Tag 4 *Regen* stets ebendieser Periode angehört, ist es recht wahrscheinlich, daß die Mexikaner es vorgezogen haben, letzteren Tag anzugeben, damit das Abbild der Sonne von vier Zeichen umgeben war, die alle die gleiche Zahl Vier trugen, und vor allem um auf die vier Zerstörungen der Sonne anzuspielen, welche die Überlieferung an den Tagen 4 *Jaguar*, 4 *Wind*, 4 *Wasser* und 4 *Regen* ansiedelt. Die fünf kleinen Kreise, die man zur Linken des Tages 2 *Affe* findet, unmittelbar über dem Zeichen *malinalli*, scheinen auf das Fest des Gottes *Macuil-Malinalli* anzuspielen, der eigene Altäre hatte; dieses Fest fand um den 12. September statt, der *Macuilli Malinalli* hieß. Die Spitze des Dreiecks, die das Zeichen des Tages 1 *Feuerstein* von dem Zeichen der Nacht *tletl* oder Feuer trennt, ist auf den ersten der zwanzig Katasterismen der Tierkreiszeichen gerichtet, weil im Jahr 13 *Rohre* der Tag 1 *cipactli* dem Tag der Herbst-Tagundnachtgleiche entspricht; um diese Zeit beging man ein Fest von zehn Tagen, deren feierlichster der Tag 10 *ollin* oder 10 *Sonne* war, unser 16. September. Man glaubt in México, daß die beiden Felder, die unter der Zunge des Gottes *Ollin Tonatiuh* stehen, zweimal die Zahl fünf zeigen; doch diese Deutung erscheint mir ebenso gewagt wie die Erklärungsversuche für die vierzig Felder, die den Tierkreis umgeben, und für die Zahlen sechs, zehn und achtzehn, die man am Rand des Steins wiederholt findet. Wir werden auch nicht untersuchen, ob die Löcher in dem ungeheuren Stein gebohrt wurden, um daran als Gnomon dienende Fäden anzubringen, wie Herr Gama meinte. Gewisser und von großer Bedeutung für die mexikanische Chronologie ist, daß dieses Monument entgegen der Auffassung von Gemelli und Boturini beweist, daß der erste Tag, welches auch immer das Zeichen des Jahres sei, stets durch *cipactli* regiert wird, demjenigen Zeichen, das dem Steinbock der griechischen Sphäre entspricht. Es ist anzunehmen, daß neben diesem Stein ein weiterer stand, der den Festkalender von der Herbst- bis zur Frühlings-Tagundnachtgleiche umfaßte.

[244] GAMA, § 75, S. 109.

Wir haben nun alles unter einem gemeinsamen Blickwinkel versammelt, was wir bislang über die Zeiteinteilung bei den mexikanischen Völkern wissen, und dabei sorgfältig unterschieden, was gewiß und was bloß wahrscheinlich ist. Nach allem, was über die Gestalt des Jahres dargelegt worden ist, sieht man, wie phantastisch die Hypothesen sind, nach denen man den Tolteken und Azteken bald Mondjahre, bald in 22 Monate geteilte Jahre von 286 Tagen zuschrieb.[245] Es wäre interessant, das Kalendersystem zu kennen, dem die nördlichsten Völker Amerikas und Asiens folgen. Bei den Bewohnern von Nutka finden wir die mexikanischen Monate von zwanzig Tagen wieder, indes hat ihr Jahr nur 14 Monate, denen sie nach äußerst umständlichen Methoden eine große Zahl von Schalttagen hinzufügen.[246] Sobald ein Volk die Unterteilungen des Jahres nicht nach den Mondwandlungen richtet, wird die Zahl seiner Monate recht willkürlich, und seine Wahl scheint nur mehr von einer besonderen Vorliebe für bestimmte Zahlen abzuhängen. Die mexikanischen Völker haben die *doppelten Dekaden* vorgezogen, weil sie nur für die Einer, für die Zwanzig und für die Potenzen von zwanzig einfache Zeichen besaßen.

Der Gebrauch der periodischen Reihen und die Tageshieroglyphen haben uns erstaunliche Ähnlichkeiten zwischen den Völkern Asiens und denen Amerikas gezeigt. Einige davon waren dem Scharfsinn des Herrn Dupuis nicht entgangen[247], wenngleich er die Zeichen der Monate mit denen der Tage verwechselt hat und nur über eine sehr unvollkommene Kenntnis der mexikanischen Chronologie verfügte. Es würde dem Ziel, das wir uns in diesem Werk gesetzt haben, widersprechen, wenn wir uns in Hypothesen über die alte Zivilisation der Bewohner des Nordens und der Mitte Asiens ergingen. Tibet und Mexiko weisen in ihren geistlichen Hierarchien, in der Zahl der religiösen Orden, in der äußersten Strenge der Bußübungen und der Ordnung ihrer Prozessionen recht bemerkenswerte Ähnlichkeiten auf. Es ist sogar unmöglich, über diese Verwandtschaft nicht zu staunen, wenn man den Bericht aufmerksam liest, den Cortés Kaiser Karl V. über seinen Einzug nach Cholula, von ihm die heilige Stadt der Mexikaner genannt, erstattete.

Ein Volk, das seine Feste nach der Bewegung der Gestirne richtete und seinen Festkalender in ein öffentliches Monument gravierte, hatte wahrscheinlich eine höhere Zivilisationsstufe erreicht als die, welche Pauw, Raynal und selbst Robertson, der klügste der Geschichtsschreiber Amerikas, ihm zugestanden. Diese Auto-

---

[245] WADDILOVE, in ROBERTSON, *History of America*, Band III, S. 404, Anm. XXXV.
[246] DON JOSÉ MOCIÑO, *Viaje a Nutka*, Manuskript. (S. meinen *Essai politique sur le royaume de la Nouvelle-Espagne*, Bd. I, S. 335.)
[247] *Mémoire explicatif du Zodiaque*, S. 99.

ren sahen jeden Zustand des Menschen als barbarisch an, der sich von demjenigen Kulturtypus entfernt, den sie sich nach ihren systematischen Ideen gebildet haben. Diese scharfen Unterscheidungen zwischen barbarischen und zivilisierten Nationen können wir nicht gelten lassen. Indem wir in diesem Werk mit gewissenhafter Unparteilichkeit alles untersucht haben, was wir mit eigenen Augen über den alten Zustand der eingeborenen Völker des neuen Kontinents entdecken konnten, haben wir uns bemüht, die Merkmale, die sie individuell charakterisieren, und diejenigen, die sie mit verschiedenen Gruppen von asiatischen Völkern zu verbinden scheinen, zu versammeln. Mit ganzen Nationen verhält es sich wie mit bloßen Individuen; ebenso wie sich bei letzteren nicht alle Seelenkräfte zu gleicher Zeit zu entwickeln vermögen, offenbaren sich bei ersteren die Fortschritte der Zivilisation nicht gleichzeitig im Sanfterwerden der öffentlichen und privaten Sitten, im Gefühl für die Künste und in der Form der Institutionen. Ehe man die Nationen klassifiziert, muß man sie in ihrem eigentümlichen Charakter studieren; denn die äußeren Umstände lassen die kulturellen Nuancen, die Stämme von verschiedener Rasse unterscheiden, bis ins Unendliche variieren, vor allem, wenn sie sich in weit voneinander entfernten Gegenden niedergelassen und lange Zeit unter dem Einfluß von Regierungen oder Kulten gelebt haben, die den Fortschritten des Geistes und der Bewahrung der individuellen Freiheit mehr oder weniger entgegenstehen.

TAFEL XXIV

Haus des Inka in Callo, im Königreich Quito

NACHDEM TÚPAC YUPANQUI und Huayna Cápac, Vater des unglücklichen Atahualpa, das Königreich Quito vollständig erobert hatten, ließen sie nicht nur prächtige Straßen auf dem Rücken der Kordilleren anlegen, sondern um die Verbindungen zwischen der Hauptstadt und den nördlichsten Provinzen ihres Reiches zu erleichtern, gaben sie auch Befehl, auf dem Weg von Cuzco nach Quito in regelmäßigen Abständen Herbergen (*tambos*), Lagergebäude und Unterkünfte für den Fürsten und sein Gefolge zu bauen. Diese *tambos* und Häuser des Inka, die andere Reisende Paläste genannt haben, gab es an dem Landstraßenabschnitt zwischen Cuzco und Cajamarca seit Jahrhunderten; den letzten Eroberern vom Geschlecht des Manco-Capac sind lediglich jene Bauwerke zu verdanken, deren Ruinen wir heute von der Provinz Cajamarca, der südlichen Grenze des Reiches von Quito, bis zu den Bergen von *Los Pastos* finden. Unter diesen Bauwerken ist eines der berühmtesten und besterhaltenen das von *Callo* oder *Caïo*, das La Condamine, Don Jorge Juan und Ulloa in ihren Reisen nach Peru geschildert haben. Die Beschreibungen dieser Reisenden sind sehr unvollkommen; und die Zeichnung, die Ulloa von dem Haus des Inka angefertigt hat, läßt den Plan, nach dem es erbaut wurde, so wenig erkennen, daß man beinahe glauben möchte, sie sei der bloßen Einbildung entsprungen.

Als wir, Herr Bonpland und ich, im April des Jahres 1802 im Zuge einer Exkursion zum Vulkan Cotopaxi jene spärlichen Überreste der peruanischen Architektur besuchten, entwarf ich die Skizzen zu der Tafel XXIV; zurück in Quito, legte ich meine Zeichnungen sowie die Tafel aus Ullas Reisewerk einigen hochbetagten Geistlichen vom Orden des Heiligen Augustinus vor. Niemand kennt die Ruinen von Callo besser als sie, da jene sich auf einem Grundstück befinden, das ihrem Kloster gehört; sie haben einst in einem benachbarten Landhaus gewohnt und versicherten mir, das Haus des Inka sei seit 1750, und sogar schon länger, immer in demselben Zustand gewesen wie heute. Wahrscheinlich hat Ulloa ein *wiederhergestelltes* Monument zeigen wollen und überall da Innenwände angenommen[248], wo er Schutthaufen oder zufällige Bodenerhebungen gesehen hat. Sein Plan gibt weder die tatsächliche Anlage der Gemächer noch die vier großen Außentüren wieder, die seit der Errichtung des Gebäudes existiert haben müssen.

Wir haben bereits an früherer Stelle bemerkt, daß sich das Plateau von Quito in der Mitte des Doppelkamms[249] der Andenkordillere erstreckt; von dem Plateau von Lacatunga und Ambato ist es durch die Anhöhen des Chisinche und des Tiopullo getrennt, die sich gleich einem Damm quer vom östlichen zum westlichen Kamm, von den Basaltmassen des Rumiñahui zu den hoch aufragenden Pyramiden des ehemaligen Vulkans Illiniza hinziehen. Von der Höhe dieses Dammes aus, der die Wasser zwischen Südsee und Atlantischem Ozean scheidet, entdeckt man in einer endlosen, mit Bimsstein bedeckten Ebene den *Panecillo* von Callo und die Ruinen des Hauses des Inka Huayna Cápac. Der *Panecillo*, oder *Zuckerbrot*, ist eine kegelförmige Erderhebung, ungefähr achtzig Meter hoch und mit niedrigem Gestrüpp von *Molina, Spermacoce* und *Cactus* bewachsen; die Eingeborenen sind überzeugt, diese glockenähnliche Erhebung von erstaunlich regelmäßiger Form sei ein *tumulus*, einer jener zahlreichen Hügel, welche die früheren Bewohner des Landes als Gräber für den Fürsten oder andere hervorragende Persönlichkeiten errichteten. Zugunsten dieser Auffassung wird angeführt, der *Panecillo* bestehe vollständig aus vulkanischem Schutt, und der gleiche Bimsstein, der seinen Fuß umgibt, finde sich auch auf seinem Gipfel.

Dieser Grund könnte in den Augen eines Geologen wenig überzeugend erscheinen; denn der Rücken des nahen Berges Tiopullo, der viel höher ist als der *Panecillo*, weist ebenfalls große Anhäufungen von Bimsstein auf, die wahrscheinlich von weit zurückliegenden Ausbrüchen des Cotopaxi und des Illiniza stammen. Man kann gewiß nicht in Zweifel ziehen, daß in beiden Amerikas wie auch im Norden Asiens und an den Ufern des Borysthenes von Menschenhand errichtete Erdhügel, tatsächliche *tumuli* von außerordentlicher Höhe, zu finden sind. Diejenigen, die wir in den Ruinen der alten Stadt Mansiche in Peru gefunden haben, stehen dem *Zuckerbrot* von Callo in der Höhe nur wenig nach. Indes könnte letzterer, und diese Auffassung erscheint mir wahrscheinlicher, eine vulkanische Erderhebung sein, die einzeln in der weiten Ebene von Lacatunga stand und der

---
[248] *Voyage historique de l'Amérique méridionale*, Band I, S. 387, Tafel 18.
[249] Siehe oben, S. 135, und meinen *Recueil d'observations astronomiques*, Band I, S. 309.

die Ureinwohner eine regelmäßigere Form verliehen haben. Ulloa, dessen Autorität von großem Gewicht ist, scheint die Auffassung der Eingeborenen zu übernehmen; er glaubt sogar, der *Panecillo* sei ein *militärisches Monument* und habe als Wachturm dazu gedient, die Vorgänge in der Ebene zu beobachten, damit der Fürst beim ersten Anzeichen eines unerwarteten Angriffs in Sicherheit gebracht werden konnte. Im Staat Kentucky sind, neben ehemaligen Befestigungen in ovaler Form, auch sehr hohe *tumuli* zu finden, die menschliche Gebeine enthalten und mit Bäumen bewachsen sind, von denen Herr Cutter glaubt, sie seien an die tausend Jahre alt.[250]

Das *Haus des Inka* liegt etwas südwestlich des *Panecillo,* drei Meilen vom Krater des Cotopaxi entfernt und etwa zehn Meilen südlich der Stadt Quito. Das Gebäude bildet ein Quadrat mit einer Seitenlänge von jeweils dreißig Metern; es sind noch vier große Außentüren sowie acht Gemächer zu erkennen, von denen drei erhalten sind. Die Wände sind etwa fünf Meter hoch und einen Meter dick. Die Türen, die denen der ägyptischen Tempel gleichen; die Nischen, achtzehn in jedem der Gemächer und mit der größten Symmetrie verteilt; die Zylinder zum Aufhängen der Waffen; der Zuschnitt der Steine, deren Außenfläche konvex und an den Rändern abgeschrägt ist: alles erinnert an das Gebäude von Cañar, das auf der Tafel XX abgebildet ist. Ich habe in Callo nichts von dem gesehen, was Ulloa Pracht, Erhabenheit und Majestät nennt; doch von größtem Interesse scheint mir die Gleichförmigkeit der Bauweise zu sein, die alle peruanischen Monumente verbindet. Es ist unmöglich, ein einzelnes Bauwerk aus der Inka-Zeit zu studieren, ohne denselben Typus in allen anderen zu erkennen, die auf einer Strecke von über vierhundertfünfzig Meilen und in Höhen zwischen tausend und viertausend Metern über dem Meeresspiegel den Rücken der Anden bedecken. Es ist, als habe ein einziger Architekt diese Vielzahl von Monumenten erbaut, so sehr hing dieses Bergvolk an seinen häuslichen Gewohnheiten, an seinen bürgerlichen und religiösen Institutionen, an der Form und der Anordnung seiner Gebäude. Es wird ein leichtes sein, anhand der Zeichnungen in diesem Werk eines Tages zu überprüfen, ob es, wie der gelehrte Autor der *Noticias Americanas* behauptet, in Oberkanada Bauwerke gibt, die im Zuschnitt der Steine, in der Form der Türen und der kleinen Nischen sowie in der Anordnung der Gemächer Spuren des *peruanischen Stils* aufweisen; diese Überprüfung wird all jene, die sich historischen Forschungen widmen, um so mehr interessieren, als wir durch sichere Zeugnisse wissen, daß die Inka die Festung von Cuzco nach

---
[250] CAREY, *American Pocket Atlas,* 1796, S. 101.

dem Modell der noch älteren Bauwerke von Tiahuanaco, gelegen unter 17° 12′ südlicher Breite, errichteten.

Der Stein, der für das Haus des Huayna Cápac, von Cieza als *Aposentos de Mulahalo* bezeichnet[251], gedient hat, ist eine Felsart vulkanischen Ursprungs, ein spongiöser, verbrannter Porphyr auf Basalt-Basis. Wahrscheinlich hat ihn der Vulkan Cotopaxi ausgespien; denn er ist mit den ungeheuren Blöcken identisch, die ich in großer Zahl in den Ebenen von Callo und Mulaló gefunden habe. Da dieses Monument offenbar in den ersten Jahren des sechzehnten Jahrhunderts erbaut wurde, beweisen die dazu verwendeten Materialien, daß man den Ausbruch des Cotopaxi, der 1533 stattfand, als Sebastián de Belalcázar das Königreich Quito eroberte, zu Unrecht als den ersten angesehen hat. Die Steine von Callo sind quaderförmig geschnitten; sie sind nicht alle von gleicher Größe, bilden indes ebenso regelmäßige Absätze wie diejenigen der römischen Bauten. Hätte der vortreffliche Autor der *History of America*[252] ein einziges peruanisches Monument sehen können, so würde er wohl nicht geschrieben haben, »daß die Eingeborenen die Steine so nahmen, wie sie sie aus den Brüchen holten; die einen waren dreieckig, die anderen quadratisch; die einen konvex, die anderen konkav; und daß die über Gebühr gerühmte Kunst dieses Volkes nur in der Anordnung dieser unförmigen Materialien bestand.«

Während unseres langen Aufenthaltes in der Andenkordillere sind wir niemals auf eine Bauweise gestoßen, die an die sogenannte zyklopische erinnerte; an allen Gebäuden aus der Inka-Zeit sind die Steine an der Außenseite mit bewundernswürdiger Sorgfalt behauen, während die Rückseite uneben und oft kantig ist. Ein ausgezeichneter Beobachter, Don Juan Larea, hat bemerkt, in den Mauern von Callo sei der Hohlraum zwischen äußeren und inneren Steinen mit durch Lehm zementierten kleinen Kieseln aufgefüllt. Ich selbst habe diese Eigentümlichkeit nicht beobachtet, doch ich habe sie auf der Tafel XXIV nach einer Skizze von Herrn Larea vermerkt. Von einem Fußboden oder einem Dach sind keine Spuren mehr zu erkennen; es ist anzunehmen, daß letzteres aus Holz war. Wir wissen auch nicht, ob das Gebäude ursprünglich nur einstöckig war, da es sowohl durch die Habgier der benachbarten Bauern, die ihm zu anderweitigem Gebrauch Steine entrissen haben, als auch durch die Erdbeben, welche dieses unglückliche Land fortwährend heimsuchen, beschädigt worden ist.

Wahrscheinlich reichen die Bauwerke, von denen ich in Peru, in Quito und bis zu den Ufern des Amazonen-Flusses unter dem Namen *Ingapirca* oder Gebäude

[251] *Crónica del Perú*, Kap. 41 (Ausgabe von 1554, S. 108).   [252] ROBERTSON, Band III, S. 414.

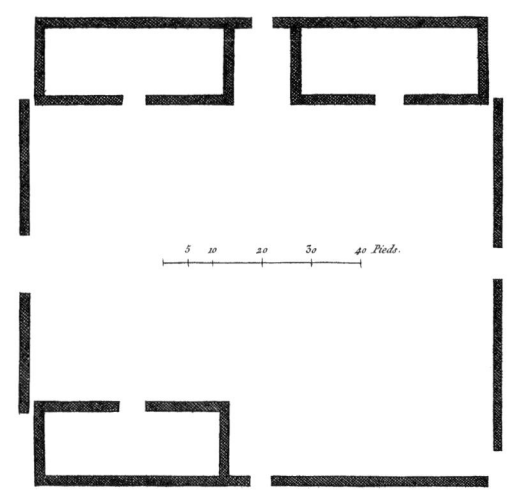

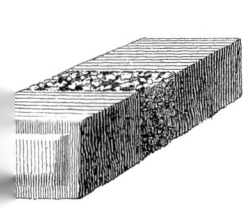

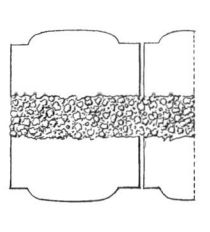

TAFEL XXIV

des Inka gehört habe, nicht weiter als bis auf das dreizehnte Jahrhundert unserer Zeitrechnung zurück. Ältere Bauwerke sind die von Vinaque und von Tiahuanaco, ebenso wie die Mauern aus ungebranntem Ziegelwerk, die ihren Ursprung den alten Bewohnern von Quito verdanken, den *Puruay,* die von dem *Conchocando* oder König von Licán sowie von *Guastay,* tributpflichtigen Fürsten, regiert wurden. Es wäre wünschenswert, daß ein gelehrter Reisender die Ufer des großen Titicaca-Sees, die Provinz Collao und vor allem das Plateau von Tiahuanaco, Mittelpunkt einer alten Zivilisation Südamerikas, besuchen könnte. Dort sind noch einige Überreste jener Bauwerke vorhanden, die *Pedro de Cieza*[253] mit bewundernswürdiger Schlichtheit beschrieben hat; sie sind offenbar nie fertiggestellt worden, und bei der Ankunft der Spanier schrieben die Eingeborenen ihre Errichtung einer Rasse von weißen und bärtigen Männern zu, die den Rücken der Kordilleren lange vor der Gründung des Inka-Reiches bewohnt hatten. Die amerikanische Architektur, das können wir nicht oft genug wiederholen, vermag weder durch gewaltige Massen noch durch elegante Formen zu überraschen; indes betrachtet man sie mit um so mehr Interesse, als sie Licht in die Geschichte der ursprünglichen Kultur der Bergvölker auf dem neuen Kontinent bringt.

Gezeichnet habe ich 1. den Grundriß des Hauses des Inka Huayna-Cápac; 2. einen Abschnitt der Innenwand des nördlichsten Gemaches, von innen gesehen; 3. den gleichen Abschnitt von außen, doch vom Hof aus. An den Außenwänden, die den Türen der Gemächer gegenüberliegen, findet man anstelle von Nischen Öffnungen auf das umliegende Land hinaus. Ich werde nicht darüber entscheiden, ob diese Fenster Nischen *(hocos)* waren, die man in der Zeit nach der Eroberung durchgebrochen hat, als das Gebäude einigen spanischen Familien als Wohnung diente. Die Eingeborenen glauben vielmehr, sie seien angebracht worden, damit man beobachten konnte, ob Feinde einen Angriff auf den Trupp des Inka wagen wollten.

[253] CIEZA, Kap. 105, S. 255.

TAFEL XXV

Der Chimborazo, vom Plateau von Tapia her gesehen

DER BERG IST SO GEZEICHNET WORDEN, wie er sich in der trockenen Ebene von Tapia darbietet, in der Nähe des Dorfes Licán, der früheren Residenz der Herrscher von Quito vor der Eroberung durch den Inka Túpac Yupanqui. Von Licán bis zum Gipfel des Chimborazo sind es ungefähr fünf Meilen Luftlinie. Die Tafel XVI zeigte diesen kolossalen Berg mit dem ihn umgebenden Gürtel von ewigem Schnee, der sich in der Nähe des Äquators auf einer Höhe von viertausendachthundert Metern hält. Die Tafel XXV stellt den Chimborazo nun so dar, wie wir ihn nach überaus reichlichen Schneefällen gesehen haben, am 24. Juni 1802, nur einen Tag nach unserer Exkursion zum Gipfel. Es erschien mir interessant, eine genaue Vorstellung des erhabenen Anblicks der Kordilleren zu diesen beiden Zeitpunkten des *Maximums* und des *Minimums* der Schneehöhe zu geben.

Allein Reisende, welche die Gipfel des Mont-Blanc und des Monte-Rosa aus der Nähe gesehen haben, vermögen den Charakter dieser erhabenen, ruhigen und majestätischen Szene zu begreifen. Die Masse des Chimborazo ist so ungeheuer, daß der Teil, den das Auge in Höhe der Schneegrenze mit einem Blick erfaßt, siebentausend Meter breit ist. Die äußerst dünnen Luftschichten, durch die man die Gipfel der Anden sieht, tragen viel zur Strahlkraft des Schnees und zur magischen Wirkung seines Widerscheins bei.[254] Unter den Wendekreisen erscheint in fünftausend Metern Höhe die azurne Kuppel des Himmels indigofarben.[255] Die Umrisse des Gebirges treten in dieser reinen, durchsichtigen Atmosphäre stark hervor, während die tieferen Luftschichten, die auf einer graslosen, Wärmestoff abstrahlenden Hochebene ruhen, dunstig sind und die im Hintergrund liegenden Teile der Landschaft zu verschleiern scheinen.

[254] *Essai politique sur le royaume de la Nouvelle-Espagne*, Band I, S. LXXVII.   [255] Siehe meine *Géographie des Plantes*, S. 17.

Das Plateau von Tapia, das sich im Osten bis zum Fuß des Altar und des Condorasto ausdehnt, ist dreitausend Meter hoch. Seine Höhe entspricht etwa der des Canigou, eines der höchsten Gipfel der Pyrenäen. Die trockene Ebene weist einen vereinzelten Bewuchs von Schinus molle, Cactus, Agave und Molina auf. Im Vordergrund sind nach der Natur gezeichnete Lamas *(Camelus lacma)* und Gruppen von Indianern auf dem Weg zum Markt von Licán zu sehen. Die Bergflanke zeigt jene Abstufung des pflanzlichen Lebens, die ich in meinem *Tableau de la Géographie des Plantes* zu skizzieren versucht habe und die man auf dem westlichen Abhang der Anden verfolgen kann, von den undurchdringlichen Palmengehölzen bis zu der dünnen Flechtenschicht an der Grenze zum ewigen Schnee.

In dreitausendfünfhundert Metern absoluter Höhe verlieren sich allmählich die Holzgewächse mit den glänzenden, zähen Blättern. Die Region der Sträucher ist von derjenigen der Grasgewächse durch alpine Kräuter getrennt, durch Büschel von Nerteria, von Baldrian-, Steinbrech- und Glockenblumengewächsen sowie durch kleine Kreuzblütler. Die Grasgewächse bilden einen sehr breiten Gürtel, der sich nur gelegentlich für wenige Tage mit Schnee bedeckt. Diese Zone, die im Lande *pajonal* genannt wird, stellt sich von weitem als ein goldgelber Teppich dar. Seine Farbe steht in angenehmem Kontrast zu jener der verstreuten Schneemassen; sie verdankt sich den Stengeln und Blättern der zur Zeit der großen Dürren von der Sonne versengten Graspflanzen. Oberhalb des *pajonal* befindet man sich in der Region der Sporengewächse, die hier und da die mit keinerlei Mutterboden bedeckten Porphyrfelsen überziehen. Noch etwas weiter bildet das ewige Eis die Grenze des organischen Lebens.

Wie überraschend die Höhe des Chimborazo auch sein mag, so ist sein Gipfel doch vierhundertfünfzig Meter niedriger als der Punkt, an dem Herr Gay-Lussac auf seiner denkwürdigen Luftreise jene Versuche angestellt hat, die für die Meteorologie und die Kenntnis der magnetischen Gesetze gleichermaßen bedeutend sind. Bei den Eingeborenen der Provinz Quito ist eine Überlieferung erhalten, nach der ein Gipfel des östlichen Andenkamms, der heute der Altar *(El Altar)* genannt wird und im fünfzehnten Jahrhundert teilweise eingestürzt ist, einst höher war als der Chimborazo. In Bhutan ist der höchste Berg, dessen Höhe die englischen Reisenden ermittelt haben, der Soumounang, nur 4419 Meter (2268 Toisen) hoch; doch nach der Behauptung des Colonel Crawford[256] beträgt der höchste Gipfel der Kordilleren Tibets über fünfundzwanzigtausend englische

---

[256] JAMESON, *The System of Mineralogy*, Band III, S. 329.

TAFEL XXV

Fuß oder 7617 Meter (3909 Toisen). Wenn diese Einschätzung auf einer genauen Messung beruht, so gibt es in Zentralasien einen Berg, der tausendneunzig Meter höher ist als der Chimborazo. In den Augen des wahren Geologen, der sich im Laufe seiner Beschäftigung mit den *Formationen* daran gewöhnt hat, die Natur im Großen zu sehen, ist die absolute Höhe der Gebirge ein Phänomen von geringer Bedeutung; ihn wird es kaum überraschen, wenn man künftig in irgendeinem Teil des Globus einen Gipfel entdecken sollte, der den Chimborazo ebenso weit überragt wie der größte Berg der Alpen den höchsten Punkt der Pyrenäen.

Ein vortrefflicher Architekt, dessen Kenntnis der Monumente des Altertums sich mit einem tiefen Gefühl für die Schönheiten der Natur verbindet, Herr Thibault, war so liebenswürdig, die kolorierte Zeichnung anzufertigen, deren Stich die Hauptzierde dieses Werkes bildet. Die Skizze, die ich vor Ort gemacht hatte, bot kein anderes Verdienst, als den nach Winkelmessungen ermittelten Umriß des Chimborazo präzise anzuzeigen. Die Wahrheit des Ganzen und der Details ist gewissenhaft erhalten worden. Damit das Auge die Abstufung der Ebenen nachvollziehen und die Ausdehnung des Plateaus ermessen könne, hat Herr Thibault die Szene mit äußerst zweckmäßig angeordneten Figurengruppen belebt. Es ist eine Freude, Dienste bekanntzumachen, die aus uneigennützigster Freundschaft erwiesen wurden.

TAFEL XXVI

Epochen der Natur, gemäß der aztekischen Mythologie

VON ALLEN ÄHNLICHKEITEN, die man in den Monumenten, den Sitten und den Überlieferungen der Völker Asiens und Amerikas beobachten kann, ist die erstaunlichste diejenige, welche die mexikanische Mythologie mit ihrer kosmogonischen Fiktion der periodischen Zerstörungen und Erneuerungen des Universums bietet. Diese Fiktion, welche die Wiederkehr der großen Zyklen mit der Vorstellung einer Erneuerung der als unzerstörbar angenommenen Materie verbindet und somit auf den Raum überträgt, was nur der Zeit anzugehören scheint[257], reicht bis ins höchste Altertum zurück. Schon die heiligen Bücher der Hindus, vor allem die *Bhagavata Purana*, sprechen von vier Zeitaltern und von den *pralayas* oder Kataklysmen, die zu verschiedenen Zeiten die menschliche Gattung haben untergehen lassen.[258] Eine Überlieferung von *fünf Zeitaltern*, ähnlich derjenigen der Mexikaner, findet sich im Hochland Tibets wieder.[259] Wenn es stimmt, daß diese astrologische Fiktion, die zur Grundlage eines eigentümlichen kosmogonischen Systems geworden ist, in Hindostan ihren Ursprung hat, ist es auch wahrscheinlich, daß sie von dort, über den Iran und Chaldäa, zu den westlichen Völkern gelangt ist. Unverkennbar besteht eine gewisse Ähnlichkeit zwischen der indischen Überlieferung der *yuga* und *kalpa*, den Zyklen der alten Bewohner Etruriens und jener Abfolge von untergegangenen Geschlechtern, die von Hesiod unter dem Emblem von vier Metallen beschrieben wurden.

»Die Völker von Colhua oder von Mexiko«, schrieb Gómara in der Mitte des sechzehnten Jahrhunderts[260], »glauben ihren Hieroglyphen-Gemälden zufolge, vor der Sonne, die ihnen jetzt leuchte, habe es bereits vier andere gegeben, die nacheinander erloschen seien. Diese fünf Sonnen stehen für ebenso viele Zeitalter, in denen unsere Gattung durch Überschwemmungen, Erdbeben, eine all-

[257] HERMANN, *Mythologie der Griechen*, Band II, S. 332.
[258] HAMILTON u. LANGLÈS, *Catalogue des Manuscrits sanskrits de la Bibliothèque impériale*, S. 13. *Asiatick Researches*, Band II, S. 17. MOOR, *The Hindu Pantheon*, S. 27 und 101.
[259] GEORGI, *Alphabetum Tibetanum*, S. 220.
[260] GÓMARA, *Conquista de México*, Blatt CXIX.

gemeine Feuersbrunst und Orkane vernichtet worden ist. Nach der Zerstörung der vierten Sonne war die Welt fünfundzwanzig Jahre lang in Finsternis gehüllt. Inmitten dieser tiefen Nacht, zehn Jahre vor dem Erscheinen der fünften Sonne, wurde das Menschengeschlecht erneuert. Zum fünften Mal schufen die Götter einen Mann und eine Frau. Der Tag, an dem die letzte Sonne erschien, stand unter dem Zeichen *tochtli* (Kaninchen), und von diesem Zeitpunkt bis 1552 rechnen die Mexikaner achthundertfünfzig Jahre. Ihre Annalen reichen bis auf die fünfte Sonne zurück. Sie bedienten sich auch schon in den vier vorherigen Zeitaltern historischer Malereien *(escritura pintada);* doch diese Gemälde sind, wie sie versichern, zerstört worden, denn in jedem Zeitalter muß alles erneuert werden.« Torquemada zufolge ist diese Fabel über den Kreislauf der Zeiten und die Erneuerung der Natur toltekischen Ursprungs[261]; sie sei eine nationale Überlieferung jener Gruppe von Völkern, die wir unter den Namen Tolteken, Chichimeken, Acolhuen, Nahuatlaca, Tlaxcalteken und Azteken kennen, die eine gemeinsame Sprache sprechen und seit der Mitte des sechsten Jahrhunderts unserer Zeitrechnung von Norden nach Süden gezogen sind.

Als ich in Rom den *Codex Vaticanus* Nr. 3738 untersuchte, 1566 kopiert von dem Dominikaner Pedro de los Ríos[262], habe ich die mexikanische Zeichnung gefunden, die auf der Tafel XXVI zu sehen ist. Dieses historische Zeugnis ist um so merkwürdiger, als es die Dauer jedes Zeitalters durch Zeichen angibt, deren Bedeutung wir kennen. Im Kommentar des Pater Ríos ist die Reihenfolge, in der die Katastrophen aufeinandergefolgt sind, vollkommen verkehrt; die letzte, nämlich die Sintflut, wird darin als die erste angesehen. Der gleiche Irrtum liegt in den Werken von Gómara, Clavijero[263] und der Mehrzahl der spanischen Autoren vor, die vergaßen, daß die Mexikaner ihre Hieroglyphen von rechts nach links anordneten und unten auf der Seite begannen, und die daher die Reihenfolge der vier Zerstörungen der Welt zwangsläufig umkehrten. Ich werde diese Reihenfolge so angeben, wie sie auf dem mexikanischen Gemälde der Vatikanischen Bibliothek dargestellt ist und wie sie eine höchst merkwürdige, in aztekischer Sprache verfaßte Geschichte beschreibt, von welcher uns der Indianer Fernando de Alva Ixtlilxochitl[264] Fragmente überliefert hat. Das Zeugnis eines eingeborenen Autors und die kurz nach der Eroberung vor Ort angefertigte Kopie eines mexikanischen Gemäldes verdienen gewiß mehr Vertrauen als der Bericht der spanischen Geschichtsschreiber. Diese Uneinigkeit, deren Ursache wir gerade

---

[261] TORQUEMADA, Band I, S. 40; Band II, S. 83.
[262] Siehe oben, S. 109 und 115.
[263] *Storia antica del Messico,* Band II, S. 57.
[264] GAMA, § 62, S. 97. BOTURINI, *Catálogo del Museo,* § VIII, Nr. 13.

genannt haben, bezieht sich im übrigen nur auf die Reihenfolge der Zerstörungen; denn die Umstände jeder von ihnen werden von Gómara, Pedro de los Ríos, Ixtlilxochitl, Clavijero und Gama mit größter Übereinstimmung wiedergegeben.

Erster Zyklus. Seine Dauer beträgt 13 × 400 + 6 = 5206 Jahre; diese Zahl ist auf dem unteren Gemälde rechts durch neunzehn Kreise angezeigt, von denen dreizehn eine *Feder* tragen. Wir haben an früherer Stelle[265], im Zusammenhang mit dem Kalender, darauf hingewiesen, daß die Hieroglyphe von zwanzig im Quadrat eine Feder ist und daß einfache Kreise, wie die Nägel der Etrusker und der Römer[266], bei den Mexikanern die Zahl der Jahre angaben. Dieses erste Zeitalter, das dem Zeitalter der Gerechtigkeit bei den Hindus *(Satya Yuga)* entspricht, hieß *Tlaltonatiuh,* Zeitalter der Erde; es ist außerdem das der Riesen *(Qzocuilliexeque* oder *Tuinametin);* denn die historischen Überlieferungen aller Völker beginnen mit Kämpfen von Riesen. Die Olmeken oder Hulmeken und die Xicalanken, zwei Völker, die den Tolteken vorangegangen sind und die sich eines hohen Alters rühmten, behaupteten, sie hätten solche bei ihrer Ankunft in den Ebenen von Tlaxcala vorgefunden.[267] Nach den heiligen *Puranas* errang auch Bacchus oder der junge Rama seinen ersten Sieg über Ravana, den König der Riesen auf der Insel Ceylon.[268]

Das von dem Zeichen *ce acatl* regierte Jahr war ein Jahr des Mangels, und an der Hungersnot ging das erste Geschlecht der Menschen zugrunde. Diese Katastrophe begann am Tag 4 *Jaguar (nahui ocelotl),* und die Hieroglyphe dieses Tages ist wahrscheinlich der Grund, weshalb andere Überlieferungen berichten, daß die Riesen, die nicht Hungers starben, von ebendiesen Jaguaren *(tequanes)* verschlungen wurden, deren Erscheinen die Mexikaner am Ende jedes Zyklus fürchteten. Das Hieroglyphen-Gemälde zeigt einen bösen Geist, der auf die Erde herabsteigt, um Gras und Blumen auszureißen. Drei menschliche Figuren, darunter eine Frau, wie man an der Haartracht mit den Zöpfen, die zwei Hörnern ähneln, leicht erkennen kann[269], halten in der rechten Hand ein scharfes Werkzeug und in der linken Früchte oder geschnittene Ähren. Der Geist, der die Hungersnot ankündigt, trägt eine jener Gebetsketten[270], die seit unvordenklichen Zeiten in Tibet, China, Kanada und Mexiko gebräuchlich sind und von den Christen des Okzidents aus dem Orient übernommen wurden. Wenn auch die Fiktion der Riesen, der Titanen und der Kyklopen bei allen Völkern der Erde von dem Konflikt der Elemente oder vom Zustand des Globus bei seinem Austritt aus dem

---

[265] Siehe S. 182.

[266] TITUS LIVIUS, *Historia Romana,* Buch VII, Kap. 3 (ed. Gesneri, 1735, Band I, S. 461).

[267] TORQUEMADA, Band I, S. 37.

[268] PAOLINO DA S. BARTOLOMEO, *Systema Brahmanicum,* S. 24 und 143.

[269] Tafel XV, Nr. 3–7, 3.

[270] Tafel XIV, Nr. 8.

Chaos zu künden scheint, besteht doch kein Zweifel daran, daß in beiden Amerikas die ungeheuren fossilen Tierskelette, mit denen die Erdoberfläche übersät ist, einen großen Einfluß auf die mythologische Geschichte gehabt haben müssen. An der Punta de Santa Elena, nördlich von Guayaquil, liegen riesige Gerippe von unbekannten Walen, weshalb peruanische Überlieferungen berichten, einst sei an ebendiesem Kap eine Kolonie von Riesen gelandet, die sich gegenseitig vernichteten. Im Königreich Neu-Granada und auf dem Rücken der Kordilleren findet man reichlich fossile Gebeine von Mastodonten und Elefanten, die von der Erdoberfläche verschwundenen Arten angehören[271]; daher trägt die Ebene, die sich auf zweitausendsiebenhundert Metern Höhe von Suacha in Richtung Santa Fe de Bogotá erstreckt, den Namen *Feld der Riesen*. Wahrscheinlich rühmten sich die Hulmeken, ihre Ahnen hätten auf dem fruchtbaren Plateau von Tlaxcala gegen die Riesen gekämpft, weil man dort Mahlzähne von Mastodonten und Elefanten findet, die das Volk im ganzen Land für die Zähne von Menschen riesiger Statur hält.

Zweiter Zyklus. Seine Dauer beträgt $12 \times 400 + 4 = 4804$ Jahre. Es ist das Zeitalter des Feuers, *Tletonatiuh,* oder das rote Zeitalter, *Tzonchichilteque.* Der Gott des Feuers, Xiuhteuctli, steigt am Tag *nahui quiahuitl* des vom Zeichen *ce tecpatl* regierten Jahres auf die Erde herab. Da allein die Vögel der allgemeinen Feuersbrunst entrinnen konnten, so die Überlieferung, wurden alle Menschen in Vögel verwandelt, mit Ausnahme von einem Mann und einer Frau, die sich in eine Höhle retteten.

Dritter Zyklus, das Zeitalter des Windes oder der Luft, *Ehecatonatiuh.* Seine Dauer beträgt $10 \times 400 + 10 = 4010$ Jahre. Die Katastrophe ereignete sich am Tag 4 *Wind (nahui ehecatl)* des Jahres *ce tecpatl.* Die Zeichnung zeigt viermal die Hieroglyphe des Windes, *ehecatl.* Die Menschen gingen in den Orkanen zugrunde, einige wurden in Affen verwandelt; diese Tiere traten in Mexiko erst in diesem dritten Zeitalter auf. Mir ist nicht bekannt, welche Gottheit es ist, die mit einer Sichel bewaffnet auf die Erde herabsteigt; sollte es Quetzalcoatl sein, der Gott der Luft, und sollte die Sichel bedeuten, daß der Orkan die Bäume niederreißt, als habe man sie umgeschlagen? Im übrigen bezweifle ich, daß die gelben Schnörkel die Gestalt der vom Sturm gepeitschten Wolken andeuten, wie ein spanischer Kommentator behauptet. Affen kommen im heißen Teil Mexikos allgemein weniger häufig vor als in Südamerika. Diese Tiere unternehmen weite Wanderungen, wenn sie vom Hunger oder durch klimatische Unbilden dazu getrieben werden,

---

[271] CUVIER, *Mémoires de l'Institut, classe des Sciences physiques et mathématiques,* Jahrgang 7, S. 14.

ihren ursprünglichen Aufenthalt zu verlassen. Ich kenne Landstriche im gebirgigen Teil Perus, deren Bewohner sich an die Zeit erinnern, da sich in diesem oder jenem Tal neue Affenkolonien ansiedelten. Sollte die Überlieferung der fünf Zeitalter Elemente der Geschichte der Tiere enthalten? Verweist sie hier vielleicht auf ein Jahr, in dem Orkane und von Vulkanen ausgelöste Umwälzungen die Affen veranlaßten, in die Berge von Anáhuac vorzudringen? In diesem *Zyklus der Stürme* überlebten allein zwei Menschen die Katastrophe, indem sie sich in eine Höhle flüchteten, wie am Ende des vorherigen Zeitalters.

Vierter Zyklus, das Zeitalter des Wassers, *Atonatiuh*, dessen Dauer 10 × 400 + 8 = 4008 Jahre beträgt. Eine große Überschwemmung, die im Jahr *ce calli* am Tag 4 *Wasser (nahui atl)* einsetzte, verschlang die menschliche Gattung; dies ist die letzte der großen Umwälzungen, welche die Welt erlitten hat. Die Menschen wurden in Fische verwandelt, mit Ausnahme eines Mannes und einer Frau, die sich im Stamm einer *ahuahuete* oder Sumpfzypresse retteten. Die Zeichnung stellt die Göttin des Wassers dar, die *Matlalcueje* oder *Chalchiuhcueje* genannt wird und als Gefährtin des Tlaloc gilt, wie sie auf die Erde niedergeht. Coxcox, der Noah der Mexikaner, und seine Frau *Xochiquetzal* sitzen in einem mit Laub bedeckten Baumstamm, der inmitten der Fluten treibt.

Diese vier Zeitalter, die man auch als *Sonnen* bezeichnet, umfassen zusammen achtzehntausendachtundzwanzig Jahre, das heißt sechstausend Jahre mehr als die vier persischen Zeitalter, die im *Zend-Avesta*[272] beschrieben sind. Ich finde nirgends eine Angabe darüber, wie viele Jahre von der Sintflut des Coxcox bis zum Opfer von Tlalixco beziehungsweise der Reform des aztekischen Kalenders vergangen sind; doch wie nah diese beiden Zeitpunkte auch beieinanderliegen mögen, man kommt immer zu dem Schluß, daß die Mexikaner der Welt ein Alter von über zwanzigtausend Jahren zuschrieben. Dieses Alter unterscheidet sich freilich stark von der großen Periode der Hindus, die vier Millionen und dreihundertzwanzigtausend Jahre zählt, und vor allem von der kosmogonischen Fiktion der Tibetaner, der zufolge die Menschheit bereits achtzehn Kreisläufe von jeweils mehreren *padu*, welche sich in zweiundsechzigstelligen Zahlen ausdrücken, durchlaufen hat[273]; gleichwohl ist es sehr bemerkenswert, daß sich ein amerikanisches Volk findet, welches nach dem gleichen Kalendersystem, das noch bei Cortés' Ankunft in Gebrauch war, mit Tagen und Jahren die Zeitpunkte angibt, zu denen die Welt vor über zwanzig Jahrhunderten große Katastrophen erlitten hat.

[272] ANQUETIL, *Zend-Avesta*, Band II, S. 352.   [273] GEORGI, *Alphabetum Tibetanum*, S. 472.

Le Gentil, Bailly und Dupuis[274] haben für die Dauer der großen Zyklen Asiens scharfsinnige Erklärungen geliefert. An der Zahl von 18 028 Jahren habe ich keinerlei Besonderheit entdecken können; sie ist kein Vielfaches von 13, 19, 52, 60, 72, 360 oder 1440, welche die Zahlen sind, die man in den Zyklen der asiatischen Völker wiederfindet. Wenn die Dauer der mexikanischen *vier Sonnen* um drei Jahre länger wäre und wenn man die Zahlen 5206, 4804, 4010 und 4008 Jahre durch die Zahlen 5206, 4807, 4009 und 4009 ersetzte, so könnte man glauben, daß diese Zyklen sich der Kenntnis der neunzehnjährigen Mondperiode verdankten. Welcher auch ihr tatsächlicher Ursprung sei, es erscheint doch gewiß, daß sie Fiktionen der astronomischen Mythologie sind, abgewandelt entweder durch eine dunkle Reminiszenz an irgendeine große Umwälzung, die unser Planet erlitten hat, oder durch die naturgeschichtlichen und geologischen Hypothesen, die der Anblick von meeresweltlichen Versteinerungen und von fossilen Gebeinen selbst bei den am weitesten von der Zivilisation entfernten Völkern hervorruft.

Betrachtet man die Gemälde auf der Tafel XXVI, so findet man in den vier Zerstörungen das Emblem der vier Elemente wieder: *Erde, Feuer, Luft* und *Wasser*. Ebendiese Elemente wurden auch durch die vier Hieroglyphen der Jahre bedeutet, *Kaninchen, Haus, Feuerstein* und *Wasser*.[275] *Calli* oder *Haus,* das als Symbol des Feuers angesehen wurde, erinnert an die Sitten eines nördlichen Volkes, das durch die Unbilden des Klimas zum Heizen seiner Hütten gezwungen ist, und an die Idee der Vesta (Ἑστία [Hestía]), die im ältesten System der griechischen Mythologie zugleich das *Haus,* den *Herd* und das häusliche *Feuer* versinnbildlicht. Das Zeichen *tecpatl,* Feuerstein, war dem Gott der Luft, Quetzalcoatl, geweiht, jener geheimnisvollen Gestalt, die den heroischen Zeiten der mexikanischen Geschichte angehört und die zu erwähnen wir in diesem Werk bereits mehrmals Gelegenheit hatten. Nach dem mexikanischen Kalender ist *tecpatl* das *Zeichen der Nacht,* das zu Beginn eines Zyklus die Tageshieroglyphe namens *ehecatl* oder *Wind* begleitet. Vielleicht hat die Geschichte jenes Aerolithen, der vom Himmel auf den Gipfel der Quetzalcoatl geweihten Pyramide von Cholula gefallen sei, die Mexikaner veranlaßt, diesen wunderlichen Bezug zwischen einem Feuerstein *(tecpatl)* und dem Gott der Winde herzustellen.

Wir haben gesehen, daß die mexikanischen Astrologen der Überlieferung von den Zerstörungen und Erneuerungen der Welt einen historischen Charakter gaben, indem sie die Tage und Jahre der großen Katastrophen nach dem Kalen-

---

[274] LE GENTIL, *Voyage dans les Indes,* Band I, S. 235. BAILLY, *Astronomie Indienne,* S. LXXXVIII und 212. BAILLY, *Histoire de l'Astronomie ancienne,* S. 76. DUPUIS, *Origine des Cultes,* Band III, S. 164.

[275] Siehe oben, S. 215, und SIGÜENZA, in GEMELLI, *Giro del Mondo,* Band VI, S. 65.

der bezeichneten, den sie im sechzehnten Jahrhundert verwendeten. Durch eine einfache Rechnung konnten sie die Hieroglyphe des Jahres, das einem bestimmten Zeitpunkt um 5206 oder 4804 Jahre vorausging, ermitteln. Auf diese Weise berechneten, wie Macrobius und Nonnus berichten, die chaldäischen und ägyptischen Astrologen sogar die Stellung der Planeten zur Zeit der Weltschöpfung und der allgemeinen Sintflut. Als ich nach dem System der periodischen Reihen die Zeichen nachprüfte, die mehrere Jahrhunderte vor dem Opfer von Tlalixco (im Jahr *ome acatl* oder 2 *Rohre,* dem Jahr 1091 der christlichen Zeitrechnung) die Jahre regierten, habe ich gefunden, daß die Daten und die Zeichen der Dauer der verschiedenen mexikanischen Zeitalter nicht genau entsprechen. Sie sind auch im Gemälde des Vatikan nicht angezeigt; ich habe sie einem von Alva Ixtlilxochitl überlieferten Fragment mexikanischer Geschichtsschreibung entnommen, das die Dauer der vier Zeitalter nicht auf 18028 sondern auf nur 1417 Jahre festsetzt. Dieser Unterschied darf uns in astrologischen Berechnungen nicht verwundern; denn die erste Zahl enthält fast ebenso viele Indiktionen, wie die letztere Jahre zählt. In gleicher Weise reduzieren sich in der mystischen Chronologie der Hindus die vier Zeitalter von 4320000 auf 12000 Jahre, wenn man die *göttlichen Jahre* durch Tage ersetzt.[276]

SYSTEM DES CODEX VATICANUS Nr. 3738	SYSTEM DER ÜBERLIEFERUNG NACH IXTLILXOCHITL	
Dauer des *ersten Zeitalters* .... 100 × 52 + 6 = 5206 Jahre	13 × 52 = 676 Jahre	
Zeitpunkt der ersten Zerstörung		1 *Acatl*
Dauer der Katastrophe	.... 13 Jahre	
Dauer des *zweiten Zeitalters* ...... 92 × 52 + 20 = 4804 Jahre	7 × 52 = 364 Jahre	
Zeitpunkt der zweiten Zerstörung		1 *Tecpatl*
Dauer des *dritten Zeitalters* ...... 77 × 52 + 6 = 4010 Jahre	6 × 52 = 312 Jahre	
Zeitpunkt der dritten Zerstörung		1 *Tecpatl*
Dauer des *vierten Zeitalters* ...... 76 × 52 + 4 = 4008 Jahre	1 × 52 = 52 Jahre	
Zeitpunkt der vierten Zerstörung		1 *Calli*
346 Zyklen von 52 Jahren + 36 = 18028 Jahre	109 Indiktionen von 13 Jahren = 1417 Jahre	

Untersucht man nach dem System des mexikanischen Kalenders die in dieser Tabelle enthaltenen Zahlen, so sieht man, daß zwei Zeitalter, die durch eine Zahl von Jahren getrennt sind, die ein Vielfaches von 52 ist, keine verschiedenen Zeichen tragen können. Es ist unmöglich, daß die vierte Zerstörung im Jahr *calli* stattgefunden hat, wenn sich die dritte im Jahr *tecpatl* ereignet hatte. Ich vermag nicht zu erraten, wodurch dieser Irrtum verursacht wurde; es könnte indes

[276] BAILLY, *Astronomie indienne,* S. CI.

TAFEL XXVI

sein, daß er nur ein scheinbarer ist und daß die uns überlieferten historischen Monumente jene geringe Zahl von Jahren nicht aufführen, welche die Natur für jede Erneuerung brauchte. Die Hindus unterschieden das Intervall zwischen zwei Kataklysmen und die Zeit, die jeder von ihnen gedauert hat; desgleichen lesen wir in dem Fragment von Alva Ixtlilxochitl, die erste Katastrophe sei von der zweiten siebenhundertsechzehn Jahre entfernt gewesen, die Hungersnot indes, welche die Riesen tötete, habe dreizehn Jahre, einen Viertelzyklus, gedauert. In den beiden chronologischen Systemen, die wir soeben vorgestellt haben, ist der Zeitpunkt der Schöpfung der Welt, oder vielmehr der Ausgangspunkt der großen Perioden, das von *tochtli* regierte Jahr; dieses Zeichen war für die Mexikaner, was der Katasterismus *aries* [Widder] für die Perser war. Bei allen Völkern hebt die Astrologie die Stellung der Sonne zu dem Zeitpunkt hervor, da die Gestirne ihren Lauf beginnen; und als wir weiter oben die Verbindungen erörterten[277], die zwischen der Fiktion der Zeitalter und der Bedeutung der Hieroglyphe *ollin* zu beobachten sind, erschien es wahrscheinlich, daß *tochtli* einem der Wendepunkte entspricht.

Nach dem System der Mexikaner sind die vier großen Umwälzungen der Natur durch die vier Elemente verursacht; die erste Katastrophe ist die Vernichtung der erzeugenden Kraft der Erde; die drei folgenden gehen auf die Wirkung von Feuer, Luft und Wasser zurück. Nach jeder Zerstörung erneuert sich die menschliche Gattung, und alles, was vom alten Geschlecht nicht untergegangen ist, wird in Vögel, Affen oder Fische verwandelt. Diese Verwandlungen erinnern wieder an die Überlieferungen des Orients; doch im System der Hindus enden die Zeitalter oder *yuga* alle durch Überschwemmungen; und in dem der Ägypter wechseln sich Sintfluten und Feuersbrünste ab[278], und die Menschen retten sich bald auf die Berge, bald in die Täler. Es würde von unserem Thema abführen, hier die kleinen lokalen Umwälzungen zu schildern, die mehrfach im gebirgigen Teil Griechenlands vorgekommen sind[279], und jene berühmte Stelle im zweiten Buch von Herodot zu erörtern, die den Scharfsinn der Kommentatoren so sehr herausgefordert hat. Es erscheint recht gewiß, daß in dieser Passage nicht von *Apokatastasen* die Rede ist, sondern von vier (sichtbaren) Veränderungen, die an den Orten des Sonnenuntergangs und des Sonnenaufgangs eingetreten sind[280] und deren Ursache in der Präzession der Äquinoktialpunkte liegt.[281]

---

[277] S. 204 und 230.

[278] *Timaeus*, Kap. 5 (PLATON, *Opera omnia*, ed. Serranus, 1578, Band III, S. 22. *De legibus*, Buch III (*Opera omnia*, Band II, S. 676–679). ORIGENES, *Contra Celsum*, Buch I, Kap. 20; Buch IV, Kap. 20 (ed. Delarue, 1733, S. 338 und 514).

[279] ARISTOTELES, *Meteorologia*, Buch I, Kap. 14 (*Opera omnia*, ed. Duval, 1639, S. 770).

[280] HERODOT, Buch II, Kap. 142 (ed. Larcher, 1802, Band II, S. 482).

[281] DUPUIS, *Mémoire explicatif du Zodiaque*, S. 37 und 59.

Da man überrascht sein könnte, bei den Völkern Mexikos fünf Zeitalter oder *Sonnen* zu finden, während die Hindus und die Griechen nur vier annehmen, soll hier angemerkt werden, daß die Kosmogonie der Mexikaner mit derjenigen der Tibetaner übereinstimmt, die gleichfalls das gegenwärtige Zeitalter als das fünfte ansehen. Untersucht man sorgfältig den schönen Abschnitt von Hesiod[282], in dem er das orientalische System der Erneuerung der Natur vorstellt, so sieht man, daß dieser Dichter tatsächlich in vier Zeitaltern fünf Geschlechter zählt. Er teilt das Bronze-Zeitalter in zwei Teile, welche das dritte und das vierte Geschlecht umfassen[283], und man mag sich wundern, daß eine so klare Passage manches Mal mißdeutet worden ist.[284] Wir kennen die Zahl der Zeitalter nicht, die in den Büchern der Sybille überliefert ist[285]; indes meinen wir, daß die Ähnlichkeiten, auf die wir gerade hingewiesen haben, nicht zufällig sind und daß es für die philosophische Geschichte des Menschen nicht ohne Belang ist, von Etrurien und Latium bis nach Tibet und von dort bis auf den Rücken der Kordilleren Mexikos die gleichen Fiktionen verbreitet zu sehen.

Abgesehen von der Überlieferung der vier Sonnen und den an früherer Stelle beschriebenen Trachten[286] enthält der *Codex Vaticanus anonymus* Nr. 3738 noch einige weitere merkwürdige Figuren, unter denen wir folgende anführen wollen: *Blatt 4,* der *chichiuhalquehuitl,* der *Milchbaum* oder *himmlische Baum,* der aus den Spitzen seiner Äste Milch absondert und um den herum die kurz nach der Geburt gestorbenen Kinder sitzen; *Blatt 5,* ein drei Pfund schwerer Mahlzahn, vielleicht eines Mastodonten, den Pater Ríos im Jahr 1564 dem Vizekönig Don Luis de Velasco geschenkt hat; *Blatt 8,* der Vulkan *Catcitepetl, sprechender Berg,* berühmt durch die Bußübungen des Quetzalcoatl und gekennzeichnet durch einen Mund und eine Zunge, welche die Hieroglyphen der Rede sind; *Blatt 10,* die Pyramide von Cholula; und *Blatt 67,* die sieben Oberhäupter der sieben mexikanischen Stämme, bekleidet mit Kaninchenfellen und aus den sieben Höhlen von Chicomoztoc hervortretend. Von Blatt 68 bis 93 enthält das Manuskript Kopien von Hieroglyphen-Gemälden, die nach der Eroberung angefertigt wurden; darauf sieht man an Bäumen aufgehängte Eingeborene, die Kreuze in der Hand halten; Cortés' Soldaten zu Pferde, die ein Dorf in Brand setzen; Mönche, die unglückliche Indianer in dem Augenblick taufen, da man sie ins Wasser wirft, um sie zu töten. An diesen Zeichen erkennt man die Ankunft der Europäer in der neuen Welt.

---

[282] HESIOD, *Opera et dies,* Vers 174 (*Opera omnia,* ed. Clericus, 1701, S. 224).
[283] HESIOD, Vers 143 und 155.
[284] FABRICIUS, *Bibliotheca graeca,* Hamburg, 1790, S. 246.
[285] VIRGILIUS, *Bucolica,* IV, Vers 4 (ed. Heyne, London, 1793, Band I, S. 74 und 81).
[286] Tafel XIV.

TAFEL XXVII

Hieroglyphen-Gemälde aus dem Borgianischen Manuskript von Veletri und Tageszeichen des mexikanischen Almanachs

DIE ZWANZIG ZEICHEN DER TAGE sind aus den ersten Seiten der Handschrift von Veletri gewählt worden, die jeweils fünf Reihen von dreizehn Hieroglyphen und insgesamt 5 × 13 × 4 = 260 Tage oder die zwanzig *halben Mondwandlungen* eines rituellen Jahres zeigen. Diese zweihundertsechzig Zeichen sind solcherart angeordnet, daß vier Doppelseiten dazu dienen, die dreizehntägigen Perioden in die halben Dekaden des bürgerlichen Almanachs zu überführen, von denen zweiundfünfzig ein rituelles Jahr bilden. Es ist auch der Beachtung würdig, daß der Autor, um die Lektüre dieser Tabellen zu erleichtern, zu Anfang jeder Reihe das letzte Zeichen der vorigen wiederholt hat. Die gleiche Eigentümlichkeit hat Herr Zoëga in der Anordnung der ägyptischen Hieroglyphen bemerkt, und nach solcherlei Beobachtungen hat er darüber geurteilt, ob die Hieroglyphen von rechts nach links oder von links nach rechts gelesen wurden. Im *Codex Borgianus* findet man das Zeichen der Bewegung, die Fußspur, bisweilen dem Zeichen eines Tages beigesellt; den Grund dieser eigenartigen Verbindung vermag ich nicht zu erkennen.

Von den fünf Zeilen der Tageshieroglyphen (Tafel XXVII, Nr. 1) zeigt die erste, nach dem mexikanischen Schriftsystem also die unterste Reihe, von rechts nach links die Zeichen *cipactli, ehecatl, calli, cuetzpalin* und *cohuatl;* die zweite *miquiztli, mazatl, tochtli, atl* und *itzcuintli;* die dritte *ozomatli, malinalli, acatl, ocelotl, quauhtli* und *cozcaquauhtli;* die vierte oder oberste Reihe *ollin, tecpatl, quiahuitl* und *xochitl.* Die Bedeutung dieser Hieroglyphen haben wir an früherer

I.

TAFEL XXVII

Stelle aufgeführt.²⁸⁷ Vergleicht man die Figuren der Tafel XXVII mit den von Valadés, Gemelli, Clavijero und Kardinal Lorenzana veröffentlichten, so sieht man, wie ungenau die bisher vorgelegten Erkenntnisse über die mexikanischen Kalenderzeichen sind.

Das Gemälde der Figur, von der man meinen könnte, sie habe vier Hände (Tafel XXVII, Nr. 2), ist dem *Codex Borgianus, Blatt 58* entnommen. Ich habe eine vollständige Seite kopieren lassen, um eine klarere Vorstellung von der *Ökonomie* dieser merkwürdigen Handschrift zu geben. Ebensowenig, wie man unter den mexikanischen Hieroglyphen etwas findet, das von einem Kult des *lingam* (φάλλος [phállos, Phallus]) kündet, sind dort jene Figuren mit mehreren Köpfen und vielen Händen zu beobachten, welche sozusagen die mystischen Malereien der Hindus gleichsam charakterisieren. Der Mann in dem Feld oben rechts ist ein Priester, der mit der Haut eines kurz zuvor geopferten Menschen bekleidet ist. Der Maler hat die Blutstropfen, die diese Haut bedeckten, mit abgebildet; da die Haut der Hände an den Armen des Opferpriesters herabhängt, scheint dieser vier Hände zu haben. Diese Tracht und die fürchterlichen und widerwärtigen Zeremonien, an die sie gemahnt, sind von Torquemada beschrieben worden.²⁸⁸ Eine Kapelle, genannt *yopico,* war über der Höhle errichtet, in der die Menschenhäute lagen. Wir haben weiter oben gesehen, daß der vierte mexikanische Monat, *tlacaxipehualiztli,* der unserem März entspricht, seinen Namen diesen blutigen Festen verdankte. Im *Codex Borgianus,* der ein ritueller Kalender ist, findet man tatsächlich unter dem Tageszeichen, das die Frühlings-Tagundnachtgleiche anzeigt, die Figur eines in eine Menschenhaut gehüllten Priesters.²⁸⁹ Der Kopf des Opferpriesters ist mit einer jener spitzen Mützen bedeckt, die man in China und an den Nordwestküsten Amerikas trägt. Dieser Figur gegenüber sitzt der Gott des Feuers, *Xiuhteuctli Tletl;* zu dessen Füßen steht ein heiliges Gefäß. Im ersten Jahr des mexikanischen Zyklus ist Tletl das *Zeichen der Nacht* desjenigen Tages, auf den die Frühlings-Tagundnachtgleiche fällt.

Das untere Feld (Tafel XXVII, Nr. 2) stellt den Gott *Tonacateuctli* dar, der in der rechten Hand ein Messer, Agavenblätter und einen Weihrauchbeutel hält. Wir wissen absolut nichts darüber, was die beiden Kinder bedeuten, die einander an der Hand halten und von denen ein Kommentator gesagt hat, »sie scheinen die gleiche Sprache zu sprechen«. Die unterhalb des Tempels angebrachte Schlange könnte vermuten lassen, es seien die Zwillingskinder von *Cihuacohuatl,* der be-

---

²⁸⁷ S. 176, 185 und 197–205.
²⁸⁸ *Monarquía indiana,* Buch X, Kap. 12 (Band II, S. 271).
²⁸⁹ *Codex Borgianus,* Blatt 25 (FÁBREGA, *MSS.,* Nr. 105, 275 und 299). Siehe auch oben, S. 173.

rühmten *Frau mit der Schlange,* der Eva der Azteken. Doch die kleinen Figuren des *Codex Borgianus, Blatt 61* sind beide weiblich, wie ihre Haartracht deutlich zeigt, während diejenigen, welche das Manuskript des Vatikan darstellt[290], männlich sind.

[290] Siehe Tafel XXIII dieses pittoresken Atlas.

TAFEL XXVIII

Aztekische Axt

DIESE AXT aus einem dichten Feldspat, dem echten Jadestein von Saussure sehr ähnlich, ist mit Hieroglyphen bedeckt. Ich verdanke sie der Gewogenheit des Herrn Don Andrés Manuel del Río, Professor für Mineralogie am Real Seminario de Minería zu México und Autor einer ausgezeichneten Abhandlung zur Oryktognosie; ich habe sie in Berlin im Kabinett des Königs von Preußen deponiert. Jade, dichter Feldspat, Lydit und einige Basaltarten sind mineralische Substanzen, die den wilden und halbzivilisierten Völkern auf beiden Kontinenten wie auf den Inseln der Südsee das Rohmaterial für ihre Äxte und verschiedene Verteidigungswaffen geliefert haben. Ebenso wie die Griechen den Gebrauch von Bronze noch lange nach der Einführung des Eisens beibehalten haben, verwendeten die Mexikaner auch noch Steinäxte, als Kupfer und Bronze bei ihnen schon recht verbreitet waren. Trotz unserer zahlreichen und ausgedehnten Reisen durch die Kordilleren beider Amerikas, haben wir dort keinerlei Jadevorkommen entdecken können, und je seltener dieses Gestein erscheint, um so mehr wundert man sich über die Vielzahl von Jadeäxten, die man von Ohio bis zu den Bergen Chiles fast überall findet, wo man an vormals bewohnten Orten in der Erde gräbt.

TAFEL XXVIII

TAFEL XXIX

Aztekisches Idol aus Basaltporphyr, gefunden unter dem Pflaster des großen Platzes von México

DIE ÜBERRESTE von mexikanischer Malerei und Bildhauerei, die wir bisher untersucht haben, beweisen mit Ausnahme der auf der Tafel XI abgebildeten Figurengruppe durchweg eine völlige Unkenntnis der Proportionen des menschlichen Körpers, viel Roheit und Fehlerhaftigkeit in der Zeichnung, dabei jedoch ein sorgsames Bemühen um Wahrhaftigkeit im einzelnen des Beiwerks. Man mag überrascht sein, bei einem Volk, dessen politisches Leben seit Jahrhunderten von einem gewissen Zivilisationsgrad kündete und bei dem Götzenanbetung, astrologischer Aberglaube und der Wunsch, Ereignisse im Gedächtnis zu bewahren, eine große Zahl von Idolen sowie von Steinskulpturen und historischen Gemälden hervorbrachten, die nachahmenden Künste in einem solchen Zustand der Barbarei zu finden. Indes darf man nicht vergessen, daß einige Nationen, die auf der Bühne der Welt eine Rolle gespielt haben, hauptsächlich die Völker Zentral- und Ost-Asiens, mit denen die Bewohner Mexikos durch enge Bande verknüpft zu sein scheinen, den gleichen Kontrast zwischen gesellschaftlicher Vervollkommnung und Kindheitszustand in den Künsten erkennen lassen. Man ist versucht, auf die Bewohner der Tatarei und die Bergvölker Mexikos anzuwenden, was ein großer Geschichtsschreiber des Altertums über die Arkadier gesagt hat[291]: »Das traurige, kalte Klima Arkadiens verleiht seinen Bewohnern einen harten, strengen Charakter, denn es ist natürlich, daß die Menschen in ihren Sitten, ihren Gestalten, ihrer Farbe und ihren Institutionen dem

---
[291] POLYBIOS, *Historiae*, Buch IV, § 80 (ed. Casaubon, 1609, S. 290, D).

Klima gleichen, in dem sie leben.« Doch wenn man den Zustand unserer Gattung in verschiedenen Regionen untersucht und es sich zur Gewohnheit macht, die Physiognomie der Länder mit derjenigen der Völker, die sich darin niedergelassen haben, zu vergleichen, so mißtraut man dieser vordergründigen Theorie, die auf das Klima allein zurückführt, was dem Zusammenspiel einer Vielzahl moralischer und physischer Umstände geschuldet ist.

Bei den Mexikanern scheinen die von einem blutigen Kultus beförderte Grausamkeit der Sitten, die durch Fürsten und Priester ausgeübte Tyrannei, die Hirngespinste der Astrologie und der häufige Gebrauch der symbolischen Schrift auf eigentümliche Weise dazu beigetragen zu haben, die Barbarei der Künste und den Geschmack an fehlerhaften und abscheulichen Formen fortdauern zu lassen. Jene Idole, vor denen täglich das Blut der Menschenopfer floß, »jene ersten, aus der Furcht geborenen Gottheiten«, vereinigten in ihren Attributen, was die Natur an Sonderbarstem bietet. Der menschliche Charakter der Gestalt verschwand unter der Last der Gewänder, unter den Helmen in Form von Raubtierköpfen und den Schlangen, die sich um den Körper wanden. Ein heiliger Respekt vor den Zeichen bewirkte, daß jedes Idol seinen individuellen Typus hatte, von dem abzuweichen nicht erlaubt war. Auf diese Weise pflanzte der Kultus die Fehlerhaftigkeit der Formen fort, und das Volk gewöhnte sich an diese Ansammlung von monströsen, indes nach systematischen Vorstellungen angeordneten Teilen. Die Astrologie und die umständliche Art, die Zeiteinteilung graphisch darzustellen, waren die Hauptursache für diese Ausschweifungen der Einbildungskraft. Jedes Ereignis schien zugleich durch die Hieroglyphen, die den Tag, die halbe Dekade und das Jahr regierten, beeinflußt zu sein. Daher die Idee, Zeichen zusammenzufügen und jene rein phantastischen Wesen zu erschaffen, die wir in den uns überlieferten astrologischen Gemälden so oft wiederholt finden. Wahrscheinlich hat der Genius der amerikanischen Sprachen, der es gleich dem des Sanskrit, des Griechischen und der Sprachen germanischen Ursprungs ermöglicht, mit einem einzigen Wort eine Vielzahl von Ideen aufzurufen, diese wunderlichen Schöpfungen der Mythologie und der nachahmenden Künste begünstigt.

Ihren ersten Gewohnheiten treu, folgen die Völker, welches auch der Grad ihrer geistigen Kultur sei, jahrhundertelang dem Weg, den sie sich einmal vorgezeichnet haben. Ein Schriftsteller von großem Scharfsinn hat in bezug auf die beeindruckende Einfachheit der ägyptischen Hieroglyphen bemerkt, »daß diese Hieroglyphen eher ein Fehlen denn ein Übermaß an Nachahmung aufweisen«.[292]

---

[292] QUATREMÈRE DE QUINCY, »Sur l'idéal dans les arts du dessin«, in den *Archives littéraires*, 1805, Nr. 21, S. 300 und 310.

Ebenjenes Übermaß an Nachahmung, der Sinn für die kleinsten Details, die Wiederholung der gewöhnlichsten Formen, kennzeichnen hingegen die historischen Malereien der Mexikaner. Wir haben bereits an früherer Stelle angemahnt[293], daß man solche Darstellungen, in denen fast alles individualisiert ist, nicht mit einfachen Hieroglyphen verwechseln darf, die abstrakte Ideen darzustellen geeignet sind. Wenn die Griechen aus letzteren ihr Gefühl für den idealen Stil gewonnen haben, so bildeten für die mexikanischen Völker der häufige Gebrauch historischer und astrologischer Malereien und ihr Respekt vor meist wunderlichen und stets fehlerhaften Formen unüberwindliche Hindernisse für den Fortschritt der nachahmenden Künste. In Griechenland ist die Religion zur Hauptstütze jener Künste geworden, denen sie das Leben geschenkt hat. Die Einbildungskraft der Griechen hat in die düstersten Gegenstände Sanftheit und Liebreiz zu bringen vermocht. Bei einem Volk indes, welches das Joch eines blutigen Kultus trägt, zeigt sich überall und unter den erschreckendsten Emblemen der Tod; er ist in jeden Stein graviert, man findet ihn auf jeder Seite seiner Bücher; die religiösen Monumente haben keinen anderen Zweck, als Furcht und Schrecken hervorzurufen.

Ich meinte, an diese Gedanken erinnern zu müssen, ehe ich die Aufmerksamkeit des Lesers auf das monströse Idol lenke, das die Tafel XXIX abbildet. Dieser von allen Seiten behauene Stein ist über drei Meter hoch und zwei Meter breit. Er ist im August 1790 unter dem Pflaster der *Plaza mayor* von México im Bezirk des großen Tempels gefunden worden, wenige Monate also bevor man den ungeheuren Stein fand[294], der die Feste und die Tageshieroglyphen des mexikanischen Kalenders zeigt. Die Arbeiter, die Aushöhlungen für den Bau eines unterirdischen Aquäduktes durchführten, fanden ihn in horizontaler Stellung vor, siebenunddreißig Meter westlich vom Palast des Vizekönigs und fünf Meter nördlich der *Acequia de San José*. Da es wenig wahrscheinlich ist, daß Cortés' Soldaten, als sie die Idole vergruben, um sie den Blicken der Eingeborenen zu entziehen, Massen von solch beträchlichem Gewicht sehr weit weg von dem *sacellum* [Kapelle] transportieren ließen, wo sie ursprünglich gestanden hatten, ist es wichtig, jeden Ort genau zu bezeichnen, an dem man einen Überrest von mexikanischer Bildhauerei gefunden hat. Diese Kenntnisse werden vor allem dann von Interesse sein, wenn sich eine Regierung, der es am Herzen liegt, Licht in die alte Zivilisation der Amerikaner zu bringen, zu Grabungen rings um die Kathedrale auf dem Hauptplatz des alten Tenochtitlán sowie auf dem Markt von

[293] S. 91. [294] Siehe oben, S. 228.

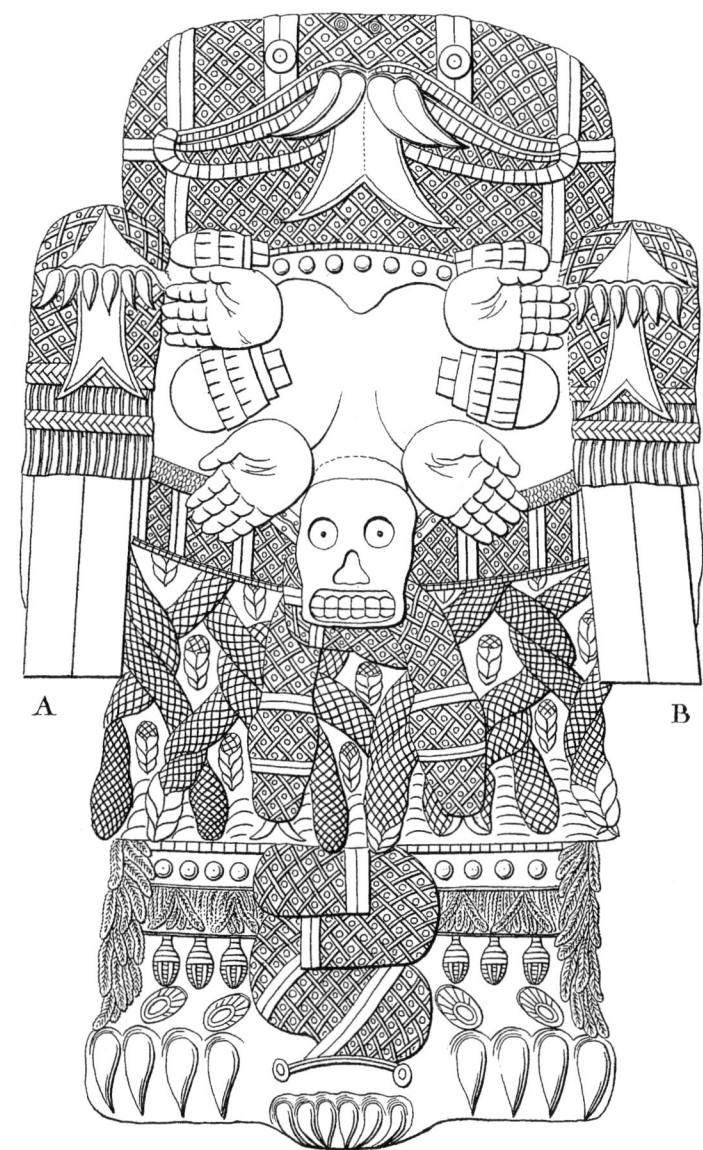

Fig. 1.

Fig. 2.

Fig. 3.

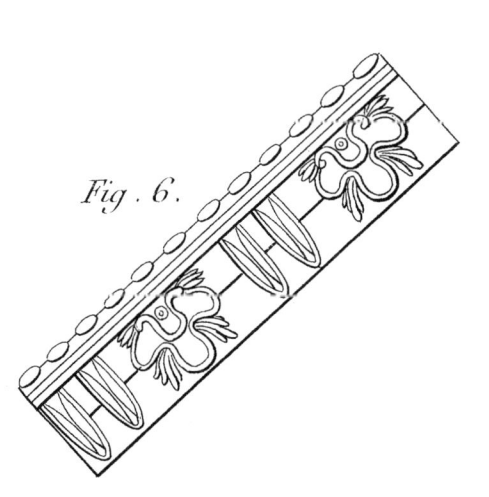

Fig. 6.

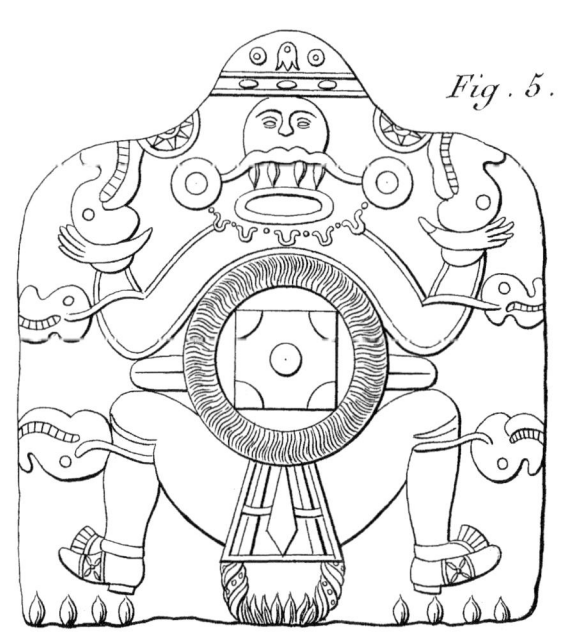

Fig. 5.

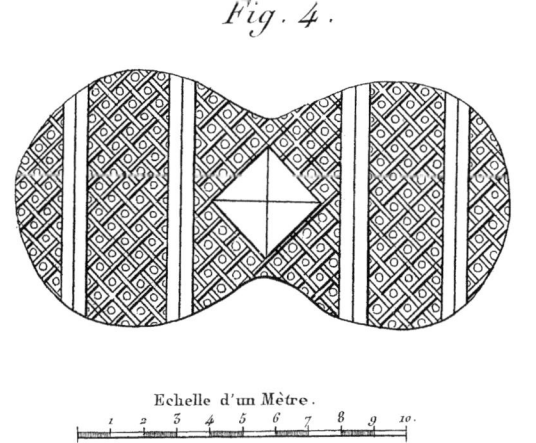

Fig. 4.

Echelle d'un Mètre.

TAFEL XXIX

Tlatelolco entschließt, wohin sich die Mexikaner in den letzten Tagen der Belagerung mit ihren Hausgöttern *(Tepitotan),* ihren heiligen Büchern *(Teoamoxtli)* und ihren kostbarsten Besitztümern zurückgezogen hatten.[295]

Richtet man den Blick auf das Idol, das die Tafel XXIX von vorne (Abb. 1), von hinten (Abb. 3), von der Seite (Abb. 2), von oben (Abb. 4) und von unten (Abb. 5) zeigt, so könnte man zuerst meinen, dieses Monument sei ein *teotetl* oder *göttlicher Stein,* eine Art mit Bildhauereien verzierter Betyl[296], ein Fels, in den hieroglyphische Zeichen graviert sind. Untersucht man diese unförmige Masse indes näher, so erkennt man im oberen Teil die Köpfe zweier zusammenhängender Ungeheuer; und auf jeder Seite (Abb. 1 und 3) findet man zwei Augen und ein großes, mit vier Zähnen bewehrtes Maul. Diese monströsen Gesichter stellen vielleicht nur Masken dar; denn bei den Mexikanern war es gebräuchlich, die Idole während einer Krankheit des Königs[297] oder jedes anderen öffentlichen Unglücks zu maskieren. Arme und Füße sind unter einem Faltenwurf verborgen, um den sich riesige Schlangen winden und den die Mexikaner mit dem Namen *cohuatlicuye, Schlangengewand* bezeichneten. All dieses Beiwerk, vor allem die federförmigen Fransen, ist mit der größten Sorgfalt gearbeitet. Eine gesonderte Abhandlung des Herrn Gama läßt sehr wahrscheinlich erscheinen, daß dieses Idol (Abb. 3) den Gott des Krieges darstellt, *Huitzilopochtli* oder *Tlacahuepancuexcotzin,* und seine Frau (Abb. 1), genannt *Teoyamiqui*[298] (von *miqui,* sterben, und *teoyao,* göttlicher Krieg), weil sie die Seelen der für die Verteidigung der Götter gestorbenen Krieger ins *Haus der Sonne* führte, das Paradies der Mexikaner[299], wo sie sie in Kolibris verwandelte. Die Totenköpfe und die abgeschnittenen Hände, von denen vier den Busen der Göttin umgeben, erinnern an die fürchterlichen Opfer *(teoquauhquetzoliztli),* die in der fünfzehnten Periode von dreizehn Tagen, nach der Sonnenwende, zu Ehren des Kriegsgottes und seiner Gefährtin *Teoyamiqui* abgehalten wurden. Die abgeschnittenen Hände wechseln sich mit bestimmten Gefäßen ab, in denen man Weihrauch verbrannte. Diese Gefäße hießen *top-xicalli, Beutel in Flaschenkürbisform* (von *toptli,* aus Pita-Garn gewebter Beutel, und *xicalli,* Flaschenkürbis.)

Da dieses Idol von allen Seiten behauen ist, sogar von unten (Abb. 5), wo man *Mictlanteuhtli,* den *Herrn des Totenreiches* dargestellt sieht, besteht kein Zweifel, daß es in der Luft gehalten wurde, und zwar mittels zweier Säulen, auf denen die mit A und B gekennzeichneten Teile in den Abbildungen 1 und 3 ruhten.

---

[295] GAMA, *Descripción histórica y cronológica de las dos piedras,* S. 2.
[296] ZOËGA, *De origine et usu obeliscorum,* S. 208.
[297] GÓMARA, *Conquista de México,* S. 123.
[298] BOTURINI, *Idea de una nueva Historia general,* S. 27 und 66.
[299] TORQUEMADA, Buch XIII, Kap. 48 (Band II, S. 569).

In dieser sonderbaren Anordnung fand sich der Kopf des Idols wahrscheinlich fünf bis sechs Meter über dem Pflaster des Tempels erhaben, solcherart daß die Priester *(Teopixqui)* die unglücklichen Opfer unter der Figur des *Mictlanteuhtli* hindurch zum Altar schleiften.

Der Vizekönig, Graf von Revillagigedo, hat dieses Monument in das Gebäude der Universität von México transportieren lassen, welches er »als den geeignetsten Ort, um einen der merkwürdigsten Überreste des amerikanischen Altertums zu bewahren«[300], ansah. Doch die Professoren der Universität, Geistliche vom Orden der Dominikaner, haben das Idol den Blicken der mexikanischen Jugend entziehen wollen; sie haben es in einem der Flure der Hochschule erneut vergraben, einen halben Meter tief in die Erde. Ich hätte nicht das Glück gehabt, es untersuchen zu können, wenn nicht der Bischof von Monterrey, Don Feliciano Marín, der über México reiste, um sich in seine Diözese zu begeben, auf meine Bitte hin den Rektor der Universität aufgefordert hätte, es ausgraben zu lassen. Ich habe die Zeichnung von Herrn Gama, die ich für die Tafel XXIX habe kopieren lassen, sehr getreu gefunden. Der Stein, der für dieses Monument verwendet wurde, ist eine bläulich-graue basaltische Wacke voller kleiner Risse und mit Glasfeldspat durchsetzt.

Bei den gleichen Grabungen, denen wir die auf den Tafeln XXI, XXIII und XXIX abgebildeten Skulpturen verdanken, wurde im Januar 1791 ein Grab von zwei Metern Länge auf einen Meter Breite entdeckt, das mit feinstem Sand gefüllt war und das guterhaltene Skelett eines vierbeinigen Raubtiers enthielt. Das Grab war viereckig und bestand aus Platten von porösem Mandelstein, *tezontli* genannt. Das Tier schien ein *Coyote* oder mexikanischer Wolf zu sein. Neben den Gebeinen fanden sich Tongefäße und vortrefflich gegossene Schellen aus Bronze. Das Grab war wohl das eines heiligen Tiers; denn die Schriftsteller des sechzehnten Jahrhunderts berichten uns, daß die Mexikaner kleine Kapellen bauten, die sie dem Wolf *(chantico)*, dem Jaguar *(tlaotocaocelotl)*, dem Adler *(quetzalhuexoloquauhtli)* und der Natter weihten. Der *cu* oder das *sacellum* [Kapelle] des *chantico* hieß *tetlanman;* darüber hinaus bildeten die Priester des heiligen Wolfes eine besondere Kongregation, deren Kloster den Namen *Tetlacmancalmecac* trug.[301]

Man kann sich leicht vorstellen, wie die Einteilungen des Tierkreises und die Namen der Zeichen, welche die Tage, die halben Mondwandlungen und die Jahre

---
[300] *Officio del 5 septiembre 1790.*
[301] NIEREMBERG, *Historia naturae*, Buch VIII, Kap. 22, S. 144.
TORQUEMADA, Buch II, Kap. 58; Buch CIII, Kap. 13 (Band I, S. 194, Band II, S. 29).

regieren, die Menschen zum Tierkult geführt haben mögen. Die Nomadenvölker zählen in Mondwandlungen; sie unterscheiden den Mond der Kaninchen, der Tiger, der Ziegen usf. nach Maßgabe der Freuden und der Ängste, die ihnen die wilden Tiere und die Haustiere zu verschiedenen Zeiten des Jahres bereiten. Wenn die Einteilungen der Zeit allmählich zu solchen des Raumes werden[302] und die Völker die Dodekatemorien des *Tierkreises der Vollmonde* herausbilden, so gehen die Namen der wilden Tiere und der Haustiere auf die Sternbilder selbst über. So kann der tatarische Tierkreis, der nur echte ζῷδια [zõdia, Tierkreiszeichen] enthält, als der *Tierkreis der Jäger- und Hirtenvölker* angesehen werden. Der Tiger, der in Afrika unbekannt ist, verleiht ihm einen ausschließlich asiatischen Charakter. Dieses Tier findet sich in den chaldäischen, ägyptischen oder griechischen Tierkreisen nicht wieder; dort sind der Tiger, der Hase, das Pferd und der Hund durch den Löwen Afrikas, Thrakiens und Westasiens, durch die Waage, die Zwillinge und, was höchst bemerkenswert ist, durch die Symbole des Ackerbaus ersetzt; der ägyptische ist der *Tierkreis eines Ackerbau treibenden Volkes*. Je weiter die Nationen sich zivilisiert haben und die Masse ihrer Ideen angewachsen ist, um so mehr haben die Namen der zodiakalen Sternbilder von ihrer ursprünglichen Gleichförmigkeit verloren, und die Zahl der *himmlischen Tiere* hat abgenommen; diese Zahl ist indes beträchtlich genug geblieben, um einen merklichen Einfluß auf die Religionen zu üben. Die astrologischen Träumereien haben die Menschen dazu geführt, den Zeichen, die über die verschiedenen Zeitabschnitte herrschen, eine große Bedeutung beizumessen. In México hatte jedes Tageszeichen seinen eigenen Altar. Im großen Teocalli (θεοῦ καλιά [theoũ kaliá, Wohnung des Gottes]) standen neben der Säule, die das Bild des Planeten Venus *(Ilhuicatitlan)* trug, kleine Kapellen für die Katasterismen *macuil calli* (5 Haus), *ome tochtli* (2 Kaninchen), *chicome atl* (7 Wasser) und *nahui ocelotl* (4 Jaguar); da der größte Teil der Tages-Hieroglyphen aus Tieren bestand, war deren Kult innig mit dem Kalendersystem verbunden.

[302] Siehe oben, S. 214.

TAFEL XXX

Wasserfall des Río Vinagre, in der Nähe des Vulkans Puracé

DIE STADT POPAYÁN, Hauptort einer Provinz im Königreich Neu-Granada, befindet sich im schönen Tal des Río Cauca, am Fuß der großen Vulkane Puracé und Sotara. Nur achtzehnhundert Meter über dem Spiegel der Südsee und unter einer Breite von 2° 26′ 17″ gelegen, erfreut sie sich eines herrlichen Klimas, viel weniger heiß als das von Cartago und Ibagué und unendlich viel milder als das von Quito und Santa Fe de Bogotá. Steigt man von Popayán zum Gipfel des Vulkans Puracé hinauf, einem der höchsten der Anden, so findet man in zweitausendsechshundertfünfzig Metern Höhe eine kleine Ebene *(Llano del Corazón),* die von Indianern bewohnt und mit der größten Sorgfalt bewirtschaftet wird. Diese liebliche Ebene ist durch zwei sehr tiefe Schluchten begrenzt, und die Häuser des Dorfes Puracé sind an den Rand dieser Abgründe gebaut. Überall entspringen Quellen aus dem Porphyrgestein; jeder Garten ist mit einer Hecke von Euphorbien *(lechero)* mit schmalen, zartgrünen Blättern eingefaßt. Es gibt keinen ansprechenderen Anblick als den Kontrast zwischen dieser grünen Pracht und der Wand der schwarzen, kargen, durch Erdbeben zerklüfteten Berge, die den Vulkan umgeben.

Das kleine Dorf Puracé, das wir im November 1801 besucht haben, ist im Lande für die schönen Wasserfälle des Flusses *Pusambio* berühmt, dessen Wasser sauer ist, weswegen ihn die Spanier *Río Vinagre* nennen. Dieser kleine Fluß ist an seiner Quelle warm; wahrscheinlich verdankt er seinen Ursprung der täglichen Schneeschmelze sowie dem Schwefel, der im Inneren des Vulkans brennt. Unweit der Ebene von *Corazón* bildet er drei Katarakte, von denen die beiden oberen sehr ansehnlich sind. Den zweiten dieser Wasserfälle *(chorreras)* zeigt die Tafel XXX; ich habe ihn so gezeichnet, wie man ihn vom Garten eines Indianers aus sieht, der

TAFEL XXX

neben dem Missionar von Puracé wohnt, einem Franziskaner. Das Wasser, das aus einer Höhle hervortritt, stürzt mehr als hundertzwanzig Meter in die Tiefe. Die Kaskade bietet einen höchst malerischen Anblick und erregt die Aufmerksamkeit der Reisenden; doch die Bewohner von Popayán wünschten, der Fluß würde in einem unterirdischen Schlund verschwinden, statt in den Río Cauca zu münden; denn in letzterem leben aufgrund der Vermischung seiner Wasser mit denen des *Río Vinagre,* die einen hohen Anteil von Eisenoxyd sowie von Schwefel- und Salzsäure enthalten, über vier Meilen keine Fische.

Der Vordergrund der Zeichnung zeigt eine Gruppe von *Pourretia pyramidata*, einer der *Pitcairnia* verwandten Pflanze, die in den Kordilleren unter dem Namen *achupallas* bekannt ist. Der Stiel dieser Pflanze ist mit einem mehligen Mark gefüllt, das dem großen schwarzen Andenbär als Nahrung dient und bisweilen, in Zeiten der Not, sogar den Menschen.

TAFEL XXXI

Postverkehr in der Provinz Jaén de Bracamoros

UM EINE SCHNELLERE VERBINDUNG zwischen den Küsten der Südsee und der östlich der Anden gelegenen Provinz Jaén de Bracamoros zu bewerkstelligen, schwimmt der Eilbote aus Peru in zwei Tagen erst den Fluß Guancabamba oder Chamaya, dann den Amazonen-Strom von Pomahuaca und Ingatambo bis nach Tomependa hinab. Die wenigen Briefe, mit denen er jeden Monat betraut wird, wickelt er bald in ein Tuch, bald in eine Art *guayuco* genannten Lendenschurz, die er sich als Turban um den Kopf bindet. In diesem Turban steckt auch das große Messer *(machete)*, mit dem jeder Indianer bewaffnet ist, weniger zu seiner Verteidigung, als um sich einen Weg durch die Wälder zu schlagen.

Der Río Chamaya ist wegen einer Vielzahl kleiner Stromschnellen nicht schiffbar; ich habe sein Gefälle ermittelt[303], es beträgt auf der geringen Entfernung von achtzehn Meilen zwischen der Furt von Pucara und seiner Einmündung in den Amazonen-Fluß unterhalb des Dorfes Choros fünfhundertzweiundvierzig Meter. Der Eilbote aus Trujillo wird im Lande *der schwimmende Bote* genannt *(el correo que nada).* Die Tafel XXXI zeigt ihn so, wie wir ihm im Dorf Chamaya begegnet sind, da er sich gerade anschickte, ins Wasser zu springen. Um auf seinem Weg flußabwärts weniger zu ermüden, umfaßt er den Stamm eines Bombax oder Ochroma *(palo de balsa),* beides Bäume mit sehr leichtem Holz. Versperrt eine Felsklippe das Flußbett, so steigt er oberhalb der Stromschnelle an Land, umgeht sie durch den Wald und springt wieder ins Wasser, sobald er keine Gefahr mehr sieht. Vorräte braucht er keine mitzuführen, denn in den vielen von Bananenpflanzungen umgebenen Hütten, die zwischen Las Huertas de Pucara, Cavico, Sonanga und Tomependa das Ufer säumen, wird er gastfreundlich aufgenommen.

[303] Siehe meinen *Recueil d'observations astronomiques,* Band I, S. 314.

Bisweilen läßt er sich, um seine Reise angenehmer zu gestalten, von einem zweiten Indianer begleiten. Die Flüsse, deren Wasser sich oberhalb des Pongo de Mayasi mit denen des Marañón vermischen, sind glücklicherweise frei von Krokodilen; daher pflegen die wilden Horden fast durchweg auf die Art des peruanischen Boten zu reisen. Es kommt recht selten vor, daß dieser Bote auf seinem Weg zwischen Ingatambo und der Residenz des Gouverneurs von Jaén Briefe verliert oder naß werden läßt. Nachdem er sich in Tomependa ein paar Tage ausgeruht hat, kehrt er entweder über den *Páramo del Paretón* oder auf dem fürchterlichen Weg über die Dörfer San Felipe und Sagique zurück, deren Wälder voller Chinarindenbäume von schönster Qualität stehen.

TAFEL XXXI

TAFEL XXXII

Hieroglyphen-Geschichte der Azteken, von der Sintflut bis zur Gründung der Stadt México

DIESES HISTORISCHE GEMÄLDE ist bereits Ende des siebzehnten Jahrhunderts im Reisebericht von Gemelli Carreri veröffentlicht worden. Wenngleich der *Giro del Mondo* dieses Autors ein recht verbreitetes Werk ist, haben wir geglaubt, dieses Dokument erneut wiedergeben zu müssen, da über dessen Echtheit wenig begründete Zweifel erhoben wurden, die mit der größten Gewissenhaftigkeit untersucht zu werden verdienen. Erst wenn man eine große Zahl von Monumenten versammelt, kann man hoffen, einiges Licht in die Geschichte, die Sitten und die Zivilisation jener Völker Amerikas zu bringen, denen die bewundernswürdige Kunst, die Laute zu zerlegen und sie durch einzelne oder zusammengesetzte Zeichen zu malen, unbekannt war. Der Vergleich der Monumente untereinander erleichtert es nicht nur, sie zu erklären; er liefert auch sichere Anhaltspunkte in bezug auf das Vertrauen, das die in den Schriften der ersten spanischen Missionare verzeichneten aztekischen Überlieferungen verdienen. Ich denke, diese Beweggründe sollten hinlänglich rechtfertigen, daß wir einige in gedruckten Werken verstreute Monumente ausgewählt haben, um sie den vielen *unveröffentlichten* dieses Bandes beizugesellen.

Die auf der Tafel XXXII gezeigte Hieroglyphen-Zeichnung ist bislang um so mehr vernachlässigt worden, als sie sich in einem Buch findet, das infolge eines außerordentlichen Skeptizismus als eine Anhäufung von Betrügereien und Lügen angesehen worden ist. »Ich habe es nicht gewagt, von Gemelli Carreri zu sprechen«, schreibt der vortreffliche Autor der *History of America*, »weil inzwischen allgemein angenommen wird, daß dieser Reisende Italien nie verlassen hat und daß sein *Giro del Mondo* der Bericht einer fiktiven Reise ist.« Freilich scheint

Robertson diese Auffassung anzuführen, ohne sie zu teilen; denn er fügt klugerweise hinzu, daß die Gründe dieser Betrugsunterstellung ihm nicht sehr einleuchtend erscheinen.[304] Ich werde nicht darüber urteilen, ob Gemelli in China oder in Persien war; doch da ich im Inneren Mexikos einen großen Teil des Weges gegangen bin, den der italienische Reisende so ausführlich beschreibt, kann ich versichern, daß Gemelli ebenso unzweifelhaft in México, in Acapulco und in den kleinen Dörfern Mazatlán und San Augustín de las Cuevas war, wie Pallas auf der Krim und Herr Salt in Abessinien waren. Gemellis Schilderungen haben jene lokale Färbung, die den Hauptreiz von Reisebeschreibungen ausmachen, auch wenn sie von den unaufgeklärtesten Menschen stammen, und die nur geben kann, wer den Vorzug genossen hat, mit eigenen Augen zu sehen. Ein achtungswürdiger Geistlicher, Abbé Clavijero[305], der beinahe ein halbes Jahrhundert vor mir durch Mexiko gereist ist, hat zur Verteidigung des Autors des *Giro del Mondo* bereits die Stimme erhoben; er hat sehr trefflich bemerkt, daß Gemelli, wenn er Italien nicht verlassen hätte, nicht mit solcher Genauigkeit von zu seiner Zeit lebenden Personen, von den Klöstern der Stadt México und von den Kirchen einiger Dörfer, deren Namen in Europa unbekannt waren, hätte berichten können. Indes müssen wir nachdrücklich darauf hinweisen, daß sich in den Kenntnissen, die der Autor vorgibt, aus den Erzählungen seiner Freunde geschöpft zu haben, nicht die gleiche Wahrhaftigkeit zeigt. Das Werk von Gemelli Carreri scheint, wie das jenes berühmten Reisenden, der in unserer Zeit mit so großer Strenge behandelt worden ist, eine unentwirrbare Mischung aus Irrtümern und genau beobachteten Tatsachen darzubieten.

Die Zeichnung von der Wanderung der Azteken war ehemals Teil der berühmten Sammlung des Doktor Sigüenza, dem die Hieroglyphen-Gemälde eines vornehmen Indianers, Fernando de Alva Ixtlilxochitl, als Erbe zugefallen waren. Diese Sammlung wurde, wie Abbé Clavijero versichert, bis 1759 im Jesuitenkolleg zu México aufbewahrt. Es ist nicht bekannt, was nach der Zerstörung des Ordens aus ihr geworden ist; vergeblich habe ich die in der Universitätsbibliothek liegenden aztekischen Gemälde durchgesehen, das Original der Zeichnung, welche die Tafel XXXII wiedergibt, habe ich nicht finden können; allerdings gibt es in México mehrere alte Kopien, die gewiß nicht nach dem Stich von Gemelli Carreri angefertigt worden sind. Vergleicht man alles, was dieses Gemälde an Symbolischem und Chronologischem zeigt, mit den in den Manuskripten von Rom und Veletri und in den Sammlungen von Mendoza und Gama enthaltenen Hiero-

---

[304] ROBERTSON, *History of America*, 1803, Band III, S. 401.   [305] *Storia antica del Messico*, Band I, S. 24.

glyphen, so wird man gewiß der Hypothese keinen Glauben schenken wollen, Gemellis Zeichnung sei die Fiktion irgendeines spanischen Mönches, der durch apokryphe Zeugnisse zu beweisen suchte, daß die Überlieferungen der Hebräer sich bei den eingeborenen Völkern Amerikas wiederfinden. Alles, was wir über die Geschichte, den Kultus, die Astrologie und die kosmogonischen Fabeln der Mexikaner wissen, bildet ein System, dessen Teile innig miteinander verbunden sind. Die Gemälde, die Basreliefs, die Verzierungen der Idole und der *göttlichen Steine* (teotetl bei den Azteken, θεοῦ πέτρα [theoũ pétra, Stein Gottes] bei den Griechen), alles trägt den gleichen Charakter, die gleiche Physiognomie. Die Sintflut, mit der die Geschichte der Azteken beginnt und vor der sich Coxcox in einem Kahn rettet, findet sich in allen Einzelheiten auf jener Zeichnung wieder, welche die Zerstörungen und Erneuerungen der Welt darstellt.[306] Die vier Indiktionen *(tlalpilli)*, die mit diesen Katastrophen oder den Unterteilungen des *großen Jahres* in Beziehung stehen[307], sind auch auf einer Steinskulptur zu finden, die 1790 in den Grundmauern des Teocalli von México entdeckt wurde.

Auch Robertson, der in seinem Bemühen um Wahrhaftigkeit stets die strengste Kritik walten läßt, hat in der letzten Ausgabe seines Werkes die Echtheit der Gemälde aus Sigüenzas Museum anerkannt. Es bestehe kein Zweifel, sagt dieser große Geschichtsschreiber, daß diese Gemälde den Eingeborenen Mexikos zuzuschreiben sind, und die Richtigkeit der Zeichnung scheine nur zu beweisen, daß die Kopie von einem europäischen Künstler angefertigt oder ausgebessert worden ist. Letztere Beobachtung scheinen indes die vielen Hieroglyphen-Gemälde, die in den Archiven des Vizekönigreichs von México aufbewahrt werden, nicht ganz zu bestätigen. In ihnen erkennt man eine deutliche Vervollkommnung der Zeichenkunst seit der Eroberung, insbesondere seit dem Jahr 1540. In der Sammlung von Boturini habe ich baumwollene Leinwände und Agavenpapierrollen gesehen, auf denen in recht korrekten Umrissen auf Maultieren reitende Bischöfe, spanische Lanzierer zu Pferde, vor einen Pflug gespannte Rinder, in Veracruz landende Schiffe und zahlreiche weitere Gegenstände dargestellt waren, die den Mexikanern vor Cortés' Ankunft unbekannt waren. Diese Gemälde stammen nicht etwa aus der Hand von Europäern, sondern von Indianern und Mestizen. Sieht man die Hieroglyphen-Handschriften aus verschiedenen Zeiten durch, so kann man das allmähliche Fortschreiten der Künste hin zur Vollkommenheit mit Interesse verfolgen. Die anfangs gedrungenen Figuren werden zunehmend schlanker; die Glieder werden vom Rumpf abgesetzt; das Auge zeigt sich bei den

[306] Tafel XXVI. [307] Siehe oben, S. 214 f. und 249.

im Profil gesehenen Köpfen nicht mehr von vorn; die Pferde, die in den aztekischen Gemälden den mexikanischen Hirschen glichen, nehmen nach und nach ihre tatsächliche Gestalt an. Die Figuren sind nicht mehr im *Prozessionsstil* angeordnet; ihre Beziehungen werden mannigfaltiger; man sieht sie in Handlung begriffen; und die symbolische Malerei, welche die Ereignisse mehr andeutet oder in Erinnerung ruft, als daß sie sie ausdrückt, verwandelt sich unmerklich in eine belebte Malerei, die nur einige phonetische Hieroglyphen verwendet[308], um Personen- und Ortsnamen anzugeben. Ich bin geneigt zu glauben, daß das Gemälde, welches Sigüenza an Gemelli weitergegeben hat, eine nach der Eroberung von einem Eingeborenen oder mexikanischen Mestizen angefertigte Kopie ist. Der Maler wollte wahrscheinlich den fehlerhaften Formen des Originals nicht folgen; die Hieroglyphen der Namen und der Zyklen hat er mit gewissenhafter Präzision nachgeahmt; doch die Proportionen der menschlichen Gestalten, die er auf ähnliche Weise bekleidet hat, wie wir es auf anderen mexikanischen Gemälden gesehen haben[309], hat er verändert.

Hier nun die wichtigsten der auf Tafel XXXII gezeigten Ereignisse, nach der Erklärung von Sigüenza, der wir einige den historischen Annalen der Mexikaner entnommene Kenntnisse beifügen wollen.

Die Geschichte beginnt mit der Sintflut von Coxcox oder der vierten Zerstörung der Welt, die der aztekischen Kosmogonie zufolge den vierten großen Zyklus beendet, *atonatiuh*, das *Zeitalter des Wassers*.[310] Dieser Kataklysmus ereignete sich, nach den beiden gegebenen chronologischen Systemen, entweder tausendvierhundertsiebzehn oder achtzehntausendachtundzwanzig Jahre nach dem Beginn des *Zeitalters der Erde, tlaltonatiuh*. Der ungeheure Unterschied zwischen diesen Zahlen darf uns weniger erstaunen, wenn wir uns die Hypothesen ins Gedächtnis rufen, die in unserer Zeit Bailly, William Jones und Bentley über die Dauer der vier *yuga* der Hindus vorgebracht haben.[311] Gemälde, welche die Sintflut von Coxcox darstellten, sind in Mexiko bei den Völkern der Azteken, Mixteken, Zapoteken, Tlaxcalteken und Michoacanesen gefunden worden. Der Noah, Xisuthros oder Manu dieser Völker heißt Coxcox, Teo-Cipactli oder Tezpi. Er rettete sich, gemeinsam mit seiner Frau Xochiquetzal, in einem Kahn oder, anderen Überlieferungen zufolge, auf einem Ahuahuete-Floß *(Cupressus disticha)*. Das Gemälde stellt Coxcox mitten auf dem Wasser dar, in einem Kahn liegend.

Der Berg, der aus den Fluten emporragt und auf dessen Gipfel ein Baum steht, ist der Ararat der Mexikaner, der Pic von Colhuacán. Das links angebrachte

---

[308] Siehe oben, S. 92.   [309] Tafel XIV, Nr. 5 und 7.   [310] Siehe oben, S. 248.   [311] *Asiatick Researches*, Band VIII, S. 195.

Horn ist die phonetische Hieroglyphe von Colhuacán. Am Fuß des Berges sind die Köpfe von Coxcox und seiner Frau zu sehen; letztere erkennt man an den beiden Zöpfen in Form von Hörnern, welche, wie schon mehrmals bemerkt, das weibliche Geschlecht kennzeichnen. Die nach der Sintflut geborenen Menschen waren stumm; eine Taube verteilt von einem Baum herab Zungen unter ihnen, die als kleine Kommata dargestellt sind.[312] Diese Taube darf nicht mit dem Vogel verwechselt werden, der Coxcox die Botschaft überbringt, die Fluten seien abgeflossen. Bei den Völkern von Michoacán ist eine Überlieferung erhalten, der zufolge Coxcox, den sie Tezpi nannten, mit seiner Frau, seinen Kindern, einigen Tieren und Samen, deren Bewahrung dem Menschengeschlecht am Herzen lag, einen geräumigen *acalli* bestieg. Als der große Geist Tezcatlipoca den Fluten befahl, sich zurückzuziehen, entließ Tezpi einen Truthahngeier *(Vultur aura)* aus seinem Schiff. Dieser Vogel, der sich von totem Fleisch ernährt, kam wegen der Vielzahl von Kadavern, mit denen die kürzlich wieder getrocknete Erde übersät war, nicht zurück. Tezpi sandte andere Vögel aus, von denen allein der Kolibri zurückkam, im Schnabel einen Zweig mit Blättern; als Tezpi sah, daß der Boden sich mit neuem Grün zu bedecken anfing, verließ er unweit des Berges von Colhuacán sein Boot.

Diese Überlieferungen, das wiederholen wir hier, erinnern an andere, die von hohem und ehrwürdigem Alter sind. Der Anblick von Meeresfossilien, die man auf den höchsten Gipfeln gefunden hat, könnte bei Menschen, die in keinerlei Verbindung untereinander standen, die Vorstellung von großen Überschwemmungen erweckt haben, die das organische Leben auf der Erde vorübergehend auslöschten; doch muß man nicht überall da, wo die kosmogonischen Vorstellungen und ersten Überlieferungen der Völker frappierende Ähnlichkeiten bis in die kleinsten Einzelheiten aufweisen, die Spuren eines gemeinsamen Ursprungs anerkennen? Erinnert Tezpis Kolibri nicht an Noahs Taube, an die des Deukalion und an die Vögel, welche Xisuthros, Berossos zufolge, aus seiner Arche fliegen ließ, um herauszufinden, ob die Fluten gewichen seien und ob er schon beginnen könne, den Schutzgöttern Chaldäas Altäre zu errichten?

Da die Zungen, welche die Taube unter den Völkern Amerikas verteilt hatte (Nr. 1), von unendlicher Mannigfaltigkeit waren, zerstreuten sich diese Völker, und allein fünfzehn Familienoberhäupter, die eine gemeinsame Sprache sprachen und von denen die Tolteken, die Azteken und die Acolhuen abstammen, schlossen sich zusammen und gelangten nach Aztlán *(Land der Reiher oder Flamingos).*

[312] Siehe oben die Prozeßurkunde, Tafel XII.

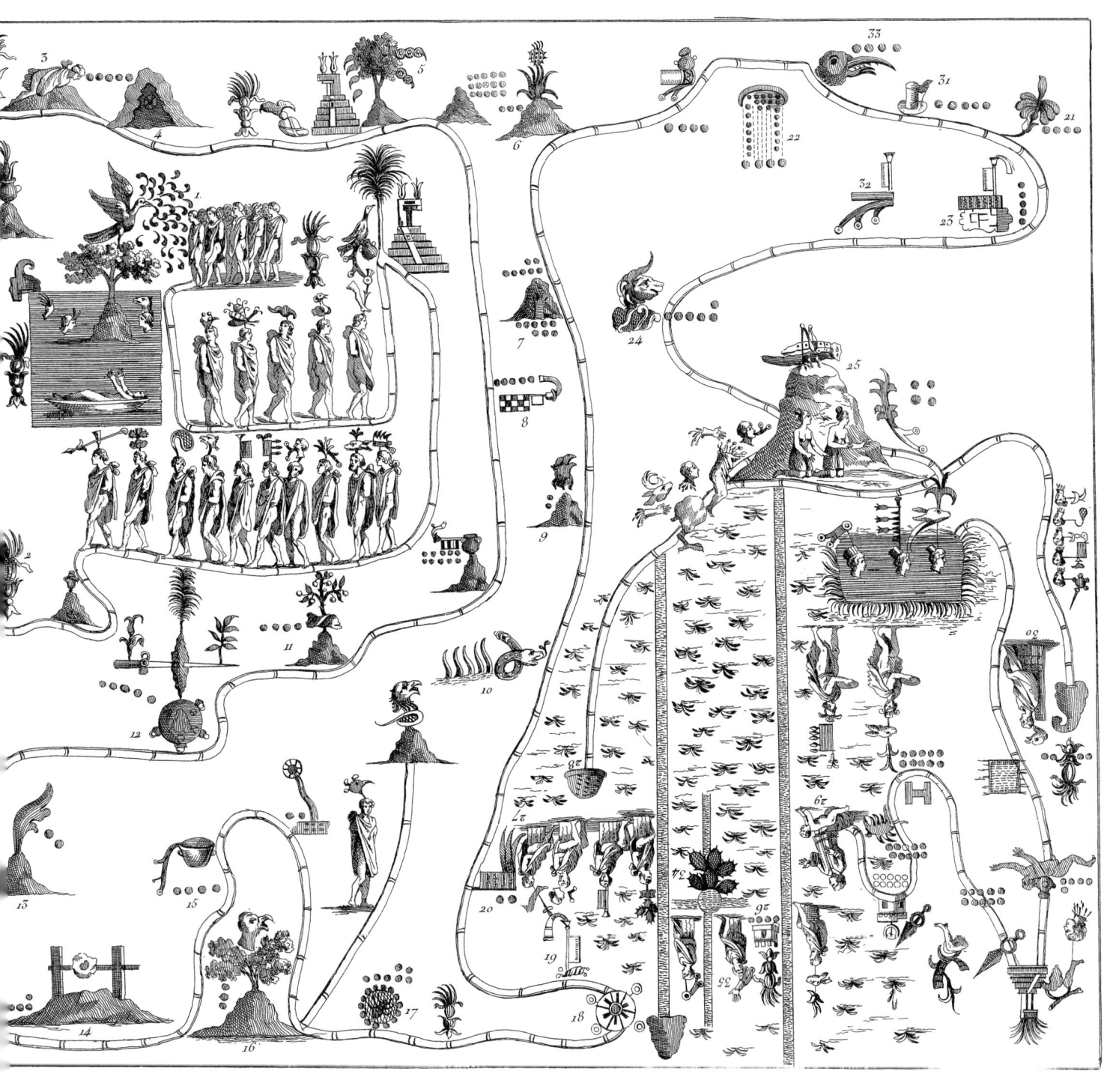

TAFEL XXXII

Der auf der Hieroglyphe des Wassers, *atl*, stehende Vogel bezeichnet Aztlán. Das stufenförmige Pyramidenmonument ist ein *teocalli*. Ich wundere mich, neben diesem Teocalli eine Palme zu finden; dieses Gewächs zeigt gewiß keine nördliche Gegend an, und doch ist es nahezu sicher, daß man die erste Heimat der mexikanischen Völker, *Aztlán*, *Huehuetlapallan* und *Amaquemecan* zumindest nördlich des 42. Breitengrades suchen muß. Vielleicht hat der mexikanische Maler als Bewohner der heißen Zone nur deshalb eine Palme neben den Tempel von Aztlán gesetzt, weil er nicht wußte, daß dieser Baum in den Ländern des Nordens nicht heimisch ist. Die fünfzehn Oberhäupter tragen über ihren Köpfen die einfachen Hieroglyphen ihrer Namen.

Von dem in Aztlán errichteten Teocalli bis nach Chapultepec bezeichnen die Figuren, die entlang des Weges angebracht sind, die Orte, an denen die Azteken sich einige Zeit aufgehalten haben, und die Städte, die sie erbaut haben: *Tocolco* und *Oztotlan* (Nr. 3 und 4), *Demütigung* und *Ort der Höhlen; Mizquiahuala* (Nr. 5), bezeichnet durch eine fruchttragende Mimose neben einem Teocalli; *Teotzapotlan* (Nr. 11), *Ort der göttlichen Früchte; Ilhuicatepec* (Nr. 12); *Papantla* (Nr. 13), *breitblättriges Kraut; Tzompango* (Nr. 14), *Ort der menschlichen Gebeine; Apazco* (Nr. 15), *Tontopf; Atlicalaguian* (etwas oberhalb der vorigen Hieroglyphe), *Felskluft, in der ein Bach verschwindet; Quauhtitlan* (Nr. 16), *vom Adler bewohntes Wäldchen; Atzcapozalco* (Nr. 17), *Ameisenhaufen; Chalco* (Nr. 18), *Ort der Edelsteine; Pantitlan* (Nr. 19), *Ort der Spinnereien; Tolpetlac* (Nr. 20), *Schilfmatten; Quauhtepec* (Nr. 9), *Berg des Adlers,* von *quauhtli,* Adler, und *tepec* (auf türkisch: *tepe*), Berg; *Tetepanco* (Nr. 8), *aus vielen kleinen Steinen gebaute Mauer; Chicomoztoc* (Nr. 7), *die sieben Höhlen; Huitzquilocan* (Nr. 6), *Ort der Disteln; Xaltepozauhcan* (Nr. 22), *Ort, woher der Sand kommt; Cozcaquauhco* (Nr. 33), Name eines Geiers; *Techcatitlan* (Nr. 31), *Ort der Obsidianspiegel; Azcaxochitl* (Nr. 21), *Ameisenblume; Tepetlapan* (Nr. 23), Ort, wo man den *tepetate* oder lehmigen Mengestein findet, der Hornblende, Glasfeldspat und Bimsstein einschließt; *Apan* (Nr. 32), *Wasserort; Teozomaco* (Nr. 24), *Ort des göttlichen Affen; Chapultepec* (Nr. 25), *Berg der Heuschrecken,* ein von alten Zypressen beschatteter Platz, berühmt durch die herrliche Aussicht, die man von dem Hügel herab genießt[313]; *Coxcox,* König von Colhuacán (Nr. 30), bezeichnet durch die gleichen phonetischen Hieroglyphen, die man in dem Feld findet, das die Sintflut von Coxcox und den Berg von Colhuacán zeigt; *Mixiuhcan* (Nr. 29), *Ort der Niederkunft;* die Stadt *Temazcatitlan* (Nr. 26); die Stadt *Tenochtitlán* (Nr. 34), bezeichnet durch Dämme,

---

[313] Siehe meinen *Essai politique sur le royaume de la Nouvelle-Espagne,* Band I, S. 179.

die ein sumpfiges Gelände durchziehen, und durch den Feigenkaktus, auf dem sich der Adler ausruhte, der vom Orakel dazu bestimmt war, den Ort zu kennzeichnen, wo die Azteken ihre Stadt erbauen und ihre Wanderungen beenden sollten; die Begründer von *Tenochtitlán* (Nr. 35); die von *Tlatelolco* (Nr. 27); die Stadt *Tlatelolco* (Nr. 28), die heute nur noch ein Vorort von México ist.

Wir werden nicht auf die historischen Einzelheiten der Ereignisse eingehen, auf die sich die einfachen und zusammengesetzten Hieroglyphen von Sigüenzas Gemälde beziehen. Diese Ereignisse sind bei Torquemada und in der vom Abbé Clavijero veröffentlichten alten Geschichte Mexikos geschildert. Überhaupt ist dieses Bild weniger als geschichtliches Monument merkwürdig denn durch das Verfahren, dessen der Künstler sich bedient hat, um die Begebenheiten miteinander zu verknüpfen. Wir wollen uns hier mit dem Hinweis darauf begnügen, daß die mit Bändern zusammengehaltenen Binsengarben (Nr. 2) nicht Perioden von hundertvier Jahren oder Huehuetiliztli darstellen, wie Gemelli behauptet hat, sondern vielmehr Zyklen oder Jahresbündel, Xiuhmolpilli, von zweiundfünfzig Jahren.[314] Das gesamte Bild weist nur acht dieser Jahresbündel oder vierhundertsechzehn Jahre auf. Erinnert man sich, daß die Stadt Tenochtitlán im siebenundzwanzigsten Jahr eines Xiuhmolpilli gegründet wurde, so ergibt sich nach der Chronologie des Bildes (Tafel XXXII), daß der Auszug der mexikanischen Völker aus Aztlán fünf Zyklen vor dem Jahr 1298 oder im Jahr 1038 der christlichen Zeitrechnung stattgefunden hat. Anderen Quellen folgend, siedelt Gama diesen Auszug im Jahr 1064 an. Die Kreise, welche die Hieroglyphe eines Jahresbündels begleiten, zeigen an, wie oft die Jahre seit dem berühmten Opfer von Tlalixco gebündelt worden sind. Nun finden wir in dem untersuchten Gemälde neben der Hieroglyphe der Stadt Colhuacán (Nr. 30) die Hieroglyphe des Zyklus, gefolgt von vier Nägeln oder Einheiten. Es begab sich also im Jahr 208 ihrer Zeitrechnung, daß die Azteken aus der Sklaverei der Könige von Colhuacán heraustraten, und dieser Zeitpunkt stimmt mit den Annalen von Chimalpain überein. Die neben den Hieroglyphen der Städte angebrachten Kreise (Nr. 14 und 17) bezeichnen die Zahl der Jahre, welche die Azteken an dem jeweiligen Ort verbrachten, bevor sie ihre Wanderungen wiederaufnahmen. Ich denke, das Jahresbündel Nr. 2 bezeichnet den Zyklus, der in Tlalixco endete; denn Chimalpain zufolge wurde das Fest des zweiten Zyklus in Cohuatepetl abgehalten und das des dritten in Apuzco, während die Feste des vierten und fünften Zyklus in Colhuacán und Tenochtitlán stattfanden.

[314] Siehe oben, S. 171.

Die seltsame Idee, auf einem einzelnen Blatt von geringem Ausmaß zu verzeichnen, was auf anderen mexikanischen Gemälden oft Leinwände oder Häute von zehn bis zwölf Metern Länge füllt, hat diesen geschichtlichen Abriß sehr unvollständig werden lassen. Es ist darin nur von der Wanderung der Azteken die Rede, und nicht von der der Tolteken, die den Azteken im Land Anáhuac um über fünf Jahrhunderte vorausgingen und sich von letzteren durch jene Liebe zur Kunst und jenen frommen und friedfertigen Charakter unterschieden, welche die Etrusker von den ersten Bewohnern Roms sonderte. Die heroischen Zeiten der aztekischen Geschichte reichen bis ins elfte Jahrhundert der christlichen Zeitrechnung. Bis dahin haben die Gottheiten an den Handlungen der Menschen teil; zu jener Zeit erscheint an den Küsten von Panuco Quetzalcoatl, der Buddha der Mexikaner, ein weißer, bärtiger Mann, Priester und Gesetzgeber, der sich strengen Bußübungen widmet und Klöster und Kongregationen gleich denen Tibets und Westasiens gründet. Alles, was vor dem Auszug aus Aztlán liegt, ist mit kindlichen Fabeln vermischt. Bei den barbarischen Nationen, denen die rechten Mittel fehlen, Begebenheiten im Gedächtnis zu bewahren, reicht das Bewußtsein ihrer selbst nicht sehr weit zurück; jenseits eines bestimmten Punktes in ihrer Geschichte können sie die Abstände zwischen den Ereignissen nicht mehr ermessen. In der Zeit wie im Raum rücken entfernte Gegenstände einander näher und vermischen sich; und von dem gleichen Kataklysmus, den die Hindus, die Chinesen und alle Völker semitischer Rasse Tausende von Jahren vor der Vervollkommnung ihrer Gesellschaftsordnung ansiedeln, glaubt das vielleicht nicht weniger alte Volk der Amerikaner, das jedoch später erwachte, er habe nur zwei Zyklen vor ihrem Auszug aus Aztlán stattgefunden.

TAFEL XXXIII

Seilbrücke bei Penipe

DER KLEINE FLUSS CHAMBO, der dem Colai-See entspringt, trennt das hübsche Dorf Guanando von dem namens Penipe. Er fließt durch eine Schlucht, deren Grund mehr als zweitausendvierhundert Meter über dem Meeresspiegel liegt und die für die Cochenille-Zucht[315] berühmt ist, der sich die Eingeborenen dort seit entferntesten Zeiten widmen. Als wir auf unserem Weg von Riobamba zum Westhang des Vulkans Tungurahua durch diesen Landstrich kamen, hielten wir an, um das Gebiet zu untersuchen, das von dem denkwürdigen Erdbeben vom 7. Februar 1797 erschüttert worden war, bei dem innerhalb weniger Minuten dreißig- bis vierzigtausend Indianer ums Leben kamen; im Juni 1802 überquerten wir den Chambo-Fluß über die Brücke von Penipe. Es handelt sich um eine jener Seilbrücken, welche die Spanier *puente de maroma* oder *de hamaca* nennen und die peruanischen Indianer in der Quechua- oder Inkasprache *cimppachaca*, von *cimppa* oder *cimpasca*, Seile, Flechten, und *chaca*, Brücke. Die Seile von drei oder vier Zoll im Durchmesser sind aus dem faserigen Teil der *Agave americana*-Wurzel gefertigt. An beiden Ufern sind sie an einem groben Gerüst befestigt, das aus mehreren *Schinus molle*-Stämmen besteht. Da sie sich durch ihr Gewicht zur Mitte des Flusses hin durchbiegen und es unvorsichtig wäre, sie zu stark zu spannen, muß man, sofern das Ufer nicht sehr hoch ist, zu beiden Enden der *Hängebrücke* Stufen oder Leitern errichten. Die von Penipe ist hundertzwanzig Fuß lang und sieben oder acht Fuß breit; doch es gibt Brücken von viel beträchtlicheren Ausmaßen. Die dicken Pita-Seile sind quer mit zylindrischen kleinen Bambusstücken belegt. Diese Konstruktionen, deren sich die Völker Südamerikas lange vor der Ankunft der Europäer bedienten, erinnern an die *Kettenbrücken,* die man in Bhutan und im Inneren

---

[315] Siehe meinen *Essai politique sur le royaume de la Nouvelle-Espagne*, Band II, S. 465.

Afrikas vorfindet. Herr Turner hat uns in seiner interessanten Reise nach Tibet[316] den Plan der Brücke von Tchintchieu in der Nähe der Festung von Chuka (27° 14' nördlicher Breite) geliefert, die hundertvierzig Fuß lang ist und zu Pferde überquert werden kann. Diese Brücke in Bhutan *(chain bridge)* besteht aus fünf mit Bambusstücken besetzten Ketten.

Alle Reisenden haben von der äußersten Gefahr bei der Überquerung dieser Seilbrücken berichtet, die über eine Kluft oder einen reißenden Wildbach gespannten Bändern gleichen. Diese Gefahr ist nicht sonderlich groß, wenn eine einzelne Person so schnell wie möglich und mit vorgebeugtem Oberkörper über die Brücke geht; doch die Schwingungen der Seile werden sehr stark, wenn der Reisende sich von einem Indianer führen läßt, der viel schneller geht als er, oder wenn er beim Anblick des Wassers, das er durch die Zwischenräume des Bambus entdeckt, vor Schreck so unvorsichtig ist, mitten auf der Brücke stehenzubleiben und sich an den Seilen festzuhalten, die als Geländer dienen. Eine Hängebrücke erhält sich gewöhnlich nur zwanzig bis fünfundzwanzig Jahre in gutem Zustand; dazu müssen freilich alle acht oder zehn Jahre einige Seile ersetzt werden. Doch in diesen Ländern ist die öffentliche Ordnung so wenig tätig, daß man nicht selten Brücken sieht, deren Bambusteile zum größten Teil zerbrochen sind; auf diesen alten Brücken muß man sich sehr umsichtig bewegen, um Löchern auszuweichen, die so groß sind, daß der ganze Körper hindurchfallen könnte. Wenige Jahre vor meinem Aufenthalt in Penipe stürzte die Brücke über dem Río Chambo vollständig zusammen. Zu diesem Vorfall kam es, weil auf lange Regenfälle ein sehr trockener Wind gefolgt war und alle Seile auf einmal rissen. Dabei ertranken vier Indianer im Fluß, der sehr tief und außerordentlich reißend ist.

Die alten Peruaner bauten auch Holzbrücken, deren Gerüst sich auf steinerne Pfeiler stützte, doch gewöhnlich begnügten sie sich mit Seilbrücken. Diese sind in einem gebirgigen Land, wo die Tiefe der Klüfte und der reißende Strom der Wildbäche dem Bau von Pfeilern entgegenstehen, äußerst zweckmäßig. Die Schwingung kann durch Seile vermindert werden, die in der Mitte der Brücke befestigt und diagonal zum Ufer hin gespannt werden. Mittels einer Seilbrücke, von außerordentlicher Länge und für Reisende mit Lastmaultieren begehbar, ist es vor einigen Jahren auch gelungen, eine ständige Verbindung zwischen den Städten Quito und Lima herzustellen, nachdem man eine Million Franc verschwendet hatte, um bei Santa eine Steinbrücke über einen Fluß zu bauen, der von der Kordillere der Anden herabstürzt.

[316] *Account of an embassy to the court of the Teshoo Lama in Tibet*, 1800, S. 55.

TAFEL XXXIII

TAFEL XXXIV

Cofre de Perote

DIESER BERG AUS BASALTPORPHYR ist weniger durch seine Höhe als durch die wunderliche Form eines kleinen Felsens bemerkenswert, der gegen Osten auf seinem Gipfel steht. Dieser Felsen, der einem viereckigen Turm gleicht, hat ihm von den Eingeborenen aztekischer Rasse den Namen *Nauhcampatepetl*, von *nauhcampa,* vier Teile, und *tepetl,* Berg, eingetragen; von den Spaniern wurde er *Cofre de Perote* genannt. Vom Gipfel dieses Berges aus genießt man einen herrlichen Blick über das Plateau von La Puebla und den östlichen Abhang der mexikanischen Kordilleren, der mit dichten Wäldern von Ambrabäumen, Baumfarnen und Mimosen bedeckt ist; in der Ferne erkennt man den Hafen von Veracruz, das Castillo de San Juan de Ulua und die Küsten des Ozeans. Der Cofre reicht nicht bis in die Region des ewigen Schnees hinauf; durch eine barometrische Messung habe ich ermittelt, daß die Höhe seines Gipfels 4088 Meter (2097 Toisen) über dem Meeresspiegel beträgt. Diese Höhe übertrifft die des Pic von Teneriffa um 400 Meter. Ich habe den Berg in der Nähe des großen Marktfleckens Perote gezeichnet, in der trockenen, mit Bimsstein übersäten Ebene, durch die man kommt, wenn man von Veracruz hinauf nach México reist. Der Kamm des Cofre besteht aus nacktem Fels, umgeben von einem Kiefernwald. Als ich zum Gipfel emporstieg, sah ich in 3165 Metern (1619 Toisen) Höhe die Eichen verschwinden; doch die Kiefern, die durch ihre Nadeln dem *Pinus strobus* gleichen, verlieren sich erst in einer absoluten Höhe von 3942 Metern (2022 Toisen) gänzlich. In jeder Zone setzen Temperatur und barometrischer Druck den Pflanzen Grenzen, die sie unmöglich überschreiten können.

TAFEL XXXIV

TAFEL XXXV

Berg Illiniza

UNTER DEN KOLOSSALEN GIPFELN, die man um die Stadt Quito entdeckt, ist der des Illiniza einer der majestätischsten und malerischsten. Der Gipfel dieses Berges teilt sich in zwei pyramidenförmige Spitzen; diese sind wahrscheinlich die Überreste eines eingestürzten Vulkans. Ihre absolute Höhe beträgt 2717 Toisen. Der Illiniza befindet sich in der westlichen Kette der Anden, parallel zum Vulkan Cotopaxi. Mit dem Gipfel des Rumiñahui ist er durch den *Alto de Tiopullo* verbunden, ein quer verlaufendes Massiv, von dem aus die Wasser gleichzeitig zur Südsee und zum Atlantischen Ozean hin fließen.[317] Die Pyramiden des Illiniza sind in den Ebenen der Provinz *Las Esmeraldas* aus ungeheurer Entfernung zu sehen. Sie sind von Bouguer trigonometrisch vermessen worden, sowohl über dem Plateau der Stadt Quito als auch über den Küsten den Ozeans. Mittels des Höhenunterschiedes, den diese beiden Messungen ergaben, haben die französischen Akademisten die absolute Höhe der Stadt Quito und den annähernden Wert des barometrischen Koeffizienten bestimmt. Die Physiker, die sich für die Geschichte des Fortschritts der Wissenschaften interessieren, werden den Namen des Illiniza neben den des Puy-de-Dôme stellen, wo Perrier, von Pascals Ratschlägen geleitet, als erster versuchte, die Höhe der Berge mit Hilfe des Barometers zu ermitteln.

[317] Siehe oben, S. 236.

TAFEL XXXV

TAFEL XXXVI

Fragmente von aztekischen Hieroglyphen-Gemälden aus der Königlichen Bibliothek zu Berlin

DIESE FRAGMENTE sind alten Handschriften entnommen, die ich während meines Aufenthaltes in México erworben habe. Es besteht kein Zweifel, daß es sich um Verzeichnisse handelt, die von den Tributeinziehern *(tlacalaquiltecani)* aufgestellt wurden; indes ist es nicht einfach, die in diesen Listen aufgeführten Gegenstände zu bestimmen.

Nr. I ist Teil eines drei oder vier Meter langen *Codex Mexicanus* auf Agavenpapier. Man meint darauf Mais, Gold in Barren und weitere Erzeugnisse zu erkennen, aus denen sich der Tribut, *tequitl,* zusammensetzte. Was der Maler mit jener Vielzahl von symmetrisch angeordneten kleinen Quadraten bezeichnen wollte, ist mir völlig unbekannt. In der zweiten Spalte, von rechts nach links gezählt, findet man vier Hieroglyphen, die in einer periodischen Reihe wiederholt werden. Die hier und da eingezeichneten Tage geben an, wann der Tribut gezahlt werden mußte.

Nr. II–IV. Wie lassen sich diese Frauenköpfe erklären, die neben den Zeichen für zwanzig angebracht sind? Die Hähne und Truthähne unter Nr. III könnten glauben lassen, diese beiden Vögel seien den Mexikanern auch vor der Eroberung schon bekannt gewesen, sofern hinlänglich bewiesen wäre, daß die Gemälde, aus denen diese Abbildungen stammen, weiter als bis auf das fünfzehnte Jahrhundert zurückreichen. In einem anderen Werk habe ich dargelegt, daß der indische Hahn, der auf den Inseln der Südsee verbreitet ist, von den Europäern nach Amerika eingeführt worden ist.[318] Die *tlamama* oder Lastträger (Nr. V) scheinen

[318] *Essai politique sur le royaume de la Nouvelle-Espagne,* Band II, S. 452.

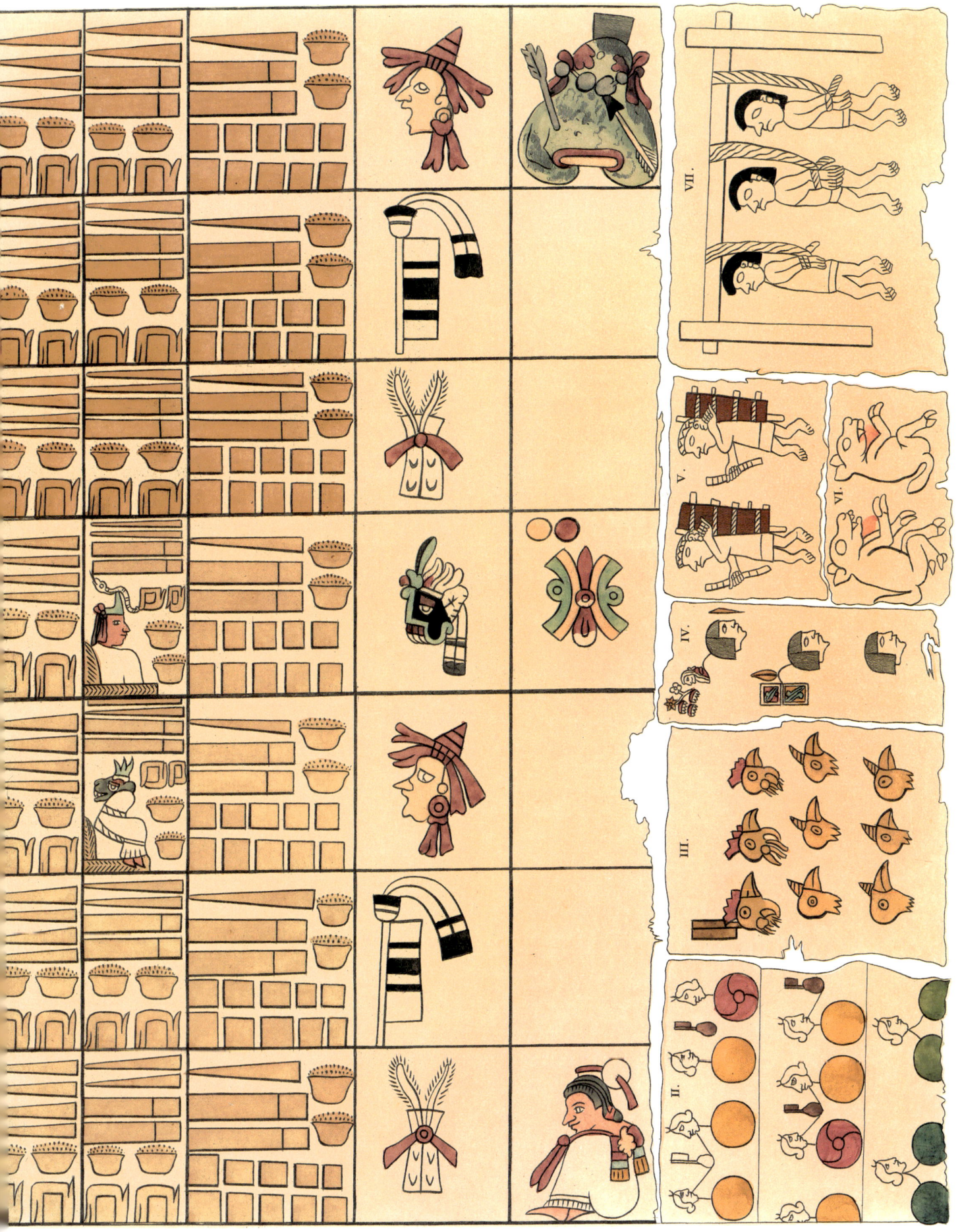

TAFEL XXXVI

Mais- oder Zuckerrohrpflanzen in der Hand zu halten. Ich werde nicht versuchen, die unter den Füßen der *tlamama* abgebildete Tierart zu bestimmen, die eine gewisse Ähnlichkeit mit dem *tochtli* oder mexikanischen Kaninchen hat. Nr. VII zeigt die Art von Strafe an, die den unglücklichen Eingeborenen drohte, wenn sie den Tribut nicht zu den vorgeschriebenen Zeiten entrichteten. Drei Indianer, deren Hände hinter dem Rücken gefesselt sind, scheinen zum Wippgalgen verurteilt zu sein. Die Tributverzeichnisse wurden in jeder Gemeinde für alle *tequitqui* oder Tributpflichtigen sichtbar ausgestellt, und die Einzieher pflegten am Ende des Verzeichnisses hinzuzufügen, welche Art von Strafe diejenigen erwartete, die dem Gesetz nicht gehorchten.

TAFEL XXXVII

Hieroglyphen-Gemälde des Museums Borgia in Veletri

BEREITS AN FRÜHERER STELLE haben wir die Ökonomie des im Museum Borgia aufbewahrten *Codex Mexicanus* vorgestellt.[319] Da man nicht darauf hoffen kann, dieses mexikanische *Ritualbuch* in absehbarer Zeit vollständig veröffentlicht zu sehen, habe ich auf einer einzigen Tafel eine Vielzahl von Figuren versammelt, die durch ihre Formen und ihre Bezüge auf die Sitten eines zugleich grausamen und abergläubischen Volkes bemerkenswert sind.

Nr. I. (*Cod. Borg.*, Blatt 11, Mss. Fábreg., Nr. 18) Die Mutter des Menschengeschlechts, die *Frau mit der Schlange, Cihuacohuatl,* welche die ersten Missionare mit dem Namen *Señora de nuestra carne* oder *Tonacacihua* (von *tonacayo*, unser Fleisch, und *cihua*, Frau) bezeichnen. Vergleiche den *Cod. Vat.*, Tafel XIII, Nr. 2.

Nr. II. Die gleiche Frau mit der Schlange, die Eva der Mexikaner. Das rechts angebrachte Kaninchen, *tochtli*, zeigt das erste Jahr der Welt an, da jeder Zyklus mit dem Zeichen des *Kaninchens* beginnt. In seinem Kommentar behauptet Pater Fábrega, die Mutter der Menschheit sei in einem Zustand der Demütigung dargestellt, *cuitlatl* (κόπρος [kópros, Kot]) essend.

Nr. III. (*Cod. Borg.*, Blatt 58, Mss. Nr. 275) Der Herr des Totenreiches, *Mictlanteuhtli*[320], ein Kind verschlingend.

Nr. IV. (*Cod. Borg.*, Blatt 24, Mss. Nr. 98) Noah als alter Mann mit einem langen Bart am Kinn, *Huehuetonacaleocipactli*, von *huehue*, alt, *tonacayo*, unser Fleisch, *teotl*, Gott, und *cipactli*. Siehe die Erläuterungen weiter oben, S. 199 und 248. Die gleiche Figur findet sich im *Codex Borgianus*, Blatt 60, wieder.

Nr. V. (*Cod. Borg.*, Blatt 56, Mss. Nr. 265) Die gleichen Gottheiten, die wir in der abscheulichen Gruppe der Tafel XXIV versammelt gesehen haben, nämlich:

[319] Tafel XXVII.   [320] Tafel XXIX, Abb. 5, S. 263.

TAFEL XXXVII

den Gott des Krieges, *Huitzilopochtli,* mit einer Keule in der Hand, und die Göttin *Teoyamiqui.* Sie sind auf einem Menschenschädel sitzend dargestellt. Ich habe nur die Göttin allein kopieren lassen, sie hält in der rechten Hand eine Art Szepter, das in einer Hand endet. Dieses Szepter hieß *maquahuitl,* von *maitl,* Hand, und *quahuitl,* Holz. Es ist zweifellos recht bemerkenswert, daß man in aztekischen Gemälden eine Hand der Gerechtigkeit findet, die derjenigen auf dem Siegel des Hugues Capet[321] gleicht und an die *manus erecta* [erhobene Hand] der römischen Kohorten erinnert.[322]

Nr. VI. *Teocipactli,* die gleiche Figur wie unter Nr. IV. Ich habe sie wegen der außergewöhnlichen Bildung der Stirn ausgewählt. Die Eingeborenen von Mexiko und Peru haben allgemein eine eigentümlich abgeflachte Stirn, und die Maler übersteigern diese Eigenart willentlich, wenn sie heroische Gestalten darstellen.

Nr. VII. (*Cod. Borg.,* Blatt 33, Mss. Nr. 150) Fünf kleine Teufel, die an das berühmte Gemälde der Versuchung des heiligen Antonius erinnern. Auf derselben Seite ist ein Quetzalcoatl-Tempel dargestellt, um dessen dreieckiges Dach sich eine Schlange windet. Das in einer Nische stehende Idol bekommt ein menschliches Herz als Opfer dargebracht. Neben dem Tempel sieht man die Göttin der Hölle, *Mictlancihuatl,* wie sie die Arme nach dem Körper des Opfers ausstreckt.

Nr. VIII. (*Cod. Borg.,* Blatt 47, Mss. Nr. 210) Das astrologische Zeichen *nahui Ollin tonatiuh,* die *Sonne in ihren vier Bewegungen,* das durch Fußspuren, *xocpalli,* auf die Stellungen der Sonne am Zenit, am Äquator und an den Solstitialpunkten zu verweisen scheint.[323] Daneben findet man das Datum von Tagen angezeigt, die von den Katasterismen *ozomatli,* Affe, *calli,* Haus, und *quiahuitl,* Regen, regiert werden. Wenn diese Daten 8 *Regen,* 5 *Haus* und 3 *Affe* wären, so würden sie gemäß dem Kunstgriff der periodischen Reihen den Tagen entsprechen, an denen sich die Sonne an einem der Wendekreise, am Äquator und am Zenit der Stadt México befindet; doch die den Hieroglyphen beigefügten Zahlen weichen um mehrere Einheiten von den soeben angeführten ab. Das Zeichen *ollin* ist am Ende eines zylinderförmigen Insekts angebracht, das ein *Tausendfüßer* oder Skolopender zu sein scheint. Die Bedeutung dieses einem Kreuz ähnlichen astrologischen Symbols ist mir unbekannt.

---

[321] MONTFAUCON, *Monumens de la monarchie françoise,* Band I, S. 36. MENESTRIER, *Nouvelle méthode raisonnée du blason,* Lyon 1750, S. 52. *Dictionnaire de Trévoux,* Band III, S. 127. GILBERT DEVARENNES, Paris 1635, S. 184.

[322] AUGUSTINUS, *Antiquitatum Romanorum Hispaniarumque in nummis veterum Dialogi,* Antwerpen 1654, S. 18. LIPSIUS, *De Militia romana,* S. 41.

[323] Siehe oben, S. 204 und 229.

Nr. IX. (*Cod. Borg.*, Blatt 59) Ein Mann und eine Frau, die Kinder in den Armen halten und eine Hand zum Himmel heben.

Nr. X. (*Cod. Borg.*, Blatt 23, Mss. Nr. 94). Der zechende Teufel, *Tlacatecolutl motlatlaperiani,* der ein Herz in der Hand hält und das Blut eines weiteren trinkt; ein drittes hängt an seinem Hals. Diese abscheuliche Figur bestätigt, was wir weiter oben über die wilde Grausamkeit des mexikanischen Volkes vorgebracht haben.[324]

[324] S. 262.

TAFEL XXXVIII

Wanderung der aztekischen Völker, Hieroglyphen-Gemälde aus der Königlichen Bibliothek zu Berlin

DIESES SCHLECHT ERHALTENE FRAGMENT scheint Teil eines großen Gemäldes gewesen zu sein, das einst der Sammlung des Ritters Boturini angehörte. Die Figuren sind sehr grob auf *amatl* oder *maguey*-Papier *(Agave americana)* gemalt. Zur Linken sieht man darauf ein sumpfiges Land, gekennzeichnet durch die Hieroglyphe des Wassers, *atl;* Fußspuren *(xocpal-machiotl),* welche die Wanderungen eines kriegerischen Volkes darstellen; von Ufer zu Ufer fliegende Pfeile; Kämpfe zwischen zwei Nationen, von denen eine mit Schutzschilden bewehrt und die andere nackt und ohne Verteidigungsmittel ist. Wahrscheinlich zählen diese Kämpfe zu jenen, die sich im sechsten Jahrhundert unserer Zeitrechnung in den Kriegen der Azteken gegen die Otomí-Indianer und andere Jägervölker, die im Norden und Westen des Tals von México lebten, zugetragen haben. Die neben der Hieroglyphe *calli,* Haus, angebrachten Figuren deuten vielleicht auf die Gründung der einen oder anderen Stadt hin. Die Schilde der Azteken sind mit den Wappen verziert, die jedem Stamm eigentümlich sind; sie sind mit jenen Fortsätzen aus Leder und Baumwolltuch versehen, die den Stoß der Wurfspieße dämpfen sollten und die man auf manchen etruskischen Vasen wiederfindet.[325] Die Figuren sind symmetrisch angeordnet; man könnte erstaunt sein, sie mit der linken Hand tätig zu sehen statt mit der rechten; doch wir hatten bereits an früherer Stelle Gelegenheit zu bemerken, daß sich die beiden Hände auf mexikanischen Gemälden, wie auf manchen ägyptischen Basreliefs, häufig vertauscht finden.

[325] Siehe Tafel XIV, Nr. 2.

TAFEL XXXVIII

TAFEL XXXIX

Granitvasen, gefunden an der Küste von Honduras

DIESE VASEN AUS GRANIT, viermal so groß* wie die Zeichnung auf der Tafel XXXIX, werden in England in den Sammlungen des Lord Hillsborough und des Herrn Brander aufbewahrt. Sie sind an der Mosquitoküste ausgegraben worden, in einem Land, wo heutzutage ein barbarisches Volk lebt, das nicht daran denkt, Steine zu behauen; man findet sie in den interessanten Abhandlungen, welche die Londoner Gesellschaft der Altertumsforscher herausgibt, von Herrn Thomas Pownal abgebildet und beschrieben.[326] Ich habe geglaubt, diese Zeichnungen hier wiedergeben zu müssen, um die Ähnlichkeit aufzuzeigen, die zwischen ihren Ornamenten und denen der Ruinen von Mitla bestehen. Diese Ähnlichkeit entkräftet jeden Verdacht, sie seien nach der Eroberung durch Indianer gefertigt worden, welche die Form irgendwelcher spanischer Vasen nachzuahmen versuchten. Man weiß, daß die Tolteken über die Provinz Oaxaca bis zum Nicaraguasee und noch weiter vorgedrungen sind. Man darf also vermuten, daß diese mit Vogel- und Schildkrötenköpfen geschmückten Vasen das Werk eines Stammes toltekischer Rasse sind. Denkt man einen Augenblick über die Form des häuslichen Geräts nach, dessen sich die Spanier im sechzehnten Jahrhundert bedienten, so kann man unmöglich annehmen, daß Cortés' Soldaten solche Vasen, wie sie uns Herr Pownal bekannt gemacht hat, nach Mexiko gebracht haben.

[326] *Archaeologia, or miscelleneous tracts relating to antiquity; published by the Society of Antiquarians of London,* Band V, Tafel XXVI, S. 318.
* In der französischen Erstausgabe (Anm. d. Hrsg.).

TAFEL XXXIX

TAFEL XL

Aztekisches Idol aus Basalt, gefunden im Tal von México

DIESES KLEINE IDOL aus porösem Basalt, das ich im Kabinett des Königs von Preußen zu Berlin hinterlegt habe, erinnert an die Büste der Priesterin, die an den Anfang dieses Werkes gestellt ist.[327] Man erkennt den gleichen Kopfputz, der an die *calantica* der Isis-Köpfe erinnert, die kalifornischen Perlen, welche die Stirn einrahmen, und den mit einer Schleife zusammengebundenen Beutel, dessen zwei Fortsätze bis zur Körpermitte hinabreichen. Das kreisförmige Loch, das die Brust aufweist, scheint dazu gedient zu haben, den Weihrauch (*copalli* oder *xochitlenamactli*) aufzunehmen, den man zu Ehren der Idole verbrannte. Ich weiß nicht, was die Figur in der linken Hand hält; die Formen sind höchst fehlerhaft, und alles kündet von der Kindheit der Kunst.

[327] TAFEL I und II.

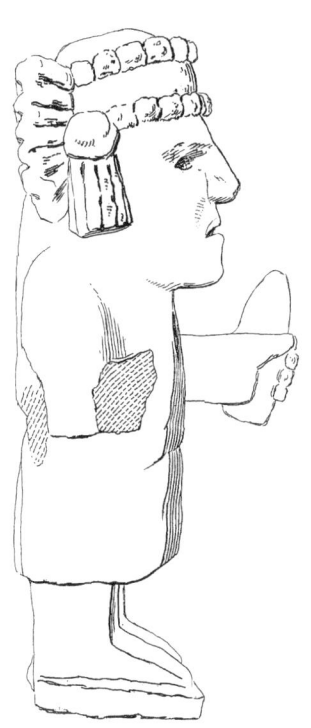

TAFEL XL

TAFEL XLI

Luftvulkan von Turbaco

UM DER ÜBERMÄSSIGEN HITZE und den Krankheiten zu entgehen, die im Sommer in Cartagena de Indias und an den trockenen Küsten von Barú und von Tierra Bomba herrschen, suchen die nicht akklimatisierten Europäer Zuflucht im Landesinneren, im Dorf Turbaco. Dieses kleine Indianerdorf liegt auf einem Hügel, am Eingang eines majestätischen Waldes, der sich gegen Süden und Osten bis zum Kanal von Mahates und zum Magdalenen-Fluß erstreckt. Die Häuser sind zum größten Teil aus Bambus erbaut und mit Palmenblättern gedeckt. Hier und da entspringen glasklare Quellen aus einem Kalkgestein, das mit Bruchstücken von versteinerten Korallen durchsetzt ist; sie werden umschattet vom glänzenden Blattwerk des *Anacardium caracoli*, eines Baums von kolossaler Größe, dem die Eingeborenen die Fähigkeit zuschreiben, von weit her in der Atmosphäre schwebenden Dünste anzuziehen. Da das Gelände von Turbaco mehr als dreihundert Meter über dem Meeresspiegel liegt, genießt man dort, vor allem in der Nacht, eine köstliche Frische. Wir haben im April 1801 an diesem lieblichen Ort verweilt, als wir uns nach einer beschwerlichen Überfahrt von der Insel Kuba nach Cartagena de Indias auf eine lange Reise nach Santa Fe de Bogotá und auf das Plateau von Quito vorbereiteten.

Die Indianer von Turbaco, die uns auf unseren botanischen Exkursionen begleiteten, sprachen oft von einem sumpfigen Gelände inmitten eines Palmenwaldes, das von den Kreolen die Kleinen Vulkane genannt wurde, *Los Volcancitos*. Sie erzählten, nach einer ihrer Überlieferungen habe dieses Gelände einst in Flammen gestanden, doch einem guten Geistlichen, Pfarrer des Dorfes und für seine große Frömmigkeit bekannt, sei es durch häufiges Besprengen mit Weihwasser gelungen, das unterirdische Feuer zu löschen; sie fügten hinzu, seit jener Zeit sei der Feuervulkan zu einem Wasservulkan geworden, *volcán de agua*. Da

TAFEL XLI

wir schon lange in den spanischen Kolonien lebten, waren uns die seltsamen und wunderbaren Märchen hinlänglich bekannt, mit denen die Eingeborenen es lieben, die Aufmerksamkeit der Reisenden auf die Phänomene der Natur zu lenken; wir wußten, daß diese Märchen gewöhnlich weniger dem Aberglauben der Indianer als dem der Weißen, der Mestizen und der afrikanischen Sklaven geschuldet sind und daß die Träumereien weniger Einzelner, die über die fortschreitenden Veränderungen der Erdoberfläche räsonnieren, mit der Zeit den Charakter von historischen Überlieferungen annehmen. Ohne an die Existenz eines vormals brennenden Erdreichs zu glauben, ließen wir uns von den Indianern zu den *Volcancitos de Turbaco* führen, und diese Exkursion bot uns weitaus bedeutendere Phänomene dar, als wir erwartet hatten.

Die *Volcancitos* liegen sechstausend Meter östlich des Dorfes Turbaco in einem dichten Wald voller *Tolubalsambäume, Gustavia* mit Seerosenblüten und *Cavanillesia mocundo,* deren faserige, durchscheinende Früchte an den Ästen hängen wie Laternen. Das Gelände steigt allmählich vierzig oder fünfzig Meter über das Dorf Turbaco an; doch da der Boden überall mit Vegetation bedeckt ist, kann man nicht erkennen, welcher Natur die Felsen sind, die den Muschelkalk überlagern. Tafel XLI stellt den südlichsten Teil der Ebene dar, auf der sich die *Volcancitos* befinden. Der Stich ist nach einer Skizze eines unserer Freunde, Herrn Louis de Rieux, angefertigt worden. Dieser junge Zeichner, mit dem wir den Río Grande de la Magdalena hinaufgereist sind, begleitete damals seinen Vater, der unter dem Ministerium des Herrn de Urquijo mit der Inspektion der Chinarindenbäume von Santa Fe beauftragt war.

In der Mitte einer weiten, von Bromelia karatas gesäumten Ebene erheben sich achtzehn bis zwanzig kleine Kegel von nur sieben bis acht Metern Höhe. Diese Kegel bestehen aus einem schwarzgrauen Lehm; an ihrer Spitze haben sie eine mit Wasser gefüllte Öffnung. Nähert man sich diesen kleinen Kratern, so hört man in Abständen ein dumpfes und recht lautes Geräusch, auf das nach 15 bis 18 Sekunden das Austreten einer großen Luftblase folgt. Die Gewalt, mit der die Luft über die Wasseroberfläche emporschießt, läßt darauf schließen, daß sie im Erdinneren einem hohen Druck ausgesetzt ist. Ich habe etwa fünf Explosionen alle zwei Minuten gezählt. Oft geht dieses Phänomen mit einem Schlammauswurf einher. Die Indianer haben uns versichert, daß die Kegel ihre Gestalt im Verlauf vieler Jahre nicht merklich verändern; doch die Kraft des Gasaustritts und die Häufigkeit der Explosionen scheinen je nach Jahreszeit zu wechseln. Durch Analysen, durchgeführt mit Hilfe von Salpetergas und Phosphor, habe ich ermittelt, daß die freigesetzte Luft kein halbes Prozent Sauerstoff enthält. Es handelt sich um ein Stickstoffgas, das reiner ist als das, welches wir gewöhnlich in unseren Laboratorien gewinnen. Eine Erörterung der physischen Ursache dieses Phänomens ist in der *Relation historique* unserer Reise ins Innere des neuen Kontinents zu finden.

TAFEL XLII

Vulkan Cayambe

VON ALLEN GIPFELN DER KORDILLEREN, deren Höhe mit einiger Genauigkeit bestimmt wurde, ist nach dem Chimborazo der Cayambe der höchste. Bouguer und La Condamine haben eine Höhe von 5901 Metern (3028 Toisen) ermittelt; und die Winkel, die ich im Ejido von Quito abgenommen habe, um den Verlauf der terrestrischen Refraktion zu verschiedenen Tageszeiten zu beobachten, bestätigen diesen Wert. Die französischen Akademisten[328] haben diesen kolossalen Berg *Cayambur* genannt, statt Cayambe Urcu, wie sein tatsächlicher Name lautet; das Wort *urcu* bedeutet in der Quechua-Sprache Berg, wie *tepetl* in der mexikanischen und *gua* in der Muisca-Sprache. Dieser Irrtum hat sich durch alle Werke gezogen, die eine Übersicht der wichtigsten Erhebungen des Globus bieten.

Ich habe den Cayambe gezeichnet, wie er sich über den Ejido von Quito erhebt, von dem er vierunddreißigtausend Toisen entfernt ist. Er hat die Gestalt eines abgestumpften Kegels, worin er an den Umriß des *Nevado de Tolima* erinnert, der auf der Tafel V abgebildet ist. Unter den vom ewigen Schnee bedeckten Bergen, welche die Stadt Quito umschließen, ist der Cayambe der schönste und der majestätischste. Man wird nicht müde, ihn bei Sonnenuntergang zu bewundern, wenn der im Westen, gegen die Südsee gelegene Vulkan Guagua Pichincha seinen Schatten auf die weite Ebene wirft, die den Vordergrund der Landschaft bildet. Diese mit Graspflanzen bedeckte Ebene ist baumlos. Man sieht nur einige Barnadesia-, Duranta- und Berberis-Sträucher, und jene schönen Pantoffelblumen, die fast ausschließlich der südlichen Hemisphäre und dem westlichen Teil Amerikas angehören.

Vortreffliche Künstler des Nordens haben kürzlich den Wasserfall des Flusses Kyro bei dem Dorf Yervenkyle in Lappland bekannt gemacht, durch den nach den

[328] LA CONDAMINE, *Journal d'un voyage à l'Équateur*, S. 163.

TAFEL XLII

Untersuchungen von Maupertuis und Herrn Swanberg der Polarkreis verläuft. Der Gipfel des Cayambe wird vom Äquator durchquert. Man mag diesen kolossalen Berg als eines jener ewigen Monumente betrachten, durch welche die Natur die großen Einteilungen der Erdkugel gekennzeichnet hat.

TAFEL XLIII

Vulkan Jorullo

DIE TAFEL, die ich nun erklären werde, erinnert an eine der bemerkenswertesten Katastrophen, welche die Naturgeschichte unseres Planeten aufweist. Trotz des tätigen Austauschs, der nunmehr zwischen beiden Kontinenten besteht, ist diese Katastrophe den europäischen Geologen nahezu unbekannt geblieben. Ich habe sie im *Essai politique sur le royaume de la Nouvelle-Espagne* beschrieben.[329]

Der Vulkan Jorullo liegt nach meinen Messungen bei 19° 9′ Breite und 103° 51′ 48″ Länge im Westen der Stadt México, 36 Meilen vom Ozean entfernt in der Intendanz von Valladolid. Er ragt 513 Meter (263 Toisen) über die umliegenden Ebenen empor. Folglich beträgt seine Höhe das Dreifache des Monte Nuovo von Pozzuoli, der 1538 aus der Erde hervorgetreten ist. Meine Zeichnung stellt den von Tausenden kleiner Basaltkegel umgebenen Vulkan Jorullo (Xorullo oder Juruyo) so dar, wie man ihn sieht, wenn man von den Hügeln von Aguasarco und Ario zu den Indianerhütten der *Playas* hinabsteigt. Im Vordergrund sieht man einen Teil der Savanne, in der sich diese ungeheure Erdbewegung in der Nacht des 29. Septembers 1759 ereignet hat. Das frühere Niveau des erschütterten Geländes wird heute mit dem Namen *Malpaís* bezeichnet. Die aufgebrochenen Schichten, die frontal zu sehen sind, trennen die unversehrt gebliebene Ebene vom *Malpaís*. Dieses ist mit kleinen Kegeln von zwei bis drei Metern Höhe übersät und erstreckt sich über viertausend Quadratmeter. An der Stelle, wo die warmen Wasser des Cuitimba und des San Pedro in die Savannen der *Playas* hinabstürzen, beträgt die Höhe der aufgebrochenen Schichten nur zwölf Meter; doch das aufgeworfene Gelände hat die Form einer Blase, deren Wölbung zur Mitte hin zunimmt; solcherart, daß der Boden sich am Fuß des großen Vulkans bereits 160 Meter über die Indianerhütten erhebt, in denen wir in den *Playas de Jorullo*

---

[329] Band I, S. 248. Siehe auch meinen *Recueil d'observations astronomiques*, Band I, S. 327 und Band II, S. 521.

TAFEL XLIII

wohnten. Das in den *Atlas géographique et physique,* der die *Relation historique* begleiten wird, aufgenomme Profil wird all diese Niveau-Unterschiede leichter erfaßbar machen.

Die Kegel sind lauter *fumaroles,* die einen dichten Dampf ausströmen und der umgebenden Luft eine unerträgliche Hitze verleihen. Man nennt sie in diesem äußerst ungesunden Landstrich kleine Öfen, *hornitos.* Sie enthalten Basaltklumpen, die in eine gehärtete Lehmmasse eingefaßt sind. Der Abhang des ständig lodernden großen Vulkans ist mit Asche bedeckt. Wir sind ins Innere seines Kraters gelangt, indem wir den Hügel aus verzweigten, verschlackten Lavamassen erklommen, der auf dem Stich links zu sehen ist und der bis in eine beträchtliche Höhe hinaufreicht. Wir wollen hier an die bemerkenswerte Tatsache erinnern[330], daß alle Vulkane Mexikos in einer einzigen Linie angeordnet sind, die sich von Westen nach Osten zieht und somit einen *Parallelkreis der großen Höhen* bildet. Berücksichtigt man diese Tatsache und bringt sie mit den Beobachtungen an den *bocche nuove* des Vesuv in Verbindung, so möchte man glauben, daß das unterirdische Feuer durch eine ungeheure Kluft ans Licht gedrungen ist, die sich im Erdinneren zwischen den Breiten von 18° 59′ und 19° 12′ von der Südsee bis zum Atlantischen Ozean erstreckt.

[330] *Essai politique sur le royaume de la Nouvelle-Espagne,* Band I, S. 47.

TAFEL XLIV

Kalender der Muisca-Indianer, der alten Bewohner des Plateaus von Bogotá

DER MIT HIEROGLYPHEN-ZEICHEN aus dem Mondkalender bedeckte Stein, der die Einschaltungsordnung darstellt, nach welcher der Jahresbeginn jeweils auf die gleiche Jahreszeit zurückgebracht wird, ist ein um so bemerkenswerteres Monument, als er das Werk eines Volkes ist, dessen Name in Europa nahezu unbekannt ist und das man bislang mit den umherziehenden Horden der Wilden Südamerikas verwechselt hat. Die Entdeckung dieses Monuments verdanken wir Don José Domingo Duquesne de la Madrid, Kanonikus der erzbischöflichen Kirche von Santa Fe de Bogotá. Dieser Geistliche, gebürtig aus dem Königreich Neu-Granada und einer in Spanien ansässigen französischen Familie angehörend, war lange Zeit Pfarrer eines indianischen Dorfes auf dem Plateau des alten Cundinamarca. Durch seine Stellung vermochte er das Vertrauen der von den Muisca-Indianern abstammenden Eingeborenen zu gewinnen, und er bemühte sich, alles zu versammeln, was die Überlieferungen seit drei Jahrhunderten über den Zustand dieser Gegenden vor der Ankunft der Spanier auf dem neuen Kontinent bewahren. Es ist ihm gelungen, sich eine dieser Steinskulpturen zu beschaffen, nach denen die Muisca-Priester die Zeiteinteilung regelten; er hat gelernt, die einfachen Hieroglyphen zu erkennen, die zugleich die Zahlen und die Mondtage bezeichneten, und er hat seine gesammelten Kenntnisse, die Früchte langer und mühevoller Forschungen, in einer Abhandlung vorgestellt, die den Titel *Disertación sobre el calendario de los Muyscas, Indios naturales de este Nuevo Reino de Granada* trägt. Diese handschriftliche Abhandlung ist mir 1801 in Santa Fe von dem berühmten Botaniker Don José Celestino Mutis übermittelt worden. Von Herrn Duquesne habe ich die

Erlaubnis erhalten, den fünfeckigen Stein zeichnen zu lassen, an dessen Erklärung er sich versucht hatte, und diese Zeichnung ist es, die für die Tafel XLIV gestochen wurde. Bei meiner Vorstellung der verstreuten Kenntnisse über den Kalender der Muisca-Indianer werde ich mich der Materialien bedienen, welche die soeben angeführte spanische Abhandlung enthält; ich habe ihnen einige Betrachtungen zu den Ähnlichkeiten beigefügt, die zwischen diesem Kalender und den Zyklen der asiatischen Völker zu beobachten sind.

Als der *Adalantado* Gonzalo Jiménez de Quesada, genannt der Eroberer, 1537 von den Ufern des Magdalenen-Flusses in die hohen Savannen von Bogotá gelangte, staunte er über den Kontrast, den er zwischen der Zivilisation der Bergvölker und dem wilden Zustand der verstreuten Horden in den heißen Gegenden von Tolú, Mahates und Santa Marta feststellte. Auf dem Plateau, wo sich unter dem vierten und fünften Breitengrad das Thermometer tagsüber beständig zwischen 17 und 20 Grad und nachts bei 8 bis 10 Grad hält, fand Quesada die Muisca-Indianer, die Guane, Muzo und Colima in Gemeinden aufgeteilt, Ackerbau treibend und in Baumwolltuch gekleidet vor; während die Stämme, die durch die benachbarten, nur wenig über dem Meeresspiegel erhabenen Ebenen streiften, stumpf erschienen, unbekleidet, ohne Gewerbfleiß und ohne Künste.[331] Die Spanier waren überrascht, sich in ein Land versetzt zu finden, wo auf wenig fruchtbarem Boden die Felder überall reiche Ernten von Mais, von Chenopodium quinoa und von *turmas* oder Erdäpfeln hervorbrachten. Ich werde hier nicht untersuchen, ob das Hochtal von Bogotá trotz der Einführung von Getreide und Hornvieh in unserer Zeit weniger bevölkert ist als vor der Eroberung. Ich will nur anmerken, daß man mir, als ich die Steinsalzminen von Zipaquirá besuchte, auf heute brachliegenden Feldern nördlich des indianischen Dorfes Suba sichere Hinweise auf eine frühere Kultur gezeigt hat.

Unter den verschiedenen Nationen von Cundinamarca scheint diejenige, welche die Spanier mit dem Namen Muisca oder Mozca bezeichneten, die größte gewesen zu sein. Die fabelhaften Überlieferungen dieses Volkes reichen bis in die ferne Vorzeit zurück, da der Mond die Erde noch nicht begleitete und das Hochtal von Bogotá durch die Überschwemmungen des Flusses Funza einen See von beträchtlichen Ausmaßen bildete. Bei unserer obigen Beschreibung des Wasserfalls von Tequendama[332] haben wir von jenem wunderbaren Mann berichtet, der in der

---

[331] D. LUCAS FERNÁNDEZ PIEDRAHITA, *Historia general de las conquistas del Nuevo Reyno de Granada*, S. 15.
(Der Autor, der als Bischof von Panamá starb, hatte diese Geschichte auf Grundlage der Handschriften des Eroberers Quesada, des Juan de Castellanos, Pfarrer von Tunja, und der Franziskanermönche Fray Antonio Medrano und Fray Pedro Aguada verfaßt.)
[332] Siehe S. 40.

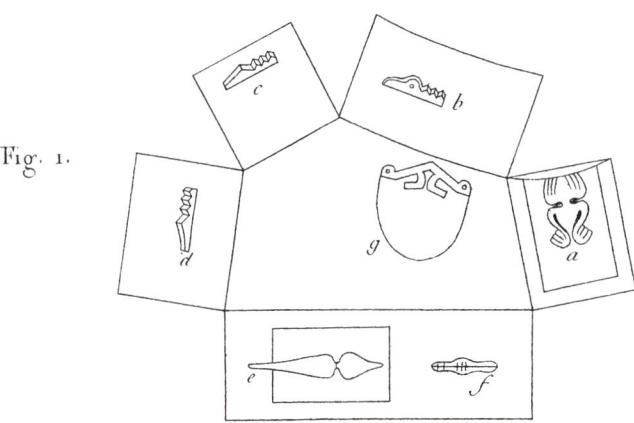

Fig. 1.

Fig. 2.

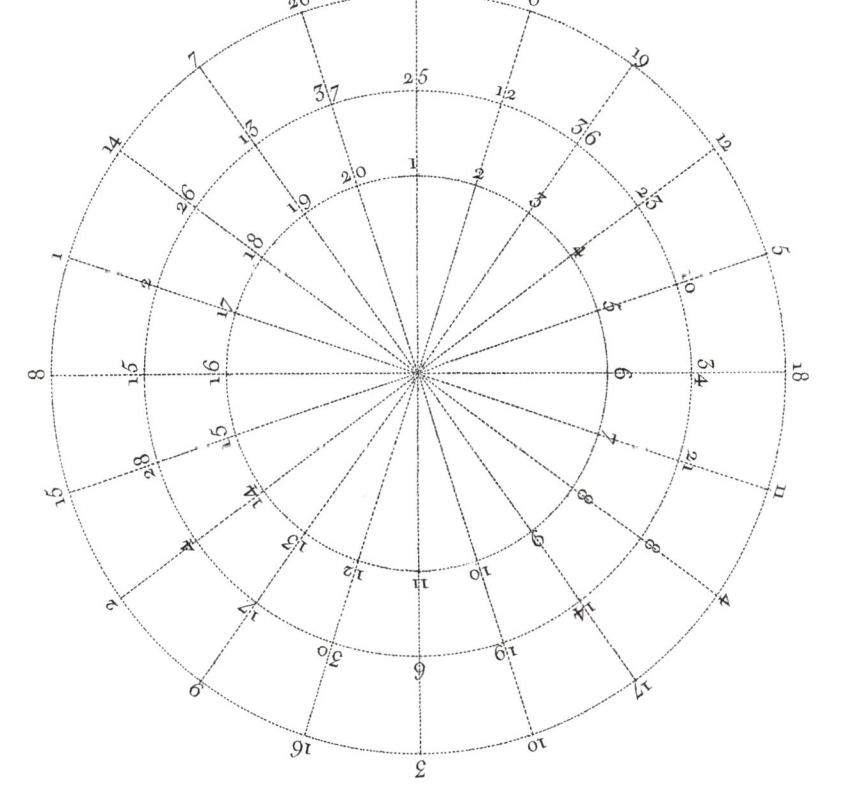

3.

Fig. 4.

1. Ata
2. Bosa
3. Mica
4. Muihica
5. Hisca
6. Ta
7. Cuhupqua
8. Suhuza
9. Aca
10. Ubchihica
20. Gueta

TAFEL XLIV

amerikanischen Mythologie unter dem Namen Bochica oder Idacanzas bekannt ist und der die Fluten des Funza-Sees abfließen ließ, die verstreuten Menschen zu einer Gesellschaft einte, den Sonnenkult einführte und so, gleich dem Peruaner Manco-Capac und dem Mexikaner Quetzalcoatl, zum Gesetzgeber der Muisca wurde. Die gleichen Überlieferungen besagen, daß Bochica, Sohn und Symbol der Sonne, Hoherpriester von Sogamozo oder Iraca, den Anführern der verschiedenen Indianerstämme, die sich um die höchste Autorität stritten, den Rat gab, als *zaque* oder Herrscher aus ihrer Mitte einen Mann namens Huncahua zu wählen, der für seine Gerechtigkeit und große Weisheit verehrt wurde. Der Rat des Hohenpriesters wurde allgemein angenommen, und Huncahua, der zweihundertfünfzig Jahre lang herrschte, konnte sich das ganze Land unterwerfen, das sich von den Savannen von San Juan de los Llanos bis zu den Bergen von Opón erstreckt. Bochica gab sich fortan strengen Bußübungen hin und lebte hundert Muisca-Zyklen oder zweitausend Jahre. Er verschwand auf geheimnisvolle Weise in Iraca, östlich von Tunja. Letztere Stadt, damals die volkreichste von allen, war von Huncahua gegründet worden, dem ersten aus der Dynastie der Zaque von Cundinamarca. Nach ihrem Gründer bekam sie den Namen Hunca, der von den Spaniern in Tunca oder Tunja geändert wurde.

Die Regierungsform, die Bochica den Bewohnern von Bogotá gab, ist durch ihre Ähnlichkeit mit den Regierungen von Japan und Tibet höchst bemerkenswert. In Peru vereinigten die Inka in ihrer Person sowohl die weltliche als auch die geistliche Macht. Die Söhne der Sonne waren sozusagen Herrscher und Priester zugleich. In Cundinamarca hingegen hatte Bochica, in einer wahrscheinlich vor Manco-Capac liegenden Zeit, die vier Stammesoberhäupter Gameza, Busbanca, Pesca und Toca zu Kurfürsten ernannt. Er hatte angeordnet, nach seinem Tod sollten diese Kurfürsten und ihre Nachfahren das Recht haben, den Hohenpriester von Iraca zu ernennen. Die Hohenpriester oder Lamas, die auf Bochica folgten, sollten seine Tugenden und seine Heiligkeit erben. Was für die Azteken zu Moctezumas Zeiten Cholula war, wurde Iraca für die Muisca. In Scharen begab sich das Volk dorthin, um dem Hohenpriester Geschenke zu bringen. Man besuchte die Stätten, die durch Bochicas Wunder berühmt geworden waren; und inmitten der blutigsten Kriege genossen die Pilger auf ihrem Weg durch das Gebiet, das sie passieren mußten, um zum Heiligtum *(chunsua)* und zu Füßen des dort ansässigen Lamas zu gelangen, den Schutz der Fürsten. Das weltliche Oberhaupt, *zaque* von Tunja genannt, dem die *zippa* oder Fürsten von Bogotá einen jährlichen Tribut zahlten, und die Hohenpriester von Iraca waren folglich zwei unterschiedene Mächte, wie es in Japan der Dairi und der weltliche Kaiser sind. Es schien mir wichtig, diese in Europa kaum bekannten historischen Kenntnisse hier zu verzeichnen, um das Interesse an dem Volk zu wecken, dessen Kalender wir nun vorstellen werden.

Bochica wurde nicht nur als Gründer eines neuen Kultes und als Gesetzgeber der Muisca angesehen; als Symbol der Sonne herrschte er auch über die Zeit, und man schrieb ihm die Erfindung des Kalenders zu. Desgleichen hatte er die Ordnung der Opfer vorgegeben, die anläßlich der fünften lunaren Einschaltung am Ende der kleinen Zyklen vollzogen werden sollten. Im Reich des Zaque waren Tag *(sua)* und Nacht *(za)* in vier Abschnitte geteilt, nämlich: *sua-mena,* von Sonnenaufgang bis Mittag; *sua-meca,* von Mittag bis Sonnenuntergang; *zasca,* von Sonnenuntergang bis Mitternacht; und *cagui,* von Mitternacht bis Sonnenaufgang. Das Wort *sua* oder *zuhe* bezeichnet in der Muisca-Sprache zugleich den Tag und die Sonne. Von *sua,* einem der Beinamen des Bochica, ist *sue* abgeleitet, *Europäer* oder *weißer Mann*[333]; eine sonderbare Bezeichnung, die daher rührt, daß das Volk die Spanier bei Quesadas Ankunft als Söhne der Sonne, *sua,* ansah.

Die kleinste Zeiteinteilung war bei den Muisca eine Periode von drei Tagen. Die siebentägige Woche war in Amerika, wie auch in einem Teil Ost-Asiens, unbekannt. Der erste Tag der kleinen Periode war einem großen Markt gewidmet, der in Turmequé abgehalten wurde.

Das Jahr *(zocam)* war in Monde eingeteilt; zwanzig Monde bildeten das bürgerliche Jahr, dessen man sich im Alltag bediente. Das *Jahr der Priester* umfaßte siebenunddreißig Monde, und zwanzig dieser großen Jahre bildeten einen *Muisca-Zyklus.* Um die Mondtage, die Monde und die Jahre zu unterscheiden, bediente man sich periodischer Reihen, deren zehn Glieder Zahlen waren. Da die Wörter für diese Glieder mehrere höchst bemerkenswerte Eigentümlichkeiten aufweisen, müssen wir hier auf einige Details der Sprache von Bogotá eingehen.

Diese Sprache, deren Gebrauch seit dem Ende des letzten Jahrhunderts fast vollständig verlorengegangen ist, war durch die Siege des Zaque Huncahua und der Zippa sowie durch den Einfluß des großen Lama von Iraca in weiten Teilen des Landes vorherrschend geworden, von den Ebenen des Ariari und des Río Meta bis in den Norden von Sogamozo. Wie die Inka-Sprache in Peru *qquichua* genannt wird, so ist die der Mosca oder Muisca im Lande unter dem Namen *chibcha* bekannt. Das Wort *Muisca,* von dem *mosca* eine Verfallsform zu sein

---

[333] PADRE FRAY BERNARDO DE LUGO, *Gramática de la lengua general del Nuevo Reino, llamada Mosca,* Madrid 1619, S. 7.
(Der Verfasser ist Professor für die Chibcha-Sprache in Santa Fe de Bogotá.)

scheint, bedeutet *Mensch* oder *Person;* doch die Ureinwohner verwenden es allgemein nur für sich selbst. Es verhält sich mit diesem Ausdruck wie mit dem Quechua-Wort *runa*, das einen Indianer von kupferfarbener Rasse bezeichnet und nie einen Weißen oder Nachfahren von europäischen Kolonisten. Die Chibcha- oder Muisca-Sprache, die zur Zeit der Entdeckung der neuen Welt zusammen mit der Sprache des Inka und derjenigen der Kariben eines der verbreitetsten Idiome Südamerikas war, steht in eigentümlichem Kontrast zu der aztekischen Sprache, in der die Wiederholung der Silben *tetl*, *tli* und *itl* so auffällig ist. Die Indianer von Bogotá oder *Bacatá (äußerstes Ende der Felder* oder *des bestellten Landes)* kennen weder *l* noch *d*. Ihre Sprache ist gekennzeichnet durch die häufige Wiederholung der Silben *cha, che, chu*, wie zum Beispiel in *chu chi*, wir; *hycha chamique*, ich selbst; *chigua chiguitynynga*, wir müssen schlagen; *muysca cha chro guy*, ein achtenswerter Mann; hier bezeichnet die dem Wort *muysca* beigefügte Partikel *cha* das männliche Geschlecht.

Die Zahlen, deren erste zehn als Glieder der periodischen Reihen zur Bezeichnung der großen und kleinen Zeiteinteilungen gewählt wurden, lauten in der Chibcha-Sprache: eins, *ata;* zwei, *bozha* oder *bosa;* drei, *mica;* vier, *mhuyca* oder *muyhica;* fünf, *hicsca* oder *hisca;* sechs, *ta;* sieben, *qhupqa* oder *cuhupqua;* acht, *shuzha* oder *suhuza;* neun, *aca;* zehn, *hubchibica* oder *ubchihica*. Jenseits von zehn fügen die Muisca-Indianer das Wort *quihicha* oder *qhicha* hinzu, das *Fuß* bedeutet. Um elf, zwölf und dreizehn zu bezeichnen, sagen sie *Fuß eins, Fuß zwei, Fuß drei, quihicha ata, quihicha bosa, quihicha mica* usf. Diese naiven Ausdrücke künden davon, daß man, nachdem man an den Fingern beider Hände abgezählt hat, mit den Zehen fortfährt. Weiter oben, als vom Kalender der Völker mexikanischer Rasse die Rede war, haben wir gesehen, daß die Zahl Zwanzig, die der Summe der Finger und Zehen entspricht, im amerikanischen Zahlensystem eine große Rolle spielt. In der Chibcha-Sprache wird zwanzig ausgedrückt durch *Fuß zehn, quihicha ubchihica* oder durch das Wort *gueta*, abgeleitet von *gue*, Haus. Dann zählt man einundzwanzig, *guetas asaqui ata;* zweiundzwanzig, *guetas asaqui bosa;* dreiundzwanzig, *guetas asaqui mica* usf., bis dreißig oder *zwanzig plus (asaqui) zehn, guetas asaqui ubchihica;* vierzig oder zwei-zwanzig, *gue-bosa;* sechzig oder drei-zwanzig, *gue-mica;* achtzig oder vier-zwanzig, *gue muyhica;* hundert oder fünf-zwanzig, *gue-hisca*. Wir wollen hier daran erinnern, daß die Azteken über die Einheiten hinaus, die den Nägeln der Etrusker ähnelten, nur für zwanzig, das Quadrat von zwanzig oder vierhundert und für die dritte Potenz von zwanzig oder achttausend eine einfache Zahl oder Hieroglyphe besaßen. Ich möchte diese Verwandtschaft betonen, welche die Nationen der beiden Amerikas aufweisen, sowohl in der ersten Entwicklung ihrer einfachsten Ideen wie auch in ihren Methoden, numerische Quantitäten jenseits von zehn graphisch auszudrücken. Diese Verwandtschaft ist der Aufmerksamkeit um so würdiger, als sie von einem Zahlensystem kündet, das sich stark von denen unterscheidet, die wir auf dem alten Kontinent finden, von den Griechen, deren Notation bereits weniger unvollkommen war als die der Römer, bis zu den Tibetanern, Hindus und Chinesen, die sich um die Ehre der bewundernswürdigen Erfindung jener Zahlen streiten, deren Wert je nach Position wechselt.

Unter der Vielzahl irriger Vorstellungen, die sich über die Sprachen der in der Zivilisation wenig fortgeschrittenen Völker verbreitet haben, gibt es keine abwegigere als die Behauptung von Pauw und einigen gleichermaßen systematischen Autoren, nach der kein eingeborenes Volk des neuen Kontinents in seinem Idiom weiter als bis drei zählen könne.[334] Wir kennen heute die Zahlensysteme von vierzig amerikanischen Sprachen, und allein das Werk von Hervás, die *Aritmetica delle nazioni*, stellt fast dreißig von ihnen vor. Beim Studium dieser verschiedenen Sprachen beobachtet man, daß die späteren Fortschritte der Völker, wenn sie erst einmal aus ihrem ersten rohen Zustand herausgetreten sind, in der Art und Weise, Quantitäten auszudrücken, fast keinen merklichen Unterschied mehr zeitigen. Die Peruaner waren mindestens so geschickt wie die Griechen und die Römer, in ihrer Sprache Zahlen von mehreren Millionen auszudrücken; sie verfügten sogar über ein nicht-zusammengesetztes Wort für eine Million *(hunu)*, wofür die Idiome der alten Welt keine Entsprechung bieten. *Huc*, eins; *iscay*, zwei; *qimça*, drei ...... *chunca*, zehn; *chuc huniyoc*, elf; *chunca iscayniyoc*, zwölf ...... *iscaychunca*, zwanzig; *qimçachunca*, dreißig; *tahuachunca*, vierzig ...... *pachac*, hundert; *iscaypachac*, zweihundert ...... *huaranca*, tausend; *iscayhuaranca*, zweitausend; ...... *chunca-huaranca*, zehntausend; *iscay-chunca-huaranca*, zwanzigtausend; *pachachuaranca*, hunderttausend; *hunu*, eine Million; *iscayhunu*, zwei Millionen; *qimça hunu*, drei Millionen ...... Das gleiche einfache und regelmäßige Fortschreiten zeigt sich in mehreren anderen amerikanischen Sprachen, in denen die Ausdrücke von Zahlen keinen anderen Nachteil haben, als daß sie äußerst lang und für die Sprechorgane der Europäer schwierig zu artikulieren sind. Das Bedürfnis zu zählen macht sich bereits in einem gesellschaftlichen Zustand bemerkbar, der weit vor demjenigen liegt, den wir so vage als den Zustand der Zivilisation bezeichnen.

---

[334] PAUW, *Recherches philosophiques sur les Américains*, Band II, Teil 5, Sektion 1, S. 162 (Ausgabe von 1769).

Unter dieser Vielzahl von Völkern des neuen Kontinents, deren Zahlensystem wir kennen, soll es den Missionaren zufolge einige geben, die nicht weiter als bis zwanzig oder dreißig zählen können und die alles, was über diese Zahlen hinausgeht, *viele* nennen. Doch gleichzeitig versichert man uns, daß diese Nationen hundert bezeichnen, indem sie kleine Maishaufen von jeweils zwanzig Körnern bilden[335]; was eindeutig beweist, daß die Yaruro am Orinoco und die Guaraní in Paraguay in *Zwanziger*-Schritten zählen, wie die Mexikaner und die Muisca, und daß sie sich aus Stumpfheit, oder vielmehr aus der äußersten geistigen Faulheit heraus, die selbst den intelligentesten Wilden eigentümlich ist, das Zählen von *drei-zwanzig* oder *vier-zwanzig* erleichtern, indem sie nach Kinderart verfahren, sei es mit Hilfe der Finger und Zehen, sei es durch das Anhäufen von Maiskörnern. Wenn Reisende berichten, ganze Nationen in Amerika zählten nicht weiter als bis fünf, so darf man dieser Aussage nicht mehr Glauben schenken als der eines Chinesen, der voller Stolz behaupten würde, die Europäer zählten nicht weiter als bis zehn, weil siebzehn und achtzehn zusammengesetzte Formen aus zehn und den ersten Einheiten sind. Man darf die vorgebliche Unmöglichkeit, große Mengen auszudrücken, nicht mit den Grenzen verwechseln, die der Genius der verschiedenen Sprachen der Anzahl der nicht-zusammengesetzten numerischen Zeichen setzt. Diese Grenzen liegen bald bei fünf, bald bei zehn, bald bei zwanzig, je nachdem, ob die Völker sich beim Zählen lieber auf die Finger einer Hand, die beider Hände oder auf die Finger und Zehen zusammen beschränken.

In den Idiomen derjenigen amerikanischen Völker, die von der Entfaltung ihrer Fähigkeiten am weitesten entfernt sind, wird sechs durch *vier mit zwei*, sieben durch *vier mit drei*, acht durch *fünf mit drei* ausgedrückt. Solcherart sind die Sprachen der Guaraní und der Lulo. Andere, bereits etwas fortgeschrittenere Stämme, zum Beispiel die Omagua, und in Afrika die Wolof und die Fulbe, verwenden Wörter, die zugleich *Hand* und *fünf* bedeuten, auf die gleiche Art, wie wir das Wort zehn gebrauchen; sieben wird bei ihnen durch *Hand* und *zwei* ausgedrückt, und fünfzehn durch *drei Hände*. Auf persisch bedeutet *péndj* fünf und *péntcha* die Hand. Auch bei den römischen Ziffern sind Spuren eines Fünfersystems zu beobachten; die Einheiten werden aneinandergereiht, bis man bei fünf anlangt, wofür es ein eigenes Zeichen gibt, ebenso wie für fünfzig und fünfhundert.[336] Wie bei den Muisca heißt bei den Zamuco elf *Fuß eins,* zwölf *Fuß zwei;*

---

[335] HERVÁS, *Idea del Universo: Aritmetica delle nazioni e divisione del tempo fra l'Orientali,* Band XIX, S. 96, 97 und 107.
[336] HERVÁS, S. 28, 96, 102, 105, 112, 116 und 127. MUNGO PARK, *Voyage dans l'intérieur de l'Afrique,* Band I, S. 25 und 95.

doch der Rest des Zahlensystems dieser Völker ist von ermüdender Länge, weil sie sich statt einfacher Wörter kindlicher Umschreibungen bedienen; sie sagen zum Beispiel *die ganze Hand* für fünf, *einer von der anderen (Hand)* für sechs, *beide ganze Hände* für zehn und *die ganzen Füße* für zwanzig. Bisweilen ist letztere Zahl identisch mit dem Wort *Mensch* oder *Person,* um anzudeuten, daß beide Hände und beide Füße die gesamte Person ausmachen. So bedeutet *noenipume* bei den Yaruro *zwei Männer* oder *vierzig,* abgeleitet von *noeni,* zwei, und *canipume,* Mensch. Die Sapibocono haben keinen einfachen Ausdruck für hundert und tausend; für zehn sagen sie *tunca;* für hundert *tunca-tunca;* und für tausend *tunca-tunca-tunca.* Sie bilden die zweite und die dritte Potenz durch Verdoppelung, so wie die Chinesen manchmal ihren Plural und die Basken ihren Superlativ bilden. Schließlich finden sich auch die Gruppen von zwanzig Einheiten oder *Zwanziger* der Muisca, der Mexikaner und so vieler anderer Nationen Amerikas bei den Basken und bei den Bewohnern Armoricas wieder. Sie zählen wie folgt: eins, *bat* oder *unan;* zwei, *bi* oder *daou;* drei, *iru* oder *tri;* zwanzig, *oguei* oder *hugent;* vierzig, *berroguei* oder *daouhgent;* sechzig, *iruroguei* oder *trihugent.* Es ist interessant, die Bildung der kleinen Gruppen von fünf, zehn oder zwanzig dieser so verschiedenartigen Zahlensysteme zu verfolgen, die dennoch in den Grundzügen jene Gleichförmigkeit aufweist, die alle Erfindungen der menschlichen Gattung in der Frühzeit ihrer gesellschaftlichen Entwicklung kennzeichnet.

Herr Duquesne hat ausführliche etymologische Forschungen über die Wörter angestellt, die in der Chibcha-Sprache die Zahlen bezeichnen. Er versichert, daß »alle diese Wörter sinnträchtig sind, daß sie sämtlich auf Wurzeln zurückgehen, die einen Bezug entweder auf die Phasen des zu- oder abnehmenden Mondes oder auf Gegenstände aus Landwirtschaft und Kultus haben«. Da es kein Wörterbuch der Chibcha-Sprache gibt, können wir die Richtigkeit dieser Behauptung nicht überprüfen. Man kann gar nicht argwöhnisch genug sein, wenn es sich um etymologische Forschungen handelt, und wir werden uns hier darauf beschränken, die Bedeutungen der Zahlen von eins bis zwanzig vorzustellen, wie sie in dem Manuskript stehen, das ich aus Santa Fe mitgebracht habe. Wir wollen nur hinzufügen, daß Pater Lugo in seiner Grammatik der Chibcha-Sprache, ohne weiter auf die Zahlen einzugehen, berichtet, daß das Wort *gue* ein Haus bezeichnet und daß es sich vollständig in *gue-ata* (durch Elision zu *gueta* geworden) wiederfindet, zwanzig, ein Haus; ebenso in *gue-bosa,* zwei-zwanzig, vierzig oder zwei Häuser, und in *gue-hisca,* fünf-zwanzig, hundert oder fünf Häuser.

1. *Ata*, zweifelhafte Etymologie: vielleicht leitet sich dieses Wort von einer alten Wurzel ab, die Wasser bedeutete, wie das *atl* der Mexikaner. Hieroglyphe: ein Frosch. Der Ruf dieser im Hochtal von Bogotá sehr verbreiteten Tiere küldigt die Zeit an, da Mais und Quinoa gesät werden müssen. Die Chinesen bezeichnen ihren ersten *tse*, Wasser, nicht mit einem Frosch, sondern mit einer *Wasserratte*.
2. *Bosa*, Umgebung. Dasselbe Wort bezeichnet auch eine Art Einfriedung, welche die Felder vor schädlichen Tieren schützt. Hieroglyphe: eine Nase mit offenen Nüstern, Teil der als Gesicht dargestellten Mondscheibe.
3. *Mica*, veränderlich; nach einer anderen Etymologie, das Ausgewählte. Hieroglyphe: zwei offene Augen, wiederum Teil der Mondscheibe.
4. *Muyhica*, alles Schwarze, drohende Sturmwolke. Hieroglyphe: zwei geschlossene Augen.
5. *Hisca*, sich ausruhen. Hieroglyphe: zwei vereinte Gestalten, die Vermählung der Sonne und des Mondes. Konjunktion.
6. *Ta*, Ernte. Hieroglyphe: ein Pfahl mit einem Strick, Anspielung auf das Opfer des *Guesa*, der an eine Säule gefesselt wurde, welche vielleicht als Gnomon diente.
7. *Cuhupqa*, taub. Hieroglyphe: zwei Ohren.
8. *Suhuza*, Schwanz. Die Bedeutung dieser Zahl ist Herrn Duquesne unbekannt, ebenso wie die des folgenden Wortes.
9. *Aca*. Hieroglyphe: ein Paar Frösche.
10. *Ubchihica*, strahlender Mond. Hieroglyphe: ein Ohr.
20. *Gueta*, Haus. Hieroglyphe: ausgestreckter Frosch.

Die Zahlenhieroglyphen sind auf dem Stich der Tafel XLIV, Abb. 4, zu finden; ihre soeben angeführten Erklärungen sind diejenigen, welche Herr Duquesne bei einigen wenigen Indianern überliefert fand, die im Kalender ihrer Ahnen noch bewandert waren. Wer die chinesischen Schlüssel und das wenige, was man über ihren Ursprung weiß, studiert hat, wird die Erklärungen der amerikanischen Zahlen nicht als reine Hirngespinste zu betrachten wissen. Durch einen langen Gebrauch verblassen die charakteristischen Merkmale der Zeichen allmählich. Wer würde heute in der Form der hebräischen und samaritanischen Buchstaben die der einfachen Hieroglyphen von Tieren, Häusern und Waffen erkennen, aus denen sie wohl entstanden sind? Wahrscheinlich bergen auch unsere tibetanischen oder indischen, fälschlicherweise arabisch genannten Ziffern einen geheimnisvollen Sinn. Bei den Indianern von Bogotá haben sich in *bosa, mica, hisca, ubchihica* und *gueta* unzweifelhaft einige bildhafte Züge erhalten. Letztere Hieroglyphe ist beinahe mit dem indischen Zeichen für Vier identisch.[337]

Es ist interessant, bei einem halbbarbarischen Volk, das weder die Kunst der Papierherstellung noch die Schrift kannte, Ziffern vorzufinden. Die *maguey*-Pflanze (Agave americana) ist in beiden Amerikas heimisch, und dennoch ist der Gebrauch von Papier nur bei den Völkern toltekischer und aztekischer Rasse so bekannt gewesen, wie er es seit den entferntesten Zeiten in China und Japan war.

---

[337] HAGER, »Memoria sulle cifre de la Cina« (*Fundgruben des Orients*, Band II, S. 73).

Wenn man sich erinnert, welche Schwierigkeiten die Griechen und Römer hatten, sich Papyrus zu beschaffen, selbst zu einer Zeit, da ihre Literatur bereits im hellsten Glanz erstrahlte, so tut es einem beinahe leid, den Papierrohstoff bei den amerikanischen Nationen so verbreitet zu sehen, welche die Silbenschrift nicht kannten und der Nachwelt in ihren ungestalten Malereien nichts als astrologische Träumereien und Erinnerungen an einen unmenschlichen Kultus zu überliefern hatten.

Wenn es wahr wäre, wie Herr Duquesne behauptet, daß im Chibcha-Idiom die Wörter, welche die Zahlen bezeichnen, Wurzeln mit anderen Wörtern gemeinsam haben, die auf die Mondphasen oder Gegenstände des ländlichen Lebens verweisen, so wäre dies eine der bemerkenswertesten Tatsachen der philosophischen Geschichte der Sprachen. Man kann sich vorstellen, daß bisweilen eine zufällige lautliche Ähnlichkeit zwischen Zahlwörtern und Dingen ohne jeden Bezug auf letztere vorkommt, wie im Französischen bei *neuf* (*novem*, Sanskrit *nava*) und *neuf* (*novus*, Sanskrit *nava*); im Deutschen bei *acht* und *Achtung*; ἕξ [héx, sechs], *six*, und ἔξ [éx, aus], Präposition *de* [von]; *bosa*, auf Chibcha zwei, und *bosa*, Präposition *für*; desgleichen kann man sich denken, wie in Sprachen, die reich an bildlichen Ausdrücken sind, die Wörter für *zwei, drei* und *sieben* mit den Vorstellungen von Paar (*jugum* [Joch]), von Allmacht (*trimurti* der Hindus), von Zauber und Unglück gekoppelt werden können; doch ist es möglich anzunehmen, daß der ungebildete Mensch, wenn er das erste Bedürfnis zu zählen verspürt, vier ein *schwarzes Ding (muyhica)* nennt; sechs *Ernte (ta),* und zwanzig *Haus (gue* oder *gueta),* weil in der Ordnung eines Mondalmanachs, durch die Wiederkehr der zehn Glieder einer periodischen Reihe, das Glied *vier* auf den Tag vor der Mondkonjunktion fällt, oder weil die Ernte *sechs* Monate nach der Winter-Tagundnachtgleiche stattfindet? In allen Sprachen beobachtet man eine gewisse Unabhängigkeit zwischen den Wurzeln, welche die Zahlen bezeichnen, und denjenigen, die andere Gegenstände der physischen Welt ausdrücken, und wir müssen vermuten, daß überall, wo diese Unabhängigkeit verschwindet, zwei Zahlensysteme vorliegen, von denen eines später entstanden ist als das andere, oder aber daß die etymologischen Verwandtschaften, die man zu entdecken geglaubt hat, nur scheinbare sind, weil sie auf einer Bildlichkeit beruhen. Von Pater Lugo, der 1618 schrieb, erfahren wir tatsächlich, daß die Muisca zwei Arten hatten, die Zahl Zwanzig zu bezeichnen, und daß sie entweder *gueta*, Haus, oder *quihicha-ubchihica, Fuß zehn* sagten; doch wir werden uns hier nicht auf Diskussionen einlassen, die der Bestimmung dieses Werkes fremd sind. Was wir zuverlässig über den Mondkalender der Muisca und über den Ursprung ihrer Zahlenhieroglyphen wissen, braucht nicht durch Argumente aus der Grammatik einer Sprache, die man beinahe als tote Sprache ansehen kann, gestützt zu werden.

Wir haben weiter oben gesehen, daß die Muisca weder die *Dekaden* der Chinesen und der Griechen besaßen noch die halben Dekaden der Mexikaner und der Völker von Benin[338], weder die neuntägigen kleinen Perioden der Peruaner noch die *Ogdoaden* der Römer oder die siebentägigen Wochen *(schebua)* der Hebräer, die wir in Ägypten und in Indien wiederfinden, jedoch weder bei den Bewohnern Latiums noch Etruriens oder bei den Persern und Japanern bekannt waren. Die Muisca-Woche unterschied sich von allen anderen, welche die Geschichte der Chronologie hervorgebracht hat: Sie hatte nur drei Tage. Zehn dieser Gruppen bildeten eine Mondwandlung, die *suna, großer Weg, gepflasteter Weg, Damm* genannt wurde, wegen des Opfers, das man jeden Monat bei Vollmond auf einem öffentlichen Platz feierte, zu dem in jedem Dorf ein großer Weg *(suna)* führte, der von dem Haus *(tithua)* des Stammesoberhauptes ausging.

Der *suna* begann nicht bei Neumond, wie bei den meisten Völkern der alten Welt, sondern am ersten Tag nach dem Vollmond, dessen Hieroglyphe ein Frosch war, wie auf dem *Einschaltungsstein* dargestellt (Tafel XLIV, Abb. 1a). Die Wörter *ata, bosa, mica* und ihre in drei periodischen Reihen angeordneten graphischen Zeichen dienten dazu, die dreißig Tage einer Mondwandlung zu bezeichnen; solcherart daß *mica,* wie der *quartidi* des republikanischen Kalenders der Franzosen, sowohl der vierte als auch der vierzehnte und der vierundzwanzigste Tag des Monats war. Den gleichen Brauch kannten die Griechen, die indes ein paar Wörter hinzufügten, um anzuzeigen, daß die Zahl entweder dem *Monatsanfang,* μηνὸς ἀρχομένου [menòs archoménou], der *Monatsmitte,* μηνὸς μεσοῦντος [menòs mesoūntos], oder dem *Monatsende,* μηνὸς φθίνοντος [menòs phthínontos], angehörte. Da die kleinen Feste *(feriae)* oder Markttage alle drei Tage wiederkehrten, wurde jeder von ihnen im Verlauf eines Muisca-Monats von einem anderen Zeichen regiert; denn die beiden periodischen Reihen von drei und von zehn Gliedern, die der Wochen und die des *suna,* haben keinen gemeinsamen Teiler und können erst nach drei mal zehn Tagen zusammenfallen. Nach der folgenden Tabelle, in der die kleinen Feste kursiv gedruckt sind, fällt *cuhupqa* (zwei Ohren) in das letzte Viertel; *muyhica* (zwei geschlossene Augen) und *hisca* (Vereinigung zweier Figuren, Hochzeit des Mondes, *chia,* und der Sonne, *sua*) entsprechen dem Zeitpunkt der Konjunktion; *mica* (zwei offene Augen) zeigt das

[338] PALIN, *De l'étude des hiéroglyphes,* Band I, S. 52.

erste Viertel an und *ubchihica* (ein Ohr) den Vollmond. Die Verbindung, die wir hier zwischen dem Ding und der Hieroglyphe finden, zwischen den Phasen des Mondes und den Zeichen der Mondtage, beweist deutlich, daß diese Zeichen, die zugleich als echte Zahlen dienten, in einer Zeit erfunden wurden, da der Kunstgriff der periodischen Reihen bereits auf den Kalender angewandt wurde. Bei den Ägyptern scheinen die Hieroglyphen der Zahlen von denen der Mondphasen

---

MONDTAGE DES SUNA DER MUISCA-INDIANER,
UNTERTEILT IN ZEHN DREITÄGIGE KLEINE PERIODEN

ERSTE REIHE ....
- Ata
- Bosa
- *Mica*
- Muyhica
- Hisca
- *Ta*
- Cuhupqua*. Letztes Viertel
- Suhuza
- *Aca*
- Ubchihica

ZWEITE REIHE .....
- Ata
- *Bosa*
- Mica
- Muyhica
- *Hisca**. Konjunktion
- Ta
- Cuhupqua
- *Suhuza*
- Aca
- Ubchihica

DRITTE REIHE .....
- *Ata*
- Bosa
- Mica*. Erstes Viertel
- *Muyhica*
- Hisca
- Ta
- *Cuhupqua*
- Suhuza
- Aca
- *Ubchihica**. Vollmond

unabhängig gewesen zu sein. Horapollon zufolge bedeutete das Bild eines Gestirns die Zahl Fünf, sei es wegen der auseinanderlaufenden Strahlen, die Sterne erster und zweiter Größe dem bloßen Auge bieten, sei es durch eine mystische Anspielung auf die Beherrschung der Welt durch fünf Sterne. Zehn wurde durch eine Waagrechte über einer senkrechten Linie versinnbildlicht. Ein Gelehrter, der das Glück hatte, die Monumente von Ober- und Unterägypten vor Ort zu untersuchen, der diese sorgfältig gezeichnet und beschrieben hat und aufgrund seiner Stellung mehr Hieroglyphen vergleichen konnte als jeder andere Altertumsforscher unserer Zeit, Herr Jomard, ist mit einer überaus interessanten Arbeit über das Zahlensystem der Ägypter befaßt.

Da zwanzig Monde oder *suna* das gewöhnliche Jahr der Muisca, *zocam* genannt, bildeten, begreift man, daß das *zocam* nur ein kleiner Mondzyklus war und kein Jahr im wahren Sinne der Worte *annus, annulus* [Jahr, Kreis], ἐνιαυτός [eniautós, Jahr], welche die Rückkehr eines Gestirns an seinen Ausgangspunkt voraussetzen. Das *zocam* und der große Zyklus von zwanzig Schaltjahren verdanken ihren Ursprung wahrscheinlich nur der Vorliebe für die Zahl Zwanzig, *gueta*. Neben dem *zocam* hatten die Muisca noch einen astronomischen Zyklus, das *Jahr der Priester,* das für die religiösen Feste gebraucht wurde und siebenunddreißig Monde enthielt, sowie ein *ländliches Jahr,* das von einer Regenzeit zur nächsten gezählt wurde.

Die *suna* hatten keine besonderen Namen, wie wir sie bei den Ägyptern, den Persern, den Hindus und den Mexikanern finden; man unterschied sie allein durch ihre Zahl. Dieser Brauch scheint mir in Ost-Asien am ältesten zu sein; bei den Chinesen hat er sich bis heute erhalten, und die Juden befolgten ihn bis zur Zeit der Babylonier-Herrschaft. Doch die Bewohner von Cundinamarca zählten in ihren drei Kalendern, dem ländlichen, bürgerlichen und religiösen, nicht bis zwölf, zwanzig oder siebenunddreißig; sie verwendeten für die *suna* wie für die Tage eines bestimmten Mondes nur die ersten zehn Zahlen und deren Hieroglyphen. Der erste Monat des zweiten landwirtschaftlichen Jahres wurde durch das Zeichen *mica,* drei, regiert; der dritte Monat des dritten Jahres durch das Zeichen *cuhupqua,* sieben, und so fort. Diese Vorliebe für periodische Reihen und das Vorliegen eines Zyklus von sechzig Jahren, der den siebenhundertvierzig *suna* eines Zyklus von zwanzig *Priesterjahren* entspricht, scheinen den tatarischen Ursprung der Völker des neuen Kontinents zu verraten.

Da das ländliche Jahr aus zwölf *suna* bestehen sollte, fügten die *xeque,* ohne Wissen des Volkes, am Ende des dritten Jahres einen dreizehnten Monat hinzu, ähnlich dem *jun* der Chinesen.³³⁹ Die Tabelle der Muisca-Monde, die wir gleich vorlegen werden, beweist, daß dieser eingeschaltete *suna*, gemäß der Anwendung der periodischen Reihen, in der ersten Indiktion durch *cuhupqua* regiert wurde. Dieses Zeichen nannte man den *tauben* Mond, weil es nicht zur vierten Reihe zählte, die ohne die Verwendung eines *zusätzlichen Gliedes* nicht mit *suhuza*, sondern mit *cuhupqua* hätte beginnen müssen. Dieser Einschaltungsmodus, den man im Norden Indiens wiederfindet und nach dem auf zwei gewöhnliche Mondjahre von dreihundertvierundfünfzig Tagen und acht Stunden ein embolismisches Mondjahr von dreihundertdreiundachtzig Tagen und einundzwanzig Stunden folgt, ist derjenige, den die Athener vor Meton befolgten: Es ist die Dieteride, in die man nach dem Monat Poseideon einen Ποσειδεὼν δεύτερος [Poseideòn deúteros, zweiter Poseidon] einschaltete. Herodot äußert sich in seinem Lob des Sonnenkalenders der Ägypter sehr deutlich zu diesem einfachen, doch recht unvollkommenen Verfahren:³⁴⁰ ὅσῳ Ἕλληνες μὲν τρίτου ἔτεως ἐμβόλιμον ἐπεμβάλλουσι, τῶν ὡρέων εἵνεκεν [hóso Héllenes mèn trítou éteos embólimon epembállousi, tõn horéon heíneken, (Ich glaube, die Berechnung der Ägypter ist insofern klüger als die griechische), weil die Griechen wegen der Jahreszeiten in jedem dritten Jahr einen Schaltmonat einfügen].

Wir haben an früherer Stelle gesehen, daß die Mexikaner ihre Einschaltungen auf viel genauere und sehr regelmäßige Weise vornahmen; wogegen die Peruaner ihr Mondjahr nur von Zeit zu Zeit berichtigten, aufgrund der Beobachtung der Tagundnachtgleichen und Sonnenwenden mittels jener zylindrischen Türme, die man auf dem Berg Carmenga bei Cuzco errichtet hatte³⁴¹, um Azimute zu ermitteln.

Bei den Muisca ist es der wunderliche Gebrauch einer Zahlenreihe, die zwei Glieder weniger hat, als das ländliche Jahr Monde enthält, dem man die Unvollkommenheit eines Kalenders zuschreiben muß, in dem trotz der Einschaltung eines siebenunddreißigsten Monats, *cuhupqua*, die Ernte sechs Jahre lang jedesmal in einen Monat anderen Namens fiel. Daher verkündeten die *xeque* jedes Jahr, durch welches Zeichen der *Monat der Maiskolben* regiert würde, der dem *Abib* oder *Nisan* des hebräischen Kalenders entspricht. Da die Macht einer Gesellschaftsklasse sich oftmals auf die Unwissenheit der anderen Klassen gründet, zogen die Lama von Iraca einen wunderlichen Kalender vor, in dem der achte

---

[339] SOUCIET und GAUBIL, *Observations mathématiques*, Band I, S. 183.
[340] HERODOT, Buch II, Kap. 4 (ed. Wesseling, 1763, S. 105). CENSORINUS, *De die natali*, Kap. 18.
IDELER, *Historische Untersuchungen über die astronomischen Untersuchungen der Alten*, S. 176.
[341] NIEREMBERG, S. 139. CIEZA, S. 230.

DREI ZOCAM-FORMEN DES MUISCA-KALENDERS

LÄNDLICHE JAHRE mit 12 und 13 Monden		JAHRE DER PRIESTER mit 37 Monden		GEMEINE JAHRE mit 20 Monden	
I. *Ata*	1	I. *Ata*	1	I. *Ata*	1
	2	Bosa	2		2
	3	Mica	3		3
	4	Muyhica	4		4
	5	Hisca	5		5
GEWÖHNLICHES JAHR	6	Ta	6	Ernte	6
	7	Cuhupqua	7		7
	8	Suhuza	8		8
	9	Aca	9		9
	10	Ubchihica	10		10
	11	*Ata*	11		11
	12	Bosa	12		12
II. Mica	1	Mica	13		13
	2	Muyhica	14		14
	3	Hisca	15		15
	4	Ta	16		16
	5	Cuhupqua	17		17
GEWÖHNLICHES JAHR	6	Suhuza	18	Ernte	18
	7	Aca	19		19
	8	Ubchihica	20		20
	9	*Ata*	21	II. *Ata*	1
	10	Bosa	22		2
	11	Mica	23		3
	12	Muyhica	24		4
III. Hisca	1	Hisca	25		5
	2	Ta	26		6
	3	Cuhupqua	27		7
	4	Suhuza	28		8
	5	Aca	29		9
EMBOLISMISCHES JAHR	6	Ubchihica	30	Ernte	10
	7	*Ata*	31		11
	8	Bosa	32		12
	9	Mica	33		13
	10	Muyhica	34		14
	11	Hisca	35		15
	12	Ta	36	Embolismischer Monat	16
Tauber Monat	13	Cuhupqua*	37		17
IV. Suhuza	1	II. Suhuza	1		18
	2	Aca	2		19
	3	Ubchihica	3		20
	4	*Ata*	4	III. *Ata*	1

Monat (Oktober) bald der dritte, bald der fünfte hieß und in dem die jahreszeitlichen Unterschiede, die im Hochtal von Bogotá trotz der Äquatornähe noch recht spürbar sind, nicht jedesmal mit den *suna* gleichen Namens zusammenfielen. Die Priester Tibets und Hindostans verstehen es in gleicher Weise, sich jene Vielzahl von Katasterismen zunutze zu machen, die den Jahren, Monaten, Mondtagen und Stunden vorstehen; sie verkünden sie dem Volk, um seiner Leichtgläubigkeit einen Zoll abzuverlangen.[342]

Die Einschaltung der Muisca hatte zum Ziel, den Beginn des ländlichen Jahres und die Feste im sechsten Monat, dessen Name nacheinander *suna ta, suna suhuza, suna ubchihica* lautete, auf die gleiche Jahreszeit zurückzusetzen. Herr Duquesne meint, wie bei den Mexikanern, den Peruanern, den Hindus und den Chinesen sei der Beginn des *zocam* der auf die Winter-Tagundnachtgleiche folgende Vollmond gewesen, doch diese Überlieferung ist ungewiß. Die erste Zahl, *ata,* stellt das Wasser dar, symbolisiert durch einen Frosch. Bei den Chinesen ist der erste Katasterismus im *tse*-Zyklus gleichfalls der des Wassers, und er entspricht unserem Zeichen des Wassermanns.[343]

So wie bei den Völkern tatarischer Rasse der von zwölf Tieren regierte Zyklus von sechzig Jahren in fünf Abschnitte geteilt war[344], war der Muisca-Zyklus von zwanzig Jahren zu siebenunddreißig *suna* in vier kleine Zyklen unterteilt, wobei der erste mit *hisca* schloß, der zweite mit *ubchihica*, der dritte mit *quihicha hisca* und der vierte mit *gueta*. Diese kleinen Zyklen stellten die vier Jahreszeiten des großen Jahres dar. Jede von ihnen umfaßte hundertfünfundachtzig Monde, die fünfzehn chinesischen oder tibetanischen Jahren entsprachen und folglich den tatsächlichen *Indiktionen,* wie sie zur Zeit Konstantins in Gebrauch waren. Durch diese Teilung in sechzig und in fünfzehn steht der Kalender der Muisca dem der Völker Asiens viel näher als der Kalender der Mexikaner, der Zyklen von vier mal dreizehn oder zweiundfünfzig Jahren hatte. Da jedes ländliche Jahr von zwölf oder dreizehn *suna* durch eine jener zehn Hieroglyphen bezeichnet wurde, welche die 4. Abbildung zeigt, und die Reihen von zehn und fünfzehn Gliedern einen gemeinsamen Teiler haben, endeten die Indiktionen stets mit den beiden Zeichen der *Konjunktion* und der *Opposition*. Wir werden uns hier nicht damit aufhalten darzulegen, wie die Hieroglyphe des Jahres und die Angabe des sechzigjährigen Zyklus, dem dieses Jahr angehört, dazu dienen konnten, die Chrono-

---

[342] LE GENTIL, *Voyage dans les Indes,* Band I, S. 207.
[343] Siehe oben, S. 197 f.
[344] Siehe oben, S. 189 und 214 f. DUPUIS, *Origine des Cultes,* Band II, Tafel I, S. 44.
BAILLY, *Astronomie indienne et orientale*, 1787, S. 29.

logie zu regeln; diese Verfahren haben wir bereits bei unserer Erörterung der Beziehungen zwischen den mexikanischen, tibetanischen und japanischen Kalendern vorgestellt.

Der Beginn jeder *Indiktion* wurde durch ein Opfer gekennzeichnet, dessen barbarische Zeremonien nach dem wenigen, was wir darüber wissen, allesamt auf astrologische Vorstellungen zurückzugehen scheinen. Das menschliche Opfer wurde *guesa, Irrender, Unbehauster,* und *quihica, Pforte,* genannt, weil sein Tod gleichsam die Eröffnung eines neuen Zyklus von hundertfünfundachtzig Monden ankündigte. Diese Bezeichnung erinnert an den *Janus* der Römer, der an den *Pforten* des Himmels stand und dem Numa den ersten Monat des Jahres weihte, *tanquam bicipitis dei mensem* [als Monat des zweiköpfigen Gottes].[345] Der *guesa* war ein Kind, das man dem väterlichen Haus entriß. Er mußte jedesmal aus einem bestimmten Dorf in den Ebenen geholt werden, die wir heute die *Llanos de San Juan* nennen und die sich vom östlichen Abhang der Kordillere bis zu den Ufern des Guaviare erstrecken. Aus ebendiesem Landstrich des *Orients* war *Bochica,* Symbol der *Sonne,* gekommen, als er zum ersten Mal bei den Muisca erschien. Der *guesa* wurde bis zum Alter von *zehn* Jahren mit großer Sorgfalt im Sonnentempel von Sogamozo großgezogen; dann brachte man ihn hinaus und ließ ihn auf den Spuren Bochicas wandeln, der diese Stätten einst besucht hatte, um das Volk zu unterweisen, und sie durch seine Wunder berühmt machte. Im Alter von *fünfzehn* Jahren, wenn das Opfer die Anzahl von *suna* erreicht hatte, die der *Indiktion* des Muisca-Zyklus entsprach, wurde es auf einem jener kreisförmigen Plätze geopfert, in deren Mitte eine hohe Säule stand. Die Peruaner waren mit gnomonischen Beobachtungen vertraut. Sie verehrten vor allem die Säulen, die in der Stadt Quito aufgestellt waren, wo sich die Sonne, wie sie sagten, »unmittelbar auf deren Spitze stellte und die Schatten des Gnomons kürzer waren als im übrigen Reich des Inka«. Dienten die Pfähle und Säulen der Inka, die auf einigen ihrer Skulpturen dargestellt sind, nicht auch dazu, die Länge der äquinoktialen und solstitialen Schatten zu messen? Diese Vermutung ist um so wahrscheinlicher, als wir unter den zehn Zeichen der Monate zweimal, bei den Zahlen *ta* und *suhuza,* einen Strick zusammen mit einem Pfahl finden und die Mexikaner den Gebrauch des *Faden-Gnomons* kannten.[346]

Während der Opferfeier, welche die *Eröffnung* einer neuen Indiktion oder eines fünfzehnjährigen Zyklus anzeigte, wurde das Opfer, *guesa,* in einer Prozession

---
[345] MACROBIUS, *Saturnalia,* Buch I, Kap. 13.
[346] Auf einer in Chapultepec gefundenen Steinskulptur.
Siehe GAMA, *Descripción histórica y cronológica de las dos piedras,* S. 100.

über den *suna* geführt, der dem Mondmonat seinen Namen lieh. Man führte es zu der Säule, die zur Messung der solstitialen und äquinoktialen Schatten sowie der Zenitdurchquerungen der Sonne gedient zu haben scheint. Die Priester, *xeque,* folgten dem Opfer; wie die ägyptischen Priester waren sie maskiert. Die einen stellten Bochica dar, den Osiris oder Mithras von Bogotá, dem man drei Köpfe zuschrieb, da er, gleich der *Trimurti* der Hindus, drei Personen in sich vereinte, die eine einzige Gottheit bildeten; andere trugen die Embleme von *Chia,* der Frau des Bochica, Isis oder der Mond; wieder andere trugen Froschmasken, um auf das erste Zeichen des Jahres, *ata,* anzuspielen; und einige schließlich verkörperten das Ungeheuer *Fomagata,* Symbol des Bösen, dargestellt mit einem Auge, vier Ohren und einem langen Schwanz. Dieser Fomagata, dessen Name in der Chibcha-Sprache *Feuer* oder *brodelnde Schmelzmasse* bedeutet, wurde als böser Geist angesehen. Er reiste zwischen Tunja und Sogamozo durch die Lüfte und verwandelte die Menschen in Schlangen, Eidechsen und Jaguare. Anderen Überlieferungen zufolge war Fomagata ursprünglich ein grausamer Fürst. Um seinem Bruder *Tusatua* die Nachfolge zu sichern, hatte *Bochica* ihn in dessen Hochzeitsnacht behandeln lassen, wie Uranos von Saturn behandelt worden war. Wir wissen nicht, welches Sternbild den Namen dieses Geistes trug; Herr Duquesne glaubt indes, daß die Indianer daran die dunkle Erinnerung an das Erscheinen eines Kometen knüpften. Wenn die Prozession, die an die *astrologischen Prozessionen*[347] der Chinesen und an die des Isis-Festes erinnert, das Ende des *suna* erreicht hatte, band man das Opfer an die erwähnte Säule; ein Schwarm von Pfeilen traf es, und man riß ihm das Herz heraus, um es dem *Sonnenkönig,* Bochica, darzubringen. Das Blut des *guesa* wurde in heiligen Gefäßen aufgefangen. Diese barbarische Zeremonie weist erstaunliche Ähnlichkeiten mit derjenigen auf, welche die Mexikaner am Ende ihres zweiundfünfzigjährigen großen Zyklus feierten und die auf der Tafel XV abgebildet ist.[348]

Die Muisca-Indianer gravierten die Zeichen, welche die Jahre, Monde und Mondtage regierten, auf Steine. Wie bereits erwähnt, erinnerten diese Steine die Priester, *xeque,* daran, in welchem *zocam* oder Muisca-Jahr dieser oder jener Mond eingeschaltet wurde. Der Petrosilex-Stein, den Abbildung 1 in einer Aufrißzeichnung und Abbildung 2 in der Perspektive und in seinen tatsächlichen Dimensionen zeigt, scheint die embolismischen Monate der ersten *Indiktion* des Zyklus zu bezeichnen. Er ist fünfeckig, weil diese Indiktion fünf geistliche Jahre von jeweils siebenunddreißig Monden umfaßt; er zeigt *neun* Zeichen, weil in

[347] SOUCIET, Band III, S. 33. [348] Siehe oben, S. 130 und 220, Tafel XV, Nr. 8.

neun Muisca-Jahren fünf mal siebenunddreißig Monde enthalten sind. Um die Erklärung, die Herr Duquesne von diesen Zeichen gibt, recht zu verstehen, muß man sich zunächst daran erinnern, daß in einer Muisca-Indiktion von neun Jahren und fünf Monaten durch den Gebrauch der periodischen Reihen die eingeschalteten Monate nacheinander auf *cuhupqua, muyhica, ata, suhuza* und *hisca* fallen und daß im ersten, dritten, siebten und neunten Jahr keine Einschaltung stattfinden kann. Diese Zusammenhänge werden durch die drei konzentrischen Kreise, welche die dritte Abbildung zeigt, deutlich gemacht. Der erste Kreis, der innerste, gibt die Zeichen der Monde oder *suna* an; der zweite, mittlere Kreis, erinnert daran, in welchem Muisca-Jahr mit zwanzig *suna* jedes der Zeichen aus der zehngliedrigen Reihe zum Schaltzeichen wird; der äußere Kreis schließlich bestimmt die Zahl der Einschaltungen, die in siebenunddreißig Jahren stattfinden. Fragt man zum Beispiel, in welchem *zocam* das Zeichen *bosa* eingeschaltet wird, so findet man, daß diese Einschaltung die sechste ist und im zwölften Jahr des Zyklus vorgenommen wird.

Geleitet von Indianern, die noch Kenntnisse über die Zeichen des Muisca-Kalenders besitzen, glaubt Herr Duquesne auf drei Seiten des Steins die Einschaltungen von *ata, suhuza* und *hisca* zu finden, das heißt diejenigen, die in den neun Jahren von zwölf oder dreizehn *suna* stattfinden, welche dem sechsten, achten und zehnten Muisca-Jahr von zwanzig *suna* entsprechen. Ich weiß nicht, warum die ersten beiden Einschaltungen, die von *cuhupqua* und *muyhica*, darauf nicht angezeigt sind. Hier folgt nun die mitunter etwas willkürliche Interpretation der Abbildungen 1 und 2.

Der Frosch ohne Kopf, *a*, erinnert daran, daß die Indiktion mit dem Zeichen *ata*, dem Emblem des Wassers, beginnt. Unter *b, c* und *d* sind drei kleine Holzstücke eingraviert, von denen jedes drei Querrillen aufweist. Das mittlere steht nicht auf der gleichen Höhe wie die anderen, womit angezeigt werden soll, daß es sich nur um sechs Muisca-Jahre handelt, nach denen die Einschaltung auf *quihichata* fällt, *e*, eine Froschkaulquappe mit langem Schwanz und ohne Beine, *ruhender Frosch.* Dieses Emblem bedeutet, daß der Monat, dem das Tier vorsteht, *unnütz* ist und nicht zu den zwölf *suna* zählt, die von einer Ernte bis zur nächsten vergehen. Die beiden Figuren des Froschs, *a* und *e*, sind auf einer Art rechteckigem Tablett dargestellt. Man könnte die Interpretation der Hieroglyphe *e* in Zweifel ziehen, doch Herr Duquesne versichert, das gleiche astrologische Symbol eines Schaltmondes auf mehreren Jade-Idolen gesehen zu haben. Auf diesen Idolen war das beinlose Tier mit der indianischen Tunika *(capisayo)* bekleidet, die im niederen Volk noch immer gebräuchlich ist. Man erinnert sich, daß die *Zeichen der Tage* bei den Azteken sogar ihre eigenen Altäre hatten.[349] Die Figuren *f* und *h* bedeuten durch acht Querlinien, aufgeteilt in fünf und drei, daß man im achten Muisca-Jahr den durch *suhuza* regierten Mond einschaltet. Dieses Zeichen ist unter *i* durch einen Kreis, der mittels einer Schnur um eine Säule gezogen ist, versinnbildlicht. Die Indianer versichern, *f* und *h* stellten Schlangen dar, die bei allen Völkern die Embleme der Zeit sind. Die Unterseite des Steins zeigt unter *g* das Zeichen *hisca,* das auf die Hochzeit von Bochica und Chia anspielt[350], Zeichen der Mondkonjunktion, dargestellt in Gestalt eines *geschlossenen Tempels.* Dies ist das Ende des ersten Vollzugs des Zyklus. Das Opfer des *guesa* wird den Tempel *wiedereröffnen* und die zweite Indiktion einleiten. Die Einschaltung von *hisca* wird nach neun Muisca-Jahren vorgenommen, was durch die neun Striche unter *b, c* und *d* bezeichnet ist. Das Schloß, das den Tempel verschließt, gleicht übrigens demjenigen, das die Eingeborenen noch heute verwenden. Es ist von beiden Seiten durchbrochen, damit zwei Rundhölzer hineinpassen. Vergleicht man dieses Schloß mit dem der Ägypter, wie es in die Mauern von Karnak graviert und an den Ufern des Nils seit Tausenden von Jahren in Gebrauch ist[351], so bemerkt man ebenjenen Unterschied, der zwischen den Werken eines rohen Volkes und denen einer erfindungsreichen und in den Künsten fortgeschrittenen Nation besteht.

Den Aussagen der Indianer zufolge gaben vier dieser fünfeckigen Steine Auskunft über die zwanzig Einschaltungen des *tauben Mondes,* die nach dem unvollkommenen Kalender der Muisca in einem Zyklus von siebenhundertvierzig *suna* stattfanden. Dieser Zyklus umfaßte zwanzig *Jahre der Priester* mit jeweils siebenunddreißig Monden oder sechzig *ländliche Jahre;* er ist allen Völkern bekannt, die östlich des Indus leben, und scheint mit der sichtbaren Bewegung Jupiters in der Ekliptik verbunden zu sein. Wir haben weiter oben dargelegt, daß bei den Hindus die Dodekatemorien des Sonnentierkreises ihren Ursprung in den Nakshatras oder dem Mondtierkreis haben, indem jeder Monat den Namen des Mondhauses annahm, in dem der Vollmond stattfindet[352]; wir haben ebenfalls darauf hingewiesen, daß die Indiktionen von zwölf Jahren und die Nakshatra-Namen dieser Jahre mit dem heliakischen Aufgang des Jupiter zu tun haben. Es ist vorstellbar, daß die Menschen zu jener weit entfernten Zeit, da sich die ersten astronomischen Vorstellungen entwickelten, darüber erstaunt waren, einen Planeten die achtundzwanzig Mondhäuser in ungefähr ebenso vielen Jahren

---

[349] Siehe oben, S. 265. [350] TAFEL XLIV, Abb. 4, Nr. 5. [351] DENON, *Voyage en Égypte,* Tafel CXXXIX, Abb. 14. [352] S. 196 f.

durchlaufen zu sehen, wie sie Mondumläufe von einer Winter-Tagundnachtgleiche zur nächsten beobachteten. Um diese *großen Jahre* von zwölf Sonnenjahren in Gruppen zusammenzufassen, mußte man notwendigerweise eine jener Zahlen verwenden, die bei allen Völkern als Ruhepunkte im Zahlensystem dienen, nämlich: 5, 10 oder 20. Vielleicht gab man der kleinsten dieser Zahlen den Vorzug, weil 5 × 12 beziehungsweise 60 sechs mal in der Zahl 360 enthalten ist, die zur Unterteilung des Kreises diente, wegen der dreihundertsechzig Tage, welche die ältesten Völker des Orients dem durch das Emblem eines Rings dargestellten Jahr zuwiesen. Bei den amerikanischen Nationen, zum Beispiel bei den Mexikanern und den Muisca, finden wir vier Indiktionen statt fünf; und diese eigentümliche Vorliebe für die Zahl vier ist auf das große Interesse für die Solstitial- und Äquinoktialpunkte zurückzuführen, welche die vier Jahreszeiten oder *großen Wochen* des *großen Jahres* anzeigen.[353] Im übrigen führte die Zahl von fünf Einschaltungen die Muisca zu Gruppen von fünfzehn ländlichen Jahren, deren vier wiederum den asiatischen Zyklus von sechzig Jahren bilden.

Nach unseren vagen Kenntnissen über die *Mondzeichen*, die während der Prozession des *guesa* mitgeführt wurden, und über die Beziehung, die zwischen der Konstellation des Froschs, *ata,* und dem Zeichen des Wassers oder der Wasserratte besteht, welches bei den Chinesen und den Völkern tatarischer Rasse den Kreislauf der Katasterismen eröffnet, kann vermutet werden, daß die zehn Hieroglyphen[354] *ata, bosa, mica* usf. ursprünglich, wie die mexikanischen Tageszeichen[355], die Abschnitte eines zehnteiligen Tierkreises bezeichneten. Bei den Chinesen, und dieser Umstand ist von großer Wichtigkeit, finden wir einen Zyklus von zehn *can* wieder, dem die Mandschu die Namen von zehn Farben geben.[356] Wahrscheinlich hatten die *can* der Muisca früher ebenfalls besondere Namen, und man kann erahnen, daß die Zahlen, die Herr Duquesne uns übermittelt hat, auf ebendiese Namen anspielten. All dies läßt mich mutmaßen, daß die Zahlwörter *ata, mica, bosa* usf. die Namen der Zeichen nur ersetzt haben, um das *erste*, das *zweite*, das *dritte Zeichen* des Tierkreises anzuzeigen, und daß diese Ersetzung unmerklich die wunderliche Vorstellung hervorgebracht hat, die Zahlen selbst seien sinnträchtig. Diese Materie, die für die Geschichte der Völkerwanderungen nicht ohne Bedeutung ist, wird erst dann aufzuklären sein, wenn man eine größere Zahl amerikanischer Monumente verglichen haben wird.

[353] Siehe oben, S. 214 f.
[354] Tafel XLIV, Abb. 4.
[355] Siehe oben, S. 213 f.
[356] SOUCIET und GAUBIL, Band II, S. 135.

TAFEL XLV

Fragment einer Hieroglyphen-Handschrift aus der Königlichen Bibliothek zu Dresden

NACH EBENDIESEM PRINZIP, daß die Monumente sich wechselseitig erklären und daß man, um die Geschichte eines Volkes zu ergründen, die Gesamtheit der Werke vor Augen haben muß, denen es seinen Charakter aufgeprägt hat, habe ich mich entschieden, auf den Tafeln XLV bis XLVIII Fragmente stechen zu lassen, die den mexikanischen Handschriften von Dresden und Wien entnommen sind. Die erste dieser Handschriften war mir noch gänzlich unbekannt, als mit dem Druck dieser Seiten begonnen wurde. Es ist nicht einfach, ein Verzeichnis aller Hieroglyphen-Gemälde zu erstellen, die der Zerstörung entgangen sind, von der sie, während der Entdeckung Amerikas, durch den Fanatismus der Mönche und die törichte Unbekümmertheit der ersten Eroberer bedroht waren.[357] Ein Altertumsforscher, der gelehrte Forschungen über die Künste, die Mythologie und das häusliche Leben der Griechen und der Römer angestellt hat, Herr Böttiger, hat mich den *Codex mexicanus* der Königlichen Bibliothek zu Dresden entdecken lassen; er hat ihn jüngst in einem Werk besprochen, das ausführlichste Kenntnisse über die Malerei sowohl der barbarischen Völker als auch der Hindus, der Perser, der Chinesen, der Ägypter und der Griechen enthält.[358] Der Freundschaft dieses Gelehrten und dem besonderen Wohlwollen des Herrn Grafen von Marcolini verdanke ich die Kopie des Fragments, das die Tafel XLV zeigt.

Den Erläuterungen zufolge, die Herr Böttiger so gütig war, mir mitzuteilen, scheint das Manuskript in Wien von dem Bibliothekar Götze gekauft worden zu

[357] S. 102 f.   [358] BÖTTIGER, *Ideen zur Archäologie der Malerei*, Band I, S. 17–21.

sein, auf seiner literarischen Reise nach Italien im Jahr 1739.[359] Es besteht wie diejenigen, die ich selbst aus Neu-Spanien mitgebracht habe, aus Papier oder Pappe aus *Metl* (Agave Mexicana), und es bildet eine fast sechs Meter lange *tabella plicatilis* [zusammengefaltete Tafel] mit vierzig Seiten, die beidseitig mit Malereien bedeckt sind. Jede Seite ist 0,295 Meter (7 Zoll 3 Linien) lang und 0,085 Meter (3 Zoll 2 Linien) breit. Dieses Format, ähnlich dem der alten *Diptychen,* unterscheidet das Dresdner Manuskript von denen von Wien, Veletri und des Vatikan; doch was es vor allem höchst bemerkenswert macht, ist die Anordnung der einfachen Hieroglyphen, von denen einige in Zeilen gesetzt sind wie bei einer echten symbolischen Schrift. Vergleicht man die Tafel XLV mit den Tafeln XIII und XXVII, so sieht man, daß der *Codex mexicanus* von Dresden keinem jener *Ritualbücher* gleicht, in denen das Bild des astrologischen Zeichens, das die *halbe Mondwandlung* oder dreizehntägige kleine Periode regiert, von den Katasterismen der Mondtage umgeben ist. Hier folgen viele einfache Hieroglyphen unverbunden aufeinander, wie bei den ägyptischen Hieroglyphen und den Schlüsseln der Chinesen.

Überhaupt scheint mir nichts stärker den Charakter der Werke letzteren Volkes zu tragen als die ungestalten Malereien liegender und von Pfeilen durchbohrter heiliger Tiere, die man auf den ersten drei Seiten unten sieht. Diese Ähnlichkeit erstreckt sich bis auf die *linearen Zeichen,* die uns an die *koua* erinnern, durch die der Kaiser Tai-hao-fo-hi zweitausendneunhunderteinundvierzig Jahre vor unserer Zeitrechnung die Schnüre oder *quippu* ersetzte[360], die wir in der Inschrift von Rosette, im Inneren Afrikas, in der Tatarei, in Kanada, in Mexiko und in Peru wiederfinden. Die *koua* und vor allem die *Ho-tou* sind vielleicht nur eine lineare Nachahmung der Schnüre[361]; denn das erste der acht Trigramme enthält auch nicht-durchbrochene Linien, wie die Hieroglyphen der Dresdner Handschrift. Wir werden hier nicht darüber entscheiden, ob diese, in denen sich Punkte mit parallel verlaufenden Linien mischen, numerische Quantitäten ausdrücken, zum Beispiel ein Tributverzeichnis, oder ob es sich um echte fortlaufende Schriftzeichen handelt.

---

[359] GÖTZE, *Denkwürdigkeiten der Dresdner Bibliothek, erste Sammlung,* 1744, S. 4.
[360] JULIUS KLAPROTH, *Asiatisches Magazin,* 1802, Band I, S. 91, 521 und 545.
[361] PALIN, *De l'étude des hiéroglyphes,* 1812, Band I, S. 38, 107, 114, 120; Band V, S. 19, 31 und 112.
SOUCIET und GAUBIL, *Observations mathématiques,* Band II, S. 88 und 187; Band III, S. 4, Abb. 7.

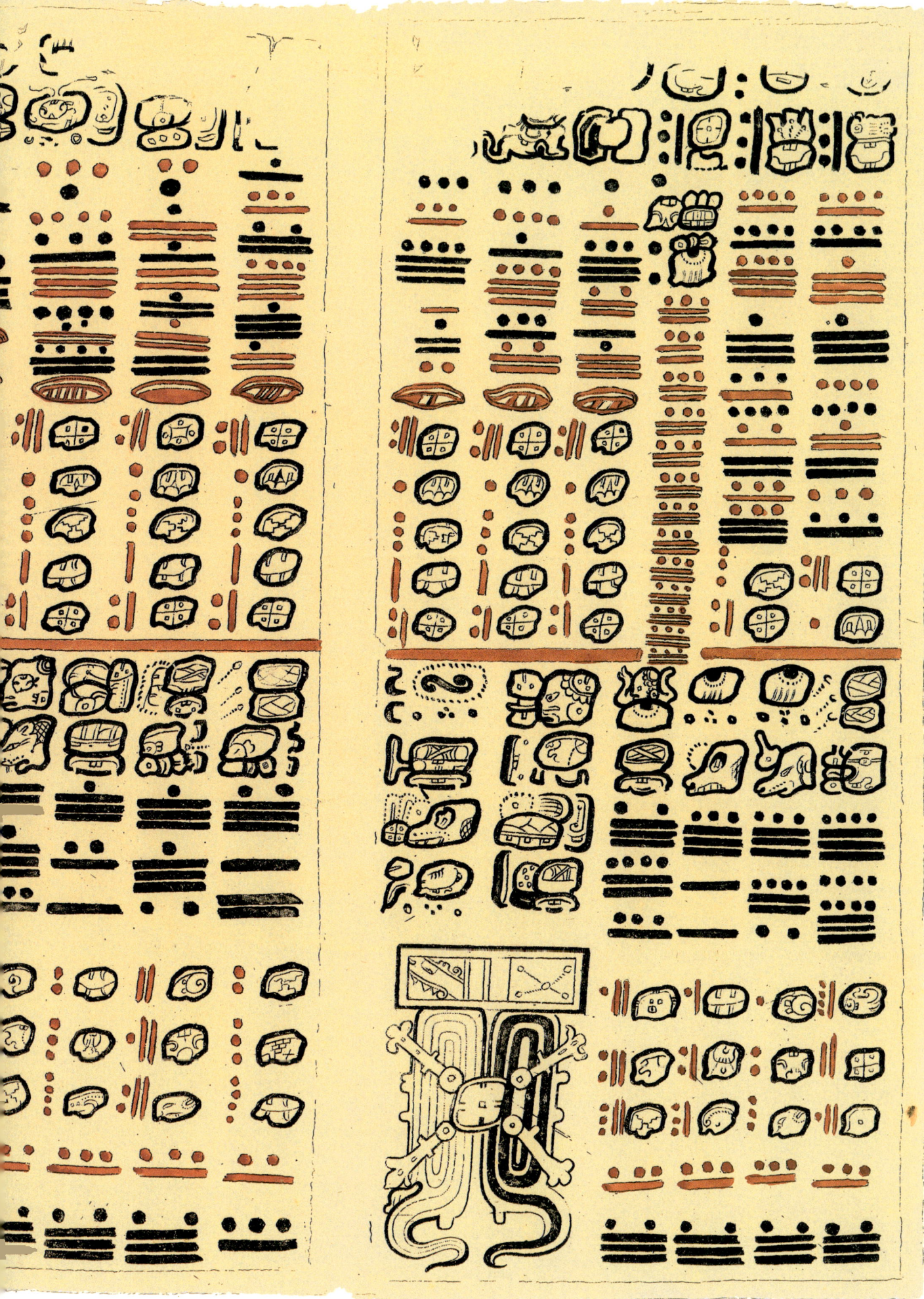

TAFEL XLV

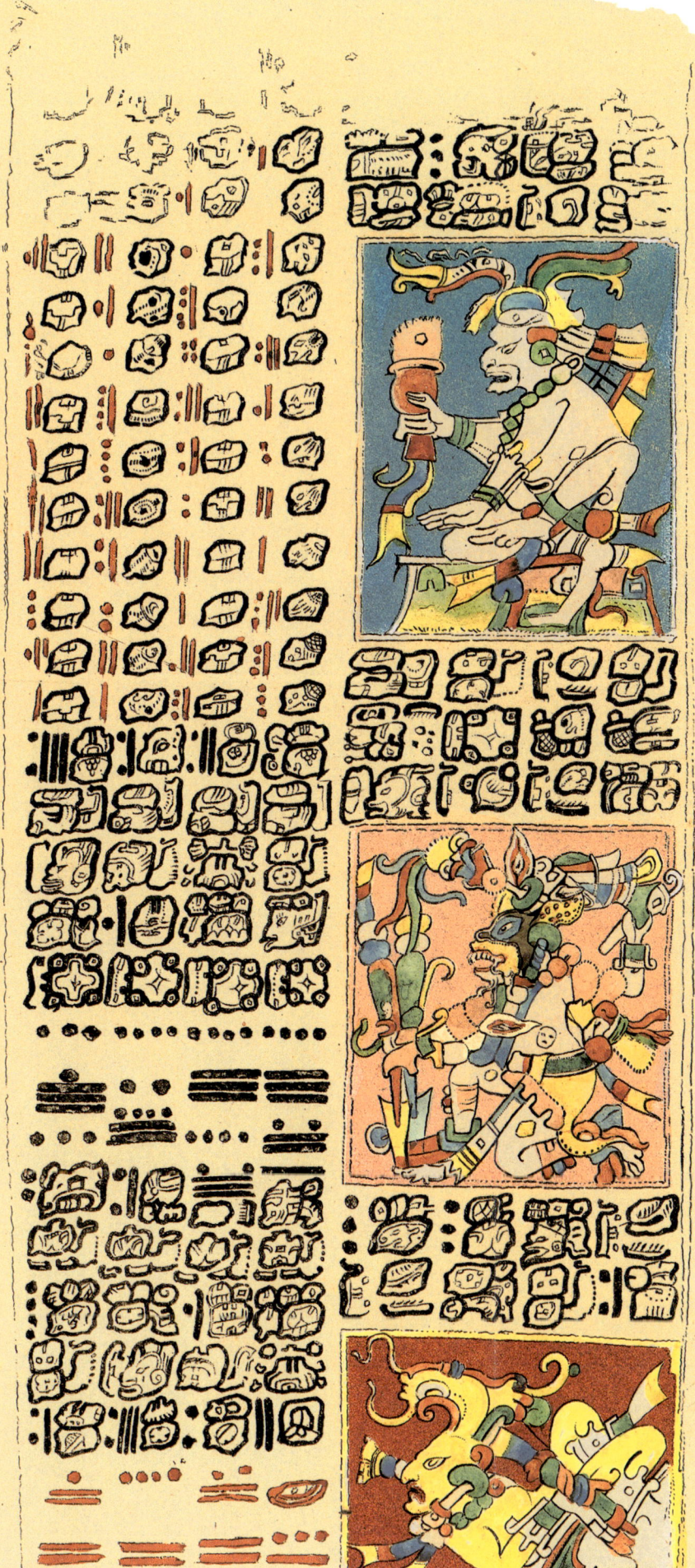

TAFELN XLVI, XLVII UND XLVIII

Hieroglyphen-Gemälde aus der mexikanischen Handschrift der Kaiserlichen Bibliothek zu Wien, Nr. 1, 2 und 3

VON ALLEN MEXIKANISCHEN HANDSCHRIFTEN, die in den verschiedenen Bibliotheken Europas liegen, ist die von Wien die am längsten bekannte. Es ist diejenige, die Lambecius und Nessel in ihren Katalogen erwähnt haben[362] und von der Robertson die Skizze eines Fragments hat stechen lassen. Während meines letzten Wiener Aufenthaltes im Jahr 1811 hatte ich Gelegenheit, sie zu untersuchen, und die kolorierte Kopie der drei Seiten, welche die Tafeln XLVI, XLVII und XLVIII zeigen, verdanke ich der Gefälligkeit eines vortrefflichen Gelehrten, Herrn von Hammer-Purgstall, dessen verschiedene Werke, insbesondere die *Fundgruben des Orients,* viel dazu beigetragen haben, das Studium der Beziehungen zwischen den Völkern Zentralasiens und denen Amerikas zu erleichtern.

Der *Codex mexicanus* der Kaiserlichen Bibliothek zu Wien ist aufgrund seines ausgezeichneten Zustandes und der äußerst lebhaften Farben seiner allegorischen Figuren höchst bemerkenswert. Er erinnert in seiner äußeren Form an die Manuskripte des Vatikan sowie von Veletri, die auf die gleiche Art gefaltet sind. Er hat zweiundfünfzig Seiten, und jede Seite ist 0,272 Meter (10 Zoll 1 Linie) lang und 0,220 Meter (8 Zoll 2 Linien) breit. Die Haut, die mit diesen Hieroglyphen-Malereien bedeckt ist, ist gewiß keine Menschenhaut, wie man fälschlicherweise behauptet hat; wahrscheinlich handelt es sich um die Haut eines Mazatl, von den Naturforschern Louisiana-Hirsch genannt, der im Norden Mexi-

---

[362] NESSEL, *Catalogus Bibliothecae Caesareae Vindobonensis,* Band VI, S. 163. Siehe auch oben, S. 103.

kos heimisch ist. Die Seiten glänzen, als seien sie lackiert; dies ist die Wirkung eines weißen, erdigen Firnisses, mit dem die Haut überzogen ist. Ein solcher Firnis findet sich auch auf dem Dresdner Manuskript, wenngleich letzteres nicht aus Pergament, sondern aus *metl*-Papier besteht. Der *Codex mexicanus vindobonensis* umfaßt über tausend menschliche Gestalten in verschiedensten Situationen; hier ist keine Spur jener gleichförmigen Anordnung zu beobachten, die man in den *Ritualbüchern* von Veletri oder des Vatikan findet. Bisweilen sind zwei Figuren in einem tätigen Verhältnis zueinander dargestellt, doch meistens steht jede Figur für sich und scheint mit dem Finger auf etwas zu deuten. Die dreizehnte Seite ist höchst bemerkenswert: Sie ist durch drei horizontale Linien geteilt und beweist deutlich, daß die Mexikaner von rechts nach links und von unten nach oben lasen, βουστροφηδόν [boustrophedón, pflugwendend]. Wenngleich die Anzahl der Seiten derjenigen der Jahre eines mexikanischen Zyklus entspricht, habe ich nichts entdecken können, was einer Wiederkehr der vier die Jahre bezeichnenden Hieroglyphen gliche. Beinahe auf jeder Seite sieht man, abgesehen von den Zeichen der Tagundnachtgleichen und der Sonnenwenden, *Kaninchen, Rohr, Feuerstein* und *Haus,* die Katasterismen des Jaguars, *Ocelotl,* des Affen, *Ozomatli,* und des *reichgefiederten Adlers, Cozcaquauhtli;* diese Zeichen regieren die Tage und nicht das Jahr. Untersucht man die Seitenfolge in Dreizehnerschritten, erkennt man dabei nichts Periodisches; und vor allem ist sehr erstaunlich, daß die Daten, von denen ich auf den ersten zweiundzwanzig Manuskriptseiten 373 gezählt habe, auf eine Weise angeordnet sind, die in keinerlei Zusammenhang mit der Ordnung steht, in der sie im mexikanischen Kalender aufeinanderfolgen. Man findet *ome ehecatl* (1 *Wind*) unmittelbar vor *matlactli calli* (10 *Haus*), und *ce miquiztli* (1 *Totenkopf*) neben *chicome miquiztli* (7 *Totenkopf*), wiewohl die von diesen Zeichen regierten Tage sehr weit voneinander entfernt liegen. Wenn diese Handschrift von astrologischen Gegenständen handelt, was sehr wahrscheinlich der Fall ist, so hat man Grund, sich zu wundern, daß ganze Seiten, zum Beispiel die erste und die zweiundzwanzigste, keinerlei Datumsangaben aufweisen; gäbe es solche, würde man sie leicht an den Kreisen erkennen, welche die verschiedenen Glieder der periodischen Reihe von dreizehn Zahlen ausdrücken.

Auf der Tafel XLVI findet man eine höchst wunderliche symbolische Gestalt, einen Mann darstellend, der mit dem Fuß in der Spalte eines Baumstamms oder eines Felsens steckt; auf der Tafel XLVII eine Frau, die Baumwolle spinnt; einen einzelnen, bärtigen Kopf; Muscheln; einen großen Vogel, vielleicht ein *alcatraz*

TAFELN XLVI

[Tölpel], der Wasser trinkt; einen Priester, der durch Reibung das heilige Feuer entzündet[363]; einen Mann mit dichtem Bart, der eine Art *vexillum* [Fahne] in der Hand hält, usf. Die gleichen Figuren finden sich, umgeben von zehn weiteren Hieroglyphen, auf der Tafel XLVIII wieder.

Nimmt man diese ungestalte Schrift der Mexikaner in Augenschein, drängt sich der Gedanke auf, daß die Wissenschaften recht wenig Gewinn daraus ziehen werden, wenn es je gelingen sollte zu entziffern, was ein in der Zivilisation wenig fortgeschrittenes Volk in seinen Büchern verzeichnet hat. Trotz der Hochachtung, die wir den Ägyptern schulden, welche so außerordentlich zum Fortschritt der Aufklärung beigetragen haben, muß man doch befürchten, daß die zahlreichen Inschriften, die in ihre Obelisken und Tempelfriese graviert sind, keine sehr bedeutenden Wahrheiten enthalten. Indes sollen diese Überlegungen, so richtig sie auch sein mögen, meines Erachtens nicht dazu führen, daß das Studium der symbolischen und heiligen Schriftzeichen vernachlässigt wird. Die Kenntnis dieser Schriftzeichen ist eng mit der Mythologie, den Sitten und dem individuellen Genius der Völker verknüpft; sie bringt Licht in die Geschichte der alten Wanderungen unserer Gattung, und für den Philosophen ist sie von höchstem Interesse, indem sie ihm im gleichförmigen Voranschreiten der Zeichensprache an den entferntesten Orten der Erde ein Bild von der ersten Entwicklung der menschlichen Fähigkeiten bietet.

[363] Siehe oben, S. 130 und Tafel XV, Nr. 8.

TAFEL XLVII

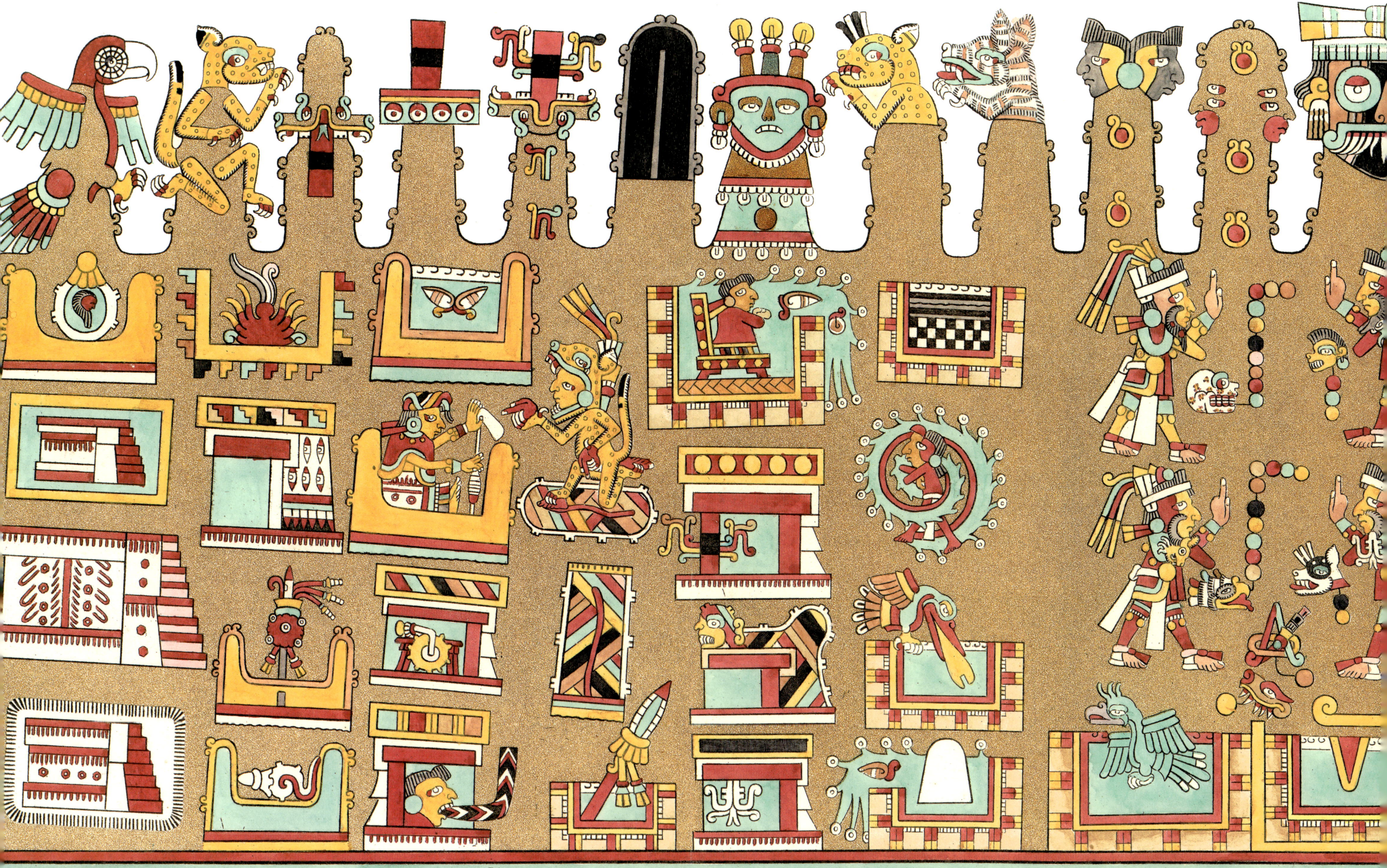

TAFEL XLVIII

TAFEL XLIX UND L

Ruinen von Miguitlan oder Mitla in der Provinz Oaxaca; Grundriß und Aufriß

NACHDEM ICH IN DIESEM WERK so viele barbarische Monumente beschrieben habe, die nur ein rein historisches Interesse bieten, verspüre ich nun einige Befriedigung, ein Bauwerk vorzustellen, das von den Zapoteken, den früheren Bewohnern von Oaxaca, errichtet und mit Ornamenten von höchst bemerkenswerter Eleganz bedeckt wurde. Dieses Bauwerk wird im Lande mit dem Namen *Palast von Mitla* bezeichnet. Es ist zehn Meilen südöstlich der Stadt Oaxaca oder Guaxaca gelegen, in einer Granitlandschaft an der Straße nach Tehuantepec. *Mitla* ist nur eine Zusammenziehung des Wortes *Miguitlan,* das auf mexikanisch *Ort der Verheerung, Ort der Trauer* bedeutet. Diese Bezeichnung erscheint wohlgewählt für eine Landschaft, die derart wild und unheimlich ist, daß man darin, wie Reisende berichtet haben, fast nie Vogelgesang hört. Die Zapoteken nennen diese Ruinen *Leoba* oder *Luiva, Grabstätte,* in Anspielung auf die Aushöhlungen, die sich unter den mit Arabesken verzierten Mauern befinden. Ich hatte bereits in meinem *Essai politique sur le royaume de la Nouvelle-Espagne* Gelegenheit, von diesem Monument zu sprechen.[364]

Nach den bis heute erhaltenen Überlieferungen bestand der Hauptzweck dieser Bauten darin, die Stelle zu bezeichnen, an der die Asche der Zapotekenfürsten ruhte. Beim Tod eines Sohnes oder eines Bruders zog sich der Herrscher in eine dieser Wohnstätten zurück, die über den Gräbern errichtet sind, um sich dort seinem Schmerz und religiösen Zeremonien hinzugeben. Andere behaupten, daß eine Familie von Priestern, die mit Sühneopfern für die Ruhe der Toten betraut war, an diesem einsamen Ort lebte.

[364] Band I, S. 263.

Der Grundriß des *Palastes*[365], aufgenommen von einem hervorragenden mexikanischen Architekten, Don Luis Martín, zeigt, daß es in Mitla ursprünglich fünf freistehende und mit großer Regelmäßigkeit angeordnete Bauten gab. Ein breites Tor (6), von dem noch einige Überreste zu sehen sind, führte in einen geräumigen Hof von fünfzig Quadratmetern. Erdanhäufungen und Reste von unterirdischen Anlagen deuten darauf hin, daß vier kleine Gebäude von länglicher Form (8 und 9) den Hof umgaben. Der zur Rechten ist noch ziemlich gut erhalten; darin sind sogar die Überreste zweier Säulen zu entdecken. Im Hauptgebäude erkennt man folgendes:

1. Eine Terrasse, die ein bis zwei Meter über der Hofebene liegt und die Mauern umringt, denen sie zugleich als Sockel dient, wie auf Tafel L genauer zu sehen;

2. Eine in die Wand eingelassene Nische, in einer Höhe von anderthalb Metern über der Ebene des *Säulensaals*. Diese Nische, die breiter ist als hoch, enthielt wahrscheinlich ein Idol. Über der Haupttür des Saals liegt ein Stein von 4,3 Metern Länge, 1,7 Metern Breite und 0,8 Metern Höhe;

3 und 4. Eingang zum Innenhof;

5 und 6. Schacht oder Graböffnung. Eine sehr breite Treppe führt zu einer kreuzförmigen, von Säulen gestützten Aushöhlung. Die beiden Galerien, die sich im rechten Winkel treffen, sind jeweils siebenundzwanzig Meter lang und acht Meter breit. Die Wände sind mit Zickzackfriesen und Arabesken bedeckt;

7. Sechs Säulen, die dazu dienten, die Balken aus *Sabino*-Holz zu stützen, welche die Decke bildeten. Drei dieser Balken sind noch sehr gut erhalten. Die Bedachung bestand aus großen Steinplatten. Die Säulen, die einzigen bislang in Amerika gefundenen, künden von der Kindheit der Kunst und haben keine Kapitelle. Ihr Schaft besteht aus einem einzigen Stück. Einige in Mineralogie bewanderte Personen haben mir gesagt, der Stein sei ein schöner Amphibolporphyr; andere haben mir versichert, es sei ein Porphyrgranit. Die Gesamthöhe der Säulen beträgt 5,8 Meter; doch sie sind bis auf ein Drittel ihrer Höhe eingegraben. Ich habe eine Säule gesondert und in größerem Maßstab abbilden lassen;

10. Der Innenhof;

11, 12 und 13. Drei kleine Gemächer, die den Hof umgeben und mit einem vierten, hinter der Nische gelegenen, nicht verbunden sind. Die verschiedenen Teile dieses Bauwerkes weisen sehr auffällige Unregelmäßigkeiten oder Symmetrie-

[365] Tafel XLIX.

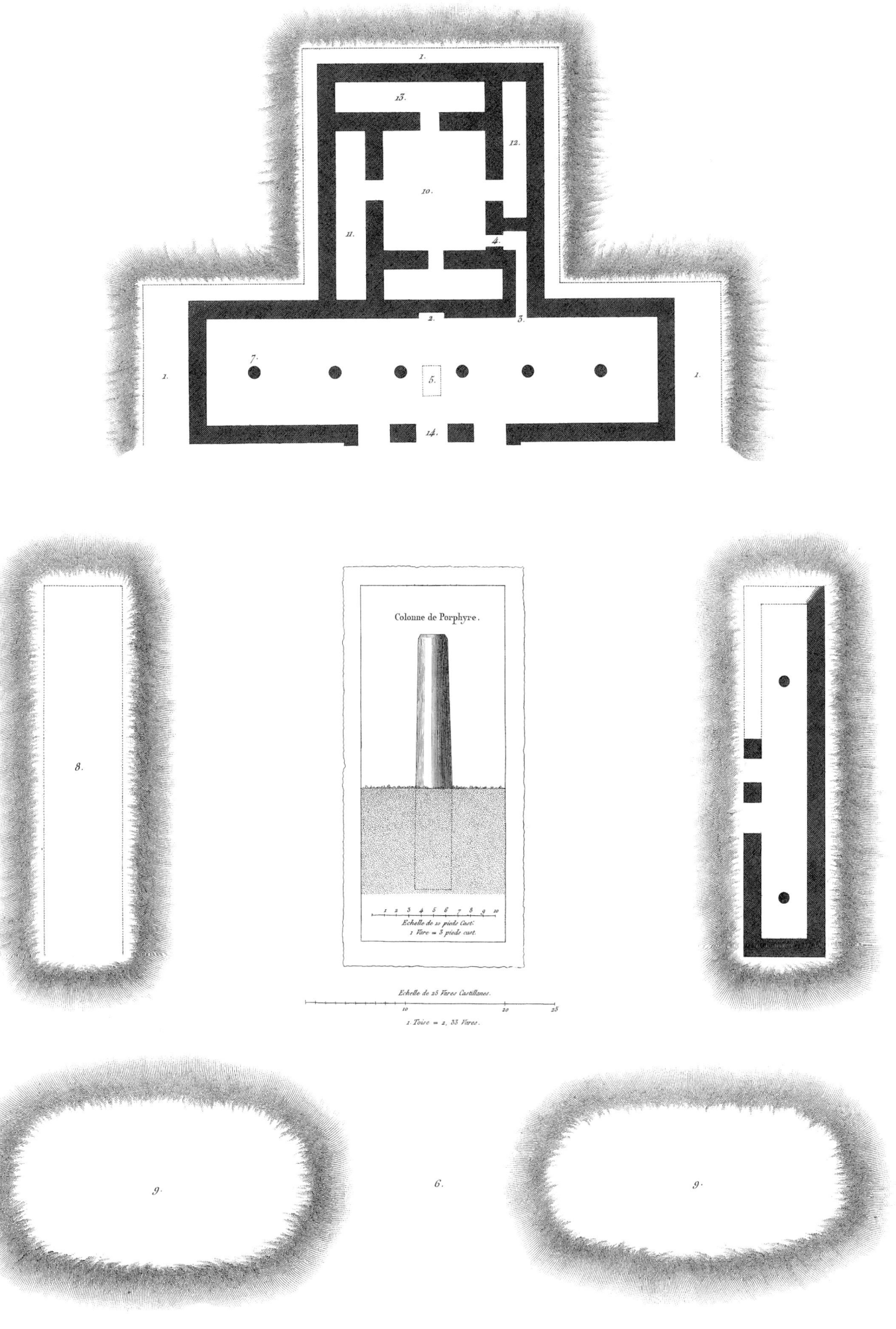

TAFEL XLIX

fehler auf. Im Inneren der Gemächer sind Malereien zu sehen, die Waffen, Trophäen und Opfer darstellen. Nichts deutet darauf hin, daß Fenster vorhanden waren.

Don Luis Martín und Colonel de la Laguna haben mit großer Genauigkeit die *Zickzackfriese [greques]*, die *Labyrinthe* und die *Mäander* gezeichnet, welche die Außenwände des Palastes von Mitla bedecken. Diese Zeichnungen, die es wohl verdienen würden, im Ganzen gestochen zu werden, befinden sich in den Händen des Marquis von Branciforte, eines der letzten Vizekönige Neu-Spaniens. Von Herrn Martín, mit dem ich das Vergnügen hatte, mehrere geologische Exkursionen in die Umgebung von México zu unternehmen, habe ich die Skizze erhalten, welche die fünfzigste Tafel zeigt. Sie versammelt drei Mauerfragmente und zeigt auf, daß die aneinandergrenzenden Ornamente niemals gleich sind. Diese Arabesken[366] bilden eine Art Mosaik aus quadratischen kleinen Steinen, die mit großer Kunstfertigkeit zusammengesetzt sind. Das Mosaik ist auf einer Tonmasse angebracht, die das Innere der Wände auszufüllen scheint, wie man es auch an einigen peruanischen Monumenten beobachtet. Die Länge dieser Mauern, wenn man sie in eine einzige Linie stellte, beträgt in Mitla nur ungefähr vierzig Meter; ihre Höhe ging wahrscheinlich nie über fünf oder sechs Meter hinaus. Indes vermochte dieses Bauwerk, wenn es auch recht klein war, durch die Anordnung seiner Teile und die elegante Gestalt seiner Ornamente zu beeindrucken. Einige Tempel Ägyptens, bei Syene, Philae, Elethyia und Latopolis oder Esneh[367], haben noch weniger beträchtliche Ausmaße.

In der Umgebung von Mitla stehen auch Überreste einer großen Pyramide und einige andere Bauten, die den soeben beschriebenen sehr ähnlich sind. Weiter im Süden, bei Guatemala, an einem *El Palenque* genannten Ort, beweisen die Ruinen einer ganzen Stadt den Geschmack der Völker toltekischer und aztekischer Rasse an architektonischen Ornamenten. Das Alter all dieser Bauwerke ist uns völlig unbekannt; es ist eher unwahrscheinlich, daß sie weiter als bis auf das dreizehnte oder vierzehnte Jahrhundert unserer Zeitrechnung zurückreichen.

Die *Zickzackfriese* des Palastes von Mitla weisen zweifelsohne eine erstaunliche Ähnlichkeit mit denen der Vasen Großgriechenlands und mit anderen Ornamenten auf, die man nahezu über den gesamten alten Kontinent verbreitet findet; indes habe ich an anderer Stelle bereits angemerkt, daß Ähnlichkeiten dieser Art hinsichtlich der früheren Verbindungen zwischen den Völkern sehr wenig beweisen

---

[366] Vergleiche oben, Tafel XXXIX.
[367] *Description de l'Égypte, monumens anciens*, Band I, Tafel XXXVIII, Abb. 5 und 6; Tafel LXXI, Abb. 1 und 2; Tafel LXIII und Tafel LXXXV.

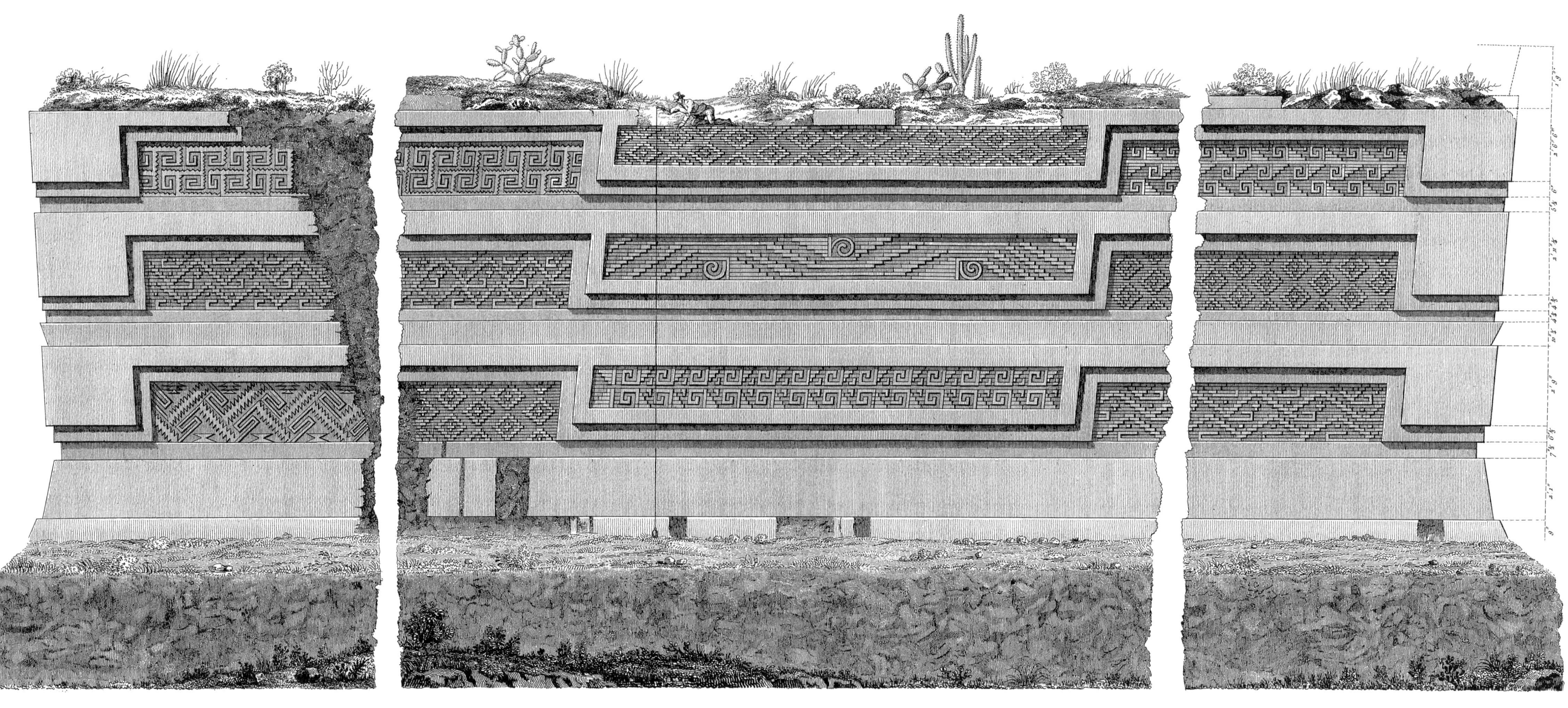

TAFEL L

und daß die Menschen in allen Zonen Gefallen an einer *rhythmischen Wiederholung* der gleichen Formen gefunden haben, an jener Wiederholung, die den Hauptcharakter dessen ausmacht, was wir unbestimmt *Zickzackfriese, Mäander* und *Arabesken* nennen. Mehr noch: Die Vollkommenheit dieser Ornamente deutet nicht einmal auf eine sehr fortgeschrittene Zivilisation des Volkes hin, das sie verwendet hat. Die interessante Reise des Ritters Krusenstern[368] hat uns Arabesken von bewundernswürdiger Eleganz zur Kenntnis gebracht, die mittels *Tätowierung* in die Haut der wildesten Bewohner der Washington-Inseln eingelassen waren.

[368] KRUSENSTERN, *Reise um die Welt,* Petersburg, 1810, Band I, S. 168. *Atlas,* Tafel 8, 10 und 16.

TAFEL LI

Ansicht des Corazón

DER VOM EWIGEN SCHNEE bedeckte Berg Corazón verdankt seinen Namen der Gestalt seines Gipfels, die ungefähr der eines *Herzens* gleicht. Ich habe ihn so gezeichnet, wie er sich auf dem *Alto de Puengasi* unweit der Stadt Quito zeigt. Dieser *Nevado* steht in der westlichen Kordillere, zwischen den Gipfeln des Pichincha und des Illiniza. Eine der Pyramiden von letzterem Berg[369] ist zur Linken zu sehen, über dem östlichen Abhang des Corazón. Die scheinbare Nähe dieser beiden Gipfel und der Kontrast ihrer Formen bieten einen sehr eigentümlichen Anblick.

Der Gipfel des Corazón war der Ort, an dem vor unserer Reise nach Amerika das Quecksilber an seinem tiefsten Punkt im Barometer beobachtet worden war. »Wir, Herr Bouguer und ich«, schreibt Herr de La Condamine in seiner historischen Einführung[370], »waren bei recht schönem Wetter aufgebrochen; unsere in den Zelten zurückgebliebenen Mitreisenden verloren uns in den Wolken, die für uns nur noch Nebel waren, seit wir darin eingetaucht waren, bald aus den Augen. Ein kalter, schneidender Wind überzog uns in kürzester Zeit mit Reif; an mehreren Stellen mußten wir den Fels mit Händen und Füßen erklimmen; schließlich erreichten wir den Gipfel. Als wir uns dort oben ansahen, eine ganze Seite unserer Kleider, eine Augenbraue und eine Hälfte des Bartes mit kleinen Eiskristallen gespickt, boten wir einander ein wunderliches Schauspiel. Das Quecksilber stand nur noch bei fünfzehn Zoll zehn Linien. Niemand hat das Barometer im Freien je so tief fallen sehen, und wahrscheinlich ist niemand je in größere Höhe hinaufgestiegen: Wir befanden uns 2470 Toisen über dem Meeresspiegel, und für die Richtigkeit dieser Bestimmung können wir bis auf vier oder fünf Toisen bürgen.«

Heute, da wir den Einfluß kennen, den die Temperatur und die Abnahme des Wärmestoffes auf die mittels eines Barometers durchgeführten Berechnungen

---

[369] Tafel XXXV. [370] *Journal d'un voyage à l'Équateur*, S. 58. Diese Exkursion fand im Juli 1738 statt.

TAFEL LI

haben, sei uns ein leichter Zweifel an der Genauigkeit einer Messung erlaubt, bei welcher der Fehler sich auf nicht einmal $^1/_{490}$ der Gesamthöhe belaufen sollte, wiewohl die Berechnung durch einfache Subtraktion der Logarithmen durchgeführt wurde. Herr de La Condamine hatte keine Instrumente dabei, als er den Krater des Rucu Pichincha besuchte. Wenn der berühmte Astronom damals eine Höhe erreichte, welche der jenes Felsens entsprach, von dem ich an anderer Stelle berichten werde und auf dem ich mit dem Indianer Felipe Aldas am 26. Mai 1802 beinahe ums Leben gekommen wäre, dann hat er sich ohne sein Wissen in großer Höhe befunden[371], als er es auf dem Gipfel des Corazón war. Die absolute Höhe dieses Felsens beträgt, nach der Formel des Herrn Laplace, 4858 Meter (2490 Toisen); folglich übersteigt sie die Höhe des 1738 von den französischen Akademisten gemessenen Punktes um beinahe vierzig Meter; darüber hinaus sind die Bestimmungen dieser Gelehrten durchweg von der Ungewißheit beeinträchtigt, die über die Höhe des Signals von Caraburu herrscht, dem Bouguer 2366 Meter (1214 Toisen) und Ulloa 2470 Meter (1268 Toisen) zuschreibt.

[371] Siehe meinen *Recueil d'observations astronomiques,* Band I, S. 308.

TAFELN LII UND LIII

Trachten der Indianer von Michoacán

DIE INDIANER DER PROVINZ VALLADOLID, des alten Königreichs von Michoacán, sind die gewerbfleißigsten von ganz Neu-Spanien. Sie zeigen ein bemerkenswertes Talent darin, kleine Holzfiguren zu schnitzen und mit Kostümen zu bekleiden, die aus dem Mark einer Wasserpflanze gefertigt sind. Dieses sehr poröse Mark nimmt die leuchtendsten Farben an; und spiralförmig geschnitten, liefert es Stücke von ansehnlicher Größe. Ich hatte für Ihre Majestät, die Königin von Preußen, eine mit viel Geschick hergerichtete Gruppe dieser indianischen Figuren mitgebracht. Diese Fürstin, die einen aufgeklärten Sinn für die Künste mit außerordentlicher Charaktergröße verband, ließ diejenigen der Figuren zeichnen, die unter dem Transport am wenigsten gelitten hatten. Diese Zeichnungen stellen die Tafeln LII und LIII vor; bei der sorgfältigen Betrachtung staunt man über die wunderliche Mischung der alten indianischen Tracht mit der von den spanischen Kolonisten eingeführten Kleidung.

TAFEL LII

TAFEL LIII

TAFEL LIV

Blick ins Kraterinnere des Pic von Teneriffa

DA DIE *ANSICHTEN DER KORDILLEREN* zugleich den *Pittoresken Atlas* des Berichtes meiner Tropenreise bilden, hat man geglaubt, diese Tafel beifügen zu können, wenngleich sie keinerlei Bezug auf den neuen Kontinent hat. Sie stellt den Gipfel des *Pitón* oder *Zuckerbrotes* vor, der die *Caldera* des Pic von Teneriffa einschließt. Man erkennt darauf den steilen Abhang des mit vulkanischer Asche bedeckten Kegels, eine ringförmige Lavamauer um den Krater, der nur noch eine Solfatara ist, und eine breite Bresche, die sich gegen Westen in dieser Mauer befindet. Ich hatte diese Zeichnung unter einem rein geologischen Blickwinkel skizziert; die steinartigen Lavamassen, zerfressen von der beständigen Wirkung der Schwefelsäuredämpfe, sind in Schichten übereinandergelagert, gleich den Bänken, die Berge aus sekundärer Formation aufweisen.

Diese Schichten, ähnlich denen, die man am Rand des alten Kraters des Vesuv, an seiner *Somma,* erkennt, scheinen das Ergebnis wiederholter Auswürfe zu sein. Sie setzen sich aus verglaster Lava, einem Porphyr auf Obsidianbasis und Pechstein zusammen. Seit Jahrhunderten besteht die Tätigkeit des Pic von Teneriffa, dessen senkrechte Höhe über neunzehnhundert Toisen beträgt, nur noch in seitlichen Ausbrüchen. Der letzte dieser Ausbrüche war der von Chahorra, der sich 1798 ereignete. Sieht man in der mit *Spartium nubigenum* bewachsenen Ebene die ungeheuren Massen der Auswürfe des Pic, so staunt man, wie klein der Krater ist, aus dem vermutlich so viel Asche, Bimsstein und Brocken von vulkanischem Glas geschleudert worden sind; doch Herr Cordier, der von allen Mineralogen am längsten auf der Insel Teneriffa weilte, hat die wichtige Beobachtung gemacht, daß der gegenwärtige Krater, die *Caldera* des *Pitón*, nicht

TAFEL LIV

die Hauptöffnung des Vulkans ist. Dieser gelehrte Reisende hat auf dem nördlichen Abhang des Pic einen Trichter von ungeheurer Größe entdeckt, der bei den früheren Ausbrüchen des Vulkans von Teneriffa die Hauptrolle gespielt zu haben scheint.

SUPPLEMENT

TAFELN LV UND LVI

Fragmente von Hieroglyphen-Malereien aus dem Codex Telleriano-Remensis

DIE PARISER BIBLIOTHEK besitzt kein Original eines mexikanischen Manuskripts, indes liegt dort ein sehr kostbarer Band, worin ein Spanier, der in Neu-Spanien lebte, gegen Ende des sechzehnten oder Anfang des siebzehnten Jahrhunderts eine Vielzahl von Hieroglyphen-Gemälden kopiert hat. Diese Kopien sind im allgemeinen mit Sorgfalt verfertigt; sie tragen den Charakter der Originalzeichnungen, wie man anhand der in den Handschriften von Wien, Veletri und Rom wiederholt vorkommenden symbolischen Figuren beurteilen kann. Der kaum bekannte Band[372], dem wir die Fragmente auf den Tafeln LV und LVI entnommen haben, hat einstmals dem Erzbischof von Reims, Le Tellier, gehört; man weiß nicht, auf welchem Weg er in dessen Hände geraten war. Äußerlich gleicht er jenem Manuskript, das unter der Nummer 3738 in der Bibliothek des Vatikan liegt. Jede Hieroglyphenfigur ist von mehreren Erklärungen begleitet, die offensichtlich zu verschiedenen Zeiten sowohl in mexikanischer als auch in spanischer Sprache geschrieben worden sind. Wahrscheinlich wurden diese Anmerkungen, die einiges Licht in die Geschichte, die Chronologie und den Kultus der Azteken bringen, von einem spanischen Geistlichen in Mexiko selbst und nach dem Diktat der Eingeborenen verfaßt. Sie sind lehrreicher als diejenigen, die man in der *Raccolta di Mendoza* findet, und die mexikanischen Namen sind hier sehr viel richtiger wiedergegeben.

Der *Codex mexicanus Tellerianus* umfaßt die Kopien dreier verschiedener Werke, deren erstes ein Ritual-Almanach ist, das zweite ein Astrologie-Buch und

---

[372] Manuskript von 96 Seiten in Folio, unter dem Titel *Geroglyficos de que usavan los Mexicanos*. (Codex Telleriano-Remensis 14. Register-Nr. 1616).

Fig. 1.

Fig. 2.

Fig. 3.

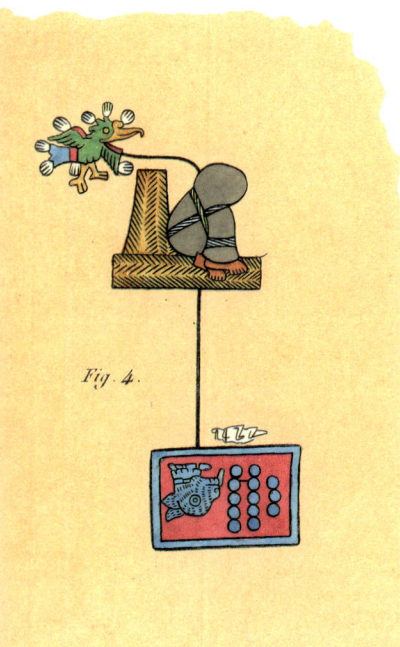
Fig. 4.

Fig. 5.

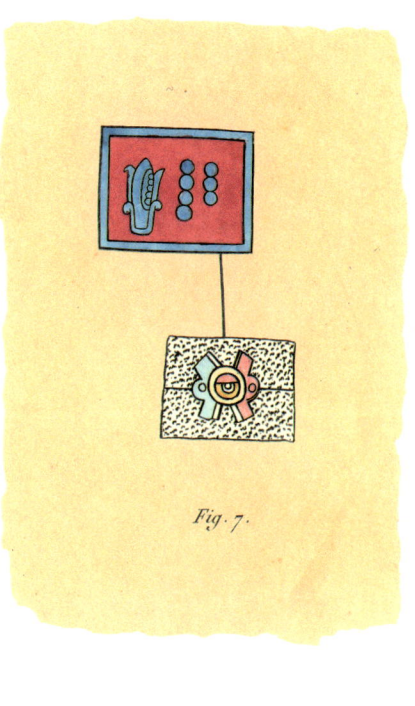
Fig. 7.

Fig. 8.

Fig. 6.

Fig. 9.

TAFEL LV

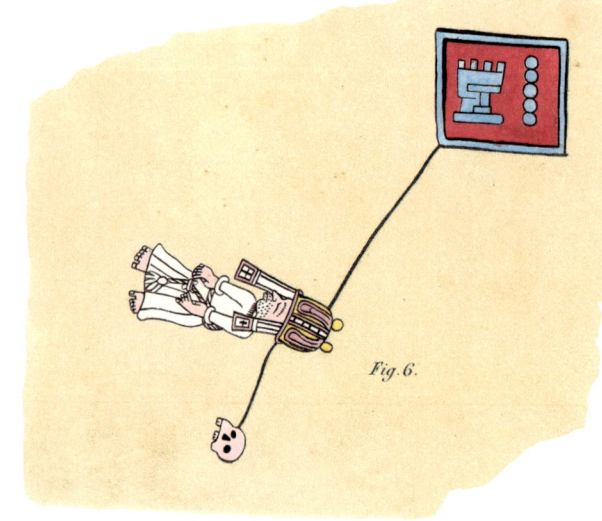

TAFEL LVI

das dritte eine mexikanische Geschichte vom Jahr 5 *tochtli* oder 1197 bis zum Jahr 4 *calli* oder 1561. Wir wollen hier einen kurzen Abriß dieser drei Manuskripte geben.

1. *Ritualbuch.* Darin findet man die Bildnisse von zwölf toltekischen und aztekischen Gottheiten sowie die Hauptfeste, die den achtzehn Monaten des Jahres ihren Namen gegeben haben; zum Beispiel die Feste von Tecuilhuitontl oder *aller Herren;* von Micaylhuitl oder *aller Toten;* von Quecholi usf. Die Hieroglyphe der fünf Zusatztage beschließt die Reihe der Feste.[373] Der Besitzer des Manuskripts hat in seinen Anmerkungen das irrige System übernommen, nach dem vermutet wird, das mexikanische Jahr habe achtzehn Tage vor der Frühlings-Tagundnachtgleiche begonnen.

2. *Astrologischer Teil.* Darin findet man die Angabe, welche Tage als neutral, glücklich oder unglücklich gelten müssen. Unter letzteren gibt es elf, welche die Mexikaner als höchst gefährlich für den häuslichen Frieden ansahen. Die Männer mußten die Frauen fürchten, die zu diesem Zeitpunkt geboren waren, und man kann vermuten, daß diese sehr darauf bedacht waren, entweder den astrologischen Almanach oder den Tag ihrer Geburt zu verbergen. Untreue wurde zwar als Wirkung eines blinden Schicksals angesehen, deswegen aber durch das Gesetz nicht weniger streng bestraft. Der ehebrüchigen Frau legte man einen Strick um den Hals und schleifte sie auf einen öffentlichen Platz, wo sie in Anwesenheit des Ehemannes gesteinigt wurde. Diese Bestrafung ist auf dem neunten Blatt der Handschrift dargestellt.[374]

3. *Annalen des mexikanischen Reiches.* Sie umfassen dreihundertvierundsechzig Jahre. Dieser Teil des Werkes, von dem Boturini, Clavijero und Gama keine Kenntnis hatten und der von größter Authentizität zu sein scheint, verdient es, von jedem, der eine klassische Geschichte der mexikanischen Völker zu verfassen gedenkt, herangezogen zu werden. Vom Jahr 1197 bis in die Mitte des fünfzehnten Jahrhunderts geben diese Annalen nur eine kleine Zahl von Ereignissen wieder, oft nur eines oder zwei in einem Zeitraum von dreizehn Jahren; ab 1454 wird der Bericht ausführlicher, und von 1472 bis 1549 findet man darin im einzelnen und fast Jahr für Jahr, was der physische und politische Zustand des Landes an Bemerkenswertem geboten hat. Es fehlen die Seiten, welche die Perioden von 1274 bis 1385, von 1496 bis 1502 und von 1518 bis 1529 umfassen. In letzterem Zeitraum fällt der Einzug der Spanier nach México. Die Malereien sind ungestalt, doch oft von großer Naivität. Unter den beachtenswerten Gegen-

[373] Tafel LV, Abb. 1. [374] Ebenda, Abb. 2.

ständen wollen wir das Bild des Königs Huitzilihuitl anführen, der, da er von seiner Ehefrau keine rechtmäßigen Kinder bekommen hatte, eine Malerin zur Mätresse nahm[375] und der im Jahr 13 *tochtli* oder 1414 starb[376]; die Schneefälle in den Jahren 1447 und 1503, die unter den Eingeborenen viele Todesfälle verursachten, indem sie die Saat vernichteten[377]; die Erdbeben von 1460[378], 1462, 1468, 1480, 1495, 1507, 1533 und 1542; die Sonnenfinsternisse[379] von 1476, 1496, 1507, 1510 und 1531; das erste Menschenopfer[380]; das Erscheinen zweier Kometen 1490[381] und 1529; Ankunft[382] und Tod[383] des ersten Bischofs von México, Fray Juan Zumárraga, 1532 und 1549; der Aufbruch von Nuño de Guzmán zur Eroberung von Xalisco[384]; der Tod des berühmten Pedro Alvarado, wegen seines blonden Haars von den Eingeborenen *Tonatiuh*, Sonne, genannt[385]; die Taufe eines Indianers durch einen Mönch[386]; eine Epidemie, die unter dem Vizekönig Mendoza 1544 und 1545 Mexiko entvölkerte[387]; der Aufstand und die Bestrafung der Neger von México im Jahr 1537[388]; ein Sturm, der die Wälder verwüstete[389]; die Verheerungen, welche die Pocken 1538 unter den Indianern anrichteten[390], usf.

Wenn die Annalen des Manuskripts von Le Tellier auch mit der Chronologie übereinstimmen, die von Clavijero in einer Abhandlung des vierten Bandes seiner Geschichte des alten Mexiko angenommen wird[391], so weicht die Korrespondenz der aztekischen und christlichen Jahre um so mehr von derjenigen ab, die Boturini und Acosta befolgten. Die Annalen beginnen im Jahr 5 *tochtli* oder 1197, zur Zeit der Ankunft der Mexikaner in Tula, an der nördlichen Grenze des Tals von Tenochtitlán. Der große Komet, dessen Erscheinen neben der Hieroglyphe des Jahres 11 *tochtli* oder 1490 steht, ist derjenige, der als Vorzeichen für die Ankunft der Spanier in Amerika gedeutet wurde. Bei dieser Gelegenheit ließ Moctezuma den Hofastrologen, dessen Spruch ihn verdroß, töten.[392] Die finsteren Vorzeichen setzten sich bis 1509 fort, als man, dem Manuskript von Le Tellier zufolge, gegen Osten vierzig Nächte lang ein helles Licht sah. Dieses Licht, das von der Erde selbst aufzusteigen schien, war vielleicht das Zodiakallicht, dessen Intensität unter den Wendekreisen sehr stark und sehr ungleichmäßig ist. Das Volk betrachtet die gewöhnlichsten Phänomene als neu, sobald es dem Aberglauben beliebt, einen geheimnisvollen Sinn daran zu knüpfen.

---

[375] Ebenda, Abb. 3.
[376] Ebenda, Abb. 4.
[377] Ebenda, Abb. 5 und 6.
[378] Ebenda, Abb. 7, und Tafel LVI, Abb. 2.
[379] Tafel LVI, Abb. 7.
[380] Siehe oben, S. 126.
[381] Tafel LV, Abb. 8.
[382] Tafel LVI, Abb. 1.
[383] Ebenda, Abb. 6.
[384] Tafel LV, Abb. 9.
[385] Tafel LVI, Abb. 4.
[386] Ebenda.
[387] Tafel LVI, Abb. 5.
[388] Ebenda, Abb. 2.
[389] Ebenda, Abb. 5.
[390] Ebenda, Abb. 3.
[391] *Storia antica del Messico*, Band IV, S. 51.
[392] Clavijero, Band I, S. 288.

Die Kometen von 1490 und 1529 sind entweder solche, die in der Nähe des Südpols erschienen sind, oder jene, von denen Pater Pingré berichtet[393], sie seien auch in Europa und China gesehen worden. Es ist bemerkenswert, daß die Hieroglyphe der Sonnenfinsternis aus den Scheiben von Mond und Sonne zusammengesetzt ist, von denen die eine sich vor die andere schiebt.[394] Dieses Symbol beweist genaue Kenntnisse über die Ursache der Finsternisse; es erinnert an den allegorischen Tanz der mexikanischen Priester, der den Mond beim Verschlingen der Sonne darstellte. Die Finsternisse des letzteren Gestirns, die den Jahren *Matlactli Tecpatl, Nahui Tecpatl* und *Ome Acatl* entsprechen, sind die vom 25. Februar 1476, vom 8. August 1496, vom 13. Januar 1507 und vom 8. Mai 1510; all dies sind Fixpunkte für die mexikanische Chronologie. *L'Art de vérifier les dates* erwähnt keinerlei Sonnenfinsternis im Jahr 1531, während unsere Annalen eine solche für *Matlactli Ome Acatl* angeben, was in unserer Zeitrechnung diesem Jahr entspricht. Die Sonnenfinsternis von 1476 hat den mexikanischen Geschichtsschreibern dazu gedient, den Zeitpunkt des Sieges zu bestimmen, den der König Axayacatl über die Matlatzinca errang; das ist diejenige, über die Herr Gama so viele Berechnungen angestellt hat.[395]

Ich weiß nicht, welches das Phänomen[396] ist, das im Kommentar oft durch folgende Worte bezeichnet wird: »In diesem Jahr ging von dem Stern Rauch aus.« Der Vulkan Orizaba trug den Namen Citlaltépetl, Berg des Sternes, und man könnte glauben, daß die Annalen des Reiches die verschiedenen Ausbrüche dieses Vulkans verzeichneten. Indes steht auf der Seite 86 des Manuskripts von Le Tellier ausdrücklich, »der rauchende Stern, *la estrella que humeava,* sei *Sitlal choloha,* den die Spanier Venus nennen und um den sich tausend fabelhafte Sagen rankten«. Nun frage ich mich, welche optische Täuschung der Venus den Anschein eines Sternes geben mag, von dem Rauch ausgeht? Könnte von einer Art Hof die Rede sein, der sich um den Planeten gebildet hätte? Da der Vulkan Orizaba östlich der Stadt Cholula gelegen ist und sein flammender Krater nachts einem aufgehenden Stern gleicht, hat man in einer symbolischen Sprache vielleicht den Vulkan und den Morgenstern verwechselt. Der Name, den die Venus unter den Eingeborenen aztekischer Rasse noch heute trägt, lautet *Tlazolteotl.*

---

[393] *Cométographie,* Band I, S. 478 und 486.
[394] Tafel LVI, Abb. 7. Siehe oben, S. 230.
[395] GAMA, *Descripción histórica y cronológica de las dos piedras,* S. 85–89.
TORQUEMADA, Band I, Buch II, Kap. 59. BOTURINI, § 8, Nr. 13.
[396] Tafel LVI, Abb. 2.

TAFEL LVII

Fragment eines christlichen Kalenders, aus den aztekischen Handschriften der Königlichen Bibliothek zu Berlin

DIES IST DER NACH DER ANKUNFT der Spanier angefertigte Hieroglyphen-Kalender, von dem wir zu Beginn dieses Werkes gesprochen haben.[397] Das Papier besteht aus *metl;* die Figuren sind einfach skizziert und ohne Farben gehalten, wie auf einigen Binden ägyptischer Mumien; es handelt sich eher um Schrift als um Malerei. Die Festtage sind durch die Kreise angezeigt, welche die Einheiten bezeichnen. Der Heilige Geist ist in Gestalt des mexikanischen Adlers, *cozcaquauhtli,* dargestellt. Zu der Zeit, da dieser Kalender angefertigt wurde, vermengten sich Christentum und mexikanische Mythologie. »Die Missionare duldeten diese Vermischung, wodurch der christliche Kultus viel leichter bei den Eingeborenen Zugang fand, nicht nur, sondern begünstigten sie sogar bis zu einem gewissen Punkt, sie versicherten sie, daß das Evangelium in uralten Zeiten schon in Amerika gepredigt worden sei, und suchten in dem aztekischen Ritus die Spuren davon mit dem nämlichen Eifer auf, mit welchem die Gelehrten unserer Tage, die sich dem Studium des Sanskrit ergeben haben, die Analogie der griechischen Mythologie mit der des Ganges und des Brahmaputra darzutun sich bestreben.«[398]

[397] S. 109. [398] *Essai politique sur le royaume de la Nouvelle-Espagne,* Band I, S. 95.

TAFEL LVII

TAFELN LVIII UND LIX

Hieroglyphen-Gemälde aus der Raccolta di Mendoza

DIESE TAFELN DIENEN DAZU, einiges Licht in das zu bringen, was wir zuvor über den Ritus und die Sitten der alten Mexikaner gesagt haben.[399] Wir könnten das interessante Manuskript, das unter dem Namen *Raccolta di Mendoza* bekannt ist, nicht besser vorstellen, als indem wir hier die Erklärung wiedergeben, die Herr de Palin in seinem Werk *De l'étude des hiéroglyphes* davon geliefert hat. Wir stimmen bei weitem nicht in allen von diesem geistreichen Autor hergestellten Bezügen mit ihm überein; indes meinen wir, daß es ein schöner und fruchtbarer Gedanke ist, alle Völker der Erde als einer einzigen Familie zugehörig zu betrachten und in den chinesischen, ägyptischen, persischen und amerikanischen Symbolen den Typus einer Zeichensprache zu erkennen, die sozusagen der gesamten Gattung gemeinsam ist und die das natürliche Produkt der geistigen Fähigkeiten des Menschen darstellt.

»Die von Purchas und Thevenot überlieferte Sammlung stellt, in drei Teilen, die Gründung des Stadtstaates und sein Anwachsen durch die Eroberungen seiner Fürsten dar; seinen Unterhalt durch die Tribute, welche die eroberten Städte zahlen; seine Institutionen und das Leben der Bürger im einzelnen. All dies ist auf den ersten Blick zu erkennen: Zuerst sieht man die zehn Oberhäupter der Gründungskolonie des Reiches, mit den Symbolen ihrer Namen über den Köpfen. Sie stoßen auf die Gegenstände, die das Wappen der Stadt México bilden; der Fels mit dem Feigenkaktus, auf dem ein Adler sitzt[400], erinnert an den Adler auf einem Baum und den Kelch, den der Gott Astrochiton als Erkennungszeichen für den Ort angab, wo Tyr gebaut werden sollte.[401] Ein Haus oder eine Hütte bezeichnet die neue Stadt[402]; ein Schild mit Pfeilen die Besetzung mit Waffengewalt.[403] Durch die Symbole neben den zwei anderen, von Kämpfenden umringten Häusern

---
[399] S. 105 f.
[400] Tafel LVIII, Abb. 1
[401] NONNUS, XL, Vers 4773.
[402] *Monumentum de Rosette,* und DENON, Tafel CXXXIII.
[403] HORAPOLLON, II, 5, 12.

erfahren wir die Namen der ersten beiden eroberten Städte. Die übrige Geschichte ist im gleichen Geiste und aus ähnlichen Elementen gebildet: Überall sieht man Waffen, das Instrument der Eroberung, zwischen den Figuren des erobernden Fürsten und den besiegten Städten, mit den Symbolen ihrer Namen und der Jahre. Letztere sind neben der Darstellung jedes Ereignisses in einer Art Rahmen angebracht, der die Bilder umgibt und der die Hieroglyphen eines chronologischen Zyklus von zweiundfünfzig Jahren enthält.

Die Aufstellung der Steuern bildet den zweiten Teil der *Sammlung von Mendoza,* der sich zusammensetzt aus den Namen der tributpflichtigen Städte und den Gegenständen, die jede von ihnen gehalten war, in Naturalien bei der Schatzkammer und den Tempeln abzuliefern, die zu Beginn der Liste durch das Symbol *calli* bezeichnet sind. Diese Gegenstände bestehen in allen nützlichen Erzeugnissen der Natur und der Kunst; Gold[404], Silber und Edelsteine; Waffen, Matten, Mäntel und Decken[405]; Tiere und Vögel, Federn; Kakao, Mais und Gemüse; buntes Papier, Borax, Salz usf. Sie sind entweder dargestellt, indem der Behälter für den Inhalt steht, durch Vasen[406], Körbe, Säcke, Kisten und Bündel in bestimmten Formen, oder durch Abbildung ihrer eigenen Gestalt. Die Quantität wird mittels Zahlenzeichen ausgedrückt, welche die Einheiten durch Punkte und Kugeln bezeichnen; die Zwanziger durch ein Zeichen, das man unter den Hieroglyphen wiederfindet[407]; vierhundert oder zwanzig mal zwanzig durch eine Ähre[408], eine Ananas oder eine Feder, in die man Goldsand füllte; zwanzig mal vierhundert oder achttausend durch einen Beutel[409], was angeblich von dem Brauch herrührte, achttausend Kakaonüsse in einen Sack zu füllen; auf die gleiche Art wurde im späten Römischen Reich eine Summe Geld bezeichnet, und in den Ottomanischen Staaten ist dies noch immer üblich.

Diese Methode und diese Bezeichnungen deuten in dem mexikanischen Buch auf den Ursprung der Zahlensymbole hin. Man sieht, wieviel Ähnlichkeit dieses Gemälde, das den Zustand einer ursprünglichen Gesellschaft darstellt, mit den historischen Inschriften in den Ruinen von Theben aufweist, von denen Tacitus spricht und in denen eine lange Liste von Eroberungen gleichfalls von einem Verzeichnis der in Naturalien gezahlten Tribute der unterworfenen Völker gefolgt war.[410] Die Gesetze sowie die religiösen Vorschriften der Mysterien wurden in

---

[404] TAFEL LVIII, Abb. 5.
[405] Ebenda, Abb. 9.
[406] Ebenda, Abb. 6.
[407] Ebenda, Abb. 5.
[408] Ebenda, Abb. 10.
[409] Ebenda, Abb. 16.

[410] *Legebantur et indicta gentibus tributa, pondus argenti et auri, numerus armorum equorumque, et dona templis, ebur atque odores, quasque copias frumenti et omnium utensilium quaeque natio penderet.* [Vorgelesen wurden auch die den Völkern auferlegten Tribute, das Gewicht des Silbers und Goldes, die Anzahl der Waffen und Pferde und, als Gaben für die Tempel, Elfenbein und Räucherwerk, ferner welche Mengen von Getreide und Gebrauchsgütern jeglicher Art jedes Volk entrichten sollte.]

den Tempeln und auf Mumienkästen ausgestellt; wie jene Bilder der Mysterien von Eleusis, gefertigt nach dem Muster derer Ägyptens, die das Leben von der Wiege bis zu den Pforten des Todes nachzeichneten.[411]

Mexikanische Gesetze bilden den dritten Teil der von uns untersuchten Handschrift, die das gesamte Leben der Bürger umfaßt, indem jene ihnen das Bild aller Handlungen vor Augen führt, die das Gesetz vorschreibt, und sie ihnen als Modell vorführt. Ebenso wie Amulett-Hieroglyphen im Optativ zu verstehen sind, hat man dieses ganze Stück im Imperativ zu lesen: daß die Mutter das Kind in der Wiege unterweise, indem sie das Wort an es richte, versinnbildlicht durch eine Zunge; daß das Kind vom ersten Tag seiner Geburt an, gekennzeichnet durch eine mit der Wiege verbundene Blume, gefolgt von drei weiteren, in die Wiege gelegt werde; daß es die Hebamme, nachdem sie es den Göttern geweiht habe[412], am fünften Tag im Hof wasche, inmitten der Waffen oder Werkzeuge, die für die Arbeiten seines Geschlechts notwendig sind. Diese Zeremonie wird in Anwesenheit dreier Kinder abgehalten (stellvertretend für die Kinder überhaupt), die dem Neugeborenen einen Namen geben und seine Geburt feiern, indem sie Mais essen.[413] In der Inschrift von Rosette befiehlt ein Dekret das gleiche, und mittels einer ähnlichen Darstellung: drei Zelebranten in Verbindung mit drei Blumen für den festlichen Charakter des Tages der Geburt, der auch durch den Sonnenaufgang dargestellt wird.[414] Alle Einzelheiten dieses Gemäldes oder dieser mexikanischen Gesetzestafel erinnern an die Taufe der Proselyten im Judaismus, in Anwesenheit von drei Zeugen, und an die $\dot{\alpha}\mu\varphi\iota\delta\varrho\acute{o}\mu\iota\alpha$ [amphidrómia, Amphidromien: Tauffest] der Griechen, bei denen das Kind am fünften Lebenstag den Göttern geweiht wurde und nach der Durchführung von Reinigungszeremonien einen Namen erhielt. In dieser ersten Abteilung befiehlt das Gesetz weiterhin, daß die Eltern das Kind in der Wiege vor den Hohenpriester und den Waffenmeister bringen und über seine künftige Bestimmung nachdenken. Seine Erziehung wird durch die Gemälde der folgenden Tafeln vorgeschrieben, welche die mündliche Unterweisung darstellen und die Ration der halben und der ganzen Fladen mit dem hermetischen Zeichen der Sieben[415] anzeigen, welche die Eltern ihren drei- und vierjährigen Kindern zu geben haben. Die Zahlen der Jahre sind durch Kreise angegeben, wie in den Hieroglyphen und in der Sprache der Römer. Mit fünf Jahren trägt der Junge Lasten, und das Mädchen sieht der Mutter beim Spinnen zu; mit sechs spinnt das Mädchen selbst und bekommt, wie der Junge,

---

[411] THEMISTIUS, in STOBAEUS, *Sermones* 119, S. 104.
[412] Mit fünf Gebeten an die Götter, die über Himmel und Wasser herrschen, an alle Götter, an den Mond und an die Sonne.
[413] Tafel LIX, Abb. 1.
[414] *Analyse de l'Inscription de Rosette*, S. 145.
[415] Tafel LIX, Abb. 2.

anderthalb Fladen je Mahlzeit. Mit acht Jahren werden den ungehorsamen und faulen Kindern die Instrumente der Bestrafung gezeigt; man droht ihnen; gezüchtigt werden sie indes erst mit zehn Jahren.[416] Mit dreizehn und vierzehn Jahren beteiligen sich die Kinder beiderlei Geschlechts an der Arbeit der Eltern; sie rudern, sie fischen, oder sie kochen und fertigen Stoffe.[417] Mit fünfzehn Jahren bringt der Vater zwei Söhne zu zwei verschiedenen Lehrern im Tempel und in der Militärschule; es ist das Alter, einen Stand zu wählen; das Mädchen erhält ihn, indem es heiratet. Von da an werden die Jahre nicht mehr gezählt; den jungen Mann sieht man den Priestern und den Kriegern folgen und dienen, und in dieser doppelten Laufbahn erhält er Unterweisungen und Strafen. Er gelangt zu den Ehren seiner Ämter, den mit Wappen verzierten Schutzschilden, mit denen edle Taten belohnt werden, dem roten Band, mit dem die Stirn des in den Stand erhobenen Ritters geschmückt wird, und zu den anderen Auszeichnungen, die der Herrscher für Tapferkeit gewährt, je nach Zahl der gefangengenommenen Feinde; diese verschiedenen Grade sind vom einfachen Soldaten bis zu den höchsten Oberhäuptern und Generalen der Armee aufgeführt, bis hin sogar zum aufständischen und bestraften Kaziken. Die Geschichte dieses Kaziken läßt amtierende Staatsboten, Spione, Schergen, Richter, die großen Gerichte des Reiches und schließlich den Herrscher selbst, auf seinem Thron sitzend, auftreten.

Auf diese Bilder folgen Darstellungen von einigen Berufen, die Vorschriften erhalten, und von einigen Delikten mit ihren Strafen. Das Ganze schließt mit dem Mann und der Frau im Alter von siebzig Jahren, die am Rande des Grabes und inmitten ihrer Nachkommenschaft das persische königliche Privileg genießen, sich zu betrinken und sich dem Gesetz zu entziehen, um ihre Mühsal zu vergessen.[418] Der Kreis, der das Jahr bezeichnet, kommt hier mehrfach vor, jedoch unterteilt durch ein doppeltes griechisches Kreuz und mit dem numerischen Zeichen für Zwanzig darüber, das jeweils zwanzig Jahre anzeigen soll. Unter anderen Schriftzeichen in diesem Teil des Werkes soll dasjenige für den Nachthimmel hervorgehoben werden, der von einem Priester und Astronomen beobachtet wird.[419] Dieser Kreisabschnitt oder Bogen, der von kleinen Kreisen mit Augen bedeckt ist, erinnert an die ägyptische Hieroglyphe des Himmels und ihre mit Augen bedeckten Bilder.«[420]

[416] Ebenda, Abb. 3 und 4.
[417] Tafel LVIII, Abb. 12.
[418] Tafel LIV, Abb. 7.
[419] Tafel LVIII, Abb. 8.
[420] PALIN, *De l'étude des hiéroglyphes*, Band I, S. 88–97.
Da der Originaltext durch typographische Fehler entstellt ist, wurden leichte Änderungen vorgenommen, ohne die einige Sätze unverständlich gewesen wären.

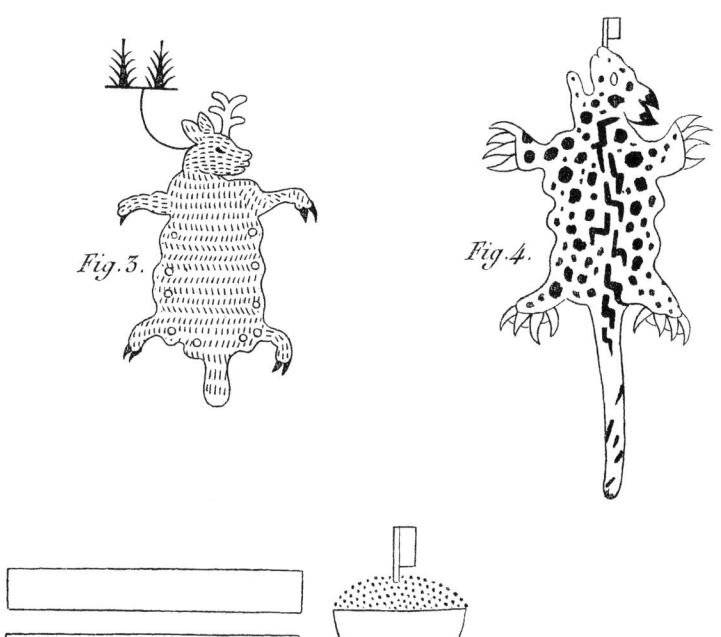

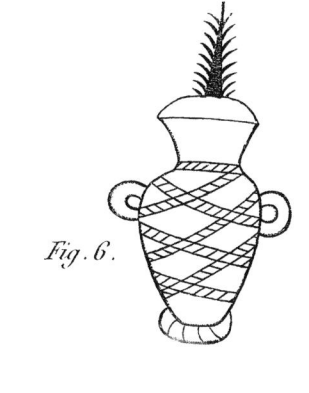

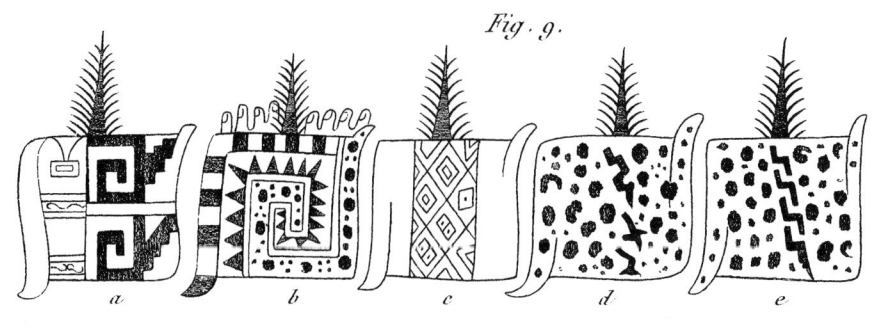

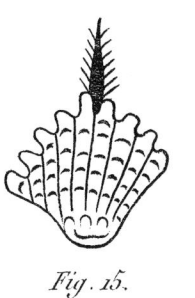

TAFEL LVIII

TAFEL LIX

Nun wollen wir die Anmerkungen verzeichnen, dem mexikanischen Text folgend, die der *Sammlung von Mendoza* in den beiden Ausgaben von Purchas[421] und Thevenot[422] beigefügt sind.

Tafel LVIII, Abb. 1. Die zehn Gründer von Tenochtitlán: *a,* Acacitli; *b,* Quapan; *c,* Ocelopan; *d,* Aguexotl; *e,* Tecineuh; *f,* Tenuch; *g,* Xominitl; *h,* Xocoyol; *i,* Xiuhcaqui; *k,* Acotl. Die Stadt Tenochtitlán wird durch die Waffen angezeigt, mit denen das Gelände erobert wurde, auf dem man sie erbaute; über diesen Waffen sieht man den Tuna oder Feigenkaktus, *m,* auf einem Felsen stehend; und den Adler, *n,* auf dem Feigenkaktus sitzend. (Eine alte Prophezeiung besagte, daß die Wanderungen der Azteken erst dann ein Ende fänden, wenn die Oberhäupter des Volkes einem Adler auf einem Kaktus begegneten. Die Stelle, wo dieses Wunder geschähe, sollte der Standort der neuen Stadt sein.) Die Linien *t,* die ein Kreuz bilden, bezeichnen entweder Dämme oder die Kanäle, die das von den Gründern Tenochtitláns bewohnte Sumpfland durchzogen.

Abb. 2. a, zehn Jahre der Herrschaft des Chimalpopoca *b;* ein Schutzschild *c* und Wurfspieße, um die Eroberung von Tequixquiac *d* und von Chalco *e* zu bezeichnen. Tod des Chimalpopoca *f.* Aufstand der Bewohner von Chalco *g.* Sie zerstören vier feindliche Boote *h* und töten fünf Mexikaner *i.* (Man muß sich wundern, daß sich die Erinnerung an ein so geringfügiges Ereignis über die Jahrhunderte erhalten hat.)

Abb. 3. Tribut von achthundert Jaguarfellen.

Abb. 4. Tribut von zwanzig Jaguarfellen.

Abb. 5. Tribut von Goldbarren und Goldstaub.

Abb. 6. Tribut von vierhundert Töpfen Honig, gewonnen aus der Maguey-Pflanze, Agave americana.

Abb. 7. Krieger vom Orden der Priester.

Abb. 8. »Einer der Hauptpriester, *a,* geht in der Nacht, *d,* ins Gebirge, um dort Buße zu tun; er trägt Feuer und einen Beutel mit duftendem Kopalharz; ein Novize, *b,* folgt ihm. Ein anderer Priester, *c,* spielt nachts auf einem Musikinstrument namens *teponatztli*. Ein dritter Priester, *f,* erkennt die gegenwärtige Stunde, indem er die Sterne beobachtet, *e.*«

Abb. 9. Tribut von Stoffen, die als Kleidung dienen. Jeder Ballen (*a, b, c, d* und *e*) enthält vierhundert Stücke, wie die beigefügte Zahl anzeigt.

Abb. 10 und 11. Idem.

---

[421] *Pilgrimes, in five books,* Band III, S. 1068, 1071, 1085, 1087, 1089, 1091 und 1097.
[422] *Relation de divers voyages curieux,* Band II, S. 47.

Abb. 12. Eine Mutter, *n,* unterweist ihre Tochter, *o,* im Weben, *q.*

Abb. 13. Ein Goldschmied beim Unterweisen seines Sohnes.

Abb. 14. Tribut: zehn mal vierhundert oder viertausend Matten und ebenso viele Binsensessel.

Abb. 15. Tribut: vierhundert Meeresmuscheln von den Küsten von Colima.

Abb. 16. Tribut: achttausend Packen Kopal.

Tafel LIX, *Abb. 1.* »Die Figur *a* ist eine Frau, die gerade niedergekommen ist. Ihr Kind wurde in die Wiege gelegt, *c;* und vier Tage später, gekennzeichnet durch die vier Kreise, *b,* trug die Hebamme, *d,* das nackte Kind in den Hof des Hauses der Wöchnerin und legte es auf *Tule* genannte Binsen, *i,* die auf der Erde ausgebreitet waren; drei kleine Jungen, *f, g, h,* die nahe bei diesen Binsen saßen, aßen *ixicue* oder gerösteten Mais mit gekochten Bohnen, dargestellt durch ein vor ihnen stehendes Gefäß. Nachdem die Hebamme das Kind gewaschen hatte, sagte sie zu diesen Jungen, sie möchten es bei dem Namen rufen, den es tragen sollte. Wenn man das Kind zum Waschen trug, so gab man ihm, wenn es ein Junge war, die Werkzeuge in die Hand, *e,* die sein Vater in seinem Beruf benutzte: einen Schild und Wurfspieße zum Beispiel, wenn der Vater dem Waffenstand angehörte; und wenn es ein Mädchen war, Spindel und Rocken, *l,* einen Korb, *m,* einen Besen, *k.* Nachdem diese Zeremonie (der Waschung und der Taufe) vollzogen war, trug die Hebamme das Kind zurück zu seiner Mutter. Wenn der Junge Sohn eines Kriegsmannes war, so begrub man den Schild und die Wurfspieße in der Nähe des Ortes, wo er wahrscheinlich eines Tage gegen die Feinde kämpfen müßte; und die Werkzeuge der Mädchen begrub man unter einem *metate* genannten Stein, auf dem man die Maisfladen knetete. Wenn der Vater, *q,* und die Mutter, *r,* des Kindes wollten, daß es sich dem geistlichen Stand weihte, so trugen sie es am zwanzigsten Tag nach der Waschung zum Tempel. Sie hoben es dem Altar entgegen und brachten Opfergaben aus reichen Stoffen und Eßwaren dar. Wenn das Kind alt genug war, wurde es dem Hohenpriester, *n,* übergeben, damit dieser es in der Opferordnung unterweise. Wenn die Eltern wollten, daß das Kind Waffen trug, so übergab man es dem Teachauch, *p,* dem es oblag, die jungen Männer die Kriegskunst zu lehren.«

Abb. 2. »Ration oder Nahrungsmenge, die den Kindern bei jeder Mahlzeit zustand; der Vater, *a,* unterweist seinen Sohn, *c,* der drei Jahre alt ist, wie durch die drei Kreise angezeigt, *b.* Der Junge dieses Alters bekam zu jeder Mahlzeit einen halben Maisfladen, *d.* Die Mutter unterweist das dreijährige Mädchen, *g;* auch das Mädchen bekam die Ration eines halben Fladens, *f.*«

Abb. 3 und 4. Bestrafungen der Kinder; man sticht sie mit Maguey-Blättern: man setzt sie dem Rauch von Pfefferschoten aus.

Abb. 5. Die Ehebrecherin und ihr Geliebter, aneinandergefesselt, um gesteinigt zu werden. Siehe das Manuskript von Le Tellier in der Pariser Bibliothek, Tafel IV, Abb. 2.

Abb. 6. »Der Vater, *a*, übergibt einen seiner Söhne, *b*, im Alter von fünfzehn Jahren in die Hände des *Tlamacazqui*, *c*, oder Hohenpriesters des Tempels Calmacac, *d*, damit jener ihn unterweise und einen Priester aus ihm mache. Ein anderer Sohn, *e*, gleichen Alters, *h*, wird von seinem Vater in die Schule, *g*, geschickt, um dort von dem Lehrer unterrichtet zu werden, der für die Kinder bestellt ist.«

»Wenn ein Mädchen heiratete, so trug sie der *Amanteza* oder Heiratsvermittler, *i*, gegen Abend auf seinem Rücken, *w*, zu dem Jungen, der sie ehelichen sollte; ihm wurde von vier Frauen geleuchtet, *x, z*, die alle eine Art Fackel aus Kiefernholz in der Hand hielten, gekennzeichnet durch die Zahlen 1, 2, 3 und 4. Die Eltern des Jungen empfangen das Mädchen am Eingang zum Hof ihres Hauses und führen es in einen Raum, wo der Junge es erwartet; dort setzen sie sich auf Sessel, die auf einer Matte stehen, *o*, und die gesamte Hochzeitszeremonie besteht darin, daß ein Zipfel der Kleidung des Jungen, *l*, mit einem Zipfel derer des Mädchens, *m*, zusammengeknotet wird. Sie bringen ihren Göttern als Opfer duftendes Kopalharz dar, *q*, das sie auf einem Gefäß, worin Feuer ist, verbrennen. Zwei alte Männer, *i, r*; und zwei alte Frauen, *n, v*, dienen als Zeugen. Dann essen die Neuvermählten Fleisch, das man aufgetragen hat, und trinken aus Tassen, *t*, Pulque, dargestellt durch den Krug, *s*. Die alten Männer und Frauen essen auch, und nach dem Mahl ermahnt ein jeder einzeln die Neuvermählten, in ihrem Hausstand gut zusammenzuleben.«

Abb. 7. »Das Gesetz erlaubt es einem Greis von siebzig Jahren, *f*, sich in der Öffentlichkeit und im Privaten zu betrinken. Seine Frau, *g*, genießt das gleiche Vorrecht, wenn sie Großmutter ist.«

TAFEL LX

Fragmente von aztekischen Malereien, aus einem Manuskript der Vatikanischen Bibliothek

DIESE SYMBOLISCHEN FIGUREN sind unter denen des Manuskripts ausgewählt, von dem wir zu Beginn dieses Werkes berichtet haben, Seite 115.

TAFEL LX

TAFEL LXI

TAFEL LXI

Vulkan Pichincha

DIESE ANSICHT ist in Chillo entstanden, im Landhaus des Marquis von Selvalegre, dessen Sohn uns auf unserer Reise durch Mexiko und an den Amazonen-Fluß begleitet hat. Man sieht den Vulkan über der Savanne von Cachapamba aufragen; in meiner Zeichnung erkennt man den Rucu Pichincha (1), die schneebedeckten Spitzen, die den Krater umgeben; den Kegel von Tablahuma (2); den Picacho de los Ladrillos (3); den felsigen Gipfel von Guagua Pichincha (4), welcher der *cacumen lapideum* [steinerner Gipfel] der französischen Akademisten ist; und schließlich den Gipfel, auf dem jenes berühmte Kreuz aufgestellt worden ist, das bei der Messung des Meridians als Markierung gedient hat (5). Die absoluten Höhen dieser Gipfel betragen, nach meinen Untersuchungen, zweitausenddreihundert bis zweitausendfünfhundert Toisen; da indes die Ebene von Chillo bereits tausenddreihundertvierzig Toisen über dem Meeresspiegel liegt, ist die Ansicht des Vulkans Pichincha von Osten her weniger imposant als von der westlichen Seite, wo die weiten Wälder von Esmeralda beginnen. Die Entfernungen und viele Höhenwinkel, die zum Erstellen dieser Zeichnung gedient haben, wurden mittels eines Ramsden-Sextanten bestimmt.

TAFEL LXII

Plan eines befestigten Hauses des Inka, auf dem Rücken der Kordillere von Azuay. Ruinen eines Teils der alten peruanischen Stadt Chulucanas

DER PLAN DES BEFESTIGTEN HAUSES VON CAÑAR ist 1739 von Herrn de La Condamine erstellt worden; es wurde versucht, die Zeichnung, die in den Pariser Archiven des Bureau des Longitudes liegt und die für die in den *Mémoires de l'Académie de Berlin* enthaltene Tafel herangezogen wurde[423], nach den 1803 von mir aufgenommenen Maßen zu berichtigen.

A B. Wallgang, freihändig errichtet, der sich fünf bis sechs Meter über das frühere Bodenniveau erhebt.

C D. Quadratisches Gebäude, dessen Zeichnung wir auf Tafel XX vorgestellt haben. In dem westlichen Gemach sind zylinderförmige Steine zu erkennen, die rechtwinklig einen halben Meter aus der Wand ragen und zum Aufhängen von Waffen bestimmt scheinen.

L F. Terrasse, die den Wallgang trägt und eine zweite Terrasse von zwei Metern Breite und fünf Metern Höhe zur Basis hat, G H. Die Plattform, in welcher der Wallgang endet, hat die Gestalt eines langgezogenen Ovals, dessen große Achse in einem Winkel von N. 6° O zum magnetischen Meridian steht, bei einer angenommenen Abweichung der Nadel von 8° nach Nord-Osten.

I K und L M. Zwei Rampen, über die man vom Süden und Norden der Festung auf die Esplanade gelangt, wobei die erste in der Mitte, die zweite bei einem Viertel der Länge der Plattform endet. Am Ende der nördlichen Rampe, M, beginnt die untere Terrasse, G H.

---
[423] *Mémoires de l'Académie de Berlin*, 1746, S. 448–454.

N O. Von einem Giebel zum anderen gezogene Mauer, die den quadratischen Bau in zwei Gemächer teilt.

P und Q. Die beiden Türen, die auf die zwei halbkreisförmigen Enden der Plattform, A D, hinausgehen.

R S. Mit Steinen verkleidete Terrasse, vier Meter tiefer als die ovale Plattform liegend. Diese Terrasse beginnt am westlichen Ende des Wallgangs; zunächst bildet sie einen Vorsprung von einigen Fuß nach Norden, R, wie um den niedrigeren vorgeschobenen Schutzwall, G H, zu versperren und abzuschließen; von dort verläuft sie im rechten Winkel nach Westen und erstreckt sich über eine Länge von achtundzwanzig Metern, eine Kurtine bildend, deren westliches Ende sich gegen eine Art quadratisches Bollwerk stützt, T, bestehend aus zwei Flanken und einer Vorderseite. Jenseits dieses Bollwerks befinden sich nur die Überreste einer einfachen Mauer, ohne jegliche Befestigungsspuren. Diese Mauer folgte stets der höchsten Linie des allmählich abfallenden Geländes und ging über Süden nach Osten zurück, einen Halbkreis bildend, T V, um dann wieder parallel zur Längseite des Wallgangs zu verlaufen. Der Teil V X der Mauer ist gut erhalten.

X Y Z W L. Recht unregelmäßiger Festungbezirk, unterteilt in vier Höfe; der erste, von dem gegen Osten bei w und $\Delta \Gamma$ noch Überreste stehen, ist ein Viereck von achtzig auf hundertzehn Fuß; er war anscheinend von einzelnen kleinen Trakten umgeben, die länger als breit waren und deren Grundmauern an einigen Stellen noch zu erkennen sind.

$\Gamma z \mu \Delta$. Der zweite Hof, etwas kleiner als der erste und ohne jegliche Gebäudeüberreste.

X Y Z μ s g. Der dritte Hof, der größte von allen, doch sehr unregelmäßig geschnitten. Die Mauern dieses Teils der Befestigung sind von moderner Bauart, und es könnte sein, daß das kleine quadratische Gebäude, dessen Ruinen man noch sieht, μ, ursprünglich außerhalb der Festung stand.

$a\,b\,c\,d\,e\,f$. Sechs Säle des vierten Hofes, innerhalb des unregelmäßigen Bezirks R S T V X im Süden und Westen der Festung.

r und s. Überreste von zwei Türen in einer Wand, die parallel zur Mauer $g\,i\,h$ verlief.

$g\,h$. Schmale Galerie, über die man zum Bollwerk S T gelangt; sie liegt nahe bei der inneren Rampe, I K, über die man von Süden auf die Festungsplattform gelangt.

k und l. Türen der beiden Gebäude d und c.

n und *o*. Nach Osten und Norden offene Türen, die zu den kleinen Gebäuden *e* und *f* führen. Diese Gebäude zur Unterbringung der Garde des Inka scheinen mit viel weniger Sorgfalt gebaut zu sein als die vorigen, und ohne Zuhilfenahme des Winkelmaßes. Herr de La Condamine meint, der Fürst und seine Frau bewohnten die mit den Buchstaben *a* und *b* gekennzeichneten Gebäude. Die Türen *p, q, g* und *h* weisen die notwendige Höhe auf, um einen Mann in einem Tragsessel auf den Schultern seiner Diener durchzulassen. Die in die Innenwände eingelassenen Nischen[424] sind auf dem Plan eingezeichnet.

Da der Hauptzweck dieses Werkes darin besteht, eine genaue Vorstellung vom Zustand der Künste bei den zivilisierten Völkern Amerikas zu geben, haben wir es vorgezogen, die Ruinen des Hauses des Inka von Cañar so darzubieten, wie man sie 1739 sah. Seit jener Zeit sind viele Mauern niedergerissen worden, und ich hatte Mühe, alle Unterteilungen wiederzuerkennen, die im Plan des Herrn de La Condamine eingezeichnet sind.

DIE RUINEN der alten Stadt Chulucanas sind aufgrund der äußersten Regelmäßigkeit in der Anordnung der Straßen und der Gebäude sehr bemerkenswert. Man findet sie auf dem Rücken der Kordilleren, in vierzehnhundert Toisen Höhe auf dem Páramo von Chulucanas, zwischen den Indianerdörfern Ayavaca und Guancabamba. Die Landstraße des Inka, eines der nützlichsten und zugleich gigantischsten Werke, welche die Menschen je vollbracht haben, ist zwischen Chulucanas, Guamani und Sagique noch recht gut erhalten. Auf dem Kamm der Anden, an außerordentlich kalten Orten, die nur für die Bewohner von Cuzco einige Anziehungskraft haben konnten, sieht man überall Überreste von großen Bauwerken; zwischen dem Páramo von Chulucanas und dem Dorf Guancabamba habe ich neun davon gezählt; im Lande bezeichnet man sie mit dem pompösen Namen Haus oder Palast des Inka, doch es ist wahrscheinlich, daß es sich bei den meisten um Karawansereien handelte, erbaut, um den militärischen Verkehr zwischen Peru und dem Königreich Quito zu erleichtern.

Die Stadt Chulucanas scheint auf dem Abhang eines Hügels gelegen zu haben, am Ufer eines kleinen Flusses, von dem sie durch eine Mauer getrennt war. Zwei in diese Mauer eingelassene Öffnungen führten auf die beiden Hauptstraßen. Die aus Porphyr erbauten Häuser sind durch Straßen, die sich im rechten Winkel kreuzen, in acht Viertel aufgeteilt. Jedes Viertel umfaßt zwölf kleine Hütten, so daß es in dem Teil der Stadt, dessen Plan wir auf der Tafel LXII zeigen, sechs-

[424] Siehe oben, S. 140 und 153.

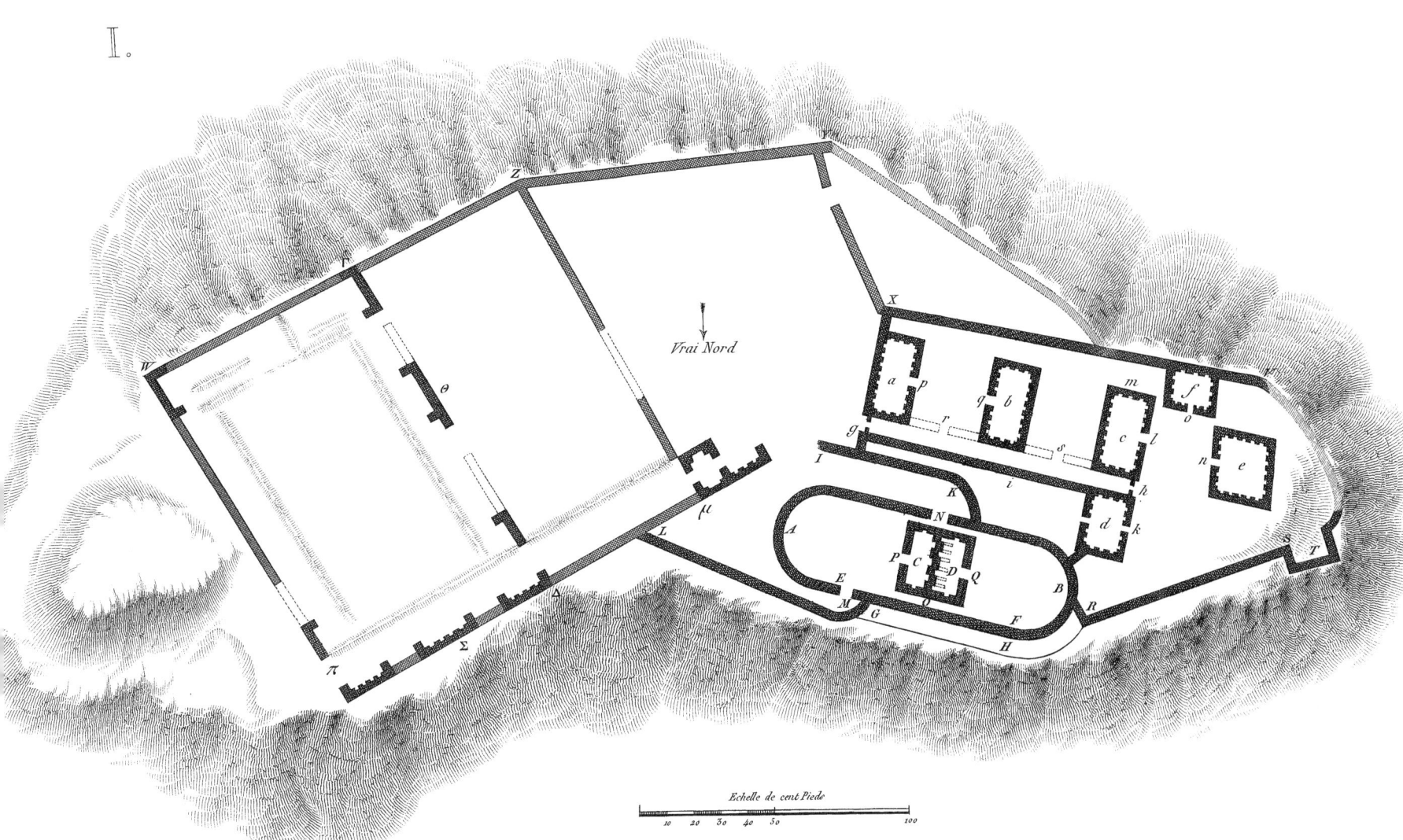

TAFEL LXII

undneunzig davon gibt. Ich ziehe das Wort Hütte dem des Hauses vor, weil letzteres die Vorstellung mehrerer miteinander verbundener Gemächer unter einem Dach hervorruft, während die Hütten von Chulucanas, gleich denen von Herculaneum, nur einen einzigen Raum aufweisen, dessen Tür wahrscheinlich auf einen Innenhof hinausging. In der Mitte der acht erwähnten Viertel stehen die Überreste von vier großen Gebäuden von länglicher Form, getrennt durch vier quadratische kleine Bauten, die an den vier Ecken stehen. Zur Rechten des Flusses am Rande der Stadt entdeckt man sehr sonderbare Anlagen, die wie ein Amphitheater ansteigen; der Hügel ist in sechs Terrassen geteilt, und jeder dieser Absätze ist mit behauenen Steinen verkleidet. Etwas weiter liegen die *Bäder des Inka*, die ich in der *Relation historique* meiner Reise näher schildern werde. Man ist überrascht, Bäder auf einem Plateau zu finden, wo die natürlichen Quellen auf dem hundertgradigen Thermometer kaum zehn bis zwölf Grad erreichen und die Luft bis auf sechs oder acht Grad abkühlt.

TAFEL LXIII

Floß auf dem Fluß Guayaquil

DIESE ZEICHNUNG bietet das zweifache Interesse, eine Ansammlung von Früchten der Äquinoktialzone vorzustellen und die Gestalt jener großen Flöße *(balsas)* bekannt zu machen, deren sich die Peruaner an den Küsten der Südsee und an der Mündung des Flusses Guayaquil seit den entferntesten Zeiten bedienen. Das mit Früchten beladene Floß ist in dem Moment dargestellt, als es gerade am Flußufer festgemacht wird. Zum Bug hin erkennt man Ananas, die birnenförmigen Steinfrüchte des Avocadobaums, die Beeren der Theophrasta longifolia, ganze Bananenbüschel sowie Passionsblumen und Lecythis, umschattet von Helikonien- und Kokosblättern. Die sowohl zur Fischerei als auch zum Warentransport verwendeten Flöße sind sechzehn bis fünfundzwanzig Meter lang; sie bestehen aus acht bis neun Balken eines sehr leichten Holzes.[425] Don Jorge Juan hat sehr merkwürdige Beobachtungen über die Wendigkeit dieser Schiffe veröffentlicht[426], die schwer erscheinen, jedoch sehr nah am Wind lavieren.

[425] Bombax und Ochroma.   [426] *Voyage historique de l'Amérique méridionale*, Band I, S. 168.

TAFEL LXIII

TAFEL LXIV

Gipfel des Berges Los Órganos bei Actopan

DER PORPHYRBERG VON MAMANCHOTA, in Mexiko berühmt unter dem Namen *Los Órganos,* liegt nordöstlich des Indianerdorfes Actopan. Die schlank aufragende Spitze des Felsens ist hundert Meter hoch; doch die absolute Höhe des Berggipfels, dort wo *Los Órganos* sich abzuheben beginnen, beträgt 1385 Toisen. Auf der Straße von México zu den Bergwerken von Guanaxuato erkennt man den Felsen von Mamanchota von sehr weitem, wie er sich gegen den Horizont abhebt; er ragt inmitten eines Eichenwaldes empor[427] und bietet einen höchst malerischen Anblick.

[427] *Essai politique sur le royaume de la Nouvelle-Espagne,* Band I, S. 289.

TAFEL LXIV

TAFEL LXV

Säulenporphyr-Berge von El Jacal

DIESE ANSICHT ist in der Ebene von Copallinchiche gezeichnet worden, die zum großen mexikanischen Plateau gehört und dreizehnhundert Toisen (2530 Meter) über dem Meeresspiegel liegt. Die aus ungeheuren Säulen von Trapp-Porphyr gebildeten Berge Oyamel und El Jacal sind von Kiefern und Eichen gekrönt. Zwischen dem Pachtgut von Zembo und dem indianischen Dorf Omitlan liegen die berühmten *iztli-* oder Obsidian-Bergwerke, die von den alten Mexikanern genutzt wurden. Dieser Landstrich wird vor Ort *das Gebirge der Messer, El Cerro de las Navajas* genannt. Der Gipfel des Jacal hat sechzehnhundertdrei Toisen (3124 Meter) absoluter Höhe. Meine Zeichnung zeigt die Umrisse des Cerro de Santo Domingo (1) und des Mocaxetillo (2) sowie von Los Orcones (3) und El Jacal oder Cerro Gordo (4).

TAFEL LXV

TAFEL LXVI

Aus hartem Stein geschnittener Kopf der Muisca-Indianer. Obsidian-Armreif

DIESE SKULPTUR EINES KOPFES ist das Werk der alten Bewohner des Königreichs von Neu-Granada. Der Stein, der von einigen Mineralogen als Smaragdit angesehen wird, ist zweifellos nur ein grüner Quarz am Übergang zum Hornstein. Vielleicht ist dieser äußerst harte Quarz, wie der Chrysopras, durch Nickeloxyd gefärbt; er ist solcherart durchbohrt, daß sich die Öffnungen des zylinderförmigen Lochs auf Ebenen befinden, die im rechten Winkel zueinander liegen. Es ist anzunehmen, daß dieses Loch mit Hilfe von Werkzeugen aus einem Kupfer-Zinn-Gemisch gebohrt wurde; denn Eisen wurde von den Muisca und den Peruanern nicht verwendet. Der Obsidian-Armreif ist in einem indianischen Grab in der mexikanischen Provinz Michoacán gefunden worden. Es ist äußerst schwierig, sich vorzustellen, auf welche Weise man ein so zerbrechliches Material zu bearbeiten vermochte. Das vollkommen durchsichtige vulkanische Glas ist zu einem Blatt verjüngt, das sich zylindrisch wölbt und weniger als einen Millimeter dick ist.

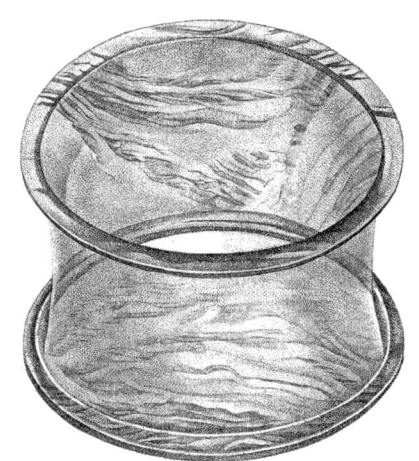

TAFEL LXVI

TAFEL LXVII

Ansicht des Sees von Guatavita

DIESER SEE liegt im Norden der Stadt Santa Fe de Bogotá in einer absoluten Höhe von über vierzehnhundert Toisen auf dem Rücken der Berge von Zipaquirá, an einem wilden und einsamen Ort. Auf der Zeichnung sieht man die Überreste einer Treppe, die der Zeremonie der Waschungen diente, sowie einen Einschnitt in die Berge. Kurz nach der Eroberung hatte man versucht, diese Bresche zu schlagen, um den See trockenzulegen und die Schätze zu bergen, welche der Überlieferung zufolge die Eingeborenen darin versteckt hatten, als Quesada mit seiner Kavallerie auf dem Plateau von Neu-Granada anrückte.

TAFEL LXVII

TAFEL LXVIII

Ansicht der Silla de Caracas

DIESER GRANITBERG, äußerst schwierig zu besteigen, weil sein Abhang mit dichtem Rasen bewachsen ist, hat eine absolute Höhe von über dreizehnhundertfünfzig Toisen. Von der Küste von Paria bis zur Sierra Nevada de Santa Marta gibt es keinen anderen Gipfel, der so hoch ist wie die Silla de Caracas, auch *Montaña de Ávila* genannt. Die beiden abgerundeten Gipfel tragen den Namen *Sattel (Silla)*; sie dienen als Landmarken für den Hafen von La Guaira. Ich habe diesen Berg von der Südseite gezeichnet, wie man ihn von der Kaffeebaum-Pflanzung des Don Andrés Ibarra her sieht.

TAFEL LXVIII

TAFEL LXIX

Der Drachenbaum von La Orotava

DIESE TAFEL ZEIGT den kolossalen Stamm des Dracæna Draco auf der Insel Teneriffa, von dem alle Reisenden berichtet haben, der jedoch bislang nicht abgebildet worden war. Seine Höhe beträgt 50 bis 60 Fuß; sein Umfang in Wurzelnähe 45 Fuß; ebendiese Dicke hatte er bereits erreicht, als die Spanier zum ersten Mal auf Teneriffa landeten, im fünfzehnten Jahrhundert. Da diese Pflanze aus der Familie der Monokotyledonen äußerst langsam wächst, ist es wahrscheinlich, daß der Drachenbaum von La Orotava älter ist als die meisten Monumente, die wir in diesem Werk beschrieben haben.

TAFEL LXIX

Brief von Herrn Visconti,

Mitglied des Institut de France,

an Herrn von Humboldt,

über einige Monumente der amerikanischen Völker

BEIM LESEN des Teiles Ihrer Werke, der die Monumente der Völker Amerikas behandelt und in dem Sie mir ein so kostbares Zeugnis Ihrer Freundschaft zu geben beliebten, habe ich unter der großen Zahl von bisher unbekannten Tatsachen und neuen Beobachtungen, welche dieser Band enthält, einige Punkte gefunden, bei denen meine Auffassung von der Ihren abweicht. Dieser Unterschied betrifft zwar nur Einzelheiten von geringer Bedeutung, und meine Anmerkungen mögen umständlich erscheinen; doch da es sich um einen ganz neuen Zweig der Archäologie handelt, wenn ich diesen Begriff für Forschungen über die Monumente der neuen Welt verwenden darf, habe ich geglaubt, Ihnen einige Anmerkungen dazu mitteilen zu müssen; wenn sie richtig sind, so mögen sie zum Verständnis und zur Erklärung einiger sehr merkwürdiger Monumente beitragen; wenn sie Ihnen nicht zutreffend erscheinen, so wird das Vertrauen, das ich in Ihre Einsichten habe, meine Zweifel zerstreuen.

Der erste Gegenstand, der meine Aufmerksamkeit auf sich gezogen hat, ist die freistehende Figur einer Priesterin, oder, wenn man so will, einer aztekischen Prinzessin (Tafeln I und II). Sie haben gedacht, die Arme dieser Figur seien aufgrund der Unwissenheit des Bildhauers weggelassen, und dieser habe die Ungeschicklichkeit gehabt, ihr die Füße an die Seiten zu setzen. Gleich Ihnen halte ich keine großen Stücke auf die Geschicklichkeit des Steinschneiders; indes scheint mir, als sei diese Figur, wenn sie auch ganz proportionslos ist, weder verstümmelt noch verkrüppelt. Ich meine zu erkennen, daß die Extremitäten, die Sie für die Füße halten, die Hände der Statue sind. Sie scheint mir zu knien und auf ihren Beinen und Fersen zu sitzen, ὀκλὰξ καθημένη [oklàx katheméne, mit gebeugten Knien sitzen], wie Lukian sagen würde.[428] Diese Ruhestellung, welche die Natur selbst den Menschen eingibt, ist bei den griechischen Lexikographen sorgfältig beschrieben, und in den Monumenten der Künste wird sie vorzugsweise den Frauenfiguren zugewiesen. Hesychius, siehe ὀκκύλαι [okkýlai, kniend auf den Fersen sitzen] und ὀκλάζειν [oklázein, knien] und Erotianus in seinem Glossar zu Hippokrates, siehe ὄκλασις [óklasis, Niedersitzen mit gebeugten Knien auf den Fersen], beschreiben diese Stellung durch Periphrasen, welche auf die Haltung verweisen, in der man auf seinen Beinen und Fersen sitzt: ἐπὶ τῶν πτερνῶν καθέζεσθαι · ἐπὶ τὰς κνήμας καὶ τὰς πτέρνας κάμψαντα τὰ γόνατα καθίσαι [epì tōn pternōn kathézesthai: epì tàs knémas kaì tàs ptérnas kámpsanta tà gónata kathísai; auf den Fersen sitzen: sich mit gebeugten Knien auf die Unterschenkel und Fersen setzen]. Der gelehrte Hemsterhuis vermutet, das ursprüngliche Verb, das diesen Zustand bezeichnete, sei ὄκειν [ókein] gewesen, und es sei zur Wurzel vieler griechischer Wörter geworden, die später in andere Sprachen eingegangen sind.[429] Es wird genügen, die Wörter ὄκνος [óknos], *Faulheit*, und οἶκος [oĩkos], *Haus*, anzuführen; so vertraut war diese Stellung in den ursprünglichen und fast wilden Gesellschaften den müden Menschen, wenn sie ruhige Momente in ihren einfachen Behausungen verbrachten.

Auf den ägyptischen Monumenten sieht man eine Vielzahl von Frauen in dieser Haltung dargestellt, sei es beim Stillen ihrer Kinder, sei es im Gebet zu Füßen ihrer Idole, beim Spielen eines Instrumentes oder beim Bekunden von Trauer bei der Bestattung ihrer Verwandten oder Landsleute.[430] Auf den gleichen Monumenten findet man auch, aber viel seltener, Darstellungen von Männern in dieser Haltung.[431] Man könnte sogar denken, daß die Regel der Pythagoräer, im Sitzen zu beten, in entfernten Zeiten nur diese in den Riten der Ägypter gebräuchliche Stellung meinte. Besonders für die Frauen ist sie, der Geschmeidigkeit ihrer Glieder wegen, so natürlich, daß sie sie in einigen ländlichen Gegenden Italiens sogar in der Kirche einzunehmen pflegen. Wir dürfen uns also nicht wundern, daß sie bei den aztekischen Frauen gebräuchlich war. Man findet sie in einigen der symbolischen Malereien dieses Volkes wieder: auf der Tafel XXVI ist die Göttin des Wassers, die auf die Erde niedergeht, um diese zu überfluten, auf ihren Fersen sitzend dargestellt; und mehrere weitere Figuren auf anderen mexi-

---

[428] In *Lexiphanes*.

[429] Siehe in der HESYCHIUS-Ausgabe von ALBERTI die Anmerkungen zum Wort Οἰκίδδειν [Oikíddein sitzen].

[430] Siehe in dem prächtigen Werk *Description de l'Égypte* in Band I die Tafeln XII, Nr. 2; LXII, Nr. 2; LXIX, Nr. 1; LXX, Nr. 2; LXXXI, XCVI u. a.; sowie in *Voyage dans la Basse et la Haute Égypte* des Herrn DENON die Tafeln CXXVI, CXXXI und CXXXV.

[431] *Sculture de la villa Borghese*, St. VIII, Nr. 4; WINCKELMANN, *Histoire de l'art chez les anciens*, Ausgabe von Rom, Band I, Tafel VI.

kanischen Gemälden sitzen ungefähr in der gleichen Haltung, außer daß sie nur ein Knie auf dem Boden haben. Und was die Statue angeht, über die ich die Ehre habe, Ihnen zu schreiben, so will mir scheinen, daß die Rückseite dieser Figur (Tafel II) einen sicheren Beweis für die Annahme bietet, die ich soeben dargelegt habe; man erkennt darauf deutlich die Füße, deren Zehen recht klar umrissen sind; sie liegen dicht nebeneinander, und das Helldunkel läßt in der Zeichnung (Tafel I) das Vorspringen der Knie unter der steifen und gleichmäßigen Draperie ahnen, welche die gesamte Figur bekleidet.

Um mich nicht länger über diesen merkwürdigen Überrest der Künste eines beinahe verschwundenen Volkes aufzuhalten, will ich lediglich noch bemerken, daß die übermäßige Größe des Kopfes ein Fehler ist, der den meisten Werken dieses Volkes anhaftet. Ebendieser Fehler ist in jenen Skulpturen, welche die Deckel der etruskischen Graburnen zieren, sehr ausgeprägt. Es scheint, als sei die Absicht, die Züge dieses wichtigsten Teils mit mehr Sorgfalt und Genauigkeit auszudrücken, für unkundige Künstler zum Anlaß geworden, ihn bis ins Unmäßige zu vergrößern. Ich komme zu einer weiteren Beobachtung, die mir durch die Untersuchung und Erklärung eines der soeben angeführten Hieroglyphen-Gemälde eingegeben wurde, über welche Sie unserer Klasse eine Abhandlung vorgelesen haben: die Darstellung der vier Zerstörungen der Welt (Tafel XXVI). Sie vergleichen diese Perioden mit den vier Zeitaltern der griechischen Mythologie; und da Sie in der Überlieferung der Azteken fünf Zeitalter vorfinden, versuchen Sie diesen Unterschied verschwinden zu lassen, indem Sie nachweisen, daß sich Hesiods Bronze-Zeitalter aufgrund der zwei Generationen, die der Dichter darin beschreibt, mühelos in zwei teilen läßt (siehe S. 252). Dazu möchte ich anmerken, daß Hesiod, wie die Azteken, fünf Zeitalter zählte, indem er ebenfalls dasjenige mit einbezog, das noch nicht vollendet war und in dem er selbst lebte.

Er sagt es ausdrücklich (*Opera et dies* [Werke und Tage], Vers 174):

Μήκετ' ἔπειτ' ὤφειλον ἐγὼ πέμπτοισι μετεῖναι.
(Méket' épeit' ópheilon egò pémptoisi meteînai.]
»Müßte ich doch nicht mit den fünften Männern
(= den Männern des fünften Zeitalters) zusammenleben.«

Diese Überlieferung von den fünf Zeitaltern dürfte auch den Chaldäern bekannt gewesen sein, sofern es erlaubt ist, in der Nachfolge Dantes[432] zu vermuten, daß der von Nebukadnezar im Traum geschaute Koloß[433] mit dieser Vorstellung zu

[432] *Inferno*, Kap. 14.   [433] Prophet Daniel, Kap. 2.

tun hatte. Er war aus fünf verschiedenen und getrennten Materialien zusammengesetzt: Gold, Silber, Bronze, Eisen und Ton.

Schließlich bleibt mir noch, Ihnen eine weitere Beobachtung mitzuteilen, die ebenso unbedeutend ist wie die vorigen. Sie bezieht sich auf die Art der Azteken, ihre Hieroglyphen zu zeichnen. Sie bemerken (S. 253), daß sie, um deren Lektüre und Verständnis zu erleichtern, ans Ende einer Zeile die ersten Zeichen oder sozusagen die ersten Buchstaben des Hieroglyphen-Satzes der folgenden Linie setzten, wodurch sich diese ersten Zeichen wiederholt finden. Sie vergleichen, aufgrund von Herrn Zoëgas Zeugnissen, diese Methode mit derjenigen der Ägypter, die es ihm zufolge in ihrer Hieroglyphen-Schrift ebenso handhaben. Ich kann Ihnen nicht verbergen, daß meine eigenen Forschungen mich von dieser Ähnlichkeit nicht überzeugt haben. Wenn Sie keine andere Autorität anführen können als jene Passage im profunden Werk des dänischen Altertumsforschers über die Obelisken (S. 464), so muß ich Ihnen gestehen, daß ich seine Äußerungen ganz anders auffasse; und ich möchte hinzufügen, daß sich meine Art, sie zu verstehen, durch die Untersuchung der Monumente selbst zu bestätigen scheint. Um zu beweisen, daß in der Hieroglyphen-Schrift die Richtung, in welche die Menschen- und Tierfiguren gewandt sind, darüber entscheidet, ob die Hieroglyphen-Zeile von rechts nach links oder von links nach rechts zu lesen ist, bedient sich Herr Zoëga bestimmter Zeichenfolgen, die auf demselben Monument wiederholt sind und die bald vollständig in ein und derselben Zeile, bald halb in der einen, halb in der nächsten stehen; auf dem Sallust-Obelisken[434] zum Beispiel zeigt eine dieser Folgen die Figur einer Taube, gefolgt von der eines Skarabäus und der eines Messers, alle in der gleichen Zeile. Diese Folge ist auf derselben Säule noch einmal wiederholt, indes sind dort die Hieroglyphen auf zwei Zeilen verteilt. Folgt man der von dem gelehrten Altertumsforscher vorgeschlagenen Regel, so finden sich die Figuren in der gleichen Reihenfolge wieder, solcherart daß der Skarabäus und das Messer hinter der Taube stehen.

Das ist es, was Herr Zoëga in etwas weniger klaren Worten sagt.[435] Doch wenn ich Sie, als Folge dieser Bemerkung, einer glücklichen Analogie beraube, so entschädige ich Sie sogleich, indem ich Ihnen eine ähnliche anbiete, die sich in

---

[434] Siehe in Herrn ZOËGAs Werk, *De origine et usu obeliscorum*, die Tafel *Obeliscus Sallustianus latero septentrionale*.

[435] »Nam praeter quod hac ratione antecedens figura sequenti dorsum obvertere et eam post se relinquere agnoscitur, etiam in repetitis inscriptionibus, dum propter loci angustiam nota aliqua ex superiore spatio ad inferius sit removenda, hoc in ea fieri videmus quae ex illa nostra sententia ultima erat superioris spatii.« [Denn abgesehen davon, daß man auf diese Weise deutlich sieht, daß das vorausgehende Zeichen dem folgenden den Rücken zukehrt und es hinter sich zurückläßt, sehen wir auch im Fall, daß mehrere Inschriften aufeinander folgen, wenn wegen des Platzmangels manchmal ein Zeichen aus dem oberen Feld in das untere zu versetzen ist, ebendies geschehen, was auch bei jener Inschrift geschieht, welche nach unserer Ansicht die letzte Inschrift des oberen Feldes war.] (ZOËGA loco citato.)

der Methode der Hebräer beim Erstellen ihrer Manuskripte findet. Wenn sie ein ganzes Wort nicht in einer Zeile unterbringen können, so beginnen sie darin mit dessen erstem Buchstaben und schreiben es in der nächsten Zeile ganz aus; solcherart daß jene ersten Buchstaben zweimal dastehen, genau wie Sie es in den Handschriften oder, besser gesagt, in den Gemälden der Azteken beobachtet haben. Diese Methode ist in mehreren gedruckten Ausgaben der hebräischen Bibel befolgt worden; was beweist, daß der menschliche Geist, trotz aller Unterschiede der Jahrhunderte und der Klimate, geneigt ist, unter ähnlichen Umständen gleich zu handeln, ohne der Überlieferung oder eines Vorbilds zu bedürfen.

Auf ebendieses Prinzip führe ich die Erfindung von Geräten zum Feuermachen mittels der Reibung zweier Holzstücke zurück.[436] Es ist mit Gewißheit nicht Merkur, der die Indianer am Orinoco den Gebrauch der *pyreïa* oder der *igniaria* [Feuerwerkzeuge] gelehrt hat. Kein griechisches Monument zeigt uns diesen Gebrauch aus heroischen Zeiten, wogegen Sie zwei Darstellungen davon aus den Hieroglyphen-Gemälden der Azteken vorlegen.[437] Indes war er den alten Bewohnern Griechenlands vertraut, und die von Ihnen veröffentlichten Abbildungen beweisen die Richtigkeit der Beschreibung, welche uns der Scholiast Apollonius von diesen Feuerwerkzeugen hinterlassen hat.[438] Er schreibt, das obere Holz, das man drehe, gleiche einer Brustleier, παραπλήσιον τρυπάνῳ [paraplésion trypáno, ähnlich einem Drillbohrer]. Das ist eben die Vorstellung, die Ihre Gemälde davon geben. Kein Philologe hat die Anspielung bemerkt, die Apollonius dort auf eine Stelle von Homers Hymne an Merkur macht. Dabei erscheint mir diese Anspielung geeignet, alle Zweifel zu zerstreuen, die der gelehrte Rhunkenius über die nachträgliche Einfügung dieser Stelle erhoben hat.[439]

Die Ähnlichkeit der *pyreïa* [Feuerwerkzeuge] mit der Brustleier muß darauf schließen lassen, daß die Erfindung von letzterem Werkzeug auf sehr entfernte Zeiten zurückgeht; und man würde zu Recht darüber staunen, sie Dädalus, einem Zeitgenossen des Theseus, zugeschrieben zu sehen[440], wenn es sich bei der Erfindung des Athener Künstlers nicht im engeren Sinne um den Drillbohrer der Bildhauer handelte, ein im Vergleich zur einfachen Brustleier wesentlich perfektioniertes Werkzeug, was die Geschwindigkeit betrifft, welche die Schnur und das bewegliche Querholz seiner Wirkung verleihen. Diese Ähnlichkeit zwischen dem *pyreïon* [Feuerwerkzeug] und der Brustleier ist den alten Schriftstellern, die sich mit der Baumzucht befassen, nicht entgangen.[441] Sie beklagen,

---

[436] S. 130.
[437] Tafel XV, Nr. 8, und Tafel XLVII.
[438] Buch I, Vers 1184.
[439] *Epistula critica* 1, *ad hymnum in Mercurium*, Vers 25.
[440] PLINIUS, Buch VII, § 57.
[441] PLINIUS, Buch XVII, § 25; COLUMELLA, Buch IV, Vers 29.

daß die zur Inzision gebrauchten Hohlbohrer häufig Brandschäden im Holz verursachen, welche dem Erfolg der Operation abträglich seien. Um dieses Übel zu vermeiden, erfanden die Gallier eine andere Art Bohrer *(terebra gallica)*, der ein wahrhafter Zapfenbohrer war, dessen geregeltere und weniger schnelle Wirkung keine Verbrennungen befürchten läßt. Mir scheint, die Kommentatoren des Plinius haben bis heute keine hinlängliche Vorstellung weder von der Erfindung des Dädalus noch von dem gallischen Bohrer geliefert.

Dies waren, mein lieber Kollege, die Beobachtungen, die ich Ihrem Urteil zu unterbreiten wünschte. Ihre Freundschaft wird sie, so hoffe ich, als einen Beweis der meinigen und des lebhaften Interesses betrachten, das Ihre Werke in mir wecken.

E. Q. VISCONTI
Paris, den 12. Dezember 1812

Anmerkungen

S. 46. Die Pyramide von Cholula trug auch die Namen *Toltecatl, Ecaticpac* und *Tlachihualtepetl*. Ich nehme an, letztere Bezeichnung ist abgeleitet von dem mexikanischen Verb *tlachiani*, um sich herum sehen, und von *tepetl*, Berg, da der Teocalli als Ausguck diente, von dem aus man in den häufigen Kriegen zwischen Cholulanern und den Bewohnern von Tlaxcala das Herannahen des Feindes beobachtete. Zu der wichtigen Frage, ob der Tempel oder vielmehr die Stufenpyramide des Jupiter Belus als Vorbild für die Pyramiden von Sakkara und die von Indien und China gedient hat, siehe Julius von Klaproth, *Asiatisches Magazin*, Band I, S. 486.

S. 100. Kürzlich wurde in Zweifel gezogen, ob die Peruaner, über die Quippu hinaus, symbolische Malereien kannten. Ein Abschnitt aus dem *Origen de los Indios del Nuevo Mundo* (Valencia 1610) läßt diesbezüglich keinerlei Zweifel bestehen. Nachdem er von den mexikanischen Hieroglyphen gesprochen hat, fügt Pater García hinzu: »Zu Beginn der Eroberung beichteten die Indianer von Peru mit Hilfe von Malereien und Schriftzeichen, welche die zehn Gebote und die gegen diese Gebote begangenen Sünden zeigten. Daraus kann man schließen, daß die Peruaner von symbolischen Malereien Gebrauch machten, daß diese jedoch roher waren als die Hieroglyphen der Mexikaner und daß das Volk im allgemeinen Knoten oder Quippu verwendete.« Siehe auch Acosta, *Historia natural y moral de las Indias*, Buch V, Kap. 8, S. 267.

S. 165. Das Wort *atl* oder *atel* findet sich im Osten Europas wieder. Nach der Beobachtung des Herrn Friedrich Schlegel trug das von den Magyaren bewohnte Land vor der Eroberung Ungarns den Namen *Atelkusu*. Diese Bezeichnung umfaßte Moldawien, Bessarabien und die Walachei, drei Provinzen um die Mündung der Donau herum, welche, wie auch die Wolga, den Namen *großes Wasser, atel*, trug. (Siehe oben, S. 202.) Die mexikanische Hieroglyphe des Wassers, *atl*, deutet durch die Wellenform mehrerer paralleler Linien die Bewegung der Wogen an und erinnert an das phönizische Schriftzeichen für Wasser, *mem*, das in das griechische Alphabet sowie allmählich in das aller westlichen Völker eingegangen ist. Siehe dazu das scharfsinnige Werk des Herrn Hug, *Die Erfindung der Buchstabenschrift*, 1801, S. 30.

Der Ritter Boturini hat uns die Namen der zwanzig Tage eines toltekischen Monats überliefert, nach dem Kalender der Bewohner von Chiapas und Soconusco. Hier sind diese Zeichen, mitsamt ihren Entsprechungen nach dem aztekischen Kalender:

Mox	Cipactli	Baz	Ozomatli
Igh	Ehecatl	Enob	Malinalli
Votan	*Calli*	*Been*	*Acatl*
Ghanan	Cuetzpalin	Hix	Ocelotl
Abagh	Cohuatl	Tziquin	Quauhtli
Tox	Miquiztli	Chahin	Cozcaquauhtli
Moxic	Mazatl	Chic.	Ollin
Lambat	*Tochtli*	*Chinax*	*Tecpatl*
Mulu	Atl	Cahogh	Quiahuitl
Elab	Itzcuintli	Aghual	Xochitl

Man wundert sich, bei Völkern gleicher Rasse derart verschiedenartige Namen zu finden. Die Bezeichnungen Mox, Igh, Tox, Baz, Hix und Chic scheinen nicht Amerika anzugehören, sondern jenem Teil Ost-Asiens, der von Völkern mit Einsilbensprachen bewohnt ist. (Siehe oben, S. 185, und Boturini, *Idea de una nueva historia general de la América septentrional*, S. 118.) Bei dieser Gelegenheit wollen wir anmerken, daß sich die chinesische Endung auf *tsin* in zahlreichen mexikanischen Eigennamen wiederfindet, zum Beispiel in *Tonantsin, Acamapitsin, Coanacotsin, Cuitlahuatsin* und *Tzilacatsin*.

Nach den gelehrten Forschungen des Herrn Klaproth haben die Uiguren oder Uighuren nie an den Ufern der Selinga gelebt, wie Herr Langlès annimmt, sondern in den Bergen von Ulugh-tagh, an den Ufern des Syrdarja, des Iaxartes der Alten, und in der Steppe von Karakum östlich des Aralsees. (Siehe oben S. 182, und Hammer, *Fundgruben des Orients*, Band II, S. 194.)

S. 233. Um mehr Licht in die Forschungen zu bringen, die den Gegenstand meiner Abhandlung über den mexikanischen Kalender bilden, will ich hier einige überaus kluge Beobachtungen wiedergeben, die Herr Jomard mir hat zukommen lassen. Der Name dieses Gelehrten ist all jenen bestens bekannt, die sich mit den Altertümern Ägyptens beschäftigen[442], und ich beeile mich, hier einen Auszug aus dem Brief vorzulegen, den mir zu schreiben er die Güte hatte:

»In Ihrer Abhandlung über die Zeiteinteilung der mexikanischen Völker im Vergleich zu derjenigen der asiatischen Völker habe ich höchst erstaunliche Übereinstimmungen zwischen dem toltekischen Kalender und jenen Ordnungen bemerkt, die ich an den Ufern des Nils beobachtet habe. Unter diesen Übereinstimmungen gibt es eine, die durchaus beachtenswert ist. Es handelt sich um das Vorliegen eines wandernden Jahres von 365 Tagen, bestehend aus gleich langen Monaten und fünf Epagomenen, das gleichermaßen in Theben und in México, in über dreitausend Meilen Entfernung, gebräuchlich war. Allerdings gab es bei den Ägyptern keine Einschaltung, während die Mexikaner alle 52 Jahre 13 Tage einschalteten. Mehr noch: In Ägypten war die Einschaltung derart verpönt, daß die Könige bei ihrer Krönung schworen, sie würden niemals zulassen, daß man sie während ihrer Herrschaft zur Anwendung bringe. Trotz dieses Unterschieds ist eine grundsätzliche Ähnlichkeit in der Dauer des Sonnenjahres zu erkennen. Tatsächlich entspricht die mexikanische Einschaltung von 13 Tagen je 52jährigem Zyklus derjenigen des Julianischen Kalenders, das heißt einem Tag alle vier Jahre, und setzt folglich eine Jahresdauer von 365 Tagen und 6 Stunden voraus. Nun war dies auch die Länge des Jahres bei den Ägyptern, da die Sothis-Periode zugleich 1460 Sonnenjahre und 1461 wandernde Jahre betrug; dies bedeutete gewissermaßen, alle 1460 Jahre ein ganzes Jahr von 365 Tagen einzuschalten. Die Eigentümlichkeit der Sothis-Periode, die Jahreszeiten und Feste an den gleichen Punkt im Jahr zurückzubringen, nachdem sie alle Punkte durchwandert hatten, ist wahrscheinlich einer der Gründe, die zur Ächtung der Einschaltung führten, nicht weniger als der Widerwille der Ägypter gegen fremde Ordnungen. Nun ist es bemerkenswert, daß ebendieses Sonnenjahr von 365 Tagen und 6 Stunden, das von so verschiedenen Völkern, vielleicht weiter noch durch ihren Zivilisationsstand als durch die geographische Distanz voneinander entfernt, angenommen wurde, auf eine reale astronomische Zeitspanne Bezug hat und ganz eigentlich den Ägyptern angehört. Dies ist ein Punkt, den Herr Fourier in seinen schönen Forschungen zum Tierkreis Ägyptens über jeden Zweifel erheben wird. Niemand vermag diese Frage in astronomischer Hinsicht so gut wie er zu erörtern, und er allein wird die glücklichen Entdeckungen, die er gemacht hat, allseits beleuchten können. Ich möchte hier hinzufügen, daß die Perser, die alle 120 Jahre 30 Tage einschalteten, die Chaldäer, die sich der Ära des Nabonassar bedienten, die Römer, die alle vier Jahre einen Tag einfügten, und schließlich die Syrer und fast alle Völker, die ihren Kalender nach dem Sonnenlauf ausgerichtet haben, den Begriff eines Sonnenjahres von genau $365^1/_4$ Tagen, den Gebrauch gleich langer Monate und der fünf Epagomenen gleichermaßen aus Ägypten übernommen zu haben scheinen. Was die Mexikaner

---

[442] Siehe die interessanten Abhandlungen des Herrn Jomard über den Mörissee im Vergleich zum See von Faijum, über Syene und die Katarakte, über die Insel Elephantine, über Ombos und seine Umgebung sowie über die Altertümer von Edfu und von Hermonthis, alle in der *Description de l'Égypte ancienne et moderne*, welche wir der Großzügigkeit der französischen Regierung verdanken.

angeht, so wäre es müßig, danach zu forschen, wie sie zu diesem Wissen gekommen sind; ein solches Problem wird so bald nicht gelöst werden. Indes zeugt die Einschaltung von 13 Tagen je Zyklus, das heißt der Gebrauch eines Jahres von 365 $^1/_4$ Tagen, notwendigerweise entweder von einer Anleihe aus Ägypten oder von einem gemeinsamen Ursprung. Merken wir noch an, daß das Jahr der Peruaner kein Sonnenjahr ist, sondern nach dem Mondenlauf ausgerichtet ist, wie bei den Juden, den Griechen, den Mazedoniern und den Türken. Auch die Gliederung in 18 Monate von 20 Tagen statt in 12 Monate von 30 Tagen stellt einen großen Unterschied dar. Die Mexikaner sind das einzige Volk, welches das Jahr auf diese Weise eingeteilt hat.

Eine zweite Übereinstimmung, die mir zwischen Mexiko und Ägypten auffällt, ist, daß die Zahl der Wochen oder halben Mondwandlungen von 13 Tagen, die ein mexikanischer Zyklus umfaßt, der Zahl der Jahre einer Sothis-Periode entspricht, nämlich 1461. Sie betrachten eine solche Übereinstimmung als zufällig und absichtslos; doch vielleicht hat sie den gleichen Ursprung wie die Kenntnis der Dauer des Jahres. Denn wenn das Jahr nicht 365 Tage und sechs Stunden, also $\frac{1461}{4}$ Tage dauerte, so würde der 52jährige Zyklus nicht $\frac{52 \times 1461}{4}$ oder 13 mal 1461 Tage umfassen, was 1461 Perioden von 13 Tagen ergibt. Allerdings muß man einräumen, daß jene 13tägigen Wochen, jene Tlalpilli von 13 Jahren, jene Einschaltung von 13 Tagen am Zyklusende und schließlich jene Zyklen von vier mal 13 Jahren auf einer Primzahl beruhen, die dem ägyptischen System vollkommen fremd ist.

Sie haben auf eine Tatsache hingewiesen, die um so wichtiger ist, als sie mit den Sitten der Völker zusammenhängt: auf das Fest der Wintersonnenwende, das von den Ägyptern und den Azteken gleichermaßen gefeiert wurde. Erstere gaben sich, glaubt man Achilles Tatius, der Trauer hin, wenn sie die Sonne zum Steinbock hin absteigen und die Tage kürzer werden sahen; doch wenn die Sonne erneut zum Krebs hin aufstieg, legten sie weiße Gewänder an und trugen Kränze. Der Brauch der Mexikaner, den Sie beschrieben haben, entspricht unstreitig dem der Ägypter; diese Übereinstimmung könnte man nur anfechten, indem man den Beginn des mexikanischen Jahres zu einem anderen Zeitpunkt ansetzte, wie es einige Autoren getan haben. Doch Sie haben jeden Zweifel daran ausgeräumt, daß dieser Beginn bei der Erneuerung des Zyklus auf den 9. Januar fiel; folglich wurde das neue Feuer, bezieht man die 13 Schalttage und die Epagomenen ein, mit denen das Fest begann, zur Wintersonnenwende entzündet. Bleibt zu erklären, warum das Phänomen des Kürzerwerdens der Tage die Mexikaner nur einmal alle 52 Jahre erschreckte[443], als steige die Sonne am Ende eines Zyklus tiefer hinab als gewöhnlich! Etwa weil sie ohne eine Feierlichkeit das kürzeste Erscheinen der Sonne gar nicht bemerkten und auf ein Signal warteten, um sich der Trauer und dem Schrecken hinzugeben? Ich begreife wohl, hätte das Fest jedes Jahr am gleichen Tag stattgefunden, so hätten sie den Rückzug der Sonne beklagt, wenn sie schon sichtbar wieder am Aufsteigen war; doch um sie nicht zur Unzeit klagen zu lassen, war es ein leichtes, das Fest alle vier Jahre um einen Tag vorzurücken, so daß es in 52 Jahren auf 13 verschiedene Tage gefallen wäre. Eine ähnliche Schwierigkeit läßt mich bei dem den Ägyptern zugeschriebenen Brauch stutzen. Achilles Tatius gibt nicht an, zu welchem Zeitpunkt er durchgeführt wurde; er bedient sich nur des unbestimmten Ausdrucks *eines Tages*, ποτέ [poté, einst, irgendeinmal] (*Uranologion*, S. 146), und fügt hinzu, daß es um die Zeit der Isis-Feste war, ohne zu sagen, ob dieser Brauch jedes Jahr stattfand. Wenn dies der Fall gewesen wäre, so hätte man im Verlauf einer Sothis-Periode gesehen, wie sich die Ägypter in ihrer Furcht, von der Sonne verlassen zu werden, gerade dann dem Schmerz hingaben, die Haare rauften und die Kleider zerrissen, wenn dieses Gestirn am Zenit stand und seine glühendsten Strahlen aussandte. Geben Sie zu, mein Herr, daß dies recht unwahrscheinlich ist. Achilles Tatius hat uns zu wenig darüber berichtet, als daß wir diese angebliche Sitte der Ägypter verstehen könnten. Wenn das Fest jedes Jahr am gleichen Datum stattfand, so war es in einer Sothis-Periode vierzehneinhalb

---

[443] Geminus behauptet, entgegen der Auffassung der Griechen, daß das Fest nicht am Tag der Sonnenwende stattfand und daß es im Verlauf einer Sothis-Periode nacheinander alle Tage des Jahres durchwanderte (*Uranologion*, S. 34).

Jahrhunderte lang widersinnig; wenn es nur im Jahr der Erneuerung der Periode abgehalten wurde, warum dann gerade in diesem Jahr? Und wenn man schließlich das Fest alle vier Jahre um einen Tag vorrückte, so muß man einräumen, daß sich die Ägypter ohne rechten Grund über das bevorstehende Verschwinden der Sonne betrübten, da diese in Theben zur Wintersonnenwende ungefähr vierzig Grad hoch stand.

Sie haben die Namen der mexikanischen Jahre und Tage mit denen der Zeichen des tatarischen Tierkreises und der verschiedenen anderen Tierkreise des alten Kontinents verglichen. Sie haben nachgewiesen, daß man in Mexiko vom *Tag Kaninchen*, *Jaguar* oder *Affe* usf. sprach, wie in Asien von dem *Monat Hase*, dem *Monat Tiger*, *Affe* usf. die Rede war; Sie haben auch gezeigt, daß einige dieser Tiere der Tatarei und Mexiko gleichermaßen fremd sind, und letztere Bemerkung läßt darauf schließen, daß der Gebrauch der periodischen Reihen für die Berechnung der Zeit, der den Mexikanern und den Asiaten gemeinsam ist, ebenso wie jene Bezeichnungen aus einem ganz anderen, sehr fernen Land stammen könnten. Diese Fragen sind von höchstem Interesse; indes werde ich mich hier nur der Ähnlichkeit eines der Zeichen der Azteken, *Cipactli*, mit dem Steinbock des griechischen oder vielmehr ägyptischen Tierkreises widmen: Es ist der einzige der zwanzig mexikanischen Namen der Tage, der diese Ähnlichkeit aufweist. Ist es nicht bemerkenswert, daß Cipactli das erste Tageszeichen ist, so wie der Steinbock an der Spitze der Katasterismen steht? Welche Abweichungen es in der Reihenfolge der Zeichen der verschiedenen Tierkreise auch geben mag, diese übereinstimmende Position des ersten von allen scheint festzustehen, und darin meine ich eine Bestätigung für die Ursprünglichkeit des ägyptischen Tierkreises zu sehen. Ob man den Kolur der Sommersonnenwende im ersten Grad des Steinbocks beobachtet hat oder nicht, heute ist jedenfalls sicher, daß der Tierkreis, den wir in der Nachfolge der Römer und der Griechen verwenden und den diese aus Ägypten übernommen haben, wesentlich letzterem Land angehört und keinem anderen, und daß man ihn nur erklären kann, indem man die Sommersonnenwende bis auf den Steinbock zurückführt. Und das ländliche Jahr der Ägypter begann mit der Sommersonnenwende. Also muß man sich nicht wundern, daß der Steinbock früher unter den Dodekatemorien an erster Stelle stand. Wenn man wüßte, zu welchem Zeitpunkt in der Tatarei, in Tibet oder in Japan einstmals das Jahr begann, so könnte man aus der Anfangsstellung des Wassermanns im Tierkreis dieser verschiedenen Völker etwas Ähnliches schließen. Tatsächlich ist dort die *Ratte*, die dem Wassermann entspricht, das erste Zeichen. *Mahara*, das dem Steinbock entsprechende Meeresungeheuer des Hindu-Tierkreises, steht an zweiter Stelle, was wiederum den Wassermann an der ersten voraussetzt. Solcherart wären die Positionen des Sonnenwendkolurs nacheinander im Wassermann, im Steinbock und später in der Jungfrau, im Löwen und im Krebs durch die ältesten und authentischsten Monumente bezeichnet, nämlich durch die Tierkreise der Völker. Doch ich will mich hier nicht weiter bei diesem Gedanken aufhalten, den ich noch nicht durch Beweise zu stützen vermag. Beschränken wir uns auf die Feststellung, daß die Anfangsposition des Steinbocks in Ägypten wie in Mexiko eine weitere Übereinstimmung zwischen den beiden Ländern darstellt.

Sie haben weiterhin bemerkt, daß die Fische des ägyptischen Tierkreises von einem Schwein begleitet sind, jenem Tier, das im Tierkreis Tibets den Katasterismus der Fische ersetzt, und daß die Waage dem Drachen des tatarischen Tierkreises entspricht, dessen Name sich in dem Wort *cohuatl* oder Natter wiederfindet, einem der mexikanischen Tagesnamen. Dieses Zeichen der Waage, dessen hohes Alter man so grundlos angezweifelt hat, ist auch in den Dodekatemorien der Inder und in deren Mondhäusern sowie im ägyptischen Tierkreis zu finden. Diejenigen, die einwenden, es handele sich nicht um ein ζῷδιον [zōdion, Tierkreiszeichen], wissen offenbar nicht, daß die Waage immer von einer menschlichen Figur gehalten wird, wie die Ähre von der Jungfrau und der Krug vom Wassermann. Wenn die Waage ein von den Römern hinzugefügtes Zeichen ist, wer mag es dann in Elephanta in Stein gehauen haben? Es ist freilich richtig, daß vor Augustus im Tierkreis der Griechen und Römer der Skorpion durch seine Ausdehnung zwei Zeichen besetzte. Vitruv ist der erste Schriftsteller, bei dem sich das Wort *libra* [Waage] findet. Aratus, Eudoxos und Hipparch hatten sich für das Zeichen der Waage des Namens χηλαί [chelaí, Klauen, Krallen, Hufe] bedient, was *Scheren* des Skorpions bedeutet. Doch seit der Eroberung durch Julius Cäsar reisten die Römer viel nach Ägypten; wahrscheinlich bemerkten sie die Waage auf den Monumenten und übernahmen deren Gebrauch. Germanicus, der Tacitus zufolge die Altertümer Ägyptens untersuchte, übersetzte das Gedicht von Aratus, wie schon Cicero, doch er gab das Wort χηλαί [chelaí] nicht wie dieser durch *chelae* [Scheren] wieder. Er bediente sich des Wortes *libra* [Waage], und man sieht, daß Vergil, Manilius, Vitruv, Hyginius, Macrobius, Festus Avienus usf., die allesamt nach der Eroberung Ägyptens schrieben, ebenfalls von der Waage sprachen. Dasselbe kann man auch von Ptolemaios und von Achilles Tatius sagen. Eher als die Ägypter könnte man die Chaldäer im Verdacht haben, die Waage nicht gekannt zu haben, da Servius in seinem Kommentar jener so bekannten Verse: *Anne novum sidus tardis te mensibus addas, etc.* [ob du dich als neues Gestirn den langsamen Monden hinzugesellst] anmerkt, daß die Chaldäer den Tierkreis in elf Sternbilder unterteilten und die Ägypter in zwölf. Der Kommentar des Germanicus beleuchtet diese Frage vortrefflich, indem er zeigt, daß die Waage der Ägypter das war, was die Griechen *chelae* nannten, und bei Eratosthenes finde ich die gleiche Bemerkung: χηλαί ὅ ἐσι ζυγός [chelaí ho esi zygós, Das Gespann entspricht der Waage]. Wie hätte er diese Verbindung herstellen sollen, wenn es die Waage zu seiner Zeit noch nicht gegeben hätte? Eudoxos war Grieche; da er sich an die Griechen wandte, mußte er den Namen *chelae* gebrauchen, der ihnen vertraut war; doch Eratosthenes, der in Ägypten schrieb und die griechische Himmelssphäre erklärte, war in der Lage, zu sagen, welchem ägyptischen Zeichen dieser Name entsprach. Durch das *Zend-Avesta* wissen wir außerdem, daß die alten Perser die astronomische Waage kannten; und der heilige Epiphanios sagt dasselbe über die Pharisäer. Und was gibt es schließlich Überzeugenderes als folgende Stelle bei Achilles Tatius: »Die *chelae*, welche die Ägypter Waage nennen« (*Uranologion*, S. 168)? Ich käme zu keinem Ende, wenn ich alle Autoren zitierte. Und was die Monumente angeht, so sind uns so wenige davon bekannt, und diese sind so neu, daß sie uns nichts über das Alter dieses Sternbildes lehren. Doch alles deutet auf sein hohes Alter hin. In Rom selbst war der Name der Waage bekannt, noch bevor diese an den Himmel versetzt wurde. Cicero verwendet den Namen *jugum* [Joch], ebenso Varro; Geminus bedient sich des Wortes ζυγός [zygós, Joch, Gespann]. Auch der Schule von Alexandria war dieses Zeichen nicht unbekannt; doch Ägyptens Niedergang mußte sich erst vollenden, um gleichsam die Tempel offenzulegen, die ägyptische Himmelskarte bekannt zu machen und das Bild der Waage verfügbar zu machen, das die Römer übernommen und weitergegeben hatten.

Wenn ich so ausführlich auf das hohe Alter des Zeichens der Waage eingegangen bin, das bereits andere nachgewiesen haben, so deshalb, weil dieser Punkt eng mit dem System des ägyptischen Tierkreises verknüpft ist; was Ihr Eindruck nicht zu sein scheint, mein Herr, da Sie eher das hohe Alter dieses Sternbildes in Ägypten als die Idee der Bewegung der Fixsterne annehmen wollen. Gewagt mag an der Zuschreibung des Entstehungszeitpunktes für die Monumente der Thebais die Festlegung eines bestimmtes Jahres sein, anstelle einer annäherungsweisen Datierung, die einen gewissen Spielraum zuläßt. Man braucht keine großartigen astronomischen Kenntnisse, um den Punkt am Himmel oder das Sternbild zu erkennen, wo die Sonne sich bei ihrem höchsten Stand befindet; und da dieser Punkt sich beständig ändert, ist es ganz unmöglich, daß man ihn seit zwanzig oder vierzig Jahrhunderten an die gleiche Stelle malt. Was ist daran erstaunlich, daß das Volk, für das dieser Punkt den Jahresbeginn darstellte, ihn nacheinander durch die Jungfrau, den Löwen und den Krebs bezeichnet hat, und davor wohl noch durch andere Zeichen? Ich will den Ägyptern deswegen nicht das Verdienst dieser und all jener anderen Entdeckungen absprechen, die uns die im Aneignen von Erkenntnissen so geschickten Griechen übermittelt haben; ich will nur sagen, daß es für sie vollkommen natürlich und simpel war, die Eröffnung ihres Jahres da anzusetzen, wo sie es beginnen sahen.

Sie haben die Aufmerksamkeit der Gelehrten auf das Monument von Bianchini gelenkt. Diese Himmelskarte läßt mich daran denken, daß wir in Panopolis einen ähnlichen Tierkreis gesehen haben, zusammengesetzt aus konzentrischen, in zwölf Felder unterteilten Kreisen; Pococke hatte sie auf der Durchreise gesehen. Die Zeit hat es nicht erlaubt, die notwendigen Ausgrabungen durchzuführen, um eine Kopie anzufertigen. Ich habe dort die Figur eines Vogels gesehen, gleich der, die Sie auf der Himmelskarte von Bianchini bemerken, wo sie dem Widder entspricht; wogegen der Vogel im tatarischen und japanischen Tierkreis die Stelle des Stiers einnimmt. Es mag sein, daß diese Marmorskulptur, wie die Isis-Tafel, in Ägypten oder nach dem Vorbild eines ägyptischen Werkes gefertigt wurde, doch gewiß von fremder und wenig getreuer Hand.«

Die Beobachtungen, die der Brief von Herrn Jomard enthält, berühren einige sehr wichtige Punkte der Astronomie der Alten: den Gebrauch eines wandernden Jahres von 365 Tagen und sechs Stunden, die an Naturphänomene gebundenen Feste und die Katasterismen des Sonnentierkreises. Wahrscheinlich gibt es eine Art elementarer Astronomie, die man natürlich nennen könnte und die sich verschiedenen Völkern, zwischen denen keinerlei direkte Verbindungen bestanden, im jeweils gleichen Alter der Zivilisation aufdrängen mußte. Zu dieser Wissenschaft gehören die ersten Kenntnisse über die Zahl der Vollmonde, die einem Sonnenumlauf entsprechen, über die Zeit, um die dieser Umlauf die 365 Tage überschreitet, über die 27 bis 28 gleichen Abschnitte des Himmels, die der Mond innerhalb einer Mondwandlung durchwandert, über die Sterne, die in den ersten Sonnenstrahlen verschwinden, über die Schattenlängen eines Gnomons und darüber, wie man mittels sich entsprechender Höhen oder gleicher Schattenlängen eine Meridianlinie zieht. Eine am Horizont gewählte Markierung, ein Baum oder die Spitze eines Felsens, womit man die aufgehende oder untergehende Sonne ins Verhältnis setzt, eine einigermaßen fortlaufende Aufmerksamkeit für Phänomene, die sich in geringen Abständen wiederholen, genügen, um die Grundlagen dieser natürlichen Astronomie zu entwerfen. (Fréret, *Œuvres complètes*, Band XII, S. 78.) Die Dodekatemorie der Ekliptik, die Mondhäuser, die Einschaltungen von einem Tag alle vier Jahre oder von Vielfachen dieser Zahlen, die erprobten Verfahren, den Mondalmanach mit dem Sonnenalmanach in Übereinstimmung zu bringen und die gleichen Glieder der periodischen Reihen jeweils mit den gleichen Jahreszeiten zusammenfallen zu lassen, der Gebrauch der Gnomone, die Bedeutung, die den Zeitpunkten der längsten oder kürzesten Schatten beigemessen wurde, die Ängste am Ende eines großen Jahres, die Vorstellung einer Erneuerung zu Beginn eines Zyklus, all dies entspringt der Beobachtung der einfachsten Phänomene und der individuellen Natur des Menschen.

Wir glauben, hier wiederholen zu müssen, daß es äußerst schwierig ist, das, was die Völker gleichsam aus sich selbst und aus den Gegenständen um sich herum geschöpft haben, von dem zu unterscheiden, was ihnen von anderen, in den Künsten fortgeschritteneren Völkern übermittelt worden ist. Die Hieroglyphen und die symbolische Schrift erwachsen aus dem Bedürfnis, Vorstellungen durch Figuren auszudrücken. Ein *tumulus* oder Pyramiden entstehen, indem Erde oder Steine angehäuft werden, um eine Grabstätte zu kennzeichnen. Mäander-, Labyrinth- und Zickzackornamente begegnen einem überall, sei es, weil den Menschen allgemein die rhythmische Wiederholung gleicher Formen gefällt, sei es, weil sie sich die regelmäßigen Muster auf der Haut großer Wasserschlangen und auf Schildkrötenpanzern zum Vorbild genommen haben. Ein halbwildes Volk, das der Araukaner in Chile, hat ein Jahr *(sipantu)*, das noch größere Ähnlichkeit mit dem der Ägypter aufweist als das aztekische. Dreihundertsechzig Tage sind in zwölf Monate *(ayen)* gleicher Dauer aufgeteilt, die am Ende des Jahres, zur Wintersonnenwende *(huamathipantu)*, durch fünf Epagomenen ergänzt werden. Die Nykthemeren sind, wie die der Japaner, in zwölf Stunden *(llagantu)* geteilt. Es könnte sein, daß die Araukaner diese Zeiteinteilung aus Ost-Asien bekommen haben, über die gleiche Quelle, die den asiatischen Zyklus von 20 mal 37 *suna* oder von 60 Jahren zu den Muisca von Cundinamarca gebracht hat; indes steht auch nichts der Annahme entgegen, daß der Kalender der Araukaner auf dem neuen Kontinent selbst entstanden sei. Viele

Völker hatten zuerst nur 360tägige Jahre, nicht etwa, weil die Sonnenumläufe früher von kürzerer Dauer waren, wie ein im übrigen sehr achtenswerter Autor, Graf Carli, ernsthaft behauptet, sondern weil man beim ersten Überschlagen der Jahreslänge bei einer runden Zahl stehengeblieben war. Zwölf während eines Zeitraums von etwa 360 Tagen beobachtete Vollmonde führten zu dreißigtägigen Monaten, und die fünf Zusatztage wurden hinzugefügt, als man die Verwirrung bemerkte, die aus dem Gebrauch zu kurzer Jahre erwuchs. Mit den Sitten und Gebräuchen der Völker verhält es sich wie mit der Ähnlichkeit ihrer Sprachen untereinander; es gibt gewisse Merkmale, an denen ein gleicher Ursprung oder die Verbindungen, die zwischen Nationen bestanden haben, unmittelbar zu erkennen sind. Zum Beispiel kann man annehmen, daß die Zeichen unseres Sonnentierkreises ihre Bezeichnungen aus Ägypten oder aus Indien erhalten haben, oder aus anderen Gegenden, die von großen Flüssen durchquert werden und unter dem gleichen Parallelkreis liegen; doch wenn diese Bezeichnungen einmal feststehen, so darf nicht mehr bezweifelt werden, daß die Völker, welche die gleichen Katasterismen verwenden, einander diese Namen weitergegeben haben. Solcherart unterscheidet man in den Sprachen jene Gemeinschaft von Wurzeln, die gleichsam die willkürlichen Zeichen der Dinge sind, beziehungsweise jene grammatikalischen Formen, die auf eine bloße Laune gegründet zu sein scheinen, von allem, was mit harmonischer Nachahmung, mit dem Bau unserer Sprechorgane und der Natur unserer Intelligenz zu tun hat.

Die von Herodot befragten Priester von Heliopolis rühmten sich, daß die Ägypter als erste von allen Menschen die Einteilung des Jahres in zwölf Abschnitte erfunden hätten. Ἔλεγον ὁμολογέοντές σφισι, πρώτους Αἰγυπτίας ἀνθρώπων ἁπάντων ἐξευρέειν τὸν ἐνιαυτὸν, δυώδεκα μέρεα δασαμένους τῶν ὡρέων ἐς αὐτόν. [Élegon homológeontés sphisi, prótous Aigyptías anthrópon hapánton exeuréein tòn eniautòn, dyódeka mérea dasaménous tōn horéōn hes autón. Einstimmig hat man mir gesagt, daß die Ägypter als erste unter den Menschen das Jahr erfunden und es in zwölf Zeitabschnitte eingeteilt haben.] (Herodot, Buch II, ed. Wesseling, S. 104.) Wir meinen, diese Erfindung kommt den Ägyptern ebensowenig allein zu, wie die Zählweisen in Fünfer-, Zehner- oder Zwanzigergruppen einem einzelnen Volk angehören, das sie dann anderen Völkern in weit entfernten Landstrichen übermittelt hätte.

Der Kalender der Ägypter ist in unserer Zeit, nachdem er Gegenstand der gelehrten Forschungen von Fréret, de la Nauze und Bainbridge war, durch die Arbeiten des Herrn Ideler weiter erhellt worden, der profunde Kenntnisse der alten Sprachen mit solchen der astronomischen Berechnungen vereint. Wir werden nicht erörtern, ob an den Ufern des Nils verschiedene Kalender und Einschaltungsmodi gleichzeitig in Gebrauch waren, wie einige ausgezeichnete Gelehrte vorgebracht haben, indem sie sich auf Stellen bei Theon, Strabo, Vettius Valens und Horapollon beriefen. (De la Nauze, *Mémoires de l'Académie des Inscriptions,* Band XIV, S. 351; Fréret, *Œuvres,* Band X, S. 86; Band XI, S. 278; Bainbridge, *Canicularia,* S. 26; Scaliger, *De emendatione temporum,* Buch III, S. 195; Gatterer, *Abriß der Chronologie,* S. 233; ders., *Weltgeschichte bis Cyrus,* S. 211, 507 und 567; Ideler, *Historische Untersuchungen,* S. 100; Rhode, *Über Dendera,* S. 43.) Wir wollen uns hier auf einige Beobachtungen über die Beweglichkeit der Feste beschränken.

In Ägypten und in Persien, wo das wandernde Jahr herrschte, in Griechenland und in Italien, wo unvollkommene Einschaltungen den Kalender oft durcheinanderbrachten, mußten die Feste, die auf Naturphänomene Bezug hatten, für das Volk jedes Interesse verlieren, wenn man sie bald in der einen, bald in der anderen Jahreszeit feierte. An den Ufern des Nils wie an denen des Tibers wurde unterschieden zwischen den Festen, die an ein bestimmtes Monatsdatum gebunden waren (*feriae stativae* [feststehende Feiertage]), und denen, welche die Priester zu Zeitpunkten ankündigten, deren Gründe in ihren Institutionen lagen. Letztere Feste hießen bei den Römern *feriae conceptivae* [hervorgebrachte, bewegliche Feiertage], und darunter unterschied man die *sementivae* [Feste der Aussaat], die *paganalia* [Paganalien: ländliche Feiertage] und die *compitalia* [Kompitalien: Larenfest auf den Scheidewegen] (Marini, *Atti e monumenti de' Fratelli Arvali,* Band I, S. 126.) In Ägypten fiel das Fest des Thot, das im

Verlauf der Sothis-Periode zusammen mit dem gleichnamigen Monat alle Jahreszeiten durchlief, vermutlich nicht mit jenem Fest zusammen, das zu Ehren des heliakischen Aufgangs des Sirius begangen wurde. Ist es wahrscheinlich, daß Prozessionen, bei denen Embleme des Wassers mitgeführt wurden, zu den Zeiten der größten Dürre stattfanden? Folgende Stelle bei Geminus ist freilich völlig eindeutig: Βούλονται γὰρ (οἱ Αἰγύπτιοι) τὰς θυσίας τοῖς θεοῖς μὴ κατὰ τὸν αὐτὸν τοῦ καιρὸν ἐνιαυτοῦ γίνεσθαι, ἀλλὰ διὰ πασῶν τῶν τοῦ ἐνιαυτοῦ ὡρῶν διελθεῖν, καὶ γίνεσθαι τὴν θερινὴν ἑορτὴν καὶ χειμερινὴν, καὶ φθινοπωρινὴν, καὶ ἐαρινήν [Boúlontai gàr (hoi Aigýptioi) tàs thusías toĩs theoĩs mè katà tòn autòn kairòn toũ eniautoũ gínesthai, allà dià pasõn tõn toũ eniautoũ horõn dieltheĩn, kaì gínesthai tèn therinèn heortèn kaì cheimerinèn, kaì phthinoporinèn, kaì earinèn. Denn sie (die Ägypter) wollen, daß es die Feste für die Götter nicht zu einem Zeitpunkt des Jahres gibt, sondern daß sie alle Jahreszeiten durchmessen, daß es ein Fest im Sommer, Winter, Herbst und Frühling gibt.] (*Elementorum astronomiae,* Kap. 6.) Geminus von Rhodos, der zur Zeit von Sylla und Cicero lebte, tadelt Eudoxos und die Griechen überhaupt für ihre Annahme, das Fest der Isis habe stets der Wintersonnenwende entsprochen, während es tatsächlich, dem wandernden Jahr folgend, innerhalb von hundertzwanzig Jahren dreißig Tage durchlaufen mußte. Doch wenn man annimmt, daß alle Feste, die mit den Jahreszeiten und mit astronomischen Phänomenen zusammenhingen, an feste Daten der Monate Phamenoth, Pachon oder Mechir geknüpft blieben, was wird dann aus den scharfsinnigen Erklärungen des Plutarch in seiner Abhandlung *De Iside et Osiride* zu den Gründen, weswegen die Ägypter dieses Fest im Frühling, jenes andere zur Sommersonnenwende feierten (Plutarch, *Opera omnia,* ed. Reiske, Band VII, S. 446, 452 und 484)? Sollten diese Bezüge zwischen den Zeremonien und den Naturphänomenen, diese innige Verbindung zwischen Symbol und Gegenstand, nur im ersten Jahr eines jeden Sothis-Zyklus Bestand gehabt haben? Die sehr zutreffende Bemerkung von Herrn Jomard zu der Stelle bei Achilles Tatius gilt für alle *feststehenden Feste.* Dasjenige der Isis, das Geminus und Plutarch anführen, war ein düsteres Fest; und wenn es nicht zu den beweglichen Festen gehörte, fiel es manchmal in Zeiten, da die Tage längst wieder zunahmen (*Uranologion,* S. 19, Anm. 35). Zeugt das Gelübde, das wandernde Jahr beizubehalten, welches die ägyptischen Priester dem König abnahmen (Hyginus, *Commentarii in Germanici Interpretationem Arati: signum Capricorni,* editio Basiliensis, 1535, S. 174), nicht von der List einer privilegierten Kaste, die sich, um sich dem Volk unentbehrlich zu machen und ihre Autorität zu bewahren, das Recht vorbehält, die an astronomische Phänomene gebundenen Feste zu verkünden?

Plutarch, der unter Trajan lebte, bedient sich bereits des festen Jahres der Alexandriner, nach dem der erste Thot dem 29. August des Julianischen Kalenders entspricht (Ideler, *Historische Untersuchungen,* S. 127); und er bindet die Namen der Monate und die Feste an die unveränderlichen Zeitpunkte der Sonnenwenden und der Tagundnachtgleichen. Achilles Tatius, der Christ und vielleicht sogar Bischof war, lebte mehrere Jahrhunderte nach Plutarch; man braucht also keineswegs mit de la Nauze anzunehmen, daß es unter den Ptolemäern ein festes Jahr gab, um zu erklären, warum Achilles Tatius von den Klagen der Ägypter beim Isis-Fest als von einem unveränderlich an die Zeit der Wintersonnenwende gebundenen Brauch spricht. Wenn wir im übrigen bei den Mexikanern diese Furcht vor dem Verschwinden der Sonne erst nach 52 wandernden Jahren wiederaufleben sehen, so ist dies wohl auf die Bedeutung zurückzuführen, die alle Völker dem Ende eines großen Zyklus beimessen. Selbst heute noch beobachten wir, daß bei Nationen, denen alle abergläubischen Vorstellungen fernliegen, der letzte Tag des Jahres etwas Feierliches hat. (Boulanger, *Œuvres,* 1794, Band II, S. 61.)

In México wie in Theben steht die Sonne noch recht hoch, wenn ihre südliche Deklination abzunehmen beginnt, und man sollte meinen, die Furcht vor dem vollständigen Verschwinden dieses Gestirns hätte eher in jenen Regionen Asiens, wo Herr Bailly den Ursprung der Astronomie ansiedelt, entstehen müssen als bei den Völkern in der Nähe des Wendekreises. Und doch begreift man, wie in einem Kultus, dessen Symbole sich auf den Zustand am Himmel beziehen, die Vorstellungen von einem fortschreitenden Absinken der Sonne und von kürzer werdenden Tagen, wie wenig bemerklich diese Phänomene auch sein mögen, zu düsteren Zeremonien und zu Bekundungen von Schmerz und Furcht führen.

Was den Katasterismus angeht, dem verschiedene Völker zu verschiedenen Zeiten den ersten Platz im Tierkreis zugewiesen haben, so ist dies für die Geschichte der Astronomie ein höchst interessanter Forschungsgegenstand. Da die Jahre entweder mit den Sonnenwenden oder mit den Tagundnachtgleichen beginnen, läßt die Reihenfolge der Zeichen, oder vielmehr der Vorzug, der einem unter ihnen gegeben wird, um den Kreislauf der Katasterismen zu eröffnen, auf die Zeit schließen, auf die der Ursprung eines Tierkreises zurückgeht. In dieser Hinsicht wird die einfache Reihe der Zeichen aufgrund der Präzession der Äquinoktialpunkte zu einem unzweideutigen historischen Zeugnis, unter der Voraussetzung allerdings, daß 1. das Volk, bei dem man dieses Monument findet, kein wanderndes Jahr gebrauchte, und daß es 2. nicht nach systematischen Vorstellungen den früheren Stand, den Ausgangspunkt, den Beginn eines Zyklus festschreiben wollte. Die Völker Ost-Asiens haben mittels recht ungenauer Tabellen die Planetenstellungen weit zurückliegender Zeiten berechnet; ihre Bücher sprechen von einer Konjunktion aller Planeten, die eher als Frucht ihrer Berechnungen denn als eine der Beobachtung erscheint. Wäre es nicht denkbar, daß man in Indien eines Tages ein Monument entdeckte, auf dem diese Konjunktion aufgezeichnet wäre, ohne daß man darum diesem Monument ein hohes Alter zuschreiben könnte?

Es gibt bei den Alten keine Stelle, die unmittelbar beweist, daß die Ägypter von der Präzession der Äquinoktialpunkte Kenntnis gehabt hätten. Hipparch entdeckte diese, indem er seine Beobachtungen mit denen des Timocharis verglich; es ist nahezu gewiß, wie Herr Delambre kürzlich bewiesen hat, daß er nie oder nur sehr wenig in Alexandria geforscht hat. Wenngleich Hipparch den Priestern Ägyptens nichts verdankte, ist es doch mehr als wahrscheinlich, daß diese sich mit dem Verhältnis befaßt haben, das zwischen dem heliakischen Aufgang des Sirius und dem Tag der Sommersonnenwende besteht. Der Unterschied zwischen beiden variierte in einem Zeitraum von 1400 Jahren um dreizehn Tage.[444] Wir wissen zu wenig über die Astronomie der Ägypter, um abfällig darüber zu urteilen, nur weil die Griechen und Manetho darüber schwiegen, wobei letzterer in den exakten Wissenschaften ebensowenig bewandert war wie in den Regeln der Verskunst. Diese für die Fortschrittsgeschichte des menschlichen Geistes wichtige Materie wird bald von Herrn Fourier weiter erörtert werden, dessen mit Ungeduld erwartete gelehrte Forschungen in der *Description des Monumens anciens de l'Égypte* erscheinen werden.

Das hohe Alter der Waage, das in der Mitte des letzten Jahrhunderts vom Abbé Pluche behauptet, kürzlich jedoch von zwei vortrefflichen Altertumsforschern, Herrn Testa und Herrn Hager, bestritten wurde, ist durch die Arbeiten der Herren Ideler und Buttmann nachgewiesen worden.[445] Ich denke, die Gelehrten, die sich mit alter Astronomie befassen, werden erfreut sein, hier alle Stellen versammelt zu finden, die auf das Sternbild der Waage Bezug haben und die ich sorgfältig geprüft habe: Hipparch, *Commentarii in Aratum*, Buch III, Kap. 2 (Petavius, *Uranologion*, ed. 1703, S. 134); Geminus, *Elementorum*

---

[444] »Der Stern [Sirius] ging allmählich in immer anderen Punkten des Horizonts und zugleich immer später im Sonnenjahr auf. So zeigte er sich 2782 vor Chr. Geb. am zweyten, 1322 am dreyzehnten und 139 nach Chr. Geb. erst am sechsundzwanzigsten Tage nach dem Sommersolstitium. [...] Daß er, der Vorrückung der Nachtgleiche ungeachtet, über 3000 Jahre an demselben julianischen Datum heliacisch aufgegangen ist, hat man als eine Folge seiner zufälligen Stellung gegen die Längen- und Breitenkreise während dieses Zeitraums anzusehen.« (IDELER, *Historische Untersuchungen*, S. 88–90.)

[445] IDELER, *Historische Untersuchungen*, 1806, S. 371; *Sternnamen*, S. 175. PLUCHE, *Histoire du ciel* (Ausgabe von 1740), Band I, S. 21. MONTUCLA, *Histoire des mathématiques*, Teil I, Buch II, § 7, S. 79. BAILLY, *Histoire de l'Astronomie ancienne*, Band I, S. 499 und 501. SCHMIDT, *De Zodiaci nostri origine aegyptia*, S. 54. *Asiatick Researches*, Band II, S. 302, und Band IX, S. 347. DUPUIS in der *Revue philosophique*, Mai 1806, S. 311. SWARZ, *Recherches sur l'origine de la sphère grecque*, S. 99. SCHAUBACH, *Geschichte der griechischen Astronomie*, S. 242, 296 und 370. HAGER, *Illustrazione d'uno Zodiaco orientale*, S. 25–35. ANQUETIL, *Zend-Avesta*, Band II, S. 549. TESTA, *Dissertazione sopra due Zodiaci dell' Egitto*, 1802, S. 20, 39 und 42. DELAMBRE, *Astronomie*, Band I, S. 478.

astronomiae, Kap. 1 und 16 (*Uranologion,* S. 139); Varro, *De lingua latina,* Buch VI, Kap. 2 (*Auctores latinae linguae,* ed. Gothofredus 1585, S. 48); Cicero, *De divinatione,* Buch II, Kap. 46 (ed. Josephus Olivetus, 1740, Band III, S. 81 und 478); Germanicus Caesar, *In Arati Phaenomena,* Vers 89 (Hyginus, *Opera,* Basel, 1535, S. 164 und 187); Vitruv, *De architectura,* Buch IX, Kap. 4 (ed. Joannes de Laet., Amsterdam, 1649, S. 190); Manilius, *Astronomica,* Buch I, Vers 609, und Buch IV, Vers 203 (ed. Michael Fayus, Band I, S. 77 und 313); Virgilius, *Georgica,* Buch I, Vers 34; Servius, *Commentarii in Virgilium,* Buch V, S. 208 (ed. Pancratius Mascivius, Band I, S. 131); Plinius, *Historia naturalis,* Buch XVIII, Kap. 25, Abschnitt 59 (ed. Harduin, 1723, Band II, S. 130); Ptolemaios, Buch IX, Kap. 7; Plutarch, *De placita philosophorum,* Buch I, Kap. 6 (ed. Reiske, Band IX, S. 486); Manetho, *Apotolesmatica,* Buch II, Vers 137 (ed. Gronovius], 1698, S. 23); Macrobius, *Commentarii in Somnium Scipionis,* Buch I, Kap. 19, und *Saturnalia,* Buch I, Kap. 12 und 22 (*Opera omnia,* ed. Gronov., 1670, S. 90, 244 und 306); Achilles Tatius, *Isagoge ad Arati Phaenomena,* Kap. 23 et fragmente (*Uranologion,* S. 85 und 96); Theon, *Commentarii in Ptolemeos* (editio Basiliensis, 1538, S. 386); Martianus Capella, *De nuptiis philologiae et Mercurii,* Buch VIII (ed. Princeps, 1498, Blatt R. III); Lucius Ampelius, *Liber memorialis,* Kap. 2 (ed. Bipontina ad calcem Flori, S. 158); Kircher, *Oedipus Aegyptiacus,* 1653, Band II, S. 206.

Unter den Autoren des Altertums, die das Zeichen der Waage (ζυγός [zygós], τὰ ζυγά [tà zygá], λίτραι [lítrai, Pfunde], *iugum, libra*) erwähnen, ist Hipparch der einzige, der vor der Kalenderreform durch Julius Cäsar lebte. Die Stelle aus Hipparchs Kommentar zu Aratus ist den gelehrten Forschungen von Abbé Testa entgangen, der versichert, vor Geminus sei den griechischen Autoren das Wort ζυγός [zygós] unbekannt gewesen, und hinzufügt: »Ne tre libri del commentario d'Ipparco sopra Arato, la libra non comparisce e *non si nomina mai, come ognuno puó assicurarsene da per se.*« [»In den drei Büchern von Hipparchs Kommentar zu Aratus kommt die Waage nicht vor und *wird nie genannt, wie sich jedermann selbst vergewissern kann.*«] (Testa, *Del Zodiaco,* S. 21 und 46). Ich muß hier darauf hinweisen, daß sich die Hipparch-Stelle, die ich angeführt habe, in dem in drei Bücher aufgeteilten Kommentar findet und nicht in dem apokryph erscheinenden Fragment, das bald Hipparch, bald Eratosthenes zugeschrieben wird. Die Wörter ζυγός [zygós] und *iugum* könnten wohl ein Paar bezeichnen, alles was doppelt oder gerade ist; doch die Prosaisten verwenden in diesem Sinne eher ζεῦγος [zeũgos] als ζυγός [zygós], und Ptolemaios stellt τὰ ζυγά [tà zygá] in Opposition zu χηλαί [chelaí, Scheren]; was er nicht täte, wenn ζυγός [zygós] und ζυγά [zygá] die Erklärung von χηλαί [chelaí] wären. »Der Stern«, schreibt er, »der sich ihnen (den Chaldäern) zufolge im Becken der Waage befindet, und nach unseren Prinzipien (nach unserer Art, den Tierkreis einzuteilen) in den Scheren des Skorpions.«[446]

S. 236. *Von Menschenhand errichtete Erdhügel.* In beiden Amerikas fragt man sich, was die Eingeborenen bezweckten, als sie so viele künstliche Hügel errichteten, von denen einige weder als Grab noch als Ausguck noch als Unterbau eines Tempels gedient zu haben scheinen. Ein in Ost-Asien geltender Brauch mag einiges Licht auf diese wichtige Frage werfen. Zweitausenddreihundert Jahre vor unserer Zeitrechnung wurde in China dem Höchsten Wesen, Chan-ty, auf vier hohen Bergen geopfert, genannt die *Vier Yo.* Die Herrscher fanden es unbequem, sich persönlich dorthin zu begeben, und ließen in der Nähe ihrer

---

[446] PTOLEMAIOS, editio Basiliensis, S. 232. In seinem Kommentar verwendet Theon statt ζυγός [zygós, Joch, Gespann, Waage; im Singular], und τὰ ζυγά [tà zygá, Joch, Gespann, Waage; im Plural] oft das Wort λίτραι [lítrai, Pfunde], eine Ersetzung, die keinerlei Zweifel an der Bedeutung von ζυγός [zygós] bestehen läßt. Manetho spricht von den »Scheren des Skorpions, welche die *heiligen Männer* den Balken der Waage nennen«, und diese Stelle wäre höchst bemerkenswert, wenn es denn bewiesen wäre, daß der Astronom Manetho mit dem Autor der Αἰγυπτιακά [Aigyptiaká, Werk über Ägypten] identisch ist und folglich unter der Herrschaft des Ptolemaios Philadelphos gelebt hat. (FABRICIUS, *Bibliotheca graeca,* 1795, Band IV, S. 135–139) Das Wort ζυγός kommt in den Katasterismen des Eratosthenes nicht vor (ed. Schaubach, Kap. 7, S. 6), jedoch in jenem Kommentar zu Aratus (*Uranologion,* S. 142), der fälschlicherweise den Namen dieses alten Astronomen trägt und von Achilles Tatius zu stammen scheint.

Wohnstätten von Menschenhand Erhebungen errichten, welche diese Berge darstellten. Lord Macartney, *Voyage en Chine et en Tartarie*, Band I, S. LVIII. Hager, *Über das Monument des Yu*, 1802, S. 10.

S. 241. *Ebene von Tapia, bei Licán.* Um keine falschen Vorstellungen von der Tracht der Indianer in der Provinz Quito entstehen zu lassen, muß ich hier anmerken, daß diese Tracht für gewöhnlich schwarz ist, doch etwas wohlhabendere Personen, zum Beispiel die Mestizen, tragen *ruanas* aus gestreiftem Wollzeug *(listado),* welche die indianische Tunika namens *capisayo* bedecken. Diese *ruanas* sind auf der Tafel XXV gezeigt, damit die Figuren sich vom Hintergrund der Landschaft abheben und diese zugleich abwechslungsreicher gestalten. Der Schnitt der Kleider ist sehr getreu, doch die Farben des *listado* sind in einigen Exemplaren zu lebhaft geraten.

S. 251. *System der Hindus.* Zu Unrecht habe ich, auf einige *Sastras* vertrauend, behauptet, bei den Hindus endeten alle Yugas durch Überschwemmungen. Herr Majer bemerkt in seinem interessanten Werk *über die religiösen Ideen der Völker*, nach der Lehre der Banianen sei das erste Menschengeschlecht in den Fluten zugrunde gegangen, und das zweite sei durch Orkane vernichtet worden; im dritten Zeitalter habe die Erde sich aufgetan und die Menschen verschlungen; und das vierte Zeitalter werde durch das Feuer enden. Friedrich Majer, *Mythologisches Taschenbuch*, Band II, S. 299; und *Allgemeines Mythologisches Lexicon*, Band II, S. 471. Diese Lehre weist bis hin zur Reihenfolge der Zerstörungen eine erstaunliche Ähnlichkeit mit der mexikanischen Überlieferung auf.

S. 263. *Tlacahuepancuexcotzin.* Nichts ist an der aztekischen, mexikanischen oder Nahuatl-Sprache für den Europäer erstaunlicher als die übermäßige Länge der Wörter. Diese Länge liegt nicht immer, wie einige Gelehrte behauptet haben, an dem Umstand, daß die Wörter wie im Griechischen, im Deutschen und im Sanskrit zusammengesetzt sind, sondern an der Art, wie das Substantiv, der Plural oder der Superlativ gebildet werden. Ein Kuß heißt *tetennamiquiliztli*, das Wort besteht aus dem Verb *tennamiqui*, küssen, und den zugesetzten Partikeln *te* und *liztli*. Ebenso: *tlatolana*, bitten, und *tetlatolaniliztli*, eine Bitte; *tlayhiouiltia*, quälen, und *tetlayhiouiltiliztli*, Qual. Um den Plural zu bilden, verdoppeln die Azteken bei vielen Wörtern die erste Silbe: etwa *miztli*, Katze; *mimiztin*, die Katzen; *tochtli*, Kaninchen; *totochtin*, die Kaninchen. *Tin* ist die Endung, die den Plural anzeigt. Bisweilen findet die Verdoppelung auch mitten im Wort statt, zum Beispiel: *ichpochtli*, Mädchen; *ichpopochtin*, die Mädchen; *telpochtli*, Junge; *telpopochtin*, die Jungen. Das erstaunlichste mir bekannte Beispiel einer tatsächlichen Wortzusammensetzung ist das Wort *amatlacuilolitquitcatlaxtlahuilli*, welches die Belohnung für einen Boten bezeichnet, der ein Papier bringt, auf dem in symbolischen Zeichen oder als Malerei eine Botschaft steht, die jemand übermitteln will. Dieses Wort, das für sich allein einen Alexandrinervers bildet, enthält *amatl*, Papier aus der Agave americana, *cuiloa*, malen oder sinnträchtige Zeichen schreiben, und *tlaxtlahuilli*, Bezahlung oder Lohn eines Arbeiters. In der aztekischen Sprache fehlen die Buchstaben B, D, F, G und R. (Carlos de Tapia Zenteno, Pfarrer von Tampamolon, *Arte novissima de Lengua Mexicana*, 1753, S. 7.) Desgleichen fehlt in der baskischen Sprache der Buchstabe F, und keines ihrer Wörter beginnt mit einem R. Wie vereinzelt manche Sprachen auf den ersten Blick auch erscheinen, wie außerordentlich ihre Launen und ihre Idiotismen auch sein mögen, zwischen allen gibt es doch Ähnlichkeiten; und diese vielfältigen Übereinstimmungen werden immer mehr zutage treten, je weiter man die philosophische Geschichte der Völker und die Erforschung der Sprachen, die zugleich Erzeugnis des Verstandes und Ausdruck des individuellen Charakters des Menschen sind, vervollkommnen wird.

S. 275. *Erstes Zeitalter der Erde.* Der Franziskanermönch Andrés de Olmos, der in verschiedenen Sprachen Mexikos, deren Grammatiken er erstellt hat, sehr bewandert ist, hat eine höchst merkwürdige Notiz über die Kosmogonie von Anáhuac hinterlassen. (Marieta, *Historia Eclesiástica*, parte tercera, 1596, S. 48) Der Gott *Citla-*

latonac war mit der Göttin *Citlalicue* verbunden; die Frucht ihrer Vereinigung war ein Stein, ein Feuerstein, *tecpatl*, der in der Nähe eines Ortes namens die Sieben Höhlen, *Chicomoztotl*, auf die Erde fiel. Dieser Betyl findet sich unter den Hieroglyphen der Jahre und der Tage wieder; er war ein Aerolith, ein göttlicher Stein, ein *teotetl*, der, als er zersprang, 1600 untergeordnete Götter hervorbrachte, die fortan auf der Erde wohnten. Diese fanden sich ohne Sklaven wieder, die ihnen dienten, und erbaten von ihrer Mutter die Erlaubnis, Menschen zu schaffen. *Citlalicue* befahl *Xolotl*, einem der Götter der Erde, in die Hölle hinabzusteigen, um dort einen Knochen zu holen, und dieser Knochen brachte, als er zersprang wie der Aerolith oder Tecpatl, das Menschengeschlecht hervor. (Torquemada, Band II, S. 82) Nach derselben Überlieferung blieb der erste Mensch, *Iztacmixcuatl* oder *Iztacmixcohuatl*, in *Chicomoztotl* und erreichte dort ein sehr hohes Alter. Von seiner Frau, *Ilancueitl*, bekam er sechs Söhne, von denen alle Völker von Anáhuac abstammen. *Xelhua*, sein ältester Sohn, bevölkerte Quauhyuechola, Tzoca, Epatlan, Teopantla, Tehuacan, Cozcatla und Totctlan. *Tenuch*, der zweite, wurde der Vater der Tenochca oder Mexikaner im eigentlichen Sinne. *Ulmecatl* und *Xicalancatl*, von denen die Olmeken und die Xicalanken abstammen, bevölkerten die Gegenden um Tlaxcala, Coatzacoalcos und Totomihuacan. *Mixtecatl* und *Otomitl* wurden die Oberhäupter der Mixteken und der Otomí. (Torquemada, Band I, S. 34 und 35.) Diese Genealogie der Völker erinnert an die ethnographische Tafel von Moses; sie ist um so bemerkenswerter, als die Tolteken und die Azteken, bei denen man diese Überlieferung findet, sich selbst als Angehörige einer privilegierten und von den Otomí und Olmeken sehr verschiedenen Rasse ansahen. Durch jene Genealogie wurde versucht, die Mannigfaltigkeit der Sprachen auf ein Einheitsprinzip zurückzuführen und dieses durch den gemeinsamen Ursprung aller Völker zu erklären.

S. 276. *Auszug aus Aztlán.* Um die Lektüre dieses Werkes über die Monumente der alten Völker Mexikos zu erleichtern, will ich hier ein Fragment aus dem Abriß der Geschichte von Anáhuac aufnehmen, den ich während meines Aufenthaltes in México abzufassen begonnen habe. Dieses Fragment wird all jenen nützlich sein, die nicht die Muße haben, bis auf die Quellen zurückzugehen, und die sich bisher damit begnügen mußten, Robertsons Geschichte von Amerika zu studieren, welche in der Klugheit ihres Aufbaus bewundernswürdig, doch in dem Teil über die Tolteken und die Azteken allzu verkürzt ist. Ich habe sorgfältig alle Autoren angeführt, auf die ich mich in der Datierung gestützt habe.

CHRONOLOGISCHE TAFEL DER GESCHICHTE MEXIKOS.

Die gebirgige Region Mexikos war, gleich dem Kaukasus, schon in entferntesten Zeiten von vielen Völkern verschiedener Rassen bewohnt. Ein Teil dieser Völker kann als Überrest der zahlreichen Stämme betrachtet werden, die auf ihren Wanderungen von Norden nach Süden durch das Land Anáhuac gezogen waren, wobei sich einige Familien, gehalten durch die Liebe zu dem Boden, den sie urbar gemacht hatten, unter Beibehaltung ihrer Sprache, ihrer Sitten und ihrer ursprünglichen Regierungsform von der übrigen Nation trennten.

Die ältesten Völker Mexikos, diejenigen, die sich als Ureinwohner des Landes ansahen, sind: die Olmeken oder Hulmeken, die auf ihren Wanderungen bis zum Golf von Nicoya und León de Nicaragua vorgedrungen sind, die Xicalanken, die Cora, die Tepaneken, die Tarasken, die Mixteken, die Zapoteken und die Otomí. Die Olmeken und die Xicalanken, die das Plateau von Tlaxcala bewohnten, rühmten sich, bei ihrer Ankunft die Riesen oder *quinametin* unterworfen oder vernichtet zu haben; eine Überlieferung, die wahrscheinlich auf den Funden von fossilen Elefantengebeinen in jenen hohen Regionen der Berge von Anáhuac beruht. (Torquemada, Band I, S. 37 und 364). Boturini behauptet, daß die Olmeken von den Tlaxcalteken vertrieben wurden und darauf die Antillen und Südamerika bevölkerten.

Die Tolteken, im Jahr 544 unserer Zeitrechnung aus ihrer Heimat Huehuetlapallan oder Tlapallan ausgezogen, gelangen 648 nach Tollantzinco im Land Anáhuac und 670 nach Tula. Unter der Herrschaft des Toltekenkönigs Ixtlicuechahuac verfaßte der Astrologe Huematzin 708 das berühmte *göttliche Buch,* das Teoamoxtli, welches die Geschichte, die Mythologie, den Kalender und die Gesetze der Nation enthielt. Die Tolteken sind es auch, welche die Pyramide von Cholula erbaut zu haben scheinen, nach dem Vorbild der Pyramiden von Teotihuacán. Letztere sind die ältesten von allen, und Sigüenza hält sie für das Werk der Olmeken. (Clavijero, Band I, S. 126 und 129; Band IV, S. 46.)

Zur Zeit der toltekischen Monarchie, oder bereits in früheren Jahrhunderten, tritt der mexikanische Buddha auf, Quetzalcoatl, ein weißer, bärtiger Mann in Begleitung weiterer Fremder, die schwarze, soutanenartige Kleider trugen. Bis ins sechzehnte Jahrhundert gebrauchte das Volk diese Quetzalcoatl-Gewänder, um sich für die Feste zu verkleiden. Der Heilige trug in Yucatán den Namen Cuculca, in Tlaxcala hieß er Camaxtli. (Torquemada, Band II, S. 55 und 307.) Sein Mantel war mit roten Kreuzen übersät. Als Hoherpriester von Tula gründete er religiöse Kongregationen. »Er ordnete an, daß man Blumen und Früchte opferte, und hielt sich die Ohren zu, wenn man ihm vom Krieg sprach.« Sein Weggefährte Huemac war im Besitz der weltlichen Macht, während er selbst die geistliche Macht innehatte. Diese Regierungsform ähnelte denen von Japan und von Cundinamarca (Torquemada, Band II, S. 237); indes haben die ersten Mönche, spanische Missionare, ernsthaft die Frage erörtert, ob Quetzalcoatl Karthager oder Ire war. Aus Cholula entsandte er Kolonien nach Mixteca, Huaxayacac, Tabasco und Campeche. Man nimmt an, daß der Palast von Mitla auf Befehl dieses Unbekannten erbaut worden sei. Zur Zeit der Ankunft der Spanier bewahrte man in Cholula einige grüne Steine, die Quetzalcoatl gehört hatten, wie kostbare Reliquien auf; und Pater Toribio de Motilinia hat noch gesehen, wie man auf dem Gipfel des Berges Matlalcuye bei Tlaxcala zu Ehren des Heiligen Opfer brachte. Ebendieser Geistliche wohnte in Cholula von Quetzalcoatl angeordneten Bußübungen bei, in deren Verlauf sich die Büßer Zunge, Ohren und Lippen durchbohrten. Der Hohepriester von Tula war zuerst in Panuco erschienen; er verließ Mexiko in der Absicht, nach Tlapallan zurückzukehren, und auf dieser Reise verschwand er, nicht etwa im Norden, wie man annehmen müßte, sondern im Osten, an den Ufern des Río Huasacualco. (Torquemada, Band II, S. 307–311.) Die Nation hoffte viele Jahrhunderte lang auf seine Wiederkehr. »Als ich auf meinem Weg nach Tenochtitlán über Xochimilco kam«, berichtet der Mönch Bernardino de Sahagún, »fragte mich alle Welt, ob ich aus Tlapallan komme. Ich verstand damals den Sinn dieser Frage nicht, doch später erfuhr ich, daß die Indianer uns für die Nachfahren des Quetzalcoatl hielten.« (Torquemada, Band II, S. 53.) Es wäre gewiß interessant, das Leben dieser geheimnisvollen Persönlichkeit, die aus heroischen, wahrscheinlich den Tolteken vorgängigen, Zeiten stammt, bis in die kleinsten Einzelheiten nachzuvollziehen.

Pest und Niedergang der Tolteken im Jahr 1051. Sie dringen auf ihren Wanderungen weiter nach Süden vor. Zwei Kinder des letzten Königs und einige toltekische Familien bleiben im Land Anáhuac zurück.

Die Chichimeken gelangen nach dem Auszug aus ihrer Heimat Amaquemecan 1170 nach Mexiko.

Wanderung der Nahuatlaca (Anahuatlaca) im Jahr 1178. Diese Nation umfaßte die sieben Stämme der Xochimilken, der Chalca, der Tepaneken, der Acolhuen, der Tlahuica, der Tlaxcalteken oder Teochichimeken sowie der Azteken oder Mexikaner, die alle, ebenso wie die Chichimeken, die toltekische Sprache gebrauchten. (Clavijero, Band I, S. 151; Band IV, S. 48.) Diese Stämme nannten ihre Heimat Aztlán oder Teo-Acolhuacán und sagten von ihr, sie grenze an Amaquemecan. (García, *Origen de los Indios,* S. 182 und 502.) Gama zufolge waren die Azteken 1064 aus Aztlán ausgezogen; Clavijero zufolge 1160. Die Mexikaner im eigentlichen Sinne trennten sich in den Bergen von Zacatecas von den Tlaxcalteken und den Chalca. (Clavijero, Band I, S. 156; Torquemada, Band I, S. 87; Gama, *Descripción de las dos piedras,* S. 21.)

Ankunft der Azteken in Tlalixco oder Acahualtzinco im Jahr 1087; Kalenderreform und erstes Fest des neuen Feuers seit dem Auszug aus Aztlán 1091.

Ankunft der Azteken in Tula im Jahr 1196; in Tzompanco 1216; und in Chapultepec 1245.

»Unter der Herrschaft von Nopaltzin, König der Chichimeken, unterwies ein Tolteke namens

Xiuhtlato, Herr von Quaultepec, das Volk im Anbau von Mais und Baumwolle sowie in der Brotbereitung aus Maismehl. Die wenigen toltekischen Familien, die an den Ufern des Sees von Tenochtitlán lebten, hatten den Anbau dieser Graspflanze vollkommen vernachlässigt, und der amerikanische Weizen wäre für immer verloren gewesen, hätte Xiuhtlato nicht seit seiner frühesten Jugend ein paar Körner davon aufbewahrt.« (Torquemada, Band I, S. 74.)

Bündnis der drei Nationen der Chichimeken, der Acolhuen und der Tolteken. Nopaltzin, Sohn des Königs Xolotl, heiratet Azcaxochitl, Tochter des toltekischen Fürsten Pochotl, und die drei Schwestern von Nopaltzin verbinden sich mit den Oberhäuptern der Acolhuen. Es gibt wenige Nationen, deren Annalen eine solche Vielzahl von Familien- und Ortsnamen aufweisen wie die Hieroglyphen-Annalen von Anáhuac.

1314 geraten die Mexikaner in die Sklaverei der Acolhuen, doch durch ihre Tapferkeit gelingt es ihnen bald, sich daraus zu befreien.

Gründung von Tenochtitlán im Jahr 1325.

Mexikanische Könige: I. Acamapitzin, 1352 bis 1389; II. Huitzilihuitl, 1389–1410; III. Chimalpopoca, 1410–1422; IV. Itzcoatl, 1423–1436; V. Moctezuma Ilhuicamina oder Moctezuma der Erste, 1436–1464; VI. Axayacatl, 1464–1477; VII. Tizoc, 1477–1480; VIII. Ahuitzotl, 1480 bis 1502; IX. Moctezuma Xocoyotzin oder Moctezuma der Zweite, 1502–1520; X. Cuitlahuatzin, dessen Herrschaft nur drei Monate dauerte; XI. Quauhtemotzin, der für neun Monate des Jahres 1521 herrschte. (Clavijero, Band IV, S. 55–61.)

Unter der Herrschaft des Axayacatl starb Nezahualcóyotl, König von Acolhuacán oder Texcoco, der durch seine Bildung und durch die Weisheit seiner Gesetzgebung gleichermaßen denkwürdig ist. Dieser König von Texcoco hatte in aztekischer Sprache sechzig Hymnen zu Ehren des Höchsten Wesens verfaßt, des weiteren eine Elegie über die Zerstörung der Stadt Azcapotzalco und eine andere über die Unbeständigkeit menschlicher Größe, wie sie das Schicksal des Tyrannen Tezozomoc bewies. Der Großneffe des Nezahualcóyotl, getauft auf den Namen Fernando de Alva Ixtlilxochitl, hat einen Teil dieser Verse ins Spanische übersetzt, und der Ritter Boturini besaß das Original zweier seiner Hymnen, die fünfzig Jahre vor der Eroberung verfaßt und zur Zeit von Cortés in römischen Buchstaben auf *metl*-Papier geschrieben wurden. Ich habe diese Hymnen unter den Überresten von Boturinis Sammlung im Palast des Vizekönigs zu México vergeblich gesucht. Recht beachtenswert ist noch, daß der berühmte Botaniker Hernández von vielen der Pflanzen- und Tierzeichnungen Gebrauch gemacht hat, mit denen der König Nezahualcóyotl sein Haus in Texcoco geschmückt hatte und die von aztekischen Malern gefertigt worden waren.

Cortés' Landung am Strand von Chalchicuecan im Jahr 1519.

Eroberung der Stadt Tenochtitlán 1521.

Die in Spanien residierenden Grafen von Moctezuma und von Tula stammen von Ihuitemotzin ab, dem Enkel des Königs Moctezuma Xocoyotzin, welcher Doña Francisca de la Cueva geehelicht hatte. Die illustren Häuser von Cano Moctezuma, von Andrade Moctezuma und des Grafen von Miravalle (in México) gehen auf Tecuichpotzin zurück, die Tochter des Königs Moctezuma Xocoyotzin. Diese Fürstin, getauft auf den Namen Elisabeth, überlebte fünf Ehemänner, zu denen die beiden letzten Könige Mexikos zählen, Cuitlahuitzin und Quauhtemozin, sowie drei spanische Offiziere.

S. 291. *Cihuacohuatl.* Herr Majer meint, diese Figur der Mutter der Menschen hätte, ebenso wie die auf der Tafel XIII, Bezug auf die Geschichte von Ata-Entsik und die ihrer beiden Kinder, Juskeka und Tahuitzaron, die bei den Huronen und den Irokesen berühmt sind. *Mythologisches Taschenbuch,* Band II, S. 241, und Band II, S. 294. (Creuxius, *Historiae Canadensis, sev Novae Franciae,* 1664, Buch I, S. 79.)

S. 294. *Bildung der Stirn.* Der Teocipactli-Kopf, Tafel XXXVII, Nr. 6, gleicht in eigentümlicher Weise dem auf der Tafel XI abgebildeten. Nach Auskünften aus Mexiko, die ich seit der Veröffentlichung des ersten Teils dieses Werkes erhalten habe, ist diese bemerkenswerte Figur nicht in Oaxaca gefunden worden, wie ich zu Unrecht vorgebracht habe (S. 72–77), sondern weiter südlich, bei Guatemala, im alten *Quauhtemallan.* Dieser Umstand zerstreut die Zweifel noch weiter, die man über den Ursprung eines so seltsamen Monuments erheben könnte. Im übrigen waren die alten Bewohner Guatemalas ein sehr kultiviertes Volk, wie die Ruinen einer großen Stadt beweisen, die man an einem von den Spaniern *El Palenque* genannten Ort findet.

S. 324. *Die Zahlen-Hieroglyphen.* Herr Gatterer schreibt in seinem Abriß der *Weltgeschichte* den Phöniziern und den Ägyptern die bewundernswürdige Erfindung zu, die Zehner durch die Stellung der Ziffern auszudrücken. Er versichert ausdrücklich, in den ägyptischen Handschriften, die in fortlaufenden Charakteren verfaßt sind, seien neun Buchstaben des Alphabets zu erkennen, die neun Einheiten bezeichneten, sowie ein zehntes Zeichen, das als die Null der Hindus und Tibeter diente. Derselbe Gelehrte bringt vor, Kekrops und Pythagoras hätten dieses ägyptische Zahlensystem gekannt und dessen Ursprung liege in der linearen Hieroglyphen-Arithmetik, in der senkrechte Striche einen Positionswert haben, während mehrere Reihen von waagrechten Balken die Zehner und die Vielfachen von Zehn bezeichnen (Gatterer, *Weltgeschichte bis Cyrus*, S. 586). Nach dieser Hypothese wäre die den Hindus eigentümliche Notation durch die Araber zum zweiten Mal nach Europa eingeführt worden; doch diese Behauptungen scheinen nicht auf sehr festen Grundlagen zu fußen. (Kircher, *Obeliscus Pamphilius*, S. 461.) Man weiß, daß bei den Römern, deren Zahlensystem sehr viel unvollkommener war als das der Griechen, die Einheit ihren Wert wechselte, je nachdem ob sie vor oder nach den Zeichen für Fünf oder Zehn stand. Ein tatsächlicher Positionswert findet sich in der Notation, deren sich, Pappus zufolge, Apollonius für die Myriaden bediente (Delambre, »Sur l'Arithmétique des Grecs« in den *Œuvres d'Archimède*, 1807, S. 578); doch keines der Völker, über die uns genaue Kenntnisse vorliegen, scheint sich zu jener einfachen und einheitlichen Methode erhoben zu haben, welche die Hindus, die Tibeter und die Chinesen seit einem hohen Altertum befolgen.

S. 324. *Zwölf Suna.* Die Bewohner von Otahiti teilen das Jahr nicht in zwölf, sondern in dreizehn Monate oder Monde ein, denen sie die Namen der Söhne der Sonne geben. (Wilson, *A Missionary Voyage to the Pacific Ocean*, 1799, S. 341–344.) Diese Einteilung in dreizehn Abschnitte ist gewiß recht außergewöhnlich; doch wir wissen, daß in der Zivilisation sehr fortgeschrittene Völker in ihrem Kalender lange bei solchen Zahlen stehengeblieben sind, die zur Einteilung der Zeit am wenigsten geeignet sind. Siehe dazu die schönen Forschungen des Herrn Niebuhr über das römische und etruskische Jahr. (*Römische Geschichte*, Band I, S. 91 und 192.)

S. 333. *Vollständiges Verzeichnis der Gemälde.* Es ist recht bemerkenswert, daß bereits der Franziskanermönch Torquemada den Bischof Zumárraga der Barbarei beschuldigt hat, der für die Zerstörung der historischen Gemälde der Azteken allzu berühmt ist. (*Monarquía Indiana*, Band I, S. 276.) Einer der Redakteure der *Gazette littéraire* von Göttingen (Jahrgang 1811, S. 1553) erinnert daran, daß in der Bodleian Library zu Oxford fünf mexikanische Handschriften liegen. (*Monthly Magazine*, Band II, S. 337.) In seinem Bericht über meine Forschungen zu den Monumenten der eingeborenen Völker Amerikas vergleicht derselbe Gelehrte die auf den Tafeln I und II abgebildete Büste mit dem Stich eines Kopfes in Tassie, *Cat.*, Band VII, S. 248.

Die Reise durch eine andere Bibliothek

NACHWORT von OLIVER LUBRICH
und OTTMAR ETTE

HINTERGRÜNDE. Alexander von Humboldt unternahm seine amerikanische Reise und verfaßte das Werk, das aus ihr hervorging, vor dem Hintergrund turbulenter weltpolitischer Ereignisse. 1769 wird Humboldt in Berlin geboren, sechs Jahre nach dem Ende des Siebenjährigen Krieges. Nach Paris kommt er zum ersten Mal im Sommer 1790, ein Jahr nach dem Sturm auf die Bastille. Er ist unterwegs mit Georg Forster, der James Cook auf einer Weltumsegelung begleitet hat und sich als begeisterter Anhänger der Revolution in der Mainzer Republik engagieren wird. Als er sich acht Jahre später, 1798, erneut in Paris aufhält, beginnt Napoleon Bonaparte gerade seinen Ägyptenfeldzug, der Humboldts Vorhaben, in den Orient aufzubrechen, zunichte macht. Aber Humboldt improvisiert. Er begibt sich nach Madrid, wo ihm das diplomatische Kunststück gelingt, als Bürger eines protestantischen Landes (und als Fachmann für Bergbau und Bodenschätze) vom spanischen König einen Passierschein für dessen amerikanische Kolonien zu erlangen. Anders als die meisten Forschungsreisenden vor ihm ist der dreißigjährige Berliner in der glücklichen Position eines unabhängigen Wissenschaftlers, der im Dienst keines Staates und keiner Institution steht und der auch in seinen Publikationen keinerlei kommerzielle Rücksicht nehmen muß, da er seine Projekte privat finanzieren kann.

Von 1799 bis 1804 befinden sich Alexander von Humboldt und sein französischer Begleiter, der Botaniker Aimé Bonpland, auf ihrer wissenschaftlichen Expedition. Nach einem kurzen Aufenthalt in Teneriffa bereisen sie das heutige Venezuela, Kuba, Kolumbien, Ekuador, Peru und Mexiko und kehren schließlich über Kuba und die USA nach Frankreich zurück. Während die beiden Europäer zu Fuß, zu Pferd und im Kanu die spanischen Kolonien erkunden, deutet sich bereits die Unabhängigkeitsrevolution an. Humboldt erlebt ein Kolonialreich unmittelbar vor dem Zerfall. Er erfährt diese einmalige historische Situation aus verschiedenen Perspektiven, da er mit Angehörigen aller sozialen und politischen Gruppen Umgang pflegt. Als erste Kolonie nach den »Vereinigten Staaten« in Neuengland sagt sich Haiti vom »Mutterland« los. In einer Revolution in mehreren Phasen gelingt es den schwarzen Sklaven, die französischen Kolonialverbände zu besiegen und 1804 die Unabhängigkeit des Landes durchzusetzen.

Nach seiner Rückkehr aus Übersee verfolgt der Weltreisende von Paris aus die hispanoamerikanischen Unabhängigkeitskriege. Während er an seinem Reisewerk arbeitet und sich in der wissenschaftlichen Gemeinschaft und in den Salons der imperialen Hauptstadt bewegt, nehmen diese 1810 in Caracas und in Mexiko mit ersten fehlgeschlagenen Erhebungen ihren Anfang und gehen 1824 mit dem Sieg über die letzten spanischen Verbände bei Ayacucho zu Ende. 1819 wird der Staat Groß-Kolumbien gegründet; Simón Bolívar wird sein erster Präsident. Humboldt hatte den späteren General in Paris kennengelernt und angeblich gesagt: »Ich glaube, daß Ihr Land reif ist für die Unabhängigkeit, aber ich sehe nicht den Mann, der sie erreichen kann.« Der *Libertador* bedankte sich (brieflich) für diese Inspiration, indem er den Forschungsreisenden den »wahren Entdecker« Amerikas nannte. In Kuba gilt der Deutsche seit dem 19. Jahrhundert als der »zweite Entdecker« nach Christoph Kolumbus, »el segundo descubridor«.

Als weitgereister Kosmopolit repräsentiert Alexander von Humboldt eine andere Dimension deutscher Kultur als viele seiner Kollegen und die meisten seiner Zeitgenossen. Der Preuße mit hugenottischer Mutter schreibt sein amerikanisches Reisewerk in der französischen Hauptstadt – auf französisch. Währenddessen toben die Napoleonischen Kriege – ein Konflikt von neuartigem Ausmaß, für den die Namen Trafalgar, Austerlitz, Jena und Auerstedt, Aspern, Wagram, Borodino und Waterloo stehen; eine Art Weltkrieg, der auf die Weltmeere und die überseeischen Kolonien übergreift. 1806 besetzt Frankreich Preußen. Napoleons Truppen marschieren durch das Brandenburger Tor. Das »Heilige Römische Reich Deutscher Nation« wird aufgelöst. Die Niederlage des Napoleonischen Rußlandfeldzuges gibt das Signal für die sogenannten Befreiungskriege. 1814 und 1815 rücken die Preußen mit ihren Verbündeten zweimal in Paris ein. Lange nach diesen kriegerischen Jahren erst, 1827, zieht Humboldt wieder in seine Geburtsstadt. Im Preußen der zwanziger und dreißiger Jahre erlebt er die repressive Atmosphäre der Restauration. In populären Vorträgen macht er seine Wissenschaft der Öffentlichkeit zugänglich. Seit 1845 veröffentlicht er die Summe seines Wissens, an der er bis zu seinem Lebensende arbeitet, unter dem programmatischen Titel *Kosmos*. Im Jahr seines Todes, 1859, erscheint Charles Darwins epochales Werk über den *Ursprung der Arten*, das an Humboldts Forschungen anknüpft.

DISKURSE. Alexander von Humboldt befindet sich im Schnittpunkt historischer Diskurse, deren Brüche und Widersprüche in seinem Werk zutage treten. In mehrfacher Hinsicht ist er eine Figur des Übergangs. Er erlebt die Wende vom Zeitalter der Aufklärung zur Romantik. Wissenschaftsgeschichtlich vollzieht sich die Ablösung des rationalistischen Empirismus durch eine idealistische Naturphilosophie. Einzelne Disziplinen differenzieren sich und bilden ihre moderne Form aus. In Michel Foucaults Archäologie des Wissens wäre Alexander von Humboldt exakt dort zu verorten, wo eine dynamische Historisierung ein Denken in Tabellen und Klassifikationen ablöst: am Beginn der modernen Wissenschaft.

Der Klassizismus, Winckelmanns Vorstellung, daß die griechischen Kunstwerke auf ewig unerreichbare Vorbilder bleiben, ist eine wichtige Prägung für Humboldts Denken. Ebenso die mit ihm verbundene Altertumswissenschaft und die sich entwickelnde Archäologie. Diese wendet sich in der Altamerikanistik einem neuen Gegenstand zu, wenn Humboldt die Zeugnisse der prähispanischen Kulturen Amerikas studiert, als handele es sich um griechische oder römische Monumente. Die europäische Antike dient Humboldt als Maßstab, von dem aus er andere Kulturen versteht. Seine Vergleiche sind jedoch derart differenziert, daß er diesen Maßstab im Verlauf seiner Reise zunehmend in Zweifel zieht. Wenn die Indianer an die Griechen erinnern, was bedeutet das rückwirkend für unser Verständnis der abendländischen Antike? Daß auch die Griechen eine Kultur waren, die historisiert werden muß, anstatt nach zeitlosen ästhetischen Normen verehrt zu werden? Die anthropologische Wende des Antike-Begriffs, die Friedrich Nietzsche später vollziehen wird, deutet sich bei Alexander von Humboldt im Kontakt mit dem, was erst im Ausgang des 19. Jahrhunderts programmatisch als amerikanische Antike bezeichnet werden wird, bereits an.

In seiner Vorbemerkung zu den Ansichten der Kordilleren stellt Humboldt die These auf, »die Monumente der Völker, die keine hohe Stufe geistiger Kultur erlangt haben«, könnten »nur als historische Monumente Beachtung finden« (S. 17). Die indigenen Werke hätten demnach lediglich einen dokumentarischen, nicht aber einen ästhetischen Wert. Die theoretische Position, die er hier bezieht, stellt Humboldt indes durch seine eigene literarische Praxis in der Folge durchaus in Frage. Die Hieroglyphen der Indianer sind einerseits höchst unvollkommen, nämlich nach der phonozentrischen Annahme, daß die Entwicklung menschlicher Zeichen auf die Notation von Lauten in einer Alphabetschrift zulaufe; andererseits handelt es sich um eine ästhetische Schrift, die sich gerade nicht im Semiotisch-Semantischen erschöpft, sondern als Malerei ihre eigenen, künstlerischen Qualitäten hat. Diese Malerei wiederum ist einerseits, nämlich im Sinne einer teleologischen Verfeinerung zu immer genauerem Realismus, vergleichsweise primitiv; andererseits ist sie gerade insofern in einem modernen Sinne künstlerischer als eine »bloße« Nachahmung. (Dies gilt ebenso für die Bilderhandschriften der Azteken wie die der Mayas.) Auch die Ambivalenz des Begriffs »Monument«, den Humboldt in seinem Titel gebraucht, deutet auf dieses Dilemma: als (unfreiwillige) »Zeugnisse« wären die »Monumente der eingeborenen Völker Amerikas« dokumentarisch aufzufassen, als »Denkmäler« hingegen, so die andere Bedeutung des Wortes, die gezielt (mit gestalterischer Intention) als Kunstwerke geschaffen wurden, ästhetisch. Und schließlich ist Humboldts visuell anspruchsvolles Buch praktisch selbst eine Ästhetisierung der indigenen Erzeugnisse, auch wenn es ihnen in einigen theoretischen Äußerungen eine »Schönheit« nach europäischen Maßstäben bisweilen abspricht.

Ebenso wie die griechische und römische Antike dienen die Kulturen des sogenannten Orient (Ägypten, Babylon, Persien und auch die der Juden) sowie die Kulturen Ostasiens (Tibet, China, Japan und auch die der Tataren) als Modelle zum Verständnis der indigenen Völker Amerikas. Immer wieder stellt Humboldt Dreiecksbezüge her zwischen Europa, Amerika und dem Orient, unter denen sich formal verschiedene Typen unterscheiden lassen: vor allem Diffusionismus (die Erforschung direkter historischer Einflüsse) und Strukturalismus (als vergleichende Anthropologie, die mit Analogien arbeitet).

Seit er den Plan verfolgte, nach Ägypten zu reisen, las Humboldt orientwissenschaftliche Werke (von Denon, de Sacy oder Friedrich Schlegel). Wenn er in bezug auf Amerika von Ägypten, Persien oder Indien spricht, ist er Teil eines europäischen Diskurses, eines sogenannten Orientalismus – allerdings nicht im Sinne von Edward Said, indem er Klischees reproduzieren würde, sondern im Gegenteil: In seinem Reisebericht und in den *Ansichten der Kordilleren* setzt er Amerika mit dem Orient in sehr vielfältige Beziehungen, die untereinander nicht frei von Widersprüchen sind. Er verwendet orientalistische Metaphern, er beobachtet strukturale Analogien, und er stellt reale Verbindungen fest. Humboldt »orientalisiert« sowohl die Indianer als auch die spanischen Kolonialherren. Seine Bilder aus dem Orient können entweder für Barbarei oder auch für Humanität stehen.

Protestantische Bibelstudien und die neue Wissenschaft der Philologie wecken in Humboldts Zeit das Interesse für »orientalische« Sprachen und Schriften, vor allem für das Hebräische, das Sanskrit und für die Zeichen der alten Ägypter. 1822 wird es Champollion gelingen, deren Hieroglyphen zu entziffern. Das hebräische Alphabet, das Humboldt in Berlin erlernt hatte, und die ägyptischen Hieroglyphen bieten ihm zwei Modelle, die in seinen sprach-, schrift- und zeichentheoretischen Überlegungen zu den Bildcodices der amerikanischen Ureinwohner wirksam werden: Die hebräische Schrift, die ausschließlich aus Konsonanten besteht, ist abstrakt und akustisch, eine Aufzeichnung von Lauten, während die ägyptischen Zeichen konkret und bildlich sind, eine Abbildung der Natur.

Alexander von Humboldt steht in einer jahrhundertealten europäischen Tradition der Auseinandersetzung mit fremden Ländern und Kulturen: Die literarischen und wissenschaftlichen Werke der antiken Historiker, Geographen und Naturkundler wie Herodot, Strabo, Diodor oder Plinius, die von Skythen, Kelten, Äthiopiern oder Libyern handeln, sind in seinen Schriften als Bezugspunkte präsent. Er liest zeitgenössische Reiseliteratur, sei es über Tahiti oder über die Schweiz, von Georg Forster oder von Horace-Bénédict de Saussure.

Vor allem liest er Texte über Amerika, wie beispielsweise den Reisebericht des Franzosen La Condamine und die Erzählungen dessen spanischer Vorläufer. Humboldt bezieht sich auf die Eroberer und Entdecker, auf Christoph Kolumbus, Hernán Cortés oder Bernal Díaz del Castillo. Und er läßt indigene Stimmen zu Wort kommen:

Informanten, Antiquare und Dokumente. Der amerikanischen Ikonographie, wie sie in der Kunstgeschichte seit über dreihundert Jahren ausgebildet wurde, gibt er eine neue Richtung, indem er Darstellungen schafft, die nicht vorrangig auf Mythenbildung zielen, sondern auf wissenschaftliche Genauigkeit, indem sie anstelle exotistischer Klischees beispielsweise exakte botanische Details präsentieren.

Humboldt schreibt sich ein in den klassizistischen, in den orientalistischen, in den exotistischen und in den amerikanistischen Diskurs. Im sogenannten Disput um die Neue Welt vertreten Autoren wie Georges-Louis Leclerc Buffon, Cornelius de Pauw, Guillaume-Thomas Raynal und Georg Wilhelm Friedrich Hegel die absurde Auffassung, der amerikanische Kontinent sei »unreif« oder »degeneriert«. Humboldt tritt dieser Position – die er in seiner »Einleitung« benennt – entschieden entgegen. Und das nicht ohne Spott, wenn er über Hegels Vorurteile witzelt, er verzichte gern auf das europäische Rindfleisch, das Hegel »so viel besser als das amerikanische fabelt«, und lebe lieber neben Hegels »schwachen kraftlosen (leider 25 Fuß langen) Krokodilen«.

Da die Küstenlinien der Kontinente mittlerweile weitgehend erfaßt sind, richtet sich das Interesse der Forschungsreisenden auf die letzten weißen Flecken, die auf den Landkarten verblieben sind. Es werden weniger große Seereisen unternommen, statt dessen Expeditionen ins Landesinnere, die der geographischen, naturkundlichen und anthropologischen Erforschung dienen. Alexander von Humboldt bewegt sich dabei als Fachmann durch zahlreiche Wissenschaften, die sich seit dem 18. Jahrhundert auszudifferenzieren beginnen. Wichtige Bezugspunkte sind zum Beispiel das klassifikatorische System Linnés in der Botanik, die Kontroverse zwischen »Neptunisten« und »Vulkanisten« in der Geologie, die Physiognomik Lavaters, die Kraniologie Blumenbergs und die Morphologie Goethes. Zu Humboldts Innovationen zählen die Beschreibung der zum Äquator hin zunehmenden Höhenabhängigkeit der Klimate, die isothermen Linien, die neuartige Vermessung und graphische Darstellung von Gebirgsquerschnitten, die Begründung der Pflanzengeographie – und das Projekt eines Panama-Kanals. Er erbringt fundamentale Beiträge zu Geographie und Kartographie, Meteorologie, Klimatologie und Ökologie, Zoologie und Anatomie, Hydro- und Ozeanographie, Medizin, Pharmazie und Toxikologie, Physiologie, Neurologie – und zum Bergbau. Sein physiognomischer Blick sieht überall Korrespondenzen. Seine komparatistische Methode zieht fortwährend Verbindungen. Humboldt ignoriert die Hierarchien und Grenzen zwischen akademischen Kulturen und Wissensgebieten, die sich seitdem immer stärker befestigt haben.

WERKE. Die *Vues des Cordillères* erschienen innerhalb des großangelegten Werkes, das Alexander von Humboldt gemeinsam mit Aimé Bonpland der amerikanischen Reise widmete und in dem er wechselweise als Autor, Mitautor oder Herausgeber fungierte: des *Voyage aux régions équinoxiales du Nouveau Continent* (Paris 1805–1839), der insgesamt über 10 000 Text- und 1400 Bildseiten umfaßt. Es handelt sich um den vierten von – nach stringenter Zählung – insgesamt 29 Bänden. Eine besondere thematische und konzeptionelle Nähe besteht zu denjenigen Werken, die ebenfalls einen reiseliterarisch-autobiographischen, kulturgeschichtlich-historischen, politisch-ökonomischen oder geographisch-geomorphologischen Focus haben: zum Reisebericht (*Relation historique*, Bände 1 bis 3), als dessen »Atlas pittoresque« die *Vues* zunächst geplant waren; zur Geschichte der Entdeckungen und der Geographie Amerikas (*Examen critique de l'histoire de la géographie du Nouveau Continent*, Band 6); zur Länderkunde des präkolumbischen und vor allem kolonialen Mexiko (*Essai politique sur le royaume de la Nouvelle-Espagne*, Bände 9 und 10); und zu den beiden Kartenwerken (Band 5 und Band 11). Die übrigen Teile sind verschiedenen naturwissenschaftlichen Gebieten gewidmet: der Zoologie (Bände 7 und 8), der geographischen Astronomie (Bände 12 und 13), der Pflanzengeographie (Band 14) und der Botanik (Bände 15 bis 29).

Auch außerhalb des *Voyage* gibt es verschiedene Werke von Humboldt, die sich auf die Amerika-Reise beziehen: Während der Reisebericht lediglich das erste Drittel der fünfjährigen Expedition schildert und Fragment geblieben ist, läßt sich beinahe der gesamte Verlauf anhand der Tagebücher rekonstruieren, die Humboldt zunächst in deutscher Sprache führte, bevor er, von Quito an (Januar 1802) und passagenweise bereits vorher ab Bogotá (Juli 1801), ins Französische wechselte. Die in engen Zeilen vollgeschriebenen Notizhefte sind weitgehend erhalten. Sie werden von der Handschriftenabteilung der Berliner Staatsbibliothek aufbewahrt; an der Alexander von Humboldt-Forschungsstelle der Berlin-Brandenburgischen Akademie der Wissenschaften wurden sie transkribiert und in einer vierbändigen Auswahl veröffentlicht. Da die meisten Motive in den *Ansichten der Kordilleren* aus Regionen stammen, die nicht mehr im Reisebericht beschrieben wurden (die Andenländer und Mexiko), läßt sich die historische Reise, die ihnen zugrunde liegt, anhand dieser Quelle recht genau rekonstruieren. Eine andere historische Quelle bilden die zahlreichen Briefe, die Humboldt aus Amerika schrieb. Weitere wichtige Texte – wie sein Bericht »Ueber einen Versuch den Gipfel des Chimborazo zu besteigen« – finden sich in Humboldts *Kleineren Schriften*.

Die *Ansichten der Kordilleren* sind nicht zu verwechseln mit den *Ansichten der Natur**, die Humboldt auf deutsch verfaßte und die – im wesentlichen – aus einer Reihe von Essays über südamerikanische Landschaften (mit wissenschaftlichen Anmerkungen) bestehen, wie bereits die Überschriften anzeigen: »Über die Steppen und Wüsten«, »Über die Wasserfälle des Orinoco bei Atures und Maipures«, »Das nächtliche Tierleben im Urwald«, »Das Hochland von Cajamarca, der alten Residenzstadt des Inka Atahualpa«… Zahlreiche Beobachtungen aus der amerikanischen Reise sind schließlich auch in Humboldts letztes Werk, den fünfbändigen *Kosmos* eingegangen, der den ambitionierten und bis heute faszinierenden Plan verfolgt, »die ganze Welt in einem Buch« darzustellen.

POETIK. Jedes der Humboldtschen Werke hat eine eigene Poetik. Die Vielfalt seiner literarischen Konzeptionen scheint darauf zurückzuführen zu sein, daß sich Alexander von Humboldt auf der unabschließbaren Suche nach einer Methode befand, den »fremden« Kontinent möglichst angemessen verstehen und darstellen zu können. Durchweg charakteristisch ist eine experimentelle Offenheit der Form. An ihr können nicht nur Humboldts literarische Praxis, sondern auch sein Wissenschaftsverständnis und seine Haltung zu anderen Kulturen abgelesen werden. Das Literarische der Humboldtschen Werke wird jedoch häufig vernachlässigt. Vermeintliche Äußerlichkeiten werden überlesen. Die Hybridität der Gattung, die Pluralität der Formate und die Heterogenität des Textkörpers wurden in zahlreichen Editionen geglättet. Dabei sind es gerade diese vermeintlichen Nebensächlichkeiten, an denen Humboldts Techniken der Wahrnehmung und Verfahren der Darstellung sichtbar werden.

Der Haupttext der *Ansichten der Kordilleren* besteht aus einer Einleitung (16 Seiten), einem Vorwort (vier Seiten) und 62 Essays (deren Länge zwischen acht Zeilen und 69 Seiten variiert). An diese Essays sind 427 Fußnoten angelagert, die sich auf knappe Verweise beschränken, sowie 15 Endnoten, in denen ausführlich zusätzliche Informationen geliefert werden – und die ihrerseits wiederum mit fünf Fußnoten versehen sind: mit Anmerkungen zweiten Grades. Darüber hinaus gibt es diverse sogenannte Paratexte, die den Haupttext rahmen und zugänglich machen: Titelblätter, das Inhaltsverzeichnis, eine Widmung, Personen-, Werk- und Sachregister sowie einige Fehlerkorrekturen (»Errata«). 15 der 69 Tafeln und die dazugehörigen Kapitel wurden als ergänzender Abschnitt (»Supplément«) hinzugefügt. Der Hauptteil zerfällt also, genau besehen, in zwei Abschnitte.

Die *Ansichten der Kordilleren* bewegen sich zwischen unterschiedlichen Formaten, Gattungen und Stilen: Die Essays enthalten wissenschaftliche Erörterungen in zahlreichen Wissensgebieten (zum Beispiel der Pflanzengeographie), ästhetische Beschreibungen (von Kunstwerken, Gebäuden oder Naturszenen) und narrative Elemente (etwa von der Besteigung des Chimborazo). Als »Buch im Buch« steht im Zentrum eine ausführliche Studie über das mexikanische Kalender-

---

* Auch diese liegen neben dem *Kosmos* und den *Ansichten der Kordilleren* als Neuausgabe der *Anderen Bibliothek* vor.

system (Tafel XXIII). An mehreren Stellen tauchen Tabellen auf. Die Endnoten enthalten eine Vokabelliste und als zusammenhängende Abhandlung einen geschlossenen Abriß der mexikanischen Geschichte. In eine der »Anmerkungen« montiert Humboldt ein Schreiben, das ein Ägyptologe an ihn gerichtet hat.

An das Ende seiner Essays stellt er einen weiteren »Brief«. Der Verfasser ist Ennio Quirino Visconti, der Adressat der Widmung, der hier gleichsam auf diese Zueignung antwortet und dabei in vier Punkten eine von Humboldts Überlegungen abweichende Meinung vertritt: mit Bezug auf die »Statue einer aztekischen Priesterin«, die kosmologischen Systeme, die vorspanischen Hieroglyphen und die Techniken der Eingeborenen, Feuer zu erzeugen. Indem Humboldt seinem Werk eine Art Rezension einfügt und darin Widerspruch zu Wort kommen läßt, signalisiert er seine Aufgeschlossenheit für Korrekturen. Er bekennt sich zur Provisorik wissenschaftlicher Erkenntnisse. Und er macht deutlich, daß seine *Ansichten* kein unanfechtbares Œuvre sein sollen, sondern ein offenes *work in progress.*

Alexander von Humboldt nimmt keineswegs die Position eines »Autors« ein, der »autoritär« aus einer »imperialen« Perspektive spricht. Dies zeigt sich sogar darin, wie der Text seine Autorschaft definiert. Als Teil des *Voyage* sind die *Vues des Cordillères* Bestandteil eines Werkes, für das Alexander von Humboldt und Aimé Bonpland gemeinsam verantwortlich zeichnen (»Par Al. de Humboldt et A. Bonpland«). Während das Titelblatt der *Ansichten der Kordilleren* einen alleinigen Urheber nennt (»Par Al. de Humboldt«), ist die Widmung von Alexander von Humboldt und von Aimé Bonpland unterzeichnet (»A. de Humboldt – Aimé Bonpland«), wobei Bonplands Vorname ausgeschrieben und Humboldts Vorname abgekürzt ist (und zwar – spielerisch? – anders, »A.«, als auf dem Titelblatt, »Al.«).

Das Buch ist vielschichtig und vielstimmig. Und in gewisser Weise ist es sogar mehrsprachig: Den französischen Text durchsetzen immer wieder lateinische und altgriechische Begriffe und Zitate, des weiteren Vokabeln zahlreicher Sprachen aus aller Welt; und neben der römischen und griechischen Schrift tauchen indigene Zeichen auf.

Humboldts *Ansichten* sind subjektiv und ästhetisch – und zugleich wissenschaftlich exakt. Das Buch ist nicht nur formal, sondern auch inhaltlich keineswegs geschlossen. Zahlreiche Verweise deuten in neue Forschungsrichtungen. Daß Alexander von Humboldt seine Arbeitsergebnisse fortwährend überprüfte, daß er seine Hypothesen immer wieder in Frage stellte und daß er sich den überseeischen Kulturen nicht aus einer fixierten, hierarchischen, kolonialen Perspektive zuwendet, aus der sie sich eindeutig auf den Begriff bringen und schlüssig repräsentieren ließen, ist bereits an der Gestalt seiner Werke ablesbar. Die literarische Form besitzt eine weitreichende Semantik: sie enthält eine prinzipielle Botschaft.

WEGE DER LEKTÜRE. In ihrer formalen Offenheit und thematischen Vielfalt bieten die *Ansichten der Kordilleren* ihren Lesern zahlreiche Zugänge: Anthropologie, Ethnologie, Geschichte, Kulturtheorie, Zeichentheorie, Ästhetik, Kunstgeschichte, Landschaftsmalerei und unterschiedliche Naturwissenschaften. Humboldt thematisiert Rituale, Menschenopfer, Zeit- und Kalendersysteme, Religionen und Mythen, Gesellschaftsformen und Rechtssysteme, Architektur und Kunstwerke, Schmuck und Kleidung, Werkzeuge und andere Elemente der Alltagskultur (wie beispielsweise das Postwesen), Ereignisse der Geschichte wie Völkerwanderungen, Eroberungen und Tribute sowie schließlich die *Conquista*: die Grausamkeiten der Spanier und die Vernichtung der indigenen Zivilisationen. Demgegenüber spielen etwa ökonomische oder zoologische Themen, die Humboldt andernorts ausführlich behandelt, in den *Ansichten der Kordilleren* eine untergeordnete Rolle, weil es hier darum geht, die Kulturen der amerikanischen Völker in den Blick zu bekommen und mit den Kulturen der Welt in Verbindung zu bringen.

Die einzelnen Tafeln mit ihren jeweiligen Essays stehen auf den ersten Blick in keinem eindeutigen Zusammenhang zueinander. Wie Julio Cortázars Roman *Rayuela* aus dem Jahr 1963, der aus 155 durchnumerierten Kapiteln besteht, die in unterschiedlicher Reihenfolge lesbar sind, kann man die 69 Bilder und 62 Essays der *Ansichten der Kordilleren* entlang verschiedener Lektürewege anordnen: linear, entlang der Abfolge der Tafeln; geographisch, nach der Sequenz der Reiseroute; historisch, nach dem Alter der dargestellten Phänomene; thematisch, zum Beispiel nach historischen Gegenständen; künstlerisch, nach gestalterischen Aspekten der Bilder; oder frei assoziativ, nach dem Zufallsprinzip. Intratextuelle Verweise (im Haupttext und in den Fußnoten) stellen immer wieder interne Bezüge her. Das Buch endet mit einem Bild, das die Leser an den Beginn der Reise zurückversetzt und das der Chronologie der Reise nach eigentlich am Anfang stehen müßte: dem Drago-Baum von Teneriffa.

Humboldt deutet selbst an, daß es andere Gliederungen als die der vorgegebenen Zählung gibt: Die Einleitung enthält eine Tabelle, welche die Naturszenen geographisch (»Plateau du Mexique«, »Montagnes de l'Amérique méridionale«) und die Kunstwerke kulturell (»Mexicains«, »Péruviens«, »Muyscas«) zuordnet. Es wird jedoch weder eine repräsentative Abbildung des gesamten Reiseverlaufes gegeben, noch bezieht sich das Werk ausschließlich auf die »Kordilleren« (die »Gebirgskette« an der Westküste Amerikas). Die Verteilung ist sehr ungleichmäßig: 42 Tafeln beziehen sich auf Mexiko, acht auf Peru und 17 auf das restliche Südamerika; die übrigen zwei auf die Kanarischen Inseln. Der Schwerpunkt des Interesses liegt also auf Mexiko, »Neu-Spanien«, wo sich Humboldt gegen Ende seiner Reise fast ein ganzes Jahr lang aufhielt. Die Insel Kuba, der Humboldt später einen eigenen Band widmen wird, bleibt dagegen gänzlich ausgespart. Die beiden Tafeln, die sich auf die Kanarischen Inseln beziehen, scheinen mit Amerika nichts zu tun zu haben. Sie sind jedoch nicht einfach nur deshalb eingefügt worden, weil Humboldt zufällig auf seiner Reise in Teneriffa Station gemacht hätte. Humboldt sah die Kanaren geographisch als einen Mikrokosmos an, in dem sich viele der Beobachtungen, die er in Amerika machen sollte, auf engstem Raum wie in einem Labor erproben ließen; politisch verstand er die Inseln nicht als einen Teil des Mutterlandes, sondern als spanische Kolonie.

Des weiteren zählt Humboldt am Anfang die einzelnen Hieroglyphen-Codices auf, denen er seine Abbildungen entnommen hat. Durch die Orte, an denen sie zu finden sind, ergibt sich eine weitere geographische Ordnung, die aus Amerika herausführt und Beziehungen über die Kontinente herstellt, von den Kolonien in die Metropolen: Codex Vaticanus (Rom), Codex Borgianus (Veletri), Codex Vindobonensis (Wien), Codex Tellerianus Remensis (Paris), Codex de Mendoza (Mexiko), Codex Dresdensis (Dresden) und Codex Humboldt (Berlin).

Die Bildmotive der Tafeln haben Gemeinsamkeiten, die wieder andere Verbindungen herstellen: In mehrere Darstellungen sind beispielsweise menschliche Figuren eingefügt, die den landschaftlichen oder architektonischen Szenen eine Maßstäblichkeit verleihen. Sie inszenieren aber auch ein weiteres Mal, nämlich mit den Mitteln der Malerei, die Begegnung zwischen europäischen Reisenden und indianischen Eingeborenen, die der Gegenstand der Reisebeschreibung und das Grundprinzip der kulturvergleichenden Analysen ist. Ikonographisch schafft Humboldt hier einen Kontrast zwischen der geradezu klassizistischen Nacktheit der Indianer, die bisweilen eine antike Anmutung haben, und der zeitgenössischen Kleidung der europäischen Touristen. In den Tafeln LII und LIII kommt die Verbindung der Kulturen in der Kombination indigener und europäischer Elemente der Kleidung zum Ausdruck. Die Tafel V thematisiert in den abgebildeten Figuren die imperiale Praxis des Reisens auf dem Rücken sogenannter Träger, *cargueros*, die als Allegorie eines ausbeuterischen Machtverhältnisses lesbar ist – und zugleich als dessen Kritik. Denn ein Stuhl, der auf den Rücken des zweiten Trägers gebunden ist, bleibt leer.

Insgesamt ist eine Schichtung in fünf Ebenen zu erkennen, nach denen sich die Tafeln und Texte in verschiedene thematische Gattungen gruppieren lassen: Humboldt präsentiert, erstens reine Landschaften (Wasserfälle, Vulkane, eine natürliche Brücke), zweitens Naturszenen mit Menschen (Indigene, Reisende), drittens Bauwerke und Stadtansichten, mit Menschen und teilweise mit Elementen der Natur (Mexiko-Stadt, Pyramiden, Festungen), viertens Kunstwerke (eine aztekische Frauenstatue, verschiedene Reliefs) und schließlich, fünftens, Bild-Codices (aus verschiedenen Sammlungen). Bereits der Titel zeigt an, daß kulturelle Dokumente (»Monumens«) und die natürliche Beschaffenheit (»Cordillères«) miteinander in Beziehung gesetzt werden. Kultur und Natur, Mensch und Umwelt werden in unterschiedlicher Nuancierung miteinander im Zusammenhang betrachtet.

Humboldt stellt auf allen diesen Ebenen eine Reihe von Fragen, die jenseits seiner Gegenstände und über seine konkreten Erkenntnisse hinaus von allgemeinerer Bedeutsamkeit sind: In welcher Beziehung befinden sich Völker zu ihrer natürlichen Umwelt? Welche Wechselwirkungen bestehen zwischen Natur und Kultur? Wie läßt sich die unterschiedliche Entwicklung verschiedener Gruppen von Menschen erklären? Wie können wir die Kulturen kolonisierter Völker verstehen? Wie studieren wir die Zivilisationen Amerikas? Welche Art von Zeugnissen haben sie hinterlassen? Wie sind ihre Bilderschriften zu interpretieren? In welchem Verhältnis stehen Kulturen zueinander? Welche Zusammenhänge bestehen zwischen den indigenen Völkern Amerikas und den archaischen Hochkulturen in aller Welt?

BEDEUTUNGEN. Die Vielfalt der Bedeutungen von Alexander von Humboldts *Ansichten der Kordilleren* entspricht der formalen und inhaltlichen Komplexität des Werkes:

Mit seinen vergleichenden Hochkulturstudien begründet Alexander von Humboldt eine globale kulturwissenschaftliche Komparatistik. Das Buch steht am Anfang der modernen Altamerikanistik und der mexikanischen Anthropologie. Das Museum der Ausgrabungsstätte des aztekischen Haupttempels von Tenochtitlan, das *Museo Templo Mayor* in Mexiko-Stadt, beginnt seine Ausstellung nicht von ungefähr mit einem Bild von Alexander von Humboldt und einem Verweis auf die *Ansichten der Kordilleren*. Auf der Grundlage der ihm damals zur Verfügung stehenden veröffentlichten und unveröffentlichten Quellen sowie aus eigener Anschauung differenziert Humboldt die indigenen Völker. Seine historische Forschung widerlegt das Vorurteil von der Geschichtslosigkeit der Indianer. Er integriert indigene Quellen in die Geschichtswissenschaft. Und er stellt historische Verbindungen Amerikas mit Asien fest.

Humboldt entfaltet eine Kulturtheorie, die aus heutiger Sicht äußerst fruchtbar erscheint: Er unternimmt den Versuch, Universalität und Diversität der Menschen gleichzeitig zu denken, das Allgemeine und das Spezifische der Zivilisationen herauszuarbeiten, die aufklärerische Idee einer Einheit der Menschheit in einem einsinnigen Entwicklungsprozeß mit der Kontingenz der Erfahrungen und der individuellen Verschiedenheit jeder einzelnen Kultur in Einklang zu bringen, die Identität des »Eigenen« in der Differenz zum »Fremden« auszumachen und dabei zugleich die wechselseitige Hybridisierung der Kulturen in den Blick zu bekommen.

Indem er Natur- und Geistesgeschichte miteinander vereint, unterläuft sein Denken jegliche Polarisierung, die in eine Unterscheidung der »zwei Kulturen« münden könnte. Die Art und Weise, wie er die Wechselwirkungen zwischen natürlicher Umwelt und menschlichen Lebensformen analysiert, ist eine Inspiration für die moderne Ökologie und die Lebenswissenschaften. Humboldt entwirft eine Ikonographie Amerikas, die nicht vordergründig exotistische Phantasien bedient, sondern um Authentizität bemüht ist. Sie war höchst einflußreich für die Landschaftsmalerei des 19. Jahrhunderts – für Maler wie Rugendas, Bellermann und Nebel.

Und schließlich haben die *Ansichten der Kordilleren* eine kreative literarische Form. Als imaginäres Museum, das Bilder und Texte miteinander kombiniert, ist das Buch eine innovative und vieldimensionale *invitation au voyage*.

REISEBERICHT. Die Vielfalt der Bedeutungen der *Ansichten der Kordilleren* läßt sich verstehen vor politischen Hintergründen, verorten in diskursiven Feldern, erschließen aus werkinternen Zusammenhängen, begreifen in der Logik ihrer poetischen Form und dabei auf vielerlei Wegen der Lektüre erkunden. Zugleich ist das Werk ein Reisebericht. An seinen erzählerischen Kernen werden einzelne Stationen der großen Expedition erkennbar, die Humboldt und Bonpland zwischen 1799 und 1804 in Amerika unternommen haben. Hinter den Bildern und ihrer Beschreibung, hinter den Tafeln und ihrer wissenschaftlichen Auswertung wird die physische Erfahrung des Reisenden sichtbar – oder zumindest erahnbar: die Strapazen, die er auf sich nahm, die Krankheiten, die ihn bedrohten, und die Selbstversuche, denen er sich unterzog. Es erscheinen vereinzelte *Biographeme*, Biographie-Elemente, die bestimmte Facetten der Persönlichkeit Alexander von Humboldts beleuchten – seine Neugier, seine Offenheit, seine Risikobereitschaft –, ohne sich jedoch zu einer kontinuierlichen Erzählung zusammenzufügen: der Pic von Teneriffa – Humboldts erster Vulkan; die Fahrten im Kanu – von Moskitos zerstochen; der Marsch über die Anden – auf dem Weg zur Südsee; die Besteigung des Chimborazo – und die Umkehr kurz vor dem Gipfel. Die diskontinuierliche Anordnung seiner konzeptionell ungewöhnlichen Reisebeschreibung entspricht dem improvisierten Charakter der Reise Alexander von Humboldts selbst, die immer wieder von Zufällen geleitet ist: anstatt nach Alexandria reist Humboldt nach Havanna; weil an Bord eine Seuche ausbricht, geht er an Land in Cumaná und erkundet Venezuela; als sein Vorhaben, sich Baudins Weltumsegelung anzuschließen, mißlingt, reist er weiter nach Mexiko.

DIMENSIONEN DER REISELITERATUR. Alexander von Humboldt hat die verschiedenen reiseliterarischen Dimensionen seiner *Ansichten der Kordilleren* auf höchst komplexe Weise miteinander verwoben: die drei Dimensionen des Raumes und die der Zeit sowie, darüber hinaus, die soziale, die fiktionale, die des literarischen Raumes, die gattungspoetische und die des kulturellen Raumes.

Bezüglich der zwei ersten Dimensionen springt die keineswegs zufällige, sondern absichtsvolle Diskontinuität der Bewegungen ins Auge, die jegliche itinerarische, die behandelten Gegenstände entlang eines Reiseweges aufreihende Struktur unterläuft. Die Durchbrechung der diesbezüglichen Erwartungshaltung seines Lesepublikums hat im Verlauf der Rezeptionsgeschichte zu mancherlei Irritationen und nicht selten dazu geführt, daß bestimmte Bildtafeln aus den *Ansichten der Kordilleren* herausgebrochen und als »Illustrationen« anderer Teile des Reisewerkes verwendet wurden. Die Anlage des Bandes aber entspricht einem ständigen Hin- und Herspringen zwischen einzelnen Phasen, Phänomenen und Orten der Reise Humboldts und Bonplands. Damit tritt an die Stelle des Chronologischen und Itinerarischen das Diskontinuierliche und Relationale, die ständige Bewegung zwischen den Tafeln; diesem »unsteten«, nomadischen Rhythmus werden die Leserinnen und Leser bewußt ausgesetzt. Die *Vues des Cordillères* beginnen in Mexiko mit der – wie wir heute wissen – Statuette der Wassergöttin Chalchiuhtlicue und enden mit dem Drachenbaum auf den Kanaren. Humboldt setzt folglich mit dem Aufenthalt in Neu-Spanien 1803–1804 ein und endet mit dem kurzen Aufenthalt auf Teneriffa 1799. Die nicht-chronologische Anordnung führt auf der Darstellungsebene zu einer Vergleichzeitigung der an verschiedenen Orten und zu verschiedenen Zeiten beobachteten Phänomene und erleichtert deren Vernetzung untereinander wie mit anderen Beobachtungen weltweit. Denn Humboldts *Ansichten der Kordilleren und Monumente der eingeborenen Völker Amerikas* beschränken sich weder auf die Kordilleren noch auf die Völker Amerikas. Beide bilden vielmehr Anknüpfungspunkte für eine bewegliche Netzwerkstruktur, die – wie die Reise des deutsch-französischen Forscherteams selbst – ebenso globalisiert wie globalisierend ist.

Die dritte, vertikale Dimension, spielt in allen Schriften des gelernten Bergbaufachmanns Humboldt, der etwas von Steigerplänen verstand, eine herausragende Rolle. Von der Pflanzengeographie mit ihren Höhenstufen bis zur Landschaftsmalerei mit ihren übersteilten Hangneigungen, von der Klimatologie mit den von Humboldt beobachteten Temperaturgradienten bis zur literarischen Ästhetisierung der amerikanischen Gebirgswelt bündeln sich unterschiedlichste Kraftlinien des Humboldtschen Denkens in der dritten Dimension. Dies mag erklären, warum in den *Ansichten der Kordilleren* auf den Teide auf Teneriffa nicht verzichtet werden durfte: Der höchste Berg der Kanaren war für Humboldt nicht nur wegen der erfolgreichen Bergbesteigung und der erstmals deutlich nachgewiesenen pflanzengeographischen Zonierung, sondern vor allem wegen der sich hier vollziehenden Durchdringung von naturwissenschaftlicher

Analyse und Hypothesenbildung einerseits und ästhetischer und ästhetisierender Landschaftsdarstellung andererseits ein Initialerlebnis und ein wahrhaft erhabener Punkt der Humboldtschen Reise. So sind im Teide immer schon die späteren Besteigungen des Chimborazo, Cotopaxi oder Rucupichincha, aber auch – nach der amerikanischen Forschungsreise und vor der Niederschrift seiner *Vues des Cordillères* – die von mancherlei Legenden umrankte Besteigung des Vesuv allgegenwärtig.

Dieses raum-zeitliche Überlagerungsverfahren charakterisiert auch die vierte Dimension: die Zeit. Die diskontinuierliche, der Chrono-Logik entzogene Zeitstruktur beinhaltet keineswegs eine Enthistorisierung der beobachteten und dargestellten Phänomene, sondern zwingt paradoxerweise zu einer stärkeren historischen Schärfung und Modellierung alles Dargestellten. Die weitgehende Entbindung von der – in der Reiseliteratur so beherrschenden – Eigen-Zeitlichkeit des Reiseverlaufs erlaubt es, die doppelte Zeitlichkeit von Menschheitsgeschichte und Erdgeschichte zum eigentlichen Bezugsrahmen zu machen. Damit begibt sich Humboldt auf das verminte philosophische Schlachtfeld des »Disputs um die Neue Welt«, nimmt zugleich aber aus der persönlichen Erfahrung des Reisenden heraus Stellung gegen all jene, die Theorien über die »Neue Welt« verbreiteten, ohne sie selbst je *erfahren* und aus eigener Anschauung kennengelernt zu haben. Denn Amerika ist für den Reisenden in den labyrinthischen Flußlandschaften des Orinoco und des Amazonas keine später aus dem Wasser gehobene und geologisch »jüngere« Welt, sondern gemäß seiner Gebirgsbildung und ihrer Zeugnisse über und unter Tage ein integrativer Bestandteil der Geschichte unseres Planeten und seiner Entwicklungen; und die Völker Amerikas gehören keinem »jüngeren« und inferioren Zweig der Menschheitsgeschichte an, sondern sind ein konstitutiver Teil von ihr. Die amerikanischen Kulturen gehören ebenso zur Weltkultur wie die Ägypter und die Etrusker, die Griechen und die Römer.

Die Einsicht in die Teilhabe Amerikas an derselben Erd- und Menschheitsgeschichte verleitete Humboldt gleichwohl nicht dazu, den Differenzcharakter Amerikas und seiner Bewohner gegenüber anderen Regionen der Welt geringzuschätzen oder gar zu leugnen. Gewiß ist die in den *Ansichten der Kordilleren* beobachtbare Planetarisierung der Menschheitsgeschichte in ihrer Ambivalenz vom europäisch universalisierenden Blick des Reisenden geleitet. Doch hat der Europäer diesen Blick schon in der auf Paris im April des Jahres 1813 datierten Einleitung als einen von der abendländischen Kulturgeschichte vorgegebenen markiert. Dies schließt die Historisierung seiner eigenen Beobachterposition und zugleich den Hinweis auf die Eigen-Zeitlichkeit und Vorläufigkeit seiner Überlegungen mit ein. Humboldt begreift sich nicht als Fluchtpunkt, sondern als Durchgangspunkt einer sich beschleunigenden Geschichte.

Nach den vier Dimensionen von Raum und Zeit bildet die soziale Dimension in den *Vues des Cordillères* eine weitere wichtige Beschreibungsebene. Das gesellschaftliche Erfahrungsspektrum des Reisenden in den zwar miteinander vergleichbaren, aber doch unterschiedlichen kolonialspanischen Vizekönigreichen erstreckt sich von den einheimischen Führern und den Trägern, den *cargueros,* auf dem Rücken der Anden und den verschiedenen indigenen Gruppen in den Gebirgen oder Tiefländern der heutigen Staaten Venezuela, Kolumbien, Ekuador, Peru und Mexiko, welche die großen Mehrheiten der Kolonialgesellschaften ausmachen, bis hinauf in die höchsten Spitzen von Klerus, Verwaltung und Regierung, Kontakte, die dem Reisenden zusammen mit der vom Spanischen Hof gewährten Unterstützung den Zugang zu Archiven, Bibliotheken und Dokumentensammlungen verschiedenster Art eröffneten. Eine Sonderstellung nehmen die jeweiligen geistigen und wissenschaftlichen Eliten ein, deren Werke und Aktivitäten Humboldt immer wieder hervorhob. Alexander von Humboldt darf dank der ungeheuren Ausdehnung seiner amerikanischen Reise als einer der wenigen gelten, die an der Wende zum 19. Jahrhundert die jeweiligen spätkolonialen Gesellschaften und ihre Eliten in den verschiedenen Hauptstädten miteinander vergleichen und in Beziehung setzen konnten. Denn diese kommunizierten nicht untereinander, sondern in der Regel nur mit dem spanischen Mutterland, so daß ein wirklicher Austausch zwischen den Hauptstädten Amerikas kaum stattfand. Erst am Ende des Jahrhunderts einer lediglich politischen Unabhängigkeit sollte ein derartiger, von Humboldt wiederholt geforderter Austausch zwischen den Zentren des ehemaligen Kolonialreiches langsam in Gang kommen. Humboldt aber konnte den Wissenszuwachs, der sich im ausgehenden 18. Jahrhundert in den kolonialspanischen Hauptstädten entfaltet hatte, für sein Reisewerk und in besonderem Maße für seine *Vues des Cordillères et Monumens des Peuples Indigènes de l'Amérique* nutzen.

Dem gesellschaftlichen Aufriß des damaligen spanischen Kolonialreichs konnte Humboldt nicht zuletzt auf Grund der Forschungen jener Wissenseliten, die wenige Jahre später zur wichtigen Trägerschicht für die Unabhängigkeitsbewegung werden sollten, eine historische Tiefenschärfe verleihen, indem er die Bilderhandschriften auf Spuren und Zeugnisse sozialer Differenzierung in den indigenen Gesellschaften durchsuchte. Nicht nur den Herrschergenealogien und der Herrschergeschichte, sondern auch den Sozialstrukturen galt in den 62 Essays seiner *Vues des Cordillères* immer wieder seine Aufmerksamkeit, wobei auch hier die Funktion von Wissenseliten – insbesondere des indianischen Klerus beziehungsweise der spanischen Priesterklasse – von besonderer Bedeutung für ihn war. In seinen Untersuchungen der Codices, der altamerikanischen Architektur oder anderer »Monumente« ist die Frage nach der sozialen Differenzierung in den indigenen Gesellschaften des andinen, mittel- und nordamerikanischen Raums stets präsent. Auch auf diesem Gebiet war er darum bemüht, die Differenzen zwischen den so verschiedenartigen Gesellschaften und Kulturen nicht zu überdecken, sondern, im Rahmen der Möglichkeiten (und Beschränktheiten) seiner Zeit, kenntlich zu machen. Der Verlauf seiner Reise bot ihm die Gelegenheit, wie kein anderer vor ihm ein vergleichendes und ebendarum nicht gleichmacherisches Bild der amerikanischen Gesellschaften zu entwerfen.

Der Beschäftigung mit den amerikanischen Völkern und ihren Eliten entnahm er auch sein eigenes Wissen über eine Vielzahl von Mythen, die er in seinen Texten gerne »nacherzählte«. Die Dimension von Fiktion und Imagination spielt so auf der Ebene der behandelten Gegenstände – vom Gründungsmythos der Stadt Tenochtitlán, des heutigen Mexiko-Stadt, bis zum Mythos von Bochica im heutigen Kolumbien – eine wichtige Rolle. Humboldt war sich nicht nur der Nachhaltigkeit des visuellen Eindrucks bewußt, er wußte auch um die verlebendigende Kraft des Erzählens.

Nicht minder wichtig ist diese sechste Dimension für das die Gattungsgrenzen ignorierende Humboldtsche Schreiben selbst. Denn der diskursive wie beschreibende Charakter wissenschaftlicher Abhandlungen wird immer wieder durch Fragmente reiseliterarischen Erzählens oder Entwürfe menschheitsgeschichtlicher Entwicklungen rhythmisiert. Die Funktion von Welterklärungsmodellen erfüllen diese Fragmente einer »großen Erzählung« im Sinne François Lyotards durchaus. Dabei legen die Humboldts Schreiben entspringenden Bruchstücke eines *grand récit* freilich größten Wert darauf, anders als die »Träumereien« *(rêveries)* der indigenen Priester und Weisen empirisch untermauert und faktengestützt zu sein.

Doch Logos und Mythos gehen auch in den *Ansichten der Kordilleren* Hand in Hand. Wie in den Mythen der Indianer spielt auch bei Humboldt die Metaphorik etwa von Verwandtschaftsbeziehungen eine gewichtige Rolle. So schloß er sich in seinen Ausführungen zum *Codex Mendoza* begeistert den von ihm ansonsten nicht unkritisch betrachteten Ausführungen Palins an, »daß es ein schöner und fruchtbarer Gedanke ist, alle Völker der Erde als einer einzigen Familie zugehörig zu betrachten und in den chinesischen, ägyptischen, persischen und amerikanischen Symbolen den Typus einer Zeichensprache zu erkennen, die sozusagen der gesamten Gattung gemeinsam ist und das natürliche Produkt der geistigen Fähigkeiten des Menschen darstellt.« (Seite 359) Wie sehr diese Rede von der »großen Familie der Menschen« ein uralter abendländischer Mythos ist, dessen Funktionalität darin besteht, unter der maximalen Verschiedenartigkeit ethischer, sozialer oder kultureller Ausprägungen stets die Einheit, ja die »Essenz« des Menschlichen schlechthin zu behaupten, hat Roland Barthes in einer seiner berühmtesten *Mythologien* (1957) gezeigt. Dem Vorwurf des französischen Mythenkritikers, es gehe in diesem Mythos letztlich immer darum, eine komplexe Geschichte in Natur umzuwandeln und damit zu enthistorisieren, entgeht Alexander von Humboldt – zum Teil zumindest – dadurch, daß es ihm gerade um die Geschichtsgebundenheit kultureller Differenz und deren Analyse zu tun ist. Gleichwohl lassen sich auch in Humboldts (amerikanistischem) Diskurs die Spuren und die Funktionsweisen eines abendländischen Denkens in Stammbäumen immer wieder erkennen: Denn jenseits aller emanzipatorischen Zielsetzung werden die einzelnen Mitglieder dieser Familie(ngeschichte) doch unterschiedlich in ein Entwicklungsspektrum eingeordnet, das von der Barbarei bis zur Zivilisation reicht. Humboldts Verdienst mag freilich darin gesehen werden, nicht in der Tradition der *leyenda negra* bei einer sterilen Verdammung der Greueltaten im Verlauf der spanischen *Conquista* stehengeblieben zu sein. Denn jenseits dieser längst topisch gewordenen Klage wies er immer auch auf die Barbarei der *civilisation* selbst, auf das Barbarische in der abendländischen Zivilisation hin. Denn das Christentum, das wußte Humboldt nur zu gut, vertrug sich sehr wohl mit der Kolonialisierung, ja mit der Versklavung eines beträchtlichen Teiles der Menschheit.

DIE ANDERE BIBLIOTHEK. Die siebte Dimension ist die des literarischen Raumes, den ein Text durch den Einbau von Zitaten und direkten und versteckten Verweisen auf Schriften anderer Autoren herstellt. Dabei konstruiert Alexander von Humboldt in seinen *Vues des Cordillères* einen vielgestaltigen und hochdifferenzierten Raum, der sich nicht nur als Bibliothek des Anderen und über das Andere, sondern auch als andere Bibliothek im vollen Wortsinne begreifen läßt. Die bereits erwähnte Einblendung gerade auch kritischer französischer Reaktionen auf seine *Ansichten* dokumentiert nicht nur, daß Paris jene Forschungslandschaft bot, in der die *Vues des Cordillères* entstehen konnten; sie belegt zugleich, daß Humboldt seine Schrift im Dialog mit anderen Gelehrten konzipierte und als einen Teil der damaligen internationalen »Gelehrtenrepublik«, der europäischen *République des Lettres*, mit ihren

so leidenschaftlich geführten Debatten begriff. So fehlen Verweise auf die europäischen Wortführer des Disputs um die Inferiorität der Neuen Welt – de Pauw, Robertson oder Raynal – ebensowenig wie Hinweise auf zeitgenössische Forschungsarbeiten über außereuropäische Kulturen und Sprachen, wie sie von Adelung, Amiot, Blumenbach, Denon, Krusenstern, La Condamine, Lafitau, Palin, Friedrich Schlegel, de Sacy, Thevenot, Vater, Visconti oder Warburton vorgelegt wurden. Die gelehrten und nur auf den ersten Blick überraschend zahlreichen Verweise auf Autoren der Antike wie Apollonius, Aristophanes, Aristoteles, Cicero, Eratosthenes, Herodot, Hesiod, Homer, Origenes, Platon, Plinius, Plutarch, Polybios, Ptolemäus, Seneca, Strabo, Sueton, Vergil oder Vitruv dürfen dabei ebensowenig fehlen wie zahlreiche Hinweise auf wissenschaftliche Untersuchungen in den Bereichen von Anatomie, Arithmetik, Astronomie, Botanik, Geologie, Geomorphologie, Geschichtswissenschaft, Mineralogie, Mathematik, Philosophie, Sprachgeschichte oder Zoologie. Zur Geschichte Amerikas und seiner Eroberung durch die Spanier greift Humboldt ebenso auf die Berichte von Conquistadoren wie Hernán Cortés, Bernal Díaz del Castillo oder Ximénez de Quesada zurück wie auf Schriften spanischer und kolonialspanischer Geschichtsschreiber, Missionare und Reisender wie Acosta, Alzate, Benavente, Clavijero, Duquesne, León y Gama, López de Gómara, Olmos, Piedrahita, Sahagún, Sigüenza y Góngora, Torquemada oder Ulloa. Von großer Wichtigkeit für Humboldts eigene Forschungen waren die Veröffentlichungen und die Überreste der langjährigen Sammeltätigkeit von Lorenzo Boturini Benaduci, einem italienischen Reisenden, dessen Sammlung altamerikanischer Zeugnisse von den spanischen Kolonialbehörden Jahrzehnte vor Humboldts Ankunft in Neu-Spanien aufgelöst, zerstreut und teilweise zerstört worden war.

Humboldt versuchte aber nicht nur, den Stand der europäischen wie auch der in den Kolonien selbst vorangetriebenen Forschungen in seinen *Ansichten der Kordilleren* zu reflektieren, sondern bezog bewußt auch Autoren mit ein, die in Europa zuvor entweder kein Gehör gefunden oder als weithin unglaubwürdig verunglimpft und aus dem

Wahrnehmungsbereich der europäischen Debatten über Amerika ausgeschieden worden waren. Hierzu zählen der heute längst berühmte Mestize Garcilaso de la Vega el Inca wie die indigenen Autoren Alva Ixtlixochitl, Chimalpain oder Nezahualcóyotl, jener Dichter auf dem Königsthron, von dem es in dem von Humboldt noch in Mexiko verfaßten »Tableau chronologique de l'histoire du Mexique« (das er in die Endnoten seiner *Ansichten der Kordilleren* einmontierte) bewundernd heißt:

> Unter der Herrschaft des Axayacatl starb Nezahualcóyotl, König von Acolhuacán oder Texcoco, der durch seine Bildung und durch die Weisheit seiner Gesetzgebung gleichermaßen denkwürdig ist. Dieser König von Texcoco hatte in aztekischer Sprache sechzig Hymnen zu Ehren des Höchsten Wesens verfaßt, des weiteren eine Elegie über die Zerstörung der Stadt Azcapotzalco und eine andere über die Unbeständigkeit menschlicher Größe, wie sie das Schicksal des Tyrannen Tezozomoc bewies. Der Großneffe des Nezahualcóyotl, getauft auf den Namen Fernando de Alva Ixtlilxochitl, hat einen Teil dieser Verse ins Spanische übersetzt, und der Ritter Boturini besaß das Original zweier seiner Hymnen, die fünfzig Jahre vor der Eroberung verfaßt und zur Zeit von Cortés in römischen Buchstaben auf *metl*-Papier geschrieben wurden. Ich habe diese Hymnen unter den Überresten von Boturinis Sammlung im Palast des Vizekönigs zu México vergeblich gesucht. Recht beachtenswert ist noch, daß der berühmte Botaniker Hernández von vielen der Pflanzen- und Tierzeichnungen Gebrauch gemacht hat, mit denen der König Nezahualcóyotl sein Haus in Texcoco geschmückt hatte und die von aztekischen Malern gefertigt worden waren. (S. 405)

Dies belegt, wie sehr sich Alexander von Humboldt bereits während seines Aufenthalts in Neu-Spanien bemühte, in den Archiven des Vizekönigreichs Spuren der amerikanischen Kulturen zu sichern und zumindest teilweise zugänglich zu machen. Folglich kommen in seinen *Vues des Cordillères* vor allem die unterschiedlichsten indigenen Quellen und Dokumente, darunter die verschiedenen Codices, selbst zu Wort. An dieser Stelle werden Humboldts *Ansichten* zu einer kommentierten Anthologie von Bilderhandschriften und anderen nicht-alphabetischen Schriftdokumenten, die – wie der preußische Gelehrte festhielt – von so einflußreichen und gebildeten europäischen Philosophen und Gelehrten wie Fontenelle, Bailly oder Dupuis teilweise für Zeugnisse der ägyptischen Kunst gehalten worden waren.

Auf diese Weise entstand eine *andere* Bibliothek, die zwar auf die »traditionellen« abendländischen Regalwände nicht verzichtete, die den eigenen Diskurs über außereuropäische Fragestellungen gleichsam legitimieren, zugleich aber gezielt neue Bibliotheksräume erschloß, in denen die bisherigen Objekte der kolonialen Expansion Europas zu Subjekten werden konnten, durch deren Zeugnisse bis heute eine *andere* Sichtweise der *Conquista* und damit der ersten Phase einer von Europa ausgehenden beschleunigten Globalisierung lesbar wird. Die »Sichtweise der Besiegten« beginnt Gestalt anzunehmen. In Humboldts Schrift wird den europäischen Wortführern der Rede von der gleichsam natürlichen Unterlegenheit der eingeborenen Völker Amerikas nur noch eine auffällig geringe Bedeutung zugestanden. Die dem zeitgenössischen Lesepublikum vertrauten Autoritäten de Pauw, Raynal oder Robertson dienen Humboldt – wenn auch in durchaus unterschiedlicher Bewertung – zur Abgrenzung bei der Schaffung seines eigenen amerikanistischen Diskurses, dessen prägender Einfluß sich mühelos bis ins 20. Jahrhundert nachweisen läßt.

Die Öffnung der in den *Vues des Cordillères* aufgestellten Bibliothek auf außereuropäische Autoren und nicht-okzidentale Schriftsysteme jenseits der Alphabetschrift ist Programm. Sie steht in Zusammenhang mit Humboldts dialogischem Verständnis von Wissen und Wissenschaft und zielt letztlich auf eine Demokratisierung und möglichst weltweite Vernetzung aller Wissensbestände. Humboldts *Ansichten der Kordilleren*, aber auch seine späteren Aktivitäten im Wissenschaftsbetrieb, sind wichtige Beiträge auf dem Weg zu einer Informations- und Wissensgesellschaft unter den politischen, sozialen, kulturellen und infrastrukturellen Bedingungen seiner Epoche. Und das Ziel der *Ansichten der Kordilleren und Monumente der eingeborenen Völker Ame-*

rikas, in den verschiedenen Provinzen Europas im Verbund mit anderen Wissenschaftlern zu einer Entprovinzialisierung des europäischen Denkens beizutragen, ist noch längst nicht erreicht.

DAS IMAGINÄRE MUSEUM. Eine weitere Dimension reiseliterarischen Schreibens beinhaltet die gattungsspezifischen Züge, die ein bestimmtes Werk prägen oder auszeichnen. Alexander von Humboldts *Vues des Cordillères* verlaufen in dieser Hinsicht quer zu den verschiedensten Gattungstraditionen: Sie sind einzigartig – und doch nicht ohne Vor-Bilder.

Humboldts bilder-schriftliches Buch läßt sich zunächst als eine Sammlung, eine Kollektion begreifen, die sich aus unterschiedlichen Serien von Einzelstücken zusammensetzt. Der preußische Gelehrte wußte von den schon bald nach der Eroberung im 16. Jahrhundert von Bernardino de Sahagún angelegten Sammlungen altamerikanischer Kulturzeugnisse, wußte von der Arbeit des großen neu-spanischen Sammlers Carlos de Sigüenza y Góngora im 17. Jahrhundert und bewunderte die aufopferungsvolle Forschungs- und Sammlungstätigkeit des bereits erwähnten Lorenzo Boturini im 18. Jahrhundert. Er hatte sich schon während seines Aufenthalts in Neu-Spanien bemüht, die Spuren dieser Bestände in Bibliotheken und Archiven von Mexiko-Stadt weiterzuverfolgen; und er hatte bei der Auflösung der Sammlung von Antonio de León y Gama selbst das Glück, einige aus Boturinis Kollektion stammende Stücke zu erwerben.

Boturini hatte mit seinem *Museo histórico indiano* zugleich die wohl umfangreichste Sammlung indigener Kunst und die Grundlagen ihrer wissenschaftlichen Erforschung geschaffen. Er wurde – ein keineswegs singulärer Vorgang, der auch Humboldt zu denken gab – von den kolonialspanischen Behörden als Ausländer angeklagt und seines Besitzes beraubt – und erst Jahre später formaljuristisch rehabilitiert. Mit seinen *Vues des Cordillères* schrieb sich Humboldt in diese »amerikanistische« Linie ein, die von Sahagún über Sigüenza y Góngora und Boturini bis hin zu León y Gama und der für ihn besonders wichtigen *Geschichte des alten Mexico* von Francisco Javier Clavijero reicht. Doch modifizierte er diese Traditionslinie insofern, als es ihm anders als dem Autor der *Storia di Messico,* der als Jesuit aus Neu-Spanien nach Italien vertrieben wurde, nicht um eine zusammenhängende geschichtliche Darstellung, sondern um ein eigentliches Museum ging, in dem die einzelnen Stücke aus vielen verschiedenen Perspektiven *(Vues)* und unabhängig voneinander betrachtet und kommentiert werden sollten.

Die Exponate dieses imaginären Museums stehen in einem komplexen Zusammenspiel von Bild und Text, von Bildtext und Schriftbild sowie von zahlreichen Übergängen zwischen Bilderschriften und Bildinschriften, wobei die Bildtafeln weder die beigefügten Texte noch jene die entsprechenden Abbildungen »illustrieren« sollten. Bild und Schrift sind als hybride Gebilde wissenschaftlich-künstlerische Ikonotexte: Versucht man, sie voneinander zu trennen, geht ihre Bedeutungsvielfalt verloren. Vor unseren Augen entstehen intermediale und transmediale, zwischen Bild und Text oszillierende Konfigurationen, deren Komplexität sich noch weiter erhöht. Denn zwischen den unterschiedlichen Tafeln wie zwischen den verschiedenen Texten stellen sich neue Bezüge her, die sich ihrerseits wieder in Serien und Unterserien gliedern lassen. Aktive Leserinnen und Leser sind hier gefragt.

Die Besucher dieses imaginären Museums können etwa den Zeugnissen der europäischen Landschaftsmalerei oder den Darstellungen indigener Bilderhandschriften folgen, manche werden den Forschungen zu unterschiedlichen Kalendersteinen oder den Schilderungen erstaunlicher Naturphänomene den Vorrang geben: Wie in einem Museum stellen sich vielfältigste Relationen zwischen den einzelnen Exponaten her, die von den beigefügten Texten wiederum in gänzlich andere Beziehungsgeflechte eingebunden werden. Humboldts im deutschsprachigen Raum weitgehend unbekannt gebliebenes Buchprojekt funktioniert wie ein interaktives Mobile, das seine Beobachter zu immer neuen Stellungswechseln antreibt.

Humboldts imaginäres Museum kommuniziert wiederum mit jener anderen Bibliothek, deren Präsenz in Verweisen und Zitaten, in kritischen Konfrontationen und ergänzenden Ergebnissen immer wieder von neuem bewußt gemacht wird. Nichts ist wirklich abgeschlossen in dieser offenen Ordnung des Wissens. Auch wenn die Zahl der Ausstellungsgegenstände begrenzt ist, so ist die Vielfalt der Bezüge, so sind die Möglichkeiten der Besucher, sich in diesem von keiner kolonialen Macht mehr zu zerstörenden Museum zu bewegen und eigene Parcours zu wählen, doch unbegrenzt. Die von Humboldt angestrebte Verbindung von sinnlicher Erfahrung und intellektueller Klarheit, von wissenschaftlicher Fundierung und ästhetischem Genuß verlangt nach einem hohen Grad an künstlerischer Gestaltung, handelt es sich doch um ein Buch, das in seiner Vieldimensionalität als offenes (Kunst-)Werk der Wissenschaft einzigartig ist.

TRANSREGIONALER KULTURVERGLEICH. Die letzte hier zu behandelnde, neunte, Dimension der *Vues* ist die des kulturellen Raumes. Die relationale Logik, die in ihrer wuchernden Rhizomatik in Humboldts Denken und Schreiben möglichst alles mit allem zu verbinden sucht, zieht auch hier alles in ihren Sog. Wie Lorenzo Boturini verstand Humboldt die amerikanischen Kulturen als integralen Bestandteil der Menschheitsgeschichte, doch anders als der italienische Reisende beschränkte er sich nicht auf ein »indianisches historisches Museum«, sondern öffnete die von ihm untersuchten Räume auf die Kulturen der Welt. »Alles ist Wechselwirkung« – nicht nur für das Reich der Natur, sondern gerade für die Beziehungsgeflechte zwischen Natur und Kultur gilt dieses berühmt gewordene Humboldtsche Diktum. So entsprechen seinen *Ansichten der Natur* auch jene »Ansichten der Kultur«, als welche die *Vues des Cordillères et Monumens des Peuples Indigènes de l'Amérique* auch verstanden werden dürfen.

Für das globale und zugleich globalisierende Denken Alexander von Humboldts waren Begriffe wie Welthandel und Weltverkehr, Weltgeschichte und Weltbeschreibung Schlüsselbegriffe, denen er nicht von ungefähr in seinem *Kosmos* später die Wendung »Weltbewußtsein« an die Seite stellen sollte. Dies darf uns freilich nicht dazu verleiten, im Denken des Berliner Weltbürgers eine über den einzelnen Kulturformationen stehende Position zu vermuten.

Von Beginn seiner *Ansichten der Kordilleren* an signalisierte Humboldt deutlich die Verortung seines Blickes auf die amerikanischen Kulturen im abendländischen, von der griechisch-römischen Antike geprägten Traditionsstrang. Sein Kosmopolitismus ist zutiefst europäisch und zugleich offen für den Dialog mit den außereuropäischen Kulturen. Alexander von Humboldt wurde vielfach als Gründervater der modernen Altamerikanistik verstanden – und wir haben gesehen, daß er hier in einer langen Reihe von Gelehrten steht, die sich diesem Wissenszweig in unterschiedlichen historischen Zusammenhängen gewidmet hatten. Doch beschränkte er sich zu keinem Zeitpunkt auf in diesem Sinne disziplinierte »altamerikanistische« Fragestellungen. Sein Ziel war keine wie auch immer geartete Regionalforschung, sondern ein relationales, die Wechselwirkungen, Homologien und Analogien zwischen verschiedenen Kulturen erfassendes Verstehen kultureller Phänomene weltweit. Man darf diesen Ansatz einer mobilen Verknüpfung zwischen verschiedenen Regionen unseres Planeten mit guten Gründen als transregional bezeichnen. Denn dies macht die Modellierung des kulturellen Raumes seiner monumentalen Ansichten der eingeborenen Völker Amerikas aus: ein von der Entwicklung der eigenen abendländischen Kulturtraditionen ausgehendes und daher nicht trans-, sondern interkulturelles Denken, dem es auf den Dialog zwischen unterschiedlichen Regionen der Welt ankommt.

Wenn Humboldt den aztekischen Kalenderstein mit ägyptischen, tatarischen, abendländisch-antiken, tibetanischen oder japanischen Zeitvorstellungen und -zyklen in Verbindung setzt, so ist seine vergleichende Methode kein Selbstzweck: *comparaison n'est pas raison*, Vergleichen und Verstehen sind nicht dasselbe. Er versuchte, von seiner abendländischen Warte und von einem beständig aktualisierten Forschungsstand aus, nicht nur die abendländischen mit den nicht-abendländischen, sondern auch letztere untereinander in einen weltweiten Dialog einzubeziehen. Wollen wir nur etwas über den Kalenderstein der Azteken oder der Muisca-Indianer erfahren, so müssen wir uns einer springenden, diskontinuierlichen

Lesart bedienen. Folgen wir hingegen dem Humboldtschen Text kontinuierlich, so springen wir mit dem Verfasser der *Ansichten der Natur* in einem weltweiten Parcours von Region zu Region, von Kultur zu Kultur. Auf diese Weise erfahren wir am Beispiel unterschiedlichster Kalendersysteme nicht nur etwas über die Relativität von Zeitvorstellungen. Wir begreifen auch, daß in diesem Humboldtschen Buch *par excellence* ein Vermeiden von Sprüngen und Brüchen, ein Ausblenden der Erfahrung von Diskontinuität und Heterogenität unmöglich ist.

Hier schlägt die universalistische und zugleich differenziert historisierende Kulturtheorie Humboldts um in eine Leseerfahrung, die eine kreative Unruhe freisetzt. So bewirkt die Logik eines transregionalen Kulturvergleichs nicht zuletzt auch dies: Sie hält die Leserinnen und Leser dieser *Ansichten* des komplexen Zusammenspiels von Natur und Kultur, aber auch die aus immer neuen Blickrichtungen angestrahlten Gegenstände selbst in ständiger Bewegung. Denn, so Humboldt im zweiten Band seines *Kosmos:* »Jedes Erforschte ist nur eine Stufe zu etwas Höherem in dem verhängnisvollen Laufe der Dinge.« In Humboldts Mobile der Wissenschaft ist ein Stillstand nicht vorgesehen.

Berlin/Potsdam, 16. Juli 2004

Zeittafel

1769. Geburt in Berlin (14. September)

1779. Tod des Vaters, Alexander Georg von Humboldt

1787 bis 1790. Studien in Frankfurt/Oder und Göttingen

1789. Französische Revolution

1789. Studienreise durch Deutschland

1790. Hieraus hervorgegangen: Humboldts erstes Buch, *Mineralogische Betrachtungen über einige Basalte am Rhein*

1790. Reise mit Georg Forster in die Niederlande, nach England und Frankreich, erster Paris-Aufenthalt

1790–1792. Weitere Studien in Hamburg und Freiberg

1792 bis 1796. Staatsdienst im Bergbau

1792/93. Reise durch Salzbergwerke in Bayern, Österreich und Schlesien

1794. Reise mit Hardenberg zum Rhein

1795. Reise nach Norditalien und in die Schweiz

1796. Tod der Mutter, Marie Elisabeth von Humboldt, geborene Colomb

1797. Bei Goethe und Schiller in Jena

1797 bis 1798. Forschungen in Salzburg

1798. Bekanntschaft mit Aimé Bonpland in Paris

1799 bis 1804. Amerika-Reise (Abreise, von La Coruña: 5. Juni 1799, Rückkehr, nach Bordeaux: 3. August 1804)

1799. Landung in Cumaná, im heutigen Venezuela (16. Juli)

1800. Von Caracas aus brechen Humboldt und Bonpland zu ihrer Orinoco-Reise auf

1800/1801. Erster Aufenthalt auf der Insel Kuba

1801. Überfahrt nach Cartagena (heute Kolumbien), Reise über Bogotá nach Quito (Ekuador)

1802. Besteigung des Chimborazo, der als höchster Berg der Welt galt – Umkehr 400 Meter unterhalb des Gipfels; Weiterreise nach Lima (heutiges Peru); Schiffsfahrt nach Guayaquil (Ekuador)

1803. Seereise nach Acapulco (Mexiko), auf dem Landweg in die Hauptstadt (México).

1804. Nach elfmonatigem Aufenthalt Abreise aus Mexiko in Veracruz – zweiter Aufenthalt in Havanna – Aufenthalt in den USA (Philadelphia und Washington), Begegnungen mit Thomas Jefferson – Rückreise nach Europa (Abfahrt am Delaware am 30. Juni, Eintreffen vor Bordeaux am 1. August)

Ab 1804. Wissenschaftliche Auswertung der Reise in Paris und Beginn der Arbeit am *Voyage aux régions équinoxiales du Nouveau Continent* (1805 bis 1839)

1805. Reisen nach Italien, Besteigung des Vesuv

1808. *Ansichten der Natur*

1810 bis 1813. *Vues des Cordillères et Monumens des Peuples Indigènes de l'Amérique*

1827. Rückkehr nach Berlin auf Veranlassung des Preußischen Königs

1827/28. »Kosmos«-Vorlesungen und -Vorträge in Berlin

1829. Rußlandreise

seit 1830. Diplomatische Missionen in Paris

1835. Tod des Bruders Wilhelm (8. April)

ab 1845. Publikation des *Kosmos*

1859. Tod in Berlin (6. Mai)

Route der Amerikareise Alexander von Humboldts 1799 bis 1804

Verzeichnis der Abbildungen

Bildunterschriften der Originalausgabe

I *Seite 23.* Buste d'une Prêtresse Aztèque

II *Seite 24.* Buste d'une Prêtresse Aztèque. Vue par derrière

III *nach Seite 26.* Vue de la grande place de Mexico

IV *Seite 31.* Ponts naturels d'Icononzo

V *nach Seite 34.* Passage du Quindiu, dans la Cordillere des Andes

VI *Seite 41.* Chute du Tequendama

VII *nach Seite 50.* Pyramide de Cholula

VIII *Seite 59.* Masse détachée de la Pyramide de Cholula

IX *nach Seite 62.* Monument de Xochicalco

X *Seite 67.* Volcan de Cotopaxi

XI *Seite 75.* Relief Mexicain trouvé à Oaxaca

XII *Seite 81.* Pièce de procès en Ecriture hiéroglyphique – Généalogie des Princes d'Azcapozalco

XIII *nach Seite 94.* Manuscrit hiéroglyphique Aztèque conservé à la Bibliothèque du Vatican

XIV *Seite 117.* Costumes dessinés par des Peintres Mexicains du Temps de Montezuma

XV *Seite 121.* Hiéroglyphes Aztèques du Manuscrit de Veletri

XVI *nach Seite 134.* Vue du Chimborazo et du Carguairazo

XVII *Seite 141.* Monument Péruvien du Cañar

XVIII *Seite 145.* Rocher d'Inti-Guaicu

XIX *Seite 149.* Ynca-Chungana du Jardin de l'Inca près de Cañar

XX *Seite 151.* Intérieur de la Maison de l'Inca au Cañar

XXI *Seite 157.* Basrelief Aztèque de la Pierre des Sacrifices, trouvée sous le pavé de la grande Place de Mexico

XXII *Seite 163.* Rochers basaltiques et Cascade de Regla

XXIII *Seite 169.* Relief en basalte représentant le Calandrier Mexicain

XXIV *Seite 239.* Maison de l'Inca, à Callo, dans le Royaume de Quito

XXV *nach Seite 242.* Le Chimborazo, vu depuis le Plateau de Tapia

XXVI *nach Seite 250.* Epoques de la Nature, d'après la Mythologie Aztèque de la Bibliothèque du Vatican

XXVII *Seite 254/255.* Signes hiéroglyphiques des jours de L'Almanach Mexicain – Peinture Hiéroglyphique tirée du Manuscrit Borgien de Velletri

XXVIII *Seite 259.* Hache Aztèque

XXIX *nach Seite 262.* Idole Aztèque de porphyre basaltique, trouvée sous le pavé de la grande place de Mexico

XXX *Seite 267.* Cascade du Rio Vinagre, près du Volcan de Puracé

XXXI *Seite 271.* Poste aux Lettres de la province de Jaen de Bracamoros

XXXII *Seite 277.* Histoire hiéroglyphique des Aztèques, depuis le Déluge jusqu'à la fondation de la Ville de Mexico

VERZEICHNIS DER ABBILDUNGEN

XXXIII *Seite 283.* Pont de cordage prés de Pénipé

XXXIV *Seite 285.* Coffre de Perotte

XXXV *Seite 287.* Montagne d'Ilinissa

XXXVI *Seite 289.* Fragments de Peintures hiéroglyphiques Aztèques, déposés à la Bibliothèque Royale de Berlin

XXXVII *Seite 292/293.* Peintures hiéroglyphiques du musée Borgia à Velletri

XXXVIII *Seite 297.* Migration des peuples Aztèques, peinture hiéroglyphique déposée à la Bibliothèque Royale de Berlin

XXXIX *Seite 299.* Vases de granite, trouvés sur la côte de Honduras

XL *Seite 301.* Idole Aztèque en basalte, trouvée dans la vallée de Mexico

XLI *Seite 303.* Volcans d'air de Turbaco

XLII *nach Seite 306.* Volcan de Cajambé

XLIII *Seite 309.* Volcan de Jorullo

XLIV *Seite 313.* Calandrier Lunaire des Muyscas, anciens habitants du plateau de Bogota

XLV *nach Seite 334.* Fragment d'un Manuscrit hiéroglyphique conservé à la Bibliothèque Royale de Dresde

XLVI *Seite 337.* Peintures hiéroglyphiques tirées du Manuscrit Mexicain, conservé à la Bibliothèque Impériale de Vienne. N.o I

XLVII *Seite 338.* Peintures hiéroglyphiques tirées du Manuscrit Mexicain, conservé à la Bibliothèque Impériale de Vienne. N.o II

XLVIII *nach Seite 338.* Peintures hiéroglyphiques tirées du Manuscrit Mexicain, conservé à la Bibliothèque Impériale de Vienne. N.o III

XLIX *Seite 341.* Plan des ruines de Mitla dans la Province d'Oaxaca

L *nach Seite 342.* Ruines de Miguitlan ou Mitla dans la Province d'Oaxaca

LI *Seite 345.* Vue du Corazon

LII *Seite 348.* Costumes des Indiens de Méchoacan

LIII *Seite 349.* Costumes des Indiens de Méchoacan

LIV *nach Seite 350.* Vue de l'intérieur du Cratere du Pic de Teneriffe

LV *Seite 353.* Fragments de peintures hiéroglyphiques Aztèques tirés du Codex Telleriano-Remensis

LVI *Seite 354.* Fragments de peintures hiéroglyphiques Aztèques tirés du Codex Telleriano-Remensis

LVII *nach Seite 358.* Fragment d'un Calendrier Chrétien tiré des Manuscrits Aztèques conservés à la Bibliothèque Royale de Berlin

LVIII *nach Seite 362.* Peintures hiéroglyphiques de la Raccolta di Mendoza

LIX *nach Seite 362.* Peintures hiéroglyphiques de la Raccolta di Mendoza

LX *nach Seite 366.* Fragments de peintures Aztèques tirés d'un Manuscrit conservé à la Bibliothèque du Vatican

LXI *nach Seite 366.* Volcan de Pichincha

LXII *nach Seite 370.* I. Plan d'une Maison fortifiée de l'Inca dans l'Assuay. II. Ruines d'une partie de l'ancienne Ville péruvienne de Chulucanas

LXIII *Seite 373.* Radeau de la Rivière de Guayaquil

LXIV *Seite 375.* Sommet de la Montagne des Organos d'Actopan

LXV *Seite 377.* Montagnes de Porphyre Colonnaire de Jacal

LXVI *Seite 379.* Tête gravée en pierre dure par les Indiens Muyscas; Bracelet d'obsidienne

LXVII *Seite 381.* Vue du Lac de Guatavita

LXIII *Seite 383.* Vue de la Silla de Caracas

LXIX *Seite 385.* Le Dragonnier de l'Orotava

Editorische Notiz

Zur Editionsgeschichte

Aus heutiger Sicht ist erstaunlich, daß es beinahe zwei Jahrhunderte dauerte, bis ein Werk, das in der spanisch-, französisch- und englischsprachigen Welt als einer der grundlegenden Texte Alexander von Humboldts angesehen wird, endlich auch in deutscher Sprache zum ersten Mal vorliegt.

Die Editionsgeschichte der Werke Alexander von Humboldts ist generell kompliziert. Ganz besonders gilt dies für die deutsche. Sehr häufig wurden Humboldts im Original französische Werke in deutschen Ausgaben gekürzt. Oft wurden sie bearbeitet. Ihre Form wurde homogenisiert. Vielfach sind sie unvollständig oder bestenfalls in fehlerhaften Übersetzungen aus dem 19. Jahrhundert verfügbar.

ORIGINAL: Die *Vues des Cordillères et Monumens des Peuples Indigènes de l'Amérique* wurden in den Jahren 1810 bis 1813 als Originalausgabe im Folio-Format (30 x 54 cm) in einer Auflage von 600 Exemplaren beim Verlag F. Schoell in Paris veröffentlicht. Das Titelblatt nennt das Datum »1810«. Die Einleitung ist datiert »Paris, au mois d'avril 1813«. Das Werk erschien sukzessive in sieben Lieferungen: Januar 1810, Mai/Juni 1810, September 1811, März 1812, Oktober 1812, Februar/März 1813 und Juli 1813. Die Publikation erstreckte sich somit über einen Zeitraum von mehr als drei Jahren.

1816 erschien eine zweibändige Oktav-Ausgabe, die nur 19 der 69 Motive enthielt, in der Pariser Libraire Grecque-Latine-Allemande unter leicht verändertem Titel als *Vues des Cordillères, et Monumens des Peuples Indigènes de l'Amérique. Avec 19 planches, dont plusieurs coloriées*. Diese Ausgabe wurde 1824 von einem anderen Verlag, N. Maze, mit einem neuen Titelblatt und einem »Avertissement de l'éditeur« von J. H. Stone versehen, neu herausgebracht.

1869, zehn Jahre nach Humboldts Tod, wurde das Werk unter dem Titel *Sites des Cordillères et monuments des peuples indigènes de l'Amérique. Par Alexandre de Humboldt. Nouvelle éd. mise dans un ordre nouveau indiqué par l'auteur avant sa mort* bei L. Guérin in neuer Anordnung, nachträglich getrennt in Natur- und Kulturgegenstände und letztere wiederum nach Völkern unterschieden, neu aufgelegt.

Ein Faksimile der Originalausgabe (*Vues des Cordillères...*) erschien 1973 bei Theatrum Orbis Terrarum in Amsterdam und New York; ein weiteres, herausgegeben von Charles Minguet und Amos Segala, 1989 bei Éditions Erasme in Nanterre. Eine Faksimile-Ausgabe der neu arrangierten Ausgabe von 1869 (*Sites des Cordillères...*) wurde 1989 von Anne Christine Taylor bei J.-M. Place in Paris ediert.

ÜBERSETZUNGEN: Bislang gab es fremdsprachige Ausgaben in Englisch und Spanisch: Unter Beteiligung Alexander von Humboldts entstand eine englische Übersetzung von Helen Maria Williams (mit dem »Advertisement of the Editor« wie in der französischen Oktav-Ausgabe und 20 Tafeln), die 1814 in London bei Longman, Hurst, Rees, Orme & Brown, J. Murray & H. Colburn in zwei Bänden erschien: *Researches, Concerning the Institutions & Monuments of the Ancient Inhabitants of America, with Descriptions and Views of some of the most Striking Scenes in the*

Cordilleras! Written in French by Alexander de Humboldt.

Es existieren zwei, jeweils verschiedentlich aufgelegte, spanische Übersetzungen unter verschiedenen Titeln: zunächst von Bernardo Giner (mit vier Tafeln in den Obras de Alejandro de Humboldt der Imprenta y librería de Gaspar in Madrid 1878) als *Sitios de las Cordilleras y monumentos de los pueblos indígenas de América* (neu aufgelegt mit einem »Estudio preliminar« von Fernando Márquez Miranda 1968 bei Solar/Hachette in der Biblioteca Dimensión Americana in Buenos Aires); und außerdem, nach der Originalausgabe neu übersetzt von Jaime Labastida (Secretaría de Hacienda y Crédito Público, México 1974, mit »Palabras preliminares« von José López Portillo, einem »Prólogo« von Miguel S. Wionczek und einer »Introducción« von Jaime Labastida), als *Vistas de las Cordilleras y monumentos de los pueblos indígenas de América* (neu herausgegeben von Charles Minguet 1995 bei Siglo veintiuno in México, mit einem »Prólogo« von Charles Minguet und Jean-Paul Duviols, einer »Introducción« und »Notas« von Jaime Labastida sowie »Notas« von Eduardo Matos Moctezuma, Mercedes Olivera und Cayetano Reyes).

DEUTSCHSPRACHIGE AUSGABEN: Als einer der Kerne, aus denen sich Humboldts Veröffentlichung über die indigenen Kulturen Amerikas entwickelte, darf ein deutschsprachiger Vortrag angesehen werden, den Humboldt 1806 in der Philomathischen Gesellschaft in Berlin hielt: »Ueber die Urvölker von Amerika, und die Denkmähler, welche von ihnen übrig geblieben sind« (veröffentlicht in der *Neuen Berlinischen Monatsschrift* XV, S. 177–208).

Die bislang einzige deutsche Teilübersetzung der *Vues des Cordillères* erschien 1810 bei J. G. Cotta in Tübingen unter dem Titel *Pittoreske Ansichten der Cordilleren und Monumente americanischer Völker* (in zwei Teilen, mit 77 beziehungsweise 98 Seiten, ohne Bildtafeln; die übertragenen Auszüge entsprechen knapp einem Drittel, nämlich 120 von 365 Textseiten, des französischen Originals). Diese deutsche Fassung stammt vermutlich von Philipp Joseph von Rehfues, dem Übersetzer von Humboldts *Essai politique* über Neu-Spanien. Sie beschränkt sich auf das kurze Vorwort und die Kapitel zu den Tafeln 1 bis 22 und wurde nach den ersten beiden Lieferungen abgebrochen. Die ausführliche Einleitung sowie die Essays zu den Tafeln 23 bis 69 wurden nicht mehr realisiert. (Das nicht mehr aufgenommene 23. Kapitel, das sich mit indigenen Kalendersystemen auseinandersetzt, Buch im Buch und Herzstück des Bandes, ist bei weitem das umfangreichste und wahrscheinlich komplizierteste.) Zahlreiche Fußnoten fehlen – ebenso wie die Anmerkungen und Register.

Auszüge aus dieser Teilübersetzung (Seiten 12–31) erschienen in einer Bearbeitung, ohne Bildtafeln, als *Pittoreske Ansichten in den Kordilleren (Aus Hrn. v. Humboldts historischer Beschreibung seiner Reise)*, in Cottas Tübinger *Morgenblatt für gebildete Stände* Nr. 4 am 5./6. Januar (S. 17 bis 18 und S. 23), 1./2. Februar (S. 109–110 und S. 115–116) und 10./11. April 1810 (S. 341–342 und S. 346–347).

Diese einzige Teilübersetzung wurde außerdem, redigiert und mit einem die Leserschaft irreführenden (und nicht unterzeichneten) zweiseitigen »Vorwort des Herausgebers« versehen, während sämtliche Fußnoten weggefallen sind, unter dem Titel *Pittoreske Ansichten der Kordilleren und Monumente amerikanischer Völker* in die Stuttgarter Werkausgabe von 1889 (J. G. Cotta Nachfolger) aufgenommen: *Gesammelte Werke von Alexander von Humboldt*, Band 10, S. 131–264.

Zur vorliegenden Textausgabe

VOLLSTÄNDIGKEIT: Alexander von Humboldts *Vues des Cordillères et Monumens des Peuples Indigènes de l'Amérique* werden im Jahr 2004 in der *Anderen Bibliothek* zum ersten Mal vollständig auf Deutsch veröffentlicht.

LESBARKEIT: Neben der Vollständigkeit ist die Lesbarkeit der zweite Grundsatz der vorliegenden Publikation. Es handelt sich nicht um eine historisch-kritische, sondern um eine Leseausgabe, die bewußt auf zusätzliche Fußnoten und einen umfangreichen Apparat verzichtet. Textgrundlage ist die französische Originalausgabe der

Vues des Cordillères et Monumens des Peuples Indigènes de l'Amérique von 1810 bis 1813. (Die Errata wurden aufgehoben und bei der Übersetzung berücksichtigt.)

ORIGINALTREUE: Die Übersetzung von Claudia Kalscheuer zielt auf eine moderne, nicht historisierende Übersetzung, ohne Archaismen und ohne Modernismen. Es wird nicht angestrebt, den Humboldtschen Stil nachzuahmen, indem eine entsprechende deutsche Sprache und Orthographie nach dem Stand des frühen neunzehnten Jahrhunderts gewählt würde. (Vordergründige Archaisierungen wie das Dativ- oder Genitiv-*e* wurden nach Möglichkeit vermieden; auf historische Schreibungen – wie etwa »Centimeter« – wurde verzichtet.) Da sich das Französische in den letzten zwei Jahrhunderten weit weniger verändert hat als das Deutsche, würde eine solche Historisierung eine unnötige Distanz schaffen. (Im französischen Original sind nur wenige Unterschiede zur modernen Orthographie zu verzeichnen: zum Beispiel das Fehlen des *t* in der Pluralendung von Substantiven – wie in »monumens« – oder das *o* in der Konjugation der Verben im Imperfekt – zum Beispiel: »étoit«.) Gelegentlich wird indes in einzelnen Begriffen, bei denen dies semantisch sinnvoll erscheint (»merkwürdig«, »gewerbfleißig«), die historische Differenz markiert.

SCHREIBUNGEN: Alexander von Humboldt schrieb spanische Begriffe in zeitgenössischer französischer Orthographie; beispielsweise verzichtete er meist auf die spanische Akzentuierung sowie auf die Tilde über dem Buchstaben »n« (»ñ«). Die Schreibung von Eigennamen und Ortsnamen wurde nach aktuellem Stand stillschweigend korrigiert. (Dies ist die einzige wesentliche Veränderung, die am Textcorpus vorgenommen wurde.) Während die spanischen Ausgaben ebenso wie die englische jeweils nur einzelne Korrekturen vornahmen, wurden in der vorliegenden Edition die geographischen Namen nach dem aktuellen Kenntnisstand vollständig revidiert.

KORREKTUREN: Einzelne Stellen, an denen Humboldt offensichtliche Irrtümer formaler Art unterlaufen sind, wurden stillschweigend korrigiert. Dabei handelt es sich um gelegentliche falsche Zahlenangaben, vor allem in Seiten-Verweisen, oder um falsche Zuweisung von Fußnoten. In der Zuordnung der Buchstaben zur architektonischen Zeichnung auf Tafel LXII sind vier Fehler zu erkennen, von denen bereits Helen Maria Williams in der englischen Ausgabe einen berichtigte. In der Aufstellung in der Einleitung, welche die Bild-Motive geographisch verübersichtlicht, fehlen sieben Tafeln: VIII (Teil der Pyramide von Cholula), XXIX (Aztekisches Idol aus Basaltporphyr), XL (Aztekisches Idol aus Basalt, gefunden im Tal von México), LII und LIII (Trachten der Indianer von Michoacán), LIV (Blick ins Kraterinnere des Pic von Teneriffa) und LXIX (Drachenbaum von La Orotava), von denen nur die beiden letztgenannten, die kanarischen, nicht in Humboldts tabellarische Systematik passen würden. Diese fehlenden Ziffern wurden nicht ergänzt, da es sich hier nicht um einen rein formalen Irrtum handelt und eine bewußte Vorgehensweise Humboldts nicht ausgeschlossen werden kann. Inhaltliche Verwechslungen hingegen, die nach sorgfältiger Abwägung korrigiert wurden, sind folgende: Auf Seite 23 des Originals wurde das Wort »habité« versehentlich für den Ausdruck »abrité« eingesetzt, was bereits in der englischen Übersetzung von Helen Maria Williams, mit der Humboldt zusammenarbeitete, verändert wurde. Auf Seite 151 des Originals scheint das Wort »cultivateurs publics« irrtümlich für »calculateurs publics« verwendet worden zu sein, was die englische Übersetzung richtigstellte. Auf Seite 332 des Originals werden Zedern mit Zypressen verwechselt, wie aus der angeführten Stelle im *Essai politique,* an der »cyprès« genannt werden, zu ersehen ist. Wenn beim Eintrag zu »Chalchiuhtepehua« im Sachregister von aztekischen Priestern die Rede ist, die geopferten Menschen den »Schädel« herausreißen, muß es sich um einen Irrtum handeln, da auf der Seite 120, auf die hier verwiesen wird, statt dessen das »Herz« bezeichnet ist.

FREMDSPRACHEN: Die französischsprachigen Zitate wurden ohne Rückgriff auf zum Teil existierende Übersetzungen neu ins Deutsche übertragen. Um die Verständlichkeit zu erleichtern, wurden die griechischen und lateinischen Begriffe und Zitate editorisch bearbeitet und eigens übersetzt. Die deutschen Versionen werden jeweils angefügt und im Text [in eckigen Klammern] wiedergegeben. Um es Lesern, die das Altgriechische nicht beherrschen, zu ermöglichen, die Begriffe zu rezipieren und deren Etymologien nachzuvollziehen, wurden die griechischen Zeichen außerdem in lateinische Umschrift übertragen. (Dies ist die einzige Ergänzung zum Textbestand, die vorgenommen wurde.) Humboldts Praxis, griechische Wörter in Akzentuierung und Deklination dem französischen Satz einzupassen, wurde aufgehoben, indem die griechischen Wörter gegebenenfalls im Nominativ wiedergegeben und die Akzentuierung entsprechend normalisiert (das heißt: ein positionaler Gravis am Wortende in einen Akut umgewandelt) wurde. Gelegentliche Satzfehler und vereinzelte Irrtümer beim Zitieren im Griechischen oder Lateinischen wurden stillschweigend berichtet. – Begriffe aus anderen Sprachen, die original nicht im lateinischen Alphabet notiert sind, beispielsweise Nahuatl oder Quechua, wurden in der von Humboldt gewählten Transkription belassen. Was die Kursivierung von Fremdwörtern anbetrifft, folgt der Text dem Original.

TERMINOLOGIE: Alexander von Humboldts Begrifflichkeit ist äußerst differenziert. Als Schriftsteller scheint er die Bedeutungsspektren einiger Begriffe bewußt zu nutzen: Das Wort »indien« beispielsweise kann im Französischen (wie im Spanischen) sowohl »indisch« wie auch »indianisch« bedeuten, während in der deutschen Fassung eine Entscheidung getroffen werden muß, die diesen Doppelsinn vereindeutigt. Die Begriffe »oriental« oder »Orient« haben bei Humboldt sowohl eine geographische Dimension (östlich, Osten) als auch eine kulturelle (orientalisch, Orient). Die Worte »ancien« und »antique« beziehen sich jeweils entweder auf die Epoche der Antike (»die Alten«, »antik«) oder aber lediglich auf ein hohes Alter (»uralt«). Der Begriff »physique« bezeichnet nicht so sehr im modernen Sinne die Disziplin der Physik als die materielle Beschaffenheit der Erde beziehungsweise der Welt, das heißt: seine Bedeutungsbreite ist größer, sie reicht von den heutigen »Naturwissenschaften« (beziehungsweise adjektivisch: »naturwissenschaftlich«) bis zum Humboldtschen Konzept der »Weltbeschreibung«.

TITEL: Da die Editionsgeschichte der Werke Alexander von Humboldts durch zahlreiche Titel-Entstellungen gekennzeichnet ist, wird der von Humboldt gewählte Titel so vollständig und getreu wie möglich im Deutschen wiedergegeben. Der Titel *Vues des Cordillères et Monumens des Peuples Indigènes de l'Amérique* ist keineswegs einfach zu übertragen: Das Wort »Vues« wird am treffendsten mit dem deutschen Wort »Ansichten« wiedergegeben, das Humboldt sich kreativ aus Georg Forsters *Ansichten vom Niederrhein* aneignete. Allerdings verwendet die französischsprachige Ausgabe seiner *Ansichten der Natur* den Begriff *Tableaux*, der eigentlich genauer mit »Gemälde« zu übersetzen wäre (und gleichzeitig »Tabellen« bedeutet – eine Mehrdeutigkeit, die sich Humboldt durchaus zunutze macht, um sein Programm einer Verbindung von empirischer Naturwissenschaft und ästhetischer Betrachtung anzuzeigen), so daß eine Verwechslung beider Arbeiten möglich wäre. Den Begriff des »Naturgemäldes« wiederum reserviert Humboldt für seine Gesamtschau der unterschiedlichsten Phänomene in einer Landschaft. Das ästhetisch-wissenschaftliche Konzept der »Monumente« scheint bewußt vieldeutig gefaßt zu sein: Es geht eher um die »Zeugnisse« der amerikanischen Völker als um bewußt als solche geschaffene »Denkmäler«. Um die historische Distanz zum zeitgenössischen »postkolonialen« Diskurs zu markieren, wird das Wort »indigène« nicht mit »indigen«, sondern mit dem älteren Begriff »eingeboren« wiedergegeben.

LITERATURANGABEN: In den Fußnoten wird Humboldts Zitierweise dem Sinn nach beibehalten. Das heißt: Es werden durchweg die Ausgaben der Werke angegeben, die der Autor verwendete. Allerdings wird die Zitiertechnik (Interpunktion, Kursivierung, Reihenfolge der Informationen) dort, wo Humboldt sie über die unterschiedlichen Lieferungen seines Werkes variiert zu haben scheint, behutsam vereinheitlicht. Namen und Titel griechischer und lateinischer

Autoren und Werke, die Humboldt abkürzt, werden, soweit eindeutig ermittelbar, der besseren Lesbarkeit wegen ausgeschrieben. Die Fußnoten werden von Anfang bis Ende fortlaufend durchnumeriert, was die Orientierung innerhalb der Anmerkungen erleichtert.

ANHANG: Das Autoren- und Werkregister wurde um Verfasser sowie um Schriften, die zwar im Text oder in den Fußnoten zitiert werden, bei der Indexierung jedoch übersehen wurden, ergänzt. Fehlende Seitenverweise wurden nachgetragen. Inhaltliche Ergänzungen wurden dabei nicht vorgenommen. Titel, die Humboldt teilweise entweder nach französischen Ausgaben oder in eigener Übersetzung zitiert, werden im Original der zeitgenössischen Editionen angegeben. Wo sie in der französischen Ausgabe unvollständig waren, wurden sie vervollständigt. Es liegt damit erstmals ein vollständiges, werkimmanent zuverlässiges und historisch exaktes Register vor. Da das bisweilen narrative Sachregister eine eigene literarische Qualität hat, wurde sein Bestand hingegen nicht angetastet. Register-Einträge, deren Schreibung der im Werk gewählten widerspricht, wurden angepaßt (nach dem Grundsatz: Der Text, dem das Register dient, hat recht).

Zu den Tafeln

Die Numerierung der Abbildungen entspricht der Reihenfolge der zugehörigen Essays. Erstmals werden die Tafeln in den Text einer Ausgabe integriert und einzeln den jeweils entsprechenden Texten unmittelbar zugeordnet. Um die Bildmotive bestmöglich zur Geltung zu bringen, wurde auf die Wiedergabe der im französischen Original eingefügten Titel verzichtet. Diese werden statt dessen im Abbildungsverzeichnis – Seite 426 f. – vollständig wiedergegeben. Aus diesem Verzeichnis wird deutlich, daß die Titel, die in der Einleitung und im Text genannt werden, mit denen, die in den Legenden der Tafeln selbst auftauchen, nicht durchweg übereinstimmen.

Sämtliche 69 Tafeln wurden vollständig und mit höchster Sorgfalt reproduziert. Als Vorlage diente ein besonders gut erhaltenes handkoloriertes Original aus der Bibliothek des Botanischen Museums der Freien Universität Berlin. Die bildliche Qualität soll einen ästhetischen Genuß ermöglichen. Ziel war es, dem Original so nahe zu kommen wie technisch möglich. Die Reproduktionen wurden für die vorliegende Ausgabe verkleinert. Um das Einfügen größerer Ausklapptafeln zu ermöglichen, wurde die Maßstäblichkeit im Verhältnis zu den großformatigen Originalen (41,5 x 47 cm) variiert. Zum Zweck einer besseren Lesbarkeit wurden in einzelnen Fällen die auf einer Tafel versammelten Fragmente auf einer Doppelseite neu verteilt. Die folgenden Darstellungen auf Seite 433 und 434 geben die entsprechenden Tafeln in der ursprünglichen Anordnung wieder.

HERSTELLUNG: Humboldt selbst betrieb die Realisierung des künstlerischen Teils seiner *Vues* mit großem Aufwand und beträchtlichen Kosten. 24 Tafeln sind koloriert, eine teilweise, fünf in Sepia und 39 schwarzweiß. Wie Humboldt selbst schreibt, ist die Entstehungsgeschichte der Tafeln höchst komplex. Viele gehen auf Zeichnungen zurück, die Humboldt selbst angefertigt hatte und stechen ließ. (Einzelne Vorstudien sind erhalten.) Zeichnerische Vorlagen nach Skizzen von Humboldt fertigten darüber hinaus Marchais, Thibaut und Turpin in Paris sowie Gmelin und Koch in Rom an. Des weiteren verwendete Humboldt Vorlagen, die nicht von ihm selbst, sondern von Raphael Ximeno, Francisco Aguera, Luis Martín und Dupé in Mexiko, Duquesne in Bogotá, Pinelli und Schieck in Rom sowie von Turpin, Poiteau und d'Ozonne stammten, außerdem eine von dem Forschungsreisenden de La Condamine aus dem Jahr 1793. Die Tafeln wurden von mehreren Graveuren in verschiedenen Städten hergestellt. Unter ihnen sind namhafte Künstler. Gestochen wurden die Werke von Massard, Bouquet und Cloquet in Paris, Barboni, Gmelin, Pinelli, Morel und Parboni in Rom, Duttenhofer in Stuttgart sowie Wachsmann und Arnold in Berlin. (Den Versuch eines ersten Überblicks über die diversen Ausgaben und über die einzelnen Tafeln bieten *Alexander von Humboldts Schriften. Bibliographie der selbständig erschienenen Werke* von Horst Fiedler und Ulrike Leitner, Berlin 2000, S. 133–151.)

EDITORISCHE NOTIZ

TAFEL XXVII

ANSICHTEN DER KORDILLEREN UND MONUMENTE DER EINGEBORENEN VÖLKER AMERIKAS

TAFEL XXXVII

Register

Autoren und Werke

ACHILLES TATIUS. *Isagoge ad Arati Phaenomena,* 221, 401; 394, 396, 399, 401

ACOSTA. *Historia natural y moral de las Indias,* 91, 110, 120, 152, 166, 170, 172, 177, 219, 223, 392.

ADELUNG. *Mithridates oder allgemeine Sprachenkunde.* Seine Beobachtungen über die Ähnlichkeit zwischen dem Persischen und den germanischen Idiomen, 86; über die Schwierigkeit, die Sprachen des Nordostens Asiens zu klassifizieren, 207.

AGUADA (PEDRO). Piedrahita bediente sich seiner Manuskripte, 312.

ALBATEGNIUS. *De scientia stellarum,* 215.

ALBERTI. Ausgabe des Hesychius, 387.

ALVA IXTLILXOCHITL. Manuskripte zur Geschichte Mexikos, 223, 245, 250, 273.

ALVARADO TEZOZÓMOC (FERNANDO DE). Manuskripte zur Geschichte Mexikos, 166 f.; 226.

ALZATE (JOSÉ ANTONIO) Y RAMÍREZ. *Descripción de las antigüedades de Xochicalco,* 64.

AMIOT. *Mémoires concernant les Chinois,* 216.

AMPELIUS. *Liber memorialis,* 401.

ANQUETIL. Übersetzung des *Zend-Avesta,* 248, 400.

APOLLONIUS RHODIUS. *Argonautica,* 130, 390.

ARATUS. *Phaenomena,* 198 f., 400; 396.

Archaeologia, or miscellaneous tracts relating to Antiquity; published by the Society of Antiquarians of London, 77.

Archiv für Ethnographie, 87.

ARISTOPHANES. *Nubes,* 175.

ARISTOTELES. *Meteorologia,* 251.

ARRIANUS. *Anabasis.* Seine Beschreibung des Belus-Tempels in Babylon, 55.

L'Art de vérifier les dates, 357.

Asiatick Researches, 56, 85, 91, 130, 132, 146, 171, 189, 193, 195, 196, 199, 205, 211, 244, 275, 400.

Asiatisches Magazin, 334, 392 f.

AUGUSTINUS. *Antiquitatum Romanorum Hispaniarumque in nummis veterum Dialogi,* 294.

BAILLY. *Histoire de l'Astronomie ancienne,* 167–171, 173, 210, 249, 400; *Astronomie moderne,* 197, 199, 222; *Astronomie indienne et orientale,* 197, 199, 206, 208, 249, 327.

BAINBRIDGE. *Canicularia,* 398.

BARTON. Über die Sprachen Nordamerikas, 146.

BEDA. *Historia ecclesiastica gentis Anglorum,* 100.

BERTUCH. *Allgemeine Geographische Ephemeriden,* 90.

BETANCOURT. 50, 223.

BIANCHINI. Himmelskarte, 210, 212, 397.

BLUMENBACH. *Decas quinta craniorum,* 76.

BÖTTIGER. *Ideen zur Archäologie der Malerei,* 333.

BOTURINI BENADUCCI. *Idea de una nueva historia general de la América septentrional,* 79, 97, 107 f., 177, 198, 245, 263, 357, 392, 393.

BOUGUER. 35, 44, 133, 153, 286, 306.

BOULANGER. *Œuvres,* 223, 399.

BUTTMANN. In Idelers Werk aufgenommene Anmerkung, 195, 400.

CAREY. *American Pocket Atlas,* 237.

CARLI. *Lettere americane,* 95, 221, 223, 226.

CASTELLANOS (JUAN DE). Piedrahita bediente sich seiner Handschriften, 312.

CASTILLO (CRISTÓBAL DEL). Manuskripte in aztekischer Sprache zur Geschichte Mexikos, 166, 173, 187, 222.

CENSORINUS. *De die natali,* 325.

CERVANTES, Professor der Botanik in México. Seine botanischen Entdeckungen, 72.

CHARDIN. *Voyage à Isphahan,* 184.

CHÉZY (DE). Seine Beobachtung über das Wort mccha, 200, über den sravana des indischen Tierkreises, 205.

CHIMALPAIN (DOMINGO). Manuskript in aztekischer Sprache zur Geschichte Mexikos, 166.

CHOISEUL-GOUFFIER. *Voyage pittoresque de la Grèce,* 57.

CICERO. *De divinatione,* 401.

CIEZA (PEDRO DE) DE LEÓN. *Crónica del Perú.* Seine Beschreibung des Ausbruchs des Cotopaxi, 70; Notizen über die Häuser des Inka, 142, 152, 240, 325; 223.

CISNEROS. *El Mercurio peruano,* 101.

CLAVIJERO. *Storia antica del Messico,* 4, 52, 95, 98, 105, 106, 126, 166 f., 198, 223, 245, 273, 279, 356, 404 f.; 50, 82, 223.

CLEMENS (HEILIGER) ALEXANDRINUS. *Stromateis.* Über die Inschrift von Theben, 92.

COLBROOKE. Zur Astronomie der Hindus, 195, 207.

COLUMELLA. 390.

CORTÉS. *Cartas de Relación de la Conquista de la Nueva España.* Was er über Cholula berichtet, 49 f.; sein Gespräch mit Moctezuma über den Ursprung der Azteken, 53; seine Beschreibung der Teocalli, 54 f.

COURT DE GÉBELIN. *Monde primitif.* Er behauptet, in Amerika gebe es phönizische Inschriften, 77, 88.

CREUXIUS. *Historiae Canadensis, sev Novae Franciae,* 405.

CUVIER. *Leçons d'Anatomie comparée.* Beobachtungen über das Stirnbein der Mexikaner, 76. *Mémoires de l'Institut, classe des Sciences physiques et mathématiques,* 247.

DANIELL. *Oriental Scenery,* 7; Seine Beschreibung der Pagode von Tanjore, 57.

DANTE. *Inferno,* 388.

DAVIS. »On the cycle of sixty years« in *Asiatick Researches,* 196.

Décade Égyptienne, 129.

DEGUIGNES. *Histoire des Huns,* 199.

DELAMBRE. »Sur les fonds et les analogues des Grecs«, 183; »Sur l'Arithmétique des Grecs«, 406; beide in Peyrards *Œuvres d'Archimède; Astronomie,* 400, Tabellen zum mittleren Jahr, 227.

DENON. *Voyage dans la Basse et la Haute Égypte,* 21, 88, 112, 129, 212, 331, 359, 387.

Description de l'Égypte ancienne et moderne, 342, 393.

DÍAZ (BERNAL). *Historia verdadera de la Conquista de la Nueva España,* 55, 128.

Dictionnaire de Trévoux, 294.

DIODORUS SICULUS. Seine Beschreibung des Belus-Tempels von Babylon,

435

46, 55 f.; der Pyramide der Skythenkönigin Zarina, 56; was er über den Tumulus des Ninus berichtet, 56.
DIO CASSIUS. Seine Beobachtung über die Namen der Wochentage, 208.
DIXON. *Voyage autour du monde,* 74.
DU CHOUL. *Discours de la religion des anciens Romains,* 211.
DU CROZ. In das Werk von Souciet aufgenommener Brief, 222.
DUHALDE. *Description de la Chine,* 56.
DUPUIS. *Origine des Cultes,* 200, 203, 210, 214, 223, 249, 327; *Mémoire explicatif du zodiaque,* 221, 233, 251; *Mémoire* in der *Revue philosophique,* 400.
DUQUESNE (JOSÉ DOMINGO). *Disertación sobre el calendario de los Muyscas, Indios naturales de este Nuevo Reino de Granada,* seine handschriftliche Abhandlung über den Kalender der Muisca, 311, 319–332.

EGUIARA. *Bibliotheca mexicana,* 112.
ENGEL. *Ungarische Geschichte,* 203.
ERATOSTHENES. *Catasterismi,* 211, 396, 401.
EROTIANUS. Glossar zu Hippokrates, 387.
EUDOXOS. *Oktaeteris,* 221; 396.

FÁBREGA. Manuskripte über aztekische Altertümer, 103; 223, 227, 256.
FABRICIUS. *Bibliotheca graeca,* 252, 401.
FIRMICUS. *Mathesis,* 215–221.
FONTENELLE. *Histoire de l'Académie des Sciences,* 210, 213.
FOURIER. 400.
FRÉRET. *Œuvres complètes,* 223, 397, 398.
Fundgruben des Orients, 320, 335, 393.

GAMA. *Descripción histórica y cronológica de las dos piedras,* 56, 95, 166 f., 172 f., 177, 178, 187, 198, 223–233, 263, 328, 357, 404.
GARCÍA. *Origen de los Indios del Nuevo Mundo,* 392, 404.
GARCILASO DE LA VEGA. Siehe VEGA.
GATTERER. *Abriß der Chronologie,* 398; *Weltgeschichte bis Cyrus,* 398, 406.
Gazette litteraire, 406.
GAUBIL (PATER). *Observations mathématiques, astronomiques, géographiques, chronologiques et physiques faites en Chine,* 191, 197, 200, 206, 216, 325, 332, 334.
GEMELLI CARRERI. *Giro del Mondo.* Seine Beschreibung der Pyramide von Cholula, 60, 227, 249; Verteidigung des *Giro del Mondo* gegen seine Kritiker, 272; 80, 223.
GEMINUS. *Elementorum astronomiae,* 198, 399, 401.
GEORGI (PATER). *Alphabetum Tibetanum,* 112, 183, 192, 244, 248.
GEORGI (JOHANN GOTTLIEB). *Bemerkungen einer Reise im Russischen Reich,* 203.
GERMANICUS CAESAR. Seine Aratus-Übersetzung, 198 f., 396, 401.

GILBERT DEVARENNES. 294.
GÖTZE. *Denkwürdigkeiten der Dresdner Bibliothek,* 334.
GÓMARA. *Historia de la Conquista de México,* 80, 127, 166, 171, 177, 198, 220 f., 227, 244, 263.
GROSIER. *Histoire générale de la Chine,* 199.

HAGER. *Illustrazione d'uno zodiaco orientale,* 210, 212, 400; »Memoria sulle cifre della Cina« in *Fundgruben des Orients,* 320; Über das Monument des Yu, 402.
HAMILTON. *Catalogue des manuscrits sanskrits de la Bibliothèque impériale,* 130, 244.
HAMMER. Abhandlung in den *Fundgruben des Orients,* 393.
HAMMER-PURGSTALL (VON). *Fundgruben des Orients,* 335.
HEMSTERHUIS. 387.
HERRERA. *Historia general de las Indias,* 159.
HERMANN. *Mythologie der Griechen,* 244.
HERODOT. 46; sein Bericht über die Pyramiden vom Mörissee, 47; seine Beschreibung des Belus-Tempels in Babylon, 55; über den Tumulus des Ninus, 56; seine Beobachtung über die Namen der Wochentage, 208; über die vier offenbaren Veränderungen an den Orten des Sonnenaufgangs und -untergangs, 251; über die bei den Griechen gebräuchliche Einschaltung, 325; über den Kalender der Ägypter, 398.
HERVAS. *Idea del Universo: Aritmetica delle nazioni e divisione del tempo fra l'Orientali,* 95, 318.
HESYCHIUS. 387.
HESIOD. *Opera et dies,* 252, 388.
HIPPARCH. Über die Dauer des tropischen Jahres, 225; *Commentarii in Aratum,* 400; 396.
HIPPOKRATES. Glossar des Erotianus, 387.
Histoire générale des Voyages, 97.
HOMER. *Hymnus in Mercurium,* 130, 390.
HORAPOLLON. 324, 359.
HUG. *Die Erfindung der Buchstabenschrift,* 392.
HUMBOLDT (ALEXANDER VON). *Essai politique sur le royaume de la Nouvelle-Espagne,* 28, 57, 65, 71, 80, 98, 108, 113, 137, 154, 166, 233, 241, 278, 281, 288, 308, 310, 339, 358, 374; *Atlas géographique et physique,* 49, 65, 137, 310, 343; *Ansichten der Natur,* Beschreibung des Cotopaxi, 71; über die fleischfressenden Vierbeiner Mexikos, 200; *Géographie des Plantes,* 71, 255; *Nivellement barométrique,* 71; »Über die Urvölker von Amerika« in der *Neuen Berlinischen Monatsschrift,* 172; *Recueil d'observations astronomiques,* 236, 269, 308, 346.
HYGINUS. *Poeticon astronomicon,* 211; *Commentarii in Germanici Interpretationem Arati,* 401.

IDELER. *Historische Untersuchungen über die astronomischen Beobachtungen der Alten,* 168, 195, 213, 217, 325, 398, 399, 400; Untersuchung über den Ursprung und die Bedeutung der Sternnamen, 198, 200, 203, 211, 400.
IXTLILXOCHITL. Siehe ALVA.

JAMESON. *The System of Mineralogy,* 242.
JEFFERSON. *Notes on the State of Virginia,* 33.
JOMARD. Seine verschiedenen Abhandlungen über Ägypten; Brief an Humboldt, 393, 397, 399.
JONES (WILLIAM). Seine Auffassung des Ursprungs der ersten Ägypter, 85; 131; zu den Verbindungen der Chinesen mit Hindostan, 171, 189; zur Astronomie der Hindus, 195 f., 207.
JUAN (JORGE). *Relación histórica del viaje a la América meridional,* 235, 372.
JULIÁN. *La Perla de la América, provincia de Santa Marta,* 44.

KAEMPFER. *Histoire du Japon,* 190.
KALM. *En resa til Norra America,* 88.
KIRCHER. *Oedipus Aegyptiacus,* 105, 110, 208, 401; *Obeliscus Pamphilius,* 406.
KLAPROTH (JULIUS VON). *Asiatisches Magazin,* 334, 392 f.
KRUSENSTERN. *Reise um die Welt,* 343.
KTESIAS. Was er über den Tumulus des Ninus berichtet, 56.

LA CONDAMINE. *Mémoire sur quelques anciens monumens du Pérou,* 142, 150, 152 f.; *Journal d'un voyage à l'Équateur,* 235, 306, 344; in den *Mémoires de l'Académie de Berlin,* 368.
LACTANTIUS. *Divinae Institutiones,* 129.
LAFITAU. *Mœurs des Sauvages,* 97, 99.
LA HONTAN. *Voyage dans l'Amérique septentrionale,* 99.
LALANDE. *Traité d'Astronomie,* 170.
LAMBECIUS. *Commentariorum de augustissima bibliotheca caesarea Vindobonensis,* 104.
LA NAUZE. *Mémoires sur le calendrier des Égyptiens,* 398.
LANGLÈS. Seine Anmerkungen zu Nordens *Voyage d'Égypte et de Nubie,* 48, 85–87; *Dictionnaire tartare-mantchou,* 91; *Rituel des Tartares-Mantchoux,* 112, 128; Notizen in den *Asiatick Researches,* über den Phallus, 132; »Sur le Calendrier persan« in Chardins *Voyage à Ispahan,* 184; Anmerkungen zu Thunbergs *Voyage au Japon,* 208.
LAPLACE. *Exposition du Système du Monde,* 25, 170, 176, 183, 225.
LEDERER. *Journal des Savans,* 99.
LE GENTIL. Abhandlung in der *Histoire de l'Académie des Sciences,* 209; *Voyage dans les Indes,* 194, 200, 248, 327.
LIPSIUS (JUSTUS). *De Militia romana,* 294.
LORENZANA. *Historia de Nueva España,* 116.
LORT. »Account of an ancient Inscription« in der englischen *Archaeologia,* 89.
LUGO (BERNARDO DE). *Gramática de la lengua general del Nuevo Reino, llamada Mosca,* 315, 319.
LUKIAN. *Lexiphanes,* 387.

REGISTER · AUTOREN UND WERKE

MACARTNEY. *Account of an Embassy to the Emperor of China*, 402.
MACROBIUS. *Saturnalia*, 212, 328, 401; *Commentarii in Somnium Scipionis*, 401.
MANETHO. *Apotelesmatica*, 401.
MANILIUS. *Astronomica*, 211, 401.
MARCHAND. *Voyage autour du monde*, 77, 98.
MARIETA. *Historia Eclesiástica*, 402.
MARINI. *Atti e monumenti de' Fratelli Arvali*, 398.
MÁRQUEZ (PIETRO). *Due antichi Monumenti di architettura messicana*, 64.
MARTIANUS CAPELLA. *De nuptiis philologiae et Mercurii*, 401.
MARTINI. *Histoire de la Chine*, 97.
MAJER (FRIEDRICH). *Mythologisches Taschenbuch, oder Darstellung und Schilderung der Mythen, religiösen Ideen und Gebräuche aller Völker*, 402, 405; *Allgemeines Mythologisches Lexikon*, 402.
MEDRANO (ANTONIO). Piedrahita bediente sich seiner Manuskripte, 312.
Mémoires de l'Académie de Berlin. 142, 152 f., 368.
MENESTRIER. *Nouvelle méthode raisonnée du blason*, 294.
MERCATUS. *Degli Obelischi di Roma*, 109.
MILL. *Dissertationes selectae*, 125.
MOCIÑO (JOSÉ). *Flora mexicana*, 72; *Viaje a Nutka*, 233.
MONTFAUCON. *Monumens de la monarchie françoise*, 294.
MONTUCLA. *Histoire des mathématiques*, 400.
MOOR. *The Hindu Pantheon*, 229, 244.
MOTOLINÍA. 128.
MUNGO PARK. *Voyage dans l'intérieur de l'Afrique*, 318.

NESSEL. *Catalogus Bibliothecae Caesareae Vindobonensis*, 335.
NIEBUHR. *Römische Geschichte*, 406.
NIEREMBERG (JUAN EUSEBIO). *Historia naturae*, 230, 264, 325.
NONNUS. 359.
NORDEN. *Voyage d'Égypte et de Nubie*, 48.

OLMOS (ANDRÉS DE). Seine Manuskripte über das mexikanische Altertum, 166, 402.
ORIGENES. *Contra Celsum*, 221, 251.

PALIN. *De l'étude des hiéroglyphes*, 322, 334, 359.
PALLAS. *Voyages dans plusieurs provinces de l'Empire de Russie*, 120.
PAOLINO DE SAN BARTOLOMEO. *Viaggio alle Indie Orientali*. Über den Belus-Tempel, 60; *Codices Avenses*, 130; *Systema Brahmanicum*, 146, 246.
PAPILLON. *Histoire de la gravure en bois*, 105.
PAUSANIAS. *Graeciae descriptio*. Seine Beschreibung des Belus-Tempels in Babylon, 55; des Grabes der Kallisto, 57.
PAUW. *Recherches philosophiques sur les Américains*, 233, 317.
PETAU. *De doctrina temporum*, 221; *Uranologion*, 394, 399, 400 f.
Philosophical transactions, 198.
PEYRARD. *Œuvres d'Archimède*, 183, 406.

PIEDRAHITA (LUCAS FERNÁNDEZ). *Historia general de las conquistas del Nuevo Reyno de Granada*, 42, 44, 312.
PINGRÉ. *Cométographie*, 357.
PLATON. *De republica*, 74; *Timaeus*, 251; *De legibus*, ebenda.
PLINIUS. *Historia naturalis*. Über die Pyramiden von Porsenna, 47; über Belus, 56; über das Verbot des Kaisers Claudius, Menschen zu opfern, 129; über die leichte Entflammbarkeit von Efeu, 130; über die Sphinx, 147; über die Plejaden, 223; über Feuerwerkzeuge, 390; über das Sternbild der Waage, 401.
PLUCHE. *Histoire du ciel*, 400.
PLUTARCH. *De Iside et Osiride*. Über die Inschrift von Theben, 92; seine Erklärung der ägyptischen Feste, 399. *De placita philosophorum*. Über das Sternbild der Waage, 401.
POCOCKE. *Voyages*, 48.
POLYBIOS. *Historiae*. Seine Beschreibung des Klimas von Arkadien, 260.
POWNAL (THOMAS). *Archaeologia, or miscalleneous tracts relating to antiquity; published by the Society of Antiquarians of London*, 298.
PTOLEMAIOS. *Almagest*, 401; 199, 396.
PURCHAS. *Pilgrimes*, 104, 110, 116, 363.

QUATREMÈRE DE QUINCY. *Sur l'idéal dans les arts du dessin*, 261.
QUESADA (GONZALO JIMÉNEZ DE). Piedrahita bediente sich seiner Manuskripte, 248.
QUINTUS CURTIUS. Seine Beschreibung des Belus-Tempels in Babylon, 55.

RAMOND. 29.
RAMUSIO. *Relazione d'un gentiluomo di Fernando Cortez*, 158.
Revue philosophique, 400.
RHODE. *Versuch über das Alter des Thierkreises*, 214; *Über Dendera*, 398.
RHUNKENIUS. 390.
RÍOS (PEDRO DE LOS). Sein Manuskript über das mexikanische Altertum, 52–54, 58, 105, 115–118, 122, 245.
ROBERTSON. *History of America*, 103, 167, 233, 238, 272–274, 335, 403.

SACY (SYLVESTRE DE). *Grammaire arabe*, 183.
SAHAGÚN (BERNARDINO DE). Seine Manuskripte über das mexikanische Altertum, 166.
SCALIGER. *Adnoationes ad Manili Astronomica*, 221. *De emendatione temporum*, 398.
SCHAUBACH. *Geschichte der griechischen Astronomie*, 400.
SCHLEGEL (FRIEDRICH). *Über Sprache und Weisheit der Indier*, 52, 86, 129, 131, 392.
SCHLÖZER. Der von ihm erbrachte Beweis, daß die Geschichte des Nordens nicht weiter als bis ins zehnte Jahrhundert zurückreicht, 47.
SCHMIDT. *De Zodiaci nostri origine aegyptia*, 400.

SENECA. *Naturales Quaestiones*. Über den Ursprung des Feuers, 130; über die Art, wie die Ägypter die beiden Genera der Wörter unterschieden, 190.
SERVIUS. *Commentarii in Virgilium*, 401.
SESSÉ. *Flora mexicana*, 72.
SEXTUS EMPIRICUS. *Adversus Mathematicos*, 221, 222.
SIGÜENZA (CARLOS DE). *Opera inedita*, 112; *Ciclografía mexicana*, 166, 275; seine Manuskripte über das mexikanische Altertum, 112, 167, 177, 223, 249.
SONNERAT. *Voyage aux Indes orientales et à la Chine*, 199.
SOSIGENES. 195.
SOUCIET (PATER). *Observations mathématiques, astronomiques, géographiques, chronologiques et physiques faites en Chine*, 191, 198, 201, 206, 208, 222, 325, 329, 332, 334.
SRIPETI. Indischer Dichter, 211.
STOLBERG (FRIEDRICH LEOPOLD GRAF ZU). *Geschichte der Religion Jesu Christi*. Seine Hypothese zum Ursprung des peruanischen Kultes, 123.
STRABO. *Geographica*. Seine Beschreibung des Belus-Tempels in Babylon, 55, 57; seine Aussage über die Unwissenheit der Inder vor den Eroberungen durch Alexander (nach Megasthenes), 90.
STOBAEUS. *Sermones*, 361.
SUETONIUS. *De vita Caesarum*. Über das Verbot des Kaisers Claudius, Menschen zu opfern, 129.
SUHM. *Samliger til ten Danske Historie*, 89.
SWARZ. *Recherches sur l'origine des constellations de la sphère grecque*, 214, 400.

TAPIA ZENTENO (CARLOS DE). *Arte novissima de Lengua Mexicana*, 402.
TERTULLIANUS. *Apologeticum adversus gentes*. Über die Menschenopfer im römischen Reich, 129.
TESTA. *Dissertazione sopra due Zodiaci dell'Egitto*, 400 f.
TEZOZÓMOC. Seine Manuskripte in aztekischer Sprache über die Geschichte von Mexiko, 166 f., 226.
THEMISTIUS. In den *Sermones* des Stobaeus, 361.
THEON. *Commentarii in Ptolemeos*, 401.
THEOPHRASTUS. 130.
THEVENOT (MELCHISEDEC). *Relation de divers voyages curieux*, 105, 107, 129, 362.
THUNBERG. *Voyage au Japon*, 171, 208.
THWROCZ. *Chronica Hungarorum*, 202.
TITUS LIVIUS. *Historia romana*, 246; sein Bericht von den chronologischen Nägeln der Etrusker, *ebenda*.
TORIBIO DE BENAVENTE. Seine Handschriften zum mexikanischen Altertum, 166.
TORQUEMADA. *Monarquía indiana*, 50, 79, 166, 177, 198, 217, 219, 221–223, 227, 245, 246, 256, 263, 264, 279, 357, 403–406.

TRUTER. Reise nach Afrika, 90.
TURNER. *Account of an embassy to the court of the Teshoo Lama in Tibet,* 283.

ULLOA (ANTONIO). *Noticias Americanas,* 98, 237; *Voyage historique de l'Amérique méridionale,* 235 f. Siehe JORGE JUAN.

VALADÉS (DIEGO). *Rhetorica Christiana,* 91, 166, 177, 198, 223.
VARRO. Über die Pyramiden von Porsenna, 47; *De lingua latina,* 401.
VATER. *Über Amerika's Bevölkerung,* 86, 87, 146, 202.
VEGA (FRANCISCO NÚÑEZ DE LA). *Constitutiones synodales,* 100, 189.
VEGA (GARCILASO DE LA). *Comentarios Reales.* Über den Ausbruch des Cotopaxi, 70; über die Nation der Pasto, 114; über den peruanischen Kalender, 170 f.
VELÁSQUEZ. 109.
VEYTIA. 223.
VINCENT. *Voyage de Néarque,* 55.
VIRGILIUS. *Bucolica,* 252; *Georgica,* 401.
VISCONTI. Abhandlung über den ägyptischen Tierkreis, 195; *Il Museo Pio-Clementino,* 195; Beobachtungen zum Tierkreis von Bianchini, 210.
VITRUV. 395; *De architectura,* 401.

WADDILOVE. Beschreibung der aztekischen Gemäldesammlung im Escorial, 103; in Robertsons *History of America,* 233.
WARBURTON. *Essai sur les hiéroglyphes des Égyptiens,* 105.
WILKINS. Übersetzung der *Bhagavadgita,* 229.
WILSON. *A Missionary Voyage to the Pacific Ocean,* 406.
WINCKELMANN. *Geschichte der Kunst des Alterthums,* 387.

ZENI (BRÜDER). *Viaggio,* 100.
ZOËGA. *De origine et usu obeliscorum.* Seine Beobachtung zur Ähnlichkeit zwischen den mexikanischen Teocalli und dem Belus-Tempel von Babylon, 55; seine Hypothese über den Teocalli von Cholula, 60; über die Hieroglyphen und den Ursprung der Schreibkunst, 91, 93, 110 f., 115, 122, 130, 159, 229, 253, 263, 389.

Sachbegriffe

Acacitli, erster Begründer von México, 363.
Acahualtzinco, Stadt der Azteken, 178.
Acamapitzin, erster König der Azteken, 405; Hieroglyphe seines Namens, 80 f.
Acatl, Rohr, Zeichen des aztekischen Kalenders, 179; Hieroglyphe zu seiner Darstellung, 203.
Acolhuatzin, erster König von Azcapotzalco, 80.
Acolhuen, mexikanisches Volk mit der gleichen Sprache wie die Tolteken, die Chichimeken, die Tlaxcalteken und die Azteken, 46; ihr Bündnis mit den Chichimeken und den Tolteken, 405.

Acotl, zehnter Gründer von México, 363.
Adam der Mexikaner. Siehe *Tonacateuctli.*
Adler. Die Mexikaner errichteten diesem Vogel zu Ehren Kapellen, 264.
Adler, einen Gefangenen zerfleischend, auf einem amerikanischen Stein dargestellte Figuren, 64.
Adler auf einem Kaktus, Wunder, das den Ort bezeichnete, wo Tenochtitlán gegründet werden sollte, 363.
Aerolith von Cholula, 54, 249.
Aerolith, Sohn von Citlalatonac und Citlalicue, der, als er zersprang, 1600 untergeordnete Götter hervorbrachte, 403.
Affen. Der Überlieferung zufolge ist diese Tierart erst im dritten Zeitalter der Welt aufgetreten, 247.
Agave americana, Pflanze, die den Azteken zur Herstellung ihres Papiers diente, 78; heute wird daraus Pulque gewonnen, 78 f.
Aguexotl, vierter Gründer Méxicos, 363.
Ägypter, Ähnlichkeit ihres Kalenders mit dem der Mexikaner, 393; und noch mehr mit dem der Araukaner, einem Volk aus Chile, 397.
Ahuizotl, König von Mexiko, läßt den Teocalli von México erbauen, 155; Zeit seiner Herrschaft, 405.
Alaminos (Antonio). Seine Reise an die Küsten Mexikos, 73.
Alaques (los), Fluß am Fuß des Cotopaxi, 69.
Alter der Welt, den Mexikanern zufolge, 248.
Aloe. Siehe *Agave americana.*
Alphabet, bei allen alten Völkern Amerikas unbekannt, 87; wie die Mexikaner es ersetzten, 94.
Altar, Andengipfel, eingestürzter Vulkan, 137; Überlieferung der Eingeborenen über seine Höhe, 242.
Alter, Periode von hundertvier Jahren bei den Azteken, 171.
Alva Ixtlilxochitl, mexikanischer Schriftsteller; sein System über die Dauer der vier Zeitalter, 250.
Alvarado (Fernando de) Tezozómoc, Autor einer Geschichte Mexikos in aztekischer Sprache, 166 f., 226.
Alvarado (Pedro de). Hieroglyphe, durch welche die Mexikaner ihn bezeichneten, 82; von ihm angerichtetes Blutbad unter dem mexikanischen Adel, 174; Darstellung seines Todes auf einem Hieroglyphengemälde, 356.
Alyattes, König von Lydien. Sein Grabmonument, 56.
Anbetung. Wie sie bei den Mexikanern üblich war, 111.
Amarasinha, indischer Dichter, der die zwei Einteilungen der Ekliptik erwähnt, 193.
Ambato, Stadt im Königreich Quito. Erdbeben, das sie erschüttert hat, 137.
Anáhuac, Land. Seine ersten Bewohner waren die Cuitlalteken, die Olmeken, die Zacateken und die Tarasken, 52, 120; es wurde durch die Tolteken besetzt, 46, 120, 124; nach ihnen durch die Chichimeken, *ebenda;* dann durch die Nahuatlaca, *ebenda;* die Acolhuen, *ebenda;* die Tlaxcalteken, *ebenda;* die

Azteken, *ebenda;* siehe unter diesen Stichworten. Chronologische Geschichte des Landes, 403; Aufzählung der Völker, die es ursprünglich bewohnt haben, *ebenda.*
Anahuacatzin, König von Azcapotzalco, 80.
Anahuatlaca, aus sieben Stämmen bestehendes Volk, 47.
Anden. Ihre Gipfel weisen drei Hauptformen auf, 137.
Andrade Moctezuma, spanisches Geschlecht. Sein Ursprung, 405.
Annalen der Tolteken, die bis ins siebte Jahrhundert nach J. C. zurückreichen, 177; die der Azteken beginnen im elften, 178; Darstellung dieser Annalen in einem Hieroglyphen-Gemälde, 355.
Apachihuiliztli, große Überschwemmung, die nach aztekischer Überlieferung im Jahr 4008 der Welt stattfand, 54.
Aposentos de Mulahalo, Ciezas Name für den Stein, aus dem der Callo erbaut ist, 238.
Aquaverde, Name eines auf einem Hieroglyphen-Gemälde dargestellten Spaniers, 84.
Araukaner, Volk von Chile. Ähnlichkeit zwischen ihrem Jahr und dem der Ägypter, 397.
Armreif aus Obsidian eines aztekischen Mädchens, 204, 378.
Arsenal, in einem Teocalli enthalten, 63.
Atahualpa. Grotte, wo er der Überlieferung nach seine Schätze versteckt hat, 148.
Atelkusu, Name der zweiten Heimat der Magyaren, 392.
Atemoztli, Name des achtzehnten Monats im mexikanischen Jahr, 174.
Atl, Wasser, Name des siebten Tages im Monat, 185; sechstes Zeichen einer Neunerreihe, 186; Hieroglyphe des Wassermanns, 197; Beobachtung über das Vorkommen dieses Wortes in den orientalischen Sprachen, 392.
Atlcahualco, Name des dritten Monats im mexikanischen Jahr, 173.
Atonatiuh, Zeitalter des Wassers, Name des vierten Weltzeitalters nach der aztekischen Mythologie, 248.
Ávila, Berg, 382.
Axayacatl, aztekischer König. Sein Palast in Tenochtitlán, 26; Hieroglyphe seines Namens, 92; sein Sieg über die Matlatzinca, 357; zu welcher Zeit er lebte, 405.
Axt, aztekische, mit Hieroglyphen bedeckt, 258.
Azcapotzalco (Könige von). Ihre Genealogie in Hieroglyphen, 79 f.
Azteken, mexikanisches Volk mit der gleichen Sprache wie die Acolhuen, die Tolteken, die Chichimeken und die Tlaxcalteken, 46; Zeit ihrer Ankunft in der Äquinoktial-Gegend Neu-Spaniens, 47; wann und wie die Menschenopfer bei ihnen eingeführt wurden, 125; sie erlangen ihre Freiheit von den Colhuen, 126; die Grausamkeit ihrer Opfer, 128; Geschichtsschreiber der Azteken, 166; ihr Kalender, 168. Siehe *Jahr, Kalender, Monat, Woche, Zyklus, Tage, Stunden, Periode.* Ihre Annalen reichen bis ins elfte Jahrhundert zurück, 178; ihre

Mythologie über die fünf Zeitalter der Welt und die fünf Schöpfungen des Menschengeschlechts, 244; ihre Geschichte in Hieroglyphen, 272; ihre Ankunft in Aztlán, 278; die von ihnen erbauten Städte, *ebenda*; Zeit ihres Auszuges aus Aztlán, 278 f.; Beobachtungen über die Art, wie in der aztekischen Sprache das Substantiv, der Plural und der Superlativ gebildet wurden, 402; Zeiten ihrer Wanderungen, 404; Namen der elf Könige, die sie regierten, 405.

Aztlán, Land, aus dem die Tolteken, die Tlaxcalteken, die Chichimeken, die Acolhuen und die Azteken gekommen sind, 52.

Azuay (Páramo del), Gebirgsmassiv im Königreich Quito, 139.

Bäder des Inka, bei den Ruinen der Stadt Chulucanas, 371.

Barragán, Gipfel der Zentralkette der Kordillere von Neu-Granada, 34.

Basalte von Regla. Ihre Formen, 162.

Basrelief, römisches, den griechischen Tierkreis zusammen mit einem weiteren darstellend, der dem der tatarischen Völker ähnelt, 209 f.

Basrelief des Opfersteins von Huitzilopochtli, 156.

Beauharnois (Ritter von). Schickte eine in Kanada gefundene angebliche Inschrift nach Frankreich, 88.

Been, Name eines Chiapas-Kriegers, der einen Tag der kleinen Periode bezeichnet, 187.

Belus. Sein Tempel in Babylon glich den mexikanischen Teocalli, 55 f.

Berlin. Beschreibung der dort befindlichen mexikanischen Handschriften, 109.

Betún, von den Peruanern verwendeter Asphaltmörtel, 152.

Bianchini. Die von diesem Gelehrten beschriebene antike Himmelskarte, 210, 212.

Bochica, Fabelgestalt und Gesetzgeber der Muisca-Indianer, 42, 314; er läßt Fomagata verstümmeln, 329.

Bogotá (Río de). Sein Wasserfall bei Tequendama, 40; seine Breite oberhalb dieses Falls, 44.

Bologna. Beschreibung der dort befindlichen mexikanischen Handschrift, 103.

Borgia (Kardinal) rettet die mexikanische Handschrift der Familie Giustiniani, 119.

Borgia (Museum) in Veletri. Beschreibung des dort befindlichen mexikanischen Manuskripts, 108–119; es wurde von Fábrega kommentiert, 120.

Bote, der schwimmenderweise in die Provinz Jaén reist, 269.

Boturini Benaducci (Ritter). Die Abenteuer dieses Reisenden, 79; seine Sammlung aztekischer Handschriften, 79, 108 f., 216; ihre Überreste in México, 73, 107 f.; seine Studie über die mexikanische Geschichte, 166 f.

Branciforte (Marquis von), Vizekönig Mexikos, läßt eine Statue von Karl IV. errichten, 27.

Brücken, natürliche, von Cedar Creek, 33; ihre Höhe, *ebenda*.

Bueno (Ramón), Franziskaner, der versichert, in einer Höhle eine Inschrift entdeckt zu haben, 90.

Bugnato, besonderer Schnitt von Steinen, der an den peruanischen Bauwerken auffällt, 152.

Bündel, Hieroglyphe einer Periode, 171 f.

Bußübungen, von Quetzalcoatl angeordnet, 52; bei den Mexikanern während des Opfers gebräuchlich, das alle vier Jahre stattfand, 227.

Cabeza del Inca, Name einer vom Cotopaxi abgetrennten Felsmasse, 70.

Cacas, Vogelart aus Neu-Granada, 33.

Caïo. Siehe *Callo*.

Calantica, ägyptischer Schleier, findet sich in den Monumenten Mexikos wieder, 21.

Caldera del Pitón, Name des Kraters des Pic von Teneriffa, 350.

Calli, Haus, Zeichen, das zur Angabe des Jahreszyklus dient, 179; und des ersten Tages im Monat, 185; Hieroglyphe des Feuers, 249.

Callo, Haus der *Inka* im Königreich Quito, 235; Beschreibung seiner Ruine, 237.

Cañar, peruanische Festung, 140; ausführliche Beschreibung dieses Bauwerks, 368-370.

Canoas, Landgut im Königreich Neu-Granada, 44.

Cano Moctezuma, spanisches Geschlecht. Sein Ursprung, 405.

Capac Urcu, eingestürzter Berg, 137.

Carihuairazo, Beschreibung dieses Berges, 133; Zeitpunkt seines Einsturzes, 137.

Cargueros, Menschenträger, 36 ff.; sie haben den Ausbau einer Straße verhindert, 37.

Carreri (Gemelli), dieser Autor wird gegen Robertsons Vorwürfe verteidigt, 272.

Caspi (Marquis von) war Besitzer der mexikanischen Handschrift von Bologna, 103.

Castillo (Bernal Díaz del), Soldat im Heer von Cortés. Sein Bericht über die Stufenzahl der Treppen, die zu verschiedenen Teocalli führten, 50.

Castillo (Cristóbal del), Mexikaner, Verfasser einer Geschichte seines Landes in aztekischer Sprache, 166, 173, 187, 223.

Catcitepetl, Vulkan in Mexiko, 52; Hieroglyphe, durch die er dargestellt wird, 252.

Catu, Name des Marktes bei den Peruanern, 171.

Cauca (Tal von), durch die westliche Kordillerenkette von Neu-Granada von der Provinz Chocó getrennt, 34.

Cayambe oder *Cayambe Urcu*, Vulkan im Königreich Quito, 306.

Cayambur. Siehe *Cayambe*.

Cedar Creek. Natürliche Brücke, 33.

Cehuehuetiliztli, Periode von hundertvier Jahren, 171.

Cemilhuitlapohualiztli, ritueller Kalender der Mexikaner, 175.

Cempohualilhuitl, bürgerlicher Kalender der Tolteken, 49, 167 ff.

Centeotl, die mexikanische *Ceres*, 127.

Ceroxylon andicola, Palmenart, 39.

Cerro Gordo, Gebirgskette, 376.

Cerro de las Navajas, Gebirgskette, 376.

Cerro de Santo Domingo, Gebirgskette, 376.

Cervantes, Professor der Botanik in México, 72.

Chalchiuhcueje, Göttin des Wassers, 248.

Chalchiuhtepehua, aztekischer Priester, der den Huetzilopochtli geopferten Menschen das Herz herausriß, 158.

Chalchiuhtlatonac, Anführer der Azteken im elften Jahrhundert, 178.

Chamaya, Fluß, 269.

Chambo, Fluß, über den eine Seilbrücke führt, 281.

Chantico, zu Ehren des Wolfes errichtete Kapellen, 264.

Chia, Frau des Bochica, 42.

Chiapas-Indianer, ihr Kalender, 187.

Chibcha, Name der Sprache der Muisca, 315 f.; Zahlen in dieser Sprache und ihre Hieroglyphen, 320; Übereinstimmung dieser Wörter mit denen, welche die Mondphasen anzeigen, 321.

Chichimeken, zweites fremdes Volk, das sich in Mexiko niederließ, 404; ihr Bündnis mit den Acolhuen und den Tolteken, 405.

Chichiuhalquehuitl, Milchbaum in der aztekischen Mythologie, 252.

Chicomoztotl, Ort, wo der Aerolith auf die Erde fiel, der das Menschengeschlecht hervorbrachte, 403.

Chimalli, mexikanischer Schutzschild, 116.

Chimalpain (Domingo), Verfasser einer Geschichte Mexikos in aztekischer Sprache, 166 f., 178, 279.

Chimalpopoca, dritter König der Azteken, 405; Hieroglyphe seines Namens, 82; seine Geschichte in Hieroglyphen-Malerei, 363.

Chimborazo, seine Erhebung über dem Plateau von Tapia, 135; Beschreibung dieses Berges, 136 und 241.

Chimú, frühere Stadt in Peru, 51.

Chinax, Name eines Kriegers, der einen der Tage des Chiapas-Kalenders bezeichnete, 187.

Chingasa (Páramo von), einer der höchsten Gipfel der Kordillere von Neu-Granada, 34.

Chipa, Berg in Neu-Granada, 44.

Chisinche, eine der Erhebungen der Andenkordillere im Königreich Quito, 236.

Chocó, Provinz von Neu-Granada, 34.

Cholollan, siehe *Cholula*.

Chololtecatles, aztekischer Name der Bewohner von Cholula, 53.

Cholula, Stadt in Mexiko. Ihre Bevölkerung, 49; sie wurde als heilig angesehen, 54.

Cholula (Pyramide von). Siehe *Pyramide von Cholula*.

Chota (Schlucht von). Ihre Tiefe, 29.

Christentum. Spuren dieser Religion, welche die Spanier in Mexiko zu erkennen geglaubt haben, 112.

Chronologie, mexikanische. Quellen, aus denen man Kenntnisse darüber gewinnen kann, 165-167, 399.

Chulucanas, frühere Stadt in Peru. Beschreibung ihrer Ruinen, 370.

Cihuacohuatl oder die Frau mit der Schlange, Mutter des Menschengeschlechts, 111, 131; ihre Zwillingskinder, 111 f.; ihre Darstellung in aztekischen Gemälden, 291.
Cihuatlanque, Ehekupplerin, 107.
Cinteotl, Maisgöttin, Zeichen einer Neunerreihe, 186, 203.
Cipactli, Meerestier, Name des neunzehnten Monatstages bei den Mexikanern, 185; entspricht dem Steinbock, 198; regiert stets den ersten Tag des mexikanischen Jahres, welches auch dessen Zeichen sein mag, 232.
Citin, Familie der Könige von Azcapotzalco, 79.
Citlalicue, Göttin der Azteken, Frau des Citlalatonac, 403.
Citlalatonac, Gott der Azteken, 402.
Coatzacoalcos, Fluß in Mexiko, an dessen Mündung Quetzalcoatl verschwand, 53.
Cochiliztli, halbe Mondwandlung, 176.
Codex Mexicanus des Escorial, 103; von Bologna, *ebenda;* von Wien, *ebenda;* von Oxford, 107; von Veletri, 109; von Berlin, *ebenda;* von Rom, 109; von Paris, 352.
Cofre de Perote, Berg in Mexiko, 284.
Cohuatl, Schlange, Name des dritten Monatstages bei den Mexikanern, 185, 199.
Cohuatlicuye, Schlangengewänder der aztekischen Idole, 263.
Colhuacán, Pic der Kordilleren Mexikos, wo der Kahn des Coxcox landete, 275.
Colhuacán, Königreich. Die Azteken leben unter seiner Herrschaft, 125.
Colhuen, mexikanisches Volk, das die Azteken unterjocht, 125; ihnen die Freiheit wiedergibt, 126.
Combeima, Fluß, 38.
Conchocando, Titel des Königs von Licán, 240.
Copilli oder *Diadem*, Zeichen der Souveränität, 82.
Corazón, Berg im Königreich Quito. Beschreibung dieses Berges, 344.
Cortés erbaut México auf den Ruinen von Tenochtitlán, 26; Name, den seine Familie trägt, *ebenda;* läßt den König Quauhtemotzin an den Füßen aufhängen, 80.
Cotopaxi, der höchste Vulkan der Kordilleren, 66; Beispiele seiner Ausbrüche im achtzehnten Jahrhundert, 68; Gestalt dieses Berges, 69, 137.
Coxcox, der Noah der mexikanischen Völker, 185, 198; Gemälde, das ihn in einem Baumstamm auf dem Wasser treibend darstellt, 248; wie er sich vor der Sintflut rettete, 275; wie er nacheinander mehrere Vögel aussendet, um zu erfahren, ob die Fluten sich zurückgezogen haben, 276; Darstellung als alter Mann auf mexikanischen Gemälden, 291.
Coyote, mexikanischer Wolf, 264.
Cozcapetlatl, Perlenkette, 116.
Cozcaquauhtli, Name des vierzehnten Monatstages bei den Mexikanern, 185.
Cozehuatl, mexikanische Halbstiefel, 116.
Cuello, Fluß, 38.
Cuernavaca, Stadt in Anáhuac, 61.

Cuesta (der Fuß von La), Ort am Eingang zum Quindío-Gebirge, 38.
Cuetzpalin, Name des zweiten Tages einer Periode im mexikanischen Kalender, 185.
Cuitlahuatzin, zehnter König der Azteken, 405.
Cuitlalteken, erste Bewohner des Plateaus von Anáhuac, 120, 124.
Culebra (camino de), Pfad, der bis oberhalb des Wasserfalls von Tequendama führt, 45.
Cundinamarca, von Huncahua gegründetes Königreich, 312.
Cutaco (Schlucht von). Ihre Tiefe, 29.

Daneboda, skandinavische Königin. Ihre Grabstätte, 56.
Dantö, Brücke bei Totonilco, 33.
Daten der mexikanischen Geschichte, angegeben nach der Zeitrechnung der Azteken, 183, 403.
Dezimalsystem, Gatterer zufolge von den Phöniziern und Ägyptern erfunden, 405 f.
Drachenbaum von La Orotava. Seine Darstellung, 384.
Dupé (Herr), Kapitän im Dienste des Königs von Spanien. Sein Kabinett enthält die Büste einer aztekischen Priesterin, 21; seine Meinung über das Basrelief des Opfersteins, 156.
Duquesne (Don José Domingo) hat den Kalender der Muisca-Indianer bekannt gemacht, 311.

Ecaticpac, einer der Namen der Pyramide von Cholula, 392.
Ehebruch. Wie er bei den Mexikanern bestraft wurde, 355; Darstellung in einem Hieroglyphen-Gemälde, 365.
Ehecatl, Name des zwanzigsten Monatstages bei den Mexikanern, 185; seine Hieroglyphe, 247.
Ehecatonatiuh, Zeitalter der Luft, nach aztekischer Überlieferung Name des dritten Zeitalters der Welt, 247.
Eigennamen. Wie sie in Hieroglyphen ausgedrückt werden, 80–82.
Ekliptik. Die Völker Asiens kennen zwei Einteilungen derselben, 193, 206.
Elemente (die vier), Werkzeuge der vier Zerstörungen aller Lebewesen, 247 f., 251.
Elefant. In einem mexikanischen Gemälde erkennt man im Helm eines Priesters einen Elefantenkopf, 123.
Elefanten, fossile, in Neu-Granada, 247, *Einleitung*, 8.
Emanuel, König von Portugal, soll dem Papst die mexikanische Handschrift von Wien geschickt haben, 104.
Ende der Welt. Diesbezügliche Überlieferung der Mexikaner, 219, 399.
Epidemie von México, dargestellt in einem Hieroglyphen-Gemälde, 356.
Epochen der Natur, nach der aztekischen Mythologe, 244.
Erde. Ihre Hieroglyphe ist ein Kaninchen, 249.
Escaupil, militärisches Kleidungsstück, das die Spanier nach dem Muster des Ichcahuepilli der Mexikaner übernahmen, 76, 115 f.
Escorial. Die dort befindliche mexikanische Handschrift, 103.
Etzalqualiztli, Name des achten Monats im mexikanischen Jahr, 174.
Eva, mexikanische. Siehe *Tonacacihua*.
Ezoztli, Name des vierzehnten Monats im mexikanischen Jahr, 174.

Fábrega (Pater), sein Kommentar des Codex Mexicanus von Veletri, 120 f., 167, 227.
Feld der Riesen, Ebene im Königreich Neu-Granada, 247.
Feuer, wie man es entzündete, dargestellt in einem Hierogylphen-Gemälde, 130; durch das Feuer wurde, nach aztekischer Überlieferung, die zweite Menschengeneration vernichtet, 247; Hieroglyphe des Feuers, 249.
Feuer, neues, mexikanisches Fest, 219, 225.
Feuerstein, Hieroglyphe der Luft, 249.
Floß auf dem Fluß Guayaquil, 372.
Fomagata, Genius des Bösen bei den Muisca, 329.
Frau mit der Schlange. Siehe *Tonacacihua*.
Frauen, schwangere, während der letzten fünf Tage einer zweiundfünfzigjährigen Periode Gegenstand des Schreckens für die Mexikaner, 219.
Funza, Fluß. Siehe *Bogotá*.
Fußspuren. Hieroglyphe der Bewegung der Sonne, 204; was sie als Hieroglyphen bedeuten, 82.

Gama (Herr). Seine Handschriftensammlung, 79.
Gamboa, Kanonikus der Kathedrale von México, hat den Opferstein des Huitzilopochtli vor der Zerstörung gerettet, 156.
Garita del Páramo, höchster Punkt des Quindío-Passes, 35.
Gattung, menschliche. Die aztekische Mythologie nimmt fünf Schöpfungen derselben an, 244; Untergang der ersten Generation, 246.
Gebeine ausgestorbener Tiere, 247.
Gebeine eines Wolfes, gefunden in einem mexikanischen Grab, 264.
Gebetskette, den Mexikanern vor der Ankunft der Spanier bekannt, 118; auf einem mexikanischen Stein dargestellt, 246.
Geburt der Kinder. Dabei zu beobachtende Zeremonien, 106; dargestellt in Hieroglyphen-Gemälden, 364.
Geier, den Coxcox aussandte, um zu ermitteln, ob die Fluten sich zurückgezogen hatten, 276.
Gemälde, mexikanische. Siehe *Hieroglyphen* und *Handschriften*.
Gemelli. Siehe *Carreri*.
Genealogie, dargestellt auf einem Hieroglyphen-Gemälde, 78.
Geschichtsschreiber Mexikos, die in aztekischer Sprache geschrieben haben, 166.
Gesetze, mexikanische, dargestellt in mexikanischen Gemälden, 361.
Geräte zum Feuermachen. Herrn Viscontis Beobachtungen über selbige, 130, 390.

Gewölbe. Durch welche Bauweise die Azteken sie ersetzten, 51.

Gilbar (Narcissus), Franziskaner, findet bei den Pano-Indianern Gemälde in Buchgestalt, 100 f.; schenkt dem Verfasser einen peruanischen Meißel, 154.

Giustiniani (Fürsten), waren Besitzer der mexikanischen Handschrift von Veletri, 119.

Gmelin, deutscher Maler, hat einige der Ansichten dieses Werkes gezeichnet, 143.

Goldenes Zeitalter der Völker von Anáhuac, 52.

Gormus, skandinavischer König. Seine Grabstätte, 56.

Grauen, Beiname von Huitzilopochtli, 127.

Großer Geist. Siehe *Tezcatlipoca.*

Großes Jahr der Azteken, Periode von zweiundfünfzig Jahren, 171.

Große Göttin. Siehe *Cinteotl.*

Große Woche der Azteken, 172.

Grijalva. Seine Reise an die mexikanischen Küsten, 73.

Guachinangos, einfaches mexikanisches Volk. Seine Tracht, 28.

Guanacos (Páramo del), Gipfel der Zentralkette der Kordillere von Neu-Granada, 34.

Guastay, dem König von Licán tributpflichtige Fürsten, 240.

Guatavita (See von). Beschreibung dieses Sees, 380.

Guayaquil, Fluß. Darauf verwendetes Floß, 372.

Guesa, Name für das Kind, das die Muisca zu Beginn des Zyklus von hundertfünfundachtzig Monaten opferten, 328.

Guzmán (Nuño de). Sein Aufbruch zur Eroberung von Xalisco, dargestellt auf einem Hieroglyphen-Gemälde, 356.

Gutiérrez de Toledo (Garci), findet in einem peruanischen Grab einen Schatz, 51.

Hakluyt, Prediger der englischen Gesandtschaft zu Paris, schickt die Sammlung von Mendoza nach London, 104.

Hahn. Ob ihn die Spanier nach Mexiko eingeführt haben, 288.

Hand der Gerechtigkeit in den mexikanischen Gemälden, 294.

Handschriften, gefunden bei den Indianern am Ucayali, 100 f.

Handschriften, aztekische. Die von Boturini, aufbewahrt im Palast des Vizekönigs zu México, 73, 79, 95; Materialien, auf die sie geschrieben wurden, 94; Art, sie zu falten, *ebenda;* Inhalt dieser Handschriften, 95; Kunstfehler, die sie kennzeichnen, 96; aztekische Handschriften im Escorial, 103; in Bologna, *ebenda;* in Wien, *ebenda,* 335; in Berlin, 288, 296; in Veletri, 109, 291; in Dresden, 109, *ebenda;* in Paris, 352; im Vatikan, 109, *ebenda;* von Mendoza gesammelte aztekische Handschriften, siehe *Sammlung von Mendoza;* von Boturini angelegte Sammlung, siehe *Boturini;* Sammlung von Pichardo, siehe *Pichardo.*

Handschriften, siamesische. Ihre Ähnlichkeit mit denen der Azteken, 94.

Heilige Tiere bei den Mexikanern, 264.

Herbergen, von den peruanischen Inka entlang der Straße von Cuzco nach Quito erbaut, 235.

Hernández de Córdova, seine Reise an die mexikanischen Küsten, 73, 104, 200.

Herren der Nacht. Neun Zeichen, die im mexikanischen Kalender eine Reihe bilden, 186.

Hieroglyphen des Monuments von Xochicalco, 62; ihre Verwendung zur Darstellung einer Genealogie, 78; als Prozeßurkunden, 82 f.; ihr Gebrauch war den verschiedenen Völkern, die das Land Anáhuac bewohnt haben, gemeinsam, 87; Unterschied zwischen den Hieroglyphen der Ägypter und denen der Mexikaner, 91; die Mexikaner hatten drei Arten von Hieroglyphen, einfache, phonetische und zusammengesetzte, 91 f.; Vergleich ihrer Hieroglyphen mit denen auf ägyptischen Papyrusrollen, 93; sie ersetzten die alphabetischen Schriftzeichen, 94; sie sind ohne jeden Kunstverstand gezeichnet, 96; die Hieroglyphen werden von den Tolteken nach Mexiko gebracht, 98; Ähnlichkeit zwischen den mexikanischen Hieroglyphen und denen der Irokesen und Huronen, 99. Siehe auch *Handschriften der Azteken.*

Himmel. Unter den Wendekreisen ist er von tiefem Azurblau, 241.

Himmelskarte von Bianchini, Beschreibung dieses Monuments, 210.

Hirschhäute wurden von den Azteken für ihre Hieroglyphen-Malereien verwendet, 94.

Hochzeit. Wie sie bei den Azteken gefeiert wurde, 107; ihre Zeremonien, dargestellt in einem Hieroglyphen-Gemälde, 365.

Hohepriester des Huitzilopochtli. Siehe *Teoteuctli.*

Huasteca, Provinz von Mexiko. Tracht zweier Frauen aus dieser Provinz, 118.

Huata, peruanisches Jahr, 170; Etymologie dieses Wortes, 172.

Huehuetlapallan, Heimat der Tolteken, 52.

Huemac, Oberhaupt der weltlichen Macht in der von Quetzalcoatl eingeführten Regierung, 404.

Huematzin, toltekischer Astrologe des siebten Jahrhunderts, Verfasser des göttlichen Buches, 120, 403.

Huepilli, Gewand der Frauen bei den Azteken, 106.

Hueymiccailhuitl, Name des elften Monats im mexikanischen Jahr, 174.

Hueyquauhxicalco, Gebäude innerhalb des Teocalli, in das sich die Könige während eines der Sonnenfeste zurückzogen, 230.

Hueytecuilhuitl, Name des zehnten Monats im mexikanischen Jahr, 174.

Huey Tozoztli, Name des sechsten Monats im mexikanischen Jahr, 173.

Hügel, künstlicher, von dem Riesen Xelhua errichtet, 54.

Huitzilihuitl, zweiter König der Azteken, 183, 356, 405.

Huitzilopochtli oder *Mexitli,* Kriegsgott der Azteken, 47, 125; sein Tempel in Tenochtitlán, 26; dieser enthielt ein Arsenal und diente als Festung, 63; die Azteken trugen sein Bildnis auf ihren Wanderungen an der Spitze ihres Zuges, 125; Idol dieses Gottes in Stein, 263; die ersten Menschenopfer, die ihm dargebracht werden, 125; mythologische Geschichte dieses Gottes, 127; sein Kult setzt sich im Land Anáhuac durch, je weiter das mexikanische Reich alle Nachbarstaaten verschlingt, 128 f.; Beschreibung seines Teocalli in México, 155.

Huixachtecatl, Berg, auf dem das mexikanische Fest des neuen Feuers gefeiert wurde, 220.

Huncahua, erster König der Muisca oder von Cundinamarca, 314.

Huronen, stammen vielleicht von einem Toltekenstamm ab, 99.

Hütten, aus Vijao-Blättern gebaut, 39.

Huythaca, Frau des Bochica, 42.

Ichcahuepilli, Gewand oder Rüstung der Mexikaner, 76, 115 f. Siehe *Escaupil.*

Iconozno, Tal, 30; geologische Beschreibung dieses Landstrichs, 32.

Idacanzas, einer der Namen Bochicas in der Mythologie der Muisca, 42.

Idol, in México gefundenes, 260; die Professoren der Universität von México lassen es vergraben, 264; der Bischof von Monterrey läßt es ausgraben, *ebenda;* weiteres in der Stadt México gefundenes Idol, 300.

Ilhuicamina, König von México. Seinen Namen ausdrückende Hieroglyphe, 92.

Ihuithemotzin, Enkel des Königs Moctezuma Xocoyotzin, Ahnherr der Familien von Moctezuma und Tula, 405.

Illiniza, Berg im Königreich Quito, 286.

Inka, ihr Palast in Cañar, 140.

Inga-Chungana. Beschreibung dieses Monuments, 147.

Inschrift, angeblich phönizisch, im Norden Amerikas entdeckt, 88.

Inschrift, angeblich tatarisch, gefunden in Kanada, 88.

Inti-Guaicu, Felsen bei Cañar, in den das Bild der Sonne geritzt ist, 144.

Iraca, Stadt in Cundinamarca, Sitz des Hohenpriesters der Muisca, 314.

Irokesen. Vermutung über ihren Ursprung, 99.

Itzcalli, Name des ersten Monats im mexikanischen Jahr, 173.

Itzcuintli, Hund, Name des achten Tages des Monats, 185, 199.

Ixcuina, Göttin der Wollust, 131.

Ixtlilxochitl, Großneffe von Nezahualcóyotl, König von Texcoco, 405.

Ixtlicuechahuac, toltekischer König von Anáhuac, 403.

Ixtozoliztli, halbe Mondwandlung, 176.

Iztacmixcuatl, der erste von Citalicue geschaffene Mensch, 403.

Jacal, Berg in Mexiko, 376.

Jade, Stein, aus dem viele aztekische Äxte gefertigt sind, 258.

Jaguar. Die Mexikaner errichteten ihm zu Ehren Kapellen, 264.

Jahr der Mexikaner, bürgerliches. Seine Gestalt, 167 f.; seine Ähnlichkeit mit dem republikanischen Kalender der Franzosen, 171.

Jahr, mexikanisches, unterscheidet sich von dem ägyptischen, 25; dreizehnjähriger Zyklus, 171; Beginn des Jahres, 72; wie die Jahre durch Hieroglyphen gekennzeichnet werden, 178 ff.; das Jahr war ein Sonnenjahr, 216; Auffassungen verschiedener Autoren über seinen Beginn, 223; sein erster Tag wird immer von dem Zeichen regiert, das dem Steinbock entspricht, 232. Siehe *Kalender.*

Jahr der Muisca, bürgerliches, mit zwanzig Monaten, 315, 324; Jahr der Priester, mit siebenunddreißig Monaten; landwirtschaftliches Jahr, mit zwölf Monden, 324 f.; Tabelle der drei Arten von Jahren, 326; Beginn des bürgerlichen Jahres, 327.

Jahr der Bewohner von Nutka, bestehend aus vierzehn zwanzigtägigen Monaten, 233.

Jahr der Peruaner, bürgerliches. Seine Gestalt, 170; sein Beginn, 172.

Jahrhundert der Azteken. Seine Hieroglyphe, 171.

Japaner. Ihr Kalender weist einige Ähnlichkeit mit dem der Mexikaner auf, 189.

Jorullo, im achtzehnten Jahrhundert aus der Erde hervorgetretener Vulkan, 308.

Juruyo. Siehe *Jorullo.*

Kalender, aztekischer. Quellen, aus denen man Kenntnisse über die mexikanische Chronologie gewinnen kann, 165, 167. *Bürgerlicher Kalender,* Tonalpohualli, 168; Einteilung der Zeit in Tage und Stunden, *ebenda;* Wochen, *ebenda;* Zusatztage, 171, 175, 176; Monate, 173–175; dreizehnjähriger Zyklus, 171; zweiundfünfzigjähriger Zyklus, *ebenda. Ritueller Kalender,* Metzlapohualli, 175 f.; Zeitpunkt seines Beginns, 178; Kunstgriff der periodischen Reihen zur Bezeichnung der Jahre, 179–183; und der Tage, 185, 215, 253; Herren der Nacht, 186; Konkordanz des bürgerlichen und des rituellen Kalenders, 188; Kalender der Chiapas, 187; Odin, 189; Ähnlichkeit zwischen der Zeiteinteilung der mexikanischen Völker und derjenigen der Tibetaner, der Japaner und der tatarischen Völker, 189–193; die Namen der aztekischen Tage sind Zeichen des tatarischen Tierkreises, 194–205; der Sonnentierkreis hat seinen Namen vom Mondtierkreis, 194–197, 213, 264; im asiatischen System der Astrologie, mit dem das mexikanische einen gemeinsamen Ursprung zu haben scheint, regieren die zwölf Tierkreiszeichen nicht nur die Monate, sondern auch die Jahre, die Tage, die Stunden und sogar die kleinsten Unterteilungen der Stunden, 205 f.; Ursprung der Mannigfaltigkeit der Zeichen, 207–209; Ähnlichkeit des tatarischen Tierkreises mit einem von Bianchini abgebildeten Tierkreis der Römer, 210–212; sind die Tierkreise ursprünglich Zyklen? 214; Zeichen der Tagundnachtgleichen und der Sonnenwenden, 215; mexikanische Einschaltung, 216, 224, 225, 226; Säkularfeier, 219–223; Stein, der den Kalender und die Festtage darstellt, 228–234.

Kalender, christlicher, dargestellt in einem Hieroglyphen-Gemälde, 358.

Kalender in Hieroglyphen, angefertigt nach der Ankunft der Spanier in Mexiko, 110, 358.

Kalender der Muisca, auf einer Steinskulptur, 311; Gestalt ihres Jahres, 315; ihre Wochen, 315–322; ihre Monate, 322–327; ihr Jahr, 324; ihre Zyklen und Ähnlichkeit ihres Kalenders mit dem der Völker Ost-Asiens, 327.

Kalender der Azteken, ritueller, dargestellt in einer der Handschriften von Rom, 110.

Kalender, toltekischer. Beziehungen zwischen diesem Kalender und den ägyptischen Ordnungen, 393.

Kalenderstein, mexikanischer, gefunden in den Grundmauern des alten Teocalli von México, 166, 227.

Kalidasa, indischer Dichter, erwähnt die zwei Einteilungen der Ekliptik, 193.

Kaninchen, Hieroglyphe der Erde, 249.

Kaninchen, gekröntes, in den mexikanischen Hieroglyphen, 120; daran geknüpft ist die Vorstellung eines Sühneopfers, *ebenda.*

Kardinalzahlen in vier amerikanischen und drei tatarischen Sprachen, 181.

Karl IV., König von Spanien. Seine Reiterstatue in México, 27.

Karl V. gründet die Universität von México, 83.

Karte, geographische, in Mexiko vor der Ankunft der Spanier angefertigt, 63.

Kautschuk, bei den Tolteken Opfergabe für die Götter, 125.

Kind, neugeborenes, dargestellt in einem Hieroglyphen-Gemälde, 361.

Kinder. Für die mexikanischen Kinder geltende Gesetze, dargestellt in einem Hieroglyphen-Gemälde, 361; ihre Geburt, ihre Nahrung, ihre Erziehung und ihre Strafen in Hieroglyphen-Gemälden, 364 f.

Knoten, welche die Schrift ersetzten. Siehe *Nepohualtzitzin* und *Quippu.*

Kolibri, überbringt Coxcox als Zeichen für den Rückzug der Fluten einen Zweig, 276.

Kometen von 1490 und 1529, dargestellt auf einem mexikanischen Gemälde, 357.

Kopf, Skulptur der Muisca-Indianer, 378.

Kopf des Inka, Fels am Cotopaxi, 70.

Kopf, spitzer, Merkmal der mexikanischen Skulpturen, 74.

Köpfe. Beobachtung von Herrn Visconti zur Größe der Köpfe bei aztekischen Figuren, 388.

Kordilleren. Überlegungen zu ihrer Gestalt, 65; Vergleich dieser Gebirge mit denen des alten Kontinents, 66; ihre Teilung in zwei Ketten in Neu-Granada, 68; Gestalt dieser Gebirge im Königreich Quito, 133; ihre wichtigsten Gipfel in diesem Land, 135.

Kosmogonie der Mexikaner, 112, 402 f.; ihre Ähnlichkeit mit derjenigen der Tibetaner, 252. Siehe *Elemente, Zeitalter der Welt, Menschliche Gattung.*

Kreis, in vier Abschnitte geteilt, Hieroglyphe des Tages, 168.

Krieger, mexikanische, ihre Tracht, 115 f.

Krokodile, dargestellt auf dem Monument von Xochicalco, 62.

Kunststraße, von den Inka in Peru erbaut, 140.

Kupfer, mit Zinn vermischt, von den Peruanern für ihre Werkzeuge verwendet, 153; und von den Mexikanern, 159.

Kupfermeißel der Peruaner, 153 f.

Lastträger, dargestellt auf mexikanischen Gemälden, 288 f.

Latacunga, Stadt im Königreich Quito. Erdbeben, das sie erschüttert hat, 137.

Leben. Wie es in Hieroglyphen ausgedrückt wird, 80.

Lehm, von den Peruanern als Mörtel verwendet, 238.

Leoba, Name der Zapoteken für die Ruinen des Palastes von Mitla, 339.

Le Tellier, Erzbischof von Reims, war im Besitz einer mexikanischen Handschrift, die heute der Pariser Bibliothek gehört, 352.

Llano del Pullal, Hochebenen des Azuay, 140.

Lozano (Don Jorge), von ihm gemessene Höhe der oberen Brücke von Icononzo, 32.

Luft, das Element, durch das nach aztekischer Überlieferung die dritte Generation der Lebewesen unterging, 247; Hieroglyphe dieses Elements, 249.

Macuil-Malinalli, mexikanischer Gott. Fest zu seinen Ehren, 231.

Macuilxochitl, Stadt in Mexiko. Hieroglyphe ihres Namens, 92.

Maenza (Marquis von), 71.

Malinalli, Name des zehnten Monatstages bei den Mexikanern, 185.

Malpaís, Distrikt der Intendanz von Valladolid, 308.

Mamanchota, Porphyrberg in Mexiko, 374.

Maquahuitl, Szepter, das in einer Hand endet, 294.

Marín (Don Feliciano), Bischof von Monterrey, läßt ein aztekisches Idol ausgraben, das die Professoren der Universität von México vergraben hatten, um es den Blicken der Jugend zu entziehen, 264.

Martín (Don Luis), mexikanischer Architekt, 340.

Matemecatl, mexikanische Armbänder, 116.

Matlalcueje, Göttin des Wassers, 248.

Maxtlatl, mexikanischer Gürtel, 116.

Mazatl, Name des fünften Monatstages bei den Mexikanern, 185.

Medizin, astrologische. Spuren davon findet man in Hieroglyphen-Gemälden, 122.

Mendoza (Antonio de), Marquis von Mondejar, erster Vizekönig von Mexiko. Seine Sammlung mexikanischer Gemälde, 104. Siehe *Sammlung.*

Menschenopfer, dargestellt auf einem mexikanischen Gemälde, 123; dieser Brauch war vor den Azteken bei allen Völkern von Anáhuac unbekannt, 125; sein

Ursprung bei den Azteken, 125–128; Einzelheiten über die ersten drei Menschenopfer, 125 f.; die Azteken bieten allen ihren Göttern solche dar, 127; Überlieferung der Totonaken über ein künftiges Ende dieser Opferungen, *ebenda*; Beschreibung des Opfers, das bei den Mexikanern zum Fest des neuen Feuers dargebracht wurde, 220; bei den Muisca zur Eröffnung eines Zyklus von hundertfünfundachtzig Monaten, 328; Darstellung eines Menschenopfers, 356.

Messer (Gebirge der), 376.

México, Stadt. Ihre Erbauung durch Cortés, 26; ihr großer Platz, *ebenda*; Gründung ihrer Universität, 83; ihre Kathedrale steht an der Stelle, wo sich einst der Teocalli von Huitzilopochtli erhob, 155; Geschichte ihrer Gründung und Eroberungen, dargestellt in Hieroglyphen-Gemälden, 363.

Mexikaner, siehe *Azteken* und *Tolteken.*

Mexiko, Land. Fünf Völker, die dort aufeinandergefolgt sind, zwischen dem siebten und dem zwölften Jahrhundert, 46; im zehnten Jahrhundert fand man dort eine fortgeschrittenere Zivilisation als im Norden Europas, 47.

Miccailhuitzintli, Name des elften Monats im mexikanischen Jahr, 174.

Michoacán, altes Königreich, das die Provinz von Valladolid umfaßte. Tracht seiner Bewohner, 347.

Mictlancihuatl, Göttin der Hölle, 124.

Mictlanteuhtli, Herr des Totenreiches, dargestellt auf einer mexikanischen Skulptur, 263; auf einem Gemälde, 291.

Milchbaum der aztekischen Mythologie, 252.

Miquiztli, Name des vierten Monatstages bei den Mexikanern, 185; fünftes Zeichen einer Reihe, 186.

Miravalle (Graf von), spanisches Geschlecht. Sein Ursprung, 405.

Mitla (Palast von). Beschreibung seiner Ruinen, 339.

Moctezuma Ilhuicamina oder *Moctezuma I.,* fünfter König der Azteken, 405.

Moctezuma Xocoyotzin oder *Moctezuma II.,* neunter König der Azteken, 405; beherbergt die Spanier im Palast von Axayacatl, 26; Standort seines Palastes, 26; hält die Spanier für Quetzalcoatls Nachkommen, 53; sein Bild auf einem aztekischen Gemälde, 116.

Mönche, aztekische. Siehe *Tlamazaque.*

Mond. Sein Ursprung nach der Mythologie der Muisca-Indianer, 42; seine siebenundzwanzig Häuser oder Gasthäuser im Kalender der Hindus, 194; sein aus Muscheln erbauter Tempel, 230.

Monteleone (Herzog von), Nachfahre von Cortés, 26.

Montúfar (Don Carlos), 136.

Mörtel. Beweis, daß die Peruaner in ihren Bauwerken solchen verwendeten, 152.

Muttergottes (Brücke der), bei Totonilco, 33.

Muisca, Indianer in Neu-Granada. Ihre mythologische Überlieferung, 42; ihre Woche betrug drei Tage, 170; ihr Kalender, 311, 332; sie bekommen von Bochica ihre Gesetze, 314; ihre Sprache, 315 ff.; Skulptur eines Kopfes aus hartem Stein, von diesem Volk gefertigt, 378.

Nackte Figuren, in mexikanischen Gemälden sehr selten, 131.

Nahuatlaca, aus Aztlán stammendes Volk, besetzt das Land Anáhuac, 124; Zeitpunkt seiner Wanderung, 404.

Nahrung der Kinder, dargestellt in Hieroglyphen-Gemälden, 364.

Namen der Monate bei den Mexikanern, 173; der Tage, 185; diese Namen sind die eines bei den Völkern Ost-Asiens gebräuchlichen Tierkreises, 193.

Natagayma, Indianer in Neu-Granada. Ihre mythologischen Überlieferungen, 42.

Natter, vielfarbige, durch Tezcatlipoca in Stücke gerissen, 111.

Navajas (Cerro de las). Gebirgskette, 376.

Neger. Ihr Aufstand, dargestellt in einem Hieroglyphen-Gemälde, 356.

Nemontemi, zusätzliche Tage des aztekischen Jahres, 171; Etymologie dieses Wortes, 186.

Nepohualtzitzin, Knoten oder Quippu, die bei den Azteken die Schrift ersetzten, bevor die Hieroglyphen bekannt waren, 97 f.; Zeit, da jene aufhörten, sich ihrer zu bedienen, 98.

Neues Feuer, das zu Beginn eines neuen chronologischen Zyklus entzündet wird, 130.

Neu-Granada, Königreich. Beschreibung seiner Berge, 34.

Nezahualcóyotl, König von Texcoco, Gesetzgeber und Dichter, 405.

Ninus. Sein Grabmonument, 56.

Noah der mexikanischen Völker. Siehe *Coxcox.*

Oaxaca, Stadt in Mexiko. In der Umgebung dieser Stadt gefundenes Relief, 72.

Oberhäupter (die sieben) der mexikanischen Stämme auf einem Gemälde, 252.

Ocelopan, dritter Gründer von México, 363.

Ocelotl, Titel der mexikanischen Generale, 116.

Ocelotl, Jaguar, Name des zwölften Monatstages bei den Mexikanern, 185, 199.

Ochpaniztli, Name des dreizehnten Monats im mexikanischen Jahr, 174.

Octli, aus Pita zubereitetes Getränk, 79.

Odin, mythischer König der Skandinavier. Spuren dieser Überlieferung in Amerika, 100.

Ohren, durchbohrte. Wer diesen Brauch in Mexiko einführte, 52.

Ollin, Name des fünfzehnten Monatstages bei den Mexikanern, 185, 203, 204; seine Hieroglyphe, 204.

Olmeken, Bewohner von Anáhuac vor der Ankunft der Tolteken, 120, 124.

Olmos (Andrés de), in den amerikanischen Sprachen bewanderter Franziskaner, 166.

Omecihuatl, aztekische Göttin, die über die Geburten wacht, 106.

Ometeuctli, aztekischer Gott, der über die Geburten wacht, 106; er ist der Gott des himmlischen Paradieses, 111.

Onaqui Tonatiuh, Sonnenuntergang, Beginn des dritten Abschnitts im bürgerlichen Tag der Azteken, 168.

Ocelotl, Titel der mexikanischen Generale, 116.

Opferstein des Teocalli von Tenochtitlán. Beschreibung dieses Monuments, 155 f.; Meinung des Verfassers bezüglich seines Zwecks, 158.

Orcones (Los), Berg in Mexiko, 376.

Órganos (Los), Berg in Mexiko, 374.

Orizaba, Gestalt dieses Berges, 137.

Orotava (Drachenbaum von La), 384.

Oteyza (Herr), hat den Tonatiuh Itzacual gemessen, 48.

Otomí, Bewohner von Anáhuac vor der Ankunft der Tolteken, 124.

Otomitl, sechster Sohn des ersten Menschen, 403.

Oxford. Über eine mexikanische Handschrift, die sich in der Bibliothek dieser Stadt befindet, 107.

Oyamel, Porphyrberg, 376.

Ozomatli, Affenweibchen, Name des neunten Monatstages bei den Mexikanern, 185, 199.

Pachacútec, Beiname des Inka, der das peruanische Jahr reformiert hat, 172.

Pachtli, Name des vierzehnten Monats im mexikanischen Jahr, 174.

Palenque, Ruinen einer alten Stadt, 342.

Pancha, Indianer. Ihre mythologischen Überlieferungen, 42.

Pano, Indianerstamm am Ucayali. Ihre Hieroglyphen-Gemälde, 101.

Panquetzaliztli, Name des siebzehnten Monats im mexikanischen Jahr, 174.

Papantla (Pyramide von), Beschreibung dieses Monuments, 49; Verhältnis zwischen Grundfläche und Höhe, 50.

Papier aus Maguey, wurde von den Azteken für ihre Malereien verwendet, 78, 94.

Pasto, amerikanisches Volk, das kein Fleisch aß, 114.

Periode von zweiundfünfzig Jahren, 171; von hundertvier Jahren, *ebenda.*

Perote (Cofre de), Berg in Mexiko, 284.

Pforte, Name der Muisca für das Menschenopfer zu Beginn eines Zyklus von hundertfünfundachtzig Monaten, 328.

Pic von Teneriffa, 350.

Pichardo (Don José Antonio) in México. Seine Sammlung mexikanischer Gemälde, 108, 216.

Pichincha, Vulkan. Beschreibung dieses Berges, 367. Siehe *Rucu Pichincha.*

Pita, Pflanze, welche die Azteken zur Papierherstellung verwendeten, 78, 94; dient heute der Zubereitung von Pulque, 78.

Pocken. Die Verheerungen, welche sie anrichten, dargestellt in einem Hieroglyphen-Gemälde, 356.

Popayán, Stadt in Neu-Granada. Ihre Lage, 266.

Popocatépetl. Gestalt dieses Berges, 137.

Porsenna. Sein Labyrinth in Clusium, 56.

Postbote, der die Flüsse hinabschwimmt, 269.

Präzession der Äquinoktialpunkte. Ob die Ägypter davon Kenntnis hatten, 400.

443

Priester, mexikanische. Siehe *Teopixqui.*
Prozeß, dargestellt durch ein Hieroglyphen-Gemälde, 83.
Prozession, die alle zweiundfünfzig Jahre stattfand, dargestellt in einem Hieroglyphen-Gemälde, 130; diejenige der Muisca-Priester anläßlich der Eröffnung eines Zyklus von hundertfünfundachtzig Monaten, 328.
Pulque, aus dem Saft der Agave zubereitetes Getränk, 78.
Puñelrostro (Graf von), 71.
Puracé, Dorf in Neu-Granada, berühmt durch die Wasserfälle des Río Vinagre, 266.
Puruay, die alten Bewohner von Quito, 240.
Pusambio, saurer Fluß. Seine Wasserfälle in Puracé, 266.
Pyramide von Cholula. Beschreibung dieses Monuments, 49; Verhältnis zwischen Grundfläche und Höhe, 50; ihr Inneres hat als Grabstätte gedient, 51; Aussicht, die man auf ihrer Plattform genießt, 54; ihr innerer Bau, 60; ihre verschiedenen Namen, 392; ihre Darstellung auf einem mexikanischen Gemälde, 252.
Pyramiden von Mexiko. Die Überlieferung der Azteken schreibt sie den Tolteken zu, 47; Sigüenza glaubt, sie stammten von den Cuitlalteken und Olmeken, 120. Siehe *Cholula, Teotihuacán* und *Papantla.*

Quahuitlehua, Name des dritten Monats im mexikanischen Jahr, 173.
Quapan, zweiter Gründer von México, 363.
Quauhtemotzin, letzter König der Azteken, 405.
Quauhtinchan, Stadt in Mexiko. Hieroglyphe ihres Namens, 92.
Quauhtli, Vogel, Name des dreizehnten Monatstages bei den Mexikanern, 185.
Quecholli, Name des sechzehnten Monats im mexikanischen Jahr, 174.
Quechua, Sprache der Inka, 315.
Quesada (Gonzalo Jiménez de), Eroberer des Königreichs Neu-Granada, 42, 312
Quetzalcoatl, Gott der Luft bei den Azteken, 52, 249; er war ihr Gesetzgeber, 52; seine Reise nach Tlapallan, *ebenda;* er übernimmt die Regierung von Cholula, 53; sein Verschwinden, *ebenda;* die von Cortés angeführten Spanier werden für seine Nachfahren gehalten, 53; die Spanier meinen in ihm den Apostel Thomas zu erkennen, 112, 404; er hatte gegen die Menschenopfer gepredigt, 127.
Quiahuitl, Name des siebzehnten Monatstages bei den Mexikanern, 185; neuntes Zeichen einer Neunerreihe, 186.
Quihica, Pforte, Name für das Menschenopfer der Muisca anläßlich des Beginns eines Zyklus von hundertfünfundachtzig Monaten, 328.
Quilla, Name des peruanischen Monats, 170.
Quindío, einer der Gipfel der mittleren Kordillerenkette von Neu-Granada, 34; Beschreibung, wie Reisende ihn überqueren, 35.
Quippu, Knoten, die bei den Peruanern die Schrift ersetzten, 97; die Mexikaner benutzten sie, bevor sie die Hieroglyphen-Schrift kannten, 97 f.
Qzocuilliexeque, Rasse von Riesen, die nach einer toltekischen Überlieferung einst in den Ebenen von Tlaxcala gelebt hat, 246.

Rad, Emblem einer Zeitspanne, 172.
Ration der mexikanischen Kinder, dargestellt auf Hieroglyphen-Gemälden, 364.
Regla. Basalte, die man dort findet, 162; Wasserfall von Regla, 164.
Reihen, periodische, des mexikanischen Kalenders, zur Bezeichnung der Jahre, 179-183; und der Tage, 185, 215, 253.
Relief von Oaxaca, 72; Zweifel über seinen Ursprung, 73.
Revillagigedo (Graf von), Vizekönig von Mexiko; seine Verschönerung der Stadt México, 26, 155; er läßt ein in der Stadt gefundenes Idol in die Universität von México transportieren, 264.
Riesen von Anáhuac, 54; Überlieferung über ihr Leben in den Ebenen von Tlaxcala, 246; peruanische Überlieferung von Riesen, die an der Punta de Santa Elena gelandet seien, 247.
Rieux (Herr Louis de), 304.
Rohr, Hieroglyphe des Wassers, 249; Zeichen, das zur Angabe des Jahreszyklus dient, 179.
Rucu Pichincha, Berg im Königreich Quito, 69.
Rumichaca, Erdbrücke in der Provinz Los Pastos, 33.

Sahagún (Bernardino de), Franziskaner, in den amerikanischen Sprachen bewandert, 166.
Säkularfeier der Mexikaner, 219, 223.
Sammlung von Mendoza. Geschichte dieser Sammlung von mexikanischen Gemälden, 104; das Original befindet sich nicht in Paris, 105; Beschreibung der Sammlung, *ebenda;* später hinzugefügte Details, 359.
Sangay, Vulkan im Königreich Quito, 68.
Schädel, am Gürtel eines mexikanischen Kriegers hängend, 76.
Schatz, gefunden in einem peruanischen Grab bei der Stadt Trujillo an den Küsten der Südsee, 51.
Schlange, zerstückelte, dargestellt auf einem mexikanischen Gemälde, 131; diese Figur versinnbildlicht manchmal die Zeit, *ebenda;* manchmal den Genius des Bösen, *ebenda.*
Schöpfung der Menschen; die aztekische Mythologie nimmt ihrer fünf an, 244.
Schrift, wie sie bei den Azteken ersetzt wurde, 94.
Schuhwerk von bemerkenswerter Art, dargestellt auf einem mexikanischen Basrelief, 158.
Seelenwanderung, bei den Tlaxcalteken bekannte Lehre, 114.
Seilbrücke, die über den Fluß Chambo führt, 281.
Sigüenza (Carlos de), Professor der Mathematik an der Universität zu México. Seine Sammlung von Hieroglyphen-Gemälden, 80, 107; er schreibt den Tolteken die Pyramidenbauten zu, die man in Mexiko findet, 120; seine Studie über das mexikanische Altertum, 167.
Silla de Caracas, Granitberg, 382.
Sintflut von Anáhuac, nach der Überlieferung der Azteken, 54; ihre Darstellung auf Hieroglyphen-Gemälden, 248, 275.
Sonne. Ihr Kult wird durch Bochica bei den Muisca-Indianern eingeführt, 42; in Mexiko findet man ihn bis zum Beginn des vierzehnten Jahrhunderts, 123, 124; ihr in den Fels von Inti-Guaicu geritztes Bildnis, 144.
Sonnen. Überlieferung der Mexikaner von vier Sonnen, die der gegenwärtigen vorangegangen sind, 244 f.
Sonnenfinsternisse. Beweis, daß die Mexikaner ihre Ursachen kannten, 357.
Sonnenjahr von dreihundertfünfundsechzig Tagen und sechs Stunden; ob es den Ägyptern eigentümlich sei, 393.
Spanier, werden von Moctezuma für die Nachfahren des Quetzlcoatl gehalten, 53; ihr Einzug nach Tenochtitlán, dargestellt durch eine Hieroglyphe, 178.
Sprache, aztekische. Bemerkung über die Länge der Wörter in dieser Sprache, 402.
Sprachen. Ihre Mannigfaltigkeit nach der Sintflut von Coxcox, 276.
Sprachen des neuen Kontinents. Sie weisen viele grammatikalische Formen auf, 87; sie haben wenig Ähnlichkeit mit denen des alten Kontinents, 87, 146; Beobachtungen über ihr Zahlensystem, 316 ff.
Standarte, Hieroglyphe der Zahl Zwanzig, 182.
Statue von Karl IV. aus Bronze. Beschreibung dieses Monuments, 27.
Statue einer aztekischen Priesterin, 21; Ähnlichkeit ihres Zierats mit der *calantica* der Isis-Köpfe, 21; Beobachtungen des Herrn Visconti zur Haltung dieser Figur, 386.
Stein, in Cholula vom Himmel gefallen, 54.
Stirn, abgeflachte, bei den Figuren auf den aztekischen Gemälden, 294.
Strafen der Azteken für die Kinder, 106; dargestellt in Hieroglyphen-Gemälden, 364.
Stunden, aztekische, sie waren von ungleicher Länge, 168.
Stunden der Nacht, sie wurden dem mexikanischen Volk durch die Priester verkündet, 56.
Sturm, dargestellt auf einem Hieroglyphen-Gemälde, 356.
Sumapaz (Páramo de), einer der höchsten Gipfel der östlichen Kordillerenkette von Neu-Granada, 34.
Suna, Monat der Muisca, 322.

Tag, bürgerlicher. Er begann bei den Azteken bei Sonnenaufgang, 168; seine Einteilung in acht Abschnitte, *ebenda;* Namen dieser Abschnitte, *ebenda;* Hieroglyphe, die den Tag darstellt, *ebenda;* Namen der Tage, 184 ff.; es sind vielleicht diejenigen eines in Ost-Asien gebräuchlichen Tierkreises, 193; Zeichen der zwanzig Tage des Almanachs, 168, 185, 193, 253.

Tage, mexikanische. Ähnlichkeit zwischen ihren Namen und denen der Zeichen des tibetanischen, chinesischen und mongolischen Tierkreises, 197.

Tage der Muisca, in vier Abschnitte unterteilt, 315.

Tage der Tolteken, ihre Namen, 392.

Tage, zusätzliche, des aztekischen Kalenders. Siehe *Nemontemi.*

Tagundnachtgleichen. Ihre Zeichen im mexikanischen Kalender, 215.

Tambos, auf Befehl der Inka von Peru zwischen Cuzco und Quito erbaute Herbergen, 150, 235.

Tapia, Plateau am Fuß des Chimborazo, 135, 242; seine Höhe über dem Ozean, 135.

Tarasken, Bewohner von Anáhuac vor den Tolteken, 124.

Taube, die unter den nach der Sintflut geborenen Menschen Zungen verteilt, 276.

Taufe eines Indianers, dargestellt auf einem Hieroglyphen-Gemälde, 356.

Taunton River (Stein vom), eine angeblich phönizische Inschrift aufweisend, 88.

Tecineuh, fünfter Gründer von México, 363.

Tecpaltzin, Oberhaupt der Azteken bei ihrer ersten Auswanderung aus Aztlán, 80.

Tecpatl, Flintstein oder Feuerstein, Zeichen, das dazu dient, den Jahreszyklus anzugeben, 179; Name des sechzehnten Monatstages, 185; Zeichen einer Neunerreihe, 186, 203; Hieroglyphe der Luft, 249.

Tecuilhuitzintli, Name des neunten Monats im mexikanischen Jahr, 174.

Tehuiloyocan, Stadt in Mexiko. Hieroglyphe dieses Namens, 92.

Temalacatl, Stein, auf dem die Gladiatorenkämpfe stattfanden, 158.

Tenahuitiliztli, Name des dreizehnten Monats im mexikanischen Jahr, 174.

Tenochtitlán, Hauptstadt von Anáhuac. Zeitpunkt ihrer Gründung, 26, 405; ihre Zerstörung, *ebenda*; ihr Teocalli enthielt ein Arsenal, 63; sie hatte zehn Gründer, auf einem Hieroglyphen-Gemälde dargestellt, 363.

Tenuch, sechster Gründer von México, 363.

Teoamoxtli, göttliches Buch, verfaßt von Huematzin, einem aztekischen Astrologen, 120, 404.

Teocalli oder *Häuser der Götter,* sind bei den Völkern Mexikos pyramidenförmig, 46; derjenige von Tenochtitlán ist sechs Jahre vor der Entdeckung Amerikas erbaut worden, 47. Siehe auch *Pyramiden von Cholula* und *Huitzilopochtli.* Ähnlichkeit ihrer Bauweise mit der des Belus-Tempels, 55; sie sind nach den vier Kardinalpunkten ausgerichtet, 55; sie waren Gräber und Tempel zugleich, 56 f.

Teocipactli, Beiname des Coxcox, 185.

Teocualo, mexikanische Zeremonie, bei der die Gläubigen ihre Götter in Gestalt von mit Blut vermengtem Maismehl aßen, 174.

Teoicpalli, Sessel aus Schilfrohr, auf den Huitzilopochtlis Bildnis gesetzt wurde, 125.

Teonenemi, Zug der Götter, Prozession der mexikanischen Priester, 219.

Teopixqui, Name der aztekischen Priester, 56; ihr politischer Einfluß, 129.

Teoquechol, Name des Flamingos, 174.

Teoyamiqui, Frau des Kriegsgottes der Mexikaner, 263, 294.

Teoteuctli, Hoherpriester des Huitzilopochtli. Seine Macht, 128.

Teotetl, Stein, aus dem das Bildnis der Hauptgottheit der Tolteken gefertigt war, 125.

Teotihuacán (Pyramide von), 47; Beschreibung dieses Monuments, 48; Verhältnis zwischen ihrer Grundfläche und Höhe, 50.

Teotl, Name des großen Geistes oder höchsten Wesens der Azteken, 47, 125.

Teotleco, Name des vierzehnten Monats im mexikanischen Jahr, 174.

Tepeilhuitl, Fest der ländlichen Götter, 174.

Tepeyollotli, Gott des Inneren der Berge, achtes Zeichen einer Neunerreihe, 186.

Teponatztli, Musikinstrument, 363.

Tepopochuiliztli, Name des siebten Monats bei den Mexikanern, 173.

Tequendama (Wasserfall von), 40; die Mythologie schreibt ihn Bochica zu, 42; Beschreibung dieses Wasserfalls, 43; er ist nicht, wie man glaubt, der höchste der Erde, 44.

Tequitl, Tribut der Mexikaner an ihre Fürsten, 288.

Teteoinnan, Tochter des Colhuen-Königs, die auf dem Altar des Huitzilopochtli geopfert und dann unter die Götter aufgenommen wurde, 126.

Tetlacmancalmecac, Kloster der Priester-Kongregation des heiligen Wolfes bei den Mexikanern, 264.

Tetlama, Dorf in Mexiko, 63.

Tetlanman, Innenbereich der Kapelle des heiligen Wolfes bei den Mexikanern, 264.

Tetzahuitl, Beiname von Huitzilopochtli, 127.

Tezcatlipoca oder *Großer Geist,* erste aztekische Gottheit nach dem höchsten Wesen, 47; verleiht Quetzacoatl die Unsterblichkeit, 52; wird dargestellt, wie er eine Natter in Stücke reißt, 111.

Tezontli, aztekischer Name des porösen Mandelsteins, 48.

Tezozómoc, mexikanischer Autor. Siehe *Alvarado.*

Tezpi, einer der Namen des Coxcox, 275.

Thevet (André), Geograph des Königs von Frankreich, war im Besitz der Sammlung von Mendoza, 104.

Thibaut (Herr), französischer Architekt, 243.

Thomas (Heiliger), Apostel. Die Spanier haben ihn in dem Quetzalcoatl der Mexikaner zu erkennen geglaubt, 112.

Tiahuanaco, Stadt in Peru. Man findet dort sehr alte Bauwerke, 240.

Tianguiztli, Fest, das die Azteken zu Beginn jedes Monatsabschnitts begingen, 170.

Tierkreis. Die Völker, die dem Himmel ihre Aufmerksamkeit zuwandten, haben zwei Arten von Tierkreisen erfunden, einen Mondtierkreis und einen Sonnentierkreis, 213.

Tierkreis, ägyptischer, scheint einem Ackerbau treibenden Volk anzugehören, 265.

Tierkreis der Völker Ost-Asiens. Ähnlichkeit zwischen diesem und dem mexikanischen Kalender, 198, 200; die Zeichen des Tigers und des Affen beweisen, daß die Völker Ost-Asiens diesen Tierkreis von einem südlicheren Volk erhalten haben, 201.

Tierkreis, tatarischer, scheint Jäger- und Hirtenvölkern anzugehören, 265.

Tilmatli, Mantel der Männer bei den Azteken, 107.

Tiopullo, einer der Kordillerengipfel im Königreich Quito, 236.

Titanen, aztekische. Siehe *Tzocuillixeque.*

Tititl, Name des ersten Monats im mexikanischen Jahr, 173.

Titu-Manco-Capac, Inka von Peru, Reformator des Kalenders, 172.

Tixlpitzin, Fürst von Azcapotzalco, 80.

Tizoc, siebter König der Azteken, 405.

Tlacahuepancuexcotzin, Kriegsgott der Mexikaner, dargestellt auf einem steinernen Idol, 263.

Tlacatecolutl, mexikanische Gottheit, wird das Blut eines Menschenherzens trinkend dargestellt, 295.

Tlacaxipehualiztli, Name des vierten Monats im mexikanischen Jahr, 173.

Tlalixco, siehe *Acahualtzinco.*

Tlaloc, Berg, auf dem während der großen Überschwemmung von Anáhuac sieben Riesen Zuflucht suchten, 54.

Tlalocteuctli, Hauptgottheit der Tolteken, 124 f.; sein Bildnis auf den Gipfel eines Berges, 125; Feste zu seinen Ehren, 175.

Tlalpilli, Zyklus von dreizehn mexikanischen Jahren, 171.

Tlaltonatiuh, Zeitalter der Erde, Name des ersten Weltzeitalters nach der mexikanischen Mythologie, 246.

Tlamacazque, religiöse Orden bei den Azteken, 54 f., 129.

Tlaxcalteken, mexikanisches Volk mit der gleichen Sprache wie die Tolteken, die Chichimeken, die Acolhuen und die Azteken, 46; verwendeten Knoten als Ersatz für die ihnen unbekannte Schrift, 98; sie hingen der Lehre der Seelenwanderung an, 114.

Tlaxochimaco, Name des elften Monats im mexikanischen Jahr, 174.

Tlazolteotl, siebtes Zeichen einer Neunerreihe, 186; Name des Planeten Venus, 357.

Tlazolteucihua, Göttin der Wollust, 131.

Tletonatiuh, Zeitalter des Feuers, Name des zweiten Weltzeitalters in der mexikanischen Mythologie, 247.

Tochtli, Kaninchen, Zeichen eines Jahres, 179; Name des sechsten Monatstages, 185, 199.

Todesurteil. Wie es in Mexiko verkündet wurde, 83.

Tolsa (Don Manuel), Leiter der Bildhauereiklasse an der Akademie der Schönen Künste von México, Urheber der Reiterstatue von Karl IV., 27.

Tolteken, mexikanisches Volk mit der gleichen Sprache wie die Chichimeken, die Acolhuen, die Tlaxcaleken und die

445

Azteken, 46; die aztekische Überlieferung schreibt ihnen mehrere der Pyramidenmonumente von Neu-Spanien zu, 47; ihr bürgerlicher Kalender, 49; ihre Heimat, 52; Zeitpunkt ihrer Ankunft in Mexiko, 98; sie hatten Annalen und eine Hieroglyphenschrift, *ebenda*; die Huronen und die Irokesen stammen vielleicht von ihnen ab, 99; sie breiten sich bis an den Nicaragua-See aus, 99; Hinweis darauf, daß sie in die südliche Hemisphäre vorgedrungen sind, 100; haben sie als erste die Malerei eingeführt? 120; sie kannten keine Menschenopfer, 125; Name und Bild ihrer Hauptgottheit, *ebenda*; Zeitpunkt ihres Verschwindens aus Mexiko, 47, 177; Namen der zwanzig Tage ihrer Monate, 392; Ähnlichkeit zwischen ihrem Kalender und den ägyptischen Ordnungen, 393; ihr Niedergang durch die Pest, 319; Bündnis der Übriggebliebenen mit den Acolhuen und den Chichimeken, *ebenda*.

Tonacacihua oder *Tonantzin*, die Eva der Mexikaner, auf einem Sessel dargestellt, 111, 130, 291.

Tonacajohua, die Ceres der Mexikaner, 127.

Tonacateuctli, der Adam der Azteken, 111; dargestellt auf einem Hieroglyphen-Gemälde, 130.

Tonalamatl, ritueller Kalender der Azteken, 111.

Tonalpohualli, bürgerlicher Kalender der Mexikaner, 168, 175.

Tonatiuh oder *die Sonne*, Beiname, den Pedro Alvarado erhielt, 356.

Tonatiuh. Siehe *Yquiza, Nepantla* und *Onaqui*.

Tonatiuh Itzacual, einer der Teocalli von Teotihuacán, 48.

Topiltzin, letzter König der Tolteken, 80.

Top-xicalli, Gefäß für Weihrauch, bei den Mexikanern, 263.

Toribio de Benavente, Franziskaner, bewandert in den amerikanischen Sprachen, 166.

Torquemada. Seine Forschungen über das amerikanische Altertum, 166.

Totonaken, mexikanisches Volk, das zwei Rassen von Gottheiten unterscheidet, 127 f.

Toxcatl, Name des siebten mexikanischen Monats, 173.

Toxiuhmolpilia, Name der Säkularfeier der Mexikaner, 219.

Tozoztontli, Name des fünften Monats der Mexikaner, 173.

Tracht der mexikanischen Priester, auf einem Gemälde dargestellt, 256; eines Kriegers aus Guatemala, 76; des einfachen Volkes zur Zeit des Moctezuma, 115.

Tribut der mexikanischen Völker, dargestellt in einem Hieroglyphen-Gemälde, 288, 360.

Trunkenheit, nach aztekischem Gesetz den Greisen erlaubt, 107, 365.

Truthahn, dargestellt auf einem mexikanischen Gemälde, 288.

Tsin, chinesische Endung, die sich in vielen mexikanischen Eigennamen wiederfindet, 393.

Tsin (Dynastie), in China. Ihr Niedergang fällt mit der Zeit der Ankunft der Tolteken in Mexiko zusammen, 98.

Tuinametin, Rasse von Riesen, die der Überlieferung zufolge einst in den Ebenen von Tlaxcala lebte, 246.

Tula, spanisches Geschlecht. Sein Ursprung, 405.

Tumulus, oder als Gräber dienende künstliche Hügel, findet man in verschiedenen Teilen der Welt, 56, 236.

Tungurahua, Berg im Königreich Quito, 69.

Tunja, Stadt in Cundinamarca, gegründet von Huncahua, 314.

Túpac Yupanqui, Inka von Peru, erobert Quito, 58, 144; sein Palast, 140.

Turbaco. Beschreibung dieses Dorfes, 302.

Türen. Ihre besondere Form in peruanischen und ägyptischen Bauwerken, 153.

Turm von Babel. Aztekische Überlieferung, die daran erinnert, 54.

Tzonchichilteque. Siehe *Tletonatiuh*.

Tzinteotl, anderer Name von Centeotl, 128.

Tzitzimimes, böse Geister, 219.

Tzocuillixeque, Riesen, ursprüngliche Bewohner Anáhuacs, 54.

Ulmecatl, dritter Sohn des ersten Menschen, 403.

Universität, in México gegründet, 83.

Ursprung, tatarischer, der Völker Amerikas; Umstände, die darauf schließen lassen, 324.

Valle de Oaxaca (Marquis von). Siehe *Monteleone*.

Vasen aus Granit, gefunden an der Küste von Honduras, 298.

Vatikan (Bibliothek des). Ihre mexikanischen Handschriften, 109.

Veletri. Beschreibung der dort befindlichen mexikanischen Handschrift, 109, 119; sie wurde durch Fábrega kommentiert, 120.

Venus, auf einem mexikanischen Gemälde dargestellter Stern, 357.

Verandrier entdeckt in Kanada eine angeblich tatarische Inschrift, 88.

Vier Zerstörungen der Welt, von den mexikanischen Völkern angenommen, 114.

Vijao, Pflanze aus der Familie der Scitamineen, 38 f.; Hütten, die die Indianer daraus bauen, 39.

Vinagre, Fluß. Seine Wasserfälle, 266.

Vinaque, Ruinen einer Stadt in Peru. Darin findet man sehr alte Bauwerke, 240.

Vögel, entkommen der zweiten Zerstörung aller Lebewesen, welche die aztekische Mythologie annimmt, 247.

Votan, Oberhaupt eines Volkes, das nach der Überlieferung aus dem Norden stammt, 99; Chiapas-Krieger, dessen Name einen Tag bezeichnet, 187.

Vulkane. Hieroglyphe, die sie bezeichnet, 82 f.; diejenigen von Mexiko stehen alle auf einer Linie, 310. Siehe *Cotopaxi, Tungurahua, Sangay, Popocatépetl, Orizaba*. Gestalt derer, die noch tätig sind, 137; und derer, die eingesunken sind, *ebenda*.

Waage, von Julius Cäsar in den römischen Tierkreis eingefügtes Zeichen, 195; findet sich auch bei den Indern und bei den Ägyptern, 395; Verzeichnis aller diesbezüglichen Stellen bei alten und modernen Autoren, 400 f.

Wasser. Es ist die Hieroglyphe des Wassermanns, 197; seine Hieroglyphe ist das Rohr, 249.

Wasserfall von Regla, 164.

Welt. Ihr Alter nach der aztekischen Überlieferung, 248.

Weltuntergang. Diesbezügliche Überlieferung der Mexikaner, 219, 399.

Wien. Beschreibung der dort befindlichen mexikanischen Handschrift, 103.

Wildhunde, mexikanische, haben sich in die entlegensten Wälder zurückgezogen, 200.

Wind. Nach der aztekischen Mythologie vernichtet ein Orkan die dritte Generation der Menschen, 247.

Wintersonnenwende. Fest, das bei den Ägyptern und bei den Mexikanern begangen wurde, 394.

Wippgalgen, dargestellt auf einem mexikanischen Gemälde, 290.

Woche. Diejenige von sieben Tagen war bei allen Völkern Amerikas unbekannt, 170; bei den Azteken hatte sie fünf Tage, *ebenda*; bei den Muisca drei, *ebenda*, 315, 322; bei den Peruanern neun, 171.

Wolf. Die Mexikaner hatten diesem Tier zu Ehren Kapellen errichtet, 264; seine Priester bildeten eine besondere Kongregation, *ebenda*.

Xelhua, einer der sieben Riesen, die der großen Überschwemmung von Anáhuac entkamen, 54; ältester Sohn des ersten Menschen, 403.

Xeque, Priester der Muisca, 329.

Xicatetli, Name eines mexikanischen Kriegers, 63.

Xilomanaliztli, Name des dritten Monats im mexikanischen Jahr, 173.

Xiquipilli, Weihrauchbeutel, dargestellt auf einem mexikanischen Gemälde, 130; Beutel mit einem Inhalt von 8000 Kakaobohnen, 182.

Xiuhmolpia, Säkularfeier der Mexikaner, 219.

Xiuhmolpilli, Periode von zweiundfünfzig Jahren, 171; ihr Zeichen, *ebenda*.

Xiuhteuctli, Gott des Feuers, 247; seine Gestalt auf einem Hieroglyphen-Gemälde, 256.

Xiuhteuctli Tetl, im mexikanischen Kalender eines der Zeichen in einer Reihe von neun Tagen, 186.

Xochicalco, künstlicher Hügel bei Cuernavaca, 61; es ist ein militärisches Monument, *ebenda*; wahrscheinlich ein befestigter Tempel, 63; sein Name bedeutet Haus der Blumen, 64.

Xochilhuitl, Name des zweiten Monats im mexikanischen Jahr, 173.

Xochimilken, mexikanisches Volk, mit Unterstützung der Azteken durch den König von Colhuacán besiegt, 125.

Xochiquetzal, Frau von Coxcox, dem mexikanischen Noah, dargestellt in einem ausgehöhlten Baumstamm auf dem Wasser treibend, 248, 275 f.

Xochitl, Name des achtzehnten Monatstages im mexikanischen Jahr, 185; und drittes Zeichen einer Neunerreihe, 186.

Xocotlhuetzi, Name des zwölften Monats im mexikanischen Jahr, 174.

Xorullo, Vulkan. Siehe *Jorullo.*

Yavirac, Berg in der Nähe von Quito, 136.

Yo (die vier), Berg, auf dem man in China dem Höchsten Wesen opferte, 401.

Zacateken, Bewohner von Anáhuac vor der Ankunft der Tolteken, 124.

Zapoteca. Tracht eines Bewohners dieser Provinz, 118.

Zaque, Titel des Herrschers der Muisca, 314.

Zarina, Königin der Skythen. Ihre Pyramide, 56.

Zypressen, von den aztekischen Königen gepflanzt, 147.

Zehn. Hieroglyphe dieser Zahl, 182.

Zeichen, die die Mexikaner verwendeten, um den Zyklus der Jahre auszudrücken, 179; Reihenfolge, in der diese Zeichen angeordnet sind, 208.

Zeichenkunst, ihre Vervollkommnung bei den Azteken seit der Ankunft der Spanier in Mexiko, 274.

Zeit, dargestellt durch eine Schlange, 131.

Zeitalter der Welt, fünf. Überlieferung der Azteken, 244. Dauer des ersten, 246; des zweiten, 247; des dritten, *ebenda;* des vierten, 248. Sie umfassen zusammen 18 028 Jahre; oder, Alva Ixtlilxochitl zufolge, 1417 Jahre, 250. Beobachtungen des Herrn Visconti über ihre Zahl, 388.

Zeitpunkt des Beginns der mexikanischen Zeitrechnung, 178.

Zerstreuung der Völker nach der Sintflut von Coxcox, 276.

Zeugungskraft (Lingam). Ihr Emblem befindet sich nicht unter den mexikanischen Hieroglyphen, 131.

Zickzackfriese, Ornamente des Palastes von Mitla, 342.

Ziegel, dem Bau eines künstlichen Hügels dienend, 54–58.

Zipa, Titel der Fürsten von Bogotá, die den Zaque von Tunja unterstanden, 314, 315.

Zocam, Name des bürgerlichen Jahres der Muisca, 324.

Zumárraga (Juan), Franziskaner, erster Bischof von México, läßt die Idole der Ebene von Micoatl zerschlagen, 48; seine Ankunft und sein Tod, dargestellt in einem Hieroglyphen-Gemälde, 356.

Zunge, zeigt in den Hieroglyhen einen lebenden Menschen an, 80; und die Macht, 84.

Zwanzig. Hieroglyphe dieser Zahl, 182; Hieroglyphe ihrer Vielfachen, *ebenda.*

Zyklus, tatarischer; er stammt aus einem südlicheren Land, 202.

Zyklen der Mexikaner, dreizehnjähriger, 171; zweiundfünfzigjähriger, *ebenda.*

Zyklen der Muisca, 327.

Zyklen (die fünf) des Alters der Welt, nach der mexikanischen Mythologie, 246 ff.

DIE HERAUSGEBER

OTTMAR ETTE, geboren 1956 im Schwarzwald, studierte Romanistik und Geographie in Freiburg und Madrid. Seit Oktober 1995 hat er den Lehrstuhl für Romanische Literaturwissenschaft an der Universität Potsdam inne. Ottmar Ette promovierte 1990 an der Universität Freiburg i. Br. über José Martí. Seine Habilitation über Roland Barthes legte er 1995 an der Katholischen Universität Eichstätt vor (Suhrkamp 1998). In den vergangenen Jahren war er mehrfach Gastdozent in verschiedenen Ländern Lateinamerikas und den USA. Für die Edition von Alexander von Humboldts *Reise in die Äquinoktial-Gegenden* (Frankfurt am Main 1991) wurde er mit dem Heinz-Maier-Leibnitz-Preis ausgezeichnet. 2001 erschien *Literatur in Bewegung*, 2002 *Weltbewußtsein. Alexander von Humboldt und das unvollendete Projekt einer anderen Moderne*, 2004 *ÜberLebenswissen. Die Aufgabe der Philologie*. Ottmar Ette ist darüber hinaus Autor weiterer Bücher und Herausgeber zahlreicher Sammelbände im Bereich der französischen, frankophonen, spanischen und hispano-amerikanischen Literatur. Im Jahr 2004/2005 ist er Fellow am Wissenschaftskolleg Berlin.

OLIVER LUBRICH, geboren 1970 in Berlin, studierte Allgemeine und Vergleichende Literaturwissenschaft, Germanistik und Philosophie in Berlin, Saint-Étienne und Berkeley. Er unterrichtet seit 1999 am Institut für Allgemeine und Vergleichende Literaturwissenschaft der Freien Universität Berlin. Übersetzung des Romans *Los amigos y el viento* von Virginia Grütter Jiménez (Ludwigsburg 1996). Kurator u. a. der Ausstellung *Zeichen des Alltags – Jüdisches Leben in Deutschland heute* (zahlreiche Standorte in Deutschland und Österreich, 2000 bis 2004). Publikationen zu Alexander von Humboldt, Dracula und James Bond, Museologie und jüdischen Studien, über Shakespeare (*Shakespeares Selbstdekonstruktion*, Würzburg 2001) und zum Postkolonialismus (*Das Schwinden der Differenz. Postkoloniale Poetiken*, Bielefeld 2004). In der *Anderen Bibliothek* erscheint darüber hinaus als 240. Band (Dezember 2004) die von ihm herausgegebene Anthologie *Reisen ins Reich 1933–1945. Ausländische Autoren berichten aus Deutschland*.

ALEXANDER VON HUMBOLDTS
*ANSICHTEN DER KORDILLEREN
UND MONUMENTE DER EINGEBORENEN
VÖLKER AMERIKAS,*

EDIERT von Oliver Lubrich und Ottmar Ette, sind im September 2004 als Sonderband der *Anderen Bibliothek* im Eichborn Verlag, Frankfurt am Main, erschienen. Es handelt sich um die erste vollständige Ausgabe in deutscher Sprache, aus dem Französischen übersetzt von Claudia Kalscheuer. Das Original wurde in den Jahren 1810 bis 1813 unter dem Titel *Vues des Cordillères et Monumens des Peuples Indigènes de l'Amérique* bei F. Schoell in Paris veröffentlicht. Als Vorlage für die Reproduktion der 69 Bildtafeln diente eine Erstausgabe der Bibliothek des Botanischen Museums der Freien Universität Berlin. Frontispiz Selbstportrait A.v.H. 1814 © Engelbert Seehuber, München. Das Lektorat besorgte Rainer Wieland.

DIESES BUCH wurde in der Antiqua DeVinne von Wilfried Schmidberger in Nördlingen gesetzt und bei der Fuldaer Verlagsanstalt in fünf Farben auf 100 g/m² holz- und säurefreies mattgestrichenes LuxoCream von Schneidersöhne, Kelkheim, gedruckt. Die Reproduktionen fertigte Günter Mayr, Donauwörth. Den Einband besorgte die Buchbinderei G. Lachenmaier in Reutlingen. Ausstattung und Typographie franz.greno@libero.it.

Die verlegerische Konzeption und Realisierung des Humboldt-Projekts verantworten Hans Magnus Enzensberger & Franz Greno sowie das Humboldt-Kontor in Berlin: Kristina Vaillant, Anne Vonderstein, Rainer Wieland u.v.a. Mitwirkende.

1. bis 15. Tausend, September 2004.

DANK
an alle Unterstützer und Förderer der Idee,
ALEXANDER VON HUMBOLDT und seine wichtigsten Werke
auf die Tagesordnung zu setzen.

www.humboldt-portal.de